Maple

Scientific Tools

Michael Kofler, Gerhard Bitsch, Michael Komma

Maple

Einführung, Anwendung, Referenz

5., vollständig überarbeitete Auflage

ein Imprint der Pearson Education Deutschland GmbH

Die Deutsche Bibliothek – CIP-Einheitsaufnahme

Ein Titeldatensatz für diese Publikation ist bei
Der Deutschen Bibliothek erhältlich.

Die Informationen in diesem Buch werden ohne Rücksicht auf einen eventuellen Patentschutz veröffentlicht. Warennamen werden ohne Gewährleistung der freien Verwendbarkeit benutzt.

Bei der Zusammenstellung von Texten und Abbildungen wurde mit größter Sorgfalt vorge-gangen. Trotzdem können Fehler nicht vollständig ausgeschlossen werden. Verlag, Heraus-geber und Autor können für fehlerhafte Angaben und deren Folgen weder juristische Verantwortung noch irgendeine Haftung übernehmen. Für Verbesserungsvorschläge und Hinweise auf Fehler sind Verlag, Herausgeber und Autor dankbar.

Alle Rechte vorbehalten, auch die der fotomechanischen Wiedergabe und Speicherung in elektronischen Medien. Die gewerbliche Nutzung der in diesem Produkt gezeigten Modelle und Arbeiten ist nicht zulässig. Fast alle Hardware- und Softwarebezeichnungen, die in diesem Buch erwähnt werden, sind gleichzeitig eingetragene Warenzeichen oder sollten als solche betrachtet werden.

Umwelthinweis: Dieses Buch wurde auf chlorfrei gebleichtem Papier gedruckt. Die Einschrumpffolie – zum Schutz vor Verschmutzung – ist aus umweltverträglichem und recyclingfähigem PE-Material.

10 9 8 7 6 5 4 3 2 1
04 03 02

ISBN 3-8273-7036-1
© 2002 by Pearson Studium,
ein Imprint der Pearson Education Deutschland GmbH
Martin-Kollar-Straße 10–12, D-81829 München/Germany
Alle Rechte vorbehalten
www.pearson-studium.de
Lektorat: Irmgard Wagner, Planegg, Irmgard.Wagner@munich.netsurf.de
Korrektorat: Petra Kienle, Fürstenfeldbruck
Satz: Gerhard Bitsch und Michael Komma, Tübingen/Reutlingen
Umschlaggestaltung: dyadesign, Düsseldorf
Belichtung, Druck und Bindung: Bercker Graphischer Betrieb, Kevelaer
Printed in Germany

Inhaltsverzeichnis

	Vorwort	15
	Konzeption des Buchs	17
I	**Maple kennen lernen**	**21**
1	**Was ist Maple?**	**23**
	Mit Maple rechnen	24
	Polynome	24
	Lösung von Gleichungen	25
	Matrizenrechnung	25
	Grenzwerte, Summen und Produkte	26
	Differentiation und Integration	27
	Differentialgleichungen	27
	Reihenentwicklungen	28
	Laplace- und Fouriertransformation	28
	Interpolation, Näherungsfunktionen	29
	Terme und Funktionen	30
	Grafik	31
	Programmierung	31
2	**Die Bedienung von Maple**	**33**
	Das Worksheet-Interface	34
	Tastenkürzel	41
	Syntaxkonventionen	41
	Sonderzeichen in Maple	44
	Packages und Librarys	45
	Grafik und Animation	46
	Maple und LaTeX	48
	Informationen für fortgeschrittene Maple-Anwender	51

3 Maple als Taschenrechner verwenden — 53
Zahlformate — 54
Grundrechenarten — 54
Rechengenauigkeit — 55
Strings — 56
Komplexe Zahlen, Matrizen, Statistikfunktionen — 57

4 Mit Maple durchs Abitur — 61
Gedämpfte Schwingung — 62
Kurvendiskussion — 64
Extremwertaufgabe 1 — 68
Extremwertaufgabe 2 — 69
Rechnen mit komplexen Zahlen — 72
Parametrische Gleichung in explizite Form umwandeln — 73
Numerische Lösung einer transzendenten Gleichung — 75
Rechtwinkliger Schnitt zwischen Kreis und quadratischer Kurve — 77
Vektorrechnung, Umkreis zu einem Dreieck — 79
Vektorrechnung, Schnitt Kugel-Gerade — 81
Simulation — 82

5 Überlebensregeln für den Umgang mit Maple — 85
Setzen Sie die Zeichen , ; : richtig ein — 86
Greifen Sie korrekt auf frühere Ergebnisse zu — 87
Greifen Sie korrekt auf Teilergebnisse zu — 88
Apostrophe — 89
Träge Funktionen — 91
Berücksichtigen Sie die globale Gültigkeit von Variablen — 91
Unterscheiden Sie direkte und verzögerte Bindungen — 92
Beachten Sie die Syntax bei der Definition von Funktionen — 93
Unterscheiden Sie zwischen Folgen, Listen und Mengen — 94
Unterscheiden Sie zwischen symbolischen und numerischen Berechnungen — 96
Vergessen Sie keine Multiplikationszeichen — 97
Zweifeln Sie die Ergebnisse von Maple an — 97
Grafikausgabe — 98

II Maple in der Praxis — 99

6 Variablenverwaltung — 101
Der Umgang mit Variablen — 102
Interna der Variablenverwaltung — 104

Weitere Besonderheiten der Variablenauswertung 106
Bindungen mit assign 108
Auswertung mit Nebenbedingungen 109
Eigenschaften von Variablen mit assume definieren 109
Abkürzungen mit macro und alias 113
Der Verkettungsoperator 114
Systemvariablen 115
Syntaxzusammenfassung 116

7 Konstanten, Operatoren und Funktionen 119
Konstanten 120
Elementare Rechenoperatoren 120
Zuweisungs-, Vergleichs- und andere Operatoren 121
Numerische Funktionen 122
Zufallszahlen 123
Quadratwurzel, allgemeine Potenzen, Logarithmen und Exponentialfunktion 124
Trigonometrische und hyperbolische Funktionen 125
Spezielle Funktionen (Gamma-, Bessel- und Kugelfunktionen) 126

8 Komplexe Zahlen 129
Elementare Funktionen zur Bearbeitung komplexer Zahlen 130
Komplexe Terme 131
Syntaxzusammenfassung 133

9 Folgen, Listen und Mengen 135
Folgen, Listen und Mengen im täglichen Umgang mit Maple 136
Folgen 137
Listen 139
Mengen 140
Verschachtelte Listen und Mengen 141
Bearbeiten von Listen und Mengen 142
Rechnen mit Listen und Mengen 143
Syntaxzusammenfassung 143

10 Tabellen und Felder 147
Tabellen 148
Felder (arrays) 150
Indexfunktionen für Tabellen und Felder 151
Zuweisung und Kopie von Tabellen und Feldern 152
Konversion zwischen Folgen, Listen, Mengen, Tabellen und Feldern 153
Syntaxzusammenfassung 154

11 Definition eigener Funktionen — 157
Terme und Funktionen — 157
Die Funktion unapply — 159
Anonyme Funktionen — 160
Definition von Funktionen durch Prozeduren — 161
Stückweise zusammengesetzte Funktionen — 163
Syntaxzusammenfassung — 165

12 Bearbeitung und Vereinfachung mathematischer Ausdrücke — 167
Substitution — 168
Expansion von Termen — 170
Faktorisierung von Summen — 171
Zusammenziehen von ähnlichen Termen — 173
simplify — 174
Elimination von Variablen — 178
Konversion in verschiedene Schreibweisen — 179
Bearbeitung von Polynomen und rationalen Funktionen — 180
Zusätzliche Hilfe bei trigonometrischen Vereinfachungen — 183
Bearbeitung umfangreicher oder multivariater Ausdrücke — 184
Fortgeschrittene Fallbeispiele — 187
Syntaxzusammenfassung — 191

13 Gleichungen analytisch und numerisch lösen — 195
Gleichungen analytisch lösen — 196
Gleichungen numerisch lösen (fsolve) — 199
Lösungen von Gleichungen weiterverwenden — 202
Lösung rekursiver Gleichungen — 204
Koeffizientenvergleich — 205
Spezialkommandos — 207
Syntaxzusammenfassung — 211

14 Vektor- und Matrizenrechnung — 213
Vektorrechnung mit den geometry-Packages — 214
Das Package LinearAlgebra — 217
Vektoren erzeugen und bearbeiten — 218
Matrizen erzeugen — 220
Zugriff auf einzelne Matrizenbestandteile — 222
Elementare Rechenoperationen mit Matrizen — 224
Multiplikation von Matrizen mit Vektoren — 225
Determinante, Umkehrmatrix, Spur, Norm und Rang einer Matrix — 226
Matrizengleichungssystem lösen — 228

Matrizentransformationen ... 230
Eigenwerte und Eigenvektoren ... 232
Orthonormalbasis berechnen ... 233
Tensorrechnung ... 234
Syntaxzusammenfassung ... 235

15 Grenzwerte, Summen und Produkte ... 239
Grenzwerte ... 240
Komplexe Grenzwerte ... 242
Summen ... 243
Summenformeln ... 244
Unendliche Reihen ... 245
Produkte ... 247
Numerische Berechnungen ... 247
Syntaxzusammenfassung ... 248

16 Differentiation ... 251
Ableitungen von Ausdrücken ... 252
Benutzerdefinierte Differentiationsregeln ... 255
Implizite Differentiation von Funktionsgleichungen ... 255
Der Differentiationsoperator D für Funktionen ... 256
Differentiation von Prozeduren ... 258
Syntaxzusammenfassung ... 260

17 Integration ... 261
Das Integral ... 262
Einfache Anwendungen ... 264
Uneigentliche Integrale ... 265
Integraltabellen und Integrationsregeln ... 267
Kurvenintegrale ... 268
Integration komplexer Funktionen, Residuen ... 270
Mehrfachintegrale ... 272
Numerische Integration ... 274
Kontrolle der Integration ... 276
Maple beim Integrieren zusehen ... 278
Syntaxzusammenfassung ... 280

18 Differentialgleichungen ... 281
Symbolische Lösung von Differentialgleichungen ... 282
Systeme von Differentialgleichungen ... 286
Lösung durch Laplace-Transformation ... 288

Näherungslösung durch Reihenentwicklung	288
Zusatzinformationen zur Lösungssuche	289
Numerische Lösung von Differentialgleichungen	290
Grafische Darstellung numerischer Lösungen	295
Partielle Differentialgleichungen	301
Syntaxzusammenfassung	303

19 Grafik I: 2D-Grafik — 305

Schaubilder mit plot zeichnen	307
Parametrische Plots	310
Implizit definierte Funktionen	311
Darstellung von Punkten und Linienzügen	312
Überlagerung mehrerer Grafiken	313
Beschriftung der Grafik	315
Darstellungsoptionen	316
Syntaxzusammenfassung	320

20 Grafik II: 3D-Grafik — 323

Dreidimensionale Darstellung von Flächen	324
Parametrische 3D-Grafiken	326
Flächen im Raum, die durch Listen definiert sind	327
Dreidimensionale Punktgrafiken	329
Optionen zur Oberflächengestaltung	330
Farbe, Licht und Schatten	332
Syntaxzusammenfassung	337

III Maple für Fortgeschrittene — 341

21 Kombinatorik, Statistik, Wahrscheinlichkeitsrechnung — 343

Kombinatorik	344
Bearbeitung statistischer Daten	346
Statistische Kennzahlen (beschreibende Statistik)	350
Statistische Diagramme	352
Stetige und diskrete Wahrscheinlichkeitsverteilungen	356
Wahrscheinlichkeitsverteilte Zufallszahlen	358
Syntaxzusammenfassung	360

22 Regressions- und Interpolationsfunktionen — 365

Exakte Interpolation durch gegebene Punkte	366
Stückweise Interpolation mit spline	366

	Näherungskurven an gegebene Datenpunkte (Regression)	368
	Syntaxzusammenfassung	370
23	**Minima und Maxima, lineare Optimierung**	**371**
	Minima und Maxima	372
	Extremwerte mit Nebenbedingungen	375
	Lineare Optimierung	376
	Syntaxzusammenfassung	380
24	**Reihenentwicklungen**	**381**
	Taylor-, Laurent- und allgemeine Potenzreihenentwicklung	382
	Weiterverarbeitung von Reihen	382
	Differentialgleichungen mit Reihenentwicklungen lösen	385
	Multivariable Taylor-Reihenentwicklung	386
	Formale Reihen	387
	Numerische Berechnung von Näherungsfunktionen	390
	Syntaxzusammenfassung	393
25	**Fourierreihen und Fouriertransformation**	**397**
	Fourierreihenentwicklung für periodische Funktionen	398
	Lösung von Differentialgleichungen mit Fourierreihen	402
	Fouriertransformation diskreter Daten	404
	Analyse und Verarbeitung von Messdaten	407
	Fouriertransformation analytischer Funktionen	409
	Syntaxzusammenfassung	414
26	**Integraltransformationen und Z-Transformation**	**415**
	Laplace-Transformation	416
	Lösung von Differentialgleichungen mit der Laplace-Transformation	418
	Z-Transformation	424
	Syntaxzusammenfassung	429
27	**Vektoranalysis**	**431**
	Gradient, Divergenz und Rotation	432
	Potentialfunktionen	434
	Gaußscher und Stokescher Integralsatz	435
	Grafische Darstellung von Vektorfunktionen	436
	Syntaxzusammenfassung	437
28	**Programmieren I: Grundlagen, interne Strukturen**	**439**
	Die Programmierumgebung	440
	Der Aufbau von Maple	442

    Maple-Code ansehen   444
    Der Aufbau mathematischer Ausdrücke   446
    Interna zur Verwaltung mathematischer Ausdrücke   450
    Interna zur Verwaltung von Prozeduren   451
    Die Speicherung bereits berechneter Ergebnisse   451
    Syntaxzusammenfassung   454

29 Programmieren II: Prozedurale Sprachelemente   457
    Prozeduren   458
    Kontrollstrukturen   459
    Die Parameter einer Prozedur   461
    Besonderheiten beim Umgang mit Variablen und Parametern   465
    Prozeduroptionen   471
    Schnelle Gleitkommaauswertung von Prozeduren   472
    Definition neuer Operatoren   473
    Funktionen mit eigenen Optionen   474
    Bearbeitung von Dateien   476
    Umgang mit Zeichenketten   481
    Syntaxzusammenfassung   483

30 Programmieren III: Eigene Funktionen und Packages   487
    Fehlersuche, Fehlerabsicherung   488
    Die Analyse des Zeit- und Speicherbedarfs von Prozeduren   498
    Beispiel: Die neue Funktion seqn   499
    Module   503
    Organisation eigener Packages und Librarys   509
    Eigene Online-Hilfe   515
    Turtlegrafik   517
    Syntaxzusammenfassung   523

31 Grafik III: Spezialkommandos   527
    Grafiken im logarithmischen Maßstab   528
    Zweidimensionale Rastergrafik   529
    Visualisierung komplexer Funktionen   530
    Grafik in verschiedenen Koordinatensystemen   535
    Spezialkommandos   537
    Bewegte Grafik (Animation)   538
    Syntaxzusammenfassung   540

32 Grafik IV: Grafikprogrammierung — 543
Die Datenstrukturen PLOT und PLOT3D — 544
Das plottools-Package — 549
Das Kommando dotplot zur Darstellung von Punktgrafiken — 552
Das Kommando moebius zur Darstellung von Möbiusbändern — 554
Das Kommando colorplot3d zur exakten Einfärbung von 3D-Grafiken — 556
Syntaxzusammenfassung — 559

IV Neu in Maple — 563

33 Rechnen mit Größen und Einheiten — 565
Schnelleinstieg — 566
Systematik — 569
Rechnen mit Größen und Einheiten — 572
Syntaxzusammenfassung — 579

34 Nützliche Tool-Packages — 581
StringTools — 582
ListTools — 586
RandomTools — 591
Syntaxzusammenfassung — 594

35 Maplets — 595
Einführung — 596
Schaubilder — 598
H-Orbitals — 602

36 Connectivity — 605
XMLTools — 606
HTML mit XMLTools programmieren — 609
MathML — 613
Sockets — 616
Client — 621
Server — 623
Syntaxzusammenfassung — 626

A Der Inhalt der CD-ROM — 629

Q Quellenverzeichnis — 631

S Stichwortverzeichnis — 632

Vorwort

Maple zählt zu den besten Computeralgebraprogrammen am Markt. Der richtige Einsatz von Maple erspart stundenlange und fehleranfällige manuelle Berechnungen. Das kann dazu führen, dass Sie wie die Autoren nach kurzer Zeit Maple-süchtig werden: Sie können es sich dann nicht mehr vorstellen, bestimmte Berechnungen noch von Hand durchzuführen. Ziel dieses Buchs ist, auch Ihnen das dazu erforderliche Wissen in möglichst praxisnaher und übersichtlicher Form zu vermitteln.

Trotz der zahlreichen mathematischen Funktionen und der in den letzten Jahren stark verbesserten Benutzeroberfläche kann der Einstieg in Maple aber auch frustrierend sein – besonders dann, wenn man von dem Programm schon Wunderdinge gehört hat und die Erwartungen dementsprechend hoch sind. Die Schwierigkeiten resultieren meist nicht daraus, dass Maple das mathematische Problem nicht lösen könnte. Vielmehr ist es für den Anwender oft schwierig, das Problem so zu formulieren, dass auch Maple es versteht. Ebenso ist es bei der Fülle von Maple-Funktionen bisweilen fast unmöglich, die gerade passende zu entdecken.

Ein Schwerpunkt dieses Buchs besteht deswegen darin, Ihnen den Einstieg in Maple so leicht wie möglich zu machen und einen ersten Überblick über die fast endlose Fülle von Funktionen zu vermitteln. Nicht die lexikalische Aufzählung unzähliger Funktionen war das Ziel dieses Buchs, sondern die Orientierung an der Praxis.

Maple – der Taschenrechner der Zukunft

Im Vorwort zur dritten Auflage dieses Buchs wurde eine Zukunftsvision formuliert: Computeralgebraprogramme wie Maple könnten sich hin zum Taschenrechner der Zukunft entwickeln, deren Verwendung auf höheren Schulen, auf Universitäten und in der Industrie bald so selbstverständlich wäre wie früher der Einsatz eines herkömmlichen Taschenrechners. Zum Teil ist diese Vision Realität geworden: Maple wird mittlerweile in zahlreichen Schulen Deutschlands regulär im Mathematik- und Physikunterricht eingesetzt. Es gibt eine Windows-CE-Version von Maple, die auf winzigen Computern wie dem Cassiopeia A22 läuft – einem Gerät, das kaum größer ist als ein Taschenrechner im ursprünglichen Sinn. Was für ein Potential Maple bereits in der Schule hat (von Anwendungen auf Universitäten oder in der Industrie ganz zu schweigen), erkennen Sie sofort, wenn Sie sich einige auf der CD mitgelieferte Schülerarbeiten ansehen. Dort finden Sie beispielsweise Worksheets, die beliebige rationale Funktionen vollautomatisch analysieren – quasi die Lösung eines ganzen Abiturbeispiels auf Knopfdruck!

Neu in Maple

Zu den interessantesten Neuerungen in Maple (beginnend mit Maple 7) zählen die Zusatzfunktionen, die eine nahtlose Integration von Maple ins Internet/Intranet ermöglichen: Während bisher nur ein statischer Export von Worksheets in das HTML-Format möglich war, wird nun XML und MathML unterstützt. Darüber hinaus kann Maple mit einem TCP/IP-Socket als Client und Server laufen, so dass eine vollständige Vernetzung von Maple-Prozessen möglich ist. Dazu kommt eine komfortable Benutzerschnittstelle, so genannte Maplets: Damit können Maple-Laien vorgefertige Maple-Anwendungen sehr einfach über eine grafische Oberfläche nutzen. Eine Einführung in diese neuen Funktionen finden Sie im Teil IV, der zu den wesentlichsten Neuerungen der 5. Auflage dieses Buchs zählt.

Ob Sie nun Maple bei der wissenschaftlichen Arbeit, im Unterricht oder im Internet verwenden: Lassen Sie sich von unserer Begeisterung für Maple anstecken!

März 2002

Gerhard Bitsch `<gbitsch@freenet.de>`
Michael Kofler `<maple@kofler.cc>`
Michael Komma `<komma@oe.uni-tuebingen.de>`

Zu den Autoren

Die Konzeption des Buchs stammt vom ursprünglichen Autor Michael Kofler. Mit der vierten Auflage haben Gerhard Bitsch (Kapitel 1–14, 21, 22, 28–30, 32, 34 und 35) und Michael Komma (Kapitel 15–20, 23-27, 33, 35 und 36) die vollständige Überarbeitung und Aktualisierung übernommen. Ihnen ist es auch zu verdanken, dass der Aspekt 'Maple in der Ausbildung' einen stärkeren Stellenwert bekommen hat und die CD nicht nur mit den Worksheets zum Buch, sondern auch mit zahlreichen weiteren Beispielen gut gefüllt ist.

Hinweis: Zur Zeit der Druckvorbereitung dieses Buches kam Maple 8 auf den Markt. Wir haben im Interesse der Leser die wichtigsten Neuerungen dieser Version in zusätzlichen Worksheets aufgenommen. Weitere Hinweise zu diesen Worksheets finden Sie in den Kapiteln 4, 27, 33 und 35.

Konzeption des Buchs

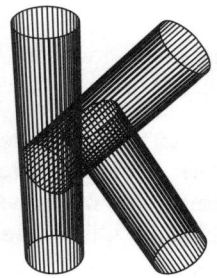

Das Buch ist in vier Teile gegliedert. Teil I gibt eine Einführung in Maple, Teil II beschreibt in systematischer Reihenfolge alle wichtigen Kommandos für den täglichen Umgang mit Maple, Teil III behandelt verschiedene Themen für fortgeschrittene Maple-Anwender. In Teil IV finden Sie Themen zur laufenden Entwicklung von Maple.

Teil I beginnt mit einem Überblick über die Fähigkeiten von Maple. Dabei war uns nur wichtig zu zeigen, dass es geht – nicht wie. Es erwartet Sie also ein Kapitel, in dem keine Rücksicht auf Details genommen wird. Kapitel 2 geht auf wichtige Formalitäten bei der Bedienung Maples ein und beschreibt einige elementare Syntaxkonventionen.

Schon die Titel der beiden folgenden Kapitel zeigen, dass auch darin die Anforderungen an den Leser nicht allzu hoch sind: *Maple als Taschenrechner verwenden* und *Mit Maple durchs Abitur*. Vermutlich haben Sie vor, Maple anders einzusetzen. Aber lassen Sie sich nicht täuschen: Sie gewinnen anhand der leicht nachvollziehbaren Beispiele beinahe spielerisch ein unverzichtbares Basiswissen, das sonst nur in abstrakt-theoretischer Form vermittelt werden könnte. Auch Kapitel 5 sollte ein Muss für alle Leser sein, auch für jene, die mit Maple schon gearbeitet haben. In *Überlebensregeln* wird auf die häufigsten Fehler im Umgang mit Maple hingewiesen.

Mit *Teil II* wird das Buch dann systematischer. In 15 relativ kurzen Kapiteln lernen Sie die elementaren Maple-Kommandos kennen – von `sqrt` zur Berechnung der Quadratwurzel bis zu `plot3d` zum Zeichnen dreidimensionaler Grafiken. Auch wenn Sie je nach geplanter oder schon vorhandener Anwendung von Maple auf das eine oder andere Kapitel verzichten können – die meisten hier behandelten Kommandos gehören zum täglichen Brot jedes Maple-Anwenders.

Teil III hat vielleicht eine etwas abschreckende Überschrift: *Maple für Fortgeschrittene* – aber so fortgeschritten müssen Sie gar nicht sein, wenn Sie einen Blick in das eine oder andere Kapitel werfen wollen (und sollen!). Die meisten der Kapitel sind vollkommen eigenständig und bauen nur auf dem im zweiten Teil vermittelten Grundwissen auf. Ob Sie nun Vektor-Analysis betreiben, Maple als Programmiersprache verwenden und erweitern, oder die Grafikmöglichkeiten bis zu ihren Grenzen ausnutzen möchten – hier erfahren Sie das Wie und Warum.

Teil IV wurde in der fünften Auflage neu eingerichtet, um neben den laufenden Aktualisierungen der Teile I - III zukunftsweisende Entwicklungen aufzunehmen. Dazu zählt vor allem das Rechnen mit Einheiten (Kapitel 33), eine neue graphische Oberfläche (Maplets, Kapitel 35) und die 'Connectivity' von Maple (Kapitel 36).

Im *Anhang* finden Sie den Inhalt der beiliegenden CD-ROM: alle Beispieldateien des Buchs als Worksheets zur interaktiven Arbeit sowie als HTML-Dateien zum schnellen Durchblättern in einem Browser. Darüber hinaus gibt es nun auch eine reichhaltige Sammlung zum Einsatz von Maple im Unterricht.

Die Kapitel beginnen jeweils mit einer kurzen Beschreibung der Themen. Ab Teil II kommt zu dieser kurzen Beschreibung noch eine Auflistung der zugehörigen Maple-Befehle und Sie finden am Ende jedes Kapitels eine *Syntaxzusammenfassung*. Es hat sich herausgestellt, dass diese Syntaxzusammenfassung auch bei Maple-Profis recht beliebt ist. Dennoch sollte man sie nicht mit einer Übersetzung der Online-Hilfe ins Deutsche verwechseln.

Probleme mit Maple?

Maple wird häufig als eine eierlegende Wollmilchsau beschrieben, die alle Mathematikprobleme – egal wie kompliziert – rasch und problemlos löst. In manchen Maple-Büchern wird eben dieser Eindruck vermittelt, indem oft kompliziert wirkende Beispiele abgedruckt sind, die alle scheinbar problemlos funktionieren. Dieses Buch will sich von dieser etwas unkritischen Betrachtung der Fähigkeiten von Maple ein wenig absetzen. Für die praktische Anwendung von Maple ist es von großem Nutzen, nicht nur die positiven Aspekte zu kennen, sondern auch über die zurzeit bestehenden Einschränkungen.

Daher werden Sie auch Hinweise finden, dass eine Berechnung nicht geklappt hat, dass die Möglichkeiten von Maple in manchen Bereichen der Mathematik (z.B. Integrale, Differentialgleichungen) noch verbesserungsfähig sind, dass Maple bei einer ungünstigen Formulierung des Problems falsche Resultate liefern kann etc. Natürlich überwiegen auch in diesem Buch die Positiv-Beispiele, und zwar aus zwei Gründen:

Erstens ist es die Aufgabe eines Buchs, zu beschreiben, was geht und wie es geht, und nicht nur zu lamentieren, dass bestimmte Dinge eben noch nicht klappen.

Und zweitens stellen sich bei jedem Problem eine Reihe von Fragen: Ist es ein Eingabefehler? Eine für Maple ungeeignete oder ungünstige Formulierung? Ein Fehler der Maple-Version für Windows, der auf anderen Rechnern vielleicht gar nicht auftritt? Zu wenig Geduld (weil eine Berechnung nach langen ergebnislosen Minuten abgebrochen wurde)? Oder kann Maple das Problem in dieser Form wirklich nicht lösen?

Deshalb ist auch die Kontrolle von Ergebnissen ein wichtiger Aspekt, der in diesem Buch immer wieder betont wird. Und vergessen Sie nicht: Man kann mathematische Probleme auch ohne Maple lösen. Allerdings kann Maple bei der Heuristik wertvolle Dienste leisten – wenn man es beherrscht.

Oder haben Sie einen Maple-Bug gefunden? In diesem Fall sollten Sie sich an den Maple-Service `services@maplesoft.com` wenden (ggf. mit Kopie an die Autoren des Buchs). Wie jede Software ist auch Maple nicht hundertprozentig fehlerfrei. Auf der CD finden Sie ein paar Beispiele im Worksheet `probleme.mws`. Hier sind noch zwei Kontaktadressen: Die Mailingliste der Maple User Group (MUG) `maple-list@daisy.uwaterloo.ca` und die Nachrichtengruppe `comp.soft-sys.math.maple`.

Was Sie in diesem Buch nicht finden

- Maple liegt in zahlreichen Versionen für DOS-, Windows-, Macintosh- und UNIX-Rechner vor. Die mathematischen Funktionen sind in allen Versionen gleich, die Details der Bedienung sind hingegen vom Computertyp und dessen Betriebssystem abhängig. Aus diesem Grund geht das Buch auf die Bedienung von Maple nur am Rande ein: Die Übersetzung von mathematischen Problemen in die Sprache Maple steht im Vordergrund. Ausgenommen von dieser Regel ist nur Kapitel 2, das Grundlageninformationen zur Bedienung von Maple und zum Worksheet-Konzept vermittelt. Dieses Kapitel basiert auf der Windows-Version von Maple.

- Die Sprache Maple umfasste schon vor Jahren über 2500 Kommandos und diese Zahl wächst von Release zu Release um Hunderte. Eine Menge weiterer Zusatzpakete gibt es außerdem im Application Center http://www.maplesoft.com/apps (die Nachfolge der share-Bibliothek). Erwarten Sie also bitte keine vollständige Beschreibung aller Maple-Befehle – das wäre schon allein aus Platzgründen nicht möglich. Dieses Buch kann und will die Originaldokumentation und die Online-Hilfe nicht ersetzen.

Konventionen und Schreibweisen

Verweise auf Worksheets meinen immer das Worksheet des laufenden Kapitels, das Sie auf der CD-ROM im Ordner `worksheets` mit dem Namen `kapxy.mws` finden. Aus Platzgründen konnten umfangreichere Worksheets (insbesondere in Teil III und IV) nur so weit in den Druck übernommen werden, dass der Leser dem roten Faden folgen kann. Zumindest in diesen Fällen sollten Sie das Buch am Computer weiterlesen, schließlich ist Maple ja ein interaktives System.

Maple-Eingaben werden in der Schriftart für `Input` gesetzt. Das in Maple übliche Zeichen (Prompt) > vor dem Beginn jedes Kommandos wird nicht angegeben. Wenn der `Input` mit einem Doppelpunkt endet, wurde die Ausgabe im Worksheet unterdrückt.

Maple-Ausgaben werden als mathematische Formeln in der Art $\frac{\sin(\alpha)}{\pi}$ gesetzt.

Wenn es der Platz zulässt, befindet sich der erklärende Text in der Textspalte links, das dazugehörige Kommando in der Spalte rechts. Das Beispiel rechts zeigt ein einfaches bestimmtes Integral.

```
int(x^2+x^3,x=a..b);
```
$$\frac{b^4}{4} + \frac{b^3}{3} - \frac{a^4}{4} - \frac{a^3}{3}$$

Aufgrund verschiedener interner Abläufe beim Satz dieses Buchs mit LaTeX kommt es vor, dass manche Formeln in diesem Buch nicht ganz so aussehen wie am Bildschirm Ihres Rechners. Beispielsweise tritt der Fall ein, dass ein Bruch am Bildschirm als solcher angezeigt wird, während in diesem Buch die Formel $(\ldots)^{-1}$ zu sehen ist. Ebenso passiert es, dass der Nenner eines Bruchs als Faktor vor oder hinter dem Zähler angeschrieben wird, beispielsweise $\sqrt{x}\,1/2$ statt $\frac{\sqrt{x}}{2}$.

Teil I

Maple kennen lernen

Der erste Teil dieses Buchs soll Ihnen den Einstieg in Maple erleichtern. Die Zielsetzung liegt (im Gegensatz zu den beiden folgenden Teilen) weniger darin, systematisch geordnetes Wissen zu vermitteln. Detailinformationen zu einzelnen Funktionen werden Sie ab Teil II noch zur Genüge vorfinden! Die Absicht der ersten fünf Kapitel liegt vielmehr darin, Ihnen ein Gefühl für Maple zu vermitteln, einen Überblick darüber, was mit Maple möglich ist, die Klärung formaler Fragen, Tipps zur Vermeidung von Fehlern etc.

Kapitel 1 demonstriert die Fähigkeiten von Maple, ohne dabei ins Detail zu gehen. Kapitel 2 fasst die wichtigsten Formalitäten der Bedienung von Maple zusammen. In Kapitel 3 und 4 lernen Sie anhand verhältnismäßig einfacher Berechnungen einige mathematische Fähigkeiten von Maple kennen.

Ein ganz wichtiger Aspekt in Kapitel 4 ist das Zusammenwirken mehrerer Maple-Funktionen. Zur Lösung eines konkreten Beispiels benötigen Sie fast immer mehrere Funktionen. Das Hauptproblem besteht nun darin, bereits vorhandene Zwischenergebnisse möglichst effizient (d.h. ohne viel Tipparbeit) in den folgenden Berechnungsschritten weiter zu verwenden.

Kapitel 5 fasst einige elementare (Überlebens-)Regeln für den Umgang mit Maple zusammen. Selbst wenn Sie schon mit Maple gearbeitet haben, sollten Sie dieses Kapitel zumindest überfliegen. Einsteiger lassen sich besser etwas mehr Zeit – es lohnt sich! Sie finden dort eine Menge Tipps, wie Sie frustrierende Anfängerfehler vermeiden können.

Lassen Sie sich bitte nicht von der scheinbaren Trivialität der Beispiele in den Kapiteln 3 und 4 abschrecken! Wenn Sie Maple zum ersten Mal starten und sofort ein Problem lösen möchten, bei dem Sie mit händischem Rechnen oder herkömmlichen Hilfsmitteln nicht mehr weiterkommen, werden Sie mit allergrößter Wahrscheinlichkeit scheitern. Maple ist zwar für ein Programm seiner Leistungsklasse relativ einfach zu bedienen, gerade der Einstieg birgt aber durchaus einige Tücken. Aus diesem Grund sollten Sie die ersten Stunden (realistischer: die ersten zwei bis drei Tage) hauptsächlich solche Berechnungen durchführen, von denen Sie gesicherte Ergebnisse und somit eine einfache Kontrollmöglichkeit besitzen.

Kapitel 1

Was ist Maple?

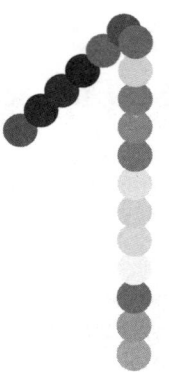

Eine vereinfachte Antwort auf diese Frage könnte lauten: ein Programm zur Durchführung mathematischer Berechnungen. Diese Minimaldefinition ist allerdings nicht ausreichend, um den tatsächlichen Anwendungsbereich von Maple zu beschreiben. Maple stellt nämlich gleichzeitig eine (für mathematische Anwendungen optimierte) Programmiersprache und ein sehr mächtiges Grafikwerkzeug zur Visualisierung komplexer mathematischer Zusammenhänge dar.

Auf den nächsten Seiten finden Sie einige Beispiele, die Ihnen besser als viele Worte eine Vorstellung davon vermitteln, was Sie mit Maple anstellen können. Sie werden diese Beispiele nur so weit verstehen, wie Ihnen die zugrunde liegenden mathematischen Kenntnisse vertraut sind. Ziel dieses Kapitels ist es nicht, Detailwissen zu vermitteln, sondern einen groben Überblick zu geben. Aus diesem Grund werden Sie auf den folgenden Seiten so gut wie keine Erklärungen über das Wie und Warum finden – gedulden Sie sich damit bis zu den folgenden Kapiteln, in denen es mehr Text und weniger Formeln geben wird.

Dieses Kapitel erhebt natürlich keinen Anspruch auf Vollständigkeit. Es stellt lediglich die wichtigsten Grundmuster der Anwendung von Maple vor. Maple kennt derart viele Funktionen, dass eine vollständige Beschreibung den Rahmen dieses Buchs sprengen würde. Noch viel breiter gestreut ist der Bereich der tatsächlichen Anwendungen dieses Programms, der von der Wirtschaftsmathematik bis hin zu physikalischen Berechnungen nach der Relativitätstheorie gehen kann.

Mit Maple rechnen

Maple versucht immer, exakt zu rechnen. Aus diesem Grund bleiben unkürzbare Brüche als solche stehen.

```
1/3 + 1/7;
```
$$\frac{10}{21}$$

Selbstverständlich ist eine numerische Auswertung jederzeit und in beliebiger Stellenzahl möglich.

```
evalf(1/3 + 1/7);
```
$$0.4761904762$$

```
evalf(Pi, 50);
```
$$3.1415926535897932384626433832\\795028841971693993751$$

Maple legt für Berechnungen prinzipiell den Körper der komplexen Zahlen zugrunde. Alle elementaren Funktionen sind auch für komplexe Argumente definiert. Die imaginäre Einheit I wird in Maple groß geschrieben.

```
abs(2+3*I);
```
$$\sqrt{13}$$

```
(3+2*I)/(2-I);
```
$$4/5 + \frac{7I}{5}$$

Polynome

Die große Stärke von Maple besteht darin, dass es auch symbolisch rechnen kann, also mit Variablen wie x und y, statt mit konkreten Zahlenwerten.

```
factor(x^4+2*x^3-12*x^2-40*x-32);
```
$$(x+2)^3 (x-4)$$

```
expand((x-1)^4);
```
$$x^4 - 4x^3 + 6x^2 - 4x + 1$$

Maple ist in der Lage, sehr weitgehende Vereinfachungen durchzuführen.

```
simplify( exp(x*log(y)) );
```
$$y^x$$

```
simplify(sin(x)^2+cos(x)^2);
```
$$1$$

Maple kennt eine Menge Regeln zur Vereinfachung trigonometrischer Ausdrücke.

```
expand( cos(4*x)+4*cos(2*x)+3, trig);
```
$$8\cos(x)^4$$

```
combine(4*cos(x)^3, trig);
```
$$\cos(3x) + 3\cos(x)$$

Lösung von Gleichungen

Die Lösung einfacher Gleichungen bereitet Maple keine Schwierigkeiten.

```
solve( x^2-x=5, x);
```
$$1/2 + \frac{\sqrt{21}}{2}, 1/2 - \frac{\sqrt{21}}{2}$$

Maple kommt auch mit Gleichungssystemen zurecht.
Komplizierte Gleichungssysteme, zu denen keine symbolische Lösung existiert (oder zu denen Maple keine findet), können numerisch gelöst werden. Dabei muss man aber beachten, dass Maple in diesem Fall in der Regel nicht alle Lösungen angibt. Man kann die Berechnung von Maple steuern, indem man für die Variablen Intervalle angibt, in denen nach Lösungen gesucht wird.

```
glsys:={ 2*x + 3*y +   z = 1,
           x -   y -   z = 4,
         3*x       + 7*z = 5}:
solve( glsys );
```
$$\left\{x = \frac{101}{41}, z = -\frac{14}{41}, y = -\frac{49}{41}\right\}$$

```
fsolve( {x^2+y^2=10, x^y=2}, {x,y} );
```
$$\{x = 3.102449071, y = 0.6122170880\}$$

```
fsolve( {x^2+y^2=10, x^y=2},
        {x=0..1,y=-4..0} );
```
$$\{x = .7973111450, y = -3.060113550\}$$

Matrizenrechnung

Maple kennt zahlreiche Funktionen zur Definition und Manipulation von Vektoren und Matrizen. Die meisten dieser Funktionen sind in so genannten Packages definiert und müssen vor ihrer Verwendung mit `with` aktiviert werden. Seit Maple 6 sind diese Befehle völlig neu überarbeitet und stehen teilweise direkt zur Verfügung. Im Beispiel rechts werden die inversen Matrizen von A und B berechnet. Die Matrizen können dabei entweder über Zeilenvektoren in der Form `<a|b|..>` oder über Spaltenvektoren in der Form `<a,b,..>` eingegeben werden.

Addition und Subtraktion von Matrizen werden mit $+$ und $-$ durchgeführt, Multiplikationen mit dem dot-Operator.

```
A:=<<1,3>|<2,4>>;B:=<<w|x>,<y|z>>;
```
$$aA := \begin{bmatrix} 1 & 2 \\ 3 & 4 \end{bmatrix}, B := \begin{bmatrix} w & x \\ y & z \end{bmatrix}$$

```
A^(-1),B^(-1);
```
$$\begin{bmatrix} -2 & 1 \\ 3/2 & -1/2 \end{bmatrix}, \begin{bmatrix} \frac{z}{wz-xy} & -\frac{x}{wz-xy} \\ -\frac{y}{wz-xy} & \frac{w}{wz-xy} \end{bmatrix}$$

```
A+B,A.B;
```
$$\begin{bmatrix} 1+w & 2+x \\ 3+y & 4+z \end{bmatrix}, \begin{bmatrix} w+2y & x+2z \\ 3w+4y & 3x+4z \end{bmatrix}$$

Man kann mit Matrizenmultiplikation und Inversenbildung ebenfalls lineare Gleichungssysteme lösen. Man stellt die Matrix des Systems auf, bildet aus den Termen ohne Variablen auf der rechten Seite der Gleichungen einen Spaltenvektor und multipliziert diesen mit der inversen Matrix (das LGS muss dazu natürlich eine eindeutige Lösung besitzen). Rechts sieht man die Behandlung des Beispiels aus dem vorherigen Abschnitt mit dieser Methode.

```
glmat:=<<2|3|1>,<1|-1|1>,<3|0|7>>;
```

$$glmat := \begin{bmatrix} 2 & 3 & 1 \\ 1 & -1 & 1 \\ 3 & 0 & 7 \end{bmatrix}$$

```
glmat.<x,y,z> = <1,4,5>;
```

$$\begin{bmatrix} 2x+3y+z \\ x-y+z \\ 3x+7z \end{bmatrix} = \begin{bmatrix} 1 \\ 4 \\ 5 \end{bmatrix}$$

```
<x,y,z> = glmat^(-1).<1,4,5>;
```

$$\begin{bmatrix} x \\ y \\ z \end{bmatrix} = \begin{bmatrix} \frac{71}{23} \\ -\frac{35}{23} \\ -\frac{14}{23} \end{bmatrix}$$

Grenzwerte, Summen und Produkte

Die Berechnung von Grenzwerten gelingt auch bei relativ komplexen Fällen, wie die Beispiele zeigen. Die Form des jeweiligen Kommandos, die mit einem Großbuchstaben beginnt, wertet den Ausdruck nicht aus. Man erhält damit besser lesbare Ergebnisse.

```
Limit( (sqrt(1+x)-1)/x, x=0)=
       limit( (sqrt(1+x)-1)/x, x=0);
```

$$\lim_{x \to 0} \frac{\sqrt{x+1}-1}{x} = 1/2$$

```
Limit(x!/x^x, x=infinity)=
       limit(x!/x^x, x=infinity);
```

$$\lim_{x \to \infty} \frac{x!}{x^x} = 0$$

Auch unendliche Summen und Produkte bewältigt Maple in vielen Fällen.

```
Sum(1/i^2,i=1..infinity)=
       sum(1/i^2,i=1..infinity);
```

$$\sum_{i=1}^{\infty} i^{-2} = 1/6 \, \pi^2$$

```
Product( 1+1/x^2, x=1..infinity )=
       product( 1+1/x^2, x=1..infinity ));
```

$$\prod_{x=1}^{\infty} 1 + x^{-2} = \frac{\sinh(\pi)}{\pi}$$

Differentiation und Integration

Zur Differentiation von Termen ist das Kommando `diff` vorgesehen. Das Ergebnis kann oft mit `simplify` noch vereinfacht werden. `diff` bildet mühelos auch partielle Ableitungen von Termen mit mehreren Variablen.

```
simplify(diff( (x-1)/(x^2+1), x));
```
$$-\frac{x^2 - 1 - 2x}{(x^2 + 1)^2}$$
```
diff( sin(x*y), x);
```
$$\cos(xy)y$$

Mit `int` können sowohl allgemeine als auch bestimmte Integrale berechnet werden (zweites Beispiel). Die Ergebnisse fallen bei komplizierteren Funktionen ziemlich umfangreich aus.

```
int( 1/(1+x^3), x);
```
$$\frac{\ln(x+1)}{3} - \frac{\ln(x^2 - x + 1)}{6} + \frac{\sqrt{3}\arctan(\frac{(2x-1)\sqrt{3}}{3})}{3}$$
```
int( sin(x^2), x=a..b);
```
$$\sqrt{2}\sqrt{\pi}\,\text{FresnelS}(\frac{\sqrt{2}\,b}{\sqrt{\pi}})1/2 - \sqrt{2}\sqrt{\pi}\,\text{FresnelS}(\frac{\sqrt{2}\,a}{\sqrt{\pi}})1/2$$

Differentialgleichungen

Die Formulierung von Differentialgleichungen und Randbedingungen ist ein wenig mühsam. Wenn die Differentialgleichung nicht zu kompliziert ist, belohnt Maple den Aufwand mit der korrekten Lösung. Wenn eine zu geringe Anzahl von Neben- und Randbedingungen angegeben wird, formuliert Maple die Lösung mit den Integrationskonstanten _Cn.

```
dgl := diff(y(x),x) * y(x) * (1+x^2) = x;
```
$$dgl := \left(\frac{d}{dx}y(x)\right)y(x)\left(1+x^2\right) = x$$
```
dsolve( { dgl, y(0)=0 }, y(x));
```
$$y(x) = -\sqrt{\ln(1+x^2)}, y(x) = \sqrt{\ln(1+x^2)}$$
```
dsolve( (y(x)^2 - x)*D(y)(x) + x^2-y(x) = 0, y(x) );
```
$$\frac{x^3}{3} - y(x)x + \frac{y(x)^3}{3} = \_C1$$

Reihenentwicklungen

Wo eine exakte Lösung eines mathematischen Problems nicht möglich ist, hilft häufig eine Reihenentwicklung durch `series` weiter.

```
series(sin(x), x=0, 10);
```

$$x - \frac{1}{6}x^3 + \frac{1}{120}x^5 - \frac{1}{5040}x^7 + \frac{1}{362880}x^9 + O\left(x^{10}\right)$$

Auch das oben schon erwähnte Kommando `dsolve` ist in der Lage, Lösungen von Differentialgleichungen in Form von Reihen zu berechnen.

```
Order:=10:
dgl:=diff(y(x), x$2) + diff(y(x),x) + y(x) = x+sin(x);
```

$$dgl := \frac{d^2}{dx^2}y(x) + \frac{d}{dx}y(x) + y(x) = x + \sin(x)$$

```
lsg1:=dsolve( {dgl, y(0)=0, D(y)(0)=0}, y(x), series);
```

$$lsg1 := y(x) = \frac{1}{3}x^3 - \frac{1}{12}x^4 - \ldots + \frac{1}{181440}x^9 + O\left(x^{10}\right)$$

Laplace- und Fouriertransformation

Die Laplacetransformation wird durch das Kommando `laplace` ausgeführt. `laplace` ist Teil des `inttrans`-Package. Das Package muss vor der Verwendung von `laplace` mit `with(inttrans)` aktiviert werden. Zur Rücktransformation steht `invlaplace` zur Verfügung. Nach einer Vereinfachung mit `combine` ist die Originalfunktion wieder erkennbar.

Im Beispiel rechts wird zuerst der Rechteckimpuls f aus der Überlagerung zweier Sprungfunktionen definiert. f liefert für $-1 < t < 1$ den Wert 1, ansonsten 0. Die Fouriertransformation sieht auf den ersten Blick nicht wie das erwartete Ergebnis $\frac{2\sin(w)}{w}$ aus, es lässt sich aber entsprechend vereinfachen (siehe Kapitel 25).

```
with(inttrans):
laplace( cos(t-a), t, s);
```

$$\frac{s\cos(a) + \sin(a)}{s^2 + 1}$$

```
invlaplace(%, s, t);
```

$$\cos(a)\cos(t) + \sin(a)\sin(t)$$

```
combine(%,trig);
```

$$\cos(-t + a)$$

```
alias(sigma=Heaviside):
f:=sigma(t+1)-sigma(t-1):
g:=simplify(fourier(f, t, w));
```

$$2\frac{I\left(\pi\operatorname{Dirac}(w)\,w - I\right)\sin(w)}{w}$$

Interpolation, Näherungsfunktionen

Seit Maple 7 gibt es das Package `CurveFitting`, das eine Reihe von Funktionen zur Anpassung von Interpolations- und Näherungsfunktionen für Datenreihen zur Verfügung stellt. Das Package muss mit dem `with`-Befehl aktiviert werden.

Wir legen zunächst 10 Datenpunkte fest:

```
with(CurveFitting):
dataxy:= [[1,1],[2,0],[3,7],[4,3],[5,6],[6,8],[7,5],[8,8],[9,1],[10,9]]:
```

Wir berechnen der Reihe nach ein Interpolationspolynom (mit `PolynomialInterpolation`, die aus früheren Versionen bekannte Funktion `interp` erzeugt jetzt einen Aufruf dieser Funktion), ein Näherungspolynom 5. Grades nach der Methode der kleinsten Quadrate mit der `LeastSquare`-Funktion und eine durch diese Punkte gehende Splinefunktion. Das Interpolationspolynom und die Splinefunktion gehen durch alle gegebenen Datenpunkte. Das mit der Methode der kleinsten Quadrate erzeugte Näherungspolynom zeigt einen Funktionsverlauf, der möglichst gut an die Datenpunkte angepasst ist.

```
pol:=PolynomialInterpolation(dataxy,x);;
```

$$pol := \frac{17\,x^9}{51840} - \frac{517\,x^8}{40320} + \frac{11699\,x^7}{60480} - \frac{3719\,x^6}{2880} + \frac{27323\,x^5}{17280} + \frac{176741\,x^4}{5760} - \frac{652577\,x^3}{3240} + \frac{1816483\,x^2}{3360} - \frac{1669153\,x}{2520} + 293$$

```
lsq:=LeastSquares(dataxy,x,curve=h*x^5+a*x^4+b*x^3+c*x^2+d*x+e);
```

$$lsq := -\frac{121}{15} + \frac{55703}{3900}x + \frac{10941}{5720}x^3 - \frac{25801}{3432}x^2 - \frac{3727}{17160}x^4 + \frac{23}{2600}x^5$$

```
spl:=Spline(dataxy,x):
```

$$spl = \begin{cases} 2 + \frac{207809}{40545}x - \frac{124177}{13515}x^2 + \frac{124177}{40545}x^3 & x < 2 \\ \frac{1148902}{13515} - \frac{968123}{8109}x + \frac{717227}{13515}x^2 - \frac{59305}{8109}x^3 & x < 3 \\ -\frac{828787}{2703} + \frac{649288}{2385}x - \frac{1047052}{13515}x^2 + \frac{291568}{40545}x^3 & x < 4 \\ \frac{1012301}{2703} - \frac{9674344}{40545}x + \frac{678968}{13515}x^2 - \frac{139937}{40545}x^3 & x < 5 \\ \frac{314326}{2703} - \frac{3392569}{40545}x + \frac{260183}{13515}x^2 - \frac{212}{153}x^3 & x < 6 \\ -\frac{17051674}{13515} + \frac{24542387}{40545}x - \frac{1291759}{13515}x^2 + \frac{202477}{40545}x^3 & x < 7 \\ \frac{778912}{255} - \frac{50458483}{40545}x + \frac{2279711}{13515}x^2 - \frac{307733}{40545}x^3 & x < 8 \\ -\frac{25348512}{4505} + \frac{81535373}{40545}x - \frac{3220033}{13515}x^2 + \frac{75947}{8109}x^3 & x < 9 \\ \frac{4282833}{901} - \frac{58752658}{40545}x + \frac{395164}{2703}x^2 - \frac{197582}{40545}x^3 & \text{otherwise} \end{cases}$$

Wir lassen uns nun die Datenpunkte und die drei Funktionen zeichnen:

```
plots[display]({plot(dataxy,style=point,symbol=box),
    plot([pol,lsq,spl],x=0..10,-10..10,color=[black,blue,red])});
```

Wie man der Zeichnung deutlich entnehmen kann, schwingt das Interpolationspolynom an den Enden des Datenbereichs stark, die Splinefunktion vermeidet diese starken Schwingungen. Wenn man nicht darauf angewiesen ist, dass die Näherungsfunktion exakt durch die Datenpunkte geht, kommt man mit der Methode der kleinsten Quadrate zu guten Ergebnissen.

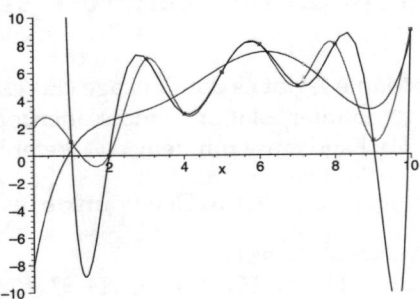

pade berechnet über ein numerisches Verfahren eine rationale Näherungsfunktion zu einer vorgegebenen Funktion. Neben pade stehen zahlreiche weitere Kommandos zur numerischen Berechnung von Näherungsfunktionen zur Verfügung.

```
with(numapprox):
x0:=solve(x^2=Pi/2)[1];
f:=pade( tan(x^2), x=x0, [3,3]):
evalf(normal(f));
```

$$\frac{-2719774873.0x^2 + 632510616.6x^3 - 675187878.0 + 3212301282.0x}{(2.0x - 2.506628274)(-109716870.0x^2 + 895824869.0x - 1356288866.0)}$$

Terme und Funktionen

Die mathematischen Basisobjekte von Maple sind Funktionen und Funktionale (Operatoren). Diese sind für beliebige in Maple darstellbare Objektbereiche auf die in der Mathematik übliche Weise definiert durch Werte- und Definitionsmenge und die Bedingung, dass jedem Objekt der Definitionsmenge nur ein Objekt der Wertemenge zugeordnet werden kann. Terme werden aus Konstanten und Variablen durch Zusammensetzung mit Funktionen und Operatoren wie +, * und − gebildet.

Die Definition von Funktionen folgt der in der Mathematik üblichen Pfeil-Notation, die Anwendung von Funktionen wird durch den Funktionsnamen mit anschließend in Klammern durch Kommata getrennten Argumenten dargestellt.

```
f:=x->(x+a)^2/sin(x);
```

$$f := x \mapsto \frac{(x+a)^2}{\sin(x)}$$

```
f(b);f(a);f(sin(Pi/2));f(f(3));
```

$$\frac{(b+a)^2}{\sin(b)}$$

$$4\frac{a^2}{\sin(a)}$$

$$\frac{(1+a)^2}{\sin(1)}$$

$$\frac{\left(\frac{(3+a)^2}{\sin(3)}+a\right)^2}{\sin(\frac{(3+a)^2}{\sin(3)})}$$

Grafik

Die beiden vielseitigsten Funktionen zur Darstellung zwei- und dreidimensionaler Funktionen lauten `plot` und `plot3d`. Die beiden Abbildungen unten stellen nicht einmal annähernd die vielfältigen Möglichkeiten Maples zur grafischen Darstellung mathematischer Funktionen dar.

```
plot(sin(x)*exp(1)^(-x/5), x=0..4*Pi);
```

```
plot3d(sin(x)*exp(1)^y, x=0..2*Pi,
       y=0..Pi, axes=boxed);
```

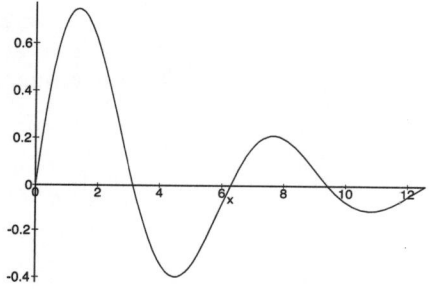
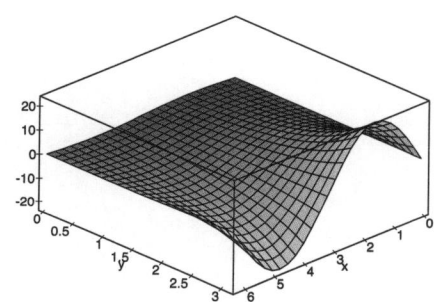

Programmierung

Maple ist nicht nur ein System zur Berechnung mathematischer Ausdrücke, sondern auch eine eigene Programmiersprache. Das Beispiel rechts zeigt die Definition der rekursiven Fibonacci-Funktion.

```
f:=proc(x::nonnegint)
  option remember;
  if x=0 then 0
  elif x=1 then 1
  else f(x-1)+f(x-2) end if;
end proc:

f(50);
           12586269025
```

Kapitel 2

Die Bedienung von Maple

Dieses Kapitel gibt eine kurze Einführung in den praktischen Umgang mit Maple. Dabei sind weniger mathematische Aspekte von Interesse als vielmehr die zur korrekten Bedienung erforderlichen formalen Details. Die folgenden Abschnitte beschreiben die Benutzeroberfläche von Maple (Worksheet-Interface), den Ausdruck von Dokumenten und Grafiken sowie die wichtigsten Syntaxkonventionen von Maple (Sonderzeichen, Umgang mit Packages etc.).

Das Kapitel geht nicht (bzw. nur andeutungsweise) auf versionsabhängige Besonderheiten von Maple ein. Vom mathematischen/syntaktischen Standpunkt her gesehen, sind alle Maple-Versionen gleich. Unterschiede kann es dagegen in der Bedienung, im Aufbau der Menüs, in den Grafikmöglichkeiten etc. geben. Bei der Beschreibung des Worksheet-Interface werden Tastenkürzel und Menübefehle angegeben, wie sie bei der Windows-Version von Maple auftreten. Davon abweichende Kürzel oder Befehle bei anderen Maple-Versionen entnehmen Sie bitte dem mit Maple gelieferten Handbuch *Learning Guide* oder der Online-Hilfe (*Reference...shortcuts...shortcut keys...*).

Die Informationen in diesem Kapitel sollten ausreichen, um die ersten Versuche mit Maple ohne größere Schwierigkeiten durchzuführen. Viele Themen werden hier natürlich nur berührt, dafür aber in späteren Kapiteln noch ausführlicher behandelt.

Symbolisches/numerisches Rechnen	Kapitel 3
Vermeiden typischer Fehler	Kapitel 5
Variablenverwaltung	Kapitel 6
Elementare Operatoren und Funktionen	Kapitel 7
Folgen, Listen, Mengen	Kapitel 9
Definition eigener Funktionen	Kapitel 11
Laden und Speichern von Daten	Kapitel 29
Grafik	Kapitel 19, 20, 31, 32

Das Worksheet-Interface

Das seit Release 4 vorhandene Worksheet-Interface ist weiter verbessert worden. Viele kleine Ungereimtheiten der ersten Versionen sind ausgebessert, perfekt ist das Interface allerdings noch nicht. (Es fehlt beispielsweise immer noch ein anständiger Editor für Programme.) Maple vereint die Fähigkeiten eines einfachen Textverarbeitungsprogramms mit denen eines Computeralgebraprogramms. Bei der Gestaltung von Texten werden frei definierbare Zeichen- und Absatzformate unterstützt. Mathematische Formeln können auch im Fließtext verwendet werden. Mit plot erzeugte Grafiken können in separaten Fenstern ausgegeben oder direkt in das Maple-Dokument eingebunden und in hoher Qualität ausgedruckt werden. Die rechte Maustaste zeigt Kontextmenüs an, die man auch selbst definieren und erweitern kann. Mit etwas Übung kann man mit diesen Menüs recht effektiv arbeiten. Mit Paletten kann man sich Eingabehilfen für gängige Formeln und Datenstrukturen anzeigen lassen. Man kann dann per Mausklick ein Skelett einer entsprechenden Maple-Anweisung erzeugen.

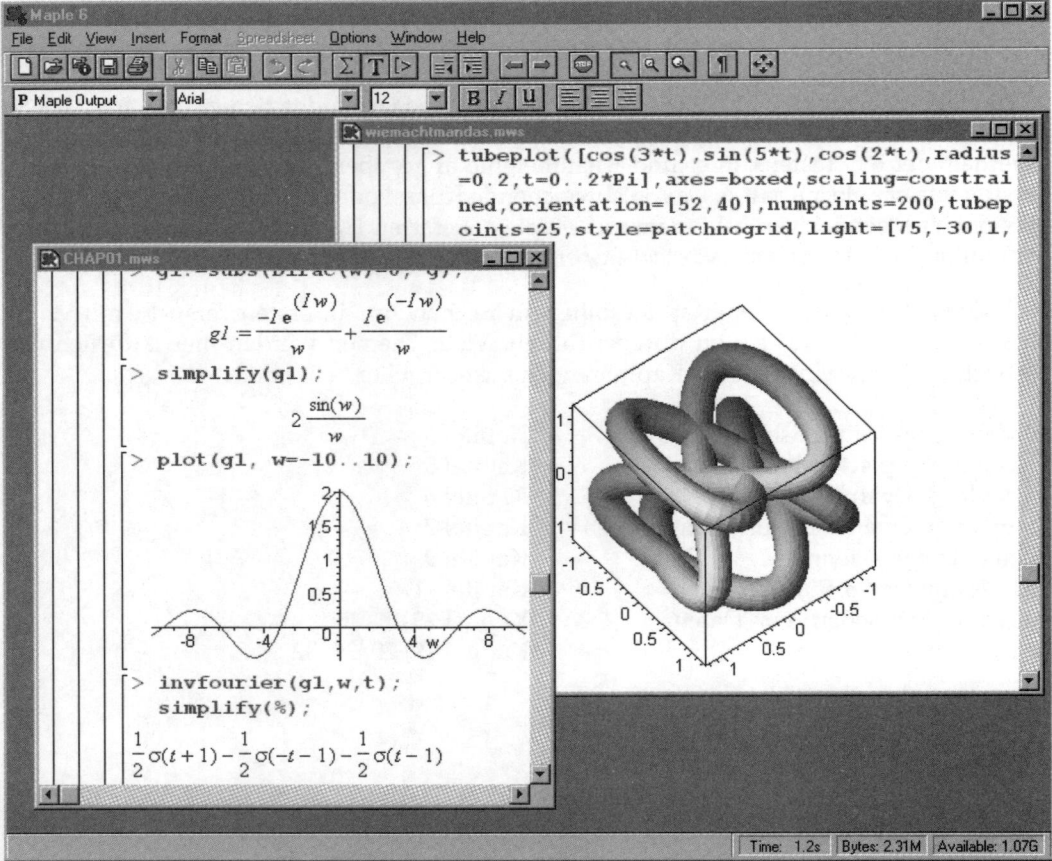

Die ersten Maple-Befehle

Nach dem Start von Maple zeigt das Programm in der ersten Zeile das Zeichen > an und erwartet an dieser Stelle eine Eingabe. Eingaben müssen mit einem Strichpunkt enden und mit ⏎ abgeschlossen werden (bzw. mit (Enter) oder (Return), je nach verwendeter Tastatur). Maple wertet dann diese Eingabe aus und zeigt das Ergebnis am Bildschirm an.

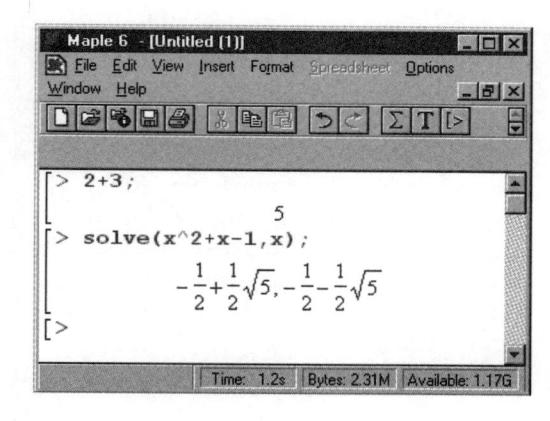

In diesem Buch werden Eingaben und ihre Ergebnisse in der folgenden Form dargestellt:

```
2+3;
```
$$5$$

```
solve(x^2+x-1=0,x);
```
$$1/2\sqrt{5} - 1/2, -1/2 - 1/2\sqrt{5}$$

Innerhalb des Worksheets (also des Fensters, in dem Maple Eingaben und Ergebnisse anzeigt) können Sie sich mit der Maus bzw. mit den Cursortasten bewegen. Wenn Sie eine Eingabe nachträglich verändern, müssen Sie mit ⏎ eine neuerliche Auswertung auslösen – Maple berechnet von sich aus nichts automatisch. Falls von der Veränderung einer Eingabe weitere Anweisungen betroffen sind (weil diese auf ein Zwischenergebnis zurückgreifen), müssen auch diese Eingaben neu ausgewertet werden.

Berechnungen unterbrechen

Wenn Sie Maple bei einer langwierigen Berechnung unterbrechen möchten, klicken Sie einfach den STOP-Button der Symbolleiste an. (Unter Umständen kann es allerdings recht lange dauern, bis Maple die Berechnung tatsächlich abbricht.) Außerdem stehen Ihnen auch während einer Berechnung alle Menükommandos zur Verfügung; Sie können also beispielsweise die aktuelle Arbeitsmappe speichern, in ein anderes Fenster wechseln, Text eingeben etc.

Kontextmenüs

Mit der rechten Maustaste stellt Maple Kontextmenüs zur Verfügung, die auch selbst konfiguriert werden können. Die Menüs werden durch Klicken mit der rechten Maustaste aktiviert und stellen, je nachdem, was angeklickt wird, eine Reihe von Optionen zur Verarbeitung des Inhalts der angeklickten Stelle zur Auswahl. Das Bild rechts zeigt ein solches Menü, das durch Klicken auf die von Maple ausgegebene Formel geöffnet wurde.

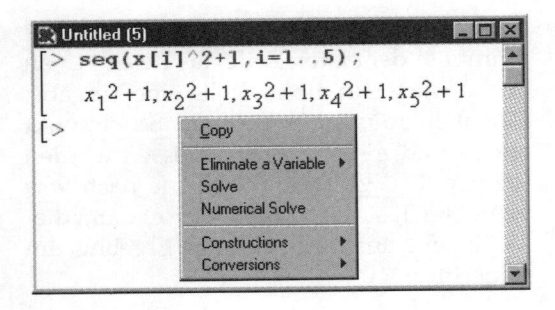

Paletten

Über VIEW|PALETTES kann man sich diverse Paletten anzeigen lassen. Diese besitzen Knöpfe, die Syntaxgerüste für die unterschiedlichsten Eingaben erzeugen. Rechts sehen Sie die Palette zur Generierung von Ausdrücken. Es gibt außerdem Paletten für griechische Buchstaben und Symbole, für Vektoren und für Matrizen. Die Funktion der Knöpfe kann man sich über die Ballon-Hilfe (wie nebenstehend gezeigt) anzeigen lassen.

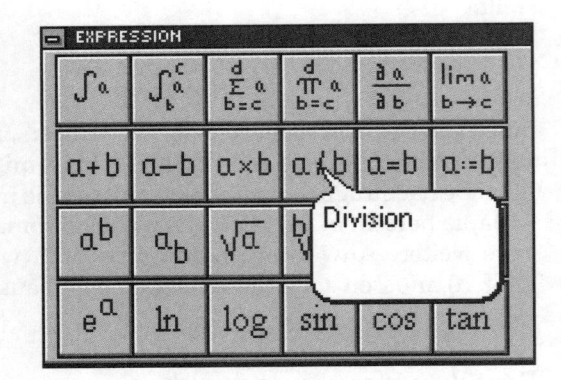

Strukturierung von Maple-Dokumenten

Eine Eingabe und ihr Ergebnis stellen eine Gruppe dar. Maple kennzeichnet diese Gruppe durch eine eckige Klammer am linken Rand. Wenn sich innerhalb einer Gruppe mehrere Eingaben befinden, werden alle Eingaben dieser Gruppe nacheinander durch ⏎ ausgewertet. (Bei mehrzeiligen Eingaben gelangen Sie mit (Shift)+⏎ in eine neue Zeile, ohne die Auswertung auszulösen.)

Gruppen mit mehreren Eingaben können durch EDIT|SPLIT OR JOIN|SPLIT EXECUTION GROUP in zwei Gruppen zerlegt werden. Entsprechend lassen sich können zwei markierte Gruppen mit EDIT|SPLIT OR JOIN|JOIN EXECUTION GROUP zu einer größeren Gruppe zusammenfassen.

Mehrere Gruppen können zu einem Abschnitt (engl. section) zusammengefasst werden. Dazu markieren Sie die Gruppen mit der Maus oder mit den Cursortasten und führen anschließend FORMAT|INDENT aus. Maple fasst die Gruppen durch eine weitere eckige Klammer zusammen. Am Kopf dieser Klammer wird ein kleiner Button mit einem Plus- oder Minuszeichen angezeigt. Mit diesem Button können Sie den gesamten Abschnitt aus- bzw. wieder einblenden.

Abschnitte lassen sich verschachteln, d.h., Sie können mehrere Abschnitte in einen weiteren, übergeordneten Abschnitt zusammenfassen. Ebenso wie Gruppen können auch Abschnitte an der Cursorposition in zwei Abschnitte geteilt bzw. wieder zusammengefasst werden. Die erforderlichen Kommandos lauten EDIT|SPLIT OR JOIN|SPLIT SECTION bzw. ...|JOIN SECTION.

Mit VIEW|COLLAPSE ALL SECTIONS klappen Sie alle Abschnitte eines Worksheets zusammen. Besonders lange Maple-Dokumente können damit sehr kompakt und übersichtlich dargestellt werden. Analog klappen Sie alle Abschnitte mit VIEW|EXPAND ALL SECTIONS wieder aus.

Text in Maple-Dokumenten

Maple ermöglicht es auch, Absätze mit normalem Text in das Dokument einzufügen. Auf diese Weise lassen sich Worksheets gestalten, die nicht nur eine mathematische Berechnung enthalten, sondern auch beliebig formatierten Text. Auch wenn Maple nicht alle Möglichkeiten eines Textverarbeitungsprogramms bietet (keine Fußnoten, kein Inhaltsverzeichnis, keine einstellbaren Kopf- und Fußzeilen etc.), können Texte doch erstaunlich gut formatiert werden.

Maple verwendet dazu ähnlich wie MS Word Formatvorlagen. Einen Überblick über die vordefinierten Formatvorlagen gibt FORMAT|STYLES. Jedem Absatz kann eines der dort definierten Absatzformate zugewiesen werden. Außerdem lassen sich zuvor markierte Textpassagen mit eigenen Zeichenformaten hervorheben. Sie können die Formatvorlagen verändern und sogar neue Formate definieren.

Zur Eingabe von Texten (die keine Maple-Kommandos darstellen sollen) müssen Sie vorher Platz für einen Absatz schaffen. Das erfolgt durch die Kommandos INSERT|FORMAT|BEFORE oder ...|AFTER. Damit wird in der gerade aktuellen Gruppe vor oder hinter der Kommandozeile eine neue leere Zeile eingefügt. Sie müssen dann den Eingabemodus auf Texteingabe umstellen ((Strg)+(T)). Danach können Sie beliebigen Text eingeben.

⏎ funktioniert bei der Texteingabe übrigens wie in einem Textverarbeitungsprogramm und startet einen neuen Absatz. Eine Auswertung von Eingaben wird nur im Mathematik-Modus vorgenommen. Man erkennt diesen Modus normalerweise daran, dass die Zeile mit > beginnt. (Fließtext kann mit FORMAT|CONVERT TO|MAPLE INPUT in ein Maple-Kommando umgewandelt werden.)

Sie können innerhalb von Fließtext auch mathematische Formeln eingeben. Für die Formeleingabe gilt die normale Maple-Syntax. Anschließend markieren Sie die Formel und führen CONVERT |STANDARD MATH über das Kontextmenü (rechte Maustaste) durch. Maple zeigt jetzt statt des Maple-Kommandos die entsprechende Formel an. Eine weitere Veränderung der Formel ist nur noch in der Eingabezeile möglich, während im Dokument die Formel angezeigt wird. (Eine direkte Bearbeitung der Formel ist dagegen nicht möglich.) Wenn Sie lieber mit Tastaturkürzeln arbeiten: vor Eingabe der Formel im Text (Strg)+(R) drücken – es erscheint ein ? an der Einfügestelle – Formel eingeben (im Eingabefenster) – mit (Strg)+(T) zurückwechseln zur Texteingabe.

Die Abbildung zeigt eine Überschrift (Formatvorlage 'Heading 2'), die eine Formel enthält. Das Edieren der Formel kann nur in der Eingabezeile erfolgen. Dabei muss die Maple-Syntax beachtet werden.

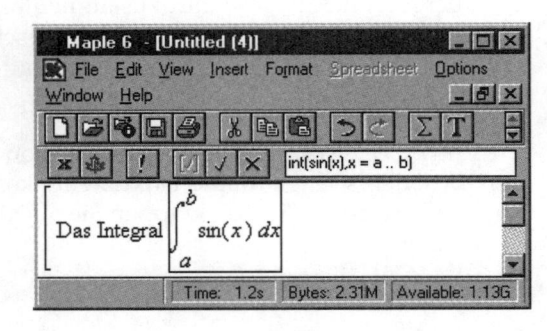

Falls Sie Formeln im Fließtext durch Maple auswerten lassen möchten (sogar das ist möglich), müssen Sie die Formel in eine Maple-Eingabe umwandeln. Dazu selektieren Sie den Text und wählen im Kontextmenü MAPLE INPUT. Die Formel ändert dadurch ihre Farbe. Wenn Sie ⏎ drücken, während sich der Cursor in der Formel befindet (oder im Kontextmenü EXECUTE wählen), wird die entsprechende Eingabe ausgewertet. (Sie muss natürlich wie alle Eingaben durch einen Strichpunkt abgeschlossen sein.) Zur Rückwandlung in Text kann man im Kontextmenü die Eigenschaft MAPLE INPUT wieder abschalten und erhält dann tatsächlich inaktiven Text.

Gleichzeitige Bearbeitung mehrerer Maple-Dokumente

Sie können in Maple mehrere Worksheets gleichzeitig laden. Diese Worksheets werden in jeweils eigenen Fenstern angezeigt. Beachten Sie aber, dass in der Standardversion von Maple alle Bindungen von Symbolen (Funktionen, Variablen etc.) für alle Worksheets gelten! Wenn Sie in einem Worksheet die Variable x binden, gilt diese Variable auch für alle anderen Worksheets als gebunden. Das kann unter Umständen zu gravierenden Problemen führen. (Neben der Standardversion existiert auf vielen Rechnerplattformen auch eine Parallelversion. In dieser Version wird jedes Worksheet als eigene Einheit betrachtet. Siehe Seite 51.)

Wenn Sie mit einem neuen Worksheet zu arbeiten beginnen, ist es in der Regel sinnvoll, das Kommando `restart` auszuführen. Damit werden alle Bindungen gelöscht, Maple verhält sich anschließend wie nach einem Neustart. Seit Maple 7 gibt es für diesen Befehl auch einen Knopf in der Werkzeugleiste.

Querverweise auf andere Dokumente

In Maple-Dokumenten können Querverweise verwendet werden. Querverweise zeigen auf eine andere Stelle im selben Dokument oder auf ein anderes Dokument. Querverweise werden üblicherweise unterstrichen angezeigt (wie in der Online-Hilfe oder in World-Wide-Web-Dokumenten).

Die Eingabe eines Querverweises erfolgt durch INSERT|HYPERLINK. Im nun erscheinenden Dialog können Sie den Text des Querverweises und sein Ziel angeben. Das Ziel kann eine Textmarke (engl. bookmark) im aktuellen Text, eine andere Maple-Datei oder ein Hilfethema sein. Textmarken müssen gegebenenfalls vorher durch VIEW|BOOKMARK|EDIT definiert werden.

Online-Hilfe

Zu allen in Maple definierten Kommandos existieren Hilfetexte. Der Aufruf der Hilfe erfolgt wahlweise über das HILFE-Menü, durch das Kommando `?name` oder mit (F1). Wenn der Cursor in einem Schlüsselwort steht, zeigt Maple mit (F1) automatisch den dazugehörigen Hilfetext an. Allerdings sind nach dem Anklicken einiger Querverweise eine unüberschaubare Anzahl von Fenstern geöffnet. Abhilfe bietet das Kommando WINDOWS|CLOSE ALL HELP.

Manche Online-Hilfethemen setzen sich aus Thema und Unterthema zusammen (beispielsweise `plots,options`). In diesem Fall erfolgt der Hilfeaufruf durch `?plot,options` oder durch `?plot[options]`. Ein Hilfeaufruf mit (F1) funktioniert nur bei der zweiten Schreibweise mit eckigen Klammern.

Wenn die Option HELP|BALLON HELP aktiv ist, zeigt Maple zu allen Optionen und Menükommandos Sprechblasen mit einer kurzen Erklärung an. Diese Sprechblasen sind vergleichbar mit den Quickinfo-Texten der Microsoft-Office-Programme.

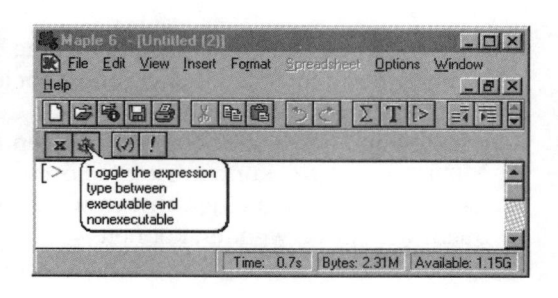

Internet: Auch das Internet ist oft eine wertvolle Quelle von Informationen. Diskussionsbeiträge zu Problemen in verschiedenen Computeralgebraprogrammen und deren Lösungen finden Sie am ehesten in der Newsgruppe `sci.math.symbolic`. Speziell für Maple können Sie sich bei der Diskussionsliste der Maple-User-Group (MUG) anmelden (Email an `majordomo@daisy.uwaterloo.ca` mit Inhalt: `subscribe maple-list`). Am WWW-Server von Waterloo-Software finden Sie neben Werbung auch Bugfixes, Demo-Versionen und die neuesten Ergänzungen der `share`-Library (`www.maplesoft.com`). Weitere Internet-Querverweise enthalten die WWW-Seiten der Autoren (Adressen siehe Vorwort).

Laden und Speichern

Maple-Worksheets werden mit FILE|SAVE gespeichert und können mit FILE|OPEN wieder geladen werden. Nach dem Laden zeigt Maple alle Ergebnisse an, sodass das Worksheet im gleichen Zustand wie beim Speichern erscheint. Dieser Schein trügt! Maple hat das Worksheet nur als Text gespeichert. Die im Worksheet verwendeten Variablen sind aber noch ungebunden. (Maple bietet keine Möglichkeit, ein Worksheet mit den Inhalten von Variablen gemeinsam zu speichern.)

Damit das Worksheet sich wieder im selben Zustand wie vor dem Speichern befindet, müssen alle Maple-Kommandos noch einmal ausgeführt werden. Am bequemsten erfolgt das mit EDIT|EXECUTE|WORKSHEET.

Maple-Worksheets können mit FILE|EXPORT AS auch im LaTeX-Format, im HTML-Format, im RTF-Format oder als reine Textdatei gespeichert werden. Grafiken kann man über das Kontextmenü in vielen Formaten ausgeben: DXF (für Autocad), EPS (Postscript), POV (Povray), BMP, JPG, WMF und GIF. (Man kann allerdings im Exportdialog unverständlicherweise kein noch nicht existierendes Verzeichnis als Speicherort angeben.)

Ausdruck von Maple-Dokumenten

Der Ausdruck eines Worksheets erfolgt einfach durch FILE|PRINT. Wenn Sie möchten, können Sie sich vor dem Ausdruck mit FILE|PRINT PREVIEW davon überzeugen, dass Maple an passenden Stellen Seitenumbrüche einfügt. Im Folgenden finden Sie einige Tipps, wie Sie die Qualität des Ausdrucks verbessern können:

- Verwenden Sie ausschließlich schwarze Schriften. Blaue Überschriften, rote Maple-Kommandos etc. machen zwar die Arbeit mit Maple übersichtlicher, werden aber als Graustufen ausgedruckt und erwecken den Eindruck, als ob der Ausdruck nicht ganz scharf wäre. (Farbeinstellungen erfolgen über FORMAT|STYLES. Mit dem Kommando MERGE EXISTING können Sie die Formatvorlage eines anderen Dokuments laden, sodass Sie nur einmal eine Schwarzweißvorlage definieren müssen und diese dann bequem wieder verwenden können.)

- Verwenden Sie bei 2D-Grafiken die Option `color=black`. Damit werden alle Linienzüge schwarz gezeichnet.

- Bei 3D-Grafiken ist die Option `color=black` nur bei Grafiken ohne Schattierung sinnvoll. Bei schattierten Grafiken bewährt sich die Option `shading=zgreyscale`. (Diese Option kann auch über das Grafik-Menükommando COLOR|Z (GREYSHADE) nachträglich eingestellt werden.)

- Schalten Sie vor dem Ausdruck die Anzeige der Gruppen- und Abschnittsklammern ab (Kommando VIEW|SHOW GROUP RANGES bzw. VIEW|SHOW SECTION RANGES).

- Falls Sie mit dem automatischen Seitenumbruch Probleme haben, können Sie manuelle Seitenumbrüche mit (Strg) + (↵) einfügen.

Anmerkungen: Generell funktioniert der Ausdruck von Grafiken direkt aus dem Worksheet-Interface hervorragend und in guter Qualität. Enttäuschend ist lediglich der Ausdruck von schattierten 3D-Grafiken: Die Anzahl der Farben bzw. Schattierungen ist viel zu gering, um einen richtigen 3D-Eindruck (wie bei den Grafiken in diesem Buch) zu erzielen. Qualitativ hochwertige Ausdrucke von 3D-Grafiken sind aber über den Umweg von PostScript-Dateien möglich.

Tastenkürzel

In der praktischen Arbeit mit Maple werden Sie wahrscheinlich meistens Tastenkürzel statt der Menükommandos verwenden. Für die verschiedenen Maple-Versionen gibt es unterschiedliche Abkürzungen. Sie können die für Sie geltenden Kürzel in der Online-Hilfe unter REFERENCE...|SHORTCUTS...|SHORTCUT KEYS... finden.

Syntaxkonventionen

Damit Maple einen Befehl (bzw. eine Berechnung) ausführt, muss dieser in einer Befehlszeile (erkennbar am vorangestellten >-Zeichen) eingegeben werden. Der Befehl muss mit einem Strichpunkt oder Doppelpunkt abgeschlossen werden. Wenn ein Doppelpunkt verwendet wird, führt Maple die Berechnung zwar aus, zeigt das Ergebnis aber nicht an.

Die Namen von Funktionen, Befehlen und Operatoren werden in der Regel klein geschrieben, Konstanten zumeist groß. Diese Regeln haben natürlich auch Ausnahmen: So gibt es zu einigen Befehlen (etwa zum Integralbefehl `int`) so genannte träge (engl. inert) Varianten, die groß geschrieben werden. Diese Varianten werden nicht unmittelbar ausgewertet und dienen häufig Darstellungszwecken (am Bildschirm wird das Integralzeichen angezeigt) oder Modulo-Berechnungen, wo aufgrund der verzögerten Auswertung Vereinfachungen durchgeführt werden können. Die wichtigste Ausnahme bei den Konstanten betrifft das klein geschriebene Schlüsselwort infinity für unendlich (∞).

Argumente von Prozeduren und Funktionen werden in runden Klammern eingeschlossen, also sin(x) oder solve(gl,x). Bei manchen Befehlen (etwa bei plot) können außerdem Optionen angegeben werden. Die Syntax lautet dabei optname=einstellung. Normalerweise müssen sowohl der Name der Option als auch die gewünschte Einstellung klein geschrieben werden. Die Schlüsselwörter für die Einstellung dürfen zumeist auch vollständig groß geschrieben werden, gemischte Groß- und Kleinschreibung ist aber nicht erlaubt.

Maple rechnet, wann immer möglich, symbolisch. Es wertet Terme wie $\sin(\pi/9)$ daher nicht numerisch aus, sondern lässt sie in dieser Form stehen. Eine numerische Berechnung kann jederzeit mit der Funktion evalf durchgeführt werden.

Im Beispiel rechts wird die Quadratwurzel von 2 numerisch ausgewertet.

```
evalf(sqrt(2));
```
$$1.414213562$$

Durch Kommata getrennte Ausdrücke gelten in Maple als Folgen. Aus diesem Grund ist die rechts stehende Anweisung erlaubt. Das Resultat stellt allerdings eine Einheit dar, nicht einfach drei Einzelergebnisse.

```
2+3,2*3,2^3;
```
$$5, 6, 8$$

Auf das zuletzt ermittelte Ergebnis kann mit % zugegriffen werden, auf das vorletzte Ergebnis mit %% und auf das drittletzte mit %%%. Weiter zurückliegende Resulate können nur noch verwendet werden, wenn sie in Variablen gespeichert wurden. Der Befehl evalf im Beispiel rechts erzwingt eine numerische Auswertung des Ergebnisses, der zweite Parameter gibt die Anzahl der zu benutzenden Stellen für diese Auswertung an.

```
sin(Pi/9);
```
$$\sin(\frac{\pi}{9})$$
```
evalf(%,15);
```
$$.342020143325668$$

Wenn eine Eingabe mehrere Ergebnisse als Folge (einfache Aufzählung), Liste (dito, aber in eckigen Klammern) oder Menge (geschwungene Klammern) liefert, erfolgt der Zugriff auf Teilelemente durch nachgestelltes [index]. Das erste Teilelement hat den Index 1 (nicht 0).

```
solve(x+1/x=5,x);
```
$$5/2 + \frac{\sqrt{21}}{2}, 5/2 - \frac{\sqrt{21}}{2}$$
```
evalf(%[2]);
```
$$0.208712152$$

Variablen, Terme und Funktionen

Maple behandelt Verkettungen von Buchstaben und Ziffern als Symbole. Symbole können wie in konventionellen Programmiersprachen an Werte gebunden werden, können aber auch – und hier liegt der Unterschied zu konventionellen Sprachen – ohne solche Bindungen verarbeitet werden: Maple ist schließlich ein Programm zum symbolischen Rechnen.

In einer konventionellen Programmiersprache würde das nebenstehende Beispiel sicher zu einer Laufzeit-Fehlermeldung führen, da die Symbole a, b und c nicht an einen Wert gebunden sind. Maple hingegen löst die Gleichung symbolisch.

```
solve(a*x^2+b*x+c=0,x);
```

$$\frac{1}{2}\frac{-b+\sqrt{b^2-4\,ac}}{a},\frac{1}{2}\frac{-b-\sqrt{b^2-4\,ac}}{a}$$

Durch eine Zuweisung mit := können Symbole an Werte oder Ausdrücke gebunden werden. Die Gleichung wird dann erst gelöst, nachdem für die Symbole die an sie gebundenen Werte eingesetzt sind.

```
a:=1;b:=2;c:=-3;
```

$$a := 3$$
$$b := 2$$
$$c := -3$$

```
solve(a*x^2+b*x+c=0,x);
```

$$1, -3$$

Ganz allgemein gilt für Maple (bis auf wenige Ausnahmen, die zu gegebener Zeit besprochen werden) die folgende **Regel**:

> *In einem ersten Schritt werden so lange alle gebundenen Variablen durch die an sie gebundenen Werte ersetzt, bis keine gebundenen Variablen mehr vorkommen (dies ist eine rekursive Vorschrift!), erst danach wird der Ausdruck ausgewertet.*

```
x:=y;y:=z;z:=3;
```

$$x := y$$
$$y := z$$
$$z := 3$$

Im nebenstehenden Beispiel wird x durch y, dies durch z und danach durch 3 ersetzt. Entsprechend werden auch y und z behandelt. Danach wird addiert.

```
x+y+z;
```

$$9$$

Beachten Sie, dass viele Befehle voraussetzen, dass die darin verwendeten Variablen noch ungebunden sind. Zum Beispiel kann der Befehl sum nur ausgeführt werden, wenn die Summationsvariable nicht gebunden ist.

```
x:=2;
    x := 2
sum(x^2, x=1..3);
    Error, (in sum) summation
    variable previously assigned,
    second argument evaluates to,
    2 = 1 .. 3
y:='y';
    y := y
x+y+z;
    2y + 3
```

Sie können die Bindung eines Symbols aufheben, indem Sie ihm den eigenen Namen zuweisen. Der Name muss (unter Linux) in linksgerichteten Apostrophen ' (Akut) angegeben werden. Bei DOS- und Windows-Versionen müssen statt linksgerichteter Apostrophe gerade Apostrophe (Shift+#) eingegeben werden. Die Apostrophe unterdrücken die Auswertung des in sie eingeschlossenen Ausdrucks, sodass als Ergebnis der unausgewertete Ausdruck erscheint. Das Symbol y wird so 'an sich selbst' gebunden.

Funktionen werden in ihrer einfachsten Form mit Hilfe von Termen definiert. Dabei muss angegeben werden, welche der im Term verwendeten Variablen als Funktionsvariablen zu betrachten sind. Funktionen können wie andere Werte an Symbole gebunden werden. Im Beispiel rechts wird f durch eine Sinusfunktion definiert. Anschließend wird das Integral über f von 0 bis 2 berechnet.

```
f:=x->sin(2*x);
    f := x ↦ sin(2x)
int(f(x), x=0..2);
    -1/2 cos(4) + 1/2
```

Aus den obigen Beispielen geht hervor, dass zwischen den Operatoren := und = ein fundamentaler Unterschied besteht. := wird ausschließlich für Bindungen verwendet, also um Ausdrücke oder Werte an Symbole zu binden. = dient dagegen zur Formulierung von Gleichungen (x^2=3) und zum Formulieren von Optionen (scaling=constrained).

Sonderzeichen in Maple

Die folgende Tabelle fasst die wichtigsten Sonderzeichen von Maple zusammen. Eine ausführliche Beschreibung der Operatoren finden Sie in Kapitel 7.

>	kennzeichnet eine Kommandozeile
;	schließt ein Kommando ab
:	wie oben, allerdings wird das Ergebnis nicht angezeigt
||	Verbindungsoperator (a||b ergibt ab)
..	Bereichsoperator (z.B. für Integrale und beim `plot`-Kommando)

!	Fakultät
?	Aufruf der Online-Hilfe
'	verhindert die sofortige Auswertung von Ausdrücken
"	Kennzeichnung von Zeichenketten (z.B. `"dateiname.m"`)
%	Zugriff auf das letzte Ergebnis
%%	Zugriff auf das vorletzte Ergebnis
%%%	Zugriff auf das drittletzte Ergebnis
:=	Zuweisungsoperator (`c:=3`)
=	Vergleichsoperator (`kreis:=x^2+y^2=1`)
$	Aufzählungsoperator (`x$3` liefert x, x, x)
@	Verkettungsoperator (`(a@b)(x)` liefert $a(b(x))$)
[ ]	Kennzeichnung von Listen
{ }	Kennzeichnung von Mengen

Packages und Librarys

Eine sehr große Anzahl von Befehlen steht in Maple automatisch zur Verfügung. Daneben existieren Befehle, die in so genannten *Packages* definiert sind und auf die zunächst nur über den Package-Namen zugegriffen werden kann.

Das folgende Beispiel verdeutlicht dies: Wir definieren zunächst eine 2*2-Matrix.

`mat:=<<1|2>,<3|4>>;`

$$mat := \begin{bmatrix} 1 & 2 \\ 3 & 4 \end{bmatrix}$$

Da sich der Befehl `Determinant` zur Berechnung der Determinante im Package `LinearAlgebra` befindet, scheitert der Versuch, `Determinant` aufzurufen, da das Symbol `Determinant` nicht gebunden ist. Erst durch die zusätzliche Angabe des Package wird ein Symbol angegeben, das an die gewünschte Funktion gebunden ist.

`Determinant(mat);`

$Determinant([[1, 2], [3, 4]])$

`LinearAlgebra[Determinant](mat);`

-2

Bequemer ist es, die Funktionen des jeweils benötigten Package mit `with` zu aktivieren. Dieser Befehl legt die Namen der vom aufgerufenen Package bereitgestellten Prozeduren zusammen mit ihren Bindungen im Globalen Namensverzeichnis ab, sodass sie anschließend ohne den vorgestellten Package-Namen verwendet werden können.

```
with(LinearAlgebra);
```

$[Add, Adjoint, ...,$

$ZeroVector, zip]$

Beim Ausführen von `with` gibt Maple Warnungen aus, falls bereits vorhandene Bindungen neu definiert werden. Außerdem wird eine Liste mit allen neu gebundenen Symbolen angezeigt. Auf das Anzeigen dieser Liste kann verzichtet werden, wenn das `with`-Kommando mit einem Doppelpunkt und nicht mit einem Semikolon abgeschlossen wird.

`Determinant` kann jetzt unmittelbar verwendet werden.

```
Determinant(mat);
```
-2

Wenn Sie beim Ausprobieren von Beispielen aus diesem Buch Probleme haben, ist eine mögliche Fehlerursache die fehlende Angabe des erforderlichen `with`-Befehls. Das passiert vor allem dann, wenn Sie ein Beispiel aus der Mitte eines Kapitels ausführen wollen: Da kann es leicht vorkommen, dass der dazugehörige `with`-Befehl einige Seiten vorher angegeben war. Am einfachsten stellen Sie durch einen Blick auf die Syntaxzusammenfassung am Ende des Kapitels fest, ob ein Befehl Teil eines Package ist.

Maple stellt zur Definition von Kommandos und Funktionen eine echte Programmiersprache zur Verfügung (siehe Kapitel 28 bis 30). Aus diesem Grund kann die Funktionalität von Maple einfach durch das Nachladen des Programmcodes für einige Kommandos erweitert werden. In früheren Versionen von Maple existierten Packages real als eigene Dateien (z.B. `plot.ms`). Ab Release 2 sind alle Package-Dateien in die Library-Datei `maple.lib` eingegangen. Der bis Version 5 für einige Prozeduren zu verwendende `readlib`-Befehl ist ab Version 6 überflüssig.

Grafik und Animation

Beinahe alle Grafiken werden mit dem `plot`-Kommando oder einer seiner vielen Varianten gezeichnet. Die Reaktion von Maple auf ein `plot`-Kommando besteht darin, dass es die Grafik im aktuellen Fenster ausgibt. Die Größe der Grafik kann durch eine Veränderung des Rahmens beliebig eingestellt werden.

Wenn die Grafik mit der Maus angeklickt wird, verändern sich das Menü und die Symbolleiste von Maple: Es stehen jetzt zahlreiche Kommandos zur Bearbeitung der Grafik zur Verfügung. Bei zweidimensionalen Grafiken lassen sich die Position der Koordinatenachsen und der Zeichenstil (punktiert, liniert) verändern. Noch mehr Optionen stehen

Grafik und Animation

bei dreidimensionalen Grafiken zur Verfügung: Die Grafik kann verdreht, neu eingefärbt, anders skaliert werden etc. Sämtliche Einstellungen können auch im Voraus durch verschiedene Optionen im `plot`-Kommando eingestellt werden.

Die Abbildung zeigt, wie eine dreidimensionale Grafik in einem Maple-Worksheet angezeigt wird. Die Darstellung der Koordinatenachsen und die Schattierung der Grafik entsprechen nicht der Defaulteinstellung, sondern wurden nachträglich durch Anklicken verschiedener Buttons der Grafiksymbolleiste so gewählt.

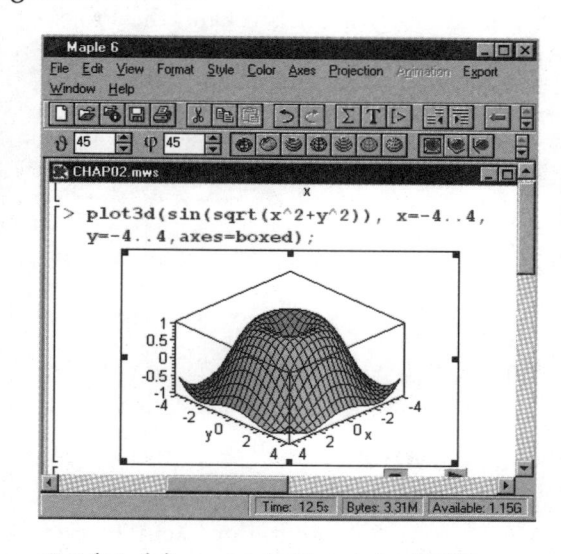

```
plot3d(sin(sqrt(x^2+y^2)), x=-4..4,
       y=-4..4,axes=boxed);
```

In diesem Buch werden Grafiken zumeist wie in diesem Beispiel dargestellt, d.h. mit einer kurzen Erklärung links, dem `plot`-Kommando und seinem Ergebnis rechts. Dieses Beispiel zeigt die Verwendung von Optionen im `plot`-Kommando: Die Sinuskurve wird in Punktform (statt normalerweise als Kurve) dargestellt, die Grafik wird durch ein Rechteck (statt durch ein Koordinatenkreuz) beschriftet.

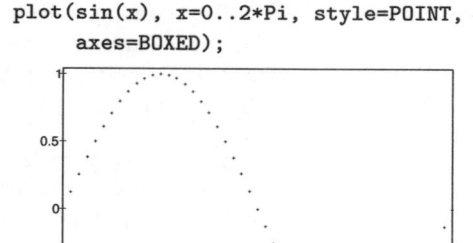

```
plot(sin(x), x=0..2*Pi, style=POINT,
     axes=BOXED);
```

Animation

Das Kommando `animate` aus dem `plots`-Package berechnet mehrere zweidimensionale Grafiken, die sich durch einen Parameter unterscheiden. In Maple wird vorläufig nur eine dieser Grafiken angezeigt. Sobald diese Grafik angeklickt wird, erscheinen ein eigenes Menü und eine eigene Symbolleiste, mit der die Animation gestartet werden kann. Maple projeziert jetzt der Reihe nach die zuvor berechneten Bilder.

Nach dem Start der Animation durch den Pfeil-Button wandert die Sinuswelle nach links. Mit den anderen Buttons der Animations-Symbolleiste kann die Projektionsrichtung und -geschwindigkeit eingestellt werden. Außerdem kann zwischen einer kontinuierlichen und einer einfachen Projektion des zuvor berechneten Films umgeschaltet werden.

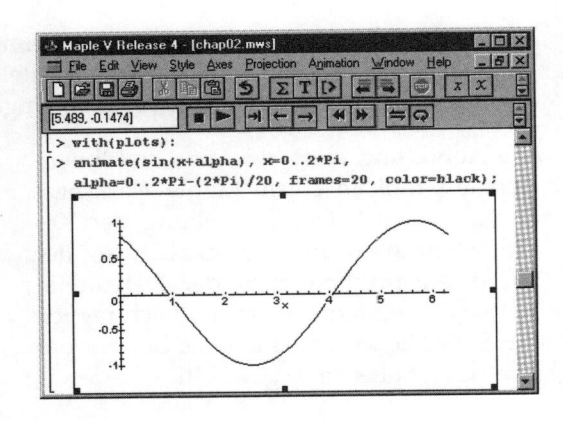

Maple und LaTeX

Was ist LaTeX?

LaTeX ist ein Satzprogramm (kein Textverarbeitungsprogramm wie etwa MS Word). Es verarbeitet einen ASCII-Text, der mit einem beliebigen Texteditor geschrieben wird. Dieser Text enthält alle Formatierungsangaben in Form von Kommandos. Die obige Zwischenüberschrift wurde beispielsweise mit \section{Was ist \LaTeX?} erzeugt, die Formel $\sqrt{\pi + x^2}$ entsteht aus der Zeichenkette $\sqrt{\pi+x^2}$.

LaTeX ist aus zwei Gründen relativ populär geworden: Es war lange Zeit das einzige Programm, das mit mathematischen Formeln in einer wirklich effizienten Weise umgehen konnte, und es ist (noch immer) kostenlos erhältlich. LaTeX ist besonders im wissenschaftlichen Bereich stark verbreitet.

Im Vergleich zu modernen Textverarbeitungsprogrammen erscheint das Konzept von LaTeX auf den ersten Blick steinzeitlich. Die Texteingabe erfolgt in einem beliebigen Texteditor, in dem Sie nicht erkennen können, wie der eingegebene Text im Ausdruck aussehen wird. Vielmehr wird der Text durch die zahllosen Formatierungskommandos zerstückelt. Er ist in dieser Form mühsam zu lesen. Nach der Texteingabe verarbeiten Sie den Text mit LaTeX. LaTeX produziert eine *.dvi-Datei, die das Dokument in einem druckerunabhängigen Format beschreibt. Diese Datei wird anschließend mit einem Konvertierungsprogramm in das PostScript-Format übersetzt und schließlich ausgedruckt.

Warum also LaTeX verwenden, wenn es jede Menge komfortable Textverarbeitungsprogramme gibt?

- Zum einen lässt die Qualität von LaTeX-Dokumenten die Ergebnisse der Formeleditoren von MS Word, Word Perfect, Framemaker etc. ziemlich trostlos aussehen. Wenn Sie Wert auf perfekt gesetzte Formeln legen, gibt es zu LaTeX keine Alternative (höchstens

Systeme wie Scientific Word, die aber selbst auf LaTeX aufbauen und eine Art Benutzeroberfläche darstellen).

- Zum anderen zeichnen sich Computeralgebraprogramme wie Mathematica oder Maple dadurch aus, dass sie als einziges Exportformat für Formeln LaTeX unterstützen. Spätestens wenn Sie drei oder vier komplexe Formeln mit einem Formeleditor nachgebildet haben, werden Sie feststellen, dass das Erlernen von LaTeX vielleicht doch der schnellere Weg zu mathematischen Dokumenten ist.

Worksheets als LaTeX-Text drucken

Der erste Schritt zum Ausdruck eines Worksheets als LaTeX-Text besteht darin, die gesamte Datei mit FILE|EXPORT AS|LATEX als *.tex-Datei zu speichern. Seit Release 4 erzeugt Maple dabei gleichzeitig von allen im Worksheet vorhandenen Grafiken eine PostScript-Datei (Querformat, mit Rand). Als Dateiname wird der Name der LaTeX-Datei plus eine zweistellige Nummer plus *.eps verwendet. Die von Maple erzeugte LaTeX-Datei sieht etwa folgendermaßen aus:

```
%% Created by Maple V Release 4 (IBM INTEL NT)
%% Source Worksheet: chap01.mws
%% Generated: Thu Feb 22 10:53:27 1996
\documentclass{article}
\usepackage{maple2e}
\DefineParaStyle{Heading 1}
\DefineParaStyle{Heading 2}
% etc.
\begin{document}
\begin{maplegroup}
\begin{Heading 1}
Chapter 1: Introduction
\end{Heading 1}
\end{maplegroup}
\section{Doing simple calculations}
\begin{maplegroup}
\begin{mapleinput}
\mapleinline{active}{1d}{1/3 + 1/7; }{}
\end{mapleinput}
\mapleresult
\begin{maplelatex}
\[{\displaystyle \frac {10}{21}} \]
\end{maplelatex}
\end{maplegroup}
\begin{maplegroup}
\begin{mapleinput}
\mapleinline{active}{1d}{evalf( 1/3 + 1/7); }{}
\end{mapleinput}
\mapleresult
```

```
\begin{maplelatex}
\[.4761904762\]
\end{maplelatex}
% etc.
```

Sofern LaTeX korrekt und vollständig installiert ist, erfolgt die Übersetzung der LaTeX-Datei in eine DVI-Datei mit:

```
latex worksheetname
```

Damit die Übersetzung klappt, muss LaTeX die *.sty-Dateien aus dem Maple-Verzeichnis etc finden. Am einfachsten kopieren Sie diese Dateien in das Verzeichnis, in dem Sie auch die LaTeX-Datei gespeichert haben. (In den *.sty-Dateien befinden sich LaTeX-Makros, die zur Formatierung des von Maple erzeugten Texts benötigt werden.) Zur korrekten Verarbeitung der Grafiken wird außerdem das LaTeX-Makropaket epsfig benötigt. Dieses Makropaket ist Bestandteil der meisten LaTeX-Installationen.

Das Ergebnis des latex-Kommandos ist die Datei worksheetname.dvi. Diese Datei wird jetzt mit einem Konverter (am populärsten ist das Programm dvips) in das PostScript-Format übersetzt:

```
dvips worksheetname -o druck.ps
```

Die Datei druck.ps kann mit einem PostScript-Viewer (z.B. ghostview) am Bildschirm angezeigt bzw. auf jedem PostScript-Laserdrucker ausgedruckt werden.

Einzelne Formeln ins LaTeX-Format umwandeln

Wenn Sie nicht eine ganze Datei in einer *.tex-Datei speichern möchten, können Sie zur Konvertierung einzelner Maple-Ausdrücke den Befehl latex verwenden. Dieser Befehl war bis Release 2 die einzige Möglichkeit zur Konversion von Maple-Ausdrücken und ist für den Satz der ersten Auflage dieses Buchs hundertfach eingesetzt worden.

Die Bedienung des Kommandos ist sehr einfach: Sie geben den zu konvertierenden Ausdruck als Parameter von latex an. Im Beispiel rechts sehen Sie sowohl die von Maple erzeugte Zeichenkette als auch die von LaTeX daraus erzeugte Formel.

```
f:=Pi*sqrt(x+alpha/(1+x^2));
latex(%);
    \pi \,\sqrt {x+{\frac {\alpha}
    {1+x^{2}}}}
```

$$\pi \sqrt{x + \frac{\alpha}{1+x^2}}$$

In der täglichen Arbeit mit latex hat sich allerdings herausgestellt, dass die von latex erzeugten Zeichenketten häufig nicht genau mit dem übereinstimmen, was am Bildschirm zu sehen ist.

Informationen für fortgeschrittene Maple-Anwender

Die Versionen von Maple

Maple steht je nach Rechner in bis zu drei unterschiedlichen Versionen zur Verfügung.

Standardversion: Normalerweise bezieht sich die Beschreibung dieses Buchs auf die Standardversion mit Worksheet-Oberfläche. Zur Auswertung von Kommandos wird nur *ein* Kernel gestartet. Aus diesem Grund gelten Variablendefinitionen, Packages etc. für *alle* Fenster.

Parallel-Server-Version: Diese Variante von Maple sieht wie die Standardvariante aus. Der einzige Unterschied besteht darin, dass für jedes Fenster ein eigener Kernel gestartet wird. Die Auswertung von Kommandos kann parallel erfolgen, d.h., während das Kommando in einem Fenster ausgeführt wird, kann in ein anderes Fenster gewechselt und dort ebenfalls ein Kommando gestartet werden. Auf Einzelprozessor-Computern ergeben sich daraus kaum Vorteile, bei Rechnern unter Unix oder Windows NT, die mehrere Prozessoren unterstützen, kann dadurch (zumindest theoretisch) eine echte Parallelverarbeitung erreicht werden.

In der Praxis besteht der größte Unterschied zur Standardversion darin, dass die in einem Fenster definierten Variablen und Funktionen von den Definitionen in anderen Fenstern vollkommen unabhängig sind. Auch der Speicherverbrauch ist gegenüber der Standardversion etwas höher.

Die Parallel-Server-Version ist übrigens kein eigenes Programm. Maple startet je nach Kommandooptionen wahlweise in der Standard- oder in der Parallelvariante (Option `-km p`).

Command-Line-Version: Diese Variante von Maple verzichtet auf die grafische Oberfläche. Es gibt keine Worksheets, Ergebnisse (sogar Grafiken) werden ausschließlich als ASCII-Text angezeigt. Der Vorteil dieser Version besteht in den geringeren Systemanforderungen (freier Speicherplatz, Geschwindigkeit). Außerdem kann diese Version auch zur Verarbeitung von Maple-Kommandos im Batch-Betrieb eingesetzt werden (Option -f).

Weitere Informationen zu den Maple-Varianten und den Kommandozeilen-Optionen finden Sie in der Datei `cmdline.txt` im Maple-Verzeichnis sowie im Online-Hilfetext zu `maple`.

Konfiguration und Initialisierung

Maple liest beim Start des Programms eine Konfigurationsdatei, deren Name und Speicherort je nach Betriebssystem variiert. In der Online-Hilfe finden Sie unter HOW TO..| CONFIGURE MAPLE.. | INITIALIZATION FILES die Informationen für die jeweiligen Systeme. Die Windows-Information für den Single-User-Betrieb ist allerdings nicht ganz korrekt. Die Initialisierungsdatei muss hier im User-Verzeichnis abgelegt werden.

In den Konfigurationsdateien können normale Maple-Befehle ausgeführt werden. Das kann dazu genutzt werden, um bereits beim Start von Maple oft benötigte Packages mit with zu aktivieren, um mit alias (siehe Kapitel 6) Abkürzungen für häufig benötigte Kommandos einzuführen oder um mit interface oder setoptions Voreinstellungen für Optionen durchzuführen. Befehle in der Initialisierungsdatei sollten mit Doppelpunkten abgeschlossen werden, sonst sind die Resultate im ersten von Maple angezeigten Fenster sichtbar. (Eine konkrete Anwendung der Initialisierungsdatei – die Veränderung globaler Systemvariablen – wird in Kapitel 30 beschrieben.)

Dateiformate

Worksheet-Dateien werden in Dateien mit der Kennung *.mws gespeichert. Diese Dateien sind (laut Online-Hilfe) zwischen verschiedenen Maple-Versionen austauschbar. Sie enthalten ausschließlich ASCII-Zeichen und können daher problemlos (und ohne vorherige Codierung) als E-Mail versandt werden. *.mws-Dateien sind inkompatibel zu den *.ms-Dateien (Worksheet-Dateien aus Release 3). Ab Release 4 können *.ms-Dateien gelesen werden. Beim Speichern wird aber automatisch das neue Format verwendet. Dateien, in denen ausschließlich mathematische Informationen (aber keine Formatierungsdaten) gespeichert werden, haben zumeist die Endung *.m. Auch diese Dateien bestehen seit Release 4 ausschließlich aus ASCII-Zeichen, sie sind allerdings codiert und können nur von Maple gelesen werden. *.m-Dateien können mit save geschrieben und mit read gelesen werden.

Siehe auch Kapitel 28 bis 30 zum Thema Programmierung sowie die Online-Hilfetexte zum Thema files.

Kapitel 3

Maple als Taschenrechner verwenden

Selbstverständlich stellt Maple keinen sinnvollen Ersatz für Ihren Taschenrechner dar. Wenn Sie schnell einige Zahlen addieren möchten, ist Maple viel zu umständlich. Sie sollen hier also nicht ermuntert werden, Ihren Taschenrechner wegzuwerfen, vielmehr sollen Sie ein Gefühl dafür bekommen, wie Maple mit Zahlen(werten) umgeht. Dabei treten nämlich durchaus einige Unterschiede zur Behandlung von Zahlen durch den Taschenrechner hervor. So versucht Maple in der Regel, Genauigkeitsverluste durch die explizite Berechnung mathematischer Terme zu vermeiden. Wenn Sie Maple dazu zwingen, einen konkreten Zahlenwert auszurechnen, können Sie die gewünschte Stellenzahl (auch 100 oder 1000 Stellen!) einfordern. Spätestens jetzt wird Ihr noch so wissenschaftlicher Taschenrechner im Wettstreit mit Maple unterliegen.

Zahlformate

Maple stellt Zahlen in verschiedenen Formaten dar. Zunächst gibt es exakte Darstellungen für alle ganzen Zahlen beliebiger Größe und für beliebige Brüche (natürlich nur im Rahmen des zur Verfügung stehenden Speicherplatzes). Symbolische Darstellungen wie $\sqrt{3}$ oder sin(1) sind ebenfalls exakt. Für numerische Näherungen verwendet Maple Gleitkommazahlen, die eine Erweiterung des IEEE/754-Standards sind. Rechnungen mit solchen Zahlen können natürlich nicht mehr exakt sein, da Rundungsfehler unvermeidlich sind. Man kann aber die Genauigkeit der Zahldarstellung recht weit treiben, da Maple sich nicht auf die durch die Hardware zur Verfügung gestellte Gleitkomma-Arithmetik beschränkt. Mit der Systemvariablen `Digits` kann man die Stellenzahl der Mantisse auf beachtliche Größe ausdehnen. Mit `Maple_floats(MAX_DIGITS)` erhält man den maximalen Wert für die Stellenzahl der Mantisse (auf meinem Windows-2000-System z. B. 268435448). Entsprechend liefert `Maple_floats(MAX_EXP)` den größtmöglichen Exponenten einer Gleitkommazahl (Windows-2000: 2147483646). Nähere Informationen zu den Zahlformaten erhält man mit `?numerics` in der Online-Hilfe.

Grundrechenarten

Maple beherrscht natürlich die Grundrechenarten. Beachten Sie aber, dass jede Eingabe mit einem Semikolon (oder einem Doppelpunkt, dann erhält man aber keine Ausgabe) abgeschlossen werden muss und dass Multiplikationen explizit mit * angeschrieben werden müssen. Wie das letzte Beispiel zeigt, besteht auch die Möglichkeit, mehrere Berechnungen in einer Zeile anzuschreiben.

```
2+3;
    5
2 3;
  syntax error:
  2 3;
    ^
2*3, 2^3, 5!
    6, 8, 120
```

Wenn Brüche vom Computer als Gleitkommazahlen dargestellt werden (also 0.83333333 statt 5/6), dann kommt es zu einem Genauigkeitsverlust. 0.83333333 stimmt nur auf acht Nachkommastellen mit 5/6 überein. Aus diesem Grund vermeidet es Maple, Ergebnisse numerisch auszurechnen.

```
1/2;
    1/2
1/2+1/3;
    5/6
```

Wie Sie sehen, gilt das auch für die Berechnung mit verschiedenen Funktionen.

```
sqrt(2), sin(Pi/4);
```
$$\sqrt{2}, \frac{\sqrt{2}}{2}$$

Selbstverständlich lassen sich symbolische Ausdrücke wie `sqrt(2)` jederzeit numerisch auswerten. Im zweiten Parameter der Funktion `evalf` (evaluate floating point) können Sie die gewünschte Stellenzahl angeben. Wenn Sie darauf verzichten, rechnet Maple mit der voreingestellten Genauigkeit (siehe unten).

```
evalf( sqrt(2) );
       1.414213562
evalf( sqrt(2), 50 );
       1.4142135623730950488016887242
       096980785696718753769
```

Beachten Sie aber den Unterschied zwischen symbolischen und numerischen Berechnungen! Bei symbolischen Berechnungen treten keine Rundungsfehler auf, Maple kann mathematische Verfahren zur Vereinfachung der Ausdrücke anwenden.

```
sqrt(2) * sqrt(8) - 4;
       0
evalf(sqrt(2)) * evalf(sqrt(8)) -4;
       -0.000000002
```

Rechengenauigkeit

Die Genauigkeit für numerische Berechnungen mit Gleitkommazahlen ist durch die Systemvariable `Digits` festgelegt und beträgt normalerweise zehn Stellen. Durch eine Veränderung dieser Variable kann die Genauigkeit eingestellt werden. Das beeinflusst zwar den absoluten Fehler bei numerischen Berechnungen, nicht jedoch die Tatsache an sich, dass Rundungsfehler auftreten.

```
Digits;
       10
Digits:=50;
       Digits := 50
evalf(sqrt(2)) * evalf(sqrt(8)) -4;
       -3.0 × 10^{-49}
Digits:=10;
       Digits := 10
```

`Digits` hat keinen Einfluss auf die Genauigkeit symbolischer Berechnungen oder auf Berechnungen mit exakten Zahlen. Die Fakultät von 100 wird exakt berechnet, weil diese Funktion eine Funktion von den natürlichen Zahlen in die natürlichen Zahlen ist. Natürlich kann man sich mit `evalf` eine Näherung durch eine Gleitkommazahl berechnen lassen, die dann von `Digits` abhängt.

```
100!;
   93326215443944152681699238856266700490715968264381621468592963895217
   59999322991560894146397615651828625369792082722375825118521091686400
   00000000000000000000000
evalf(100!,5),evalf(100!,20);
   .93326 × 10^{158}, .93326215443944152682 × 10^{158}
```

Das Beispiel rechts geht nochmals auf den Unterschied zwischen symbolischer und numerischer Berechnung ein. `log[2](256)` berechnet den Logarithmus von 256 zur Basis 2. Das Ergebnis wird allerdings nicht vereinfacht. Wenn Sie es jetzt mit `evalf` numerisch auswerten, tritt ein Rundungsfehler auf. Wenn Sie Maple dagegen auffordern, das Ergebnis mit `simplify` symbolisch zu vereinfachen, liefert es das korrekte Ergebnis.

```
lg2:=log[2](256);
```
$$lg2 := \frac{\ln(256)}{\ln(2)}$$
```
evalf(lg2);
```
$$7.999999999$$
```
simplify(lg2);
```
$$8$$

Beachten Sie, dass eine nachträgliche Vergrößerung der Stellenzahl durch den Befehl `evalf(.., n)` die Genauigkeit nur scheinbar vergrößert. Obwohl das Ergebnis der Berechnung rechts fünfzig Stellen umfasst, sind ab der zehnten Nachkommastelle alle Ziffern falsch. Der Grund: Die Ausgangszahl in der Variablen $sq2$ wurde nur mit zehnstelliger Genauigkeit berechnet. Alle weiteren Berechnungen können nicht mehr genauer werden!

```
sq2:=evalf(sqrt(2));
```
$$sq2 := 1.414213562$$
```
evalf(1/sq2^2,50);
```
$$0.50000000026381803913919991547$$
$$705793946024635015556$$

Sehr große Zahlen können wahlweise in der Form $n * 10^m$ oder $n\mathrm{e}m$ geschrieben werden. Die zweite Variante hat den Vorteil, dass Sie sich manchmal das Schreiben von Klammern sparen können.

```
149.6*10^9 / (3*10^8);
```
$$498.6666666$$

Allerdings gelten Zahlen der zweiten Variante prinzipiell als Gleitkommazahlen, während mit Zahlen der Form $n * 10^m$ versucht wird, exakt (symbolisch) zu rechnen. In den Beispielen wird die Zeit (in Sekunden) berechnet, den ein Lichtstrahl von der Erde zur Sonne benötigt.

```
149.6e9 / 3e8;
```
$$498.6666667$$

Strings

Seit Release 5 kennt Maple auch echte Zeichenketten (Strings). Zeichenketten werden in doppelte Anführungszeichen eingeschlossen.

```
str1:="Maple hat Strings.";
```
$$str1 := \text{"Maple hat Strings."}$$

Ein Grundvorrat von Funktionen zur Verarbeitung von Strings steht ebenfalls zur Verfügung. Strings sind keine Symbole, insbesondere kann ein String nicht an einen Wert gebunden werden. Die maximale Länge von Strings ist plattformabhängig (bei 32-Bit-Systemen 268435439 Zeichen, das entspricht etwa 90000 Buchseiten!). Das seit Maple 7 vorhandene Package StringTools (s. Kapitel 33) stellt eine Vielzahl fortgeschrittener Funktionen zur Stringverarbeitung zur Verfügung.

```
convert(str1,symbol);
```
Maple hat Strings.
```
convert("abc",list);
```
["a","b","c"]
```
cat(%[]);
```
"abc"

Komplexe Zahlen, Matrizen, Statistikfunktionen

Maple rechnet mit komplexen Zahlen ebenso selbstverständlich wie mit normalen Zahlen.

```
-20 * I + 200 * I / (20 + 10 * I);
```
$4 - 12\,I$
```
abs(4-12*I); evalf(%);
```
$4\sqrt{10}$

12.64911064

Grundsätzlich nimmt Maple den Körper der komplexen Zahlen als den Bereich an, in dem Berechnungen durchgeführt werden.

```
sqrt(x^2);simplify(%);
```
$\sqrt{x^2}$

$csgn(x)x$

Will man Maple im Schulbereich verwenden, wenn komplexe Zahlen noch nicht bekannt sind, so kann das zu Irritationen führen. Die neben stehenden Beispiele zeigen solche Fälle, in denen die Annahme der komplexen Zahlen als Bereich für Berechnungen zu Ergebnissen führt, die nicht mit Ergebnissen über den reellen Zahlen übereinstimmen.

```
simplify((-8)^(1/3));
```
$1 + I\sqrt{3}$
```
solve(x^2+2*x+5,{x});
```
$\{x = -1 + 2\,I\}, \{x = -1 - 2\,I\}$

Abhilfe schafft hier das Package RealDomain. Nach seinem Aufruf mit with(RealDomain) wird die Liste der angepassten Funktionen mit einer Warnmeldung ausgegeben. Danach legt sich Maple für diese Funktionen als Zahlbereich die reellen Zahlen zu Grunde.

```
with(RealDomain):
```
Warning, these protected names have been redefined and unprotected: Im, Re, ^, arccos, ... simplify, sin, sinh, solve, sqrt, surd, tan, tanh

Leider hat das Package (Maple 7) noch einige Mängel, zum Beispiel liefert es im irreduziblen Fall einer Gleichung dritten Grades statt der drei Lösungen die falsche Antwort *undefined*.

Seit Version 6 hat sich die Behandlung von Matrizen wesentlich vereinfacht. Matrizen können jetzt direkt eingegeben werden und zwar sowohl spalten- als auch zeilenweise.

Zum Rechnen mit Matrizen wird für die Addition das Zeichen +, für die Subtraktion −, zur Multiplikation aller Matrizenelemente mit einem Skalar das Zeichen ∗ und für die nichtkommutative Matrizenmultiplikation ein Punkt (neu seit Version 6) verwendet.

Potenzen von (quadratischen) Matrizen werden mit ^ gebildet, die zu einer invertierbaren Matrix inverse Matrix erhält man mit ^(-1).

Weitergehende Befehle zur Matrizenrechnung befinden sich im Package `LinearAlgebra`. (Ab Version 6, das Package `linalg` aus früheren Versionen ist weitaus umständlicher, steht aber weiterhin zur Verfügung und ist insbesondere bei einfachen Plots sehr nützlich.)

```
simplify(sqrt(x^2)),(-8)^(1/3);
```
$$|x|, -2$$
```
solve(x^2+2*x+5,{x});
```
undefined

```
mat1:=<< 1| 2| 3>,< 7|11|-3>>;
```
$$mat1 := \begin{bmatrix} 1 & 2 & 3 \\ 7 & 11 & -3 \end{bmatrix}$$

```
mat2:=<<0,-3,5>|<7,17,-1>>;
```
$$mat2 := \begin{bmatrix} 0 & 7 \\ -3 & 17 \\ 5 & -1 \end{bmatrix}$$

```
mat3:=mat1 . mat2
```
$$mat3 := \begin{bmatrix} 9 & 38 \\ -48 & 239 \end{bmatrix}$$

```
3*mat1;
```
$$\begin{bmatrix} 3 & 6 & 9 \\ 21 & 33 & -9 \end{bmatrix}$$

```
mat4:= mat2 . mat1 +
    <<1,0,0>|<0,1,0>|<0,0,1>>;
```
$$mat4 := \begin{bmatrix} 50 & 77 & -21 \\ 116 & 182 & -60 \\ -2 & -1 & 19 \end{bmatrix}$$

```
mat4^3;
```
$$\begin{bmatrix} 2660498 & 4144637 & -1429365 \\ 6266048 & 9761072 & -3370056 \\ -54806 & -84631 & 35431 \end{bmatrix}$$

Komplexe Zahlen, Matrizen, Statistikfunktionen

Dieses muss mit `with` aktiviert werden, bevor die Funktionen verwendet werden können. Anschließend kann beispielsweise die Determinante problemlos berechnet werden.

`mat4^(-1);`

$$\begin{bmatrix} \frac{1699}{2112} & -\frac{721}{2112} & -\frac{133}{704} \\ -\frac{521}{1056} & \frac{227}{1056} & \frac{47}{352} \\ \frac{31}{528} & -\frac{13}{528} & \frac{7}{176} \end{bmatrix}$$

`with(LinearAlgebra): Determinant(mat4)`

4224

Statistikfunktionen befinden sich ebenfalls in einem eigenen Package. Im Beispiel unten werden zu einer Zahlenreihe der Mittelwert, die Varianz und daraus die Standardabweichung berechnet.

`with(stats): with(describe):`
`data:=[ 10.2, 9.9, 10, 9.95, 10, 10.1, 10.4, 9.3, 9.85, 10.05, 10.1 ];`

$data := [10.2, 9.9, 10, 9.95, 10, 10.1, 10.4, 9.3, 9.85, 10.05, 10.1]$

`mean(data);`

9.986363636

`variance(data);`

.06776859503

`sqrt(%);`

.2603240193

Kapitel 4

Mit Maple durchs Abitur

Um sich an den Umgang mit Maple zu gewöhnen, eignen sich einfache Beispiele hervorragend. Solche Beispiele haben mehrere Vorteile: Erstens kann die Lösung relativ einfach manuell bzw. mit einem Taschenrechner ermittelt werden, sodass die von Maple ermittelte Lösung kontrolliert werden kann. Zweitens sind die Lösungsverfahren zumeist so einfach, dass keine nennenswerten Wartezeiten auftreten. (Bei komplexeren Aufgaben kann es schon mal passieren, dass Maple einige Minuten rechnet!) Drittens sind in der Regel mehrere Lösungswege möglich – Experimentieren lohnt sich also.

Natürlich sind die Aufgaben in diesem Kapitel – verglichen mit Problemen, für die Maple normalerweise eingesetzt wird – trivial. Dennoch werden Sie auf den nächsten Seiten viele elementare Maple-Befehle kennen lernen, die Sie später in gleicher oder ähnlicher Weise auch für kompliziertere Probleme verwenden können. Außerdem zeigen die folgenden Beispiele gerade einen Aspekt des Umgangs mit Maple besser als die meisten folgenden Kapitel über 'höhere' Mathematik: nämlich das Zusammenwirken mehrerer Befehle. Oft ist es gar nicht so einfach, das aus einem Kommando resultierende Zwischenergebnis im nächsten Kommando einzusetzen, womöglich nachträgliche Korrekturen durchzuführen etc. In diesem Kapitel finden Sie dazu einige Tipps.

Die Erklärungen zu den Maple-Befehlen sind in diesem Kapitel bewusst knapp gehalten, weil sie im zweiten Teil des Buchs ohnehin noch ausführlich beschrieben werden.

Hinweis: In Maple 8 gibt es das neue Package `Student[Calculus1]`. Dieses Package ermöglicht Visualisierungen und schrittweise Berechnungen im Umfeld einer Einführungsvorlesung zur Differential- und Integralrechnung. Die mitgelieferte ausführliche Bedienungsanleitung ist mit `?Student,Calculus1` in der Online-Hilfe zu finden.

Gedämpfte Schwingung

Gegeben:

$$f : x \mapsto 5e^{-0.1x} sin(x)$$

Gesucht:

- Wertetafel und Graph für $0 \leq x \leq 3\pi$.

- Ab welchem x_0 gilt $|f(x)| \leq 0.1$ für alle $x \geq x_0$?

Als Erstes muss die angegebene Funktion in einer für Maple verständlichen Form definiert werden. Der Zuordnungspfeil $\mapsto$ wird dabei durch -> ersetzt und der Doppelpunkt durch den Bindungsoperator :=. Maple führt hier zwei Operationen aus. Der Pfeiloperator -> erzeugt aus dem Symbol x und dem Term 5*exp(-0.1*x)*sin(x) eine Funktion, die einer Zahl a den Wert $5e^{-0.1a}sin(a)$ zuordnet. Der Bindungsoperator := bindet dann das Symbol f an diese Funktion. Die Werte der Funktion für bestimmte Argumente ergeben sich durch Anwenden der Funktion auf die Argumente.

```
f:=x->5*exp(-0.1*x)*sin(x);
```
$$f := x \to 5\,e^{-0.1x}\sin(x)$$
```
f(3.0)
```
   .5227213665

Ein Schaubild einer Funktion erhält man mit dem `plot`-Befehl. Der Befehl benötigt mindestens zwei Argumente. Das erste Argument ist die zu zeichnende Funktion, das zweite der Bereich, für den das Schaubild erstellt werden soll.

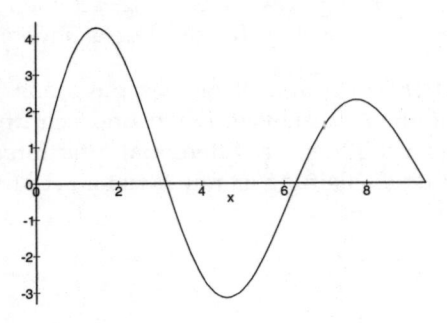

```
plot(f, 0..3*Pi);
```

Nun zur Wertetabelle. Mit dem Befehl `seq` kann man zunächst eine Folge von Wertepaaren aus Argument und Funktionswert aufstellen (hier mit der Schrittweite $\frac{\pi}{8}$).

```
seq(<n/8*Pi|evalf(f(n/8*Pi),4)>,n=0..4);
```

  [0   0.0],[$1/8\pi$ 1.840],[$1/4\pi$ 3.268],[$3/8\pi$ 4.106],[$1/2\pi$ 4.273]

Gedämpfte Schwingung

Dies ist recht platzaufwendig und außerdem nicht besonders lesbar. Wir wollen die Wertetabelle deshalb in Form einer zweizeiligen Matrix aufstellen. Dazu benötigen wir das Package `LinearAlgebra`, das wir zunächst mit dem `with`-Befehl bereitstellen. Dann binden wir das Ergebnis des `seq`-Befehls in eine Matrix ein (durch Einschluss in spitze Klammern) und transponieren diese Matrix, um ein zweizeiliges Ergebnis zu erhalten:

```
with(LinearAlgebra):
Transpose(<seq(<i/8*Pi|evalf(f(i/8*Pi),4)>,i=0..8)>);
```

$$\begin{bmatrix} 0 & 1/8\,\pi & 1/4\,\pi & 3/8\,\pi & 1/2\,\pi & 5/8\,\pi & 3/4\,\pi & 7/8\,\pi & \pi \\ 0.0 & 1.840 & 3.268 & 4.106 & 4.273 & 3.796 & 2.792 & 1.454 & 0.0 \end{bmatrix}$$

Für die Werte bis 3π kann man so entweder zwei weitere Tabellen anlegen oder die ganze Tabelle in ein Spreadsheet einbinden, das am Bildschirm zur Betrachtung aller Werte gescrollt werden kann:

```
with(Spread):
Tabelle:=CreateSpreadsheet():
SetMatrix(Tabelle,Transpose(<seq(<i/8*Pi|evalf(f(i/8*Pi),4)>,i=0..24)>)):
EvaluateSpreadsheet(Tabelle);
```

	A	B	C	D	E	F	G	H	I	J	K	L
1	0	$\frac{1}{8}\pi$	$\frac{1}{4}\pi$	$\frac{3}{8}\pi$	$\frac{1}{2}\pi$	$\frac{5}{8}\pi$	$\frac{3}{4}\pi$	$\frac{7}{8}\pi$	π	$\frac{9}{8}\pi$	$\frac{5}{4}\pi$	$\frac{11}{8}\pi$
2	0.0000	1.8400	3.2680	4.1060	4.2730	3.7960	2.7920	1.4540	0.0000	-1.3440	-2.3870	-2.9980

Nun soll ermittelt werden, ab welchem x-Wert der Betrag der Funktion kleiner als 0.1 wird. Wir zeichnen zunächst ein Schaubild für den Bereich, in dem die Lösung zu vermuten ist. Dazu zeichnen wir aber nun nicht das Schaubild der Funktion selbst, sondern das Schaubild der Absolutwerte der Funktion. Die Absolutwerte liefert die Funktion `abs`, die Verkettung beider Funktionen erhält man mit `abs@f`.

```
plot( [abs@f,0.1], 10*Pi..15*Pi);
```

Der `plot`-Befehl kann als erstes Argument auch eine Liste von Funktionen (Listen werden in eckigen Klammern eingeschlossen) erhalten, die dann gemeinsam dargestellt werden. Die Zahl 0.1 wird dabei als konstante Funktion interpretiert. Das Schaubild lässt eine Lösung zwischen 36 und 38 vermuten.

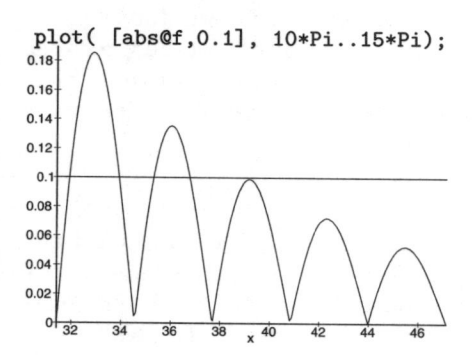

```
solve((abs@f)(x)=0.1,x);
fsolve((abs@f)(x)=0.1,x=36..38);
```
   36.78540779
```
f(%)
```
   $-.09999999965$

Der Versuch, mit dem zum symbolischen Lösen von Gleichungen gedachten Befehl `solve` die Lösung zu bestimmen, scheitert, da eine symbolisch darstellbare Lösung nicht existiert. Mit `fsolve` erhält man bei Angabe des passenden Intervalls dann eine Näherungslösung. Durch Einsetzen in die Funktion lässt sich diese Lösung leicht überprüfen.

Kurvendiskussion

Gegeben:

$$f : x \mapsto \frac{x^3 + 2x^2 - 4x - 4}{2x^2 - 8}$$

Aufgabe:

Diskutieren Sie die Funktion f (Definitionsbereich, Symmetrie, Asymptoten, Nullstellen, Extremwerte, Monotonie- und Krümmungsverhalten) und zeichnen Sie den Graphen für $-5 \leq x \leq 5$. Berechnen Sie den Inhalt der Fläche, die das Schaubild im Bereich zwischen -2 und 2 mit der x-Achse einschließt.

Falls Sie das Beispiel direkt anschließend an das vorangegangene ausprobieren möchten, sollten Sie vorher die bisher vorgenommenen Definitionen mit dem Befehl `restart` löschen.

Zunächst wird die Funktion f wie üblich definiert. Da bei der Definition keine Kommazahlen verwendet werden, rechnet Maple Funktionswerte für ganze Zahlen symbolisch aus (in diesem Fall erhält man in der Regel Brüche).

```
restart;
f:=x->(x^3+2*x^2-4*x-4)/(2*x^2-8);
```

$$f := x \to \frac{x^3 + 2x^2 - 4x - 4}{2x^2 - 8}$$

```
f(3);
```

$$\frac{29}{10}$$

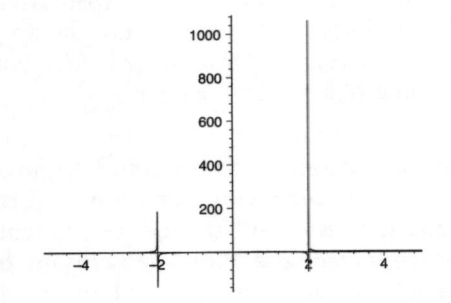

Da die Funktion Polstellen hat, liefert ein `plot`-Befehl wie im vorigen Beispiel kein befriedigendes Resultat, da die berechneten Funktionswerte in der Nähe der Pole zu groß werden und so das Bild verzerren. (Die Verwendung der Option `scaling=constrained` verschlimmert in diesem Fall natürlich das Ergebnis!)

```
plot(f, -5..5);
```

Kurvendiskussion

Maple erlaubt hier die Eingabe eines weiteren Bereichs für die y-Werte des Schaubildes.

```
plot(f, -5..5,-5..5);
```

Die vertikalen Striche bei den Polstellen entstehen deshalb, weil Maple ohne ausdrückliche Anweisung beim Zeichnen keinen Test auf Stetigkeit durchführt und deshalb eine durchgezogene Linie vom letzten Wert vor der Polstelle zum ersten Wert nach der Polstelle liefert. Man kann dies durch Angabe der Option discont=true verhindern. Mit der Option scaling=constrained wird die Einheit auf beiden Koordinatenachsen gleich groß gewählt.

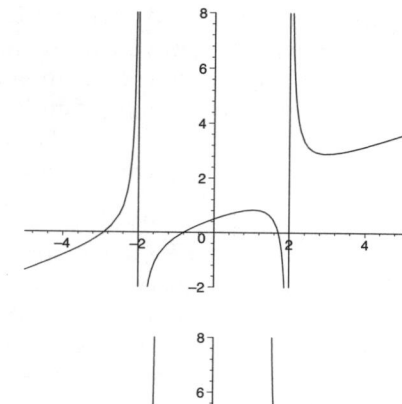

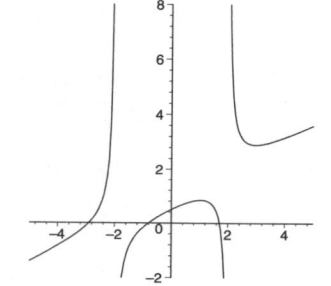

```
plot(f, -5..5,-5..5,
    scaling=constrained,discont=true);
```

Die Polstellen der Funktion erhält man, indem man die Nullstellen des Nenners (engl.: denominator) des Funktionsterms bestimmt. Dazu verwendet man die Funktion solve. (In diesem Beispiel ginge das natürlich auch ohne Maple – und hoffentlich schneller.) Nachdem die Nullstellen des Nenners bestimmt sind, müssen wir zum Nachweis der Polstellen überprüfen, ob der Zähler (engl.: numerator) an diesen Stellen keine Nullstellen hat.

(Natürlich 'sieht' man das auch schon am Schaubild – aber Mathematiklehrer sind halt pingelig und verlangen einen rechnerischen Nachweis.) Die Funktionen denom und numer erwarten als Argument nun aber keine Funktion, sondern einen Term, und liefern auch nur einen Term als Ergebnis. Um daraus wieder eine Funktion zu machen, verwendet man den Befehl unapply, der als Argument einen Term und eine Variable bzw. eine Variablenmenge erwartet und daraus ähnlich wie der Pfeiloperator eine Funktion erzeugt.

```
s:=solve(denom(f(x))=0, x);
```
$$2, -2$$
```
zaehler:=unapply(numer(f(x)),x);
```
$$zaehler := x \to x^3 + 2x^2 - 4x - 4$$
```
zaehler(2),zaehler(-2);
```
$$4, 4$$

Symmetrie liegt nicht vor, da der Zähler des Funktionsterms gerade und ungerade Potenzen von x enthält. Eine Polynomdivision mit dem Befehl quo liefert den Funktionsterm der schiefen Asymptote. Die nachfolgende Grenzwertberechnung bestätigt dies.

Um die Nullstellen der Funktion zu berechnen genügt es, die Nullstellen des Zählers zu bestimmen. Verwendet man solve, so löst Maple die Gleichung exakt und da es sich um ein Polynom 3. Grades handelt, erhält man eine recht längliche Lösung (s. Worksheet) mit verschachtelten Wurzelausdrücken (Radikale). Wenn man eine numerische Näherung braucht, verwendet man besser fsolve.

Zur Bestimmung der Extrema (das Schaubild zeigt einen Tief- und einen Hochpunkt) benötigt man die erste Ableitung. Der Operator D erwartet als Argument eine (differenzierbare) Funktion und gibt deren Ableitungsfunktion als Ergebnis aus.

Der Funktionsterm der Ableitung ist etwas unübersichtlich. Mit Hilfe von normal und unapply erhält man eine Darstellung mit nur einem Bruchterm.

Anschließend wird die erste Ableitung von f mit plot gezeichnet. Die Option discont=true ist nicht notwendig, weil an den Polstellen kein Vorzeichenwechsel stattfindet.

```
plot(fs,-5..5,-5..5,scaling=constrained);
```

```
asymp:=unapply(quo(numer(f(x)),
              denom(f(x)),x),x);
```
$$asymp := x \to 1/2\, x + 1$$

```
limit((f-asymp)(x), x=infinity);
```
$$0$$

```
NS:=fsolve(zaehler(x)=0,x);
```
$$NS :=$$
$$-2.903211926, -.8060634335, 1.709275359$$

```
D(f);
```
$$x \to \frac{3\,x^2 + 4\,x - 4}{2\,x^2 - 8} - 4\,\frac{(x^3 + 2\,x^2 - 4\,x - 4)\,x}{(2\,x^2 - 8)^2}$$

```
fs := unapply(normal(D(f)(x)),x);
```
$$fs := x \to 1/2\,\frac{x^4 - 8\,x^2 - 8\,x + 16}{(x^2 - 4)^2}$$

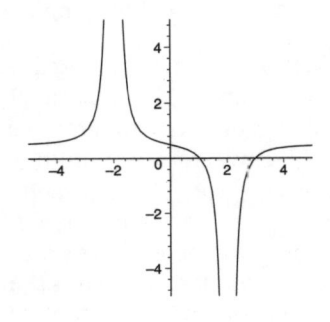

Kurvendiskussion

Verwendet man solve, um die Nullstellen von *fs* zu bestimmen, so erhält man eine symbolische Lösung. Da uns ohnehin nur die reellen Nullstellen interessieren, verwenden wir fsolve mit dem Zähler des Funktionsterms.

```
Extrema:=fsolve(numer(fs(x))=0,x);;
```
$$Extrema := 1.049777197, 2.980432240$$

Aus dem Schaubild wird klar, dass der erste Wert zu einem Hochpunkt (*fs* wechselt das Vorzeichen von + nach −) und der zweite zu einem Tiefpunkt (*fs* wechselt das Vorzeichen von − nach +) gehört.

```
HP:=[Extrema[1],f(Extrema[1])];
```
$$HP := [1.049777197, .8347498142]$$
```
TP:=[Extrema[2],f(Extrema[2])];
```
$$TP := [2.980432240, 2.899802377]$$

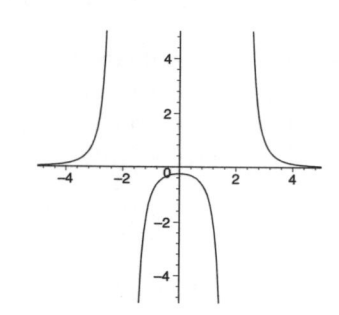

Um Krümmungsverhalten und Wendepunkte zu bestimmen, wird die zweite Ableitung *fss* benötigt. Aus deren Schaubild erkennt man, dass f in den Bereichen $]-\infty, -2[$ und $]2, \infty[$ eine Linkskrümmung und im Bereich $]-2, 2[$ eine Rechtskrümmung hat.

```
fss:=unapply(normal(D(fs)(x)),x);
```
$$fss := x \to 4\,\frac{3x^2+4}{(x^2-4)^3}$$
```
plot(fss,-5..5, -5..5);
```

Die Suche nach Nullstellen von *fss* ergibt nur komplexe Lösungen, f weist somit keine Wendepunkte auf.

```
solve(fss(x)=0,x);
```
$$\frac{2I\sqrt{3}}{3}, -\frac{2I\sqrt{3}}{3}$$

Zur Flächenberechnung verwenden wir den Befehl int, der als Argument einen Term (den Funktionsterm der zu integrierenden Funktion) und eine Variable (die Integrationsvariable) mit einer Bereichsangabe für die Integrationsgrenzen (ohne diese wird eine unbestimmte Integration durchgeführt) erwartet.

```
int(f(x),x=NS[2]..NS[3])
```

1.382938817

Extremwertaufgabe 1

Gegeben für $x > 0$:

$$f : x \mapsto \frac{x}{8} + \frac{2}{x}$$

Aufgabe:

Zeichnen Sie den Graph der Kurve. In die Fläche zwischen Kurve und x-Achse ist ein Streifen mit der Breite 3 parallel zur y-Achse so einzufügen, dass seine Fläche möglichst klein wird. Berechnen Sie den Ort der beiden Parallelen und die resultierende minimale Fläche.

Zur Lösung dieser Aufgabe ist es sinnvoll, sich als Erstes einen Eindruck vom Verlauf dieser Kurve zu verschaffen. Dabei hilft wieder das `plot`-Kommando.

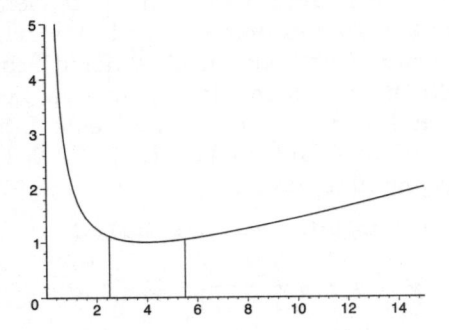

```
f:=x->x/8+2/x;
```

$$f := x \to \frac{x}{8} + \frac{2}{x}$$

```
plot([f,[[2.5,0],[2.5,f(2.5)]],
    [[5.5,0],[5.5,f(5.5)]]],0..15,0..5);
```

Wir haben eine etwas erweiterte Form des `plot`-Befehls verwendet, um im Abstand von 3 zueinander zwei zur y-Achse parallele Strecken von der x-Achse zum Schaubild zu zeichnen und so ein Beispiel der zu minimierenden Fläche anzuzeigen. Dies wird erreicht, indem im ersten Argument für `plot` eine Liste statt einer Funktion übergeben wird. Die Listenelemente müssen entweder Funktionen, Funktionsterme oder Listen von Punkten sein. Dabei werden die Punktlisten so dargestellt, dass zwischen den einzelnen Punkten Verbindungslinien gezogen werden.

Wir definieren nun die Inhaltsfunktion einer solchen Fläche als Funktion des linken Intervallpunkts, dessen x-Wert wir mit *start* bezeichnen. Wir verwenden wieder den `int`-Befehl zur Berechnung der Fläche. Die Integrationsgrenzen sind jetzt keine Zahlen mehr, sondern Ausdrücke. Damit Maple diese korrekt verarbeitet, teilen wir mit Hilfe der Funktion `assuming` mit, dass *start* eine positive reelle Zahl ist. (Andernfalls lässt Maple das Integral unausgewertet stehen und wir bekommen bei der anschließenden Minimumsberechnung Probleme.)

```
flaeche:=unapply(int(f(x),x=start..start+3),start) assuming(start>0);
```

$$\textit{flaeche} := \textit{start} \to 3/8 \, \textit{start} + \frac{9}{16} + 2 \ln(\textit{start} + 3) - 2 \ln(\textit{start})$$

Extremwertaufgabe 2

Das Minimum der Fläche muss, wie aus der Zeichnung unschwer zu entnehmen ist, für einen Streifen in der Umgebung des Tiefpunkts der Funktion f erreicht werden. Wir zeichnen zunächst die Flächeninhaltsfunktion *flaeche* und sehen unsere Vermutung bestätigt.

```
plot(flaeche,1..10,1..5);
```

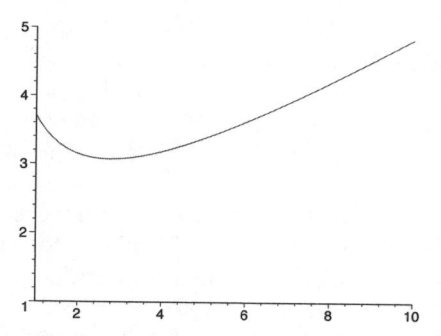

`minimize` ermittelt die Minima einer Funktion. Der Befehl erwartet als Argumente einen Funktionsterm und eine Bereichsangabe für die Funktionsvariable. Er liefert die minimalen Funktionswerte im angegebenen Intervall. Gibt man zusätzlich das Symbol `location` an, erhält man auch die Variablenwerte, für die das Minimum angenommen wird. `minimize` arbeitet symbolisch, um Näherungswerte zu erhalten, benötigt man anschließend `evalf`.

```
minimize(flaeche(start),start=0..infinity,location);
```

$$3/16\sqrt{73} + 2\ln(3/2 + 1/2\sqrt{73}) - 2\ln(-3/2 + 1/2\sqrt{73})$$

$$\left\{\left[\left\{start = -3/2 + 1/2\sqrt{73}\right\}, 3/16\sqrt{73} + 2\ln(3/2 + 1/2\sqrt{73}) - 2\ln(-3/2 + 1/2\sqrt{73})\right]\right\}$$

```
evalf(%);
```

$$3.068899118, [start = 2.772001872, 3.068899118]$$

Die in der Aufgabe gesuchten Parallelen verlaufen also bei $x \approx 2.77$ und bei $x \approx 5.77$, der Flächeninhalt ist ≈ 3.07.

Der ganze hier eigentlich benötigte Apparat der Differentialrechnung zur Bestimmung von Extrema ist im Befehl `minimize` gekapselt. Ein konventioneller Lösungsweg über die Bestimmung der Nullstellen der Ableitung befindet sich im Worksheet zu diesem Kapitel.

Extremwertaufgabe 2

Gegeben:

Der Ellipse $9x^2 + 16y^2 = 144$ soll ein möglichst großes Rechteck einbeschrieben werden, dessen Seiten parallel zu den Koordinatenachsen sind.

Gesucht:

a) Abmessungen des Rechtecks
b) Volumen des Ellipsoids und des Zylinders bei Drehung der Figur um die x-Achse

Der erste Schritt zur Lösung dieser Aufgaben besteht darin, dass die zwei Gleichungen *ellipse* und *flaeche* definiert werden. *flaeche* drückt die zu maximierende Fläche des Rechtecks aus. Die Kommandos rechts zeigen, dass in Variablen auch ganze Gleichungen gespeichert werden können. Beachten Sie den Unterschied zwischen dem Zuweisungsoperator := und dem Vergleichsoperator =.

```
ellipse:= 9*x^2+16*y^2=144;
```
$$ellipse := 9\,x^2 + 16\,y^2 = 144$$
```
flaeche:=a=4*x*y;
```
$$flaeche := a = 4\,xy$$

Als Nächstes soll die Fläche *a* als Funktion einer Variablen (nämlich x) dargestellt werden. Aus den beiden Gleichungen *ellipse* und *flaeche* muss die gemeinsame Variable *y* eliminiert werden.

Dazu übergeben wir `solve` das System der beiden Gleichungen als erstes Argument und die Menge $\{a, y\}$ als zweites Argument. Maple bestimmt dann die Lösungen für die beiden angegebenen Variablen in Abhängigkeit von x. Da die Gleichungen nicht linear sind erhält man eine durch `RootOf` dargestellte Lösung für y und a. Mit `allvalues` kann man daraus die möglichen Lösungen für a extrahieren und a an die passende Lösung binden.

```
solve({ellipse,flaeche},{a,y});
```
$$\{a = 3\,x\,RootOf(x^2 + \_Z^2 - 16, label = \_L8),$$
$$y = 3/4\,RootOf(x^2 + \_Z^2 - 16, label = \_L8)\}$$
```
allvalues(eval(a,%));
```
$$3\,x\sqrt{16 - x^2}, -3\,x\sqrt{16 - x^2}$$
```
a:=%[1];
```
$$a := 3\,x\sqrt{16 - x^2}$$

a enthält jetzt die Formel für den Flächeninhalt in Abhängigkeit von x. Um die Fläche zu maximieren, muss die Ableitung nach x gebildet und 0 gesetzt werden.

```
a0:=diff(a,x);
```
$$a0 := 3\,\sqrt{-x^2 + 16} - \frac{3\,x^2}{\sqrt{-x^2 + 16}}$$

`solve` liefert beide möglichen Lösungen. Für den weiteren Rechengang ist nur die positive Alternative von Interesse.

```
solve(a0);
```
$$\sqrt{8}, -\sqrt{8}$$

Beachten Sie in der Zuweisung an x die Formulierung `max(%)`. Mit `%` wird auf das vorige Ergebnis zurückgegriffen. Da dieses Ergebnis eine Folge ist (also mehrere, durch Kommata getrennte Ausdrücke), muss angegeben werden, welches dieser Ergebnisse gewünscht ist. Mit `max` wird erreicht, dass das wertmäßig größte Ergebnis verwendet wird.

```
x0:=max(%);
```
$$x0 := \sqrt{8}$$

Extremwertaufgabe 2

Der zur x-Koordinate passende y-Wert kann leicht aus der Ellipsengleichung ermittelt werden.

```
eval(ellipse,x=x0);
```
$$72 + 16\,y^2 = 144$$
```
solve(%);
```
$$\frac{3\sqrt{2}}{2}, -\frac{3\sqrt{2}}{2}$$
```
y0:=max(%);
```
$$y0 := \frac{3\sqrt{2}}{2}$$

Auch die maximale Fläche des Rechtecks ist bereits bekannt.

```
eval(a, {x=x0, y=y0});simplify(%);
```
$$6\sqrt{8}\sqrt{2}$$
$$24$$

Dieser erste Teil der Aufgabe hätte noch schneller und bequemer mit dem Befehl `extrema` gelöst werden können. Der Befehl erwartet als erstes Argument den Funktionsterm der zu optimierenden Funktion, im zweiten Argument die Menge der Nebenbedingung(en), im dritten Argument die Menge der Variablen und im vierten Argument den Namen einer Variablen. `extrema` optimiert daraufhin die Funktion und bindet die Menge der Lösungspunkte an die angegebene Variable. `allvalues` vereinfacht die mathematische Beschreibung der Lösungspunkte, die symbolisch mit `RootOf` dargestellt werden (siehe Kapitel 11). Wie schon im obigen Beispiel existieren auch hier wieder negative Lösungen für x und y, wodurch sich vier Lösungspaare ergeben.

```
extrema( 4*x*y, {9*x^2+16*y^2=144}, {x,y}, 'lsg');
```
$$\{-24, 24\}$$

```
allvalues(lsg);
```
$$\{\left\{x=2\sqrt{2}, y=\frac{3\sqrt{2}}{2}\right\}, \left\{y=-\frac{3\sqrt{2}}{2}, x=-2\sqrt{2}\right\},$$
$$\left\{x=2\sqrt{2}, y=-\frac{3\sqrt{2}}{2}\right\}, \left\{x=-2\sqrt{2}, y=\frac{3\sqrt{2}}{2}\right\}\}$$

Als Nächstes soll im zweiten Teil der Aufgabe jenes Volumen berechnet werden, das durch die Rotation der Ellipsenkurve bzw. des Rechtecks um die y-Achse entsteht. Um eine bessere Vorstellung von der Aufgabenstellung zu erhalten, wird die Ellipse gezeichnet.

Das Zeichnen impliziter Funktionen erfolgt mit dem Befehl `implicitplot`. Dieser Befehl ist allerdings erst verfügbar, wenn das `plots`-Package mit `with` aktiviert wird.

```
with(plots):
implicitplot(ellipse, x=-5..5,y=-5..5);
```

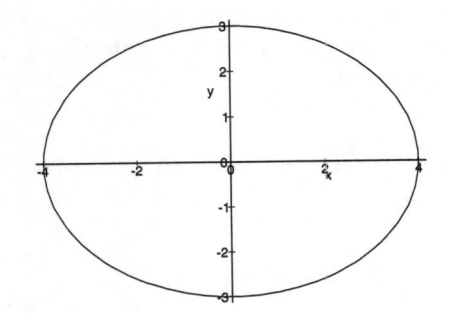

Zur Berechnung des Integrals muss die Ellipsengleichung nach y aufgelöst werden. Dies wird wiederum mit `solve` erledigt. Das Ergebnis wird an f gebunden. Mit `%[1]` erfolgt dabei der Zugriff auf das erste Teilergebnis der Lösungsmenge.

```
solve(ellipse,y);
```
$$\frac{3\sqrt{-x^2+16}}{4}, -\frac{3\sqrt{-x^2+16}}{4}$$

```
f:=%[1];
```
$$f := \frac{3\sqrt{-x^2+16}}{4}$$

Die Berechnung des Drehkörpervolumens der Ellipse bereitet dann keine Probleme mehr. Noch einfacher ist die Berechnung des Zylindervolumens nach der Formel $y_0^2 \pi 2 x_0$, wobei die weiter oben ermittelten Werte verwendet werden.

```
ellvol:=Pi * int(y^2,x=-4..4);
```
$$ellvol := 48\,\pi$$

```
zylvol:=y0^2* Pi *2*x0
```
$$zylvol := 18\sqrt{2}\,\pi$$

Rechnen mit komplexen Zahlen

Aufgabe:

Löse in $\mathbb{C}$ (Menge der komplexen Zahlen) und stelle die Lösung grafisch dar:

a) $z^3 = \frac{(3+4I)^5}{(4-3I)^2}$

b) $z^2 + 4z + 13 = 0$

c) $z^2 + (5+5i)z - 24 + 40i = 0$

Gleichungen dieser Art stellen für Maple überhaupt kein Problem dar und können mit `solve` unmittelbar gelöst werden. Über `evalf` kann die symbolische Lösung numerisch ausgewertet werden. Im zweiten Parameter dieser Funktion wird die gewünschte Stellenzahl angegeben (hier nur fünf Stellen, damit das Ergebnis übersichtlich bleibt).

```
solve(z^3=(3+4*I)^5/(4-3*I)^2);
```

$$3/2+2I+\frac{\sqrt{3}\sqrt{7-24I}}{2}, 3/2+2I-\frac{\sqrt{3}\sqrt{7-24I}}{2}, -3-4I$$

```
sol:=evalf(%,5);
```

$$sol := 4.9642 - 0.5982I, -1.9642 + 4.5982I, -3.0 - 4.0I$$

Mit der Funktion `complexplot` aus dem plots-Package sind wir in der Lage, die Lösung direkt grafisch auszugeben. Wir verwenden zur Darstellung der Punkte in der Zahlenebene ein kleines Quadrat (mit der Option `symbol=BOX`).

```
with(plots):
complexplot([sol], style=point,symbol=BOX);
```

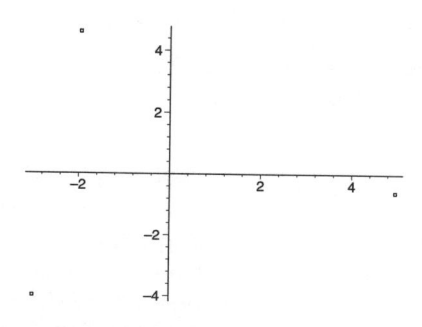

Die Teilaufgaben b) und c) sind ebenso problemlos zu lösen. Auf eine grafische Darstellung wird verzichtet.

```
lsg:=evalf(solve(z^2+4*z+13=0),5);
```

$$lsg := -2.0 + 3.0I, -2.0 - 3.0I$$

```
lsg:=evalf(solve(z^2+(5+5*I)*z-24+40*I), 5);
```

$$lsg := 3.0 - 5.0I, -8.0$$

Parametrische Gleichung in explizite Form umwandeln

Aufgabe:

Bringen Sie die durch die beiden Parametergleichungen $x = 2\cos(t)$, $y = \cos(3t)$ gegebene Funktion in explizite Form und zeichnen Sie den Graphen. Bestimmen Sie den Inhalt der Flächenstücke, die zwischen der Kurve und der x-Achse eingeschlossen werden.

Das Zeichnen der Funktion kann unmittelbar erfolgen (d.h., ohne die Funktion vorher in explizite Form zu überführen). Es muss lediglich das `plot`-Kommando ein wenig anders als sonst formuliert werden. Statt der üblichen Form `plot(f,x=..)` müssen parametrische Funktionen in einer Liste (eckige Klammern) angegeben werden: `[x, y, t=..]`.

Der Wertebereich für t muss bei unbekannten Funktionen eventuell durch Probieren ermittelt werden. Wir verwenden im Beispiel nur die Funktionsterme als Argumente, statt wie bisher eine Funktion zu definieren. Die Funktionsvariable wird bei der Angabe des Bereichs festgelegt.

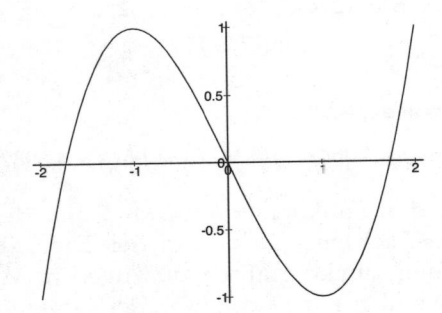

```
plot( [2 * cos(t), cos(3*t),
       t=0..Pi] );
```

Um die Funktion in explizite Form zu überführen, muss aus den beiden Gleichungen für x und y die Variable t eliminiert werden. `solve` erhält dazu die beiden Gleichungen als Menge (geschweifte Klammern) übergeben. Außerdem muss man die Menge der Variablen angeben, nach denen das System gelöst werden soll. Da wir zwei Gleichungen für die drei Variablen haben, liefert `solve` bei Eingabe einer Menge von zwei Variablen eine Lösung (falls vorhanden) für diese beiden Variablen in Abhängigkeit von der dritten Variablen. Da wir y in Abhängigkeit von x haben wollen, müssen wir als Variablenmenge also $\{y,t\}$ angeben.

```
solve( {x=2*cos(t), y=cos(3*t)}, {t,y});
```

$\{y = \cos(3\arccos(1/2\,x)), t = \arccos(1/2\,x)\}$

Um aus diesem Ergebnis die Lösung für y zu extrahieren, gleichzeitig zu vereinfachen und als Funktion von x zu definieren, verwenden wir einen oft nützlichen Trick mit einer Variante von `eval`.

Man kann `eval` zusätzlich zum auszuwertenden Ausdruck eine Menge mit Nebenbedingungen in Form von Gleichungen übergeben. Da die von `solve` gelieferte Lösung genau diese Form hat, können wir mit `eval(y,%)` die rechte Seite der Lösung für y bekommen, unabhängig davon, an welcher Stelle der Lösungsmenge diese ausgegeben wurde. Mit `unapply` und `expand` erhalten wir dann die gewünschte Funktion.

```
y:= unapply(expand(eval(y,%)),x);
```

$y := x \to \dfrac{1}{2}x^3 - \dfrac{3}{2}x$

Damit liegt y nunmehr als Funktion von x vor. Durch ein `plot`-Kommando wird das Ergebnis kontrolliert.

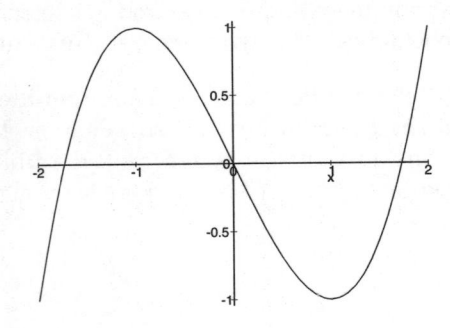

```
plot(y,-2..2);
```

Zur Berechnung des gesuchten Flächeninhalts müssen zuerst die Integrationsgrenzen, d.h. die Schnittpunkte der Funktion mit der x-Achse, ermittelt werden.

```
solve(y);
```
$$0, \sqrt{3}, -\sqrt{3}$$

Die Integration erfolgt anschließend mit dem Befehl `int`. Wegen der Punktsymmetrie des Schaubilds zum Ursprung genügt es, von $-\sqrt{3}$ bis 0 zu integrieren und das Ergebnis mit 2 zu multiplizieren.

```
2*int(y,x=-sqrt(3)..0);
```
$$9/4$$

Numerische Lösung einer transzendenten Gleichung

Aufgabe:

Wie tief sinkt ein zylindrischer Buchenholzstamm mit Durchmesser $2R = 60$ cm und Dichte $\rho = 0{,}76$ g/cm^3 in Wasser ein?

Die Idee des Lösungsansatzes sieht folgendermaßen aus: Die Masse des Stamms muss mit der Masse des verdrängten Wassers gleichgesetzt werden. Da beide Massen als Produkt aus Dichte, Querschnittsfläche und Stammlänge berechnet werden, kann man die Stammlänge auf beiden Seiten der Gleichung kürzen. (Natürlich sollte der Stamm deutlich länger als ein Durchmesser sein, damit er 'liegend' schwimmt.)

Die Holzmasse (in Abhängigkeit von der Länge l) ist einfach zu berechnen: Zylindervolumen multipliziert mit Dichte.

```
r:=30,rho:=0.76;
```
$$r := 30,\ \rho := 0.76$$

```
Holzmasse:=
    unapply(evalf(l*r^2*Pi*rho),l);
```
$$Holzmasse := l \to 2148.849375\, l$$

Zur Berechnung der verdrängten Wassermasse verschaffen wir uns zunächst mit `implicitplot` (ein Befehl zur Darstellung implizit definierter Funktionen) ein Querschnittsbild des eingetauchten Stamms.

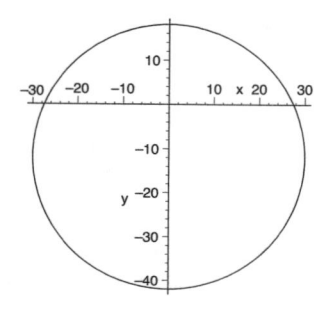

```
implicitplot(x^2+(y+12)^2=r^2,x=-r..r,
             y=-r-12..r-12);
```

Zur Berechnung der verdrängten Wassermasse benötigt man die unter Wasser befindliche Querschnittsfläche des Stamms. Man könnte zwar aus einer Formelsammlung die Formel für ein Kreissegment benutzen, Maple kann die Formelsammlung aber ersetzen.

Wenn wir das Bild um 90° drehen, ist die Fläche durch das Zweifache des Integrals in den Grenzen von $-r$ bis $-r+et$ über die Randfunktion $x \mapsto sqrt(r^2 - x^2)$ zu erhalten.
```
Wassermasse:=unapply(l*2*int(sqrt(r^2-x^2), x=-30..-30+et),l);
```

$$Wassermasse := l \to 2l\left(-15\sqrt{60\,et - et^2} + 1/2\sqrt{60\,et - et^2}\,et\right.$$
$$\left. + 450\arcsin(-1 + 1/30\,et) + 225\pi\right)$$

Die nebenstehende Abbildung zeigt das Gewicht des verdrängten Wassers, aufgetragen über die Eindringtiefe des Stamms. Außerdem ist mit einer waagrechten Geraden die Holzmasse eingezeichnet. Aus der Zeichnung kann man ablesen, dass der Stamm etwa 43 cm eintauchen wird.

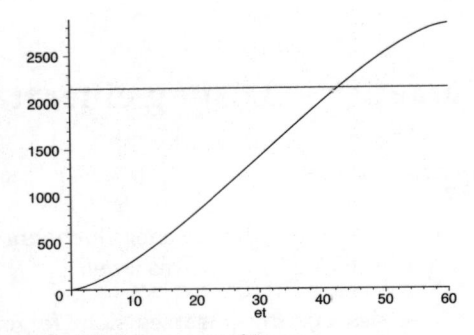

```
plot([Wassermasse(1),Holzmasse(1)],
          et=0..60);
```

Für eine variable Länge des Stamms ist also folgende Gleichung zu lösen:

```
gl:=Wassermasse(länge)=Holzmasse(länge);
```

$gl :=$

$2\,\text{länge}\left(-15\sqrt{60\,et - et^2} + 1/2\sqrt{60\,et - et^2}\,et + 450\arcsin(-1 + 1/30\,et) + 225\pi\right)$
$= 2148.849375\,\text{länge}$

Die auf beiden Seiten der Gleichung vorkommende Variable länge kann eliminiert werden, sodass schließlich die folgende Gleichung zu lösen ist:

```
gl:=gl / länge;
```

$gl :=$

$-30\sqrt{60\,et - et^2} + \sqrt{60\,et - et^2}\,et + 900\arcsin(-1 + 1/30\,et) + 450\pi = 2148.849375$

Da eine symbolische Lösung hier nicht möglich ist, verwenden wir zur Lösung der Gleichung fsolve, eine numerische Variante von solve. Zur Probe setzen wir die gefundene Eintauchtiefe *et* in die Formel für die Wassermasse ein.

```
fsolve(fsolve(gl,et);evalf( subs(et=%,Wassermasse(länge)));
```

42.63651692

2148.849376länge

Rechtwinkliger Schnitt zwischen Kreis und quadratischer Kurve

Aufgabe:

Der Kreis mit der Gleichung $x^2 + y^2 + 6y - 91 = 0$ und die Kurve mit der Gleichung $y = ax^2 + b$ schneiden einander in $P(6, y > 0)$ unter einem Winkel von 90 Grad. Berechnen Sie a und b!

Vorweg eine kurze Beschreibung des Lösungswegs: Durch die Vorgabe ist der Schnittpunkt P direkt aus der Kreisgleichung zu berechnen. Um die beiden Unbekannten a und b zu bestimmen, sind zwei Gleichungen erforderlich. Eine Gleichung ergibt sich sofort durch das Einsetzen der Koordinaten des Schnittpunkts P. Die zweite Gleichung erhält man aus der Bedingung, dass sich die Kurven rechtwinklig schneiden sollen. Damit sich ein rechtwinkliger Schnitt ergibt, muss das Produkt der Steigungen der beiden Kurven im Schnittpunkt -1 sein.

Als Erstes soll der Schnittpunkt der beiden Kurven ermittelt werden. $x = 6$ und $y > 0$ ist vorgegeben. y kann daher unmittelbar aus der Kreisgleichung und diesen Bedingungen berechnet werden. Man darf allerdings nicht übersehen, dass das Gleichungssystem für alle beteiligten Variablen gelöst werden muss, auch wenn die Lösung für x offensichtlich ist.

```
kreis:=x^2+y^2+6*y-91=0:
kurve:= y=a*x^2+b:
lsgkr:=solve( {kreis, x=6,y>0},{x,y});
```

$$lsgkr := \{x = 6, y = 5\}$$

Die Kreisgleichung definiert die Funktion y implizit in Abhängigkeit von x. Man muss zur Bestimmung der Kurvensteigung daher entweder die Kreisgleichung nach y auflösen und dann differenzieren oder man muss die Methode der impliziten Differentiation verwenden. Maple beherrscht diese Methode mit dem Befehl `implicitdiff`, der drei Argumente erwartet: eine Gleichung, den Namen der implizit definierten Funktion und die Variable, nach der differenziert werden soll.

```
dkreis:=implicitdiff(kreis,y,x);
```

$$dkreis := -\frac{x}{y+3}$$

Die Ableitung der Kurvengleichung erhalten wir, indem wir die rechte Seite (engl.: right-hand-side) dieser Gleichung (zu erhalten mit `rhs`) ableiten.

```
dkurve:=diff(rhs(kurve),x);
```

$$dkurve := 2\,a\,x$$

Die beiden Gleichungen für a und b ergeben sich aus der Auswertung der beiden Bedingungen mit der Nebenbedingung lsgkr mit eval.

```
gl1:=eval(kurve,lsgkr);
```
$$gl1 := 5 = 36\,a + b$$
```
gl2:=eval(dkurve*dkreis=-1,lsgkr);
```
$$gl2 := -9\,a = -1$$
```
solve({gl1,gl2});
```
$$\{b = 1, a = 1/9\}$$

Damit die gesuchte Kurve gezeichnet werden kann, werden a und b die errechneten Lösungswerte zugewiesen. Der Befehl assign erwartet als Argument eine Reihe von Gleichungen, bei denen auf der linken Seite ein Name steht. Diese Namen werden an den Wert der rechten Seite der zugehörigen Gleichung gebunden. Das Ergebnis von solve hat genau die benötigte Form, um so verwendet zu werden.

```
assign(%); kurve;
```
$$y = \frac{x^2}{9} + 1$$

Der Befehl plot ist zwar zum Zeichnen von Kurven geeignet, deren Funktion explizit bekannt ist, nicht aber zur grafischen Darstellung impliziter Gleichungen. Im Package plots findet sich für diesen Sonderfall der Befehl implicitplot. Mit with wird das Package aktiviert. An den Befehl werden im ersten Parameter die zu zeichnenden Gleichungen als Menge übergeben, in den beiden folgenden Parametern der gewünschte x- und y-Bereich. Die Option scaling=constrained führt dazu, dass Maple die Grafik nicht wie sonst verzerrt und so den vorhandenen Platz optimal ausfüllt. Dafür erscheint der Kreis wirklich als solcher und nicht als Ellipse.

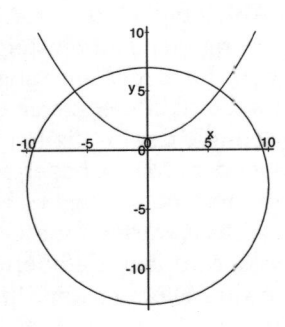

```
with(plots):
implicitplot( {kreis,kurve}, x=-10..10,
     y=-15..10, scaling=constrained);
```

Vektorrechnung, Umkreis zu einem Dreieck

Aufgabe:

Gegeben ist das Dreieck ABC mit $A(-8,0)$, $B(2,2)$ und $C(2,-10)$. Ermitteln Sie die Gleichung des Kreises K durch die Eckpunkte.

Die drei Punkte A, B und C werden unter den Namen $p1$, $p2$ und $p3$ als Listen (eckige Klammern) definiert.

```
p1:=[-8, 0]:   p2:=[2, 2]:   p3:= [2,-10]:  p1,p2,p3;
```

$$[-8, 0], [2, 2], [2, -10]$$

Die Kreisgleichung mit den gesuchten Koordinaten des Mittelpunkts mx und my und dem ebenfalls unbekannten Radius rad wird folgendermaßen definiert:

```
kreis := (x-mx)^2 + (y-my)^2 = rad^2;
```

$$kreis := (x - mx)^2 + (y - my)^2 = rad^2$$

Um die drei Unbekannten mx, my und rad zu bestimmen, sind drei Gleichungen erforderlich. Diese ergeben sich, wenn $p1$ bis $p3$ in die Kreisgleichung eingesetzt werden. Die Substitution für $p1$ ist leicht verständlich:

```
subs( x=p1[1], y=p1[2], kreis);
```

$$(-8 - mx)^2 + my^2 = rad^2$$

x wird durch das erste Listenelement in $p1$ substituiert, y durch das zweite Listenelement. Natürlich könnte die obige Anweisung entsprechend auch für $p2$ und $p3$ eingetippt werden, eleganter ist aber folgende Anweisung:

```
seq( subs( x=p||i[1], y=p||i[2], kreis), i=1..3);
```

$$(-8 - mx)^2 + my^2 = rad^2,\ (2 - mx)^2 + (2 - my)^2 = rad^2,$$
$$(2 - mx)^2 + (-10 - my)^2 = rad^2$$

Damit wird die Substitution dreimal hintereinander durchgeführt. Neu ist dabei die Schreibweise p||i. Maple setzt für i die Werte 1 bis 3 ein und setzt p und die Ziffer anschließend zu den Variablennamen $p1$ bis $p3$ zusammen. Der Verknüpfungsoperator || dient also zum Verbinden zusammengesetzter Variablennamen. (Vor Version 6 wurde der Verknüpfungsoperator durch einen Punkt dargestellt, dies ist jetzt die Notation für nicht kommutative Multiplikationen, z.B. bei Matrizen.) Jetzt müssen nur noch die drei obigen Gleichungen gelöst werden – kein Problem für `solve`:

```
solve({%});
```

$$\{mx = -2, my = -4, rad = 2\operatorname{RootOf}(\_Z^2 - 13)\}$$

```
allvalues(%);
```

$$\{mx = -2, my = -4, rad = 2\sqrt{13}\}, \{mx = -2, my = -4, rad = -2\sqrt{13}\}$$

Alternative Lösung mit dem geometry-Package

Das obige Beispiel lässt sich erheblich effizienter (aber didaktisch weniger anschaulich) lösen, wenn das geometry-Package zu Hilfe genommen wird. Dieses Package enthält zahlreiche Kommandos zur zweidimensionalen Vektorrechnung, unter anderem point zur Definition eines Koordinatenpunkts, triangle zur Definition eines Dreiecks und circle zur Definition eines Kreises. Da circle aus der Position dreier Punkte automatisch die Kreisgleichung aufstellen kann, reduziert sich das Beispiel auf wenige Anweisungen:

```
restart: with(geometry):
point(A, -8,0), point(B, 2,2), point(C, 2,-10):
triangle(T, [A,B,C]):
circle(Ci, [A, B, C]):
coordinates(center(Ci));
```

$$[2, -4]$$

```
radius(Ci);
```

$$\sqrt{52}$$

Besonders attraktiv am geometry-Package ist die Möglichkeit, die zuvor definierten grafischen Objekte mit wenig Aufwand zu zeichnen:

```
draw( [T, Ci], scaling=constrained,
  axes=normal );
```

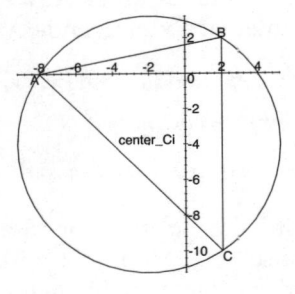

Vektorrechnung, Schnitt Kugel-Gerade

Gegeben:

- Kugel $k: x^2 + y^2 + z^2 = 45$ und
- Gerade g durch die Punkte $P1(9, -15, 18)$ und $P2(-3, 15, -6)$.

Gesucht:

- Schnittpunkte der Geraden g mit der Kugel k,
- Gleichung der beiden Tangentialebenen an die Kugel in den Schnittpunkten und
- Gleichung der Schnittgerade der beiden Tangentialebenen.

Als Erstes stellen wir die benötigten Gleichungen zusammen. Die Koordinatengleichung der Kugel ist gegeben, die Gerade wird in Parameterform durch eine Menge von drei Gleichungen beschrieben. Mit union werden die Mengen mit den Gleichungen zusammengefasst.

`kugel:=x^2+y^2+z^2=45;`

$$kugel := x^2 + y^2 + z^2 = 45$$

`gerade:={ x=9-12*t, y=-15+30*t, z=18-24*t};`

$$gerade := \{z = 18 - 24t, y = -15 + 30t, x = 9 - 12t\}$$

`glsys:=gerade union {kugel};`

$$glsys := \{z = 18 - 24t, y = -15 + 30t, x^2 + y^2 + z^2 = 45, x = 9 - 12t\}$$

solve löst das Gleichungssystem auf Anhieb. Damit sind die beiden Schnittpunkte der Geraden mit der Kugel bekannt. Als Nächstes sollen die Tangentialebenen ermittelt werden. Am günstigsten ist hier eine Formulierung in der Normalenform, d.h. durch die Normalenvektoren der Tangentialebenen. Da die Kugel im Koordinatenursprung liegt, sind die Normalvektoren mit den Vektoren zu den beiden Schnittpunkten identisch. Durch eval können die Vektoren mit minimalem Schreibaufwand aufgestellt werden. Dabei ist zu beachten, dass Maple zwischen Zeilen- und Spaltenvektoren unterscheidet. Wir verwenden zunächst Zeilenvektoren.

`schnitt:=solve(glsys);`

$$schnitt := \left\{z = 6, y = 0, x = 3, t = \frac{1}{2}\right\}, \left\{z = \frac{2}{3}, y = \frac{20}{3}, x = \frac{1}{3}, t = \frac{13}{18}\right\}$$

`n1:=eval(<x|y|z>,schnitt[1]);`

$$n1 := [3, 0, 6]$$

`n2:=eval(<x|y|z>,schnitt[2]);`

$$n2 := \left[\frac{1}{3}, \frac{20}{3}, \frac{2}{3}\right]$$

Für den weiteren Rechengang sind einige Befehle aus dem Package `LinearAlgebra` erforderlich, das mit `with` aktiviert werden muss. Das Package enthält eine Menge Funktionen zur Vektor- und Matrizenrechnung.

```
with(LinearAlgebra):
```

Die Normalenform einer Ebenengleichung hat die Form $\vec{n} \cdot (\vec{x} - \vec{p}) = 0$. Dabei ist $\vec{p}$ ein Ortsvektor eines beliebigen Punkts der Ebene und $\vec{n}$ ein zur Ebene senkrechter Vektor. Die Ebene besteht dann aus allen Punkten, deren Ortsvektoren $\vec{x}$ diese Gleichung erfüllen. Das hier verwendete Skalarprodukt wird in Maple durch den Punktoperator (seit Maple 6) realisiert. Dieser benötigt allerdings einen Zeilen- und einen Spaltenvektor. Um die Gleichungen der Ebenen aufzustellen, müssen wir einen der Vektoren entsprechend mit `Transpose` umwandeln. Da die Kugel ihren Mittelpunkt im Ursprung hat, sind die Ortsvektoren der Berührpunkte der Tangentialebenen zugleich Normalenvektoren der Ebenen.

```
ebene1 := n1 . (<x,y,z>-Transpose(n1))=0 ;
```
$$ebene1 := 3x - 45 + 6z = 0$$

```
ebene2 := ebene2 := n2 . (<x,y,z>-Transpose(n2))=0;
```
$$ebene2 := \frac{1}{3}x - 45 + \frac{20}{3}y + \frac{2}{3}z = 0$$

Die Schnittgerade der beiden Ebenen erhält man direkt mit `solve`. Eine kleine Umformung liefert die gewünschte Geradengleichung.

```
sn2:=solve( {ebene1,ebene2});
```
$$sn2 := \left\{ z = \frac{-1}{2}x + \frac{15}{2}, x = x, y = 6 \right\}$$

```
gerade:= <x,y,z> = subs(x=r,eval(<x,y,z>,sn2));
```
$$gerade := \begin{bmatrix} x \\ y \\ z \end{bmatrix} = \begin{bmatrix} r \\ 6 \\ \frac{-1}{2}r + \frac{15}{2} \end{bmatrix}$$

Im Worksheet zu diesem Kapitel ist auch eine alternative Lösung mit dem Package `geom3d` angegeben.

Simulation

Aufgabe:

Die Autos A1 und A2 fahren mit einer Geschwindigkeit von je 126 km/h mit einem Abstand von 12 m hintereinander. Nach 3 Sekunden bremst A1 mit der Bremsverzögerung

Simulation

von 6 m/s^2, nach einer weiteren Sekunde bremst auch A2 mit der Bremsverzögerung von 8 m/s^2. Ermitteln Sie die Gleichungen des Bewegungsvorgangs und erzeugen Sie eine grafische Darstellung. Interpretieren Sie die rechnerische Untersuchung des Geschehens.

Um den Geschwindigkeitsverlauf der beiden Autos mathematisch zu formulieren, wird eine abschnittsweise Definition der Funktionen benötigt. Maple stellt dazu den Befehl piecewise zur Verfügung. Als Argumente erwartet der Befehl eine Folge, in der jeweils abwechselnd eine Bedingung und ein Ausdruck stehen. Der von piecewise berechnete Wert ist der Wert des Ausdrucks nach der ersten Bedingung, die true liefert.

Die Geschwindigkeitsfunktionen können jetzt problemlos definiert und gezeichnet werden:

```
v0:=126*1000/3600:
v1:=unapply(piecewise(t<3,v0,t>=3,v0-6*(t-3)),t);
v2:=unapply(piecewise(t<4,v0,t>=4,v0-8*(t-4)),t);
```

$$v1 := t \to \texttt{piecewise}(t < 3, 35, 3 \geq t, 53 - 6t)$$

$$v2 := t \to \texttt{piecewise}(t < 4, 35, 4 <= t, 67 - 8t)$$

```
plot([v1,v2],0..10,0..40);
```

Ganz exakt entsprechen die Funktionen $v1$ und $v2$ natürlich nicht der Wirklichkeit. Für große t wird die Geschwindigkeit negativ, was bei einem echten Bremsmanöver nicht zu erwarten ist. Für die Analyse dieses (wie sich noch herausstellen wird) Beinahe-Unfalls ist die Definition von $v1$ und $v2$ aber ausreichend.

Wir ermitteln zunächst die Zeitpunkte, zu denen die beiden Autos zum Stehen kommen. Das zweite Auto steht wegen der höheren Verzögerung trotz späterem Bremsbeginn früher.

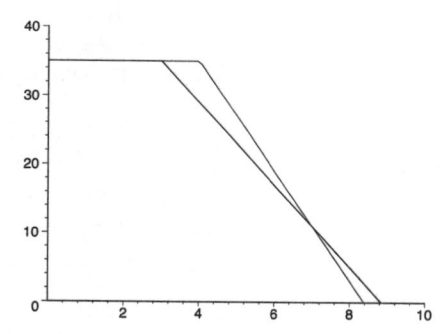

```
stop1:=solve(v1(t)=0),evalf(%);
```

$$stop1 := \frac{53}{6}, \quad 8.833333333$$

```
stop2:=solve(v2(t)=0),evalf(%);
```

$$stop2 := \frac{67}{8}, \quad 8.375000000$$

Der Ort der beiden Autos muss durch das Integral über die Geschwindigkeit ermittelt werden. Mit unapply definieren wir die zurückgelegten Wege $s1$ und $s2$ als Funktionen der vergangenen Zeit t (Obergrenze des Integrals). In $s1$ ist der Anfangsabstand zwischen den beiden Autos berücksichtigt.

```
s1:=unapply(12+int(v1(t1),t1=0..t),t);
```
$s1 := t \to 12 + \text{piecewise}(t \leq 3, 35t, 3 < t, 53t - 3t^2 - 27)$

```
s2:=unapply(int(v2(t1),t1=0..t),t);
```
$s2 := t \to \text{piecewise}(t \leq 4, 35t, 4 < t, 67t - 4t^2 - 64)$

Die Wegfunktionen werden natürlich ebenfalls abschnittsweise integriert. (`int`) hat mit einer Funktionsdefinition über `piecewise` keine Probleme. Von Interesse ist natürlich, ob die beiden Autos zu irgendeinem Zeitpunkt am selben Ort sind. Wir verwenden `solve`, um diese Frage zu klären. In der Tat ist zur Zeit $t_0 = 7$ der Ort der beiden Fahrzeuge gleich $s1 = s2 = 209$. Außerdem ist zu diesem Zeitpunkt auch die Geschwindigkeit beider Autos gleich.

```
solve((s1-s2)(t)=0,t);
```
7

```
s1(7),s2(7);
```
209, 209

```
v1(7),v2(7);
```
11, 11

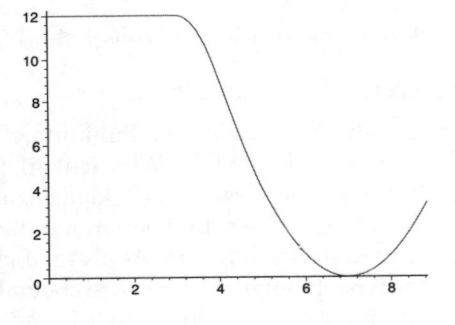

Da das zweite Auto stärker bremst als das erste und nur an dieser Stelle die Geschwindigkeit beider Autos gleich ist, vergrößert sich der Abstand nach diesem Zeitpunkt wieder. Wenn der Ort des ersten Autos als Position der hinteren Stoßstange und der des zweiten Autos als Position der vorderen Stoßstange angegeben wird, berühren sich die beiden Stoßstangen zum Zeitpunkt $t_0 = 7$. Das nebenstehende Bild zeigt den Abstand der beiden Autos als Funktion der Zeit.

```
plot(s1-s2,0..stop1);
```

Kapitel 5

Überlebensregeln für den Umgang mit Maple

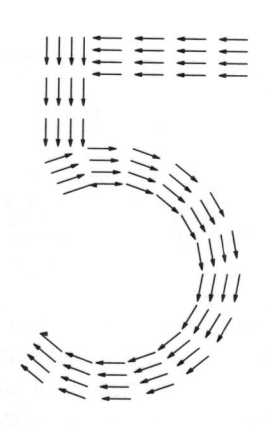

Dieses Kapitel hält einige grundlegende Tipps bereit, wie Sie typische Fehler (besonders beim Einstieg in Maple) vermeiden können. Selbst wenn Sie schon eine Weile mit Maple gearbeitet haben, kann ein rasches Überfliegen dieses Kapitels nicht schaden.

Das Kapitel ist zwangsläufig redundant: Fallweise werden Probleme beschrieben, die bereits in den vorhergehenden Kapiteln vorkamen. Zudem werden die meisten der hier angesprochenen Themen später nochmals aufgegriffen und mit mehr Hintergrundinformationen erklärt. Wundern Sie sich daher nicht, wenn Sie in einigen Beispielen auf Befehle stoßen, die Ihnen noch unbekannt sind.

Ziel dieses Kapitels ist es nicht, Detailwissen zu vermitteln, sondern auf häufig auftretende Probleme, Missverständnisse und Feinheiten der Syntax hinzuweisen. In diesem Sinne sollten Sie das Kapitel als kompakte Zusammenfassung von Informationen betrachten, die Sie über das ganze Buch verstreut wiederfinden werden.

Setzen Sie die Zeichen , ; : richtig ein

Eingaben werden in Maple normalerweise mit einem Semikolon und RETURN abgeschlossen. Maple wertet daraufhin die Eingabe aus, führt die Berechnung aus und zeigt das Ergebnis an.

Statt des Semikolons darf auch ein Doppelpunkt am Ende eines Ausdrucks stehen. In diesem Fall wird die Berechnung zwar ebenso durchgeführt, das Resultat wird aber nicht am Bildschirm angezeigt. Durch den Einsatz des Doppelpunkts lässt es sich vermeiden, dass ohnedies nur als Zwischenschritt durchgeführte Anweisungen seitenweise Formeln produzieren, die (in diesem Zwischenstadium) nicht von Interesse sind. Auf das nicht angezeigte Ergebnis kann dennoch ganz normal mit % zugegriffen werden (siehe auch nächsten Punkt).

Es ist erlaubt, mehrere Ausdrücke in einer Zeile zu schreiben. Diese Ausdrücke können wahlweise durch Strich- oder Doppelpunkte voneinander getrennt werden. Die Anzeige der Ergebnisse erfolgt in jeweils eigenen Zeilen (und natürlich nur von jenen Ausdrücken, die mit Semikolons abgeschlossen wurden).

Diese Methode darf nicht verwechselt werden mit einer Trennung mehrerer Ausdrücke durch Kommata. Damit bildet man nämlich eine **Ausdrucksfolge**, die von Maple als ein zusammengesetzter Ausdruck behandelt wird. Maple berechnet zwar die Teilausdrücke nacheinander, gibt das Ergebnis aber in einer Einheit (als Folge) aus. Diese Vorgehensweise hat bei kurzen Ergebnissen den Vorteil, dass sie platzsparend ist und einen direkten Vergleich der Ergebnisse (in einer Zeile) erlaubt. Man muss sich aber darüber im Klaren sein, dass durch Kommata getrennte Ausdrücke als **eine** zusammengesetzte Anweisung betrachtet werden, also ist in diesem Rahmen keine Variablenbindung mit := und auch kein Zugriff auf Ergebnisse von weiter vorn stehenden Ausdrücken mit dem %-Operator möglich.

In diesem Zusammenhang ist auch die umgekehrte Situation erwähnenswert, nämlich der Fall, dass eine Anweisung über mehrere Zeilen reicht. Dann gelangen Sie mit SHIFT RETURN in die nächste Zeile, ohne die Berechnung zu starten.

Abschließend noch einige Beispiele: Zuerst wird eine normale Berechnung durchgeführt, deren Ergebnis angezeigt wird (;). Daran anschließend werden zwei Variablenbindungen durchgeführt, bei denen auf die Anzeige der neuen Werte am Bildschirm verzichtet wird (:).

```
2+3;
        5
a:=3: b:=5:
```

Die drei Berechnungen $ab, a + b$ und a^b werden zuerst als Folge formuliert (,), das Ergebnis ist eine Einheit und wird in einer Zeile dargestellt. Zum Vergleich werden anschließend die gleichen Berechnungen mit ; in drei eigenständige Anweisungen zerlegt.

```
a*b, a+b, a^b;
         15, 8, 243
a*b; a+b; a^b;
         15
         8
         243
```

Greifen Sie korrekt auf frühere Ergebnisse zu

Über die Symbole % und %% und %%% können Sie auf die Ergebnisse der drei vorangegangenen Berechnungen zugreifen (und zwar unabhängig davon, ob die dazugehörigen Ergebnisse am Bildschirm angezeigt werden oder deren Ausgabe durch : unterdrückt wurde). Syntaktisch falsche Eingaben liefern eine Fehlermeldung, kein Ergebnis, und werden bei dieser Zählung nicht berücksichtigt. Beachten Sie, dass auch der Ort, an dem Sie einen neuen Befehl eingeben, keinen Einfluss auf die %-Symbole hat. % bezieht sich auf das zeitlich zuletzt berechnete Ergebnis. Wenn Sie nach der letzten Berechnung den Cursor an eine andere Stelle im Worksheet bewegt haben, dann stimmt % nicht mit dem Ergebnis des Befehls oberhalb der Cursorposition überein!

Das Beispiel rechts zeigt eine elegante (weil optisch übersichtliche und mit wenig Tippaufwand verbundene) Formulierung einer Umformung: Der zu vereinfachende Ausdruck wird zuerst als Ausdruck mit : formuliert. In der zweiten Anweisung wird auf das (unsichtbare) Ergebnis zweimal zugegriffen, einmal mit und einmal ohne Umformungskommando.

```
(a+b)^3: % = expand(%);
```
$$(a+b)^3 = a^3 + 3a^2b + 3ab^2 + b^3$$

Die Verwendung der %-Symbole setzt etwas Umsicht voraus. Wenn Sie in zwei Anweisungen auf das letzte Ergebnis zugreifen möchten, müssen Sie sich in der ersten Anweisung auf % beziehen, in der zweiten dagegen auf %%. Wenn Ihnen bei der Eingabe einer Anweisung ein logischer (kein syntaktischer) Fehler unterläuft und Sie die Anweisung nochmals (in korrigierter Form) ausführen möchten, müssen Sie ebenfalls % in %% ändern.

Insgesamt ist die Fehlergefahr durch den Einsatz von %-Symbolen nicht unerheblich. *Sinnvoller ist es zumeist, Zwischenergebnisse an Namen zu binden, auf die beliebig oft (und nicht nur maximal dreimal) zugegriffen werden kann.*

Greifen Sie korrekt auf Teilergebnisse zu

Im Beispiel rechts werden mit `solve` beide Lösungen einer quadratischen Gleichung ermittelt. Um in den weiteren Beispielen bequem auf das Ergebnis zugreifen zu können, wird es in der Variablen *lsg* gespeichert.

```
lsg:=solve(x^2+x-1,x);
```
$$lsg := 1/2\sqrt{5} - 1/2, -1/2 - 1/2\sqrt{5}$$

Etwas schwieriger wird es, wenn Sie nicht das gesamte Ergebnis, sondern nur einen Teil davon weiterverarbeiten möchten. Das kommt sehr häufig bei Befehlen wie `solve` vor, die mehrere Ergebnisse als Lösung liefern. Oft ist nur ein Ergebnis von Interesse.

Um auf die positive Lösung des vorigen Beispiels zuzugreifen, bestehen mehrere Möglichkeiten: `lsg[1]` greift auf das erste Element der Folge der Ergebnisse zu. Das ist an sich in Ordnung, problematisch ist nur, wenn das Worksheet später neu ausgewertet wird: Die Reihenfolge der Ergebnisse von `solve` ist nicht festgeschrieben und es könnte passieren, dass `solve` beim nächsten Mal zuerst die kleinere und dann die größere Lösung zurückgibt. Aus diesem Grund ist `max(lsg)` (ermittelt die wertmäßig größte Lösung) sicherer. `max` funktioniert allerdings nur, wenn sich die Ergebnisse der Größe nach vergleichen lassen – eine Bedingung, die nicht immer erfüllt ist, wenn die Lösung Variablen enthält.

```
x1:=lsg[1];
```
$$x1 := 1/2\sqrt{5} - 1/2$$
```
x1:=max(lsg);
```
$$x1 := 1/2\sqrt{5} - 1/2$$

Gelegentlich tritt das Problem auf, dass Maple eine recht lange Formel als Ergebnis liefert, Sie aber nur mit einem Teil dieser Formel weiterarbeiten möchten. Ein Zugriff über % bringt hier nichts, weil % immer den gesamten Ausdruck meint. Die auf den ersten Blick bequemste Lösung dieses Problems scheint darin zu bestehen, den betreffenden Teil der Formel mit der Maus zu markieren, mit STRG+C zu kopieren und mit STRG+V in eine neue Eingabezeile einzufügen. Maple wandelt die Formel dabei automatisch in eine Maple-Eingabe um.

Der Nachteil dieser Methode ist aber, dass sie bei erneuter Auswertung des Worksheets eventuelle Änderungen nicht berücksichtigt. Wenn Sie im Worksheet vor dem von Ihnen teilweise kopierten Ergebnis etwas ändern, wird eine neuerliche Berechnung zu einem anderen Zwischenergebnis führen. Das Kopieren und Einfügen eines Teils der Formel müsste jetzt (falls sich Änderungen ergeben haben) neuerlich manuell durchgeführt werden (und alle folgenden Berechnungen müssen danach ebenfalls aktualisiert werden!). Aus diesem Grund bietet Maple einige Befehle an, mit denen gezielt einzelne Bestandteile von komplexeren Ausdrücken ermittelt werden können – etwa `op`, `typematch`, `remove`, `select` oder `selectremove`. Befehle zur Bearbeitung komplexer Ausdrücke werden in den Kapiteln 10, 12 und 28 beschrieben.

Auch dazu wieder ein Beispiel: Aus der rechts abgebildeten Formel soll der sin-Term entfernt werden, weil er für große x-Werte vernachlässigbar ist. Dazu wird `remove` eingesetzt. (Beachten Sie aber, dass `remove` bei komplexeren Ausdrücken oft nicht verwendet werden kann und eine manuelle Bearbeitung unvermeidlich wird.)

```
expr := 1+diff( sin(x)/x^2, x);
```
$$expr := 1 + \frac{\cos(x)}{x^2} - \frac{2\sin(x)}{x^3}$$
```
remove(has, expr, sin);
```
$$1 + \frac{\cos(x)}{x^2}$$

Apostrophe

Maple kennt zwei Typen von Apostrophen: gerade Apostrophe ' (Eingabe mit Shift+#) und nach rechts gerichtete Apostrophe ` (Gravis). Sie haben völlig unterschiedliche Funktionen, sodass eine Verwechslung zwangsläufig zu Fehlern führt.

Gerade Apostrophe (die im Buch generell als Apostrophe bezeichnet werden) unterdrücken die Auswertung eines Ausdrucks.

Nach rechts gerichtete Apostrophe werden verwendet, um Symbole zu bilden, die Maple-Sonderzeichen enthalten.

Verzögerung der Auswertung durch gerade Apostrophe '

Maple wertet mathematische Ausdrücke normalerweise sofort aus. Wenn x an das Symbol π gebunden ist und Sie `sin(x/2)` eingeben, dann ersetzt Maple die Variable x sofort durch π, wertet den Ausdruck x also unmittelbar aus. In manchen Situationen ist das nicht erwünscht.

Typische Anwendungen von Apostrophen sind verzögerte Zuweisungen, die Nennung eines Rückgabeparameters, in den eine Prozedur ein Ergebnis schreiben soll, und die Formulierung verschachtelter Ausdrücke, die syntaktisch nur dann korrekt sind, wenn in bestimmte Variablen Zahlenwerte eingesetzt werden, bevor der Ausdruck ausgewertet wird. Einfache Beispiele finden Sie in den beiden folgenden Überlebensregeln.

Variablenbindungen werden in Maple durch die Zuweisung des Namens der Variablen an die Variable aufgehoben. Dabei muss natürlich die Auswertung auf der rechten Seite der Zuweisung vermieden werden.

```
x:=3: x;
```
$$x := 3$$
```
x:='x': x;
```
$$x := x$$

Der Term f wird durch den Einsatz von Apostrophen unabhängig vom aktuellen Wert von x definiert. Erst bei der tatsächlichen Verwendung von f wird x durch den gerade aktuellen Wert ersetzt.

```
f:='x^2-7';
```
$$f := x^2 - 7$$

Achtung: Bei Unix- und Mac-Versionen müssen statt der geraden Apostrophe linksgerichtete Apostrophe (Acut) eingegeben werden! (Windows kennt im Gegensatz zu den meisten anderen Betriebssystemen gleich drei Apostrophe: gerade, links- und rechtsgerichtete.)

Kennzeichnung von Symbolen durch rechtsgerichtete Apostrophe ' (Gravis)

Auf den ersten Blick sieht es so aus, als hätten rechtsgerichtete Apostrophe dieselbe Wirkung wie linksgerichtete Apostrophe.

```
x:=3:
'x+1';
```
$$x + 1$$
```
x+1`;
```
$$`x+1`$$

Erst wenn Sie mit dem Kommando `eval` eine Auswertung der resultierenden Ausdrücke erzwingen, wird der Unterschied offensichtlich.

```
eval('x+1');
```
$$4$$
```
eval(`x+1`);
```
$$x+1$$

Die Zeichen in rechtsgerichteten Apostrophen sind für Maple atomare Symbole, also Bezeichner von Variablen. Ihre Auswertung ergibt dieses Symbol selbst, wenn es nicht an einen Wert gebunden ist.

Im Beispiel rechts wird die Variable *test/option* mit dem Wert 3 belegt. *test/option* enthält einen Bruchstrich und kann deswegen nur dann als Variablenname verwendet werden, wenn der gesamte Ausdruck als Symbol identifiziert wird.

```
`test/option`:=3;
```
$$test/option := 3$$

Träge Funktionen

Einige Funktionen, beispielsweise `int` oder `diff`, haben außer ihrer aktiven Form noch eine 'träge' Form. Während die aktive Form eine sofortige Auswertung versucht, führt die träge Form nicht zu einer Auswertung. Sie kann auch nicht mit `eval` ausgewertet werden. Sie entfaltet ihre Wirkung erst im Zusammenspiel mit anderen Funktionen. So führt `evalf( Int(...))` eine numerische Näherungsberechnung des angegebenen Integrals durch, während `evalf(int(...))` das Integral zunächst so weit wie möglich symbolisch auswertet und dann das Ergebnis numerisch annähert (siehe Kapitel 17, S. 274).

Träge Funktionen können auch zur Ausgabe mathematischer Ausdrücke verwendet werden, die genau in dieser Form (und nicht erst nach einer Auswertung) am Bildschirm angezeigt werden sollen:

```
Int(1/(1+x^3), x), Diff(x,y), Sum(n^2/n!, n=1..infinity), ;
  Product( (1+1/n^5), n=a..b)
```

$$\int \frac{1}{1+x^3}\,dx,\; \frac{\partial}{\partial y}\,x,\; \sum_{n=1}^{\infty} \frac{n^2}{n!},\; \prod_{n=a}^{b}\left(1+\frac{1}{n^5}\right)$$

Es besteht keine Möglichkeit, träge Funktionen durch `eval` oder andere Befehle in ihre normalen Äquivalente umzuwandeln. Sie können aber mit `subs` eine Konversion in gewöhnliche Maple-Funktionen erzwingen:

```
f:=Int(1/(1+x^3), x): eval(subs(Int=int, f));
```

$$\frac{1}{3}\ln(x+1) - \frac{1}{6}\ln(x^2-x+1) + \frac{1}{3}\sqrt{3}\arctan\left(\frac{1}{3}(2x-1)\sqrt{3}\right)$$

Berücksichtigen Sie die globale Gültigkeit von Variablen

Im alltäglichen Umgang mit Maple treten eine Menge Probleme auf, weil bereits gebundene Variablen an Stellen verwendet werden, wo noch ungebundene Symbole als Platzhalter für unbekannte oder variable Ausdrücke benötigt werden.

Im Zuge einer Rechnung wurde x an $\sqrt{3}$ gebunden. Aus diesem Grund scheitert der Versuch, später eine Gleichung in x zu lösen.

```
x:=sqrt(3);
```
$$x := \sqrt{3}$$

Noch vor dem Versuch, die Gleichung zu lösen, ersetzt Maple x durch $\sqrt{3}$; danach gibt es in der Gleichung keine Unbekannten mehr. Das Problem kann leicht gelöst werden, indem x gelöscht wird – anschließend funktioniert solve wieder.

```
solve( x^2+3*x-28, x );
    Error (in solve) a constant is
    invalid as a variable, 3^(1/2)
x:='x';
```
$$x := x$$
```
solve( x^2+3*x-28, x );
```
$$4, -7$$

Binden Sie keine Symbole an Werte, um einen Term für einen Sonderfall auszuwerten. Verwenden Sie stattdessen lokale Bindungen, wie sie von eval oder einem der Substitutionsmechanismen angeboten werden, die eine bleibende Zuweisung vermeiden: Beispielsweise ersetzt subs ein Symbol vorübergehend durch einen Wert (siehe Beispiel). x bleibt aber weiterhin ungebunden. Ebenfalls sehr praktisch ist die Verwendung einer Funktion statt eines Terms (siehe weiter unten).

```
f:=x^2+5*x;
```
$$f := x^2 + 5\,x$$
```
subs( x=sqrt(3), f );
```
$$3 + 5\sqrt{3}$$
```
eval(f,x=sqrt(3));
```
$$3 + 5\sqrt{3}$$
```
x;
```
$$x$$

Unterscheiden Sie direkte und verzögerte Bindungen

In Maple werden Variablenbindungen prinzipiell sofort ausgeführt. Das hat zur Folge, dass sich Änderungen nicht rückwirkend auf andere Variablen auswirken. Dazu gleich ein Beispiel:

In der Variablen x wird der Wert 4 gespeichert. y bekommt den Inhalt von x zugewiesen, z den Inhalt von y.

```
x:=4; y:=x; z:=y;
```
$$x := 4$$
$$y := 4$$
$$z := 4$$

Wird nun x verändert, so hat dies keinen Einfluss mehr auf y und z!

```
x:=3;
```
$$x := 3$$
```
z;
```
$$4$$

Diese Vorgehensweise von Maple ist einfach nachzuvollziehen und für die meisten Anwendungsfälle auch die effizienteste Lösung. Dennoch wäre es manchmal praktisch, auch verzögerte Bindungen durchzuführen, die erst dann ausgewertet werden, wenn die Variablen wirklich benötigt werden. Dazu müssen Sie in Maple die rechte Seite einer Zuweisung in Apostrophe setzen. Diese Apostrophe verzögern die Auswertung. Wenn Sie **y:='x'** eingeben, dann bindet Maple y an das Symbol x und nicht an einen Wert, an den dieses Symbol eventuell gebunden ist. y zeigt daher auf das Symbol x. Bei der Auswertung von Ausdrücken verfolgt Maple (bis auf wenige Ausnahmen) solche Bindungen bis zum Ende der Kette, sodass bei einer Auswertung von y jetzt der an x gebundene Wert eingesetzt wird. Die Bindungskette kann dabei beliebig lang sein.

Die Kommandos rechts demonstrieren verzögerte Zuweisungen der Variablen x, y und z.

```
x:=5; y:='x'; z:='y';
```
$$x := 5$$
$$y := x$$
$$z := y$$

Erst wenn z wirklich benötigt wird (beispielsweise um den Inhalt von z auszugeben wie im Befehl rechts), kommt es zur Auswertung: z zeigt auf y, daher wird auch y ausgewertet. y zeigt auf x und x enthält den Wert 5.

```
z;
```
$$5$$

Jetzt wirkt sich die Veränderung von x auch rückwirkend auf z aus!

```
x:=6;
```
$$x := 6$$
```
z;
```
$$6$$

Beachten Sie die Syntax bei der Definition von Funktionen

Zur Definition einfacher neuer Funktionen sieht Maple eine an die Mathematik angelehnte Syntax vor:

```
name := (var)->funktionsvorschrift;
```

Um die Funktion $f : x \mapsto x^2 + 3x + 5$ zu definieren, müssen Sie den nebenstehenden Ausdruck eingeben.

```
f:= (x) -> x^2+3*x+5;
```
$$f := x \to x^2 + 3x + 5$$

Auch die Auswertung einer Funktion folgt der üblichen mathematischen Notation. Durch die Eingabe von **f(ausdruck)** wird x im Funktionsterm durch **ausdruck** ersetzt, anschließend wird der Funktionsterm ausgewertet und das Ergebnis zurückgegeben.

```
f(sin(y));
```
$$\sin(y)^2 + 3\sin(y) + 5$$

Verwechseln Sie nicht den Funktionsterm mit der Funktion selbst. Eine Funktion kann nur durch einen Term zusammen mit der Kennzeichnung der als Funktionsvariablen zu verwendenden Symbole angegeben werden. Bindungen der Art f(x):=term erzeugen keine Funktion, sondern definieren nur einen einzelnen Funktionswert für das Symbol x. Man kann diese Definition in der so genannten *remember-Tabelle* mit der Anweisung op(4,eval(f)); nachschlagen

```
f:=z->z^2;
```
$$f := z \to z^2$$
```
f(x):=x^3
```
$$f(x) := x^3$$
```
f(r);
```
$$r^2$$
```
f(x)
```
$$x^3$$
```
op(4,eval(f));
```
$$\text{table}([x = x^3])$$

Weitere Informationen und Beispiele zu selbst definierten Funktionen finden Sie in Kapitel 11.

Unterscheiden Sie zwischen Folgen, Listen und Mengen

Im Umgang mit Maple kommen drei Datentypen häufig vor, die einander sehr ähnlich sehen, in Wirklichkeit aber ganz unterschiedliche Eigenschaften aufweisen: *Folgen, Listen und Mengen*.

Als *Folgen* gelten alle Ausdrücke, die einfach durch Kommata getrennt sind. Das Beispiel rechts zeigt die Verwendung einer Folge sowohl bei der Eingabe als auch bei der Ausgabe (im Ergebnis von solve).

```
sin(Pi/3), sin(Pi/2);
```
$$\frac{\sqrt{3}}{2}, 1$$
```
solve( x^2+x=1, x);
```
$$-1/2 + \frac{\sqrt{5}}{2}, -1/2 - \frac{\sqrt{5}}{2}$$

Mengen sind Zusammenfassungen von beliebigen Objekten zu einem Ganzen. Sie werden als mit geschwungenen Klammern zusammengefasste Folgen geschrieben. In Mengen werden mehrfach auftretende Elemente automatisch eliminiert, außerdem ändert Maple die Reihenfolge der Elemente scheinbar willkürlich. Die Anordnung der Elemente spielt bei Mengen auch keine Rolle – entscheidend ist nur, ob ein Element zur Menge gehört oder nicht.

Mengen werden in der Regel dort benötigt, wo sie auch in der Mathematik verwendet werden – beispielsweise beim Lösen von Gleichungssystemen (`solve` erhält die Gleichungen als Menge). Auch Maple gibt Resultate manchmal als Mengen zurück.

```
solve( {x^2+y^2=13,x^2-y^2=5},
       {x,y} );
```
$$\{y = 2, x = 3\},$$
$$\{y = 2, x = -3\},$$
$$\{y = -2, x = 3\},$$
$$\{y = -2, x = -3\}$$

Listen unterscheiden sich von Mengen dadurch, dass die Reihenfolge ihrer Elemente eine Rolle spielt und daher auch Wiederholungen möglich sind. Von Folgen unterscheiden sie sich dadurch, dass sie auch geschachtelt werden können. (Listenelemente können selbst Listen sein – für Folgen gilt das nicht!) Listen werden als mit eckigen Klammern zusammengefasste Folgen geschrieben.

Im Beispiel rechts wird eine Liste aus vier Elementen definiert. Von den Elementen dieser Liste wird anschließend die Wurzel gezogen und davon der Durchschnitt berechnet.

```
l1:=[1, 2, 3, 4, 2, 3];
```
$$l1 := [1, 2, 3, 4]$$
```
l2:=map( sqrt, l);
```
$$l2 := [1, \sqrt{2}, \sqrt{3}, 2]$$
```
sum( l2[i], i=1..4) / nops(l2);
```
$$3/4 + \frac{\sqrt{2}}{4} + \frac{\sqrt{3}}{4}$$

Der Umgang mit Folgen, Listen und Mengen wird ausführlich in Kapitel 12 behandelt. Alle Maple-Anwender, die auch mit Mathematica arbeiten, seien an dieser Stelle aber nochmals nachdrücklich gewarnt, dass Listen und Mengen nicht verwechselt werden dürfen! (In Mathematica werden Listen mit {} formuliert, Mengen im Sinne Maples gibt es nicht.) Das Beispiel unten zeigt, wozu Verwechslungen zwischen [] und {} führen können.

Beabsichtigt war die Erstellung einer Tabelle, in der die Zahlen von 1 bis 4 zusammen mit ihren Quadratwurzeln gespeichert sind. Das erste Kommando verwendet dazu (unsinnigerweise) Mengen, weswegen $\{1, 1\}$ zu $\{1\}$ und $\{4, 2\}$ zu $\{2, 4\}$ wurde. Erst die Formulierung mit Listen führt zum gewünschten Ergebnis.

```
seq( {i, sqrt(i)}, i=1..4);
```
$$\{1\}, \{2, \sqrt{2}\}, \{3, \sqrt{3}\}, \{2, 4\}$$
```
seq( [i, sqrt(i)], i=1..5);
```
$$[1, 1], [2, \sqrt{2}], [3, \sqrt{3}], [4, 2]$$

Unterscheiden Sie zwischen symbolischen und numerischen Berechnungen

Maple unterscheidet klar zwischen symbolischen und numerischen Berechnungen. Normalerweise versucht Maple symbolisch zu rechnen, weswegen Ausdrücke wie π, $\sqrt{2}$ oder $\tan(1)$ einfach in dieser Form stehenbleiben. Symbolische Berechnungen sind exakt, Rundungsfehler können nicht auftreten.

Sie können aber mit numerischen Berechnungen, die die rationalen Zahlen benutzen, sehr schnell an die Grenze der Leistungsfähigkeit von Maple (und jedem anderen CAS) gelangen. Die nebenstehende Funktion liefert eine Zahlenfolge mit Grenzwert 2. Die rekursive Berechnung der Folge muss aber mit immer größer werdenden Nennern und Zählern der entstehenden Brüche umgehen (Nenner und Zähler wachsen exponentiell!). Dabei wird schnell die Grenze der Speicherkapazität erreicht und auch die Dauer der Berechnungen nimmt so schnell zu, dass Maple in die Knie gehen *muss*.

```
f:=n->if (n=0) then 0;
      else 1/4*f(n-1)^2+1:end if:
f(20):
evalf(numer(%)),evalf(denom(%));

    .310054508610^315653, .168528503110^315653

f:=n->if (n=0) then 0;
      else 0.25*f(n-1)^2+1:end if:
f(100);

    1.962416880
```

Für f(20) erhält man eine Zahl, deren Nenner und Zähler über 300.000 Stellen haben, für f(50) kommt ein Pentium III mit 700 MHz und 128 MB Hauptspeicher nicht mehr zu einem Ergebnis. Dass dieses Verhalten nicht an der Rekursion liegt, zeigt eine kleine Umformulierung der Folge, die zu einer Berechnung mit Gleitkommazahlen führt, die dann auch problemlos mit größeren Zahlenwerten zurechtkommt.

Maple rechnet numerisch, sobald es explizit mit `evalf`, `fsolve` etc. zu einer Gleitkommaauswertung aufgefordert wird oder in einem Ausdruck eine Gleitkommazahl vorkommt (1.5, $1e-5$). Gerade dieser zweite Punkt muss beachtet werden, weil Maple zwischen 1.5 und 3/2 oder zwischen $1e-5$ und 10^{-5} unterscheidet, obwohl die Terme – mathematisch gesehen – die gleiche Zahl darstellen. Die Genauigkeit numerischer Berechnungen hängt nicht davon ab, wie viele Stellen Sie eingeben, sondern ausschließlich von der Systemvariablen `Digits`, die die Stellenzahl bestimmt.

Natürlich gibt es auch Situationen, in denen eine numerische Berechnung angestrebt wird. Beispielsweise kann die Inversion einer großen Matrix numerisch wesentlich schneller als symbolisch berechnet werden.

Manche Befehle, etwa `limit` für Grenzwertberechnungen oder `int` zum Integrieren, liegen in zwei Varianten vor, einer symbolischen und einer numerischen. Wenn Sie rein numerisch rechnen möchten, lautet die korrekte Schreibweise `evalf(Int(..))`, also mit der Großschreibung von `Int`, `Limit` etc. Durch die Großschreibung verwenden Sie die so genannten trägen Varianten dieser Kommandos, deren Auswertung ähnlich wie durch Apostrophe verzögert wird. Wenn Sie dagegen `evalf(int(..))` verwenden, berechnet Maple zuerst das Integral soweit wie möglich symbolisch und wertet dann das Ergebnis numerisch aus.

Zahlreiche Beispiele, die den Unterschied zwischen numerischen und symbolischen Berechnungen demonstrieren, finden Sie in Kapitel 3.

Vergessen Sie keine Multiplikationszeichen

Wenn Sie vergessen, Produkte von Termen mit Klammern mit dem Multiplikationszeichen zu bilden, können Sie Überraschungen erleben. Der Grund dafür liegt darin, dass Maple prinzipiell alle Symbole als Funktionen interpretiert. Zahlen gelten als nullstellige Funktionen. Außerdem erlaubt Maple für Funktionen (und wir werden später sehen, dass das nützlich ist) die Übergabe von mehr Argumenten, als deklariert sind. Maple interpretiert den rechts stehenden Ausdruck als den Funktionswert der zusammengesetzten Funktion (x+3) mit Eingabe (y-4). Dazu wird das Symbol x als Funktion auf (y-4) angewendet (Ergebnis: $x(y-4)$) und hierzu das Ergebnis der nullstelligen Funktion 3 angewendet auf (y-4), also 3 addiert. Da hilft auch kein `expand`.

```
(x+3)(y-4);
```
$$x(y-4)+3$$
```
expand(%)
```
$$x(y-4)+3$$

Zweifeln Sie die Ergebnisse von Maple an

Maple wird häufig als Universalprogramm betrachtet, das alle Mathematikprobleme – egal wie kompliziert – rasch und problemlos löst. Das ist aus mehreren Gründen eine Illusion:

- Erstens ist Maple wegen des sehr allgemeinen Ansatzes ein verhältnismäßig langsames Programm. Es eignet sich daher schlecht für Spezialprobleme, für die es eigene, speziell für diese Anwendungen optimierte Programme gibt. Solche Anwendungen reichen von der Berechnung von Apfelmännchengrafiken über die Signalverarbeitung bis hin zur Durchführung von Finite-Elemente-Analysen.

- Zweitens sind die mathematischen Möglichkeiten von Maple (und jedem anderen CAS) zwar sehr weitreichend, aber doch nicht unbegrenzt. Wenn Sie Maple auffordern, mit `solve` ein Gleichungssystem zu lösen, und Maple keine Lösung zurückgibt, kann das drei Ursachen haben: Entweder Sie haben das Gleichungssystem falsch (oder gemessen an den Möglichkeiten Maples 'ungünstig') formuliert oder das Gleichungssystem ist wirklich unlösbar oder aber Maple ist – aus welchen Gründen auch immer – nicht in der Lage, eine vorhandene Lösung zu finden.

- Drittens ist Maple wie jedes andere Programm fehlerhaft. Fehler in Maple-Ergebnissen können die unterschiedlichsten Ursachen haben: echte Programmierfehler im Maple-Code, noch nicht berücksichtigte mathematische Spezial- und Sonderfälle, eine unter ungünstigen Bedingungen verbotene Vereinfachung, die fehlende Berücksichtigung von Mehrdeutigkeiten.

Sie sollten daher die Ergebnisse von Maple immer mit einer gewissen Skepsis betrachten. Je umfangreicher Ihr Wissen über die zugrunde liegende Mathematik ist, desto höher sind die Chancen, solche Fehler zu entdecken und womöglich eine andere Formulierung zu finden, mit der Maple das korrekte Ergebnis liefert. Plausibilitätskontrollen, der Versuch, ein Ergebnis auf eine andere Weise zu berechnen, sowie die numerische Überprüfung symbolischer Ergebnisse sollten bei kritischen Berechnungen zur Selbstverständlichkeit werden!

Im Beispiel rechts soll Maple auf numerischem Weg den Grenzwert von $1/x$ für $x = 0$ (von rechts) bestimmen. Es liefert dabei das erstaunliche Ergebnis 2. Wie das zweite Kommando beweist, kommt Maple hier bei einer symbolischen Berechnung zum richtigen Ergebnis.

```
evalf( Limit(1/x,x=0,right))

   2.000000000

limit( 1/x, x=0, right); #richtig

   ∞
```

Grafikausgabe

Grafik wird hin und wieder (besonders auf älteren Rechnern) nicht dargestellt. In vielen Fällen können Sie dieses Problem notdürftig beheben, indem Sie Ihre Grafikkarte auf die Darstellung von 256 Farben einschränken. Schönheitspreise kann man mit den dann angezeigten Grafiken nicht erzielen, aber man erhält immerhin eine Ausgabe.

In Maple 7 liefert der Export von Grafiken als `eps`-Dateien plötzlich Bilder im Landscape-Format. Man kann das verhindern, indem man das Worksheet nach LaTeX exportiert und das dabei erzeugte Bild verwendet. Wenn man noch Maple 6 installiert hat, kann man das Bild auch über das Clipboard nach Maple 6 verschieben und von dort exportieren.

Teil II

Maple in der Praxis

Dieser Teil des Buchs stellt eine systematische Einführung in das Arbeiten mit Maple dar. Die ersten Kapitel (Variablenverwaltung (Kapitel 6), Übersicht der vordefinierten Maple-Funktionen (Kapitel 7), Definition eigener Funktionen (Kapitel 11), Komplexe Zahlen (Kapitel 8)) erfüllen zwar nicht ganz den Anspruch, praktische Maple-Anwendungen zu demonstrieren, das darin vermittelte Grundwissen ist für die weitere Anwendung von Maple aber einfach unverzichtbar. Ähnliches gilt auch für die Kapitel über Listen, Felder und Tabellen (Kapitel 9 und 10).

Mehr Praxisbezug werden Sie in den restlichen Kapiteln entdecken. Kapitel 12 beschreibt die Bearbeitung und die Vereinfachung mathematischer Ausdrücke. Computeralgebraprogramme wie Maple neigen dazu, endlose mathematische Formeln als Ergebnis zu präsentieren. Aus diesem Grund ist das Vereinfachen solcher Ausdrücke eine der wichtigsten (und wohl schwierigsten) Aufgaben, die das Programm mit der intensiven Unterstützung des Anwenders zu lösen hat.

In Kapitel 13 geht es um das symbolische und numerische Lösen von Gleichungen bzw. Gleichungssystemen. Ab Kapitel 14 wird es dann spezieller: Sie lernen Kommandos zur Vektor- und Matrizenrechnung, zur Berechnung von Summen, Produkten und Grenzwerten, zur Differentiation und Integration sowie zum Lösen von Differentialgleichungen kennen. Die Kapitel 19 und 20 enthalten eine umfassende Einführung in den Umgang mit den Grafikbefehlen von Maple.

In allen Kapiteln wurde versucht, möglichst viele und möglichst praxisnahe Beispiele unterzubringen. Neben Detailinformationen zur Syntax des Kommandos finden Sie auch Tipps, wie Sie typische Fehler vermeiden können. Die meisten Kapitel enden mit einer Syntaxzusammenfassung, sodass Sie zum Nachlesen von Einzelheiten (Reihenfolge der Parameter, Bezeichnung der Optionen) nicht das ganze Kapitel durchblättern müssen.

Kapitel 6

Variablenverwaltung

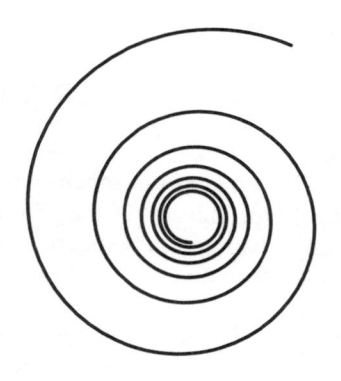

Das Kapitel fasst alle Feinheiten im Umgang mit Variablen zusammen: die Bindung (unmittelbar oder verzögert) und ihre Auflösung, die Substituierung, die Angabe zusätzlicher Eigenschaften etc. Im Verlauf des Kapitels werden unter anderem folgende Operatoren und Kommandos behandelt:

`:=` `'`
wird zur Bindung von Variablen verwendet.

`assign`
stellt eine gelegentlich benötigte Variante zum Operator `:=` dar.

`subs`
führt eine Variablensubstitution durch. Damit können mathematische Ausdrücke ausgewertet werden, ohne die darin benutzten Variablen bleibend zu verändern.

`assume`, `assuming`
speichert zusätzliche Eigenschaften zu einer Variablen (z.B. `assume(a>0)`) oder setzt sie für eine Auswertung fest. Einige Maple-Kommandos nutzen diese Zusatzinformation aus (beispielsweise beim Integrieren).

`alias` und `macro`
stellen zwei Möglichkeiten dar, Abkürzungen zu definieren.

`restart`
löscht alle definierten Variablen, Funktionen, Packages, Makros, Abkürzungen etc. Maple verhält sich also wie nach einem Neustart.

`||` oder `cat`
verbindet zwei oder mehrere Symbole zu einem Variablennamen.

Verweis: Eine Liste mit den vordefinierten Systemkonstanten sowie Tipps zur Definition eigener Konstanten finden Sie im nächsten Kapitel. Der Vorteil von Konstanten gegenüber Variablen besteht darin, dass eine versehentliche Zuweisung eines neuen Werts ausgeschlossen ist.

Der Umgang mit Variablen

Variablen sind ein mächtiges Werkzeug zur Abstraktion von Berechnungen. Sie erlauben es, komplizierte Terme, Funktionen und zusammengesetzte Daten mit einem symbolischen Namen zu belegen und in weiteren Rechnungen auf diese Objekte über den Namen zu verweisen.

Da in der Algebra strukturelle Beziehungen zwischen Objekten untersucht werden, muss es in einem CAS auch möglich sein, solche Namen selbst zu manipulieren. Man muss dann nur unterscheiden können, ob der Name selbst gemeint ist oder ein eventuell an ihn gebundenes Objekt.

Als Namen (oder Symbole) gelten primär beliebige mit einem Buchstaben beginnende Zeichenfolgen aus Buchstaben, Ziffern und Unterstrichen. Prinzipiell ist der Unterstrich auch als erstes Zeichen erlaubt. Da Maple solche Variablen intern als globale Variablen für die verschiedensten Zwecke einsetzt, sollten Sie jedoch auf solche Variablen verzichten. Wenn Sie Variablennamen mit Sonderzeichen bilden möchten, müssen Sie den gesamten Namen in rechtsgerichtete Apostrophe setzen – dann sind alle Zeichen erlaubt. Maple unterscheidet zwischen Groß- und Kleinschreibung!

Als Variablen im Sinne von mathematischen Platzhaltern für noch unbekannte Ausdrücke gelten alle Symbole, an die noch kein Objekt gebunden wurde. Man spricht aber auch dann noch von Variablen (im Sinne einer Programmiersprache), wenn Symbole an ein Objekt gebunden wurden. Beispielsweise wird x auch nach der Bindung x:=5 weiterhin als Variable bezeichnet. Gebundene Variablen können allerdings in vielen Ausdrücken nicht verwendet werden (siehe Beispiele unten).

Bindungen werden in Maple mit Zeigern realisiert. Zu jedem Symbol gehört ein Zeiger, der auf ein an dieses Symbol gebundenes Objekt verweist. Bei ungebundenen Symbolen verweist dieser Zeiger auf das Symbol selbst. Man kann daher eine Bindung aufheben, indem man das Symbol auf sich selbst verweisen lässt. Diese Realisierung von Bindungen durch Zeiger (die selbst übrigens nicht wie in C, C++ oder Pascal direkt manipuliert werden können) macht es möglich, auch während des Ablaufs einer Funktion völlig verschiedene Objekte nacheinander an ein Symbol zu binden. Die Einrichtung einer Bindung wird auch als Zuweisung bezeichnet.

Wenn man Variablen einführt, muss man auch erklären, wie diese Variablen verwendet werden. Insbesondere muss klar sein, was Maple tut, wenn es bei der Auswertung von Ausdrücken auf Variablen stößt. Auf der Worksheet-Ebene gibt es dafür eine ganz einfache Regel:

- **Volle Auswertung:** Wenn Maple bei der Auswertung eines Ausdrucks im Worksheet auf ein Symbol stößt, so ersetzt es das Symbol durch das Objekt, das man erhält, wenn man dem von diesem Symbol ausgehenden Zeiger folgt. Erhält man dabei wieder ein Symbol, so wird es durch das an es gebundene Objekt ersetzt. Dies wird so lange fort-

Der Umgang mit Variablen

geführt, bis man entweder auf ein nicht gebundenes Symbol oder ein Objekt, das kein Symbol ist, stößt.

- **Last-name Auswertung:** Ausnahmen von dieser Regel sind Funktionen, Tabellen und Module (und von ihnen abgeleitete Objekte). Bei diesen wird nur bis zum letzten Symbol in der Zeigerkette gegangen und nicht bis zum letzten Objekt.

- **Verzögerte Auswertung:** Stößt Maple auf einen in Apostrophe eingeschlossenen Ausdruck, so entfernt es die Apostrophe, wertet den Ausdruck aber nicht aus. Ausdrücke in Apostrophen nennt man auch *quotierte* Ausdrücke.

Bindungen werden mit dem Bindungsoperator (Zuweisungsoperator) := durchgeführt. Dies geschieht so, dass der auf der linken Seite des Zuweisungsoperators stehende Ausdruck zu einem Namen ausgewertet wird. Der auf der rechten Seite stehende Ausdruck wird voll ausgewertet. Das Ergebnis der vollen Auswertung wird an den Namen gebunden, der aus der Auswertung der linken Seite resultiert.

Nach soviel Theorie folgen nun einige Beispiele. Ausgangspunkt ist eine neu gestartete Maple-Session, d.h., die vorkommenden Symbole x, *lsg* etc. sind noch nicht gebunden.

```
lsg:=solve( x^2-5*x+6=0, x );
```
$lsg := 3, 2$

Die Funktion `solve` ermittelt die Lösung der quadratischen Gleichung $x^2 - 5x + 6 = 0$. Die beiden Werte 2 und 3 wurden an die Variable *lsg* gebunden. x ist ein noch nicht gebundenes Symbol (eine freie Variable) und wurde durch `solve` nicht verändert.

Beachten Sie den Unterschied zwischen := für die Zuweisung des Ergebnisses in *lsg* und = zur Formulierung der Gleichung! Durch die folgende Zuweisung wird das erste Ergebnis der Lösung an x gebunden.

```
x:=lsg[1];
```
$x := 3$

x ist jetzt keine freie Variable mehr, kann also nicht mehr als Platzhalter verwendet werden. Der Versuch, dasselbe Gleichungssystem nochmals zu lösen, scheitert. Der Grund: Maple wertet zuerst den Ausdruck $x^2 - 5*x + 6 = 0$ zu $9 - 15 + 6 = 0$ aus, also zu $0 = 0$. Erst danach kommt `solve` zum Zug. Im zweiten Parameter dieses Kommandos steht jetzt allerdings kein Symbol mehr, sondern eine Zahl. Daraus resultiert die Fehlermeldung.

```
solve( x^2-5*x+6=0, x );
    Error, (in solve)
    a constant is invalid
    as a variable, 3
```

Abhilfe schafft das Aufheben der Bindung von x. Dazu wird der Variablen ihr eigener Name zugewiesen. Mit der Anweisung `x:=x` ist dies allerdings nicht möglich, da ja die rechte Seite voll ausgewertet wird und somit nicht den Namen x liefert, sondern in unserem Fall die Zahl 3. Das x auf der linken Seite wird nur als Name ausgewertet und liefert so wie gewünscht das Symbol x. Um auch auf der rechten Seite das Symbol x zu erhalten, verwendet man hier die verzögerte Auswertung, indem man x in Apostrophe einschließt. Die Auswertung der rechten Seite liefert dann nur noch das durch Weglassen der Apostrophe entstehende Symbol x.

```
x:='x';
    x := x
solve( x^2-5*x+6=0, x );
    3,2
```

Wenn Sie ein neues Berechnungsbeispiel starten, ist es am praktischsten, alle bisher belegten Symbole zu löschen. Dazu dient der Befehl `restart`.

Achtung: Das Worksheet-Menükommando FILE|NEW bewirkt kein Löschen von Variablen (es sei denn, Sie sind im multiple Server Mode, bei dem jedes Worksheet seine eigenen Variablenbindungen hat)!

Interna der Variablenverwaltung

Dieser Abschnitt enthält einige weitergehende Informationen zum Thema Variablenverwaltung und beschreibt zusätzliche Anweisungen zu deren Verwaltung. Wenn Sie daran (vorläufig) kein Interesse haben, können Sie den Abschnitt getrost überspringen – die hier vermittelten Fakten sind erst bei einer ziemlich fortgeschrittenen Verwendung von Maple (Programmierung etc.) erforderlich.

Mit der Funktion `assigned` können Sie testen, ob ein Symbol bereits belegt wurde (einen Inhalt aufweist).

```
x:=3:
assigned(x), assigned(a);
    true, false
```

Da das Lösen von Variablenbindungen in der Art `x:='x'` mühsam ist, kennt Maple das Kommando `unassign`, dem eine ganze Folge von Variablen übergeben werden kann. Die Variablensequenz muss in Apostrophe gesetzt werden, um eine sofortige Auswertung zu vermeiden.

```
a:=1: b:=2: c:=3:
unassign('a,b,c');
a,b,c;
    a, b, c
```

Im vorangegangenen Abschnitt wurde bereits erwähnt, dass an Variablen die verschiedensten Daten gebunden werden können: Zahlen, Listen, Formeln etc. Das Kommando `whattype` gibt ersten Aufschluss über die Typen dieser Daten.

Maple hat ein hierarchisch aufgebautes Typkonzept, bei dem durch Spezialisierung aus einigen Grundtypen viele weitere strukturierte Datentypen erzeugt werden. Während `whattype` nur die Grundtypen kennt und für z nur die sehr allgemeine Information *symbol* liefert, ist `type` für eine genauere Analyse der Daten geeignet. Allerdings ermittelt `type` den Datentyp nicht selbstständig, sondern es testet eine von Ihnen aufgestellte Vermutung. Dazu müssen Sie schon recht genau wissen, welche der zahlreichen Datentypen in Frage kommen.

```
w:=1: x:=a^2+b^2: y:={a+b=5, a-b=1}:
z:=array([[1,2],[3,4]]):
whattype(w), whattype(x),
whattype(y), whattype(z);
```
  integer, +, *set*, *symbol*

```
type(y,set)
```
  true

```
type(z,array), type(z,matrix);
```
  true, *false*

Eine vollständige Aufzählung der Maple-Datentypen finden Sie bei den Hilfethemen `whattype` und um einiges ausführlicher bei `type`.

Aufschluss über bereits verwendete Symbole geben die Kommandos `anames` (assigned names, also gebundene Variablen) und `unames` (unassigned names, also verwendete, aber ungebundene Symbole). Da in beiden Fällen sämtliche bisher verwendeten Symbole angezeigt werden (auch solche, die durch das Laden von Packages oder Spezialfunktionen definiert wurden), umfasst die Ausgabe zumeist mehrere Seiten und ist in dieser Form nicht sehr brauchbar.

Etwas interessanter wird es, wenn Sie die Informationen mit `sort` sortieren und/oder mit `select` selektieren. (Die beiden Anweisungen werden in Kapitel 10 beschrieben.) Im Beispiel unten wurden alle gebundenen Variablen angezeigt, deren Zeichenanzahl kleiner als 8 ist. Unter den aufgezählten Variablen befinden sich auch die zuletzt definierten w, x, y, z.

```
sort( select( x->length(x)<8, [anames()]) );
```
  $[fed, fred, latex/@, latex/D, w, x, xed, y, z]$

Durch einen optionalen Parameter von `anames` kann die Ausgabe auf Symbole eines bestimmten Datentyps eingeschränkt werden. `anames(string)` liefert beispielsweise nur Symbole, die an Zeichenketten gebunden sind.

Schutz von Variablen

Variablen können durch `protect` gegen Veränderungen ihrer Bindung geschützt werden. Der Versuch, einer geschützten Variable eine neue Bindung zuzuweisen, führt dann zu einer Fehlermeldung. `unprotect` hebt diesen Schutz wieder auf. Maple-intern sind fast alle Funktionen durch `protect` gegen ein irrtümliches Überschreiben geschützt.

Maple kennt wie die meisten Programmiersprachen natürlich auch lokale Variablen, deren Gültigkeit sich auf eine Prozedur beschränkt. Einer direkten Verwendung im Worksheet sind lokale Variablen nicht zugänglich. Lokale Variablen werden in Kapitel 29 (S. 465ff) beim Thema Programmierung eingehend behandelt.

Weitere Besonderheiten der Variablenauswertung

Man kann die Regeln, nach denen Maple Variablenbindungen bei der Auswertung von Ausdrücken auflöst, mit einigen Befehlen beeinflussen. Die Methode der Quotierung (durch Apostrophe) zur Einschränkung der Auswertung haben wir bereits kennen gelernt. Bei Funktionen, Tabellen und Modulen kann man eine volle Auswertung mit der Funktion `eval` erzwingen.

Bei der Bindung `x:=y` bindet Maple x an das Objekt am Ende der mit y beginnenden Bindungskette. Wenn y bisher nicht gebunden ist, bindet Maple x an das Symbol y. (Man sieht hier deutlich, warum es sinnvoll ist, dass Maple die Bindung eines ungebundenen Symbols auf sich selbst zeigen lässt.)

Manchmal ist es sinnvoll, dass sich eine nachträgliche Änderung der Bindung einer Variablen auf die Bindung einer anderen Variablen auswirken soll. In diesem Fall muss mit verzögerter Auswertung gearbeitet werden. Dazu wird der zuzuweisende Ausdruck quotiert. Maple entfernt dann bei der Auswertung der rechten Seite von `:=` nur die Apostrophe. Handelt es sich bei dem zuzuweisenden Ausdruck um einen Namen, so bewirkt eine solche 'verzögerte' Bindung, dass der neue Name eine Art 'alias' für den alten Namen ist: Beide Namen greifen auf das gleiche Objekt zu.

```
x:=2;
    x := 2
y:='x'; z:='y';
    y := x
    z := y
```

Wenn die so gebundenen Variablen selbst ausgewertet werden, kommt es zur Auswertung des nicht mehr quotierten Ausdrucks. Daher wirkt sich bei diesem Beispiel die nachträgliche Veränderung von x auf z aus. Der Grund: Bei der Auswertung von z stößt Maple auf das Symbol y, bei dessen Auswertung auf x und dessen Auswertung führt zum aktuellen Inhalt von x.

```
z;
```
$$2$$
```
x:=3; z;
```
$$x := 3$$
$$3$$

Hätte im obigen Beispiel die zweite Zuweisungsfolge y:=x; z:=y; gelautet, dann wäre an z die ursprüngliche Bindung von x, nämlich der Wert 2, gebunden worden. Dieser Wert hätte sich auch nach einer neuerlichen Zuweisung an x nicht mehr geändert. Den gleichen Effekt kann man erreichen, indem man zunächst x ungebunden lässt und y an die noch ungebundene Variable x bindet. Da in diesem Fall die bei x beginnende Verweiskette nur auf x selbst zeigt, wird y an das Symbol x gebunden. Wird x danach gebunden, so folgt bei einer Auswertung von y Maple bis ans Ende der Verweiskette, also zum Wert von x.

Quotierung kann auch geschachtelt werden. Durch jeden Auswertungsschritt wird eine Apostrophklammerung entfernt. Aus '''x''' wird ''x'', dann 'x', x und schließlich 3.

Für manche Anwendungen ist Quotierung zu wenig flexibel, weil sie eine Auswertung des Ausdrucks vollständig blockiert. Bei indizierten Variablen a[x] (das sind Felder, siehe Kapitel 13) oder bei zusammengesetzten Variablennamen v||x (siehe einige Abschnitte weiter unten) wäre es sinnvoll, wenn zwar x ausgewertet (und dessen aktueller Inhalt eingesetzt) würde, nicht aber der resultierende Variablenname $a[3]$ bzw. $v3$. In solchen Situationen bietet sich das Kommando evaln (evaluate to name) an, das eine Auswertung bis zum ersten Variablennamen in der Verweiskette durchführt.

Das folgende Beispiel zeigt eine Anwendung von evaln: In einer seq-Schleife sollen die Elemente $a[0]$ bis $a[5]$ des Vektors a mit 2^n belegt werden. Der erste Versuch klappt auch ohne evaln hervorragend. Für die Zuweisung wird das Kommando assign verwendet, da innerhalb von seq der Operator := nicht eingesetzt werden kann (siehe nächsten Abschnitt). Das zweite seq-Kommando gibt lediglich den Inhalt der Elemente $a[0]$ bis $a[5]$ aus.

```
a:=array(0..5);
```
$$a := \mathrm{array}(0..5, [\,])$$
```
seq( assign(a[i],2^i), i=0..5);
seq(a[i], i=0..5);
```
$$1, 2, 4, 8, 16, 32$$

Der Versuch, die Variablen auf dieselbe Weise zu verändern und nun mit 3^n zu belegen, scheitert. Der Grund: In assign wird a[i] für $i = 0$ zu a[0] und danach zu 1 ausgewertet (nach der Regel der vollständigen Auswertung). assign kann aber den Wert 1 nicht an einen neuen Wert binden – es benötigt eine Variable. Der Variablenname wird jetzt mit evaln ermittelt. Das vorangegangene Beispiel hat nur deswegen funktioniert, weil die Feldelemente $a[i]$ zu diesem Zeitpunkt noch nicht gebunden waren.

```
seq( assign(a[i],3^i), i=0..5);
    Error, (in assign) invalid
    arguments
seq( assign( evaln(a[i]),3^i ),
    i=0..5);
seq(a[i], i=0..5);
    1, 3, 9, 27, 81, 243
```

Bindungen mit assign

In den bisherigen Beispielen wurde zumeist der Operator := für Bindungen verwendet. Alternativ dazu kennt Maple das Kommando assign(var,ausdruck), das den angegebenen Ausdruck an die Variablen bindet. Das Kommando wird nur relativ selten benötigt – beispielsweise wenn in einem seq-Ausdruck mehrere Variablen belegt werden sollen (siehe Beispiel oben).

Die Anwendungsmöglichkeiten von assign gehen aber noch weiter. Bei assign wird (im Gegensatz zur Variablenzuweisung durch :=) auch die linke Seite vollständig (und nicht nur mit last-name) ausgewertet. Wenn der Inhalt der Variablen x ein Verweis auf die Variable y ist, dann verändert assign(x,3) die Variable y! Durch restart am Beginn dieses Beispiels wird erreicht, dass alle bisher verwendeten Variablen gelöscht werden.

```
restart;
x:=y;
    x := y
assign(x, 3); x,y;
    3, 3
```

Das Ergebnis sollte nicht überraschen. Durch das assign-Kommando wurde an die Variable y (!) der Wert 3 gebunden. Bei der Ausgabe von x und y wird zweimal der Wert 3 ausgegeben – einmal, weil x auf y verweist, und das zweite Mal, weil in y tatsächlich der Wert 3 gespeichert ist.

An assign kann auch eine Liste oder Menge mit Gleichungen der Form var=ausdruck übergeben werden. assign führt dann die durch = (nicht :=) ausgedrückten Zuweisungen aus. Diese Variante von assign eignet sich besonders dazu, die von solve ermittelten Lösungen von Gleichungssystemen umzusetzen.

```
restart; solve( {x+y=3, x-y=2} );
```
$$\{y = 1/2, x = 5/2\}$$
```
assign(%); x,y;
```
$$5/2, 1/2$$

Auswertung mit Nebenbedingungen

Auf den letzten Seiten wurden mehrfach die Probleme angesprochen, die entstehen, wenn in einigen Befehlen gebundene Symbole verwendet werden. Will man den Wert eines Ausdrucks für einen bestimmten Wert einer darin vorkommenden Variablen ermitteln, so ist eine dauerhafte Bindung dieser Variablen meist nicht sinnvoll.

Eine Alternative stellt das Kommando eval mit Nebenbedingungen dar, mit dem an die Variable *vorübergehend* Werte gebunden werden. Die Nebenbedingungen werden in Form einer Gleichungsmenge nach dem auszuwertenden Ausdruck eingegeben. Beachten Sie, dass diese Bindungen mit = und nicht mit := formuliert werden.

```
restart; # alle Variablen löschen
eval(x^2 + 2*x*y + y^2, {x=2, y=3});
```
$$25$$
```
eval(sin(x)+cos(y),{x=y^2, y=x^2} );
```
$$\sin(y^2) + \cos(x^2)$$
```
solve( {x^2+y^2=10, x+y=4} );
```
$$\{y = 1, x = 3\}, \{y = 3, x = 1\}$$
```
eval(x^2 + 2*x*y + y^2,%[1];
```
$$16$$

Eigenschaften von Variablen mit assume definieren

Wenn Sie eine noch ungebundene Variable in einer Gleichung verwenden, hat Maple keine Ahnung von den Eigenschaften dieser Variablen. In vielen Fällen wissen Sie aus der Problemstellung der Aufgabe etwa, dass diese Variable einen Wert größer 0 haben muss oder dass nur reelle (aber keine komplexen) Zahlen möglich sind.

Mit assume können Sie einer Variablen dauerhaft solche Eigenschaften zuordnen. assuming trifft eine solche Zuordnung nur für die Dauer einer Auswertung. Einige Maple-Kommandos nutzen diese Zusatzinformationen aus und sind dann in der Lage, Vereinfachungen im Rechengang durchzuführen bzw. diesen überhaupt zu ermöglichen. Maple kennzeichnet bei der Ausgabe alle Variablen, für die Eigenschaften definiert sind, mit einem nachgestellten ~-Zeichen (mit assuming zugewiesene Eigenschaften sind zum Zeitpunkt der Ausgabe schon wieder aufgehoben, werden also nicht markiert). Die folgenden Beispiele demonstrieren die Anwendung von assume.

Mit den Kommandos rechts soll der Realteil von $(a + Ib)^2$ berechnet werden. Die Angabe legt nahe, dass a und b reelle Zahlen sind, Maple weiß das aber nicht. Aus diesem Grund fällt das Ergebnis komplizierter aus, als notwendig wäre. Durch die Zuweisung mit assume ist Maple in der Lage, stärker zu vereinfachen. Mit about kann man abfragen, welche Eigenschaften einer Variablen zugewiesen sind. Mit der Zuweisung des Variablennamens an die Variable werden alle Eigenschaften gelöscht. Alternativ dazu kann man wie gezeigt mit assuming arbeiten. Dabei werden dann keine dauerhaften Zuweisungen von Eigenschaften vorgenommen.

```
Re( expand((a+I*b)^2) );
```
$$\Re(a^2 + 2Iab - b^2)$$
```
assume(a,real, b,real);
Re( expand((a+I*b)^2) );
```
$$a^{\sim 2} - b^{\sim 2}$$
```
about(a)
```
Originally a, renamed a˜: is assumed to be: real
```
a:='a':b:='b':about(a);
```
a: nothing known about this object
```
Re(expand((a+I*b)^2))
            assuming a::real,b::real;
```
$$a^2 - b^2$$

Die Vereinfachung $\sqrt{n^2}$ zu n gilt nur unter der Voraussetzung, dass $n >= 0$ ist. Aus diesem Grund führt Maple die Vereinfachung erst aus, wenn die Eigenschaften von n durch assume angegeben werden. (Alternativ können Sie auch simplify(..,symbolic) verwenden – siehe Kapitel 10.)

```
sqrt(n^2);
```
$$\sqrt{n^2}$$
```
assume(n>0);
sqrt(n^2);
```
$$n^{\sim}$$

Wenn Maple Informationen über die Variablen in trigonometrischen Funktionen hat, gelingen zum Teil sehr weitreichende Vereinfachungen. Im Beispiel rechts werden durch n:='n' zuerst alle bisherigen Eigenschaften von n gelöscht.

```
n:='n': cos(n*Pi);
```
$$\cos(n\pi)$$
```
assume(n,integer): cos(n*Pi);
```
$$(-1)^{n^{\sim}}$$
```
assume(n,odd): cos(n*Pi);
```
$$-1$$

assume-Informationen werden auch von vielen Kommandos zur Durchführung symbolischer und numerischer Berechnungen ausgewertet. Das folgende Beispiel demonstriert ein Integral, das nach der Definition der Eigenschaft $a >= 0$ gelöst werden kann. (Durch $a >= 0$ gilt a gleichzeitig als reelle Zahl.)

Eigenschaften von Variablen mit assume definieren

```
restart; int(exp(-a*x^2), x=0..infinity);
   Definite integration: Can't determine if the integral is convergent.
   Need to know the sign of --> a
   Will now try indefinite integration and then take limits.
```

$$\lim_{x \to \infty} \frac{1}{2} \frac{\sqrt{\pi}\,\mathrm{erf}(\sqrt{a}\,x)}{\sqrt{a}}$$

```
assume(a>=0): int(exp(-a*x^2), x=0..infinity);
```

$$\frac{1}{2} \frac{\sqrt{\pi}}{\sqrt{a^\sim}}$$

Die Anwendungsmöglichkeiten von `assume` sind damit kaum angedeutet. Für den Einsatz mit `assume` sind unzählige Attribute definiert (siehe `?property`), von denen hier die wichtigsten aufgezählt sind.

Ganze Zahlen: `integer, posint, odd, even`
Brüche und reelle Zahlen: `fraction, rational, real, negative, positive, nonneg`
Komplexe Zahlen: `imaginary, complex, NumeralNonZero, GaussianInteger ...`
Funktionseigenschaften: `commutative, continouos, differentiable, monotonic ...`
Matrizeneigenschaften: `antisymmetric, diagonal, tridiagonal, Hermitian ...`

Mehrere Eigenschaften lassen sich durch `AndProp` oder durch `OrProp` logisch miteinander verknüpfen. Außerdem können Zahlenbereiche in der Form `RealRange(a,b)` angegeben werden, wobei für a und b neben Zahlen auch die Angabe von `infinity` sowie `Open(x0)` möglich ist. `Open` wird benötigt, um Endpunkte von offenen Intervallen zu definieren. Zahlenbereiche können zumeist auch in der Kurzschreibweise `assume(x>0)` angegeben werden.

`assume`-Annahmen können nur zusammen mit dem Inhalt der Variablen durch die Zuweisung `var:='var'` wieder gelöscht werden. Zu beachten ist dabei, dass Ausdrücke, die mit diesen Variablen gebildet wurden, dadurch nicht wieder in den Ausgangszustand versetzt werden, sie behalten eine Kopie der Variablen mit den Zusatzannahmen. Der Grund für dieses etwas seltsame Verhalten liegt (vereinfacht) darin, dass Maple bei `assume`-Anweisungen neue Variablen außerhalb der globalen Umgebung mit den gewünschten Eigenschaften bildet und diese Variablen an die alten Variablen bindet. Beim Aufstellen von Termen mit solchen Variablen wird daher wegen der vollständigen Auswertungsregel die neu gebildete Variable übernommen und die Rücksetzung der ursprünglichen Variablen hat keinen Einfluss auf solche Terme. Um auch die Terme wieder in den ursprünglichen Zustand zu versetzen, muss man zunächst Substitutionen der Form `Term:=subs(a='a',Term)` durchführen. Danach kann man dann die Eigenschaftszuordnungen von a durch `a:='a'` löschen. (Vorsicht! Diese Reihenfolge muss eingehalten werden!)

Weitere assume-Kommandos

`assume` gehört zu einer ganzen Familie von Kommandos. Im Folgenden werden die wichtigsten dazugehörigen Kommandos ganz kurz beschrieben:

additionally

funktioniert wie `assume`, allerdings gelten die so definierten Eigenschaften zusätzlich zu den bereits vorhandenen (während `assume` alle bisherigen Eigenschaften wieder löscht). Durch das Löschen der Variablen `var:='var'` werden übrigens auch alle Eigenschaften der Variablen gelöscht.

is

testet, ob ein Objekt – auf Grund der bisher definierten Eigenschaften – eine bestimmte Annahme erfüllt (siehe Beispiel unten). Als Ergebnis kommen in Frage: `true` (wenn die Annahme immer erfüllt ist), `false` (wenn die Annahme zumindest für einen Fall nicht erfüllt ist) oder `FAIL` (wenn Maple zu wenig Informationen vorliegen, um eine Entscheidung zu treffen).

about

zeigt alle bekannten Informationen zu einem Symbol an.

addproperty

ermöglicht eine Erweiterung der von `assume` unterstützten Eigenschaften. Auf diese Erweiterungsmöglichkeiten wird hier allerdings nicht eingegangen. Man verwendet sie, um in eigenen Funktionen bestimmte Fallunterscheidungen treffen zu können, wenn bestimmte Eigenschaften für Variablen eingetragen sind.

Die folgenden Beispiele zeigen die Anwendung dieser Kommandos. Die Hypothese $x0 > -1$ ist eindeutig richtig, weil zuvor $x0 > 0$ definiert wurde. $x0 > 1$ kann zwar fallweise zutreffen, gilt aber nicht für alle erlaubten Werte von $x0$ – daher lautet das Ergebnis *false*. $x0$ gilt für Maple als reelle Zahl (weil die Eigenschaft $x0 > 0$ für komplexe Zahlen unsinnig wäre). Die Hypothese $x0 > x1$ kann `is` nicht auswerten, weil Informationen zu $x1$ fehlen.

```
assume(x0>0);
is(x0>-1), is(x0>1),
is(x0,real), is(x0>x1);
```
  true, false, true, FAIL

```
about(x0);
    Originally x0, renamed x0~:
    is assumed to be:
        RealRange (Open(0),infinity)
```

So faszinierend die obigen Beispiele sind, sollte doch die Reichweite des `assume`-Kommandos nicht überschätzt werden. Nicht alle Maple-Kommandos berücksichtigen `assume`-Eigenschaften. Es gibt leider keinen Hilfetext, in dem dokumentiert ist, welche Kommandos `assume` unterstützen und welche nicht. Sie müssen also bei jedem Kommando extra nachlesen, ob und wie weit es `assume`-Eigenschaften berücksichtigt.

Sie sollten auch bedenken, dass Sie mit `assume` nicht die von Befehlen wie `solve` gelieferten Lösungen einschränken können. `assume(x>0)` hat keinen Einfluss auf mit `solve` bestimmte Lösungen von Gleichungen mit der Variablen x. Dies liegt daran, dass im Kontext der Gleichung x als nicht gebunden interpretiert wird und daher auch keine weiteren Eigenschaften angenommen werden können.

Abkürzungen mit macro und alias

Sowohl macro als auch alias sind dazu geeignet, Abkürzungen zu definieren. Auf den ersten Blick besteht der einzige Unterschied zwischen den beiden Anweisungen darin, dass macro-Abkürzungen nur für die Eingabe von Maple-Kommandos gelten, alias-Abkürzungen dagegen auch die Ausgabe von Ergebnissen beeinflussen. Tatsächlich gehen die Unterschiede zwischen den beiden Kommandos aber tiefer, wie die folgenden Beispiele – zuerst zu macro, anschließend zu alias – zeigen werden.

Durch macro(x=ausdruck) wird dem Symbol x das Symbol *ausdruck* als Übersetzung zugewiesen. Weder x noch der angegebene Ausdruck werden durch macro ausgewertet. Es wird also lediglich das Symbol 'x' in das Symbol 'ausdruck' übersetzt. macro(x=ausdruck) ist dementsprechend nur eine Methode, die Eingabe von Maple mit einem einfachen Präprozessor zu koppeln, der die angegebenen Textersetzungen vor der Weitergabe an Maple vornimmt. Erst dann beginnt die Auswertung des eingegebenen Ausdrucks.

```
macro(s=solve): s(x^2-2);
```
$$\sqrt{2}, -\sqrt{2}$$
```
macro(s=sin): s(x^2-2);
```
$$\sin(x^2 - 2)$$

Mit dieser Methode lassen sich beliebige Texte bei der Eingabe ersetzen, beispielsweise mit macro(sin(x)=0). Die macro-Anweisung wirkt sich nun bei der Eingabe von Maple-Kommandos aus: Wenn Sie sin(x)+1 eingeben, macht Maple daraus 0+1, wertet diesen Ausdruck aus und liefert schließlich das Ergebnis 1. Wenn Sie diff(cos(x),x) eingeben, gelangt Maple zum Ergebnis -sin(x) und gibt dieses aus. Das Makro für sin(x) hat also weder auf die Ausgabe noch auf den wahren Wert von sin(x) einen Einfluss. Es ersetzt lediglich Text in der Eingabe.

macro ist insbesondere zur Definition von Konstanten geeignet. Der Versuch, s anschließend durch eine normale Zuweisung zu verändern oder zu löschen, scheitert am Schutz durch macro.

```
macro(s=1.2345):s:=3;
```
Error, invalid left hand side of assignment

Bei der Eingabe wird nämlich s sofort (vor der Auswertung!) durch die angegebene Zahl ersetzt. Wenn die Makrozuordnung wirklich gelöscht werden soll, muss dazu abermals macro eingesetzt werden.

```
macro(s=s);
```
$$s$$
```
s:=3;
```
$$s := 3$$

Nun zu `alias`: Das Kommando hat die gleiche Syntax wie `macro`, gibt allerdings eine Liste mit allen bisher definierten Abkürzungen aus. Das folgende Beispiel zeigt den wichtigsten Unterschied zu `macro`: `alias`-Abkürzungen gelten auch für die Ausgabe.

```
restart;
alias(s=sin);
    s
sin(x);
    s(x)
```

Noch ein Hinweis zu `alias`: Sie können in `alias` keine Abkürzungen definieren, die selbst bereits auf `alias`-Abkürzungen zurückgreifen.

`alias` weist gegenüber `macro` folgende Besonderheiten auf: `alias` wirkt auch auf die Ausgabe, die in `alias` genannten Ausdrücke werden vor dem Speichern der Abkürzung zuerst ausgewertet.

Für die Anwendung der beiden Kommandos gelten somit folgende Richtlinien: `macro` ist für (formale) Eingabeerleichterungen geeignet, also für Abkürzungen von langen Funktions- oder Kommandonamen oder zur Definition von Konstanten. `alias` ist dagegen ein mathematisches Werkzeug zur Vereinfachung von Ausdrücken bei der Ein- wie bei der Ausgabe.

Der Verkettungsoperator

Mit dem Verkettungsoperator `||` können Symbole aus mehreren Ausdrücken zusammengesetzt werden. Die Hauptanwendung besteht in der Verwaltung durchnummerierter Variablen ($x1, x2, x3$).

Bei der Verarbeitung von `a||b||c` bleibt a unausgewertet, für b und c werden deren aktuelle Inhalte eingesetzt. Alle drei Symbole werden anschließend vereint und können dann als Variablenname verwendet werden. Die Beispiele rechts demonstrieren diesen Mechanismus.

```
a||b||c;
    abc
b:=1: c:=2: a||b||c;
    a12
a:=x: a||b||c;
    abc
```

Mit dem letzten Kommando war eigentlich beabsichtigt, $x12$ zu bilden. Das funktioniert allerdings nicht, weil Maple das erste Symbol einer `||`-Kette unausgewertet lässt. Diese (für die meisten Anwendungen ohnedies sinnvolle) Einschränkung lässt sich umgehen, indem als erstes Symbol eine leere Zeichenkette ` angegeben oder das Kommando `cat` verwendet wird.

```
`||a||b||c;
    x12
cat(a,b,c);
    x12
```

Durch das Kommando rechts wird die Summe von $x0$ bis $x5$ gebildet. Dabei muss `x||i` in Apostrophe gestellt werden, damit eine Auswertung vor dem Einsetzen von i verhindert wird.

```
sum( 'x||i', i=0..5);
```
$$x0 + x1 + x2 + x3 + x4 + x5$$

Ein weiteres Beispiel zum Umgang mit dem Verkettungsoperator, das die Zuweisung mehrerer Variablen innerhalb `seq` demonstriert, finden Sie etwas weiter oben im Abschnitt zum Befehl `assign`.

Systemvariablen

Maple kennt einige Systemvariablen, die das Verhalten von Maple in verschiedenen Situationen beeinflussen. Die Systemvariablen lassen sich in zwei Gruppen gliedern: in *environment-* und in *interface-*Variablen.

Zu den *environment-*Variablen zählen unter anderem `Digits` und `Order`. `Digits` gibt die Anzahl der Stellen bei numerischen Berechnungen an, `Order` die Größe der Ordnung, bis zu der Reihen entwickelt werden sollen. `infolevel` und `printlevel` bestimmen, wie viele Informationen während der Abarbeitung von Maple-Kommandos ausgegeben werden sollen (siehe Kapitel 28).

Als *environment-*Variablen gelten auch alle Variablen, die mit _ beginnen. Das besondere Merkmal von *environment-*Variablen besteht darin, dass deren Zuweisung in Prozeduren sich nur innerhalb der Prozedur auswirkt, aber keine nachhaltige Veränderung mit sich bringt.

```
Digits:=20: evalf(1/3);
```
$$Digits := 0.33333333333333333333$$

```
series(sin(x)/(x+1), x);
```
$$(x - x^2 + \frac{5}{6}x^3 - \frac{5}{6}x^4 + \frac{101}{120}x^5 + O\left(x^6\right))$$

```
Order:=10: series(sin(x)/(x+1), x);
```
$$(x - x^2 + \frac{5}{6}x^3 - \frac{5}{6}x^4 + \frac{101}{120}x^5 - \frac{101}{120}x^6 + \frac{4241}{5040}x^7 - \frac{4241}{5040}x^8 + \frac{305353}{362880}x^9 + O\left(x^{10}\right))$$

`interface`-Variablen steuern die Verbindung zwischen Maple und Bedieneroberfläche. Zum besseren Verständnis ist hier ein wenig Hintergrundwissen erforderlich: Maple besteht aus drei Teilen, dem Kernel (Kommandointerpreter, Speicherverwaltung), der Library (Definition aller Funktionen, zum Teil in externen Packages) und der Benutzeroberfläche. Die beiden ersten Komponenten von Maple sind für den mathematischen Bereich zuständig (und bei allen Maple-Versionen weitgehend identisch), während die dritte

Komponente für die Kommunikation mit dem Anwender verantwortlich und rechnerabhängig ist.

Über das Kommando `interface(var=wert)` können einige vordefinierte `interface`-Variablen eingestellt werden. Die wichtigsten davon betreffen die Ausgabe von Grafiken (`plotdevice`, `plotoutput`). Eine vollständige Beschreibung aller `interface`-Variablen enthält das Online-Hilfethema `?interface`.

Im nebenstehenden Beispiel wird die `interface`-Variable `showassumed` auf 2 gesetzt. Variablen mit `assume`-Eigenschaften werden jetzt nicht durch das Zeichen ~ gekennzeichnet. Stattdessen erfolgt am Ende jedes Befehls die Ausgabe einer Liste aller `assume`-Variablen.

```
interface(showassumed=2);
assume(n,odd); sin(n*x);
```

$\sin(n\,x)$

with assumptions on n

Syntaxzusammenfassung

`var:=ausdruck;`   `var:='ausdruck';`   `var:='var';`
führt eine Variablenbindung durch. Der Ausdruck auf der rechten Seite wird vor der Bindung voll ausgewertet, der auf der linken Seite mit `last-name`. Durch Quotierung wird die unmittelbare Auswertung verhindert, sie erfolgt dann erst bei der Auswertung der Variablen. Dieser Umstand wird zum Lösen von Bindungen genutzt (dritte Syntaxvariante).

`assign(var=ausdruck);`   `assign(var, ausdruck);`   `assign({v1=a,v2=b,..});`
stellt eine Alternative zur Variablenzuweisung mit `:=` dar. `assign` unterscheidet sich vom Zuweisungsoperator dahingehend, als vor der Zuweisung auch die linke Seite voll ausgewertet wird. Außerdem ist `assign` an Orten erlaubt, wo `:=` zu einem Syntax-Error führt (z.B. innerhalb von `seq`). Die letzte Syntaxvariante erlaubt die gleichzeitige Zuweisung einer ganzen Liste von Variablen.

`evaln(ausdruck);`
wertet den Ausdruck aus, bis zum ersten Mal ein Symbol vorliegt. Bei `i=3` wird aus `evaln(x[i])` der Variablenname `x[3]`.

```
eval(ausdruck {v1=a1, v2=a2,..,});
```
führt eine vorübergehende Bindung für *v1*, *v2* ... durch und wertet damit den im ersten Parameter angegebenen Ausdruck aus.

```
macro(var=ausdruck);
```
definiert eine Abkürzung für *var*. Weder 'var' noch 'ausdruck' werden vor der Zuweisung ausgewertet. Die Abkürzung gilt nur als Textersetzung für die Eingabe. *var* kann durch eine normale Zuweisung mit := nicht verändert werden und muss gegebenenfalls mit `macro(var=var)` gelöscht werden.

```
alias(var=ausdruck);
```
definiert eine Abkürzung für *var*. Sowohl 'var' als auch 'ausdruck' werden vor der Zuweisung ausgewertet. Eine Zuweisung von Konstanten ist nicht erlaubt. Die Abkürzung gilt sowohl für die Kommandoeingabe als auch für die Ergebnisausgabe.

```
x||i||j;      ''||x||i||j;     cat(x,i,j);
```
verbindet die angegebenen Symbole zu *einem* Symbol. In der ersten Variante bleibt x unausgewertet, für i und j wird der aktuelle Inhalt eingesetzt (bei $i = 1$ und $j = 2$ ergibt sich $x12$). Bei den beiden anderen Varianten wird auch x durch seinen Inhalt ersetzt.

Interna der Variablenverwaltung

```
restart;
```
löscht alle Variablen, geladenen Packages etc.

```
unassign('var1,v2,..');
```
löscht die Bindungen der in Apostrophen angegebenen Liste von Variablen.

```
assigned(var);
```
testet, ob eine Variable bereits gebunden ist. Liefert *true* oder *false* als Ergebnis.

```
anames();     unames();
```
gibt eine unsortierte Folge aller gebundenen bzw. aller freien Variablen aus.

```
whattype(var);
```
stellt den Datentyp einer Variablen (`string`, `integer` etc.) fest. Dabei werden allerdings nur etwa 25 Grundtypen unterschieden.

```
type(var,typ);
```
testet, ob die Variable den angegebenen Typ hat. Liefert *true* oder *false* als Ergebnis. Damit lässt sich jeder strukturierte Typ testen.

```
protect(name);     unprotect(name);
```
`protect` schützt eine Variable vor einer irrtümlichen Bindung. `unprotect` hebt diesen Schutz wieder auf.

assume und verwandte Kommandos

`assume(var op ausdr);`   `assume(var, eigens);`
  speichert zur angegebenen Variable eine Eigenschaft, z.B. dass sie nur Werte größer 0 enthält (`assume(x>0)`) oder dass es sich um eine reelle (nicht komplexe) Zahl handelt (`assume(x,real)`). Eine Liste aller zurzeit erlaubten `assume`-Attribute erhalten Sie mit `?assume`. Die durch `assume` angegebene Eigenschaft ersetzt alle bisher definierten Eigenschaften dieser Variable. `var:='var'` löscht alle Eigenschaften. Eigenschaften können nur freien Variablen zugeordnet werden. Die Eigenschaften gebundener Variablen liegen durch die Bindung fest.

`Ausdruck assuming Eigenschaft;`   `Ausdruck assuming var1::Eig`$_1$`,...varn::Eig`$_n$`;`
  wertet den Ausdruck aus. Dabei wird in der ersten Variante für alle freien Variablen des Ausdrucks die angegebene Eigenschaft verwendet. In der zweiten Variante wird für jede angegebene Variable die angegebene Eigenschaft verwendet. Auch hier müssen die Variablen frei sein. Im Gegensatz zu `assume` werden die Eigenschaften nur für die eine Anwendung verwendet. Hinterher sind die Variablen unverändert.

`additionally(var ..);`
  wie `assume`, die Eigenschaft wird aber zusätzlich zu den anderen, für die Variable bereits definierten Eigenschaften gespeichert.

`is(ausdruck);`   `is(ausdruck, eigenschaft);`
  überprüft auf Grund der bisher gespeicherten Eigenschaften, ob die in `is` formulierte Annahme für alle möglichen Inhalte der angegebenen Variablen gilt. Mögliche Ergebnisse sind *true*, *false* oder *FAIL* (falls unzureichende Informationen für eine Schlussfolgerung vorliegen).

`about(var);`
  zeigt alle vorhandenen Informationen zu *var* an.

Kapitel 7

Konstanten, Operatoren und Funktionen

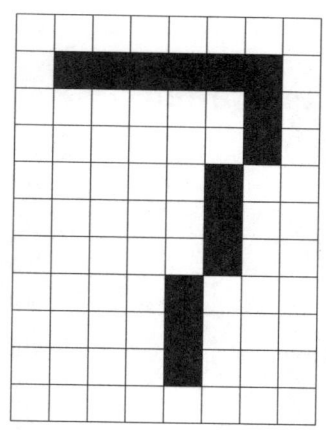

Dieses Kapitel enthält eine Übersicht der wichtigsten vordefinierten Konstanten, Operatoren und Funktionen. Im Gegensatz zu den anderen Kapiteln wurde dabei die Syntaxübersicht auf die einzelnen Abschnitte des Kapitels aufgeteilt und dort jeweils an ihren Anfang gestellt.

Zu den wichtigsten in Maple definierten Funktionen gehören Wurzel-, Logarithmus- und Exponentialfunktionen, trigonometrische Funktionen, Besselfunktionen und Kugelflächenfunktionen. Natürlich ist diese Aufzählung nicht vollständig: Insbesondere fehlen Funktionen zur Bearbeitung komplexer Zahlen (siehe nächstes Kapitel), Funktionen zur Vektor- und Matrizenrechnung (Kapitel 13 und 14), Wahrscheinlichkeitsverteilungen (Kapitel 21) und eine Menge weiterer Spezialfunktionen, die in diesem Buch entweder gar nicht oder in den thematisch dazu passenden Kapiteln behandelt werden.

In diesem Zusammenhang soll auch erwähnt werden, dass die in diesem Buch übliche Unterscheidung zwischen Funktion, Befehl und Kommando rein sprachlich bedingt ist. Für Maple existiert diese Unterscheidung nicht, sin gilt ebenso wie subs als Funktion (oder als Befehl oder Kommando, ganz wie Sie möchten). Die Unterscheidung zwischen Funktionen (womit Funktionen im mathematischen Sinn gemeint sind) und Befehlen (zur Bezeichnung von Maple-Funktionen, die Ausdrücke bearbeiten, Berechnungen durchführen etc.) soll lediglich die Verständigung erleichtern.

Verweis: Im Kapitel 11 (S. 157ff) wird die Definition eigener Funktionen und Operatoren behandelt.

Konstanten

Pi	die Kreiszahl $\pi = 3.141592654$.
I	die imaginäre Einheit $\sqrt{-1}$. Diese Konstante ist streng genommen keine Konstante, sondern nur die Darstellung, die Maple für die mit Complex(1) definierte komplexe Zahl benutzt.
gamma	die Euler-Konstante $\gamma = 0.577216$. *Achtung*: Es existiert auch die Funktion GAMMA, die weiter unten behandelt wird.
Catalan	die Catalan-Konstante 0.915966.
infinity	der Wert Unendlich. infinity kann als Ergebnis auftreten (z.B. bei einer Division durch 0) oder als Parameter verwendet werden (z.B. als Integrationsgrenze). infinity wird – im Gegensatz zu Catalan – klein geschrieben!
true false	die Wahrheitswerte *true* und *false*. Den beiden Konstanten sind keine Werte zugeordnet.

Eine Liste aller in Maple definierten Konstanten kann mit constants ermittelt werden. Die imaginäre Einheit I fehlt aus dem oben angegebenen Grund.

constants;

false, γ, ∞, *true*, *Catalan*, *FAIL*, π

Elementare Rechenoperatoren

+ - * /	Grundrechenarten (Addition, Subtraktion, Multiplikation, Division). Beachten Sie, dass für die Matrizenmultiplikation ein eigener Operator . definiert ist (siehe auch Kapitel 14).
mod	Modulo-Operator. mod ist für Berechnungen über dem Ring der ganzen Zahlen modulo m gedacht. Der Modulo-Operator ist normalerweise durch die Funktion modp definiert, die ausschließlich positive Ergebnisse liefert. Alternativ dazu kann der Operator auch durch die Anweisung 'mod':=mods umdefiniert werden. Die Funktion mods liefert negative Werte, wenn deren Betrag kleiner als das entsprechende positive Modulo-Ergebnis ist. Beispielsweise liefert mods(5,7) das Ergebnis -2.
^ **	^ und ** stellen zwei gleichwertige Operatoren zum Potenzieren dar.
!	Fakultät. 5! ergibt 120.

Zuweisungs-, Vergleichs- und andere Operatoren

:=	Operator für Variablenbindungen, z.B. `x:=3`. Die rechte Seite der Zuweisung wird voll ausgewertet, die linke Seite nach der last-name-Regel. Das Ergebnis der rechten Seite wird an den Namen der linken Seite gebunden.
=	Gleichheitsoperator zum Testen auf Gleichheit, zur Formulierung von Gleichungen.
->	Funktionsoperator zur Definition von Funktionsvorschriften (z.B. `f:=x->sin(x)`, siehe Kapitel 8).
<>	Ungleichheitsoperator.
> >= < <=	Größer-, Größer-Gleich-, Kleiner- und Kleiner-Gleich-Operator.
||	Verknüpfungsoperator; entspricht weitgehend dem Befehl `cat`. Der Ausdruck a||1 ergibt $a1$ (siehe voriges Kapitel).
..	Bereichsoperator; wird in zahllosen Maple-Kommandos zur Formulierung von Bereichen in der Form `von..bis` verwendet.
$	Aufzählungsoperator (sequence operator). Bei `a$n` wird a n mal wiederholt. `x$3` führt zu x, x, x. `diff(f,x$3)` bildet f'''.
f @ g f @@ n	Verkettungsoperator (engl. composition operator). `(sin@sqrt)(x)` bildet $\sin(\sqrt{x})$, `(exp@@2)(x)` führt zu $(\exp^{(2)}(x)$. Der Operator führt die Verkettung von Funktionen durch.
not and or	logische Negation, Und- bzw. Oder-Verknüpfung.
union intersect minus	Vereinigungs-, Schnitt- und Differenzmenge. Die drei Operatoren sind ausschließlich zur Bearbeitung von Mengen vorgesehen (siehe Kapitel 12).

Maple bietet die Möglichkeit, mit dem Kommando `define` eigene Operatoren zu bilden. Solche Operatoren beginnen grundsätzlich mit dem Zeichen `&`. Zahlreiche Packages stellen eigene Operatoren zur Verfügung, z.B. `linalg` den Operator `&*` für die nicht kommutative Matrizen-Multiplikation.

Numerische Funktionen

abs(z);
: berechnet den Betrag der Zahl.

sign(x);
: liefert -1 für negative Zahlen, +1 für positive Zahlen und 0(!). Bei komplexen Zahlen führt die Auswertung von sign zu einem Fehler. sign kann auch auf Polynome angewendet werden – dann wird das Vorzeichen des ranghöchsten Koeffizienten berücksichtigt.

signum(z);
signum(1,z);
signum(0,z,z0);
: ist im Gegensatz zu sign auch für komplexe Zahlen geeignet und liefert dann $\frac{z}{|z|}$, also eine komplexe Zahl mit Betrag 1 und (als Zeiger betrachtet) gleicher Richtung wie z. signum(1,z) stellt die erste Ableitung von signum(z) dar. Die Ableitung ist 0 für alle reellen z ungleich 0. Für andere Werte ist die Ableitung nicht definiert. signum(0,z,z0) meint wieder die normale signum-Funktion, gibt aber zusätzlich einen Wert für $z = 0$ an. Alternativ kann dieser 0-Wert auch durch die Systemvariable _Envsignum0 eingestellt werden. _Envsignum0 hat Einfluss darauf, ob und wie sich Ausdrücke mit der signum-Funktion vereinfachen lassen.

csgn(z);
: stellt die dritte Signum-Variante dar. Die Funktion ermittelt, in welcher Halbebene sich z befindet. Die Funktion liefert +1 für $z = 0$, für $\Re(z) > 0$ und für $\Re(z) = 0$, sofern $\Im(z) > 0$. Alle anderen Situationen führen zum Ergebnis -1.

max(x1,x2,..);
min(x1,x2,..);
: ermittelt die größte bzw. kleinste der angegebenen Zahlen. Komplexe Zahlen sind nicht zulässig.

round(x);
: rundet zur nächsten ganzen Zahl auf oder ab. Bei 0.5 wird zu 1 aufgerundet, bei -0.5 zu -1 abgerundet. Bei komplexen Zahlen werden Real- und Imaginärteil unabhängig voneinander gerundet.

floor(x);
: rundet auf die nächst kleinere ganze Zahl ab.

ceil(x);
: rundet auf die nächst größere ganze Zahl auf.

trunc(x);
: rundet Richtung 0 (d.h., bei positiven Zahlen wird ab-, bei negativen Zahlen aufgerundet).

frac(x);
: ermittelt den Nachkommaanteil (mit Vorzeichen, d.h., frac(-5.7) liefert -0.7).

Beachten Sie, dass Maple immer versucht, symbolisch zu rechnen. Ausdrücke wie $\sqrt{2}$ oder $\pi/2$ werden nur dann numerisch ausgewertet, wenn das Kommando evalf eingesetzt wird! `evalf` zählt zu einer ganzen Gruppe von `eval`-Kommandos, von denen in diesem Zusammenhang aber nur zwei von Interesse sind:

`evalf(ausdr);`
`evalf(ausdr, stellen);`
numerische Auswertung von symbolischen Ausdrücken (evaluate floating point). Die erste Variante rechnet in der durch `Digits` voreingestellten Genauigkeit, bei der zweiten Variante kann die gewünschte Stellenzahl explizit angegeben werden. Beachten Sie aber, dass das Ergebnis nie genauer werden kann als der ungenaueste Wert (z.B. eine physikalische Konstante mit 8 Stellen), der in die Berechnung einfließt. Maple zeigt zwar auf Wunsch beliebig viele Stellen an, die sind dann aber ohne Relevanz. (C.F. Gauss: *Der Mangel an mathematischer Bildung gibt sich durch nichts so auffallend zu erkennen, wie durch maßlose Schärfe im Zahlenrechnen.*

`evalhf(ausdr);`
numerische Auswertung unter Verwendung der Gleitkommaarithmetik des Rechners (evaluate hardware floating point). Das Kommando kann für aufwendige Berechnungen eine deutliche Geschwindigkeitssteigerung ergeben, weil auf die im Rechner eventuell vorhandene Gleitkommaarithmetik (FPU) zugegriffen wird. Allerdings ist die Genauigkeit durch die Hardware vorgegeben. Außerdem ist `evalhf` nur für einen Teil der Maple-Funktionen und -Befehle geeignet.

Zufallszahlen

`rand();`
`rand(x);`
`rand(y..z);`
liefert eine ganze Zahl zwischen 0 und 10^{12}.
gibt eine nullstellige Prozedur zurück, deren Auswertung eine ganze Zahl zwischen 0 und $x - 1$ bzw. zwischen y und z (je inklusive) ergibt. Damit die Prozedur aufgerufen wird, muss die Funktionsaufrufsyntax eingehalten werden und ein leeres Klammernpaar an den Funktionsnamen angehängt werden, z.B. x:=rand(1..6); x(); oder direkt rand(1..6)();.

Das Kommando `rand` unterstützt prinzipiell nur ganze Zufallszahlen mit maximal zwölf Stellen. Die mit der 2. oder 3. Form erzeugten Generatoren sind nicht unabhängig, sondern beziehen ihre Ergebnisse alle vom gleichen Zufallszahlengenerator. Für ernsthafte Anwendungen verwendet man besser die im Paket `stats` bereitgestellten Verfahren.

Wenn Sie Gleitkommazufallszahlen benötigen, können Sie diese selbst (unter Verwendung der `rand`-Funktion) berechnen. `rand()/1e12` liefert Zufallszahlen zwischen 0 (inklusive) und 1 (exklusive). Besser ist auch hier die Verwendung des Pakets `stats`.

`rand()/1e12;`

    0.088430571674

Im `stats`-Package sind auch einige Befehle enthalten, die Zufallszahlen gemäß verschiedener Wahrscheinlichkeitsverteilungen berechnen (siehe Kapitel 21, S. 358ff). Das Package `RandomTools` enthält eine Reihe eleganter Möglichkeiten, sich Zufallsobjekte (fast) beliebiger Struktur mit unterschiedlichen Verteilungen zu erzeugen (s. Kapitel 34). `randpoly` ermittelt Polynome mit zufälligen Koeffizienten, `RandomMatrix` im Package `LinearAlgebra` liefert Zufallsmatrizen (siehe Kapitel 14).

Quadratwurzel, allgemeine Potenzen, Logarithmen und Exponentialfunktion

`sqrt(x)` berechnet die Quadratwurzel.

`x^y` berechnet x^y. Statt ^ darf auch ** verwendet werden.

`log(z); ln(z);` berechnet den natürlichen Logarithmus zur Basis $e \approx 2.7182818$.

`log10(z);` berechnet den dekadischen Logarithmus.

`log[basis](z);` berechnet den Logarithmus zur angegebenen Basis.

`exp(z)` berechnet e^z.

Die folgenden Beispiele zeigen, dass die Quadratwurzel sowohl für reelle als auch für komplexe Zahlen definiert ist. Informationen zum Kommando `evalc` finden Sie im nächsten Kapitel. Eine alternative Schreibweise zu `sqrt(x)` lautet `x^(1/2)`.

```
sqrt(2), evalf(sqrt(2));
```
$\sqrt{2}, 1.414213562$

```
sqrt( a + I*b );
```
$\sqrt{a + I\,b}$

```
evalc( % );
```
$$\sqrt{\frac{\sqrt{a^2+b^2}}{2} + \frac{a}{2}} + I\,csgn(b - I\,a)\sqrt{\frac{\sqrt{a^2+b^2}}{2} - \frac{a}{2}}$$

Die Funktionen `ln` und `log` können synonym zur Berechnung des natürlichen Logarithmus herangezogen werden.

```
log(exp(1)), ln(exp(1)^2);
```
$1, 2$

Zur Berechnung des dekadischen Logarithmus gibt es eine eigene Funktion: `log10`.

```
log10(100), simplify(log10(100));
```

$$\frac{\ln(100)}{\ln(10)}, 2$$

Trigonometrische und hyperbolische Funktionen

`sin(x);`	`sinh(x);`	die Winkelfunktionen Sinus, Cosinus und Tangens und die dazugehörigen hyperbolischen Funktionen. Alle trigonometrischen Funktionen erwarten ihre Argumente bzw. liefern ihre Ergebnisse in Bogenmaß (nicht in Grad).
`cos(x);`	`cosh(x);`	
`tan(x);`	`tanh(x);`	
`csc(x);`	`csch(x);`	die Reziprokwerte zu den Winkel- und Hyperbelfunktionen.
`sec(x);`	`sech(x);`	
`cot(x);`	`coth(x);`	
`arcsin(z);`		die Umkehrfunktionen zu den zwölf oben genannten Funktionen. Die einzige syntaktische Besonderheit weist die Funktion arctan auf, an die auch zwei Argumente übergeben werden können: `arctan(x,y)` berechnet den Arcustangens von x/y.
`arc...(z);`		
`arctan(x,y);`		

Maple verfügt natürlich über alle trigonometrischen Standardfunktionen und deren Umkehrfunktionen, wobei diese Funktionen (wie die meisten Funktionen von Maple) auch für komplexe Argumente definiert sind. Die Funktionen liefern in der Regel keine numerischen Ergebnisse, sodass Zahlenwerte mit `evalf` ermittelt werden müssen. Die Bearbeitung und Vereinfachung von Ausdrücken mit trigonometrischen Funktionen wird in Kapitel 10 behandelt.

```
sin(Pi/4), evalf(sin(Pi/15));
```

$$\frac{\sqrt{2}}{2}, 0.2079116909$$

```
evalf(sin( 1 + I))
```

$$1.298457581 + 0.6349639148 I$$

Für die `arctan`-Funktion bestehen zwei Definitionen: Wenn nur ein Parameter angegeben wird, berechnet Maple den dazugehörigen Funktionswert. Wenn mit `arctan(x,y)` zwei Parameter angegeben werden, berechnet Maple den Arcustangens von x/y. Diese Variante von `arctan` hat den Vorteil, dass die Vorzeichen beider Parameter getrennt berücksichtigt werden können und das Ergebnis somit im Bereich zwischen $-\pi$ und π (statt zwischen $-\pi/2$ und $\pi/2$) liegt. Außerdem kommt es bei $y = 0$ zu keiner Fehlermeldung.

```
evalf([arctan(1/3), arctan(1,3), arctan(-1,-3),arctan(1,0)]);
```

$$[0.3217505544, 0.3217505544, -2.819842100, 1.570796327]$$

Spezielle Funktionen (Gamma-, Bessel-, Kugelfunktionen)

`binomial(n,m);`	berechnet den Binomialkoeffizienten $\binom{n}{m}$. Wenn für n oder m keine ganzen positiven Zahlen verwendet werden, greift binomial auf die GAMMA-Funktion zurück: $\frac{\Gamma(n+1)}{\Gamma(m+1)\Gamma(n-m+1)}$.
`GAMMA(z);`	berechnet die Gammafunktion, die folgendermaßen definiert ist: $\Gamma(z) = \int_0^\infty e^{-t} t^{z-1} dt$.
`GAMMA(z,a)`	berechnet die unvollständige Gammafunktion: $\Gamma(z,a) = \int_z^\infty e^{-t} t^{a-1} dt$.
`Psi(z);`	berechnet die Digammafunktion: $\Psi(x) = \frac{\frac{d}{dx}\Gamma(x)}{\Gamma(x)}$.
`Psi(n,z);`	berechnet die n-te Polygammafunktion (das ist die n-te Ableitung der Digammafunktion): $\Psi(n,x) = \frac{d^n}{dx^n}\Psi(x)$.
`Beta(x,y);`	berechnet die Betafunktion: $\beta(x,y) = \frac{\Gamma(x)\Gamma(y)}{\Gamma(x+y)}$.
`Zeta(x);` `Zeta(n, x);`	berechnet die Riemann-Zeta-Funktion bzw. deren n-te Ableitung: $\zeta(x) = \sum_{i=1}^\infty 1/i^x$, $\zeta(n,x) = \frac{d^n \zeta(x)}{dx^n}$.

`BesselJ(n,z);`
`BesselI(n,z);`
`BesselY(n,z);`
`BesselK(n,z);`
	BesselJ berechnet die Besselfunktion erster Gattung n-ter Ordnung (Zylinderfunktion). BesselI berechnet die modifizierte Besselfunktion erster Gattung. BesselY steht für die Besselfunktion zweiter Gattung (Webersche Funktion), BesselK für die modifizierte Besselfunktion zweiter Gattung (Macdonalsche Funktion).

`LegendreF(x,k);`
`LegendreE(x,k);`
`LegendreKc(k);`
`LegendreEc(k);`
	LegendreF und LegendreE stellen die elliptischen Integrale erster und zweiter Gattung dar. LegendreKc und LegendreEc stehen für die vollständigen elliptischen Integrale erster und zweiter Gattung.

`Si(z); Ci(z);` `Ei(z); Li(z);`	berechnen Integralsinus $\int_0^z \frac{\sin(t)}{t} dt$, Integralcosinus $\gamma + \ln(Iz) - \frac{I\pi}{2} + \int_0^z \frac{\cos(t)-1}{t} dt$, Integralexponentialfunktion $\int_{-\infty}^z \frac{e^t}{t} dt$ und Integrallogarithmus $Ei(\ln(z))$.
`FresnelS(z);` `FresnelC(z);`	berechnen die Fresnel-Sinus-Integralfunktion $\int_0^z \sin(\frac{\pi t^2}{2}) dt$ und die Fresnel-Cosinus-Integralfunktion $\int_0^z \cos(\frac{\pi t^2}{2}) dt$. *Vorsicht*: Die Funktionen sind in Maple anders als in [Bronstein/Semendjajew] definiert. Siehe Beispiel unten!
`with(orthopoly);` `P(n,x);`	bildet das Legendresche Polynom (die Kugel(flächen)funktion) n-ter Ordnung für die Variable x.

Spezielle Funktionen (Gamma-, Bessel- und Kugelfunktionen)

Die obige Syntaxübersicht spezieller Funktionen aus verschiedenen Bereichen der Mathematik ist natürlich in keiner Weise vollständig. Eine gute Übersicht der in Maple vordefinierten Funktionen erhalten Sie über das Hilfekommando ?inifcns. Sonderfunktionen zu verschiedenen Themen befinden sich (unter anderem) in den Packages orthopoly (orthogonale Polynome), numtheory (Zahlentheorie), combinat (Kombinatorik) und stats (Statistik).

Beim Einsatz der Funktionen ist immer darauf zu achten, ob deren Definition mit den von Ihnen verwendeten Konventionen übereinstimmt. Für einige mathematische Funktionen existieren je nach Literatur unterschiedliche Formeln bzw. unterschiedliche Konventionen für Reihenfolge und Bedeutung der Parameter. Beispielsweise ist die Fresnel-Sinus-Integralfunktion in [Bronstein/Semendjajew] folgendermaßen definiert: $\frac{1}{\sqrt{2\pi}} \int_0^z \frac{sin(t)}{t} dt$.

Damit die Ergebnisse von Fresnel mit denen in [Bronstein/ Semendjajew] übereinstimmen, muss als Argument $\sqrt{2z\,\pi}$ eingesetzt werden.

```
evalf(FresnelS( sqrt(2/Pi*0.1) ));
```
$$0.008404436193$$

Die Funktion P aus dem orthopoly-Package passt eigentlich nicht so recht in die obige Funktionenaufzählung. P gibt als Ergebnis normalerweise ein Polynom (und nicht einen Zahlenwert bzw. eine einfache Funktion) zurück.

```
with(orthopoly);   P(7,x);
```
$$\frac{429\,x^7}{16} - \frac{693\,x^5}{16} + \frac{315\,x^3}{16} - \frac{35\,x}{16}$$
```
P(7,0.05);
```
$$-0.1069275767$$

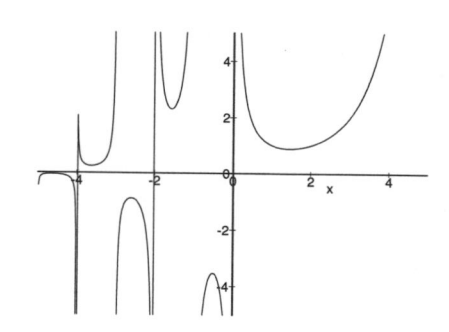

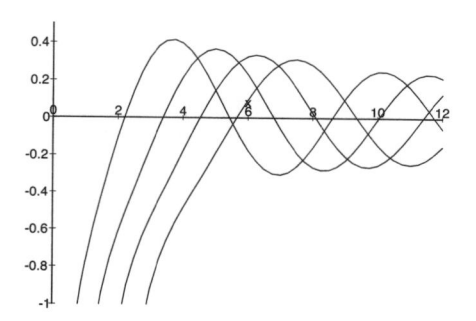

Zum Abschluss folgen noch zwei Abbildungen, nach deren Muster Sie mühelos auch den Verlauf der restlichen hier aufgezählten Funktionen ansehen können.

```
plot(GAMMA(x), x=-5..5, -5..5);
```

Wenn eine ganze Kurvenschar gezeichnet werden soll, muss die mit seq aufgestellte Menge der Funktionen in geschwungene Klammern gestellt werden. Der dritte Parameter schränkt den y-Zeichenbereich ein. Die Abbildung zeigt die modifizierten Besselfunktionen erster Gattung der Ordnung 1 bis 4.

```
plot( {seq(BesselY(n,x), n=1..4)},
      x=0..12, -1..0.5);
```

Kapitel 8

Komplexe Zahlen

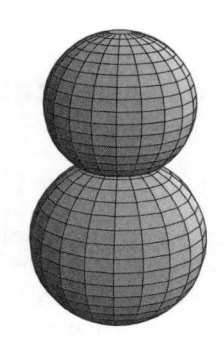

Maple legt bei seinen Berechnungen in der Regel die komplexen Zahlen zu Grunde, sofern man (etwa mit `assume`) nichts Gegenteiliges festlegt. Fast alle Funktionen von Maple (z.B. `sin`, `cos`, `sqrt` oder `abs`) sind für komplexe Zahlen definiert. Die imaginäre Einheit wird in Maple mit `I` notiert. Komplexe Zahlen können in der Form $a + b * I$ eingegeben werden (a und b müssen zur Erzeugung einer komplexen Zahl selbst Zahlen und keine Symbole sein, sonst entsteht keine Zahl, sondern ein Term.) Dabei wird implizit der Konstruktor `Complex` aufgerufen, der aus dieser Eingabe eine komplexe Zahl generiert. Maple behandelt komplexe Zahlen als eigenen (zusammengesetzten) Datentyp. Mit `evalc` sind Vereinfachungen von komplexen Ausdrücken möglich. Die wichtigsten in diesem Kapitel behandelten Funktionen und Befehle sind:

`I`
die imaginäre Einheit $\sqrt{-1}$ =`Complex(1)`.

`Re, Im`
ermitteln Real- und Imaginärteil von komplexen Zahlen bzw. Ausdrücken.

`abs, argument`
ermitteln Betrag und Phasenwinkel.

`polar`
berechnet eine komplexe Zahl aus Betrag und Phasenwinkel.

`evalc`
vereinfacht Ausdrücke unter der Annahme, dass die darin verwendeten Variablen reell sind. Das Ergebnis wird (falls möglich) in Real- und Imaginärteil aufgespalten.

Elementare Funktionen zur Bearbeitung komplexer Zahlen

Mit den Funktionen Re und Im wird der Real- bzw. der Imaginärteil eines komplexen Ausdrucks ermittelt. Beachten Sie, dass diese Funktionen im Gegensatz zu den meisten anderen Maple-Funktionen mit großen Anfangsbuchstaben geschrieben werden. Sie erhalten diese beiden Werte bei komplexen Zahlen auch über die Funktion op. Beachten Sie auch das Ergebnis der beiden letzten Eingaben. Im ersten Fall wird der Operand 0 einer komplexen Zahl abgefragt, dies ist das Symbol *Complex*. Im zweiten Fall wird der Operand 0 eines Summenterms abgefragt.

abs berechnet den Betrag einer komplexen Zahl, argument den Winkel zur positiven reellen Achse. conjugate gibt die konjugiert komplexe Zahl zurück (d.h., das Vorzeichen des Imaginärteils wird verändert, die Zahl an der reellen Achse gespiegelt).

Für komplexe Zahlen existieren zwei unterschiedliche Signumfunktionen. signum(z) normiert eine komplexe Zahl auf die Länge 1, d.h., es wird $\frac{z}{|z|}$ berechnet. signum(0) liefert das Ergebnis 0.

Alternativ dazu steht die Funktion csgn (complex sign) zur Verfügung. Diese Funktion liefert 1 für komplexe Zahlen der rechten Halbebene (d.h. $\Re(z) > 0$) und -1 für Zahlen in der linken Halbebene ($\Re(z) < 0$). Falls $\Re(z) = 0$ gilt, hängt das Ergebnis vom Vorzeichen des Imaginärteils ab: Ist es negativ, so ist das Ergebnis -1, sonst 1.

```
z:=1 + 3*I;
```
$$z := 1 + 3I$$
```
Re(z), Im(z);
```
$$1, 3$$
```
op(z);op(0,z);op(0,a+b*I);
```
$$1, 3$$
$$Complex$$
$$+$$

```
abs(z), argument(z);
```
$$\sqrt{10}, \arctan(3)$$
```
conjugate(z);
```
$$1 - 3I$$

```
signum(3+4*I);
```
$$\frac{3}{5} + \frac{4}{5}I$$

```
csgn(1+I), csgn(1-I), csgn(-1+I);
```
$$1, 1, -1$$
```
csgn(2), csgn(2*I), csgn(-I), csgn(0);
```
$$1, 1, -1, 1$$

Maple gibt komplexe Zahlen in der Regel in der Form $a + Ib$ aus. Sie können mit `convert(z, polar)` eine Schreibweise in der Form `polar(r,phi)` erzwingen. Ebenso können Sie die Funktion `polar` einsetzen, wenn Sie selbst komplexe Zahlen in der polaren Form eingeben möchten. Der Bezeichner für die imaginäre Einheit kann mit `interface(imaginaryunit=`*Name*`)` beliebig eingestellt werden.

```
convert(z,polar);
```
$$polar(\sqrt{10}, \arctan(3))$$
```
z1:=polar( 1,Pi/3);
```
$$z1 := polar(1, \frac{\pi}{3})$$
```
abs(z1);
```
$$1$$

Komplexe Terme

Komplexe Zahlen werden als einheitliche Objekte im Speicher gehalten. Wenn komplexe Terme eingegeben werden, die Variablen enthalten, werden diese in der üblichen Form für algebraische Objekte (also als Summe, Produkt usw.) gespeichert. Oft sollen aber die verwendeten Variablen in solchen Termen selbst nicht komplexe, sondern reelle Zahlen repräsentieren. Wenn Maple diese Variablen ohne diese Zusatzbedingung verarbeiten soll, werden natürlich die Rechnungen aufwändiger und die Ergebnisse komplizierter.

Durch `evalc` werden Ausdrücke unter der Annahme weiterverarbeitet, dass alle auftretenden Variablen reell sind. Außerdem versucht Maple, Ergebnisse dieser Auswertung soweit möglich in der kanonischen Form $a+b*I$ auszugeben. Maple kann dann unter der Annahme, dass alle vorkommenden freien Variablen reell sind, diverse Vereinfachungen durchführen, die sonst nicht möglich wären.

```
evalc( Re( (a + I*b)^3 ));
```
$$a^3 - 3ab^2$$
```
evalc( polar(a, b));
```
$$a\cos(b) + I\,a\sin(b)$$
```
evalc(Re(sqrt(a+I*b)));
```
$$\sqrt{\frac{\sqrt{a^2+b^2}}{2} + \frac{a}{2}}$$

Die Ergebnisse oben gelten nur unter der Annahme, dass a und b reelle Zahlen sind! Wenn Sie für a eine beliebige komplexe Zahl mit einem Imaginärteil ungleich 0 einsetzen würden, wären die Ergebnisse falsch! Aus diesem Grund führt Maple Vereinfachungen dieser Art normalerweise nicht aus und muss explizit mit `evalc` dazu aufgefordert werden.

evalc ist auch in der Lage, komplexe e-Potenzen in Sinus- und Cosinusterme umzuwandeln.

```
f:=(3-I)* exp( (3-I)*t )
 + (3+I)* exp( (3+I)*t );
```

$$f := (3-I)\,e^{(3-I)t} + (3+I)\,e^{(3+I)t}$$

```
evalc(f);
```

$$6\,e^{3t}\cos(t) - 2\,e^{3t}\sin(t)$$

```
Re( (a + I *b)^3) assuming real;
```

$$a^3 - 3\,a\,b1^2$$

Neben evalc gibt es eine weitere, elegante Möglichkeit, komplexe Ausdrücke mit reellen Variablen zu vereinfachen: das bereits in Kapitel 6 (S. 118) vorgestellte Kommando assuming. Damit können Sie Maple Informationen über den Inhalt mehrerer Variablen mitteilen – beispielsweise, dass diese Variablen reell sind. Maple erkennt dann automatisch (ohne evalc) Vereinfachungsmöglichkeiten, erzwingt aber bei der Ausgabe nicht die kanonische Form mit getrennten Real- und Imaginärteilen.

In manchen Fällen ist assuming gleichzeitig auch die wirksamere Methode, zu Ergebnissen zu kommen. Wendet man beispielsweise convert nach evalc an, so macht diese Funktion natürlich keine Annahmen über die verwendeten Variablen und liefert kompliziertere Ergebnisse, als dies mit assuming möglich ist. Eine Anwendung von evalc nach dem convert in Polarkoordinaten macht auch keinen Sinn, da der Term damit wieder in kartesische Koordinaten zurückverwandelt werden würde:

```
convert( evalc( sin(a+I*b)), polar);
```

$$polar(|\sin(a)\cosh(b) + I\,\cos(a)\sinh(b)|\,,\,argument(\sin(a)\cosh(b) + I\,\cos(a)\sinh(b)))$$

```
convert( sin(a + I * b), polar) assuming real;
```

$$polar(\sqrt{\sin(a^2\cosh(b^2 + \cos(a^2\sinh(b)^2}\,,$$

$$\arctan(\cos(a)\sinh(b), \sin(a)\cosh(b1^\sim)))$$

Syntaxzusammenfassung

`I`
  imaginäre Einheit I, Abkürzung für $\sqrt{-1}$, implementiert als `Complex(1)`.

`Re(z);   Im(z);`
  ermitteln Real- und Imaginärteil einer komplexen Zahl.

`abs(z); argument(z);`
  ermitteln Betrag und Phasenwinkel einer komplexen Zahl.

`conjugate(z);`
  berechnet die konjugiert komplexe Zahl zu z, ändert also das Vorzeichen des Imaginärteils.

`signum(z);`
  liefert $\frac{z}{|z|}$, also einen komplexen Zeiger der Länge 1.

`csgn(z);`
  ermittelt, in welcher Halbebene sich z befindet. Die Funktion liefert +1 für $z = 0$, für $\Re(z) > 0$ sowie für $\Re(z) = 0$, sofern gleichzeitig $\Im(z) > 0$. Alle anderen Situationen führen zum Ergebnis -1.

`polar(betrag, winkel);`
  konstruiert eine komplexe Zahl aus ihrer Länge und ihrem Winkel zur positiven reellen Achse.

`convert(z, polar);`
  wandelt den komplexen Ausdruck z in die Form `polar(betrag, winkel)` um.

`evalc(ausdruck);`
  vereinfacht den komplexen Ausdruck unter der Annahme, dass die darin vorkommenden Variablen reell (und nicht komplex) sind. Die Ausgabe wird, wenn möglich, mit getrenntem Realteil und Imaginärteil in der Form $a + b * I$ vorgenommen.

Kapitel 9

Folgen, Listen und Mengen

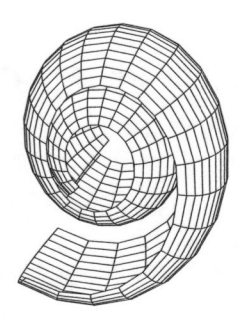

Maple kennt gleich fünf verschiedene Formen, um mehrere Ausdrücke ordnend zusammenzufassen. Obwohl sich die fünf Varianten in der Darstellung auf den ersten Blick stark ähneln, unterscheiden sie sich intern fundamental und müssen mit vollkommen verschiedenen Methoden bearbeitet werden.

```
sq  := a,b,c;              Folge (sequence)
lst := [a,b,c];            Liste (list)
st  := {a,b,c};            Menge (set)
tb[3] := c;                Tabelle (table)
fld := array( [a,b,c] );   Feld (array)
```

Dieses Kapitel geht auf die ersten drei Datentypen ein und beschreibt die wichtigsten Befehle zu deren Verwaltung. Das nächste Kapitel beschreibt dann die beiden anderen Datentypen (Tabellen und Felder). Dort werden auch die Konversionsmöglichkeiten zwischen allen fünf Datentypen zusammengefasst. Im Zusammenhang mit Datenmengen ist der Operator || bzw. das gleichwertige Kommando cat ebenfalls von Interesse. Damit können Variablenlisten (z.B. $x1, x2, x3, ...$) sehr bequem erzeugt werden. Der Operator || ist in Kapitel 6 beschrieben.

Nun aber zu den wichtigsten Funktionen dieses Kapitels:

seq
erzeugt eine Folge (Sequenz).

op
gibt die Operanden eines beliebigen Ausdrucks als Folge zurück. op kann dazu verwendet werden, Listen und Mengen in Folgen zu verwandeln.

subsop
verändert einen Operanden innerhalb eines Ausdrucks.

map, zip
wendet eine Funktion der Reihe nach auf die Operanden eines Objekts Menge oder Liste (auf einen Ausdruck) an. Mit Folgen kann map nicht benutzt werden.

Folgen, Listen und Mengen im täglichen Umgang mit Maple

Folgen, Listen und Mengen sind allgegenwärtige Elemente von Maple, die praktisch mit jedem Befehl (sowohl bei dessen Formulierung als auch im Ergebnis) auftreten. Die Argumente einer Funktion werden immer als Folge eingegeben.

Die Argumente einer Funktion werden immer als Folge eingegeben. Die Funktion min ermittelt den kleinsten Wert der in einer *Folge* angegebenen Zahlenreihe.

```
min(1, sqrt(2), sqrt(2)/2);
```
$$\frac{\sqrt{2}}{2}$$

Der Befehl root ermittelt eine *Liste* aller Nullstellen eines Polynoms. Die Nullstellen werden in der Form $[x0, n]$ angegeben. Die zweite Zahl n der Liste gibt die Vielfachheit der Nullstelle an.

```
f:=expand((x-2)^3 * (x-3) * (x-1));
```
$$f := x^5 - 10\,x^4 + 39\,x^3 - 74\,x^2 + 68\,x - 24$$

```
roots(f);
```
$$[[1, 1], [2, 3], [3, 1]]$$

solve liefert mehrere Lösungen einer Gleichung als *Folge*.

```
solve(x^4-10*x^3+35*x^2-50*x+24,x);
```
$$1, 2, 3, 4$$

Außerdem kann diesem Befehl ein ganzes Gleichungssystem (als Menge) und die Menge der darin enthaltenen Variablen (jeweils in geschweiften Klammern) übergeben werden. Die Lösung (die jetzt in mehrere Einzellösungen für jeweils alle betroffenen Variablen gruppiert ist) wird wiederum als *Menge* ausgegeben.

```
solve( {x^2+y^2=13,x^2-y^2=5},
       {x,y} );
```
$$\{y = 2, x = 3\},$$
$$\{y = 2, x = -3\},$$
$$\{y = -2, x = 3\},$$
$$\{y = -2, x = -3\}$$

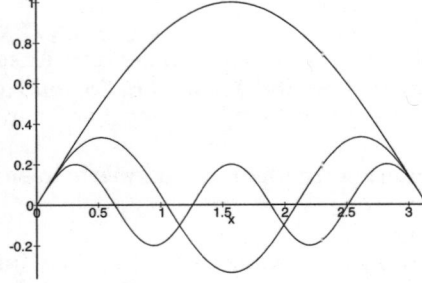

Wenn mit plot mehrere Kurven gleichzeitig gezeichnet werden sollen, dann werden die Funktionsgleichungen ebenfalls als *Menge* oder *Liste* übergeben. Die Übergabe muss in einer Liste erfolgen, wenn für die einzelnen Schaubilder bestimmte Farben oder andere Optionen vereinbart werden sollen. Diese Vereinbarungen werden dann ebenfalls in Listen angegeben.

```
plot( {sin(x), sin(3*x)/3, sin(5*x)/5},
      x=0..Pi );
```

Folgen

Folgen oder Aufzählungen (engl. sequences) stellen den elementarsten Datentyp zur Verwaltung mehrerer Informationseinheiten dar. Beim Aufruf jeder Funktion mit mehr als einem Argument geben Sie die Argumente als Folge (getrennt durch Kommata) ein. Maple seinerseits gibt Ergebnisse bevorzugt als Folgen aus. Folgen können im Gegensatz zu Listen und Mengen nicht verschachtelt werden, ein Element einer Folge kann also nicht selbst eine Folge sein. Ein Objekt kann mehrfach in einer Folge vorkommen. Man kann Folgen rekursiv definieren:

- Jedes Objekt ist eine Folge (mit einem Element).

- Wenn F eine Folge ist und O ein Objekt, so sind auch O, F und F, O Folgen.

Folgen können durch eine einfache Aufzählung erstellt werden.

```
sq :=a,b,c;
```
$$sq := a, b, c$$

Häufiger wird jedoch die Funktion seq eingesetzt. Als erstes Argument erwartet diese Funktion einen Term, das zweite Argument hat die Form Symbol=Bereich, wobei das Symbol nicht gebunden sein darf und der Bereich einen reellen Zahlenbereich angibt. Maple wertet dann den Term mehrfach aus. Dabei wird bei der ersten Auswertung das angegebene Symbol an die untere Grenze des Bereichs gebunden. Bei den weiteren Auswertungen wird der Wert der Variablen jeweils um 1 erhöht, bis die obere Bereichsgrenze überschritten ist. Die Ergebnisse der einzelnen Auswertungen werden als Folge in der Reihenfolge der Auswertung zusammengefasst.

```
sq := seq(2^n-2*n, n=0..3);
```
$$sq := 1, 0, 0, 2$$

```
seq(i^2,i=1.5..3);
```
$$2.25, 6.25$$

seq kann in einer zweiten Variante verwendet werden. Dabei wird statt eines Bereichs eine Liste oder Menge angegeben, deren Elemente dann bei der Auswertung des Terms der Reihe nach an das Symbol gebunden werden.

```
seq(i^2, i=[1.5, 2, 2.5, 3] );
```
$$2.25, 4, 6.25, 9$$

Diese zweite Folge kann auch durch `seq` erzeugt werden. Auf diese Weise kann einigermaßen übersichtlich auch eine Folge mit einer anderen Schrittweite als +1 erzeugt werden. In Kapitel 30 zum Thema Programmieren wird das Kommando `seqn` vorgestellt, das zur Formulierung von Folgen mit beliebigen Schrittweiten geeignet ist. Man beachte aber, dass diese Eingabe einer Folge nicht durch eine einfache Aufzählung der Elemente gemacht werden kann, da diese sonst als zusätzliche Argumente für `seq` interpretiert werden. Die Verwendung von `seq` kapselt die innere Folge so, dass sie als ein Argument erscheint.

Folgen können problemlos erweitert werden, indem am Anfang oder am Ende der Folge Elemente hinzugefügt werden. Versucht man eine Folge von Folgen zu erzeugen, so werden diese Folgen einfach zu *einer* langen Folge verkettet. (Folgen bilden eine 'flache' Datenstruktur.)

Der Zugriff auf die Elemente einer Folge erfolgt durch die Angabe eines Index in eckigen Klammern. Beachten Sie, dass das erste Element den Index 1 (und nicht wie bei manchen Programmiersprachen 0) hat. Statt eines einzelnen Index können Sie auch einen Bereich in der Form `n..m` angeben.

Negative Indizes erlauben den Zugriff auf das Ende der Folge.

Etwas schwieriger wird es, wenn Elemente einer Folge verändert werden müssen. Eine Zuweisung in der Form `sq[n]:=m` führt zu einer Fehlermeldung, weil auf der linken Seite der Zuweisung kein zulässiger Name steht. Vielmehr müssen Sie das Kommando `subsop` bemühen, dessen eigenwillige Syntax dem Mathematiker die Haare zu Berge stehen lässt.

```
seq(i^2, i=seq(j*0.5, j=3..6));
```
$2.25, 4.0, 6.25, 9.0$

```
sq1:=sq,8;
```
$sq1 := 1, 0, 0, 2, 8$
```
seq(seq(i,i=1..n),n=1..5);
```
$1, 1, 2, 1, 2, 3, 1, 2, 3, 4, 1, 2, 3, 4, 5$

```
sq[4];
```
2
```
sq[2..4];
```
$0, 0, 2$

```
sq1[-2..-1];
```
$2, 8$

```
sq[2]:=5
```
Error, cannot assign to an expression sequence
```
sq1:=op( subsop(2=5,[sq1]) );
```
$sq1 := 1, 5, 0, 2, 8$

Die obige Anweisung ist so zu verstehen: Mit [sq] wird die Folge in eine Liste umgewandelt (weil subsop nur Listen bearbeiten kann). Durch subsop wird anschließend das zweite Element der Liste durch den Wert 5 ersetzt. In subsop wird also im ersten Parameter die Substitutionsanweisung (Operandnummer=neuer Wert) angegeben, im zweiten Parameter der zu bearbeitende Ausdruck.

Mit op wird die veränderte Liste schließlich wieder in eine Folge zurückverwandelt. Dem Thema Konversion zwischen verschiedenen Listentypen ist übrigens ein eigener Abschnitt in Kapitel 10 (S. 153 f) gewidmet.

subsop kann auch dazu verwendet werden, einzelne Elemente einer Folge zu löschen. Dazu ersetzen Sie das zu löschende Element durch NULL.

```
sq1:=op( subsop(4=NULL,[sq1]) );
```
$sq1 := 1, 5, 0, 8$

Listen

Listen unterscheiden sich von Folgen rein optisch durch die eingrenzenden eckigen Klammern. Listen sind zwar schwieriger zu erweitern als Folgen, ansonsten aber leistungsfähiger. Insbesondere ist es möglich, Listen zu verschachteln.

Listen werden prinzipiell wie Folgen erzeugt – sie müssen nur zusätzlich in eckigen Klammern eingeschlossen werden.

```
lst := [1,2,3];
```
$lst := [1, 2, 3]$

```
lst := [seq(2^n-2*n,n=0..3)];
```
$lst := [1, 0, 0, 2]$

Der Zugriff auf Listenelemente erfolgt wie bei Folgen. Für Veränderungen muss das ebenfalls schon bekannte Kommando subsop aufgerufen werden.

```
lst[2];
```
0

```
st:= subsop(2=3,lst);
```
$st := [1, 3, 0, 2]$

Wenn Listen erweitert werden sollen, müssen sie mit op auf Folgen zurückgeführt werden.

```
lst:= [a,b,op(lst),c,d,x,x^2,x^3];
```
$lst := [a, b, 1, 3, 0, 2, c, d, x, x^2, x^3]$

Zum Sortieren von Listen ist der Befehl sort vorgesehen.

```
sort(lst);
```
$[x^3, a, b, d, 3, 0, 1, 2, c, x, x^2]$

Man darf von diesem Befehl allerdings keine Wunder erwarten. Er benötigt eine Ordnungsrelation, nach der sortiert werden kann. Dies setzt voraus, dass je zwei Elemente der Liste miteinander in Bezug auf die Ordnungsrelation vergleichbar sind. Maple verwendet gewisse Standardrelationen. Listen mit Zahlenwerten werden erwartungsgemäß nach ihrer Größe sortiert (nur dann, wenn die Liste ausschließlich aus Zahlen besteht). Listen von Strings und Symbole werden lexikografisch (nach dem US-ASCII-Code) sortiert. Beinhaltet die Liste Objekte verschiedener Typen, so verwendet Maple als Vergleichskriterium die Speicheradressen der Objekte, was natürlich zu verschiedenen Ergebnissen für eine Liste in verschiedenen Sitzungen führen kann. (Diese Anordnung der Elemente gilt übrigens auch für Mengen, die im nächsten Abschnitt behandelt werden.)

Will man das vermeiden und eine bestimmte Anordnung selbst definieren, so kann man sort zusätzlich zur Liste mit einem zweistelligen Prädikat (eine Funktion, die Paaren von Elementen der Liste einen der Werte true oder false zuordnet) aufrufen, das die gewünschte Ordnung beschreibt. Wir werden in Kapitel 11 darauf zurückkommen.

Der Befehl kann übrigens auch zum Sortieren von Termen innerhalb mathematischer Ausdrücke verwendet werden (z.B. für die Terme eines Polynoms). Man muss allerdings beachten, dass in diesem Fall der Ausgangsterm verändert wird, da die Sortierung den Term selbst sortiert und keine Kopie erstellt.

Mengen

Mengen unterscheiden sich von Listen dadurch, dass bei ihnen die Reihenfolge der Elemente keine Rolle spielt und ein Objekt höchstens einmal in einer Menge vorkommen kann. In Maple werden Mengen durch eine von geschweiften Klammern eingeschlossene Folge der in ihnen enthaltenen Elemente dargestellt. Dies ist gleichzeitig auch die Definitionsmethode. Mehrfach auftretende Elemente werden dabei automatisch eliminiert. Außerdem wird die Reihenfolge der Elemente einer Menge von Maple nach deren Speicheradressen festgelegt. Sie ist weder vorhersehbar noch bei weiteren Sitzungen gleich. Dies ist aber unerheblich, da Mengen ja ohnehin ungeordnet sind und die einzige Frage für ein Objekt bezüglich einer Menge seine Zugehörigkeit zu ihr betrifft.

Der Zugriff auf einzelne Elemente einer Menge erfolgt wie bei Listen. Beachten Sie aber, dass Sie die Position eines Elements innerhalb der Menge nie vorhersehen können!

Zusätzlich zu den oben vorgestellten Befehlen zum Umgang mit Listen existieren drei Operatoren, die speziell zur Bearbeitung von Mengen vorgesehen sind: union vereinigt zwei Mengen, intersect bildet die Schnittmenge und minus entfernt Teilmengen.

```
{1,2,3} union {3,4,5};
    {3, 4, 5, 1, 2}
{1,2,3,4,5} intersect {4,5,6};
    {4, 5}
{1,2,3,4} minus {1,2};
    {3, 4}
```

Verschachtelte Listen und Mengen

Mit der Verschachtelung von Listen und Mengen ist gemeint, dass einzelne Elemente einer Liste/Menge ihrerseits wieder Listen/Mengen darstellen. In der Praxis kommt es zu solchen Verschachtelungen beispielsweise, wenn solve für ein Gleichungssystem mit mehreren Variablen mehrere Lösungen findet. Jede dieser Lösungen wird dann als Menge formuliert, die Gesamtheit der Mengen wird als Folge zurückgegeben (siehe das Beispiel in der Einleitung dieses Kapitels).

Der folgende Ausdruck definiert eine Liste, deren erstes Element eine Menge, deren zweites Element eine Liste und deren drittes Element ein einfaches Symbol ist.

```
lst:=[{1,2,3},[a,b,c,d,e],x];
```
$$lst := [\{3, 1, 2\}, [a, b, c, d, e], x]$$

Der Zugriff auf Teilelemente erfolgt wiederum durch die Angabe von Indizes in eckigen Klammern. Um Elemente in Sublisten anzusprechen, müssen die Indizes in getrennten Klammerpaaren angeschrieben werden.

```
lst[2];
```
$$[a, b, c, d, e]$$
```
lst[2][3];
```
$$c$$

Das Beispiel rechts zeigt, dass auch ein Bereich innerhalb der letzten Subliste gelesen werden kann.

```
lst[2][2..4];
```
$$b, c, d$$

Dagegen ist es nicht möglich, auf diese Weise aus den ersten beiden Sublisten jeweils das erste Element zu lesen, wie dies im Kommando rechts geplant war. Vielmehr führt lst[1..2] zu einer Folge der ersten beiden Elemente der Liste. Durch die nachgestellten Zeichen [1] wird das erste Element dieser Folge angesprochen. Mit der weiter unten (S. 143) besprochenen Funktion map ist auch diese Aufgabe zu lösen.

```
lst[1..2][1];
```
$$\{3, 1, 2\}$$
```
map(x->x[1],lst[1..2]);
```
$$[1, a]$$

Kompliziert wird es, wenn Sie einzelne Elemente in Sublisten verändern möchten: Dann müssen Sie das schon erwähnte Kommando subsop verschachtelt einsetzen. In der Regel ist es sinnvoller, in solchen Fällen mit Feldern (Arrays) zu arbeiten, bei denen Veränderungen der Elemente leichter durchzuführen sind.

Im Beispiel rechts wird das dritte Element der Subliste von *lst* durch die Variable x ersetzt.

```
lst:=subsop( 2=subsop(3=x, lst[2]),
             lst );
```
$$lst := [\{3, 1, 2\}, [a, b, x, d, e], x]$$

Bearbeiten von Listen und Mengen (member und select)

Mit dem Kommando member kann überprüft werden, ob ein bestimmtes Element Bestandteil einer Liste oder Menge ist. Wenn als optionaler dritter Parameter der Name einer Variablen angegeben wird, schreibt Maple in diese Variable die Position des gesuchten Elements innerhalb der Liste.

```
member( 2, [1,2,3]);
    true
member( x^3, [x, x^2, x^3], 'pos'):
pos;
    3
```

Beachten Sie beim letzten Kommando, dass die Variable *pos* quotiert ist. Der erste Aufruf von member funktioniert auch ohne die Quotierung, weil *pos* zu diesem Zeitpunkt noch nicht gebunden ist. Bei einem nochmaligen Aufruf ist *pos* gebunden und wird ausgewertet. Das Ersetzen des Variablennamens durch 'pos' vermieden. Siehe auch die Überlebensregel S. 89 in Kapitel 5.

Ein weiteres ausgesprochen praktisches Kommando zur Bearbeitung von Listen und Mengen heißt select. Es selektiert einzelne Elemente einer Liste (bzw. Folge oder Menge), die ein bestimmtes Kriterium erfüllen.

Das Kommando kennt drei verschiedene Syntaxvarianten. Im Beispiel rechts wird das Selektionskriterium durch eine boolesche Funktion angegeben, die *true* (bei Primzahlen) oder *false* liefert.

```
data:=seq(rand(1..20)(),i=1..10);
    data := 7, 10, 14, 2, 15, 7, 14, 3, 12, 14
select(isprime, [data]);
    [7, 2, 7, 3]
```

Bei den beiden anderen Varianten wird das Kriterium entweder in der Form type, ..., datentyp oder mit has, ..., eigenschaft angeschrieben. Im zweiten Kommando rechts werden gleich mehrere 'Eigenschaften' (nämlich das Auftreten der Zahlen 12, 13 oder 14) in einer Menge formuliert.

```
select(type,[data],odd);
    [7, 15, 7, 3]
select(has,[data],{12,13,14});
    [14, 14, 12, 14]
```

Verweis: Das Kommando select eignet sich auch zur Bearbeitung mathematischer Ausdrücke hervorragend. In Kapitel 12 finden Sie dazu einige weitere Beispiele.

Rechnen mit Listen und Mengen (map und zip)

Maple kann Listen ohne spezielle Kommandos addieren, subtrahieren oder mit einem Skalar multiplizieren.

```
[1,2,3] + [4,5,6];
```
$$[5,7,9]$$
```
[1,2,3] - 2*[4,5,6];
```
$$[-7,-8,-9]$$

Jede andere Form der Weiterverarbeitung erfordert allerdings Spezialkommandos wie map und zip. Die Hauptanwendung von map besteht darin, eine Funktion auf mehrere Elemente einer einzelnen Liste anzuwenden.

```
lst:=[1,2,3]: sqrt(lst);
```
$$lst := \sqrt{[1,2,3]}$$
```
map(sqrt, lst);
```
$$[1, \sqrt{2}, \sqrt{3}]$$

map kann im ersten Argument, das normalerweise nur eine einzelne Funktion enthält, auch eine ganze Liste von Funktionen entgegennehmen.

```
map( [sin,cos],1);
```
$$[\sin(1), \cos(1)]$$
```
map( [sin,cos], [1,2]);
```
$$[[\sin(1), \cos(1)], [\sin(2), \cos(2)]]$$

Bei Funktionen mit mehreren Argumenten können in map weitere Parameter angegeben werden.

```
map(arctan, x,y);
```
$$\arctan(x,y)$$

Das Verknüpfen zweier Listen ist der Einsatzbereich von zip: Die Elemente der beiden Listen werden paarweise in die zweiparametrige Funktion eingesetzt, die zip als erstes Argument erhalten hat. Die Ergebnisse werden in einer Liste gesammelt.

```
zip(arctan, [x1,x2], [y1,y2] );
```
$$[\arctan(x1, y1), \arctan(x2, y2)]$$
```
zip( irem, [12,15,11], [3,4,5]);
```
$$[0, 3, 1]$$

Abschließend noch ein Hinweis: map kann auch auf Mengen angewendet werden, zip ist auf Listen und Vektoren (siehe nächstes Kapitel) beschränkt.

Syntaxzusammenfassung

a,b,c;   [a,b,c];   {a,b,c};
Die obige Zeile zeigt nochmals die Syntax einer Folge, einer Liste und einer Menge. Die Reihenfolge der Elemente innerhalb der Menge wird von Maple anhand der Speicheradressen bestimmt und ist nicht vorhersehbar! Mehrfach auftretende Elemente werden entfernt.

`liste[n];`   `liste[n..m];`   `liste[n][m];`
liest einzelne Listenelemente. Das erste Element einer Liste hat den Index 1. Mit `[n..m]` können mehrere Elemente gleichzeitig gelesen werden. `[n][m]` greift auf das m-te Element der n-ten Subliste zu. Die Elemente können mit `subsop`, nicht aber durch eine Zuweisung verändert werden.

`op(`*Ausdruck*`);`   `op(`*n, Ausdruck*`);`
Die erste Variante liefert alle Operanden eines Ausdrucks als Folge, die zweite den n-ten Operanden. Ist der Ausdruck eine Liste oder Menge, so wird er in eine Folge umgewandelt, da die Operanden dann gerade die Elemente der Liste oder Menge sind. Bei verschachtelten Listen/Mengen wird nur die äußerste Klammerebene entfernt. Durch die Angabe eines Index n kann ein einzelnes Element einer Liste oder Menge selektiert werden. `op` kann auch auf allgemeine mathematische Terme angewendet werden. `op(x+y+z,2)` liefert als Ergebnis y.

`nops(`*Ausdruck*`);`
ermittelt die Anzahl der Operanden des eingegebenen Ausdrucks. Bei Listen und Mengen ist das die Anzahl der Elemente. Bei verschachtelten Listen oder Mengen wird nur die Anzahl der Elemente in der äußersten Ebene gezählt. `nops` kann wie `op` auch für allgemeine Ausdrücke verwendet werden.

`subsop(n1=neu1, n2=neu2,.., ausdruck);`
ersetzt das n-te Element einer Liste, Menge oder eines allgemeinen Ausdrucks durch ein neues. Beachten Sie die Parameterreihenfolge: zuerst (beliebig viele) Substitutionsanweisungen mit =, anschließend der zu verändernde Ausdruck.

`seq(fnx, x=start..end);`   `seq(fnx, x=[a,b,c,..]);`
setzt in *fnx* die durch den zweiten Parameter genannten Werte ein. Bei der ersten Syntaxvariante wird eine Schleife mit der Schrittweite +1 gebildet, bei der zweiten Variante werden die genannten Listenelemente einfach der Reihe nach eingesetzt. `seq` liefert als Ergebnis eine Folge, die aber durch die zusätzliche Umklammerung des ganzen Kommandos durch eckige oder geschwungene Klammern sofort in eine Liste oder Menge umgewandelt werden kann.

`sort(liste);`   `sort(liste,relation);`
sortiert die angegebene Liste nach der angegebenen Relation. Wird keine Relation angegeben, so werden Listen mit Zahlen aufsteigend, Listen mit Strings oder Symbolen lexikografisch (nach US-ASCII) und Listen mit unvergleichbaren Objekten nach ihrer Speicheradresse geordnet. `sort` kann auch auf Terme angewendet werden. In diesem Fall verändert die Funktion die Reihenfolge der Elemente nachhaltig, d.h. auch dann, wenn keine Zuweisung durchgeführt wird!

`menge1 union menge2;`   `menge1 intersect menge2;`   `menge1 minus menge2;`
`union` bildet die Vereinigung der beiden Mengen, `intersect` ermittelt die Schnittmenge und `minus` entfernt die in der zweiten Menge genannten Elemente aus der ersten.

`member(element, liste);`   `member(element, liste, 'position');`
`member` testet, ob sich das im ersten (!) Parameter angegebene Element in der Liste bzw. Menge befindet, und gibt als Ergebnis den Wahrheitswert *true* oder *false* zurück. Wenn im dritten Parameter in Apostrophen der Name einer Variablen angegeben wird, bindet Maple an diese die Position des Elements.

Syntaxzusammenfassung

```
select(boolfunc, liste);
select(has, liste, eigenschaft);
select(type, liste, datentyp);
```
    selektiert einzelne Elemente einer Liste oder Menge und gibt diese Elemente als reduzierte Liste/Menge zurück. Das Selektionskriterium kann als boolesche Funktion (z.B. `isprime`) oder durch die Angabe einer Eigenschaft mit `has` oder eines Datentyps mit `type` erfolgen. `select` lässt sich auch zur Bearbeitung von mathematischen Ausdrücken verwenden (siehe Kapitel 12).

```
map(fnx, liste);     map([fnx1, fnx2,..], liste);
```
    `map` wendet alle im ersten Parameter genannten einparametrischen Funktionen auf die im zweiten Parameter in einer Liste oder Menge aufgezählten Elemente an. `map` liefert als Ergebnis wiederum eine Liste oder Menge (je nach Typ des zweiten Parameters).

```
zip(fnxy, liste1, liste2);
```
    `zip` funktioniert ähnlich wie `map`, ist aber für zweiparametrige Funktionen vorgesehen. In diese Funktion werden paarweise Elemente aus den beiden Listen eingesetzt.

Kapitel 10

Tabellen und Felder

Maple kennt fünf Datentypen, um mehrere Ausdrücke ordnend zusammenzufassen. Drei davon, nämlich Folgen, Listen und Mengen, waren das Thema des vorangegangenen Kapitels. Tabellen und Felder unterscheiden sich von diesen drei Datentypen insofern, als deren Aufzählungscharakter in den Hintergrund tritt und dafür der Zugriff auf die einzelnen Elemente dieser Datentypen effizienter ist. Das Lesen und Verändern einzelner Elemente ist (auch bei mehrdimensionalen Datenmengen) problemlos möglich.

Die Besonderheit von Tabellen liegt darin, dass als Indizes für den Zugriff auf Einzeldaten nicht nur Zahlen, sondern beliebige Zeichenketten und sogar mathematische Ausdrücke erlaubt sind. Daten können ohne Einschränkungen hinzugefügt und verändert werden.

Felder (Arrays) sind im Vergleich dazu starrer organisiert: Sie müssen im Voraus dimensioniert werden. Als Indizes sind nur ganze Zahlen erlaubt. Felder werden in Maple vor allem zum Speichern von Vektoren und Matrizen verwendet (siehe auch Kapitel 14 zum Thema Matrizenrechnung).

Vorab ein Überblick über die wichtigsten Kommandos zum Umgang mit Tabellen und Feldern sowie zur Konversion von anderen bzw. in andere Datentypen:

`table`
definiert eine Tabelle und belegt sie mit Daten.

`array`
definiert ein Feld und belegt es mit Daten.

`convert`
konvertiert von einem Datentyp zu einem anderen. Eine Konversion ist allerdings nicht für alle möglichen Kombinationen der fünf Datentypen dieses und des vorangegangenen Kapitels möglich.

Tabellen

Tabellen stellen einen allgemeingültigen Datentyp dar. Das besondere Merkmal gegenüber Folgen, Listen und Mengen besteht darin, dass der Zugriff auf die Elemente der Tabelle nicht über eine numerische Positionsangabe, sondern über einen eindeutigen Index erfolgt. Dieser Index muss bereits bei der Tabellendefinition angegeben werden. Als Indizes sind beliebige Ausdrücke erlaubt: ganze Zahlen, Gleitkommazahlen, Zeichenketten, aber beispielsweise auch Gleichungen, Formeln etc.!

Tabellen können damit zur Verwaltung von Daten verwendet werden, die sich schlecht durch Aufzählungsindizes strukturieren lassen. Die Hauptanwendung besteht allerdings darin, mehrere verwandte Funktionen oder Kommandos zu einer Gruppe zusammenzufassen. Diese Vorgehensweise war vor der Einführung von Modulen in Maple 6 auch bei den in Packages befindlichen Maple-Kommandos üblich (siehe `plots`-Beispiel unten).

Die Definition einer Tabelle erfolgt durch eine einfache Zuweisung, wobei ein Index in eckigen Klammern angegeben werden muss. In den beiden Beispielen rechts werden als Indizes die Zeichenketten 'eins' und 'zwei' verwendet.

```
tab[eins]:=x1+y1;
```
$$tab[eins] := x1 + y1$$
```
tab[zwei]:=x2+y2;
```
$$tab[zwei] := x2 + y2$$

Der Zugriff auf einzelne Elemente erfolgt einfach durch die Angabe des Index. Dabei sind auch Veränderungen problemlos möglich (im Gegensatz zu Listen und Mengen – siehe voriges Kapitel).

```
tab[eins];
```
$$x1 + y1$$
```
tab[eins]:=x1+y1+z1;
```
$$tab[eins] := x1 + y1 + z1$$

Wenn Sie die Tabelle als Ganzes anzeigen möchten, reicht die einfache Angabe des Tabellennamens nicht aus. Im Gegensatz zu den meisten anderen Datentypen führt Maple bei Tabellen und Feldern (aus Gründen der Übersichtlichkeit) eine Last-Name-Auswertung durch (s. S. 103). Eine volle Auswertung muss mit `eval` erzwungen werden.

```
tab;
```
$$tab$$
```
eval(tab);
```
$$\text{table}([\\ (zwei) = x2 + y2 \\ (eins) = x1 + y1 + z1 \\ ])$$

Die folgenden Beispiele zeigen, dass als Index beinahe jeder Ausdruck erlaubt ist: eine Gleitkommazahl, eine Folge der Zahlen 1 und 2 und eine mathematische Formel.

```
tab[0.3]:=f(x):
tab[1,2]:=nochEinEintrag:
tab[x^2+y^2]:=1:
```

Tabellen

Wenn in []-Klammerpaaren Mehrfachindizes angegeben werden, erzeugt Maple innerhalb der Tabelle eine weitere Subtabelle. Im vorliegenden Beispiel ist der Inhalt des Elements 1 eine Tabelle, die wiederum zwei Elemente mit den Indizes 1 und 2 enthält. Eine Auswertung der gesamten Tabelle verdeutlicht das.

```
tab[1][1]:=y:  tab[1][2]:=y:
eval(tab);
```
$\quad$ table(symmetric, [
$\quad\quad (zwei) = x2 + y2$
$\quad\quad (eins) = x1 + y1 + z1$
$\quad\quad (1,2) = nochEinEintrag$
$\quad\quad (x^2 + y^2) = 1$
$\quad\quad (1) = $ table([
$\quad\quad\quad (1) = y$
$\quad\quad\quad (2) = y$
$\quad\quad])$
$\quad\quad (.3) = f(x)$
$\quad])$

Tabellen können auch mit dem Kommando `table` erzeugt werden. Dabei kann im zweiten Argument eine Liste mit den Anfangsdaten übergeben werden. Wenn dabei keine Indexangabe erfolgt, verwendet Maple automatisch 1, 2 ...

```
table( [x,y] );
```
$\quad$ table([
$\quad\quad (1) = x$
$\quad\quad (2) = y$
$\quad])$

Optional kann im ersten Parameter von `table` eine Indizierungsfunktion angegeben werden. Diese Thematik wird im übernächsten Abschnitt näher behandelt.

```
tab:=table(symmetric,
    [ (1,1)=1, (1,2)=2, (2,2)=3] ):
tab[2,1];
```
$\quad 2$

Tabellen werden in der Praxis häufig verwendet, um mehrere verwandte Funktionen oder Kommandos zusammenzufassen.

```
func:=table( [sin2=sin^2,
              cos2=cos^2] ):
func[sin2](x);
```
$\quad \sin(x)^2$

Diesen Mechanismus setzt Maple zur Verwaltung der Library-Funktionen in Packages ein. Beispielsweise können Sie auf das Kommando `polarplot` des Package `plots` durch die Anweisung `plots[polarplot]` zugreifen, ohne das Package vorher mit `with` zu laden. Das nachfolgende Kommando zeigt den Grund: `plots` enthält eine Tabelle, deren Indizes die Namen der `plots`-Kommandos und deren Elemente `readlib`-Kommandos sind.

```
eval(plots);
```
$\quad$ table([
$\quad\quad (odeplot) = \text{readlib}('plots/odeplot')$
$\quad\quad (densityplot) = \text{readlib}('plots/densityplot')$
$\quad\quad ...$
$\quad\quad (animate3d) = \text{readlib}('plots/animate3d')$
$\quad])$

Felder (arrays)

Felder sind ein Spezialfall von Tabellen. Für Felder gelten im Vergleich zu Tabellen folgende zwei Einschränkungen: Zum einen ist die Größe von Feldern nicht veränderlich und muss durch den Aufruf des array-Kommandos im Voraus bestimmt werden. Und zum anderen sind als Indizes nur ganze Zahlen erlaubt. Diese Einschränkungen führen beinahe zwangsläufig zur Hauptanwendung von Feldern: das Speichern von Vektoren und Matrizen. Alle Matrizenkommandos des Package linalg setzen voraus, dass die Matrizen als Felder übergeben werden. (Selbstverständlich können Felder auch in drei oder mehr Dimensionen definiert werden.)

Felder werden am Bildschirm – je nach Inhalt – in unterschiedlichen Formen angezeigt: Ein- und zweidimensionale Felder, deren Indizes jeweils mit 1 beginnen, werden nach der Ausführung von array, eval oder print in Matrizenform angezeigt. Mehrdimensionale Felder und Felder, in denen einzelne Indexbereiche nicht mit 1 beginnen, werden dagegen in der aus dem vorigen Abschnitt bekannten table-Struktur angezeigt. In diesem Buch erfolgt die Anzeige ein- und zweidimensionaler Felder, die diese Voraussetzung nicht erfüllen, dennoch in Matrixform, wobei die Indexbereiche am rechten unteren Ende zusätzlich angegeben werden.

Felder müssen mit array erzeugt werden. Dem Kommando können eine (verschachtelte) Liste der Elemente und/oder die Bereichsgrenzen für die Indizes übergeben werden. Wenn wie im Beispiel rechts auf die Bereichsgrenzen verzichtet wird, nimmt Maple an, dass der unterste Indexwert jeweils 1 lautet.

```
ar:=array([[a,b],[c,d]]);
```
$$ar := \begin{bmatrix} a & b \\ c & d \end{bmatrix}$$

Der Zugriff auf Elemente erfolgt durch die Angabe aller Indizes in nur einer eckigen Klammerngruppe (im Gegensatz zu verschachtelten Listen und Mengen, wo jeder Index eigens geklammert werden muss!). Der Inhalt von Feldern wird wie der von Tabellen nur dann angezeigt, wenn eval oder print explizit angegeben wird, da auch Felder nach der Last-Name-Regel ausgewertet werden.

```
ar[1,1]:=a^2;
```
$$ar[1,1] := a^2$$
```
eval(ar);
```
$$\begin{bmatrix} a^2 & b \\ c & d \end{bmatrix}$$

Mit map kann eine Funktion auf alle Elemente eines Feldes angewendet werden. Das Rechnen mit Feldern erfolgt ansonsten mit den Kommandos des linalg-Package. Dieses Package enthält auch Kommandos zur bequemen Initialisierung von Vektoren und Matrizen, zum Lesen von Teilmatrizen etc. Seit Release 6 steht außerdem das noch bequemer anzuwendende Paket LinearAlgebra zur Verfügung (siehe Kapitel 14)!

```
map(sin,ar);
```
$$\begin{bmatrix} \sin(a^2) & \sin(b) \\ \sin(c) & \sin(d) \end{bmatrix}$$

Felder dürfen in beliebigen Dimensionen und mit beliebigen ganzzahligen Bereichsgrenzen definiert werden. Wenn dabei die Indexfunktion sparse angegeben wird, gelten alle nicht explizit anders belegten Elemente als 0.

```
ar:=array(sparse,-1..1,-1..1);
```
$$ar := \mathrm{array}(sparse, -1..1, -1..1, [])$$
```
eval(ar);
```
$$\mathrm{array}(sparse, -1..1, -1..1, [$$
$$(-1, -1) = 0$$
$$(-1, 0) = 0$$
$$\ldots$$
$$(1, 1) = 0])$$

Indexfunktionen für Tabellen und Felder

Maple kennt fünf vordefinierte Indexfunktionen, deren Namen als zusätzliches Argument bei table oder array angegeben werden können. Damit erhält Maple zusätzliche Informationen über die Organisation der Daten. Die Indexfunktionen ermöglichen vor allem bei großen Matrizen eine sparsamere Speicherverwaltung. Beispielsweise müssen bei symmetrischen Matrizen nur mehr etwa halb so viele Feldelemente gespeichert werden. Außerdem sind verschiedene Vereinfachungen im symbolischen Rechnen möglich. Bevor das anhand einiger Beispiele illustriert wird, folgt kurz eine Beschreibung der fünf Indexfunktionen:

identity
Elemente, bei denen alle Indizes identisch sind, haben den Wert 1, alle anderen den Wert 0. Da durch identity sämtliche Elemente vordefiniert sind, ist eine Zuweisung einzelner Elemente nicht mehr möglich!

diagonal
wie identity, allerdings dürfen die Elemente der Hauptdiagonalen mit beliebigen Werten belegt werden.

sparse
Alle Elemente, die nicht explizit belegt wurden, gelten als 0. An Matrizen, bei denen die meisten Elemente 0 sind, lässt sich damit eine Menge Speicher und Rechenzeit einsparen.

symmetric
Am bekanntesten (und verständlichsten) ist die Symmetrie bei quadratischen Matrizen: Alle an der Hauptdiagonalen gespiegelten Elemente sind identisch. Für mehrdimensionale Felder ist die Symmetrie so definiert, dass jene Elemente als identisch gelten, deren Indizes sich durch beliebiges Verschieben in die gleiche Reihenfolge bringen lassen. Bei einem 3*3*3 Feld stimmen somit folgende Feldelemente überein: $x_{1,2,3}$, $x_{1,3,2}$, $x_{2,1,3}$, $x_{2,3,1}$, $x_{3,1,2}$ und $x_{3,2,1}$. In symmetrischen Feldern muss nur ein beliebiges dieser sechs Elemente initialisiert werden. Anschließend ist ein Zugriff auf alle sechs Elemente möglich.

antisymmetric
Etwas komplizierter ist die Definition der Antisymmetrie: Elemente, bei denen mindestens zwei Indizes übereinstimmen, sind als 0 definiert (z.B. $x_{1,1,1}$ oder $x_{1,2,2}$). Elemente, deren Indizes durch eine gerade Anzahl von Vertauschungen zur Übereinstimmung gebracht werden können, sind identisch (z.B. $x_{1,2,3} = x_{2,3,1}$). Elemente, deren Indizes durch eine ungerade Anzahl von Vertauschungen zur Übereinstimmung gebracht werden können, unterscheiden sich durch ihr Vorzeichen (z.B. $x_{1,2,3} = -x_{1,3,2}$).

Im Beispiel rechts wird eine antisymmetrische 3*3-Matrix definiert. Das Beispiel zeigt, dass Maple die Symmetrieregeln ausnutzt und $ar_{2,3,1}$ kennt, obwohl nur $ar_{1,2,3}$ initialisiert wurde.

```
ar:=array(antisymmetric,
          1..3,1..3,1..3):
ar[1,2,3]:=1:
ar[2,3,1];
                1
```

Obwohl nur drei Elemente belegt werden, sind Maple auf Grund der Antisymmetrieregeln alle neun Elemente bekannt.

```
ar:=array(antisymmetric,1..3,1..3):
ar[1,2]:=4: ar[1,3]:=5: ar[2,3]:=6:
eval(ar);
```

$$\begin{bmatrix} 0 & 4 & 5 \\ -4 & 0 & 6 \\ -5 & -6 & 0 \end{bmatrix}$$

Zuweisung und Kopie von Tabellen und Feldern

Bei einer Zuweisung der Form a:=b wird der Ausdruck in b ausgewertet und anschließend an a gebunden. Da Tabellen und Felder aber nach der Last-Name-Regel ausgewertet werden, erhält a nicht den Verweis auf eine Kopie einer an b gebundenen Tafel (bzw. des Feldes), sondern einen Verweis auf diese Tafel (dieses Feld) selbst.

Die beiden Symbole *a* und *b* sind also an das gleiche Objekt gebunden. Änderungen, die über die eine Variable vorgenommen werden, treffen also auch die andere Variable!

```
a:=array([[1,2],[3,4]]):
b:=a: b[2,2]:=5:
eval(a),eval(b);
```

$$\begin{bmatrix} 1 & 2 \\ 3 & 5 \end{bmatrix}, \begin{bmatrix} 1 & 2 \\ 3 & 5 \end{bmatrix}$$

Um diese Abhängigkeit der Variablen zu vermeiden, muss man den Befehl copy einsetzen.

```
a:=array([[1,2],[3,4]]):
b:=copy(a): b[2,2]:=5:
eval(a),eval(b);
```

$$\begin{bmatrix} 1 & 2 \\ 3 & 4 \end{bmatrix}, \begin{bmatrix} 1 & 2 \\ 3 & 5 \end{bmatrix}$$

Beachten Sie, dass copy nicht mit verschachtelten (rekursiven) Feld- oder Tabellenstrukturen zurechtkommt. copy erstellt nur 'flache' Kopien. Wenn ein Element einer Tabelle wiederum eine Tabelle ist, legt copy nur von der äußeren Tabellenstruktur, nicht aber von den Einträgen der inneren Tabelle eine Kopie an.

Konversion zwischen Folgen, Listen, Mengen, Tabellen und Feldern

Die Konversion zwischen den fünf genannten Datentypen erfolgt mit den unterschiedlichsten Kommandos. Bei Folgen, Listen und Mengen reichen das Kommando op und die Klammerung durch [ ] oder { } oft schon aus.

Wenn Mengen oder Tabellen ins Spiel kommen, muss häufig das Kommando convert eingesetzt werden. Die Syntax dieses Kommandos lautet convert(ausdruck,typ), wobei für den gewünschten Datentyp viele verschiedene Schlüsselwörter angegeben werden können. In diesem Abschnitt wird davon allerdings nur ein kleiner Bruchteil erwähnt.

Prinzipiell gilt, dass eine Konversion nur für flache (nicht verschachtelte) Datentypen möglich ist. Die einzige Ausnahme stellt die Konversion zwischen Listen und Feldern dar, die in beliebiger Verschachtelungstiefe durchgeführt werden kann (Konversionstyp listlist).

Die Konversion erfolgt zum Teil zweistufig: Im ersten Schritt werden die Daten auf eine Folge oder Liste zurückgeführt, um sie dann im zweiten Schritt weiter zu verarbeiten.

Konversion in Folgen

```
op(liste);
op(menge);
op(convert(tabl, list));
op(convert(feld, list));
```

Konversion in Listen

```
[folge];
[op(menge)];
convert(menge, list);
convert(tabelle, list);
convert(feld, list);
convert(feld, listlist);
```

Konversion in Mengen

```
{folge};
{op(liste)};
convert(liste, set);
convert(tabelle, set);
convert(feld, set);
```

Konversion in Tabellen

```
table([folge]);
table(liste);
table(menge);
table(convert(feld,list));
```

Konversion in Felder

```
convert([folge], array);
convert(liste, array);
convert(menge, array);
convert(tabelle, array);
```

Die obige Tabelle ist selbstverständlich nur eine Richtlinie für typische Konversionsfälle. Sonderfälle können mit etwas Geschick immer behandelt werden, wenn die Konversion schrittweise durchgeführt wird. Im Beispiel unten werden die Elemente eines Feldes (3*3-Matrix) in eine Folge umgewandelt. Das kann beispielsweise notwendig werden, wenn mit max das größte Element in einer Matrix gesucht ist.

Die Testmatrix liegt als Feld vor und wird durch convert in eine verschachtelte Liste umgewandelt.

```
test:=array([[1,2,3],[4,5,6],
             [7,8,9]]):
data:=convert(test,listlist);
```
$$data := [[1,2,3],[4,5,6],[7,8,9]]$$

Anschließend werden die Sublisten in *data* durch op in Folgen verwandelt. op(data[1]) liefert [1, 2, 3]. Durch seq werden die Folgen der Zeilen der Matrix zu einer langen Folge verbunden.

```
seq( op(data[i]), i=1..3);
```
$$1, 2, 3, 4, 5, 6, 7, 8, 9$$

```
max(%);
```
$$9$$

Syntaxzusammenfassung

```
table();
table([element1, element2,,]);
table([(index1)=element1, (index2)=el2,...]);
```
    erzeugt eine Tabelle und fügt gegebenenfalls einige Daten ein. Falls keine Indizes genannt werden, verwendet Maple 1, 2, 3 usw. Die Tabelle kann beliebig durch `tab[index]:=element` erweitert werden.

```
array( s1..e1, s2..e2,...);
array(daten);
array(indexbereich, daten);
```
  erzeugt ein Feld. Bei der ersten Syntaxvariante wird nur die Größe des Feldes bestimmt, die Elemente bleiben unbelegt. Die Indexgrenzen müssen ganzzahlig sein. In der zweiten Variante wird die Größe des Feldes aus den in einer (verschachtelten) Liste übergebenen Daten ermittelt, also beispielsweise 2*2 für die Daten $[[a,b],[c,d]]$. In diesem Fall lautet der unterste Index grundsätzlich 1.

`sparse    diagonal    identity    symmetric    antisymmetric`
  wählt als zusätzlichen Parameter in `table` und `array` eine vordefinierte Indexfunktion aus. Maple nutzt diese Informationen für eine effizientere Verwaltung und Bearbeitung der Daten.
  Kurz zur Bedeutung der Schlüsselwörter:
  `sparse`: Alle nicht explizit belegten Daten gelten als 0.
  `diagonal`: Alle Daten außerhalb der Hauptdiagonalen gelten als 0.
  `identity`: Einheitsmatrix, Elemente mit gleichlautenden Indizes gelten als 1, alle anderen als 0.
  `symmetric`: Elemente, deren Indizes durch Vertauschen zur Übereinstimmung gebracht werden können, gelten als identisch.
  `antisymmetric`: Wie `symmetric`, aber bei einer ungeraden Anzahl von Vertauschungen negatives Vorzeichen; Elemente mit mehreren gleichlautenden Indizes gelten als 0.

```
map(func, x);
```
  Das Kommando wendet die im ersten Parameter genannte Funktion auf alle Elemente der Tabelle bzw. des Feldes an.

```
eval(x);    print(x);
```
  `eval` erzwingt die volle Auswertung von Feldern und Tabellen. `print` wertet Tabellen und Felder vor der Ausgabe mit `eval` aus. Die einfache Nennung des Variablennamens führt bei Feldern und Tabellen standardmäßig zu einer Auswertung nach der Last-Name-Regel (S. 103).

```
x:=copy(y);
```
  kopiert die Daten der Tabelle oder des Feldes y nach x. Eine einfache Zuweisung mit := würde dazu führen, dass x und y auf dieselben Daten zeigen. Wenn x und y voneinander unabhängig sein sollen, ist `copy` erforderlich (nur bei Tabellen und Feldern). `copy` erzeugt nur 'flache' Kopien und kann bei verschachtelten Strukturen nur eine Kopie der obersten Ebene erzeugen.

```
convert(daten, typ);
```
  konvertiert (falls möglich) die Daten in den gewünschten Datentyp. Im Zusammenhang mit Tabellen, Feldern etc. sind folgende Datentypen sinnvoll: `list` (einfache Listen), `listlist` (verschachtelte Listen), `set` (einfache Mengen), `array` (Felder).

Kapitel 11

Definition eigener Funktionen

Nachdem im vorangegangenen Kapitel die in Maple bereits vordefinierten Funktionen im Mittelpunkt standen, geht es jetzt um die Definition eigener Funktionen. Maple stellt dazu verschiedene Mechanismen zur Verfügung, die je nach Anwendungsbereich mehr oder weniger gut geeignet sind. Wir werden die einfacheren Mechanismen in diesem Kapitel besprechen. Die weitergehenden Programmiermöglichkeiten werden ab Kapitel 28 behandelt.

Terme und Funktionen

Maple erlaubt es, Terme mit freien Variablen zu bilden und an einen Namen zu binden. Zur Termbildung können die vorhandenen Funktionen und Symbole in der üblichen Weise verwendet werden, etwa: `f:=x^2-3*x`. Maple kann mit solchen Termen symbolisch rechnen und sie in vielfältiger Weise umformen. Will man für die freien Variablen Werte einsetzen und für diese Ersetzung den Term auswerten, so verwendet man am besten den Befehl `eval` mit einer passenden Nebenbedingung.

```
f:=x^2-3*x;
```
$$f := x^2 - 3x$$
```
f1:=2*diff(f,x);
```
$$f1 := 4x - 6$$
```
eval(f1,x=3);
```
$$6$$

Will man diese Terme zur Definition von Funktionen verwenden, so benötigt man Verfahren, um diejenigen freien Variablen zu kennzeichnen, die als Argumente der Funktion verwendet werden sollen. Das einfachste Verfahren lehnt sich an die in der Mathematik übliche Beschreibung von Funktionen in der Form

$$f : x \mapsto Term$$

an, wobei die Variable x im Term frei (oder nicht, falls die Funktion konstant ist) vorkommt.

Maple stellt hierfür den Pfeiloperator -> zur Verfügung. Mit ihm lassen sich auch mehrstellige Funktionen in der folgenden Form definieren:

`(variablensequenz) -> term;`

Das Ergebnis dieser Definition ist eine Funktion mit den in der Variablensequenz angegebenen Parametern und einer durch den Term festgelegten Zuordnungsvorschrift. Funktionen in Maple sind 'First-Class-Objekte', das heißt, sie können wie alle anderen Objekte an Symbole gebunden, als Funktionsparameter an andere Funktionen übergeben und sogar als Funktionsergebnisse zurückgegeben werden. Ihre Verwendung ist durch nichts eingeschränkt. Funktionen werden auf Argumente angewendet, indem diese hinter der Funktion aufgeschrieben werden, eingeschlossen von einem Klammerpaar und durch Kommata getrennt.

Bei der Auswertung eines Funktionsaufrufs bindet Maple zunächst (und *nur* für diesen Aufruf) die Parameter der Funktion an die übergebenen Argumente. Dann erst wird der Funktionsterm mit diesen Bindungen ausgewertet.

Dieses Schema wird anhand der Beispiele rechts demonstriert. Die Funktionen werden sinnvollerweise bei ihrer Definition an ein Symbol (hier f) gebunden und dann über dieses Symbol aufgerufen. Die Differentiation lässt sich über den Term der Zuordnungsvorschrift durchführen (mit `diff`) oder mit dem Differentiationsoperator D. Im ersten Fall ist das Ergebnis ein Term, im zweiten Fall eine Funktion.

```
f:= x->x^2-3*x;
```
$$f := x \to x^2 - 3x$$
```
f(x), f(sin(y)), f(25.77);
```
$$x^2 - 3x, \sin(y)^2 - 3\sin(y), 586.7829$$
```
diff(f(x),x);
```
$$2x - 3$$
```
D(f);
```
$$x \to 2x - 3$$

g hat drei Parameter, weswegen die Parameterliste geklammert werden muss.

```
g:= (x,y,z)->(x^y)^z;
```
$$g := (x, y, z) \to x^{y^z}$$
```
g(a,b,c), g(2,3,4);
```
$$a^{b^c}, 4096$$

Funktionen, deren Wertemengen Zahlen sind, können mit den üblichen arithmetischen Operatoren verknüpft werden. Die Verkettung wird durch den Operator @ dargestellt.

```
f:=x->x^2: g:=y->y^3:
(f+2*g)(z), (f*g)(z), (f@g)(z);
```
$$z^2 + 2z^3, z^5, z^6$$

Beachten Sie, dass es keine Rolle spielt, ob die Funktion mit x oder mit y definiert wird – diese Zeichen stehen nur als Platzhalter für den Parameter der Funktion und sind in der Funktion nicht frei. `(f@g)(z)` entspricht $f(g(z))$. Bei der Verschachtelung von Funktionen muss natürlich auf die richtige Anzahl der Parameter geachtet werden – wenn f nur ein skalares Ergebnis liefert, g aber zwei Parameter erwartet, kommt es zu einer Fehlermeldung.

Funktionen können auch so definiert werden, dass sie mehrere Ergebnisse als Folge angeben. Im letzten Beispiel wird f in g eingesetzt. Umgekehrt wäre das nicht möglich, weil f nur einen Parameter erwartet, g aber eine Folge von zwei Parametern liefert.

```
f:=x->(x,1+1/x);
```
$$f := x \to x, 1 + x^{-1}$$

```
g:=(x,y)->(x^2/y, y^2/x);
```
$$g := (x,y) \to \frac{x^2}{y}, \frac{y^2}{x}$$

```
f(3), (g@f)(3);
```
$$3, 4/3, \frac{27}{4}, \frac{16}{27}$$

Natürlich ist man nicht darauf beschränkt, Funktionen zu definieren, die als Werte und Argumente Zahlen haben. Die folgende Funktion liefert zu einer eingegebenen Funktion eine Wertetabelle im Bereich von -3 bis 3 mit Schrittweite 1 in Form einer Liste von Paaren aus Argument und Funktionswert.

```
wertetab:=f->[seq([i,f(i)],i=-3..3)];
```
$$wertetab := f \to [seq([i, f(i)], i = -3..3)]$$

Die Funktion unapply

Es gibt Probleme, wenn Ergebnisse aus einer Berechnung in einer neuen Funktionsvorschrift gespeichert werden sollen. Eine unmittelbare Zuweisung scheitert daran, *dass Maple den hinter dem Pfeiloperator angegebenen Ausdruck nicht auswertet*, sondern in unveränderter Form speichert.

```
f:=x->1/(1+x^2):
f1:=x->diff(f(x),x);
```
$$f1 := x \to \mathit{diff}(f(x), x)$$

```
f1(1);
        Error, (in f1) wrong number
        (or type) of parameters in
        function diff;
```

Bei einem Funktionsaufruf bindet Maple zunächst die Parameter der Funktion an die übergebenen Argumente. In unserem Fall wird also x an 1 gebunden. Der auszuwertende Term ist aber `diff(f(x), x)`. Durch die Ersetzung steht statt einer Variablen jetzt für die zu berechnende Ableitung die Zahl 1 und damit erhalten wir die obige Fehlermeldung.

Es gibt zwei Lösungsmöglichkeiten. Zum einen können wir den Differentiationsoperator D verwenden. Weitergehend ist die Verwendung der Funktion unapply, die als Eingabe einen Term und ein oder mehrere Symbole (ungebunden) erwartet, den Term auswertet und dann als Zuordnungsvorschrift für eine Funktion mit den angegebenen Symbolen als Parameter verwendet.

```
f1:=unapply( diff(f(x),x) ,x);
```
$$f1 := x \rightarrow -\frac{2x}{(1+x^2)^2}$$
```
f2:=D(f);
```
$$f2 := x \rightarrow -\frac{2x}{(1+x^2)^2}$$
```
f1(1);
```
$$-1/2$$

unapply kann auch für mehrparametrische Funktionen verwendet werden. Die Funktion wird nur für jene Parameter definiert, die in unapply angegeben werden (also im ersten Beispiel rechts nur für x, y und z, nicht aber für a und b).

```
unapply(a*x^2+b*y^2+c*z^2,x,y,z);
```
$$(x, y, z) \rightarrow ax^2 + by^2 + cz^2$$
```
unapply( 1/x,1/(x+y),1/y], x,y);
```
$$(x, y) \rightarrow [x^{-1}, (x+y)^{-1}, y^{-1}]$$

Anonyme Funktionen

In den obigen Beispielen wurden die Funktionsvorschriften durch Zuweisungen an eine Variable gebunden. In vielen Maple-Funktionen muss als Parameter eine Funktion angegeben werden. Wie oben gesehen, sind Funktionen in Maple First-Class-Objekte. Sie können daher auch direkt ohne Bindung an einen Namen verwendet werden. Man spricht in einem solchen Fall auch von 'anonymen' Funktionen.

Im Beispiel rechts wird die Liste in *data2* durch die Anwendung der Funktionsvorschrift Quadrieren, also $x \mapsto x^2$, mit dem Kommando map aus den Daten in *data1* erzeugt.

```
data1:=[1,2,3,4,5]:
data2:=map(x->x^2, data1);
```
$$data2 := [1, 4, 9, 16, 25]$$

Aus den beiden Listen wird nun mit zip eine weitere, verschachtelte Liste gebildet, indem die Funktionsvorschrift $(x, y) \mapsto [x, y]$ angewendet wird. (Weitere Informationen zu map und zip finden Sie in Kapitel 9.)

```
data3:= zip( (x,y)->[x,y],
             data1, data2);
```
$$data3 := [[1, 1], [2, 4], [3, 9], [4, 16], [5, 25]]$$

In den beiden Kommandos rechts wird zuerst eine Liste mit zehn Zufallszahlen erzeugt, anschließend werden daraus alle Werte kleiner 50 herausgefiltert. Als anonyme Funktion wird $x \mapsto (x < 50)$ verwendet. Diese Funktion liefert je nach Inhalt von x die Wahrheitswerte *true* oder *false*, die für select als Entscheidungsgrundlage zur Selektion der Listenelemente dienen.

```
data:= [seq(rand(100)(),i=1..10)];
```
$$data := [60, 82, 92, 13, 77, 49, 35, 61, 48, 3]$$
```
select( x->(x<50), data);
```
$$[13, 49, 35, 48, 3]$$

Die untenstehende Funktion tangente erwartet als Eingabe eine differenzierbare Funktion f und eine Zahl x_0. Sie gibt die Funktion der Tangente an das Schaubild von f im Punkt $(x_0|f(x_0))$ zurück.

```
tangente:=(f,x0)->unapply(D(f)(x0)*(x-x0)+f(x0),x);
```
$$tangente := (f, x0) \rightarrow unapply(D(f)(x0) * (x - x0) + f(x0), x)$$
```
tangente(x->x^2,2)
```
$$x \rightarrow 4x - 4$$

Definition von Funktionen durch Prozeduren

Auch wenn diese Tatsache hinter der Oberfläche von Maple normalerweise verborgen bleibt, stellt Maple Funktionen in der Syntax der Maple-internen Programmiersprache als Prozeduren dar. Dieselbe Syntax wird zur Realisierung der meisten Maple-Befehle verwendet.

```
lprint(x->x^2);
    proc (x) options operator, arrow;
    x^2 end proc
```

Aus dem obigen Beispiel geht die prinzipielle Syntax von Prozedurdefinitionen hervor: Die Prozedur beginnt mit dem Schlüsselwort proc, dem eine geklammerte Folge der Parameter folgt. Anschließend können verschiedene Optionen genannt und mit local lokale Variablen definiert werden. Der Hauptteil der Prozedur besteht hier einfach nur aus x^2, er kann aber erheblich umfangreicher sein und Fallunterscheidungen mit if ... then ... end if sowie Schleifen mit for ...do ... end do enthalten. Die Prozedur endet mit dem Schlüsselwort end proc.

Damit steht Ihnen neben der Pfeilschreibweise und unapply eine dritte Variante zur Formulierung von Funktionen zur Verfügung. Die Definition von Funktionen mit proc erlaubt es, zusätzliche Möglichkeiten nutzen, die sich dadurch ergeben: etwa die automatische Überprüfung des Datentyps der Parameter oder die Option remember, damit sich die Funktion alle bereits berechneten Ergebnisse merkt und diese bei einem späteren nochmaligen Aufruf nur noch einer Tabelle entnehmen muss. Funktionen, die eine Anweisungsfolge benötigen können mit dem Pfeiloperator oder unapply nicht definiert werden. Hier benötigt man proc.

Bei der Eingabe der Funktion müssen Sie die einzelnen Zeilen mit (Shift)+ (↵) trennen und erst nach der letzten Zeile die Eingabe mit (↵) abschließen. Die Beispielfunktion diffn bildet die ersten n Ableitungen der übergebenen Funktion und gibt sie als Folge aus.

```
diffn:=proc(f,n)
  local i:
  seq((D@@i)(f), i=1..n);
end proc:
diffn(arctan, 4);
```

$$a \to \frac{1}{(1+a^2)}, \quad a \to -\frac{2a}{(1+a^2)^2}, \quad a \to \frac{8a^2}{(1+a^2)^3} - \frac{2}{(1+a^2)^2}, \quad a \to -\frac{48a^3}{(1+x^2)^4} + \frac{24a}{(1+a^2)^3}$$

Die Funktion sort sortiert Listen, wenn sie miteinander nicht vergleichbare Daten enthalten, nach der Maschinenadresse. Wir definieren eine Sortierfunktion, die Zahlen in sich der Größe nach und vor allen anderen Objekten anordnet, zudem Strings und Symbole lexikografisch nach den Zahlen sortiert und alle anderen Objekte nach Zahlen und Strings nach ihrer Maschinenadresse aufreiht. Das erfordert mehrere Fallunterscheidungen. Diese werden in Maple durch die folgende Konstruktion der if-Anweisung realisiert:

```
if Bedingung then
    Anweisungsfolge 1
else
    Anweisungsfolge 2
end if
```

Bei Ausführung einer if-Anweisung wertet Maple die Bedingung aus und führt, falls dies den Wert true liefert, die Anweisungsfolge 1 aus, andernfalls die Anweisungsfolge 2. (Vor Maple 6 muss die Anweisung mit dem Schlüsselwort fi beendet werden.)

Nun zu unserer Sortierfunktion. Sie selektiert aus der eingegebenen Liste jeweils die Zahlen, Strings und Symbole und schließlich den Rest der Liste in drei Teillisten, die an drei lokale Variablen gebunden werden. Diese Teillisten werden mit sort geordnet und dann wieder zu einer Liste zusammengesetzt. Das Ergebnis einer mit proc definierten Funktion ist das Ergebnis der letzten Anweisung, die in der Funktionsausführung durchgeführt wird.

```
sortreihe:=proc(liste)
   local nums,syms,rest;
   nums:=select(x->type(x,extended_numeric),liste);
   syms:=select(x->type(x,symbol) or type(x,string),liste);
   rest:=remove(x->(type(x,extended_numeric) or type(x,symbol) or type(x,string)),
                    liste);
   [ op(sort(nums)),op(sort(syms)),op(sort(rest))];
end proc:

l:=[3,x,5,Pi,"Otto",u,sin(x),cos(x)+2]:
sort(l);sortreihe(l);
```

$[3, 5, x, sin(x), u, "Otto", \pi, cos(x) + 2]$

$[3, 5, "Otto", \pi, u, x, sin(x), cos(x) + 2]$

Hinweis: Die Möglichkeiten der Funktionsdefinition mit proc sind durch diesen Abschnitt nur angedeutet worden. Vertiefende Informationen finden Sie ab Kapitel 28 zum Thema Programmieren in Maple.

Stückweise zusammengesetzte Funktionen

Mit dem Kommando piecewise können Sie Funktionen stückweise zusammensetzen. Die Funktion erwartet ihre Parameter jeweils paarweise, wobei der erste Parameter eine Bedingung und der zweite Parameter eine Funktion ist, die dann gilt, wenn die Bedingung erfüllt ist. Durch einen zusätzlichen optionalen Parameter kann ein Standardwert angegeben werden, der dann gilt, wenn keine der Bedingungen erfüllt ist.

Am ehesten wird der Umgang mit piecewise anhand eines Beispiels deutlich: Die Funktion f ist für x-Werte kleiner 0 mit 2 definiert, für x-Werte zwischen 0 und 1 mit der Funktion $x + 2$, für x-Werte zwischen 1 und 2 mit dem Wert 3, für x-Werte zwischen 2 und 3 mit der Funktion $5 - x$ und für alle anderen x-Werte mit dem Wert 2.

```
f:=x->piecewise(x<0,2, x<1,x+2, x<2,3,
                x<3,5-x,2): f(x);
```

$$\begin{cases} 2 & x < 0 \\ x + 2 & x < 1 \\ 3 & x < 2 \\ 5 - x & x < 3 \\ 2 & \text{otherwise} \end{cases}$$

Das Beispiel zeigt auch die Verwendung der Funktion (numerische Auswertung für einen bestimmten Wert, Integration, Ableitung). Die Ableitung ist an einigen Stellen nicht definiert. (Das Schaubild hat an den Übergängen der Bereiche Knicke.)

```
f(2.6);
```
2.4

```
int(f(x), x=0..3);
```
8

```
fin:=unapply( int(f(x),x), x): fin(x);           f1:=D(f): f1(x);
```

$$\begin{cases} 2x & x \leq 0 \\ \dfrac{1}{2}x^2 + 2x & x \leq 1 \\ 3x - \dfrac{1}{2} & x \leq 2 \\ 5x - \dfrac{1}{2}x^2 - \dfrac{5}{2} & x \leq 3 \\ 2x + 2 & 3 < x \end{cases} \qquad \begin{cases} 0 & x < 0 \\ undefined & x = 0 \\ 1 & x < 1 \\ undefined & x = 1 \\ 0 & x < 2 \\ undefined & x = 2 \\ -1 & x < 3 \\ undefined & x = 3 \\ 0 & 3 < x \end{cases}$$

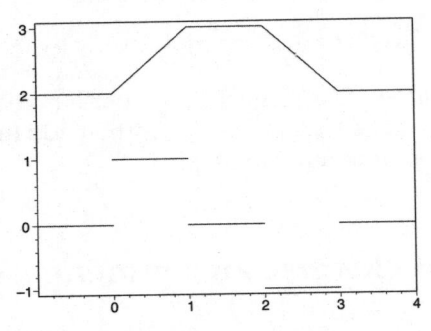

Die Abbildung rechts zeigt die Funktion f (oben) und ihre Ableitung $f1$. Die Option `discont=true` sorgt dafür, dass die Unstetigkeitsstellen von $f1$ korrekt gezeichnet werden.

```
plot( {f,f1},-1..4, axes=boxed,discont=true);
```

`convert(..,piecewise)` wandelt eine Funktionsdefinition in eine abschnittsweise Definition um, wenn die Funktion intern Fallunterscheidungen benötigt (z.B. wegen der Verwendung von `abs` oder `sig`). Im Beispiel rechts ergeben sich die Fallunterscheidungen aus denen der `abs`- und `signum`-Funktion.

```
convert(-signum(x)*abs(1-abs(x)),
        piecewise);
```

$$\begin{cases} -1 - x & x \leq -1 \\ 1 + x & x < 0 \\ 0 & x = 0 \\ -1 + x & x < 1 \\ 1 - x & 1 \leq x \end{cases}$$

Die folgenden Kommandos geben ein letztes Beispiel für die Vielseitigkeit von `piecewise`: Darin wird eine Funktion definiert, die einen Kreisbogen beschreibt. `convert(,..piecewise)` ersetzt die Bedingung $x^2 \leq r^2$ durch Bedingungen, in die x als einfache Variable eingeht. Die `assuming`-Zuweisung für r ist Voraussetzung für diese Konversion.

```
f:=unapply( piecewise(x^2<=r^2, sqrt(r^2-x^2),0), x) assuming r>0: f(x);
```

$$\begin{cases} \sqrt{r^2 - x^2} & x^2 \leq r^2 \\ 0 & otherwise \end{cases}$$

```
convert(f(x),piecewise,x);
```

$$\begin{cases} 0 & x \leq -r \\ \sqrt{r^2 - x^2} & x \leq r \\ 0 & r < x \end{cases}$$

Syntaxzusammenfassung

```
x -> Term(x);
(x,y,..) -> Term(x,y,..);
```
definiert eine ein- bzw. mehrparametrische Funktion mit dem Pfeiloperator.

```
proc(x, y, ..)
  local l1,l2,..;
  ausdruck_1(x,y,..);
     :
  ausdruck_n(x,y,..);
end proc:
```
definiert eine mehrparametrische Funktion durch eine Prozedur. Eine detaillierte Beschreibung der Sprachelemente von Maple finden Sie in Kapitel 29.

```
f:=unapply(Term(x,y,..), {x,y,..});
```
erstellt aus dem angegebenen Term und den Variablen $x, y, ..$ eine Funktion mit den Variablen als Parametern und dem Term als Zuordnungsvorschrift. Im Gegensatz zum Pfeiloperator wird der Term zuvor ausgewertet. Aus `unapply(sin(x*y), x, y)` wird $(x, y) \to sin(xy)$.

```
piecewise(bed1, f1, bed2, f2, ..., bedn, fn, fdefault);
```
definiert einen Term mit Fallunterscheidungen. Er ist für alle x-Werte, die die Bedingung *bed1* erfüllen, durch *f1* definiert, für alle x-Werte, die die Bedingung *bed2* erfüllen, durch *f2* etc. Für x-Werte, die keine der angegebenen Bedingungen erfüllen, gilt die optionale Defaultfunktion *fdefault*.

```
convert(f, piecewise, x);
```
konvertiert *f* in einen stückweise definierten Term. Diese Konversion ist sinnvoll, wenn *f* Funktionen wie `abs`, `signum` oder `Heaviside` enthält.

```
convert(f, Heaviside);
```
konvertiert *f* in eine Funktion, in der `Heaviside` verwendet wird, um Unstetigkeitsstellen zu überbrücken. Diese Konversion ist vor allem für stückweise definierte Funktionen (`piecewise`) sinnvoll.

Kapitel 12

Bearbeitung und Vereinfachung mathematischer Ausdrücke

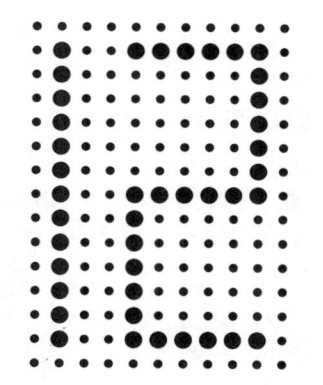

Obwohl der Titel dieses Kapitels eher abstrakt klingt, behandelt das Kapitel eines der wichtigsten Themen dieses an der Praxis orientierten Buchs: das Vereinfachen mathematischer Ausdrücke. Das ist deswegen so wichtig, weil Computeralgebrasysteme wie Maple dazu tendieren, unglaublich lange (oft über mehrere Seiten reichende) Formeln zu produzieren. Diese Formeln sind zwar mathematisch korrekt, eignen sich in dieser Form aber weder für eine Weiterbearbeitung, noch erleichtern sie dem Anwender das Verständnis.

Der Hauptteil dieses Kapitels beschäftigt sich mit einer Reihe von Funktionen, die bei der Vereinfachung mathematischer Ausdrücke helfen (können):

subs und algsubs
führen eine Termbearbeitung durch Substitution durch. subs führt nur syntaktische Substitutionen durch, algsubs ist eine Erweiterung für algebraische Substitutionen.

simplify
versucht eine Vereinfachung eines mathematischen Ausdrucks.

expand, factor und combine
sind zueinander weitgehend komplementäre Funktionen. expand multipliziert alle offenen Produkte aus. factor und combine versuchen eine Faktorisierung von Summen nach verschiedenen Kriterien.

normal
verwandelt rationale Terme in eine Normalform.

sprint
formatiert sehr komplexe Ausdrücke platzsparend.

Daneben werden Sie in diesem Kapitel einige Funktionen kennen lernen, die zu einer Weiterverarbeitung im mathematischen Sinne geeignet sind: beispielsweise quo zur Division von Polynomen oder convert(..., parfrac) zur Durchführung einer Partialbruchzerlegung.

Substitution

Die Funktion subs ermöglicht es, Teile von Termen durch andere zu ersetzen. Die Syntax der Funktion lautet in der einfachsten Form: subs(x=a,term).

Dabei werden in dem eingegebenen Term alle Operanden der Form x durch a ersetzt. (x und a dürfen selbst auch Terme sein.) Eine Auswertung findet nicht statt! Die Substitution erfolgt nur auf der Ebene des Formelaufbaus, sie ist eine 'syntaktische' Substitution. Wenn man den Formelaufbau von Maple nicht genau kennt, kann man manchmal Überraschungen erleben. Das letzte Beispiel funktioniert nicht, weil $x + y$ zwar ein algebraischer Subterm, aber kein Operand von $x + y + z$ ist. Wie die anschließende Funktion op zeigt, zerlegt Maple Summen syntaktisch in die einzelnen Summanden und kann deshalb aus einer Summe eine Teilsumme nicht syntaktisch isolieren. Im ersten Beispiel ist x zwar kein unmittelbarer Operand von $(x+y)*z$, aber ein Operand des ersten Operanden $x + y$. Mit solchen Situationen kommt subs zurecht, da es rekursiv auf den Operanden eines Terms definiert ist.

```
subs(x=a,(x+y)*z);subs(x+y=a,(x+y)*z);
subs(x=a+1,sqrt(x^2+1));
```

$(a+y)z$

az

$\sqrt{(a+1)^2 + 1}$

```
subs( x+y=3, x+y+z);
```

$x + y + z$

```
op(x+y+z)
```

x, y, z

```
op((x+y)*z)
```

$x+y, z$

Man kann auch mehrere Substitutionen in einem Aufruf von subs durchführen. Im Beispiel rechts findet zwar keine Auswertung statt, aber Maple vereinfacht den entstehenden Ausdruck und erhält daher als Ausdruck nach der Substitution eine Zahl.

```
subs( x=2, y=3, x^2 + 2*x*y + y^2 );
```

25

Wenn mehrere Substitutionen gleichzeitig durchgeführt werden sollen, ist Vorsicht geboten. subs führt die Substitutionen nacheinander aus, wenn die zugehörigen Gleichungen als Folge angeschrieben werden. Wenn eine gleichzeitige Substitution erforderlich ist (z.B. wenn – wie rechts – die Substitionsanweisung zu einer Vertauschung von Variablen führt), müssen die Substitutionsregeln als Menge angeschrieben werden.

```
subs( x=y^2, y=x^2, sin(x)+cos(y) );
```

$\sin(x^4) + \cos(x^2)$

```
subs( y=x^2, x=y^2, sin(x)+cos(y) );
```

$\sin(y^2) + \cos(y^4)$

```
subs( {x=y^2, y=x^2}, sin(x)+cos(y) );
```

$\sin(y^2) + \cos(x^2)$

Substitution

Das letzte Beispiel weist auf eine weitere Anwendung von `subs` hin: Die von `solve` ermittelten Lösungen können bequem in mathematische Ausdrücke eingesetzt werden.

```
solve( {x^2+y^2=10, x+y=4} );
```
$$\{y=1, x=3\}, \{y=3, x=1\}$$
```
subs( %[1], x^2 + 2*x*y + y^2);
```
$$16$$

Leistungsfähiger ist die Funktion `algsubs`. Sie führt die Substitution nicht syntaktisch durch, sondern substituiert auch algebraische Subterme, die keine Operanden sind.

```
algsubs( x+y=3, x+y+z);
```
$$3+z$$
```
algsubs( x^2=a, x^5);
```
$$a^2 x$$
```
algsubs(s/t=v, s/t^2);
```
$$v/t$$

Fallweise muss durch optionale Parameter genau angegeben werden, wie sich `algsubs` verhalten soll. Im ersten Beispiel (default) wird die erste Substitutionsvariable eliminiert, im zweiten Beispiel wird y als primäre Substitutionsvariable angegeben. In Beispiel drei wird `algsubs` angewiesen, die Substitution nur dann durchzuführen, wenn der mathematische Ausdruck exakt in derselben Form auftritt – Maple verzichtet deshalb hier ganz auf die Substitution.

```
algsubs( x+y=3, 2*x+y+z);
```
$$-y+6+z$$
```
algsubs( x+y=3, 2*x+y+z, [y]);
```
$$x+3+z$$
```
algsubs( x+y=3, 2*x+y+z, exact);
```
$$2x+y+z$$

Bei komplexeren Fällen haben sowohl `subs` als auch `algsubs` Probleme: Im vorliegenden Beispiel sollen die beiden Wurzeln in der Funktion f durch die Abkürzungen A und B ersetzt werden. Der erste Versuch mit `subs` scheitert, Maple gibt f unverändert zurück.

```
f:=x/sqrt(10+2*sqrt(5))+
   y/sqrt(10-2*sqrt(5)):
a:=sqrt(10-2*sqrt(5)):
b:=sqrt(10+2*sqrt(5)):
subs(a=A, b=B, f);
```
$$\frac{x}{\sqrt{10+2\sqrt{5}}} + \frac{y}{\sqrt{10-2\sqrt{5}}}$$

Maple erkennt die Subsitution nicht, weil die Wurzeln im Nenner stehen. Mit einer auf den ersten Blick umständlichen Neuformulierung des Kommandos, die der internen Darstellung des Ausdrucks durch Maple näherkommt, gelingt das Vorhaben dann aber doch.

```
f1:=subs(1/a=1/A, 1/b=1/B, f);
```
$$f1 := \frac{x}{a} + \frac{y}{b}$$

algsubs ist für dieses Beispiel ungeeignet. Erstens kann es nur eine Substitution (und nicht zwei auf einmal) durchführen und zweitens kann es nur Variablen substituieren (nicht aber numerische Ausdrücke). Zudem ist algsubs gegenwärtig so implementiert, dass es mit nicht ganzzahligen Exponenten Probleme hat.

```
restart; # a und b löschen
f:=x/sqrt(a+b*sqrt(c));
```
$$f := \frac{x}{\sqrt{a+b\sqrt{c}}}$$
```
algsubs(sqrt(a+b*sqrt(c))=A, f);
  Error, (in algsubs) no variables
    appearing rationally in pattern
algsubs(a+b*sqrt(c)=A, f);
```
$$\frac{x}{\sqrt{(A)})}$$

Die Beispiele beweisen, dass die Substitution von Ausdrücken unter Umständen eine recht diffizile Angelegenheit sein kann. In ganz hartnäckigen Fällen kann mit select, remove (weiter unten in diesem Kapitel) und subsop (Kapitel 9) gearbeitet werden. Hilfreich bei der Substitution ist auch das Wissen, wie Maple mathematische Ausdrücke intern darstellt. Mehr zu diesem Thema finden Sie in Kapitel 28.

Expansion von Termen (expand)

Mit expand kann man komplexe Terme in Summen mit einfacheren Summanden bzw. Produkte mit einfacheren Faktoren zerlegen.

Maple lässt Produkte normalerweise stehen, ohne sie auszumultiplizieren. expand führt die Multiplikationen aus.

```
x*(x-a)^2*(x-b)^3;
```
$$x(x-a)^2(x-b)^3$$
```
expand(%);
```
$$x^6 - 3x^5b + 3x^4b^2 - x^3b^3 - 2x^5a +$$
$$6x^4ab - 6x^3ab^2 + 2x^2ab^3 + a^2x^4 -$$
$$3a^2x^3b + 3a^2x^2b^2 - xa^2b^3$$

Eine ähnliche Wirkung hat expand auf Potenzen. Beachten Sie die etwas ungewöhnliche Art, in der das erste Beispiel formuliert wurde: Die zu expandierende Formel wird als Maple-Kommando angegeben, anschließend wird darauf zweimal mit % verwiesen.

```
a^(b+c^(d+e*f)): % = expand( % );
```
$$a^{b+c^{d+ef}} = a^b a^{c^d c^{ef}}$$
```
expand( log(a*b) ), expand(log(a^b));
```
$$\ln(a) + \ln(b), b\ln(a)$$

Bei trigonometrischen und logarithmischen Funktionen verwendet expand die einschlägigen Funktionalgleichungen und diverse Kenntnisse über trigonometrische Funktionen, um die Ausdrücke in Summen zu zerlegen.

```
expand( sin(4*x) );
```
$$8\sin(x)\cos(x)^3 - 4\sin(x)\cos(x)$$
```
expand( sin(a+b) );
```
$$\sin(a)\cos(b) + \cos(a)\sin(b)$$

Bei rationalen Funktionen wirkt sich expand nur auf den Zähler aus.

```
f:=(x-a)^2/(x+b)^3: expand(f);
```
$$\frac{x^2}{(x+b)^3} - \frac{2\,xa}{(x+b)^3} + \frac{a^2}{(x+b)^3}$$

Wenn auch der Nenner ausmultipliziert werden soll, lässt sich die Funktion mit numer und denom in Zähler und Nenner trennen und anschließend separat behandeln. Zum gleichen Ergebnis kommen Sie auch mit normal(..., expanded) − siehe den Abschnitt zur Bearbeitung rationaler Funktionen in diesem Kapitel (S. 180).

```
expand(numer(f))/expand(denom(f));
```
$$\frac{x^2 - 2\,xa + a^2}{x^3 + 3\,x^2 b + 3\,xb^2 + b^3}$$

Faktorisierung von Summen (factor)

factor ist das Gegenstück zu expand, soweit es das Ausmultiplizieren von Produkten anbelangt. factor versucht, (multivariate) Polynome zu faktorisieren, d.h. sie als Produkte darzustellen. Dazu zerlegt die Funktion das Polynom in Faktoren möglichst kleinen Grades über dem durch die Koeffizienten festgelegten Zahlbereich. Besteht dieser etwa nur aus ganzen Zahlen, so werden nur Faktoren mit ganzzahligen Koeffizienten gesucht.

```
factor(x^4-4*x^3*b+4*x^2*b^2+x^3*a-
    4*x^2*a*b+4*x*a*b^2);
```
$$x\,(x-2\,b)^2\,(x+a)$$
```
factor( x^4-y^4);
```
$$(x-y)\,(x+y)\,(y^2+x^2)$$

Rationale Funktionen werden zuerst in ihre Normalform umgewandelt (siehe den übernächsten Abschnitt), dann werden Zähler und Nenner faktorisiert.

```
factor( (x^2+x-6)/(x^2-1));
```
$$\frac{(x-2)\,(x+3)}{(x-1)\,(x+1)}$$

Wenn `factor` keine Wurzeln in dem durch die Koeffizienten implizit angegebenen Zahlenbereich findet, belässt es den Term in seiner ursprünglichen Form. Befindet sich unter den Koeffizienten eine Dezimalzahl, so werden automatisch die reellen Zahlen zu Grunde gelegt und eine Näherungslösung bestimmt. Man kann aber auch durch ein Zusatzargument ein oder mehrere Radikale (Ausdrücke der Form a^b, wobei b ein Bruch ist) oder RootOf-Terme eingeben. Dann wird über dem durch diese Terme definierten algebraischen Körper (das sind alle mit diesen Termen bildbaren rationalen Kombinationen) nach Lösungen gesucht.

```
factor(x^2-2);
```
$$x^2 - 2$$
```
factor(x^2-2.0);
```
$$(x + 1.414213562) * (x - 1.414213562)$$
```
factor(x^2-2,sqrt(2));
```
$$\left(x + \sqrt{2}\right)\left(x - \sqrt{2}\right)$$

Im folgenden Beispiel geben wir für die Erweiterung die Wurzel von 3 und die Imaginäre Einheit I ein – wir wissen ja wie die Lösung aussehen muss. Was aber, wenn wir die Lösungen nicht kennen? Die einfachste Möglichkeit zeigt das Beispiel rechts. Wir erweitern mit einem RootsOf-Ausdruck und konvertieren das Ergebnis zur besseren Lesbarkeit in die Darstellung mit Radikalen.

```
factor(x^2+3,{I,sqrt(3)});
```
$$\left(x + I\sqrt{3}\right)\left(x - I\sqrt{3}\right)$$
```
factor(x^2+3,RootOf(x^2+3));
```
$$(x + RootOf(\_Z^2 + 3))$$
$$(x + -RootOf(\_Z^2 + 3))$$
```
convert(%,radical);
```
$$(x + \sqrt{-3})(x - \sqrt{-3})$$

Diese Methode funktioniert auch bei Polynomen höheren Grades. Man lässt sich zunächst eine Faktorisierung ohne Erweiterung des Zahlkörpers berechnen und erweitert dann um die Wurzeln der Terme mit einem Grad größer als 1. Will man diese Terme nicht abschreiben, kann man sie mit `op(%)[index]` aus dem Faktorisierungsresultat übernehmen.

```
f:=4*x^5+20*x^3+4*x^2+20: factor(f)
```
$$4(x+1)(x^2 - x + 1)(x^2 + 5)$$

```
factor(f,{RootOf(op(%)[3]),RootOf(op(%)[4])});
```
$$-4\left(x - 1 + RootOf(\_Z^2 - \_Z + 1)\right)\left(x - RootOf(\_Z^2 - \_Z + 1)\right)$$
$$\left(x + RootOf(\_Z^2 + 5)\right)\left(-x + RootOf(\_Z^2 + 5)\right)(x + 1)$$

```
convert(%,radical)
```

$$-4\left(x - 1/2 + -1/2\,i\sqrt{3}\right)\left(x - 1/2 + 1/2\,i\sqrt{3}\right)(x + \sqrt{-5})(-x + \sqrt{-5})(x+1)$$

Zusammenziehen von ähnlichen Termen (combine)

Neben factor stellt combine das zweite Gegenstück zu expand dar. factor ist für die Bearbeitung von Polynomen und rationalen Funktionen gedacht, combine dient dagegen dem Zusammenfassen allgemeinerer Terme.

combine zieht die Exponenten eines Produkts zu einer Summe zusammen.

```
combine(x^a*x^b,power);
```
$$x^{a+b}$$

combine fasst mehrere Wurzeln zu einer gemeinsamen Wurzel zusammen, sofern sicher ist, dass der Radikant positiv ist.

```
combine(sqrt(3)*sqrt(5));
```
$$\sqrt{15}$$

```
combine(sqrt(a)*sqrt(b));
```
$$\sqrt{a}\,\sqrt{b}$$

Ausdrücke mit Wurzeln lassen sich oft durch radnormal weitergehend vereinfachen, als dies durch combine der Fall ist.

```
f:=(sqrt(2)-sqrt(3)) /
   (sqrt(2)*sqrt(3));
```
$$f := \frac{1}{6}(\sqrt{2} - \sqrt{3})\sqrt{2}\,\sqrt{3}$$

```
combine(f);
```
$$\sqrt{6}\left(1/6\,\sqrt{2} - 1/6\,\sqrt{3}\right)$$

```
radnormal(f);
```
$$\frac{1}{3}\sqrt{3} - \frac{1}{2}\sqrt{2}$$

combine führt die meisten Vereinfachungen nur dann durch, wenn der gewünschte Vereinfachungstyp im zweiten Parameter angegeben wird. Zurzeit (Maple 7) existieren dazu folgende Schlüsselwörter: abs, @@, arctan, conjugate, exp, icombine, ln, piecewise, polylog, power, product, Psi, radical, range, trig und signum. Die Beispiele rechts zeigen trigonometrische Vereinfachungen.

```
combine( 4*cos(x)^3 ,trig);
```
$$\cos(3x) + 3\cos(x)$$

```
combine(sin(x+y)*sin(x-y), trig);
```
$$\frac{\cos(2y)}{2} - \frac{\cos(2x)}{2}$$

```
combine(cos(x)^2, trig);
```
$$\frac{\cos(2x)}{2} + 1/2$$

Bei Logarithmen und e-Potenzen müssen in den meisten Fällen die Schlüsselwörter `ln` bzw. `exp` eingesetzt werden.

```
combine(exp(sin(x)^2)*exp(cos(x)^2));
```

$$e$$

```
combine(-ln(a)+2*ln(b),ln);
```

$$\ln(\frac{b^2}{a})$$

`combine` ist in der Lage, Integrale mit gemeinsamen Integrationsgrenzen, Summen mit gleichlautenden Indizes sowie die Summen zweier Grenzwerte zusammenzuführen.

```
combine( int(f(x), x=a..b) +
         int(g(x), x=a..b) );
```

$$\int_a^b f(x) + g(x)\,dx$$

Auch wenn `combine` in seiner Wirkung komplementär zu `expand` arbeitet, kann man nicht davon ausgehen, dass ein mit `expand` bearbeiteter Ausdruck immer mit `combine` wiederhergestellt wird. Das folgende Beispiel zeigt einen solchen Fall. Das Problem liegt darin, dass die Schritte zur Zusammenfassung nicht eindeutig bestimmt sind. `expand` liefert hier übrigens eine Summe aus 28 Termen, die nicht dargestellt wurde.

```
expand( (sin(5*x)-cos(5*x))^3 ):
combine(%,trig);
```

$$\frac{3\sin(5x)}{2} - \frac{3\cos(5x)}{2} + \frac{\sin(15x)}{2} + \frac{\cos(15x)}{2}$$

Obwohl der Funktionsname es nahelegt, ist `combine` nicht in der Lage, gemeinsame Terme einer Summe (im Beispiel unten: den ersten und dritten Term) zusammenzuziehen. Hier verwendet man besser `normal` oder `collect`.

```
trm:=diff(x/(1-a^x), x$2);
```

$$\frac{2a^x \ln(a)}{(1-a^x)^2} + \frac{2xa^{x^2}\ln(a)^2}{(1-a^x)^3} + \frac{xa^x \ln(a)^2}{(1-a^x)^2}$$

```
combine(trm);
```

$$\frac{2a^x \ln(a)}{(1-a^x)^2} + \frac{2xa^{x^2}\ln(a)^2}{(1-a^x)^3} + \frac{xa^x \ln(a)^2}{(1-a^x)^2}$$

```
normal(trm)
```

$$-\frac{a^x \ln(a)\,(2 - 2a^x + xa^x \ln(a) + x\ln(a))}{(-1+a^x)^3}$$

simplify

Welches die einfachste Form eines mathematischen Ausdrucks ist, lässt sich nicht immer eindeutig sagen. Je nach Verwendungszweck und beabsichtigter Weiterarbeit sind die unterschiedlichsten Antworten auf dieses Problem möglich. Zudem ist bekannt, dass kein universelles Verfahren existiert, auch nur die Äquivalenz zweier mit den elementaren Funktionen (Potenzen, Exponentialfunktion, Logarithmus, trigonometrische Funktionen) gebildeter Terme nachzuweisen. Es kann deshalb nicht verwundern, dass die Funktion `simplify` nicht immer das tut, was ihr Name suggeriert. ('The results of Maple's simplification calculations can be very complicated.', Maple 7, Learning Guide, S.151)

Das Kommando `simplify` versucht, einen gegebenen mathematischen Ausdruck mit verschiedenen Transformationsregeln zu vereinfachen. Die Betonung liegt auf 'versucht', denn oft ist das Resultat von `simplify` komplizierter als der ursprüngliche Ausdruck. Sie sollten sich von dem Kommando also keine Wunder erwarten! Wenn das Ergebnis einer Berechnung vorliegt und Sie nicht wissen, welches der in den nächsten Abschnitten aufgezählten Kommandos weiterhilft, dann ist `simplify` zumindest einen Versuch wert – ganz nach dem Motto: Hilft's nichts, so schadet's auch nichts. (Vorsicht ist nur bei sehr komplexen Ausdrücken geboten: Da kann es schon passieren, dass die Rechenzeit ins Uferlose steigt.)

Die folgenden Beispiele zeigen einige Anwendungsmöglichkeiten von `simplify`. Als Erstes soll die dritte Ableitung von $\frac{x}{1-x^2}$ vereinfacht werden, was recht gut gelingt. `simplify` wandelt rationale Funktionen in deren Normalform um (siehe auch `normal` einige Abschnitte weiter unten).

```
diff( x/(1-x^2), x$3);
```
$$\frac{48\,x^2}{(1-x^2)^3} + \frac{6}{(1-x^2)^2} + \frac{48\,x^4}{(1-x^2)^4}$$
```
simplify(%);
```
$$\frac{36\,x^2 + 6\,x^4 + 6}{(-1+x^2)^4}$$

Einfache Ausdrücke mit trigonometrischen Ausdrücken, Potenzen, Logarithmen etc. bereiten ebenfalls keine Schwierigkeiten.

```
simplify( sin(x)^2+cos(x)^2 );
```
$$1$$
```
simplify( exp(a*ln(b)) );
```
$$b^a$$

Während die Beispiele oben `simplify` von der 'Schokoladenseite' zeigen, lassen sich auch Beispiele finden, bei denen `simplify` nicht weiterhilft. Im ersten Fall ist das Produkt aus der Sicht von `simplify` schon optimal. (Die verwendeten Faktoren haben einen bezüglich einer Faktorisierung über den reellen Zahlen minimalen Grad.) Mit `expand` erhält man hier eine knappere Darstellung. Im zweiten Fall würde man `simplify` wohl kaum einsetzen.

```
simplify( (x-2)*(x+2)*(x^2+4) );
```
$$(x-2)\,(x+2)\,(x^2+4)$$
```
simplify( (x-1)^10+1 );
```
$$x^{10} - 10\,x^9 + 45\,x^8 - 120\,x^7 + 210\,x^6 -$$
$$252\,x^5 + 210\,x^4 - 120\,x^3 + 45\,x^2 -$$
$$10\,x + 2$$

Auch die Relation $\sin(x)^2 + \cos(x)^2 = 1$ erkennt Maple nicht mehr, wenn das Argument x durch verschiedene Terme ausgedrückt wird. Wenn der ganze Ausdruck vorher mit `expand` aufbereitet wird, klappt es dann aber doch.

```
f:=sin(a^2-b^2)^2 + cos( (a-b)*(a+b) )^2; simplify(f);
```
$$f := \sin(-a^2 + b^2)^2 + \cos((a-b)(a+b))^2$$
$$1 - \cos(-a^2 + b^2)^2 + \cos((-a+b)(a+b))^2$$

```
expand(f); simplify();
```
$$\sin(a^2)^2 \cos(b^2)^2 + \cos(a^2)^2 \sin(b^2)^2 + \cos(a^2)^2 \cos(b^2)^2 + \sin(a^2)^2 \sin(b^2)^2$$

$$1$$

Nicht geeignet ist simplify häufig, wenn man bestimmte Teilvereinfachungen wie etwa das Zusammenfassen von Termen mit gemeinsamen Nennern vornehmen will (hier: $\frac{1}{(1-\sin(x))^n}$).

```
f:=diff(x/(1-sin(x)),x$3);
```
$$f := \frac{6\cos(x)^2}{(1-\sin(x))^3} - \frac{3\sin(x)}{(1-\sin(x))^2} + \frac{6\cos(x)^3 x}{(1-\sin(x))^4} - \frac{6\cos(x)\sin(x)x}{(1-\sin(x))^3} - \frac{\cos(x)x}{(1-\sin(x))^2}$$

```
simplify(f);
```
$$\frac{-3\sin(x)\cos(x)^2 - 6\sin(x) + \cos(x)^3 x - 4\cos(x)\sin(x)x + 4\cos(x)x + 6}{8 - 8\sin(x) + 4\sin(x)\cos(x)^2 - 8\cos(x)^2 + \cos(x)^4}$$

simplify vereinfacht den Term hier nach seinen Regeln, die in diesem Fall auch eine Bearbeitung der trigonometrischen Funktionen vorsehen. Man erhält die gewünschte Zusammenfassung, wenn man folgende Bearbeitung wählt:

```
subs((1-sin(x))=A,f);
```
$$6\frac{(\cos(x))^2}{A^3} - 3\frac{\sin(x)}{A^2} + 6\frac{x(\cos(x))^3}{A^4} - 6\frac{x\cos(x)\sin(x)}{A^3} - \frac{x\cos(x)}{A^2}$$

```
collect(%,A);
```
$$\frac{-3\sin(x) - x\cos(x)}{A^2} + \frac{6(\cos(x))^2 - 6x\cos(x)\sin(x)}{A^3} + 6\frac{x(\cos(x))^3}{A^4}$$

```
subs(A=1-sin(x),%)
```
$$\frac{-3\sin(x) - x\cos(x)}{(1-\sin(x))^2} + \frac{6(\cos(x))^2 - 6x\cos(x)\sin(x)}{(1-\sin(x))^3} + 6\frac{x(\cos(x))^3}{(1-\sin(x))^4}$$

Das ist natürlich auch nicht viel einfacher, der Ausdruck ist eben kompliziert. Einige Abschnitte weiter unten (S. 187) wird gezeigt, wie man diese Aufgabe auch mit select bewältigen kann.

Bei Ausdrücken der Form a^b führt simplify nur solche Vereinfachungen durch, die mathematisch wirklich für jeden möglichen Wert von a und b zulässig sind. Weitergehende Vereinfachungen, die aber nur unter Voraussetzungen wie $a > 0$ gelten, erzielt man durch das optionale Schlüsselwort symbolic oder durch die Angabe zusätzlicher Eigenschaften mit assume oder assuming.

```
simplify( sqrt(Pi^2 * n^2) ), simplify( sqrt(Pi^2 * n^2), symbolic);
```
$\pi\,\mathrm{csgn}(\,n\,)\,n, \pi\,n$

```
simplify(sqrt(Pi ^2 * n^2)) assuming n>=0;
```
$\pi\,n$

```
simplify((a*b)^c), simplify((a*b)^c, symbolic);
```
$(a\,b)^c, a^c\,b^c$

```
simplify(sqrt(1/x)), simplify(sqrt(1/x), symbolic);
```
$\sqrt{\dfrac{1}{x}}, \dfrac{1}{\sqrt{x}}$

Die Wirkung von simplify einschränken

simplify wendet auf den übergebenen Ausdruck der Reihe nach die unterschiedlichsten Vereinfachungsregeln an. Wenn Sie die Wirkung von simplify auf ein Teilgebiet einschränken möchten, können Sie eines der unten aufgezählten Schlüsselwörter im zweiten Parameter angeben. Solche Einschränkungen bringen zwei Vorteile mit sich: Zum einen arbeitet simplify bei umfangreichen Ausdrücken dann deutlich schneller und zum anderen lassen sich so Vereinfachungen vermeiden, die Sie gar nicht wünschen.

@	Operatoren, inverse Funktionen, z.B. arcsin @ sin → 1
Ei	Exponential-Integralfunktionen vereinfachen
exp	Exponentialfunktionen vereinfachen
GAMMA	Gammafunktionen vereinfachen
hypergeom	hypergeometrische Funktionen vereinfachen
ln	logarithmische Funktionen vereinfachen
polar	komplexe Ausdrücke in polarer Darstellung, z.B. polar$(a,b)^c$ → polar$(a^c, b*c)$
power	Potenzen
radical	allgemeine Ausdrücke mit Wurzeln, z.B. $\dfrac{(a^2-b^2)^{3/5}}{(a-b)^{2/5}} \to \sqrt[5]{a-b}\,(a+b)^{3/5}$
sqrt	Quadratwurzeln, z.B. $\sqrt{32^3} \to 128\sqrt{2}$
trig	trigonometrische Funktionen

Beachten Sie bitte, dass die Syntax von simplify hier von der vieler anderer Maple-Kommandos abweicht. Wenn bei simplify eines der obigen Schlüsselwörter angegeben wird, führt das zu einer Einschränkung der Vereinfachung. Bei den meisten anderen Kommandos (beispielsweise combine) werden erst durch die Angabe zusätzlicher Schlüsselwörter zusätzliche Mechanismen aktiviert, die andernfalls nicht berücksichtigt würden!

Die folgenden Beispiele demonstrieren die Einschränkung von `simplify`. Die Funktion f wird zuerst nur in Hinblick auf trigonometrische Funktionen vereinfacht.

```
f:=exp(b*ln(a))-
    (a*sin(x)^2+a*cos(x)^2)^b;
```
$$f := e^{b\ln(a)} - \left(a\sin(x)^2 + a\cos(x)^2\right)^b$$

```
simplify(f,trig);
```
$$e^{b\ln(a)} - a^b$$

Das zweite `simplify`-Kommando vereinfacht ausschließlich in Hinblick auf die Exponentialfunktion.

```
simplify(f,exp);
```
$$a^b - \left(a\sin(x)^2 + a\cos(x)^2\right)^b$$

Erst beim dritten Mal entfaltet `simplify` sein ganzes Wirkungsspektrum.

```
simplify(f);
```
$$0$$

Elimination von Variablen (simplify mit Nebenbedingungen)

Wenn im zweiten Parameter von `simplify` in einer Liste (eckige Klammern) oder Menge (geschwungene Klammern) eine oder mehrere Gleichungen angegeben werden, berücksichtigt Maple diese zusätzlichen Informationen bei der Vereinfachung von Polynomen. Folgendes eindrucksvolle Beispiel stammt aus [Heck] und war Aufgabe der holländischen Mathematik-Olympiade 1991:

Wie groß ist $a^4 + b^4 + c^4$, wenn a, b und c reelle Zahlen sind und folgende Annahmen gelten: $a + b + c = 3$, $a^2 + b^2 + c^2 = 9$ sowie $a^3 + b^3 + c^3 = 24$? Diese nicht triviale Lösung gelingt `simplify` auf Anhieb (und in kurzer Zeit).

```
gl1 := a+b+c = 3:
gl2 := a^2+b^2+c^2 = 9:
gl3 := a^3+b^3+c^3 = 24:
simplify(a^4+b^4+c^4, {gl1,gl2,gl3});
```
$$69$$

Den mathematischen Hintergrund für diese Vereinfachung bildet eine Gröbner-Basis, die Maple aus den drei Gleichungen bildet. Genauere Informationen dazu finden Sie in [Heck] sowie beim Hilfethema `?simplify,siderels`.

Im dritten Parameter von `simplify` können die Variablen angegeben werden, für die die Gröbner-Basis aufgestellt wird. Diese Angabe ist nur dann von Bedeutung, wenn mehr Variablen als Gleichungen vorkommen. Fehlt die Angabe, wählt Maple die Variablen für die Gröbner-Basis selbst aus.

```
simplify( (a-b+c)^2, {a+b=1});
```
$$c^2 - 2c + 1 + (4c - 4)a + 4a^2$$

```
simplify( (a-b+c)^2, {a+b=1},{a});
```
$$4b^2 - 4bc + c^2 - 4b + 2c + 1$$

simplify lässt sich somit einsetzen, um aus Gleichungssystemen mit mehreren Variablen ganz gezielt einzelne Variablen zu eliminieren. Im Beispiel rechts wird aus dem Gleichungssystem $\{gl1, gl2\}$ zuerst x und anschließend y eliminiert. Das Ergebnis liegt dann in Form einer Gleichung für eine Variable vor.

```
gl1:=x^2+3*x+4*x*y=7;
```
$$gl1 := x^2 + 3x + 4xy = 7$$
```
gl2:=y^2-6*x*y+x=0;
```
$$gl2 := y^2 - 6xy + x = 0$$
```
simplify(gl1,{gl2},{x});
```
$$\frac{(14y + 25y^2 - 3)y^2}{(6y-1)^2} = 7$$
```
simplify(gl2,{gl1},{y});
```
$$\frac{94x^3 + 25x^4 - 173x^2 - 42x + 49}{16x^2} = 0$$

Im nebenstehenden Beispiel werden die drei Gleichungen für die Variablen a, b und c zu zwei Gleichungen für die Variablen b und c reduziert.

```
gl1 := a+b+c = 7:
gl2 := a-b+3*c = 8:
gl3 := a-2*b+5*c = 9:
simplify( {gl1,gl2}, {gl3}, {a});
```
$$\{b - 2c + 9 = 8, 3b - 4c + 9 = 7\}$$

Konversion in verschiedene Schreibweisen (convert)

Die Funktion convert spielt in Maple in zweierlei Hinsicht eine große Rolle: Zum einen wird sie zur Konversion zwischen verschiedenen Datentypen verwendet (z.B. zwischen Matrizen und Listen), zum anderen zur Umformung mathematischer Ausdrücke in verschiedene Schreibweisen. An dieser Stelle ist nur der zweite Aspekt von Interesse. Die prinzipielle Syntax der Funktion lautet convert(ausdruck, typ). Für den Konversionstyp können verschiedene Schlüsselwörter angegeben werden, von denen im Folgenden einige beschrieben werden.

exp	trigonometrische Funktionen als E-Potenzen ausdrücken
expln	alle elementaren Funktionen als E-Potenzen und Logarithmen ausdrücken
expsincos	trigonometrische Funktionen in sin- und cos-Funktionen ausdrücken, hyperbolische Funktionen in E-Potenzen
ln	inverse trigonometrische Funktionen (arc...) in logarithmischer Form ausdrücken
sincos	trigonometrische Funktionen in sin- und cos-Termen, hyperbolische Funktionen in sinh- und cosh-Termen ausdrücken
tan	trigonometrische Funktionen durch tan-Funktion darstellen
trig	komplexe e-Potenzen durch trigonometrische Funktionen ersetzen
radical	RootOf-Terme durch Radikale (Wurzelausdrücke) darstellen
RootOf	Radikale als RootOf-Term ausdrücken
factorial	Binomial- und Gammafunktion durch Fakultäten darstellen
GAMMA	Fakultäten durch Gammafunktion darstellen

Verweis: Einige weitere `convert`-Varianten werden im Abschnitt zur Bearbeitung von Polynomen und rationalen Funktionen behandelt. Dort wird unter anderem gezeigt, dass `convert(..., parfrac)` für Partialbruchzerlegung und `convert(..., confrac)` für Umformungen in Kettenbrüche zuständig ist. `convert(..., piecewise)` und `convert(..., Heaviside)` zum Umgang mit nicht stetigen Funktionen wurden bereits in Kapitel 11 vorgestellt.

Die Beispiele rechts zeigen diverse Anwendungen von `convert`.

```
convert(sin(x), exp);
```
$$-I\left(e^{Ix} - e^{Ix-1}\right) 1/2$$

```
convert(sin(2*x)^2, tan);
```
$$\frac{4\tan(x)^2}{(1+\tan(x)^2)^2}$$

Etwas Vorsicht ist bei der `convert-trig`-Variante geboten: Die E-Potenzen müssen durch die Funktion `exp` angeschrieben werden, `E^x` wird nicht akzeptiert.

```
convert(exp(I*x), trig);
```
$$\cos(x) + I\sin(x)$$

```
convert(arctan(x), ln);
```
$$\frac{I\left(\ln(1-Ix) - \ln(1+Ix)\right)}{2}$$

Eher selten werden Sie vermutlich die Konversionen zwischen der Gammafunktion (siehe auch Kapitel 7) und der Fakultät benötigen.

```
convert((n+m)!, GAMMA);
```
$$\Gamma(n+m+1)$$

```
convert( GAMMA(n+m), factorial);
```
$$\frac{(n+m)!}{n+m}$$

Bearbeitung von Polynomen und rationalen Funktionen

Nachdem auf den vorangegangenen Seiten vor allem das Vereinfachen von allgemeinen mathematischen Ausdrücken im Vordergrund stand, befasst sich dieser Abschnitt mit der Weiterverarbeitung von (zuvor eventuell vereinfachten) Termen.

Zwei praktische Funktionen im Umgang mit rationalen Funktionen sind `numer` zur Ermittlung des Zählers und `denom` zur Ermittlung des Nenners.

```
sin(x)/x^2: numer(%), denom(%);
```
$$\sin(x), x^2$$

Wie das zweite Beispiel zeigt, werden rationale Funktionen zur Ermittlung von Zähler oder Nenner auf einen gemeinsamen Nenner gebracht.

```
a*x/(1-x^2)+b/x;
```
$$\frac{ax}{1-x^2} + \frac{b}{x}$$
```
numer(%)/denom(%);
```
$$\frac{-ax^2 - b + bx^2}{(-1+x^2)\,x}$$

Zur Division von Polynomen stehen die Funktionen quo und rem zur Verfügung. quo ermittelt den Quotienten, rem (remainder) den Divisionsrest. Beachten Sie, dass bei beiden Funktionen im dritten Parameter eine Divisionsvariable angegeben werden muss. Im zweiten Beispiel wird eine Probe durchgeführt: Quotient mal Divisor plus Rest muss den Dividenden ergeben (was auch der Fall ist).

```
quo(x^2-3,x+1,x);
```
$$x - 1$$
```
p1:=a*x^2+b*x+c: p2:=d*x+e:
quo(p1,p2, x);
```
$$\frac{ax}{d} - \frac{-db + ea}{d^2}$$
```
rem(p1, p2, x);
```
$$\frac{d^2 c - edb + e^2 a}{d^2}$$
```
simplify(%% * p2 + %);
```
$$ax^2 + bx + c$$

Das Kommando normal bringt rationale Funktionen in die folgende Normalform: Der gesamte Ausdruck wird auf einen gemeinsamen Nenner gebracht, eventuell zu kürzende Terme werden gekürzt. Das Schlüsselwort expanded im zweiten Parameter bewirkt ein Ausmultiplizieren der Faktoren in Zähler und Nenner.

```
diff(x^n/(a+x),x);
```
$$\frac{x^n n}{x(a+x)} - \frac{x^n}{(a+x)^2}$$
```
normal(%);
```
$$\frac{x^n (na + nx - x)}{x(a+x)^2}$$
```
normal(%,expanded);
```
$$\frac{x^n na + x^n nx - x^n x}{xa^2 + 2\,ax^2 + x^3}$$

Für Partialbruchzerlegungen existiert kein eigenes Kommando, vielmehr wird dazu das schon bekannte Kommando convert mit dem Schlüsselwort parfrac eingesetzt.

```
convert(x/(x^4-1),parfrac,x);
```
$$\frac{1}{4x-4} + \frac{1}{4x+4} - \frac{x}{2x^2+2}$$

Als dritter Parameter muss die Variable angegeben werden, über die die Zerlegung durchgeführt wird. Das Beispiel rechts demonstriert die Bedeutung dieser Variablen.

```
convert(x*y/(x-y)^2,parfrac,x);
```
$$\frac{y^2}{(x-y)^2} + \frac{y}{x-y}$$
```
convert(x*y/(x-y)^2,parfrac,y);
```
$$\frac{x^2}{(x-y)^2} - \frac{x}{x-y}$$

parfrac bearbeitet nur rein rationale Funktionen. Aus diesem Grund weigert sich Maple, die nebenstehende Partialbruchzerlegung durchzuführen.

```
f:=-(-exp(-s)/s+exp(-2*s)/s)/(s+1);
```
$$f := -\left(-\frac{e^{-s}}{s} + \frac{e^{-2s}}{s}\right)(s+1)^{-1}$$
```
convert( f, parfrac, s);
    Error, (in convert/parfrac)
    argument not a rational function
```

Damit die Partialbruchzerlegung dennoch durchgeführt werden kann, werden die nicht rationalen Teile der Funktion durch die neuen Variablen $e1$ und $e2$ substituiert.

```
subs(exp(-s)=e1, exp(-2*s)=e2, f);
```
$$-\left(-\frac{e1}{s} + \frac{e2}{s}\right)(s+1)^{-1}$$
```
convert( %, parfrac, s);
```
$$-\frac{-e1+e2}{s} + \frac{-e1+e2}{s+1}$$

Nach der erfolgten Partialbruchzerlegung kann die Substitution wieder rückgängig gemacht werden.

```
subs( e1=exp(-s), e2=exp(-2*s), %);
```
$$-\frac{-e^{-s}+e^{-2s}}{s} + \frac{-e^{-s}+e^{-2s}}{s+1}$$

Bei rationalen Funktionen mit komplexen Wurzeln lässt sich eine vollständige Zerlegung durch das Schlüsselwort fullparfrac erreichen. Will man die Darstellung nicht mit RootOf-Ausdrücken, so muss man noch ein convert(...,radical) anschließen.

```
convert((x^2+1)/(x^2+x+1), parfrac, x);
```
$$1 - \frac{x}{x^2+x+1}$$
```
convert(convert(%, fullparfrac, x),
                                 radical);
```
$$1 + \frac{-1/2 + -1/6\,i\sqrt{3}}{x + 1/2 + -1/2\,i\sqrt{3}} + \frac{-1/2 + 1/6\,i\sqrt{3}}{x + 1/2 + 1/2\,i\sqrt{3}}$$

Auch Umformungen in Kettenbrüche werden von convert durchgeführt, und zwar mit dem Schlüsselwort confrac.

```
convert((x^4-2)/x^6,confrac,x);
```
$$\cfrac{1}{x^2 + 2\cfrac{1}{x^2 - 2\cfrac{1}{x^2}}}$$

Polynome können auch nach dem Horner-Schema angeordnet werden. Bei multivariablen Ausdrücken kann im dritten Parameter eine einzelne Variable oder auch eine Liste von Variablen angegeben werden, nach denen das Polynom aufgespalten wird.

```
f:=expand( (x-y)^3*x^2*y^2+y^3+y^2+y);
```
$$f := x^5 y^2 - 3\,x^4 y^3 + 3\,x^3 y^4 - x^2 y^5 + y^3 + y^2 + y$$
```
convert(f,horner,x);
```
$$y^3 + y^2 + y + \left(-y^5 + \left(3\,y^4 + \left(-3\,y^3 + xy^2\right)x\right)x\right)x^2$$
```
convert(f,horner,[x,y]);
```
$$(1 + (1+y)\,y)\,y + \left(-y^5 + \left(3\,y^4 + \left(-3\,y^3 + xy^2\right)x\right)x\right)x^2$$

compoly ist eine Art Umkehrfunktion zu subs für Polynome: compoly versucht, das Polynom in die Form $f(x) = g(h(x))$ zu bringen. compoly liefert als Ergebnis eine Sequenz, deren erstes Element $g(x)$ ist und deren zweites Element eine Gleichung der Form $x = h(x)$ für die durchzuführende Verkettung ist. Am besten geht dies aus einem Beispiel hervor. cp[1] ist dabei $g(x)$ und cp[2] ist $x = h(x)$:

```
f:=expand(subs(a=x^2+x, (a^2-a+1)^2));
```
$$f := x^8 + 4x^7 - 2x^5 - 2x^4 + 4x^6 + 4x^3 + x^2 - 2x + 1$$

```
cp:=compoly(f);
```
$$cp := x^4 + 1 - 2x + 3x^2 - 2x^3,\ x = x^2 + x$$

```
expand(subs(cp[2],cp[1]));
```
$$x^8 + 4x^7 - 2x^5 - 2x^4 + 4x^6 + 4x^3 + x^2 - 2x + 1$$

compoly ist wie die meisten anderen Funktionen dieses Abschnitts nur für rationale Funktionen geeignet.

Zusätzliche Hilfe bei trigonometrischen Vereinfachungen

Einige der bisher beschriebenen Funktionen sind in der Lage, trigonometrische Vereinfachungen durchzuführen, insbesondere simplify, expand, combine und convert. In Situationen, wo keine dieser Funktionen weiterführt, kann eventuell trigsubs Hilfestellung leisten. Dieser Befehl führt zwar selbst keine Vereinfachungen durch, er kann aber eine ganze Reihe von möglichen Substitutionstermen zur Verfügung stellen.

trigsubs(x) liefert in der Folge alle in Maple bekannten trigonometrischen Ausdrücke, die mit x übereinstimmen. Für x sind dabei nur elementare trigonometrische Funktionen erlaubt (etwa $\sin(x), \sin(2x), \sin(x^2)$ oder $\sin(x)^2$), nicht aber zusammengesetzte Ausdrücke (wie $\sin(x) + \cos(x)$). Im Beispiel unten fällt auf, dass in der Liste der äquivalenten Funktionen x selbst mehrfach auftritt.

```
trigsubs(sin(x)^2);
```
$$[\sin(x)^2, 1 - \cos(x)^2, 1/2 - \frac{\cos(2x)}{2}, \sin(x)^2, \sin(x)^2, 4\sin(\frac{x}{2})^2\cos(\frac{x}{2})^2, \csc(x)^{-2},$$
$$\csc(x)^{-2}, \frac{4\tan(\frac{x}{2})^2}{(1+\tan(\frac{x}{2})^2)^2}, -\frac{(e^{Ix} - e^{-Ix})^2}{4}]$$

Mit trigsubs können ähnlich wie mit subs Substitutionen in trigonometrischen Ausdrücken durchgeführt werden. Die Besonderheit von trigsubs liegt darin, dass das Kommando nur solche Substitutionen durchführt, deren Richtigkeit es auf Grund der internen Wissensbasis überprüfen kann. Dem Vorteil einer höheren Sicherheit vor Fehlern steht allerdings auch ein Nachteil gegenüber: trigsubs weigert sich manchmal, eine Substitution durchzuführen, die eigentlich problemlos möglich sein sollte (wie das folgende Beispiel zeigt).

```
trigsubs( sin(x)=sqrt(1-cos(x)^2), (sin(x)^2-cos(x)^2)^2);
    Error, (in trigsubs) not found in table - use subs to over ride
trigsubs( sin(x)^2=1-cos(x)^2, (sin(x)^2-cos(x)^2)^2);
```
$$\left(1 - 2\cos(x)^2\right)^2$$

Mit Hilfe von trigsubs kann man auch einfach die Übereinstimmung zweier trigonometrischer Ausdrücke testen (mit den gleichen Einschränkungen wie oben!).

```
trigsubs( sin(x+y)=2*sin((x+y)/2)*cos((x+y)/2) );
```
'found'

Bearbeitung umfangreicher oder multivariater Ausdrücke (sort, select, remove, collect)

Die in diesem Abschnitt behandelten Funktionen sind vor allem bei sehr umfangreichen bzw. multivariaten Ausdrücken von Interesse.

sort sortiert den Ausdruck nach fallenden Potenzen. Beachten Sie, dass sort den Ausdruck bleibend verändert und nicht – wie beinahe alle anderen Maple-Funktionen – ein vom Original unabhängiges und eigenständiges Ergebnis liefert. (Diese Einschränkung gilt auch nur für die Anwendung auf Terme, nicht für Listen oder Mengen.)

```
f:=expand( (a*x^2*y+b*y)^2+(x-2*y+c*y^2)^2+x^3+x^4*y^2);
```
$$f := a^2y^2x^4 + 2aby^2x^2 + b^2y^2 + x^2 - 4yx + 2cy^2x + 4y^2 - 4cy^3 + c^2y^4 + x^3 + x^4y^2$$

```
sort(f);
```
$$a^2y^2x^4 + 2aby^2x^2 + y^4c^2 + y^2x^4 + b^2y^2 - 4y^3c + 2y^2cx + x^3 + 4y^2 - 4yx + x^2$$

Das Beispiel oben zeigt, dass sort ohne die Angabe weiterer Parameter einfach nach der Summe der Potenzen der einzelnen Variablen sortiert. In der Praxis ist es aber zumeist sinnvoller, nach den Potenzen einer bestimmten Variable zu sortieren:

```
sort(f,x);
```
$$a^2y^2x^4 + y^2x^4 + x^3 + 2aby^2x^2 + x^2 - 4yx + 2y^2cx + b^2y^2 + 4y^2 - 4y^3c + y^4c^2$$

Die Funktion ist auch in der Lage, nach mehreren Variablen gleichzeitig zu sortieren. Wenn zwei Variablen in einer Liste (eckige Klammern) angegeben werden, so sortiert Maple nach der Summe der Potenzen der beiden Variablen und bei mehreren Termen mit gleicher Exponentensumme absteigend nach den Potenzen der ersten Variablen.

```
sort(f,[x,y]);
```
$$a^2x^4y^2 + x^4y^2 + 2abx^2y^2 + c^2y^4 + x^3 + 2cxy^2 - 4cy^3 + x^2 - 4xy + b^2y^2 + 4y^2$$

Eine gewisse Verwandschaft zu `sort` hat das Kommando `collect`. Es fasst Terme zusammen, die den im zweiten Parameter des Kommandos angegebenen Faktor gemeinsam haben.

```
collect(f,x);
```
$$(a^2y^2 + y^2)x^4 + x^3 + (1 + 2aby^2)x^2 + (2cy^2 - 4y)x + c^2y^4 + b^2y^2 - 4cy^3 + 4y^2$$

Auch bei diesem Kommando kann über mehrere Variablen gleichzeitig zusammengefasst werden. In der Standardeinstellung werden dabei zuerst Gruppen nach den Potenzen der ersten Variablen gebildet, diese Gruppen werden anschließend nach Potenzen der zweiten Variablen gruppiert. Wenn als dritter Parameter das Schlüsselwort `distributed` angegeben wird, dann ordnet `collect` nach gemeinsamen Potenzen der beiden Variablen (und fasst deswegen die beiden Terme mit dem gemeinsamen Faktor x^4y^2 zusammen).

```
collect(f,[x,y]);
```
$$(a^2 + 1)y^2x^4 + x^3 + (1 + 2aby^2)x^2 + (2cy^2 - 4y)x + c^2y^4 - 4cy^3 + (b^2 + 4)y^2$$

```
collect(f,[x,y],distributed);
```
$$2cy^2x + (a^2 + 1)y^2x^4 + 2aby^2x^2 + c^2y^4 + x^3 - 4cy^3 + (b^2 + 4)y^2 + x^2 - 4yx$$

Sowohl `sort` als auch `collect` können auch nach Funktionen sortieren/gruppieren, also etwa nach $\sin(x)$. Komplexere Ausdrücke, beispielsweise $1/x$ oder $x + y$, sind dagegen nicht erlaubt.

```
f:=expand((sin(x)-cos(x)^2)^2+(a-cos(x))^2);
```
$$f := \sin(x)^2 - 2\sin(x)\cos(x)^2 + \cos(x)^4 + a^2 - 2\cos(x)a + \cos(x)^2$$

```
sort(f,cos(x));
```
$$\cos(x)^4 - 2\sin(x)\cos(x)^2 + \cos(x)^2 - 2a\cos(x) + a^2 + \sin(x)^2$$

```
collect(f,cos(x));
```
$$\cos(x)^4 + (1 - 2\sin(x))\cos(x)^2 - 2a\cos(x) + a^2 + \sin(x)^2$$

`collect` kann auch nach partiellen Ableitungen gruppieren (Schlüsselwörter `diff` bzw. `D`).

```
f:=(y*diff(f1(x),x$2) + x*diff(f1(x),x$2));
```
$$f := y\left(\frac{\partial^2}{\partial x^2} f1(x)\right) + x\left(\frac{\partial^2}{\partial x^2} f1(x)\right)$$

```
collect(f,diff);
```
$$(y + x)\left(\frac{\partial^2}{\partial x^2} f1(x)\right)$$

Während `sort` und `collect` zwar die Anordnung, nicht aber den (mathematischen) Inhalt des Gesamtausdrucks veränderten, zeigt `select` ein vollkommen anderes Verhalten: Es selektiert einzelne Terme eines Ausdrucks, die ein bestimmtes Selektionskriterium erfüllen. Am einfachsten kann dieses Kriterium in der Form `select(has,f,eigenschaft)` formuliert werden. `has` testet dabei, welche Teile von f die angegebene Eigenschaft erfüllen bzw. die angegebene Funktion enthalten. Die beiden Beispiele beziehen sich noch immer auf die oben definierte Funktion f.

```
select(has,f,a);
```
$$-2\,a\cos(x) + a^2$$

```
select(has,f,cos(x)^2);
```
$$-2\sin(x)\cos(x)^2 + \cos(x)^2$$

```
select(has,f,{cos(x)^2,sin(x)^2});
```
$$-2\sin(x)\cos(x)^2 + \cos(x)^2 + \sin(x)^2$$

Das Selektionskriterium kann auch durch eine anonyme Funktion in Pfeilschreibweise formuliert werden. Im Beispiel unten wird in der anonymen Funktion `degree` eingesetzt. `degree` bestimmt den Rang (die Ordnung, Potenz) eines Ausdrucks, und zwar wahlweise in Hinblick auf alle darin vorkommenden Unbekannten oder auf einzelne Variablen. `degree(x^2*y)` liefert daher 3, `degree(x^2*y,x)` liefert 2 und `degree(x^2*y,y)` ergibt 1.

```
f:=expand((x-y)^8);
```
$$f := x^8 - 8\,x^7 y + 28\,x^6 y^2 - 56\,x^5 y^3 + 70\,x^4 y^4 - 56\,x^3 y^5 + 28\,x^2 y^6 - 8\,x y^7 + y^8$$

```
select(p->degree(p,x)>4,f);
```
$$x^8 - 8\,x^7 y + 28\,x^6 y^2 - 56\,x^5 y^3$$

Als komplementäre Funktion zu `select` steht `remove` zur Verfügung. `remove` hat dieselbe Syntax wie `select`, es entfernt aber die ausgewählten Ausdrücke.

```
remove(p->degree(p,x)>4,f);
```
$$70\,x^4\,y^4 - 56\,x^3\,y^5 + 28\,x^2\,y^6 - 8\,x\,y^7 + y^8$$

```
is(%+%%=f);
```
true

Man kann auch gleichzeitig nach einem Kriterium auswählen und entfernen mit `selectremove`. Man spaltet damit den Ausdruck in zwei komplementäre Teile auf. Da dies in einem Durchgang geschieht, ist es wesentlich effizienter. Das Ergebnis wird als eine Folge von zwei Termen geliefert:

```
selectremove(p->degree(p,x)>4,f);
```
$$x^8 - 8\,x^7 y + 28\,x^6 y^2 - 56\,x^5 y^3,\ 70\,x^4\,y^4 - 56\,x^3\,y^5 + 28\,x^2\,y^6 - 8\,x\,y^7 + y^8$$

Mit series nach x-Potenzen gruppieren

In seltenen Fällen – nämlich dann, wenn es ausschließlich darum geht, Gruppen gemeinsamer x-Potenzen zu bilden – kann das Kommando series zu diesem Zweck missbraucht werden. Dieses Kommando hat eigentlich die Aufgabe, Reihenentwicklungen durchzuführen. Es wird in Kapitel 24 ausführlich beschrieben.

Im folgenden Beispiel soll $(x^{1/2} + a)^3 + (x^{3/2} + b)^3$ nach x-Potenzen gruppiert werden. Das einzige Kommando, das dazu in der Lage ist, lautet series. Im dritten Parameter wird die Ordnung angegeben, bis zu der die Reihenentwicklung (in diesem Fall: das Gruppieren der Koeffizienten von x^n) durchgeführt werden soll. Geben Sie hier einen ausreichend großen Wert an, sonst eliminiert series die Terme mit hohen Potenzen und gibt im Ergebnis einen Ordnungsterm $O(x^n)$ an.

```
expand((x^(1/2)+a)^3+(x^(3/2)+b)^3);
```
$$x^{3/2} + 3xa + 3\sqrt{x}\,a^2 + a^3 + x^{9/2} + 3x^3 b + 3x^{3/2} b^2 + b^3$$

```
series(%,x, 20);
```
$$a^3 + b^3 + 3\sqrt{x}\,a^2 + 3xa + (1 + 3b^2)\,x^{3/2} + 3x^3 b + x^{9/2}$$

Falls in dem Polynom ausschließlich ganze Potenzen auftreten (und nicht wie im obigen Beispiel $x^{3/2}$), dann liefert series kein echtes Polynom, sondern den (optisch nicht erkennbaren) Datentyp series. In diesem Fall muss der gesamte Ausdruck anschließend mit convert(%,polynom) wieder in ein Polynom verwandelt werden.

Fortgeschrittene Fallbeispiele

Die drei in diesem Abschnitt vorgestellten Fallbeispiele zeigen die Vereinfachung komplizierterer mathematischer Ausdrücke. Die beiden ersten Beispiele betreffen ein in diesem Kapitel schon mehrfach erwähntes Problem: Maple fasst bei Summen nicht immer Summanden zusammen, die einen gemeinsamen Faktor haben. Will man statt einer globalen Vereinfachung des Terms solche Zusammenfassungen erhalten, bedarf es eines Griffs in die Trickkiste. Die beiden Beispiele zeigen unterschiedliche (wenngleich in jedem Fall recht umständliche) Lösungsmöglichkeiten. Ein drittes Beispiel demonstriert, wie Maple bei der näherungsweisen Vereinfachung von Formeln mithelfen kann. Das Aufstellen von Näherungslösungen ist ja gerade in realen technischen Berechnungen von großer Bedeutung.

Beispiel 1: Vereinfachung einer Ableitung mit select

Das Beispiel demonstriert nochmals die Einsatzbreite von select. Die dritte Ableitung von $\frac{x}{1-\sin(x)}$ soll vereinfacht werden:

```
f:=diff(x/(1-sin(x)), x$3);
```

$$f := \frac{6\cos(x)^2}{(1-\sin(x))^3} - \frac{3\sin(x)}{(1-\sin(x))^2} + \frac{6x\cos(x)^3}{(1-\sin(x))^4} - \frac{6\cos(x)x\sin(x)}{(1-\sin(x))^3} - \frac{\cos(x)x}{(1-\sin(x))^2}$$

Dazu werden mit `select` drei Gruppen gebildet, die nach dem Rang des Nennerterms zusammengefasst sind. Das unten stehende Kommando zeigt, dass `has` auch direkt zur Formulierung der anonymen Selektionsfunktion verwendet werden kann.

```
f1:=seq( select( p->has(p,1/(1-sin(x))^n), f), n=2..4);
```

$$f1 := -\frac{3\sin(x)}{(1-\sin(x))^2} - \frac{\cos(x)x}{(1-\sin(x))^2}, \frac{6\cos(x)^2}{(1-\sin(x))^3} - \frac{6\cos(x)x\sin(x)}{(1-\sin(x))^3}, \frac{6x\cos(x)^3}{(1-\sin(x))^4}$$

Durch das `seq`-Kommando werden die drei Gruppen mit `normal` jeweils auf den gleichen Nenner gebracht. Da die Gruppen bereits nach gleichen Nennern zusammengefasst sind, ist das nicht weiter schwierig – es geht ja nur noch darum, die beiden Zähler zu addieren. Das Kommando `normal` wurde etwas weiter oben im Abschnitt zur Bearbeitung von Polynomen beschrieben (S. 180). Es eignet sich hier besser als `simplify`, weil `simplify` weitere trigonometrische Umformungen vornimmt.

Die eckigen Klammern vor und nach `seq` verwandeln die resultierende Folge in eine Liste, die wiederum durch `convert` in eine Summe verwandelt wird.

```
convert( [seq(normal(p), p=[f1])], '+');
```

$$-\frac{3\sin(x)+\cos(x)x}{(-1+\sin(x))^2} + \frac{6\cos(x)(-\cos(x)+x\sin(x))}{(-1+\sin(x))^3} + \frac{6x\cos(x)^3}{(-1+\sin(x))^4}$$

Eine anschließende Probe testet, ob bei dieser Vereinfachung alles mit rechten Dingen zugegangen ist. Gerade die hier demonstrierte Anwendung von `select` kann relativ leicht dazu führen, dass einzelne Terme des originalen Ausdrucks vergessen werden oder doppelt in das Ergebnis eingehen. Diesmal hat aber alles geklappt.

```
is(%=f);
```

true

Beispiel 2: Vereinfachung eines Integrals mit op

Im zweiten Beispiel soll das Integral $\int (1+x^5)^{-1} dx$ in eine einfachere Form gebracht werden. Maple liefert das Ergebnis dieses Integrals in einer ziemlich langen Formel, in der ohne allzu große Mühe mehrere Terme zusammengefasst werden können.

Fortgeschrittene Fallbeispiele

```
f:=int(1/(1+x^5),x);
```

$$f := \frac{\ln(x+1)}{5} - \frac{\ln(2x^2 - x - \sqrt{5}x + 2)\sqrt{5}}{20} - \frac{\ln(2x^2 - x - \sqrt{5}x + 2)}{20} +$$

$$\arctan(\frac{4x - 1 - \sqrt{5}}{\sqrt{10 - 2\sqrt{5}}})\frac{1}{\sqrt{10 - 2\sqrt{5}}} - \arctan(\frac{4x - 1 - \sqrt{5}}{\sqrt{10 - 2\sqrt{5}}})\sqrt{5}\,1/5\frac{1}{\sqrt{10 - 2\sqrt{5}}} +$$

$$\frac{\ln(2x^2 - x + \sqrt{5}x + 2)\sqrt{5}}{20} - \frac{\ln(2x^2 - x + \sqrt{5}x + 2)}{20} +$$

$$\arctan(\frac{4x - 1 + \sqrt{5}}{\sqrt{10 + 2\sqrt{5}}})\frac{1}{\sqrt{10 + 2\sqrt{5}}} + \arctan(\frac{4x - 1 + \sqrt{5}}{\sqrt{10 + 2\sqrt{5}}})\sqrt{5}\,1/5\frac{1}{\sqrt{10 + 2\sqrt{5}}}$$

Hier kann man mit einem passenden `collect` für eine Vereinfachung sorgen, indem man Terme mit `ln` und `arctan` zusammenfasst:

```
f1:=collect(f,[ln,arctan])
```

$$f1 := 1/5\,\ln(x+1) +$$

$$\left(-1/20 + 1/20\,\sqrt{5}\right)\ln(2x^2 - x + \sqrt{5}x + 2) +$$

$$\left(-1/20 - 1/20\,\sqrt{5}\right)\ln(2x^2 - x - \sqrt{5}x + 2) +$$

$$\left(1/5\,\frac{\sqrt{5}}{\sqrt{10 + 2\sqrt{5}}} + \frac{1}{\sqrt{10 + 2\sqrt{5}}}\right)\arctan(\frac{4x - 1 + \sqrt{5}}{\sqrt{10 + 2\sqrt{5}}}) +$$

$$\left(\frac{1}{\sqrt{10 - 2\sqrt{5}}} - 1/5\,\frac{\sqrt{5}}{\sqrt{10 - 2\sqrt{5}}}\right)\arctan(\frac{4x - 1 - \sqrt{5}}{\sqrt{10 - 2\sqrt{5}}})$$

Die Probe, ob die beiden Terme tatsächlich gleich sind, verweigert Maple. (Wie oben schon erwähnt: Es gibt keinen universellen Algorithmus zur Überprüfung der Gleichheit solcher Terme!)

```
is(f=f1);
```

   $FAIL$

In diesem Fall kann man sich behelfen, indem man die beiden Terme mit `evalf` behandelt:

```
is(evalf(f)=evalf(f1));
```

   $true$

Abschließend noch ein Hinweis: In Kapitel 28 erhalten Sie eine Menge Informationen darüber, wie Maple mathematische Ausdrücke intern speichert und wie Sie Teile dieser Ausdrücke lesen können. Diese Informationen sind vor allem dann sehr wertvoll, wenn Sie eigene Kommandos zur Bearbeitung oder Vereinfachung von Maple-Ausdrücken schreiben möchten.

Beispiel 3: Elimination vernachlässigbarer Terme

Ein beliebter Sport in den Ingenieurswissenschaften besteht darin, mathematisch nicht bedeutsame (weil vernachlässigbar kleine) Terme aus Formeln herauszustreichen und mit dem nun wieder etwas besser handhabbaren Ergebnis weiterzurechnen. Es liegt auf der Hand, dass Maple das nicht leisten kann. Die Elimination einzelner Terme setzt eine sehr präzise Vorstellung des (realen) Problems voraus und kann daher nur in Handarbeit erfolgen. (Auch ein CAS macht mathematische Fertigkeiten nicht überflüssig!) Ziel dieses Abschnitts ist es, die Anwendung der weiter oben vorgestellten Funktion select nochmals zu demonstrieren. Zwar setzt diese Funktion voraus, dass Sie Maple ganz präzise mitteilen, was es tun soll, aber immerhin sparen Sie sich das mühsame und fehleranfällige Neuschreiben von Formeln.

Dazu ein Beispiel aus der Elektrotechnik: E_r beschreibt die r-Komponente (Kugelkoordinate) der Feldstärke E einer idealisierten Dipol-Antenne. Da der Großbuchstabe I in der Elektrotechnik zur Darstellung von Strömen gebraucht wird, ist das Symbol j für die imaginäre Einheit üblich. Zunächst wechseln wir daher das Zeichen, das Maple für die imaginäre Einheit verwendet.

```
restart: interface(imaginaryunit='j');
Z:=beta/omega/epsilon;
```

$$Z := \frac{\beta}{\omega \epsilon}$$

```
Er:=Z*I*dl/(2*Pi*r^2)*(1+1/(j*beta*r))*exp(-j*beta*r)*cos(theta);
```

$$Er := \beta I dl \left(1 - \frac{j}{\beta r}\right) e^{-j\beta r} \cos(\theta) \frac{1}{2\omega \epsilon \pi r^2}$$

Im Folgenden sollen Näherungen dieser Feldstärke für das Nah- und Fernfeld der Antenne berechnet werden. Das Nahfeld zeichnet sich durch ein sehr kleines r (also durch einen sehr geringen Abstand zur Antenne) aus. Daher geht der Ausdruck $e^{-j\beta r}$ gegen 1 und kann aus dem Produkt gestrichen werden. Mit select werden alle Terme aus E_r selektiert, die den Term $-j\beta r$ nicht enthalten:

```
Er1:=select(x->not has(x,-j*beta*r),Er);
```

$$Er1 := \beta I dl \left(1 - \frac{j}{\beta r}\right) \cos(\theta) \frac{1}{2\omega \epsilon \pi r^2}$$

Das Zwischenergebnis $Er1$ wird jetzt durch expand in zwei Komponenten zerlegt. Da r sehr klein ist, kann der Term mit $1/r^2$ gegenüber jenem mit $1/r^3$ vernachlässigt werden. Ein zweites select-Kommando führt zur Formel für das Nahfeld.

```
Er2:=expand(Er1);
```

$$Er2 := \frac{\beta I dl \cos(\theta)}{2\omega \epsilon \pi r^2} - \frac{j I dl \cos(\theta)}{2\omega \epsilon \pi r^3}$$

```
E_nah:=select(has, Er2,r^(-3));
```
$$E_{nah} := -\frac{j\,I\,dl\,\cos(\theta)}{2\,\omega\,\epsilon\,\pi\,r^3}$$

Das Fernfeld ist durch die Annahme charakterisiert, dass r sehr groß ist. In diesem Fall wird $1/r^3$ vernachlässigbar klein und kann eliminiert werden. Weitere Vereinfachungen sind nicht möglich.

```
Er3:=expand(Er);
```
$$Er3 := \frac{\beta\,I\,dl\,\cos(\theta)}{2\,\omega\,\epsilon\,\pi\,r^2 e^{j\,\beta\,r}} - \frac{j\,I\,dl\,\cos(\theta)}{2\,\omega\,\epsilon\,\pi\,r^3 e^{j\,\beta\,r}}$$
```
E_fern:=select(has, Er3,r^(-2));
```
$$E_{fern} := \frac{\beta\,I\,dl\,\cos(\theta)}{2\,\omega\,\epsilon\,\pi\,r^2 e^{j\,\beta\,r}}$$

Syntaxzusammenfassung

`simplify(ausdruck);`   `simplify(ausdruck, typ);`
  `simplify` versucht, den angegebenen Ausdruck zu vereinfachen. Durch die Angabe eines Vereinfachungstyps im zweiten Parameter kann die Arbeit von `simplify` auf einen Detailbereich eingeschränkt werden. Erlaubte Schlüsselwörter sind: `@`, `Ei`, `exp`, `GAMMA`, `hypergeom`, `ln`, `polar`, `power`, `radical`, `RootOf`, `sqrt` und `trig`.

`simplify(ausdruck, symbolic);`
  Im Gegensatz zu den obigen Schlüsselwörtern schränkt `symbolic` die Wirkung von `simplify` nicht ein, sondern erweitert sie. `simplify` führt jetzt auch solche Vereinfachungen durch, die mathematisch bedenklich (bei komplexen Argumenten) sind und nur unter bestimmten Bedingungen gelten (so gilt $\sqrt{x^2} \mapsto x$ nur für $x > 0$).

`simplify(ausdruck, {gleichungen}, {var});`
  Die dritte `simplify`-Variante benutzt die im zweiten Parameter angegebenen Gleichungen zur Vereinfachung des Ausdrucks. Dabei wird eine Gröbner-Basis für die im dritten Parameter (optional) angegebenen Variablen gebildet.

`expand(ausdruck);`
  multipliziert die im Ausdruck enthaltenen Faktoren aus. Bei trigonometrischen und einigen weiteren Funktionen versucht `expand`, deren Argumente zu vereinfachen, was in der Regel zu Summen und/oder Produkten mehrerer Funktionen führt. Bei rationalen Funktionen betrifft `expand` nur den Nenner. Wenn Zähler und Nenner ausmultipliziert werden, ist `normal(f,var,expanded)` zielführend.

`radnormal(ausdruck);`
  versucht, die im Ausdruck enthaltenen (Quadrat-)Wurzeln zu vereinen bzw. in eine einfachere Form umzuwandeln und aus dem Nenner zu eliminieren.

```
combine(ausdruck, typ);
```
versucht, die im Ausdruck enthaltenen Funktionen zusammenzuziehen. Ohne die (optionale) Angabe des Vereinfachungstyps führt `combine` nur einige eher grundlegende Vereinfachungen durch. Für den Vereinfachungstyp sind folgende Schlüsselwörter definiert: `abs`, `@@`, `arctan`, `conjugate`, `exp`, `ln`, `piecewise`, `polylog`, `power`, `product`, `Psi`, `radical`, `range`, `trig` und `signum`.

```
factor(ausdruck);    factor(ausdruck, {x0,x1,x2...});
```
versucht, ein Polynom in die zugrunde liegenden Faktoren aufzuspalten. Dabei wird der durch die Koeffizienten implizit angegebene Zahlenbereich verwendet. Wenn das Polynom Nullstellen aufweist, die nicht in diesem Bereich liegen, liefert die Faktorisierung nicht nur Linearfaktoren. Man kann die Nullstellen (etwa durch RootOf-Ausdrücke) im zweiten Argument als Menge oder Liste angeben, um eine vollständige Faktorisierung zu erreichen.

```
convert(ausdruck, typ);
```
wandelt den Ausdruck in eine neue Schreibweise um. Für allgemeine mathematische Umformungen können folgende Typen angegeben werden: `exp`, `expln`, `expsincos`, `factorial`, `GAMMA`, `ln`, `radical`, `RootOf`, `sincos`, `tan` und `trig`. Zur Transformation von Polynomen und rationalen Funktionen sind die Schlüsselwörter `confrac`, `horner`, `parfrac` und `fullparfrac` definiert (siehe unten). Außerdem kennt `convert` zahlreiche weitere Schlüsselwörter, die aber in diesem Zusammenhang nicht von Interesse sind und an anderen Orten in diesem Buch beschrieben sind.

Bearbeitung von Polynomen und rationalen Funktionen

```
numer(ratfunc);    denom(ratfunc);
```
ermitteln Zähler und Nenner eines Bruchs. Rationale Funktionen werden vorher mit `normal` auf einen gemeinsamen Nenner gebracht.

```
normal(ratfunc);    normal(ratfunc, expanded);
```
bringt die rationale Funktion auf einen gemeinsamen Nenner und kürzt mehrfach auftretende Faktoren. Durch die zusätzliche Angabe des Schlüsselworts `expanded` werden Zähler und Nenner anschließend ausmultipliziert.

```
quo(poly1, poly2, var);    quo(poly1, poly2, var, 'rest');
rem(poly1, poly2, var);
```
führt eine Polynomdivision der beiden Polynome über die angegebene Variable durch. `quo` ermittelt das Ergebnis, `rem` den verbleibenden Rest. In der zweiten Syntaxvariante von `quo` wird der Rest in der Variablen *rest* gespeichert. Auf diese Weise können Quotient und Rest in einem Rechengang ermittelt werden.

```
convert(ratfunc, confrac, var);
convert(ratfunc, parfrac, var);
convert(poly, horner, var);
```
  führt eine Kettenbruch-, Partialbruch- oder Horner-Zerlegung durch.

```
compoly(f,x);
```
  sucht gemeinsame Terme in f und isoliert diese als Substitutionsausdruck. Das Kommando stellt für einfache Ausdrücke eine Umkehrfunktion zu subs dar.

Spezialfunktionen

```
sort(ausdruck);
sort(ausdruck, varlist);
```
  sortiert den Ausdruck nach fallenden Potenzen. Wenn in einer Liste oder Menge Variablen angegeben werden, so werden nur die Potenzen dieser Variablen berücksichtigt.

```
trigsubs(trigfunc);
trigsubs(trigfunc1=trigfunc2);
trigsubs(trig1a=trig1b, trig2a=trig2b,... ausdruck);
```
  leistet Hilfestellung bei der Vereinfachung trigonometrischer Ausdrücke. Die erste Syntaxvariante führt zu einer Menge aller Maple bekannten, zu *trigfunc* äquivalenten Funktionen. In der zweiten Variante wird die Identität der beiden Funktionen überprüft. Die dritte Variante führt die angegebenen Substitutionen durch (wie subs), sofern die Identität der Substitutionsregeln festgestellt werden kann. *Achtung*: trigsubs erkennt zwar viele, aber durchaus nicht alle Identitäten!

```
collect(ausdruck, varlist);
```
  hebt die in einer Liste oder Menge genannten gemeinsamen Faktoren heraus. Als Faktoren sind allerdings nur Variablen oder elementare Funktionen, nicht aber zusammengesetzte Ausdrücke erlaubt.

```
select(has, ausdruck, eigenschaft);      select(boolfunc, ausdruck);
remove(has, ausdruck, eigenschaft);      remove(boolfunc, ausdruck);
```
  selektiert bzw. eliminiert jene Terme des Ausdrucks, die das Selektionskriterium erfüllen. Das Kriterium kann durch die Angabe einer Eigenschaft mit has oder durch eine anonyme Funktion mit booleschem Ergebnis formuliert werden.

```
degree(ausdruck, varlist);
has(ausdruck, eigenschaft);
```
  sind häufig bei der Formulierung von Selektionskriterien für select nützlich. degree stellt den Grad eines Polynoms fest (degree(x^2*x,x) liefert 2). has testet, ob der Ausdruck die angegebene 'Eigenschaft' aufweist. Als Eigenschaft kann beispielsweise das Vorhandensein der Sinusfunktion gelten: has(..., sin(x)).

```
series(polynom, x, 100);
```
   gruppiert das Polynom nach steigenden x-Potenzen. Falls nur ganze x-Potenzen auftreten, muss das Ergebnis anschließend mit `convert(%,polynom)` vom Datentyp `series` wieder in ein Polynom zurückverwandelt werden. `series` führt normalerweise Reihenentwicklungen durch und wird in diesem Zusammenhang in Kapitel 24 beschrieben.

```
op(n, ausdruck);
```
   liest den n-ten Operanden des Ausdrucks. `op` ist zum Lesen einzelner Summanden bzw. Faktoren einer Summe bzw. eines Produkts geeignet.

```
subs(sub1a=sub1b, sub2a=sub2b,..., ausdruck);
```
   substituiert die a-Terme durch die b-Terme. `subs` funktioniert syntaktisch und erkennt nur Operanden, also z.B. nicht $x + y$ innerhalb $x + y + z$.

```
algsubs(term1=term2,ausdruck);
```
   substituiert `term1` durch `term2` in `ausdruck`. Diese Funktion führt im Gegensatz zu `subs` eine algebraische Substitution durch, die auch Teilterme erkennt, die keine Operanden sind (also z. B. a+b in a+b+c).

Kapitel 13

Gleichungen analytisch und numerisch lösen

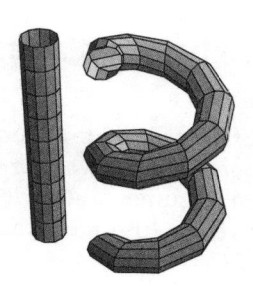

Dieses Kapitel fasst die wichtigsten Befehle zum Lösen einzelner Gleichungen oder ganzer Gleichungssysteme zusammen, wobei sowohl analytische als auch numerische Lösungsverfahren behandelt werden.

`solve`
ist die Standardfunktion zur analytischen (symbolischen) Lösung von Gleichungen.

`fsolve`
verwendet verschiedene numerische Verfahren, um Gleichungen zu lösen.

`isolve` und `rsolve`
sind zwei Varianten zu `solve`. `isolve` ermittelt ausschließlich ganzzahlige Lösungen, `rsolve` versucht, aus der rekursiven Definition einer Funktion die allgemeine Funktionsvorschrift abzuleiten.

Verweis: Neben den oben erwähnten `solve`-Varianten existieren in Maple zahlreiche weitere Kommandos, die im weiteren Sinne ebenfalls zum Lösen von Gleichungssystemen dienen: `simplify` ist in der Lage, aus einem Gleichungssystem mit mehreren Variablen einzelne Variablen zu eliminieren (S. 178). `LinearSolve` löst Gleichungssysteme, die als Matrizen angeschrieben sind (S. 228), `dsolve` löst Differentialgleichungen (Kapitel 18), `extrema` löst Extremwertaufgaben unter Berücksichtigung von Nebenbedingungen und schließlich führen `minimize` und `maximize` aus dem Package `simplex` lineare Optimierungen durch (Kapitel 23). Weitere Informationen zur Anwendung des `solve`-Kommandos finden Sie in der Maple-Datei `Examples\Solve.mws`.

Gleichungen analytisch lösen (solve)

Die Standardfunktion zum Lösen von Gleichungen heißt solve. Der Funktion wird im ersten Argument die zu lösende Gleichung, im zweiten Argument die Variable übergeben.

```
solve(x^2+3*x+2=0, x);
```
$$-1, -2$$

Wenn statt einer Gleichung nur ein Term angegeben wird, erzeugt Maple automatisch eine Gleichung, die den Term gleich 0 setzt. Wenn auf die Angabe von Variablen verzichtet wird, löst Maple die Gleichung für alle der darin vorkommenden unbekannten Symbole. Welche der Symbole dabei in Abhängigkeit von den anderen aufgelöst werden, ist unbestimmt und kann von Sitzung zu Sitzung differieren.

```
solve(x^2+3*x+2);
```
$$-1, -2$$

Die Angabe der Variable, nach der die Gleichung aufgelöst werden soll, ist erforderlich, wenn in einer Gleichung mehrere Unbekannte auftreten. Maple kann dann nicht erkennen, welche Symbole Variablen und welche später einzusetzende Parameter der Gleichung sind.

```
solve( a*x^2+b*x+c);
```
$$\{c = -ax^2 - bx, x = x, a = a, b = b\}$$

```
solve( a*x^2+b*x+c,x);
```
$$\frac{-b + \sqrt{b^2 - 4ac}}{2a}, \frac{-b - \sqrt{b^2 - 4ac}}{2a}$$

solve versucht, sämtliche Lösungen zu ermitteln. Die Reihenfolge der Lösungen ist unbestimmt.

```
f:=expand( (x-1)^2*(x+Pi)*(3*x-1/x) );
```
$$f := 3x^4 + 2x^2 + 3x^3\pi + 2x\pi - 6x^3 + 2x - 6x^2\pi + 2\pi - 1 - \frac{\pi}{x}$$

```
solve(f);
```
$$\frac{\sqrt{3}}{3}, -\frac{\sqrt{3}}{3}, 1, -\pi$$

Lösungen mit Gleitkommazahlen

solve versucht, die Lösung von Gleichungen symbolisch zu ermitteln.

```
solve(x^3=8);
```
$$2, -1 + I\sqrt{3}, -1 - I\sqrt{3}$$

Wenn in der Gleichung numerische Werte auftreten (also 1.5 statt 3/2), dann werden diese Werte zuerst durch Brüche angenähert, um die Berechnung symbolisch durchzuführen. Die Lösung wird anschließend wieder in Gleitkommazahlen zurückverwandelt.

```
solve(x^3=8.0);
```
$$2.0, -1.0 - 1.732050808\,I,$$
$$-1.0 + 1.732050808\,I$$

`solve` in Kombination mit numerischen Werten ist aber nicht gleichwertig mit dem Kommando `fsolve`, das etwas weiter unten behandelt wird. Beispielsweise liefert `fsolve` standardgemäß (außer bei Polynomen) nur eine einzige Lösung (nicht mehrere).

```
fsolve(x^3=8);
```
$$2$$

```
fsolve(x^3=8, x, complex);
```
$$-1.0 - 1.732050808\,I,$$
$$-1.0 + 1.732050808\,I, 2.0$$

Außerdem ist `fsolve` natürlich nicht in der Lage, Gleichungen mit symbolischen Parametern zu lösen, dies ist das Aufgabengebiet von `solve`.

```
solve(x^2=\frac{3}{2}+a,x);
```
$$\frac{1}{2}\sqrt{6+4a}, -\frac{1}{2}\sqrt{6+4a}$$

```
fsolve(x^2=1.5+a,x);
    Error, (in fsolve) a is in the
    equation, and is not solved for
```

Periodische Lösungen bei trigonometrischen Gleichungen

`solve` kommt auch mit trigonometrischen Gleichungen zurecht.

```
solve(sin(x)=cos(x));
```
$$\frac{\pi}{4}$$

Maple kann sogar periodische Lösungen trigonometrischer Gleichungen (in der Art $x = \pi/4 + n\pi$) bestimmen. Dazu muss vor dem `solve`-Kommando die Variable `_EnvAllSolutions` auf `true` gesetzt werden. Maple formuliert die Lösung dann mit den Variablen `_Z` für ganze Zahlen, `_NN` für nicht-negative ganze Zahlen oder `_B` für binäre Werte (0/1). Diese Variablen sind in der globalen Umgebung nicht definiert (wie das gemacht wird, sehen Sie in Kapitel 29) und können daher auch nicht substituiert werden. Die Lösungen zeigen nur, wie man von den Grundlösungen zu den weiteren (periodisch auftretenden) Lösungen gelangt.

```
_EnvAllSolutions:=true:
solve(sin(x)=cos(x));
```
$$1/4\,\pi + \pi\,\text{`}\_Z\text{`}$$

```
s:=solve(sin(x^2)=1/2);
```
$$s := \frac{1}{6}\sqrt{6\pi + 24\pi\,\_B1\tilde{} + 72\pi\,\_Z1\tilde{}},$$
$$-\frac{1}{6}\sqrt{6\pi + 24\pi\,\_B1\tilde{} + 72\pi\,\_Z1\tilde{}}$$

Gleichungssysteme

Wenn `solve` ganze Gleichungssysteme lösen soll, müssen sowohl die Gleichungen als auch die darin vorkommenden Variablen als Mengen geschrieben werden (geschwungene Klammern). Sofern im Gleichungssystem außer den Variablen, nach denen es gelöst werden soll, keine weiteren freien Variablen vorkommen, kann auf die Angabe der Variablenmenge auch verzichtet werden. `solve` gruppiert die einzelnen Lösungen in Mengen und gibt die Folge dieser Mengen als Ergebnis aus.

```
solve( {5*x^2 - 5*y^2 - 3*x + 9*y=0, 5*x^3+5*y^3-15*x^2-13*x*y-y^2=0}, {x,y});
```

$$\{y=0, x=0\}, \{y=-1, x=2\}, \{y=2, x=1\}, \left\{x=\frac{42}{25}, y=\frac{63}{25}\right\}$$

Bei der Lösung von Gleichungssystemen müssen die Anzahl der Gleichungen und die Anzahl der angegebenen Lösungsvariablen übereinstimmen.

```
eq:= {x+y+z-4, x-3*y+z, 2*x-y+z}:
solve( eq, x);
solve( eq, {x,y,z});
```

$$\{y=1, z=5, x=-2\}$$

Maple kommt auch mit vielen nicht-linearen Gleichungssystemen zurecht: Im Folgenden Beispiel treten auch trigonometrische Funktionen und *e*-Terme auf. Mit `evalf` erfolgt eine numerische Auswertung des Ergebnisses. Anschließend wird das Ergebnis zur Kontrolle in die Ausgangsgleichungen eingesetzt.

```
eq:={exp(x)+exp(y)+exp(z)=1, sin(x)+sin(y)=1, y+z=1}:
solve(eq, {x,y,z});
```

$$\{y = -\arcsin(-1+\sin(\%2)),\ x = \%2,\ z = \arcsin(-1+\sin(\%2))+1\}$$

$$\%1 := e^{\arcsin(-1+\sin(\_Z))}$$

$$\%2 := \mathrm{RootOf}(\_Z - \ln(-1 - e^{(\arcsin(-1+\sin(\_Z))+1)}\%1 + \%1) + \arcsin(-1+\sin(\_Z)))$$

```
evalf(%);
```

$$\{x = 1.926433253 - 1.711725280\,I,\ y = -1.000578839 - 1.314917616\,I,$$
$$z = 2.000578839 + 1.314917616\,I\}$$

```
evalf(subs(%,eq));
```

$$\{1.000000005 - .21\,10^{-8}\,I = 1.,\ 1.000000000 = 1.,\ 1.000000001 - .2\,10^{-9}\,I = 1.\}$$

Verweis: Der Umgang mit Ungleichungssystemen wird am Ende dieses Kapitels behandelt (S. 208). Zur Elimination einer Variablen aus mehreren Gleichungen ist `simplify` mit der Angabe von Nebenbedingungen geeignet (S. 178). In manchen Fällen lassen sich Umformungen auch mit `algsubs` durchführen (S. 169). Informationen zum Umgang mit linearen Gleichungssystemen finden Sie schließlich noch in Kapitel 14, in Zusammenhang mit Vektor- und Matrizenrechnung (S. 228).

Die Befehle RootOf und allvalues

Für Polynome von höherem Grad als 4 gibt es keine uniformen Lösungsformeln mit Radikalen. solve ist daher nicht immer in der Lage, die Lösungen explizit anzugeben. Da nach dem Fundamentalsatz der Algebra aber für ein (univariates) Polynom vom Grad n stets n Lösungen existieren, muss sich Maple hier anders behelfen. Mit der Funktion RootOf beschreibt Maple symbolisch die Lösungen eines Polynoms. Dazu wird die Gleichung eines Polynoms zur Darstellung der aus ihm resultierenden Nullstellen verwendet. Ausdrücke mit RootOf können wie andere Ergebnisse weiterverarbeitet werden. allvalues ermittelt alle Lösungen des RootOf-Terms. Falls dabei eine symbolische Auswertung nicht möglich ist, arbeitet allvalues automatisch numerisch, gibt aber die Lösung mit einem RootOf-Ausdruck mit einem angehängten Label zurück, das die numerische Näherung beschreibt. Um die Lösungen zu unterscheiden, werden sie durch einen Indexausdruck gekennzeichnet. Mit evalf kann man diese Näherung anzeigen. (allvalues führt in dieser Situation zu einer Fehlermeldung.)

```
s:=solve(x^6+x+1,x);
```

$$s := RootOf(\_Z^6 + \_Z + 1, index = 1), RootOf(\_Z^6 + \_Z + 1, index = 2),$$
$$RootOf(\_Z^6 + \_Z + 1, index = 3), RootOf(\_Z^6 + \_Z + 1, index = 4),$$
$$RootOf(\_Z^6 + \_Z + 1, index = 5), RootOf(\_Z^6 + \_Z + 1, index = 6)$$

```
evalf(s);
```

$$-0.7906671888 - 0.3005069203I, ..., 0.9454023333 + 0.6118366938I$$

Gleichungen numerisch lösen (fsolve)

Das Kommando fsolve hat dieselbe Syntax wie solve, die Lösungssuche erfolgt allerdings numerisch. Der wesentliche Unterschied gegenüber solve besteht darin, dass fsolve normalerweise (außer bei Polynomen) nur eine einzige Lösung ermittelt, selbst dann, wenn solve mühelos mehrere erkennt. Aus diesem Grund sollte fsolve nur dann eingesetzt werden, wenn eine exakte (symbolische) Lösung nicht existiert oder wenn die zugrunde liegenden Gleichungen von vornherein Gleitkomma-Koeffizienten enthalten.

Die nebenstehende logarithmische Gleichung bereitet fsolve keine Schwierigkeiten.

```
fsolve(ln(1+x)+ln(3+x)+x=5);
```

2.192154954

Bei Polynomen ermittelt `fsolve` normalerweise alle reellen Lösungen. Durch die Option `complex` werden auch die komplexen Lösungen berechnet. Beachten Sie, dass `fsolve` nur bei Polynomen alle Lösungen ermittelt.

```
fsolve( x^3+2*x-1);
```
$\quad 0.4533976515$

```
fsolve( x^3+2*x-1, x,complex);
```
$\quad -0.2266988258 - 1.467711509I,$

$\quad -0.2266988258 + 1.467711509I,$

$\quad 0.4533976515$

Falls `solve` in der Lage ist, eine Lösung zu finden, sollten numerische Werte nicht durch `fsolve`, sondern durch die numerische Auswertung der symbolischen Lösung mit `evalf` berechnet werden. Der Vorteil besteht darin, dass dann alle Lösungen (und nicht nur eine einzige) ermittelt werden. Außerdem ist dieses Verfahren in der Regel numerisch genauer, da nicht sofort mit einem Näherungsverfahren gearbeitet wird.

```
fsolve({x+y=9/2, x*y=5}, {x,y});
```
$\quad \{x = 2.500000000, y = 2.0\}$

```
solve({x+y=9/2, x*y=5}, {x,y}):
evalf(%);
```
$\quad \{x = 2.500000000, y = 2.0\},$

$\quad \{y = 2.500000000, x = 2.0\}$

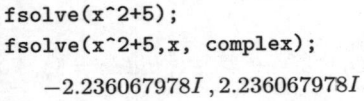

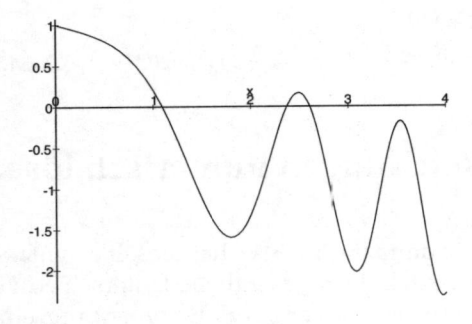

Es gibt Fälle, wo `fsolve` trotz einer scheinbar trivialen Gleichung keine Lösung liefert. In diesem Fall fehlt oft nur das zusätzliche Schlüsselwort `complex`, das `fsolve` auffordert, auch komplexe Lösungen zu berücksichtigen.

```
fsolve(x^2+5);
fsolve(x^2+5,x, complex);
```
$\quad -2.236067978I, 2.236067978I$

Bei Funktionen, die keine Polynome sind, findet `fsolve` oft gar keine oder nur eine einzige Lösung, obwohl mehrere Lösungen existieren. Im vorliegenden Beispiel sollen die Nullstellen der Funktion $\cos(x^2) - x/3$ ermittelt werden. Ein kurzer Plot der Funktion ist für die Lösungssuche enorm hilfreich.

```
f:=cos(x^2)-x/3:
plot(f,x=0..4);
```

`fsolve` liefert auf Anhieb die mittlere der fünf Nullstellen.

```
fsolve( f );
```
$\quad 2.371500399$

Für die restlichen Nullstellen ist es erforderlich, Maple einen Tipp zu geben, in welchem Bereich ein Lösungswert zu erwarten ist. Diese Tipps werden in der Art x=von..bis formuliert.

```
fsolve( f,x, x=0..2);
```
$$1.094269232$$

```
fsolve(f, x, x=2.5..3);
```
$$2.607739533$$

```
fsolve(f, x, x=-2.5..-1.5 );
```
$$-1.996097497$$

```
fsolve(f, x, x=-1.9..-1.0 );
```
$$-1.439140143$$

Bei Berechnungen von Nullstellen mit schlechter Konditionierung ist die Option fulldigits nützlich. Diese Option verhindert, dass Maple die Rechengenauigkeit während der Suche nach einer Lösung vorübergehend reduziert, um so eine höhere Geschwindigkeit zu erreichen. Maple (und jedes andere CAS) ist mit der numerischen Lösung des folgenden Beispiels aber überfordert. Es zeigt eben, dass es Probleme gibt, die numerisch nicht zufriedenstellend behandelt werden können.

```
Digits:=40:       f:=sinh(x)-cosh(x):
lsg1:=fsolve(f); ;
```

$lsg1 := 370.94605840245763319211772937632251 57195$

$MitRelease4 : lsg2 := 57.31148716486415372856890 701142667105759$

Bei der Gleichung $\sinh(x) - \cosh(x)$ führt die Erhöhung der Rechengenauigkeit nur zu einem anderen falschen Ergebnis. Die beiden Hyperbelfunktionen nähern sich für $x \to \infty$ asymptotisch einander an, schneiden sich aber nie.

```
plot( {sinh(x), cosh(x)}, x=-2..4);
```

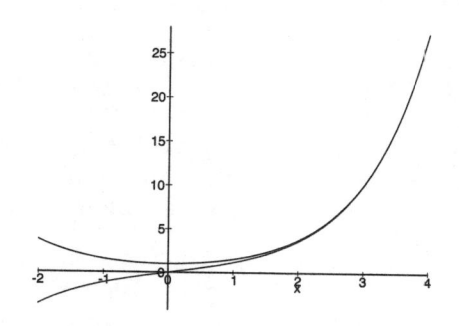

Mit symbolischen Methoden kommt man hier weiter. Beim ersten Versuch mit is muss Maple passen, wir müssen natürlich mitteilen, dass x reell ist.

```
is(cosh(x)-sinh(x)>0);
```
$$FAIL$$

```
is(cosh(x)-sinh(x)>0) assuming x::real;
```
$$true$$

Damit ist nachgewiesen, dass sich die Funktionen nie schneiden, weil für alle reellen Zahlen $x > 0$ stets $\sinh(x) < \cosh(x)$ ist. Dass der Grenzwert der Differenz 0 ist, kann Maple ebenfalls beweisen.

```
limit(cosh(x)-sinh(x),x=infinity);
```
$$0$$

Lösungen von Gleichungen weiterverwenden (eval, subs, assign)

Zur Weiterverarbeitung der Ergebnisse, die `solve` bzw. `fsolve` liefern, bestehen prinzipiell drei Möglichkeiten: Entweder werden die Ergebnisse verwendet, um mit der schon mehrfach behandelten Funktion `subs` die Variablen im Term durch die Lösung zu ersetzen, oder mit `eval` werden die Variablen vorübergehend zur Auswertung des Terms gebunden oder `assign` wird zur bleibenden Bindung der Werte an die Variablen verwendet. Im Regelfall ist die zweite Variante praktischer und flexibler. Sie erzeugt keine dauerhafte Bindung wie die dritte Variante und bewirkt eine Auswertung des Terms im Gegensatz zu einer Substitution wie die erste Variante.

Im vorliegenden Beispiel wird die erste Lösung der quadratischen Gleichung (also $x = 3$) in den Ausdruck $\sin(\frac{1}{1+x^2})$ eingesetzt. Beachten Sie die Verwendung der eckigen Klammern für den Zugriff auf das erste Teilergebnis der Lösungsfolge.

```
s:=solve( x^2-x-6 ,{x}});
    s := x = 3, x = -2
eval(sin(1/(1+x^2)),s[1]);;
    sin(1/10)
```

Analog geht man bei Gleichungssystemen mit mehreren Variablen vor. Dort sind die Variablennamen nämlich bereits in der Lösung enthalten.

```
s:=solve( {x^2+y^2=5, x+y=3} );
    s := {y = 1, x = 2}, {x = 1, y = 2}
eval(3*x^2+5*y-x*y,s[2]);
    11
```

Zur Verarbeitung aller Lösungen (und nicht nur einer einzelnen) bietet sich die Funktion `seq` (S. 137) an. Im Beispiel rechts werden die Lösungen der Reihe nach vor der Auswertung an die Variable i gebunden.

```
seq( eval(3*x^2+5*y-x*y,i), i=s);
    15, 11
```

Mit `assign` kann eine ganze Liste von Gleichungen der Art var=.. in Bindungen umgesetzt werden. Im Beispiel rechts wird nochmals auf das obige Resultat Bezug genommen. x und y enthalten nun die Werte 1 und 2 und können nicht mehr als freie Variablen in Gleichungen verwendet werden.

```
assign( s[2] );
x,y;
    1, 2
```

Das folgende Beispiel zeigt, wie die `simplify`-Funktion auf mehrere Lösungen angewandt wird. Der Versuch, die Lösung s direkt mit `simplify` zu bearbeiten, scheitert daran, dass `simplify` immer nur einen Term und keine Termfolge vereinfachen kann (die Terme nach dem ersten werden als zusätzliche Optionen interpretiert). Man wandelt daher die von `solve` gelieferte Folge durch Einschluss in eckige Klammern in eine Liste um:

Lösungen von Gleichungen weiterverwenden

```
_EnvAllSolutions:=true:
s:=solve(sin(x)+cos(x)=1/sqrt(2));
```

$$s := \arctan\left(\frac{\frac{1}{4}\sqrt{2} - \frac{1}{4}\sqrt{6}}{\frac{1}{4}\sqrt{2} + \frac{1}{4}\sqrt{6}}\right) + 2\pi\_Z\text{\textasciitilde}, \arctan\left(\frac{\frac{1}{4}\sqrt{2} + \frac{1}{4}\sqrt{6}}{\frac{1}{4}\sqrt{2} - \frac{1}{4}\sqrt{6}}\right) + \pi + 2\pi\_Z\text{\textasciitilde}$$

```
simplify([s]);
```

$$[-\arctan(\frac{-1+\sqrt{3}}{1+\sqrt{3}}) + 2\pi\_Z\text{\textasciitilde}, -\arctan(\frac{1+\sqrt{3}}{-1+\sqrt{3}}) + \pi + 2\pi\_Z\text{\textasciitilde}]$$

Das folgende Beispiel zeigt, wie die Lösungen einer trigonometrischen Gleichung überprüft werden können. Die Lösungen werden dazu der Reihe nach in die Ausgangsgleichungen eingesetzt und mit simplify vereinfacht. Falls simplify nicht wie in diesem Beispiel auf Anhieb funktioniert, spart eine numerische Auswertung mit evalf oft eine Menge Zeit.

```
_EnvAllSolutions:=false:
eq:=sin(x)^2+cos(x)=1/2: s:=solve( eq, x);
```

$$s := \arctan\left(\frac{1}{2}\frac{\sqrt{2}\,3^{1/4}}{-\frac{1}{2}\sqrt{3}+\frac{1}{2}}\right) + \pi, -\arctan\left(\frac{1}{2}\frac{\sqrt{2}\,3^{1/4}}{-\frac{1}{2}\sqrt{3}+\frac{1}{2}}\right) - \pi,$$

$$\arctan(\frac{1}{2}\sqrt{-2\sqrt{3}}, \frac{1}{2}\sqrt{3}+\frac{1}{2}), \arctan(-\frac{1}{2}\sqrt{-2\sqrt{3}}, \frac{1}{2}\sqrt{3}+\frac{1}{2})$$

```
seq(simplify(eval(eq,x=i)), i=s);
```

$$\frac{1}{2} = \frac{1}{2}, \frac{1}{2} = \frac{1}{2}, \frac{1}{2} = \frac{1}{2}, \frac{1}{2} = \frac{1}{2}$$

```
seq(evalf(subs(x=i, eq)), i=s);
```

$.4999999992 = .5000000000, .4999999992 = .5000000000, .5000000000 = .5000000000,$

$.5000000000 = .5000000000$

Manchmal sollen die (komplexen) Lösungspunkte einer Gleichung grafisch angezeigt werden. Wir werten aus Gründen der besseren Übersichtlichkeit die Lösung numerisch aus, dann muss eine neue Liste erstellt werden, in der Real- und Imaginärteil voneinander getrennt sind. Dabei hilft wieder die Funktion seq weiter.

```
s:=solve( sin(x)^2+cos(x)+3 );
```

$$s := \arctan(\frac{1}{2}\sqrt{-14+2\sqrt{17}}, \frac{1}{2}-\frac{1}{2}\sqrt{17}), \arctan(-\frac{1}{2}\sqrt{-14+2\sqrt{17}}, \frac{1}{2}-\frac{1}{2}\sqrt{17}),$$

$$\arctan(\frac{1}{2}\sqrt{-14-2\sqrt{17}}, \frac{1}{2}+\frac{1}{2}\sqrt{17}), \arctan(-\frac{1}{2}\sqrt{-14-2\sqrt{17}}, \frac{1}{2}+\frac{1}{2}\sqrt{17})$$

```
sf:=map(evalf,[s]);
```

$sf := [3.141592654 - 1.015558753\,I,\ 3.141592654 + 1.015558753\,I,\ 1.593277489\,I,$
$\qquad -1.593277489\,I]$

```
pts:=[seq( [Re(i),Im(i)], i=sf)];
```

$pts := [[3.141592654, -1.015558753], [3.141592654, 1.015558753], [0, 1.593277489],$
$\qquad [0, -1.593277489]]$

```
plot(pts, style=point, symbol=circle );
```

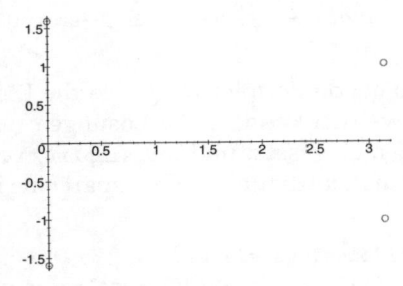

Im `plots`-Package steht die Funktion `complexplot` zur Verfügung. Diese Funktion kann komplexe Punkte unmittelbar darstellen, die manuelle Trennung von Real- und Imaginärteil kann entfallen. Die Lösung muss lediglich in eckige Klammern gestellt werden.

```
with(plots);
complexplot([s],
            style=point, symbol=circle);
```

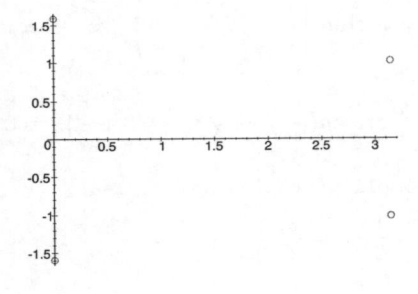

Lösung rekursiver Gleichungen

Die Funktion `rsolve` eignet sich zur Bestimmung allgemeiner Funktionsvorschriften aus Funkionen, die in rekursiver Form gegeben sind.

Wir beginnen mit einem einfachen Beispiel. Wir definieren die Summe `nsum` der ersten n natürlichen Zahlen rekursiv auf folgende Weise:

Koeffizientenvergleich

- $nsum(0) = 0$
- $nsum(n) = n + nsum(n-1)$

Diese Definition lässt sich direkt übertragen, sie ermöglicht die rekursive Berechnung der fraglichen Summe. Natürlich würde man gerne eine explizite Formel haben. Diese kann man leicht auch ohne ein CAS herleiten, aber Maple liefert diese Formel ebenfalls.

```
lsg:=rsolve({f(n)=n+f(n-1),f(0)=0},f(n));
```

$$(n+1)(1/2\,n+1) - 1 - n$$

```
nsum:=unapply(simplify(lsg),n);
```

$$nsum := n \to 1/2\,n^2 + 1/2\,n$$

```
nsum(10)
```

$$55$$

Als nächstes Beispiel wird (wieder einmal) die bekannte Fibonacci-Folge verwendet. Hier ist die Entwicklung einer expliziten Formel schon etwas schwieriger.

```
lsg:= rsolve( {f(n)=f(n-1)+f(n-2), f(0)=0, f(1)=1}, f(n) );
```

$$lsg := \sqrt{5}\left(\frac{2}{-1+\sqrt{5}}\right)^n 1/5 - \sqrt{5}\left(-\frac{2}{1+\sqrt{5}}\right)^n 1/5$$

```
fib:=unapply( radnormal(lsg), n);
```

$$fib := n \to \frac{1}{5}\sqrt{5}\left(\left(\frac{2}{-1+\sqrt{5}}\right)^n - \left(\frac{-2}{1+\sqrt{5}}\right)^n\right)$$

Diese Formel wird allgemein dem französischen Mathematiker Binet (1843) zugeschrieben. Euler hat sie schon 1765 publiziert. Erstaunlicherweise liefert diese Formel tatsächlich die Zahlen der (ganzzahligen!) Fibonacci-Folge ohne Rekursion!

```
fib(13), radnormal(%);
```

$$1/5\sqrt{5}\left(8192\left(-1+\sqrt{5}\right)^{-13} + 8192\left(1+\sqrt{5}\right)^{-13}\right)$$

$$610$$

Koeffizientenvergleich (solve/identity, match)

Die Funktion `match(gl1=gl2, x, 'lsg')` führt einen Koeffizientenvergleich durch. Sie versucht durch Berechnen von Subtermen der Gleichungen und durch Bestimmung der darin enthaltenen Unbekannten (außer der Variablen x), eine Übereinstimmung (Identität) der beiden Gleichungen herzustellen. Wenn das gelingt, liefert match das Ergebnis *true*, sonst *false*. Die Gleichungen für die Koeffizienten werden an die Variable *lsg* gebunden, die im dritten Parameter von match in Apostrophen angegeben werden muss (falls sie nicht frei ist). Es handelt sich hier also nicht um einen reinen Mustervergleich (Pattern-Matching), es werden vielmehr auch schon vorhandene Bindungen und mögliche mathematische Umformungen berücksichtigt.

```
match( x^2-1= (x-a)*(x-b), x, 'lsg');
```
true

```
lsg;
```
$\{a = 1, b = -1\}$

Sehr ähnlich zu `match` arbeitet auch die `identity`-Variante von `solve`. Die Syntax lautet hier `solve(identity(gl1=gl2, x), {a,b,..})`.

```
solve( identity( x^2-1=(x-a)*(x-b), x), {a,b} );
```
$\{a = -1, b = 1\}, \{a = 1, b = -1\}$

Der Unterschied zwischen den beiden Kommandos (abgesehen von der Syntax) ist leider nirgendwo genau beschrieben. Manchmal liefert `solve` mehrere Ergebnisse, während `match` nur eines liefert. Dann kommt es wieder vor, dass `solve` überhaupt kein Ergebnis findet, `match` dagegen sehr wohl. Der Grund scheint darin zu liegen, dass `solve` in dieser Variante kein Match liefert, wenn der Wert einer der anzupassenden Variablen von der Werten der anderen Variablen abhängt. Diese Abhängigkeit kann `match` in der Regel nicht erkennen und liefert daher oft nur eine simple (syntaktisch erkennbare) Lösung:

```
match( 2*sin(3*x^4)= a*sin(n*x^k), x, 'lsg'); lsg;
```
true

$\{a = 2, k = 4, n = 3\}$

```
solve( identity( 2*sin(3*x^4)= a*sin(n*x^k), x), {a,n,k} );
solve(  2*sin(3*x^4)= a*sin(n*x^k),{a,n,k} );
```
$\left\{a = a, n = \arcsin\left(2\,\frac{\sin\left(3\,x^4\right)}{a}\right)\left(e^{\ln(x)k}\right)^{-1}, k = k\right\}$

```
simplify(eval(%,{k=4,a=2}),symbolic);
```
$\{2 = 2, n = 3, 4 = 4\}$

`match` schreckt auch vor komplizierteren Polynomumformungen nicht zurück und liefert das Ergebnis für die Koeffizienten teilweise auch in der oben schon beschriebenen `RootOf`-Form:

```
match( x^2+3*x+5= a*(x+b)^2+c*x, x, 'lsg'); lsg;
```
true

$\{a = 1, b = RootOf(-5 + \_Z^2), c = -2\,RootOf(-5 + \_Z^2) + 3\}$

```
allvalues(%);
```
$\left\{a = 1, c = -2\sqrt{5} + 3, b = \sqrt{5}\right\}, \left\{a = 1, c = 2\sqrt{5} + 3, b = -\sqrt{5}\right\}$

```
subs(%[1], a*(x+b)^2+c*x);
```
$\left(x + \sqrt{5}\right)^2 + \left(-2\sqrt{5} + 3\right)x$

Umgekehrt kann es aber auch vorkommen, dass sowohl `solve` als auch `match` an vergleichsweise einfachen Transformationen scheitern. Im Beispiel unten sieht man auf den ersten Blick, dass $c = \pi/2$ sein müsste, damit die beiden Gleichungen übereinstimmen.

```
solve(identity(sin(2*x)+sin(x) = cos(x+c)+cos(2*x+c),x), {c});
match( sin(2*x)+sin(x) = cos(x+c)+cos(2*x+c), x, 'lsg');
```
   false

`match` scheitert hier, weil es die benötigten trigonometrischen Umformungen nicht beherrscht. `solve` liefert kein Ergebnis, weil die Lösung Abhängigkeiten zwischen Parametern enthält.

```
solve(sin(2*x)+sin(x) = cos(x+c)+cos(2*x+c),{c});
```
   $\{c = -1/2\,\pi\}, \{c = -x + \arctan\left(1 - 2\,(\sin(x))^2, 2\sin(x)\cos(x)\right)\}$

Spezialkommandos (solve/functions, solve/ineqs, isolve)

Lösungsfunktionen ermitteln

Normalerweise ermittelt `solve` nur einen oder mehrere isolierte Werte von Lösungen. Wenn die Unbekannte in einer Gleichung dagegen als Funktion in der Form $f(x)$ formuliert wird, versucht `solve` als Lösung den Programmcode für eine entsprechende Funktion zu generieren. Das folgende Beispiel demonstriert diese Anwendung von `solve`:

```
lsg:=solve( f(x)+f(x)^2=1+x^3, f);
   lsg := proc (x) RootOf(_Z+_Z^2-1-x^3) end proc
```

`solve` liefert als Lösung für die Gleichung $f(x) + f(x)^2 = 1 + x^3$ eine Prozedur mit einem `RootOf`-Ausdruck. Die Funktionen werden in der Programmiersprache von Maple mit `proc` und `end proc` formuliert. Trotz dieser ungewöhnlichen Schreibweise kann damit wie mit normalen Funktionen gearbeitet werden (siehe auch Kapitel 11 und 29).

Um zu beweisen, dass die Funktion wirklich ganz normal verwendet werden kann, wird *lsg*(*x*) mit `unapply` (Kapitel 11, S. 159) in die Pfeilschreibweise überführt und dabei gleichzeitig mit `convert` der `RootOf`-Ausdruck in einen Ausdruck mit Wurzeln verwandelt. Anschließend wird `lsg(x)^3+lsg(x)` vereinfacht. Wie erwünscht, ergibt sich $1 + x^3$.

```
unapply(convert(lsg(x),radical), x);
```
   $x \to -1/2 + \dfrac{\sqrt{5 + 4x^3}}{2}$

```
simplify( lsg(x)+lsg(x)^2 );
```
   $1 + x^3$

Umgang mit Ungleichungen

Wenn `solve` eine Ungleichung übergeben wird, versucht Maple, die Bereiche der Variablen x zu finden, für die die Ungleichung gilt. Die Lösung wird mit `RealRange`-Termen formuliert. Wenn die Variablen in geschwungene Klammern gestellt werden, verwendet Maple eine Schreibweise mit Kleiner- und Größerzeichen.

```
solve( abs(x)<1);
    RealRange(Open(-1), Open(1))
solve( abs(x)<1, {x});
    {-1 < x, x < 1}
```

Die Syntax der Ergebnisse ist gewöhnungsbedürftig: Zwei in getrennten Klammern angegebene Resulate bedeuten 'oder', d.h. $x^2 + x > 2$ gilt, wenn $x < -2$ oder wenn $x > 1$ gilt. Mehrere Ungleichungen in einer Klammerebene müssen mit 'und' verknüpft werden, d.h. $x^2 + x > 2$ gilt, wenn $x > -2$ und gleichzeitig $x < 1$ gelten.

```
solve( x^2+x>2, {x});
    {x < -2}, {1 < x}
solve( x^2+x<2, {x});
    {-2 < x, x < 1}
```

Analog gilt dieses Schema auch für die `RealRange`-Ausdrücke. Dabei entspricht `Open` den Kleiner- bzw. Größer-Operatoren. Umwandlungsfunktionen zwischen den beiden Schreibweisen sind nicht dokumentiert. Einige knappe Informationen zu den Schlüsselwörtern `RealRange` und `Open` finden Sie mit `?property`.

```
solve( x^2+x>2);
    RealRange(-∞, Open(-2)),
    RealRange(Open(1), ∞)
solve( x^2+x<2);
    RealRange(Open(-2), Open(1))
```

`solve` kommt auch mit einfachen Ungleichungssystemen mit mehreren Variablen zurecht.

```
eq := {x+y>=5, x-y>=1, y-x/2<=1/2}:
solve( eq, {x, y} );
    {5 - x - y <= 0, 1 - x + y <= 0,
    y - 1/2x - 1/2 <= 0, 3 <= x}
```

Bei komplizierteren Fällen verweigert `solve` die Antwort.

```
solve( a*x^2+b*x+c>0,x);
solve( sin(x)>1/2 );
```

Diophantische Gleichungen

`isolve` dient zum Lösen diophantischer Gleichungen. Das sind Gleichungen (oder Gleichungssysteme), die nur ganzzahlige Koeffizienten besitzen und für die alle ganzzahligen Lösungen gesucht sind. Ihren Namen haben diese Gleichungen nach dem griechischen Mathematiker Diophantes, der als Erster ein Buch über Lösungsmethoden dieser Gleichungen geschrieben hat. Gleichungen dieser Art haben sich als sehr schwierig zu lösen erwiesen. Ein berühmtes Beispiel ist die Frage nach Lösungen der Fermatschen Gleichung $x^n + y^n = z^n$. Für $n = 2$ werden wir in diesem Abschnitt mit Maple alle Lösungen ermitteln. Dass für $n > 2$ keine (ganzzahligen) Lösungen existieren, hatte Fermat an den Rand seiner Ausgabe des Buches von Diophantes notiert, mit der Behauptung, er besitze dafür einen Beweis, der Rand sei aber zu klein, ihn aufzuschreiben. Erst 1995 konnte Wiles einen (höchst komplizierten) Beweis für diese Aussage finden.

Hilbert hat 1900 auf seinem berühmten Vortrag in Paris über wichtige ungelöste Probleme der Mathematik als zehntes Problem die Frage nach einem universellen Algorithmus gestellt, der für beliebige diophantische Gleichungen entscheidet, ob sie lösbar sind. Matijasevic konnte 1970 zeigen, dass es einen solchen Algorithmus nicht geben kann. Dies bedeutet natürlich nicht, dass man nicht für bestimmte Typen solcher Gleichungen Lösungsverfahren finden kann, sondern nur, dass es eben kein universelles Verfahren gibt.

Maple stellt mit `isolve` eine heuristische Funktion zur Verfügung, die in vielen Fällen eine Lösungsübersicht liefert. Häufig können diese Lösungen parametrisiert werden. Maple wählt dazu neue globale Variablen der Form $\_Zn$. Man kann aber auch die Namen der zu verwendenden Variablen in einer Menge als zusätzliche Parameter angeben. Gibt man zu wenige Parameter an, erzeugt der Befehl die fehlenden, bei zu vielen werden die nicht benötigten ignoriert.

```
isolve(x^2*y+z);
```
$$\{y = \_Z2, x = \_Z1, z = -\_Z1^2 \_Z2\}$$

```
isolve( x+2*y+3*z=10, {k,l} );
```
$$\{y = k, z = l, x = 10 - 2k - 3l\}$$

Natürlich kann Maple auch komplexere Probleme bearbeiten. Wir können uns beispielsweise eine Erzeugungsmethode für alle pythagoräischen Tripel angeben lassen:

```
pyth:=x^2+y^2=z^2:erg:=isolve(pyth,{a,b,c});
```
$$erg := \left\{ y = \frac{c(a^2 - b^2)}{igcd(-2ab, a^2 - b^2, a^2 + b^2)}, z = \frac{c(a^2 + b^2)}{igcd(-2ab, a^2 - b^2, a^2 + b^2)}, \right.$$
$$\left. x = -2 \frac{cab}{igcd(-2ab, a^2 - b^2, a^2 + b^2)} \right\}$$

Durch Angabe von Zahlenwerten für die Parameter kann man dann über `eval` bestimmte solcher Tripel erzeugen:

```
eval(erg,{a=2,b=5,c=1});
```
$$z = 29, y = -21, x = -20$$

Zum Schluss noch eine Aufgabe, die auf den Rätsel- und Puzzle-Autor Frank Lloyd zurückgeht (1926): Auf einer Insel sind fünf Matrosen gestrandet. Sie haben drei Tage lang Kokosnüsse gesammelt und wollen diese am nächsten Morgen untereinander aufteilen. In der mondhellen Nacht erwacht der erste Matrose und teilt die Kokosnüsse in fünf gleiche Haufen. Eine Nuss war übrig, die schenkt er einem interessiert zusehenden Affen, versteckt sein Fünftel Nüsse, legt die anderen vier Haufen wieder zusammen und geht wieder schlafen. Die anderen Matrosen wachen nacheinander auf und wiederholen sein Verfahren. Jedes Mal bleibt auch hier eine Nuss über, die der Affe erhält. Am nächsten Morgen ist der noch zu verteilende Nusshaufen zwar sichtlich geschmolzen, da aber jeder der beteiligten ein schlechtes Gewissen hat, sagt keiner etwas und man schreitet zur Aufteilung. Es stellt sich heraus, dass die Zahl der verbliebenen Nüsse ohne Rest durch fünf aufteibar ist. Nun die Frage: *Wie viele Nüsse müssen am Anfang mindestens vorhanden gewesen sein?*

Wir bezeichnen die Anfangszahl der Nüsse mit m, die Anzahl, die der erste Matrose zur Seite schaffte mit $m1$, die des zweiten Matrosen mit $m2$ usw. Die bei der gemeinsamen Teilung am Schluss an jeden Matrosen gehende Zahl von Nüssen bezeichnen wir mit $m6$. Damit erhalten wir folgendes Gleichungssystem und die Lösung:

```
gls:={m=5*m1+1,4*m1=5*m2+1,4*m2=5*m3+1,4*m3=5*m4+1,4*m4=5*m5+1,4*m5=5*m6}:
isolve(gls,t);
```

$\{m6 = 204 + 1024\,t, m5 = 255 + 1280\,t, m3 = 399 + 2000\,t, m4 = 319 + 1600\,t,$

$m = 3121 + 15625\,t, m1 = 624 + 3125\,t, m2 = 499 + 2500\,t\}$

Wie man sieht gibt es unendlich viele Lösungen (eine für jeden Wert des Parameters t). Die kleinste positive davon ist offensichtlich 3121 für $t = 0$.

Syntaxzusammenfassung

```
solve({gln}, {var});
```
versucht; die in der ersten Menge genannten Gleichungen für die in der zweiten Menge genannten Variablen algebraisch zu lösen. Wenn statt Gleichungen Terme angegeben werden, setzt solve diese automatisch 0. Wenn auf die Angabe der Variablen verzichtet wird, löst solve das Gleichungssystem für alle darin vorkommenden freien Variablen.

```
solve(gleichung(f(x)), f);
```
ermittelt die Lösungsfunktion $f(x)$, die die angegebene Gleichung erfüllt. Die Lösung wird als Programmcode in der Form proc..end angegeben.

```
solve(ungleichung, var);
```
versucht, die angegebene Ungleichung aufzulösen und jene Bereiche der Variablen x anzugeben, für die die Ungleichung erfüllt ist.

```
fsolve({gln}, {var}, options);
```
verwendet im Gegensatz zu `solve` numerische Methoden, um die Gleichungen zu lösen. Wenn `fsolve` keine Lösung findet, kann der Bereich, in dem die Lösung gesucht werden soll, durch einen dritten Parameter in der Form `x=start..ende` eingeschränkt werden. `fsolve` kennt unter anderem die folgenden Optionen: `complex` (komplexe Lösungen berücksichtigen) und `fulldigits` (mit maximaler Genauigkeit rechnen – dafür aber etwas langsamer).

```
match(ausdruck=muster, var, 'lsg');
solve(identity( ausdruck=muster, var), {Parameternamen});
```
führen jeweils einen Mustervergleich durch. Beide Funktionen versuchen, die in `muster` vorkommenden Parameter so zu belegen, dass mit einer Sustitution dieser Belegungen die Gleichungen erfüllt werden. Beide Funktionen gehen über einen reinen Mustervergleich hinaus, indem sie Subterme von `ausdruck` auswerten, um den Vergleich durchzuführen. `solve` führt dabei weitergehende Auswertungen durch und liefert kein Ergebnis, wenn es Lösungen gibt, bei denen einzelne Parameter in Abhängigkeit von anderen substituiert werden können. Bei `match` werden die durchzuführenden Substitutionen an die in Apostrophen übergebene Variable *lsg* gebunden. `solve` gibt die Substitutionen direkt zurück, allerdings müssen die zu bestimmenden Parameter explizit angeführt werden.

```
rsolve(gleichungen(f(x)), f);
```
ermittelt den Funktionsterm einer expliziten Definition von f für eine Reihe von Rekursionsgleichungen für f.

```
isolve({gln}, {k,l,..});
```
versucht, diophantische Gleichungen zu lösen und das Ergebnis in parametrisierter Form zurückzugeben. Die gewünschten Namen der verwendeten Parameter können angegeben werden, ansonsten erzeugt die Funktion neue Variablen der Form _Zn.

Kapitel 14

Vektor- und Matrizenrechnung

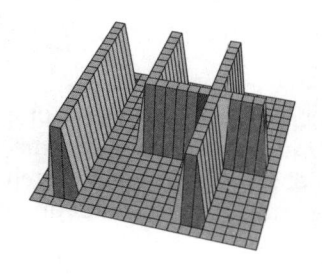

Im Verlauf dieses Kapitels werden Packages behandelt, die Funktionen zur Vektor-, Matrizen- und Tensorrechnung beinhalten. Die Packages sind leider zueinander inkompatibel, d.h., jedes Package stellt eigene Funktionen für einen bestimmten Teilaspekt der Vektor- und Matrizenrechnung zur Verfügung. Die gleichzeitige Verwendung mehrerer Packages kann zu Problemen führen, weil die Packages unterschiedliche Datenstrukturen verwenden.

`geometry`
enthält Funktionen zur Vektorrechnung in einem zweidimensionalen Koordinatensystem. Mit den Funktionen können geometrische Objekte (Punkte, Geraden, Dreiecke, Kreise) definiert und weiterverarbeitet werden.

`geom3d`
enthält Funktionen zur Vektorrechnung in einem dreidimensionalen Koordinatensystem. Mit den Funktionen können geometrische Objekte (Punkte, Geraden, Ebenen, Kugeln) definiert und weiterverarbeitet werden.

`linalg`
stellt zahlreiche Funktionen zur Definition, Verwaltung und Verarbeitung von Matrizen zur Verfügung (lineare Algebra). Vektoren und Matrizen werden durch Felder (Arrays) dargestellt. Dieses Package ist seit Maple 6 vor allem für numerische Berechnungen weitgehend durch das nächste Package ersetzbar.

`LinearAlgebra`
Dieses seit Maple 6 neue Package erleichtert den Umgang mit Matrizen und Vektoren erheblich. Numerische Berechnungen mit großen Matrizen sind in diesem Package effizienter implementiert. Es wird deshalb in diesem Kapitel im Vordergrund der Besprechung stehen.

Verweis: Das Thema Vektoranalysis, also die Berechnung von Divergenz, Rotation, Gradient etc. von Vektorfunktionen bzw. Skalarfunktionen, wird in Kapitel 27 (S. 431 ff) behandelt.

Vektorrechnung mit den geometry-Packages

Der Begriff Vektorrechnung wird in diesem Abschnitt im Sinne der Schulmathematik gebraucht und beschreibt die Anwendung der Vektorrechnung für Berechnungen der analytischen Geometrie. Es geht also darum, geometrische Objekte (Punkte, Geraden, Kreise, Ebenen, Kugeln) zu definieren und zu verarbeiten.

Maple sieht dazu die Befehle des geometry-Package für Berechnungen im zweidimensionalen Raum vor. Das geom3d-Package ist für Berechnungen im dreidimensionalen Raum zuständig.

Auf eine vollständige Beschreibung der geometry-Packages wird in diesem Abschnitt aus Platzgründen verzichtet. Die folgenden Absätze demonstrieren nur den prinzipiellen Umgang mit den Funktionen. Weitere Beispiele finden Sie in Kapitel 4 (Abiturbeispiele).

Zweidimensionale Geometrie mit dem geometry-Package

Eine Besonderheit der Funktionen des geometry-Package besteht darin, dass das Ergebnis der Berechnung in einer Variablen gespeichert wird, die als Parameter angegeben wird. Die Definition eines Punkts erfolgt daher nicht durch p1:=point(...), sondern durch point(p1,...). p1 darf dabei auch gebunden sein. Die alte Bindung wird dann durch die neue ersetzt.

Nach dem Laden des geometry-Package werden mit point drei Koordinatenpunkte und mit line eine Linie (Gerade) definiert. Beachten Sie, dass das Symbol D nicht zur Speicherung von Punkten verwendet werden kann, weil D durch den Differentiationsoperator von Maple bereits belegt ist.

```
with(geometry):
point(A,1,1), point(B,3,5),
point(C,6,3);
    A, B, C
line(g, [A,B]);
    g
```

detail gibt Aufschluss über die interne Darstellung einer Geraden durch das geometry-Package. Um die Namen der Achsen festzulegen, kann man zwei Umgebungsvariablen an entsprechende Namen binden. Man vermeidet so, dass Maple ständig nach diesen Namen fragt.

```
_EnvHorizontalName:='x':
_EnvVerticalName:='y':
detail(g);
  name of the object: g
  form of the object: line2d
  equation of the line: 2-4*x+2*y=0
```

Vektorrechnung mit den geometry-Packages

Nach der Definition einer weiteren Geraden h, die durch den Punkt C und den Punkt (0,0) führt (beachten Sie die 'anonyme' Definition dieses Punkts), kann mit `intersection` der Schnittpunkt der beiden Geraden ermittelt werden. Das Kommando liefert als Ergebnis den Punkt IP, dessen Koordinaten mit `coordinates` ermittelt werden.

Mit `circle` wird der Kreis c definiert. Als Parameter können drei Punkte oder ein Punkt und der Radius angegeben werden. `intersection` berechnet die beiden Schnittpunkte zwischen c und h. Deren Koordinaten können mit `coordinates` angezeigt werden.

Die Funktionen aus `geometry` können auch zur Überprüfung von Hypothesen verwendet werden. Im Beispiel rechts wird der Punkt P mit den Koordinaten $(7, py)$ definiert. `AreCollinear` testet, ob die drei Punkte A, B und P auf einer Linie liegen. Die Funktion liefert als Ergebnis eine Bedingung für py. Leider kann auf diese Bedingung nicht direkt zugegriffen werden.

Mit `draw` können die geometry-Objekte gezeichnet werden.

```
line(h, [C, point('',0,0)]);
```
h

```
intersection(IP,g,h);
```
IP

```
coordinates(IP);
```
$$\left[\frac{2}{3}, \frac{1}{3}\right]$$

```
circle(c, [A,B,C]):
intersection(IP,h,c);
```
$h\_intersect1\_c, h\_intersect2\_c$

```
map(coordinates, IP);
```
$$\left[[6,3], \left[\frac{5}{4}, \frac{5}{8}\right]\right]$$

```
point(P, [7,py]):
AreCollinear(A,B,P);
  AreCollinear:   hint: could not
  determine if -26+2*py is zero
```
$FAIL$

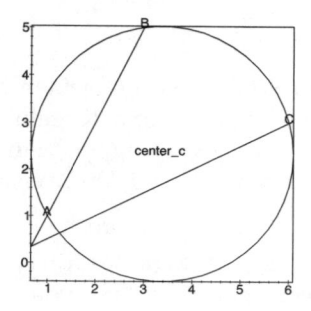

```
draw([A,B,C,g,h,c],
     scaling=constrained);
```

Dreidimensionale Geometrie mit dem geom3d-Package

Entsprechend dem geometry-Package (und mit gleicher Benutzerschnittstelle) stellt das Paket geom3d Funktionen zur Bearbeitung und Darstellung dreidimensionaler Objekte dar.

Auch dieses Package enthält etliche Umgebungsvariablen, die man am besten vor Beginn der Arbeit festlegt. Über die Umgebungsvariablen _EnvXName, _EnvYName, _EnvZName kann man die Namen der Achsen festlegen, mit _EnvTName den Namen des Parameters für Geradengleichungen. Man erspart sich damit bei einigen Funktionen die auf Dauer lästigen Rückfragen nach den gewünschten Namen dieser Parameter.

Punkte, Geraden und Ebenen werden analog zum geometry-Package definiert und behandelt. Zusätzlich gibt es Kugeln und eine Reihe von Operationen, die auf diese Objekte angewendet werden können.

```
_EnvXName:='x1':_EnvYName:='x2':
_EnvZName:='x3':_EnvTName:='t':
point(A,4,-1,1):point(B,7,1,0):
point(C,4,7,-3):
plane(e1,[A,B,C]):line(l1,[A,B]):
sphere(k,[point(M,4,0,3),3]):
detail(l1);

name of the object:   l1
 form of the object:   line3d
 equation of the line:
  [x1 = 4+3*t, x2 = -1+2*t, x3 = 1-t]

detail(e1);

name of the object:   e1
 form of the object:   plane3d
 equation of the plane:
  -12+12*x2+24*x3 = 0

detail(k);

name of the object:   k
 form of the object:   sphere3d
 name of the center:   M
 coordinates of the center:   [4, 0, 3]
 radius of the sphere:   3
 surface area of the sphere:   36*Pi
 volume of the sphere:   36*Pi
 equation of the sphere:
  x1^2+x2^2+x3^2+16-8*x1-6*x3 = 0
```

Man kann Schnitte von Objekten bilden, falls diese ebenfalls als Objekte definiert sind. Schnitte von Ebenen und Kugeln sind derzeit nicht möglich (Maple 7), seltsamerweise aber solche von zwei Kugeln. Man erhält dann ein nicht dokumentiertes Objekt vom Typ circle3d, das bei detail den Kreismittelpunkt, seinen Radius und die Ebene ausgibt, auf der er liegt.

```
intersection(p,l1,k);detail(p[1]);
geom3d/areinterls:   "two points of intersection"
```

```
name of the object:    l1_intersect1_k
form of the object:    point3d
coordinates of the point:    [4+3/7*14^(1/2), -1+2/7*14^(1/2), 1-1/7*14^(1/2)]
```

coordinates(p[2]);

$[4 - 3/7\sqrt{14}, -1 - 2/7\sqrt{14}, 1 + 1/7\sqrt{14}]$

Bedauerlicherweise enthält dieses Paket immer noch (Release 7) eine ganze Reihe ärgerlicher Fehler, die eine ungetrübte Freude an diesem schönen Werkzeug verhindern.

Das Package LinearAlgebra

Im gesamten weiteren Verlauf des Kapitels wird vorausgesetzt, dass das Package LinearAlgebra aktiviert wurde. Dies erreichen Sie durch die folgende Anweisung:

```
with(LinearAlgebra);
```

[Add, Adjoint, BackwardSubstitute, BandMatrix, Basis, BezoutMatrix, BidiagonalForm, BilinearForm, CharacteristicMatrix, CharacteristicPolynomial, Column, ColumnDimension, ColumnOperation, ColumnSpace, CompanionMatrix, ConditionNumber, ConstantMatrix, ConstantVector, CreatePermutation, CrossProduct, DeleteColumn, DeleteRow, Determinant, DiagonalMatrix, Dimension, Dimensions, DotProduct, Eigenvalues, Eigenvectors, Equal, ForwardSubstitute, FrobeniusForm, GenerateEquations, GenerateMatrix, GetResultDataType, GetResultShape, GivensRotationMatrix, GramSchmidt, HankelMatrix, HermiteForm, HermitianTranspose, HessenbergForm, HilbertMatrix, HouseholderMatrix, IdentityMatrix, IntersectionBasis, IsDefinite, IsOrthogonal, IsSimilar, IsUnitary, JordanBlockMatrix, JordanForm, LA_Main, LUDecomposition, LeastSquares, LinearSolve, Map, Map2, MatrixAdd, MatrixInverse, MatrixMatrixMultiply, MatrixNorm, MatrixScalarMultiply, MatrixVectorMultiply, MinimalPolynomial, Minor, Multiply, NoUserValue, Norm, Normalize, NullSpace, OuterProductMatrix, Permanent, Pivot, QRDecomposition, RandomMatrix, RandomVector, Rank, Row, RowDimension, RowOperation, RowSpace, ScalarMatrix, ScalarMultiply, ScalarVector, SchurForm, SingularValues, SmithForm, SubMatrix, SubVector, SumBasis, SylvesterMatrix, ToeplitzMatrix, Trace, Transpose, TridiagonalForm, UnitVector, VandermondeMatrix, VectorAdd, VectorAngle, VectorMatrixMultiply, VectorNorm, VectorScalarMultiply, ZeroMatrix, ZeroVector, Zip]

Die Ausgabe der aus dem Package geladenen Funktionen können Sie unterdrücken, indem Sie die with-Anweisung statt mit einem Semikolon mit einem Doppelpunkt abschließen. Das Package erweitert auch das Kontextmenü um viele Funktionen zur Bearbeitung von Matrizen und Vektoren.

Vektoren erzeugen und bearbeiten

Maple unterscheidet zwischen Zeilen- und Spaltenvektoren. Vektoren können sehr einfach durch Einschluss der Werte der einzelnen Koordinaten in ein Paar spitzer Klammern erzeugt werden. Zeilenvektoren benutzen zum Trennen der Werte einen senkrechten Strich, Spaltenvektoren ein Komma.

```
v1z:= <a|b|c>; v1s:=<a,b,c>;
```
$$[a, b, c]$$
$$\begin{bmatrix} a \\ b \\ c \end{bmatrix}$$

(Man kann sich über die Vektorpalette (VIEW|PALETTES|VECTOR PALETTE) auch entsprechende Schablonen vorgeben lassen.)

Alternativ dazu kann man auch die Konstruktorfunktion Vector verwenden. Die gewünschte Orientierung kann hinter dem Funktionsnamen in eckigen Klammern eingegeben werden (row für Zeilen und column für Spaltenvektoren). Mit Transpose wandelt man Zeilen- in Spaltenvektoren um und umgekehrt.

```
v2:= Vector[row](3, n->x^n);
```
$$[x, x^2, x^3]$$
```
Transpose(v2)
```
$$\begin{bmatrix} x \\ x^2 \\ x^3 \end{bmatrix}$$

Standardmäßig wird ein Spaltenvektor erzeugt. Die Funktion hat viele syntaktische Varianten, die mit ?Vector und bezüglich der Abkürzungen mit ?MVshortcut in der Hilfe nachgeschlagen werden können. Beachten Sie, wie im zweiten Beispiel eine anonyme Funktion zur Berechnung der einzelnen Elemente des Vektors verwendet wird.

Die Vektoraddition und die Multiplikation eines Vektors mit einer Zahl werden durch die Operatoren + und * beschrieben. Die Addition setzt Vektoren gleicher Orientierung voraus.

```
v1z * 2;
```
$$[2a, 2b, 2c]$$
```
v1z + v2;v1s+v2
```
$$[a + x, b + x^2, c + x^3]$$

Error, (in rtable/Sum) invalid arguments

Das Kreuzprodukt (auch: Vektorprodukt) zweier Vektoren $\vec{v_1}$ und $\vec{v_2}$ eines dreidimensionalen Vektorraums liefert einen Vektor $\vec{v_3}$, der zu den beiden Vektoren orthogonal ist. Die Länge von $\vec{v_3}$ ist die Maßzahl der Fläche des aus $\vec{v_1}$ und $\vec{v_2}$ gebildeten Parallelogramms.

```
CrossProduct(v1s,v2);
```
$$\begin{bmatrix} bx^3 - cx^2 \\ cx - ax^3 \\ ax^2 - bx \end{bmatrix}$$

Maple stellt diese Funktion mit dem Namen `CrossProduct` zur Verfügung. Die Funktion akzeptiert Zeilen- und Spaltenvektoren und liefert einen Zeilenvektor, wenn beide Eingaben Zeilenvektoren sind, ansonsten einen Spaltenvektor.

```
CrossProduct(<1|3|4>,<a|b|c>);
```
$$[\ 3c-4b,\quad 4a-c,\quad b-3a\ ]$$

Das Skalarprodukt von zwei Vektoren wird mit `DotProduct` realisiert. Da Maple standardmäßig mit komplexen Zahlen rechnet, wird ein unitärer Vektorraum mit einer Hermiteschen Metrik zu Grunde gelegt. Es wird daher nicht einfach die Summe der Produkte der Koordinaten der beiden Vektoren gebildet, sondern es wird vorher der erste Vektor komplex konjugiert, falls er ein Spaltenvektor ist, ansonsten wird der zweite Vektor komplex konjugiert.

```
DotProduct(v1z,v2,conjugate=false);
```
$$ax + bx^2 + cx^3$$

```
DotProduct(v1z,v2);
```
$$a\overline{(x)} + b\overline{(x)}^2 + c\overline{(x)}^3$$

```
DotProduct(v1s,v2);
```
$$\overline{(a)}x + \overline{(b)}x^2 + \overline{(c)}x^3$$

```
DotProduct(<1,I>,<1,I>);
```
$$2$$

Mit der Option `conjugate=false` kann man dies unterdrücken. (Maple gibt die konjugiert-komplexe Zahl zu a als $\overline{a}$ aus.) Man kann auch Skalarprodukte über Bilinearformen definieren. Nähere Informationen hierzu gibt es in der Online-Hilfe unter `BilinearForm`.

```
DotProduct(<1,I>,<1,I>,conjugate=false);
```
$$0$$

Norm eines Vektors, Winkel zwischen zwei Vektoren

`Norm` berechnet die Normen von Vektoren. Unter einer Norm eines $\mathbb{R}$-Vektorraums V versteht man eine Abbildung, die jedem Vektor $\vec{x}$ eine reelle Zahl $|\vec{x}|$ zuordnet und die folgende Eigenschaften besitzt:

1. $|\vec{x}| > 0$ für alle $\vec{x} \neq \vec{0}$ und $|\vec{0}| = 0$,
2. $|r\,\vec{x}| = |r|\,|\vec{x}|$ für alle $\vec{x} \in V$ und alle $r \in \mathbb{R}$,
3. $|\vec{x} + \vec{y}| \leq |\vec{x}| + |\vec{y}|$ für alle $\vec{x}, \vec{y} \in V$ (Dreiecksungleichung)

Da es verschiedene Methoden gibt, eine Norm zu definieren, kann man diesem Befehl durch einen passenden zweiten Parameter mitteilen, welche Norm berechnet werden soll. Gibt man diesen Parameter nicht an, wird die Maximums-Norm berechnet (die Norm ist durch den größten Betrag einer Vektorkoordinate bestimmt). Wenn eine ganze Zahl n angegeben wird, werden die Beträge der Koordinaten zur n-ten Potenz erhoben und summiert, anschließend wird aus der berechneten Summe die n-te Wurzel gezogen.

```
Norm(<a,b,c>);
```
$$\max(|a|,|b|,|c|)$$
```
Norm(<a,b,c>,1);
```
$$|a|+|b|+|c|$$
```
Norm(<a,b,c>,2);
```
$$\sqrt{|a|^2+|b|^2+|c|^2}$$

Mit der Funktion `Normalize` kann man zu einem Vektor einen Vektor mit gleicher Richtung und Länge 1 erzeugen. Dabei kann die zu verwendende Norm über den zweiten Parameter wie bei `Norm` angegeben werden.

```
Normalize(<1,2,3>,2);
```
$$[\frac{\sqrt{14}}{14},\frac{\sqrt{14}}{7},\frac{3\sqrt{14}}{14}]$$

`VectorAngle` berechnet den Winkel zwischen zwei Vektoren nach der Formel $\cos(\theta)=\frac{u.v}{|u||v|}$. Für die Norm wird dabei die 2-Norm verwendet.

```
angle( [1,0,0],[1,1,1] );
```
$$\arccos(\frac{\sqrt{3}}{3})$$
```
evalf(%*180/Pi);
```
$$54.73561030$$

Matrizen erzeugen

Der Standardkonstruktor zur Erzeugung von Matrizen lautet `Matrix`. Dem Befehl kann neben den gewünschten Dimensionen der Matrix eine Liste von (gleich langen) Listen übergeben werden, die jeweils eine Zeile der Matrix definieren. Man kann statt des Konstruktors analog zur Kurzschreibweise bei Vektoren die Matrix durch Einschluss der Spalten- oder der Zeilenvektoren in ein Paar spitzer Klammern erzeugen. Die drei rechts stehenden Ausdrücke erzeugen alle die gleiche Matrix.

```
with(LinearAlgebra):
Matrix(2,2,[[a,b],[c,d]]);
<<a|b>,<c|d>>;
<<a,c>|<b,d>>;
```
$$\begin{bmatrix} a & b \\ c & d \end{bmatrix}$$

Wenn die Matrixelemente in einer verschachtelten Liste übergeben werden, ermittelt Maple die Dimension der Matrix selbständig.

```
Matrix( [[a,b,c], [d,e,f], [g,h,i]]);
```

$$\begin{bmatrix} a & b & c \\ d & e & f \\ g & h & i \end{bmatrix}$$

Die Initialisierung der Matrixelemente kann auch über eine zweiparametrische anonyme Funktion erfolgen. Der erste Parameter dieser Funktion enthält den Zeilenindex (beginnend mit 1), der zweite Parameter den Spaltenindex.

```
Matrix( 3,3, (n,m)->n*x^m);
```

$$\begin{bmatrix} x & x^2 & x^3 \\ 2x & 2x^2 & 2x^3 \\ 3x & 3x^2 & 3x^3 \end{bmatrix}$$

Für spezielle Matrizentypen gibt es eine Reihe einfach zu handhabender Konstruktoren. Im Beispiel rechts wird eine 0-Matrix erzeugt.

```
Matrix( 3,5,storage=sparse);
```

$$\begin{bmatrix} 0 & 0 & 0 & 0 & 0 \\ 0 & 0 & 0 & 0 & 0 \\ 0 & 0 & 0 & 0 & 0 \end{bmatrix}$$

Der Vorteil einer sparse-Matrix besteht darin, dass sie intern effizienter verwaltet werden kann (nur sinnvoll bei großen Matrizen mit vielen 0-Elementen). Die Möglichkeiten, über Zusatzangaben Matrizeneigenschaften festzulegen, sind recht vielfältig. Unter ?Matrix kann man in der Online-Hilfe einen Überblick abrufen.

Der Ausdruck rechts erzeugt eine 3×4-Einheitsmatrix.

```
IdentityMatrix(3,4);
```

$$\begin{bmatrix} 1 & 0 & 0 & 0 \\ 0 & 1 & 0 & 0 \\ 0 & 0 & 1 & 0 \end{bmatrix}$$

Das Package LinearAlgebra enthält darüber hinaus zahlreiche Funktionen zur Erzeugung mathematisch (oder physikalisch) bedeutsamer Matrizentypen. Diese Funktionen erleichtern die Eingaben spezieller Matrizen, indem unter Berücksichtigung der Matrixstruktur die Menge der benötigten Eingabedaten reduziert wird. (Wenn die Matrix z. B. symmetrisch ist, braucht man nur die Hälfte der Matrixelemente.) DiagonalMatrix beispielsweise erzeugt eine Diagonalmatrix. Dabei können auch Matrizen zur Initialisierung übergeben werden. Diese werden dann ebenfalls entlang der Diagonalen eingebaut.

```
DiagonalMatrix([1,<<1,-1>|<-1,1>>,2,3]);
```

$$\begin{bmatrix} 1 & 0 & 0 & 0 & 0 \\ 0 & 1 & -1 & 0 & 0 \\ 0 & -1 & 1 & 0 & 0 \\ 0 & 0 & 0 & 2 & 0 \\ 0 & 0 & 0 & 0 & 3 \end{bmatrix}$$

Weitere Konstruktoren von Matrizen findet man in der Online-Hilfe unter dem Pfad `Mathematics...Linear Algebra...LinearAlgebra Package...Constructors...`

Matrizen werden von Maple vollständig ausgewertet. Für die Ausgabe von Matrizen gibt es Einschränkungen, die vom Worksheet-Format abhängen. Die `Interface`-Variable `rtablesize` kontrolliert die Größe der dargestellten Matrizen, Felder und Vektoren. Der Standardwert ist 10, mit `interface(rtablesize)` kann man den Wert abfragen und mit `interface(rtablesize=n)` auf den Wert n setzen.

Matrizen, Arrays und Vektoren, die zu groß für die Bildschirmdarstellung sind, werden in einer symbolischen Form mit ihrer Kurzinformation dargestellt. Im Beispiel rechts wurde eine 15 × 15-Matrix mit einer Zufallsbelegung ihrer Elemente erzeugt.

```
RandomMatrix(15,15);
```
$$\begin{bmatrix} \text{15 x 15 Matrix} \\ \text{Datatype: anything} \\ \text{Storage: rectangular} \\ \text{Order: Fortran\_order} \end{bmatrix}$$

Man kann durch Rechtsklick auf diese Ausgabe über das Kontextmenü einen Daten-Browser aufrufen, mit dem man solche Matrizen oder auch Schnitte durch höherdimensionale Felder interaktiv betrachten und bearbeiten kann. Es stehen drei verschiedene Ansichten zur Verfügung, die eine Übersicht über die Matrix mit Farbcodes oder Grauwerten geben. Durch Doppelklicken im Datenbereich kann man die Matrixfelder so weit vergrößern, dass die eingetragenen Werte angezeigt und verändert werden können (sofern die Matrix nicht read-only ist). Zwei Schiebebalken erlauben die Navigation des angezeigten Matrixausschnitts.

Eine Bedienungsanleitung für den Daten-Browser findet man in der Online-Hilfe unter `?structuredview`.

Zugriff auf einzelne Matrizenbestandteile

Der Zugriff auf ein einzelnes Matrizenelement erfolgt einfach durch die Angabe der Indizes (zuerst Zeile, dann Spalte, jeweils beginnend mit 1). Indexbereiche in der Form `a..b` sind ebenfalls möglich, sodass man einfach zusammenhängende Teilmatrizen aussondern kann.

```
m1:=Matrix([[1,2,3,4],[a,b,c,d],
            [e,f,g,h],[w,x,y,z]]);
```

$$m1 := \begin{bmatrix} 1 & 2 & 3 & 4 \\ a & b & c & d \\ e & f & g & h \\ w & x & y & z \end{bmatrix}$$

```
m1[2,3];m1[2..3,2..4];
```

$$c \quad \begin{bmatrix} b & c & d \\ f & g & h \end{bmatrix}$$

SubMatrix erlaubt die Zusammenstellung neuer Matrizen aus Bestandteilen einer bestehenden Matrix. Dabei kann auch die Reihenfolge von Zeilen und Spalten verändert werden und einzelne Zeilen oder Spalten können mehrfach verwendet werden. In der allgemeinsten Form erwartet die Funktion als Eingabe eine Matrix und zwei Listen. Die erste Liste gibt die zu verwendenden Zeilen, die zweite die Spalten an. Auch Bereichsangaben sind als Listenelemente erlaubt. Die neu zusammengesetzte Matrix besteht aus allen Elementen an den Schnittpunkten der angegebenen Zeilen und Spalten in den angegebenen Reihenfolgen.

Mit den Funktionen Row und Column können Zeilen- bzw. Spaltenvektoren aus einer Matrix ausgelesen werden.

```
SubMatrix(m1,1..2,3..4);
```
$$\begin{bmatrix} 3 & 4 \\ c & d \end{bmatrix}$$

```
SubMatrix(m1,[3,1],[2..4,1]);
```
$$\begin{bmatrix} f & g & h & e \\ 2 & 3 & 4 & 1 \end{bmatrix}$$

```
Row(m1,2);
```
$$[a, b, c, d]$$

```
Column(m1,2);
```
$$\begin{bmatrix} 2 \\ b \\ f \\ x \end{bmatrix}$$

Matrixelementen und zusammenhängenden Teilmatrizen können auch neue Werte zugewiesen werden. Auf einzelne Matrixelemente wird direkt über den Index zugegriffen.

```
v1:=Matrix(1,4,(m,n)->x^n);
```
$$\begin{bmatrix} x & x^2 & x^3 & x^4 \end{bmatrix}$$

```
m1[1,3]:=5
```
$$m1_{1,3} := 5$$

Teilmatrizen können durch Matrizen passender Dimension komplett ersetzt werden. Im Beispiel rechts wird auf diese Weise zuerst die dritte Reihe einer Matrix ersetzt, dann wird eine Teilmatrix einer neuen Matrix durch eine Teilmatrix von m1 ersetzt.

```
m1[3..3,1..4]:=v1;m1;
```
$$m1_{3..3,1..4} := \begin{bmatrix} x & x^2 & x^3 & x^4 \end{bmatrix}$$

$$\begin{bmatrix} 1 & 2 & 5 & 4 \\ a & b & c & d \\ x & x^2 & x^3 & x^4 \\ w & x & y & z \end{bmatrix}$$

```
m2:=Matrix(4,4):
m2[2..4,2..4]:=m1[1..3,1..3],m2;
```

$$m2_{2..4,2..4} := \begin{bmatrix} 1 & 2 & 5 \\ a & b & c \\ x & x^2 & x^3 \end{bmatrix}, \begin{bmatrix} 0 & 0 & 0 & 0 \\ 0 & 1 & 2 & 5 \\ 0 & a & b & c \\ 0 & x & x^2 & x^3 \end{bmatrix}$$

Elementare Rechenoperationen mit Matrizen

Mit Matrizen kann man die üblichen Rechenoperationen durchführen. Die folgenden Beispiele dazu gehen von den beiden rechts definierten Matrizen m1 und m2 aus.

`m1:=<<a,c,e>|<b,d,f>>;`

$$m1 := \begin{bmatrix} a & b \\ c & d \\ e & f \end{bmatrix}$$

`m2:=<<r|s|t>,<u|v|w>>;`

$$m2 := \begin{bmatrix} r & s & t \\ u & v & w \end{bmatrix}$$

transpose transponiert die Matrix, d.h., die Elemente werden an der Hauptdiagonale gespiegelt, rechteckige Matrizen ändern ihre Form von $n \times m$ in $m \times n$. Eine Variante dazu ist HermitianTranspose (für unitäre Vektorräume über $\mathbb{C}$), wobei beim Vertauschen gleichzeitig die konjugiert komplexen Werte gebildet werden (Hermitesche Metrik).

`Transpose(m2);`

$$\begin{bmatrix} r & u \\ s & v \\ t & w \end{bmatrix}$$

Bei der skalaren Multiplikation wird jedes Matrixelement mit einem Skalar multipliziert. Die Addition eines Skalars zu einer Matrix wird als Addition der Einheitsmatrix multipliziert mit dem Skalar interpretiert.

`m2 * 3;`

$$\begin{bmatrix} 3r & 3s & 3t \\ 3u & 3v & 3w \end{bmatrix}$$

`m2 + 3;`

$$\begin{bmatrix} r+3 & s & t \\ u & v+3 & w \end{bmatrix}$$

Wenn eine Funktion auf alle Elemente einer Matrix angewendet werden soll, wird am besten map eingesetzt. Diese Funktion erzeugt eine neue Matrix, deren Elemente aus den Funktionswerten der eingegebenen Funktion angewendet auf die Elemente der eingegebenen Matrix bestehen. Will man die Matrix selbst verändern, verwendet man Map.

`map(sqrt, m2);`

$$\begin{bmatrix} \sqrt{r} & \sqrt{s} & \sqrt{t} \\ \sqrt{u} & \sqrt{v} & \sqrt{w} \end{bmatrix}$$

Die Addition zweier Matrizen setzt voraus, dass die beiden Matrizen gleich dimensioniert sind. Im Beispiel rechts wird dazu die 3 × 2-Matrix *m2* in eine 2 × 3-Matrix transponiert.

`m1 + transpose(m2);`

$$\begin{bmatrix} a+r & b+u \\ c+s & d+v \\ e+t & f+w \end{bmatrix}$$

Für die nicht kommutative Matrizenmultiplikation muss der Punktoperator . verwendet werden. Das Beispiel zeigt nachdrücklich, dass die Matrizenmultiplikation nicht kommutativ ist. Wenn Sie versehentlich den Operator * statt . verwenden, erhalten Sie eine Fehlermeldung.

`m1 . m2;`

$$\begin{bmatrix} ar+bu & as+bv & at+bw \\ cr+du & cs+dv & ct+dw \\ er+fu & es+fv & et+fw \end{bmatrix}$$

`m2 . m1;`

$$\begin{bmatrix} ar+cs+et & rb+sd+tf \\ ua+vc+we & bu+dv+fw \end{bmatrix}$$

Die Division durch eine Matrix wird auf die Multiplikation mit der inversen Matrix zurückgeführt. Zum gleichen Ergebnis wie 1/m3 führt auch `inverse(m3)`.

`m3:=<<1|2>,<3|4>>):`
`1/m3;`

$$\begin{bmatrix} -2 & 1 \\ 3/2 & -1/2 \end{bmatrix}$$

Das Potenzieren von Matrizen entspricht der wiederholten Matrizenmultiplikation.

`m3^3, m3 . m3 . m3);`

$$\begin{bmatrix} 37 & 54 \\ 81 & 118 \end{bmatrix}, \begin{bmatrix} 37 & 54 \\ 81 & 118 \end{bmatrix}$$

Multiplikation von Matrizen mit Vektoren

Die Multiplikation von Matrizen und Vektoren wird ebenfalls nach den Regeln der Matrizenmultiplikation mit dem Punktoperator durchgeführt. Dabei muss man berücksichtigen, dass ein n-dimensionaler Zeilenvektor von rechts nur mit einer n-zeiligen Matrix multipliziert werden kann (Spaltenzahl beliebig). Das Ergebnis ist dann ein Zeilenvektor mit gleich vielen Spalten wie die Matrix ($1 \times n$ mal $n \times k$ liefert $1 \times k$). Von links kann ein solcher Zeilenvektor nur mit einer $k \times 1$-Matrix (also einem Spaltenvektor) multipliziert werden. Das Ergebnis ist dann eine $k \times n$-Matrix.

Für die folgenden Beispiele wird eine 3*3-Matrix sowie ein Zeilen- und ein Spaltenvektor mit denselben Elementen u, v und w verwendet.

```
m1:=<<a|b|c>,<d|e|f>,<g|h|i>>:
v1:=<u|v|w>;
```

$$v1 := [u, v, w]$$

```
v2:=<u,v,w>;
```

$$v2 := \begin{bmatrix} u \\ v \\ w \end{bmatrix}$$

Die Multiplikation der Matrix mit einem der beiden Vektoren liefert eine 1*3 oder eine 3*1-Matrix, je nachdem, ob mit dem Zeilen- oder mit dem Spaltenvektor gearbeitet wird.

```
v1 . m1 ;
```

$$[au + bv + cw, du + ev + fw,$$
$$gu + hv + iw]$$

```
m1 . v2;
```

$$\begin{bmatrix} au + bv + cw \\ du + ev + fw \\ gu + hv + iw \end{bmatrix}$$

Determinante, Umkehrmatrix, Spur, Norm und Rang einer Matrix

Die Determinante einer Matrix wird mit `Determinant` berechnet.

```
m1:=<<1| 2|3>,
     <4|-5|6>,
     <9| 8|7>>;
Determinant(m1);

200
```

Die Inverse einer umkehrbaren (quadratischen) Matrix wird mit `MatrixInverse` oder mit 1/m bzw. m^(-1) gebildet. Ist die Matrix nicht invertierbar, erhält man eine Fehlermeldung. Man kann die Umkehrbarkeit über den Rang der Matrix feststellen (er muss gleich der Zeilenanzahl sein).

```
Rank(m1)

3

m2:=MatrixInverse(m1);
```

$$m2 := \begin{bmatrix} -\frac{83}{200} & 1/20 & \frac{27}{200} \\ \frac{13}{100} & -1/10 & \frac{3}{100} \\ \frac{77}{200} & 1/20 & -\frac{13}{200} \end{bmatrix}$$

Die inverse Matrix kann zur Lösung des Gleichungssystems $m1x = v$ verwendet werden. Siehe auch den nächsten Abschnitt zum Lösen linearer Gleichungssysteme.

```
v:=<14,12,46>;
```

$$v := \begin{bmatrix} 14 \\ 12 \\ 46 \end{bmatrix}$$

```
m2 . v;
```

$$\begin{bmatrix} 1 \\ 2 \\ 3 \end{bmatrix}$$

Zur Probe wird der Ergebnisvektor mit $m1$ multipliziert – es ergibt sich erwartungsgemäß wieder bv.

```
m1 . %;
```

$$\begin{bmatrix} 14 \\ 12 \\ 46 \end{bmatrix}$$

Die Spur einer Matrix ist als die Summe der Diagonalenelemente definiert und wird mit `Trace` berechnet.

```
Trace(m1);
```

$$3$$

Für die Norm einer Matrix gibt es verschiedene Definitionen. Man kann für diese verschiedenen Definitionen durch die Angabe eines zweiten Arguments mit `Norm` spezifizieren, welche Norm berechnet werden soll. Die Defaulteinstellung lautet `Infinity`. Dabei ist die Norm durch das Maximum der Summe über die Beträge der Elemente einer Zeile bestimmt. Mit dem Schlüsselwort `Frobenius` wird einfach die Wurzel aus der Summe über die quadrierten Beträge *aller* Elemente berechnet. Bei einer 1 als zweitem Argument von `Norm` wird wie bei `Infinity` gerechnet, allerdings mit Spaltensummen. Extrem rechenaufwendig ist die Norm mit dem Argument 2: Hier gilt die Wurzel des größten Eigenwerts des Produkts der Matrix mit ihrer Transponierten als Norm. Bei einer 3*3-Matrix mit neun Symbolen führte der Versuch einer symbolischen Berechnung zu einer Fehlermeldung ('to many levels of recursion'), anschließend war Maple nicht mehr stabil und musste mit `restart` neu initialisiert werden. Anschaulicher als die obigen Erklärungen demonstrieren die folgenden Beispiele die Berechnungsvorschriften:

```
Norm(<<a|b|c>,<d|e|f>,<g|h|i>>);
```

$$\max(|a| + |b| + |c|, |g| + |h| + |i|, |d| + |e| + |f|)$$

```
Norm(<<a|b|c>,<d|e|f>,<g|h|i>>,Frobenius); ;
```

$$\sqrt{|a|^2 + |b|^2 + |c|^2 + |d|^2 + |e|^2 + |f|^2 + |g|^2 + |h|^2 + |i|^2}$$

```
Norm(<<a|b|c>,<d|e|f>,<g|h|i>>,1);
```

$$\max(|a| + |d| + |g|, |b| + |e| + |h|, |c| + |f| + |i|)$$

```
Norm([[1,2],[3,7]],2);
```
$$\sqrt{RootOf(1 - 63\_Z + \_Z^2, index = 2)}$$
```
allvalues(%)
```
$$\sqrt{\frac{63}{2} + 1/2\sqrt{3965}}$$

Matrizengleichungssystem lösen

Mit `LinearSolve` kann man Gleichungssysteme der Form $A.\vec{x} = \vec{b}$ lösen.

```
A:=<<1|2|3>,<4|-5|6>,<9|8|7>>:
b:=<14,12,46>:
LinearSolve(A,b);
```
$$\begin{bmatrix} 1 \\ 2 \\ 3 \end{bmatrix}$$

Wenn das Gleichungssystem nicht lösbar ist, liefert `LinearSolve` eine Fehlermeldung. `NullSpace` liefert eine Basis der Lösung des zugehörigen homogenen Gleichungssystems $A*x = 0$. Fasst man die Matrix als die Matrix einer linearen Abbildung $\mathbb{R}^m \to \mathbb{R}^n$ auf, so ist die Lösungsmenge des homogenen Systems der Unterraum von $\mathbb{R}^m$, der bei der Abbildung auf den Nullvektor abgebildet wird (man nennt diesen Unterraum den Kern der Abbildung). Wenn die lineare Abbildung nicht jeden Vektor des $\mathbb{R}^n$ als Bildvektor hat, hat das Gleichungssystem für nicht als Bildvektor auftretende Vektoren keine Lösung.

```
A:=<<1|2|3>,<4|8|12>,<1|-1|0>>:
LinearSolve(A,b);
Error, (in LinearAlgebra:-LA_Main:
    -LinearSolve) inconsistent system
NullSpace(A);
```
$$\left\{ \begin{bmatrix} -1 \\ -1 \\ 1 \end{bmatrix} \right\}$$
```
A . %[1];
```
$$\begin{bmatrix} 0 \\ 0 \\ 0 \end{bmatrix}$$

Ist der Kern einer linearen Abbildung (das sind alle Vektoren, die von der Abbildung auf den Nullvektor abgebildet werden) nicht der Nullraum, so hat ein Gleichungssystem, dessen rechte Seite ein Vektor aus dem Bildraum der Abbildung ist, keine eindeutige Lösung.

```
A:=<<1|2|3>,<4|5|6>,<0|0|0>>:
b:=<1,2,0>:
lsg:=LinearSolve( A,b,free='t');
```
$$lsg := \begin{bmatrix} -1/3 + t_3 \\ 2/3 - 2t_3 \\ t_3 \end{bmatrix}$$

Matrizengleichungssystem lösen

Mit jedem auf den Bildvektor abgebildeten Vektor wird auch die Summe dieses Vektors und eines beliebigen Vektors aus dem Kern auf den Bildvektor abgebildet. In diesem Fall erhält man die Lösungen, indem man zu einer beliebigen fest gewählten Lösung jeweils die Vektoren des Kerns (dies sind gerade die Lösungen des zum Gleichungssystem gehörigen homogenen Systems) der zugehörigen Abbildung addiert. Diese werden dann in parametrisierter Form angegeben. Den Grundnamen für die Parameter kann man mit der Option free=Parameter angeben. Maple erzeugt daraus mit Hilfe von Indizes die benötigten Parameter. Man benötigt für jeden Basisvektor des Kerns einen Parameter, da bei dieser Form der Lösungsdarstellung zu einer speziellen Lösung beliebige Linearkombinationen der Basis des Kerns addiert werden. Im nebenstehenden Beispiel hat der (eindimensionale) Kern als Basis den Vektor <1,-2,1>. Die spezielle Lösung ist <-1/3,2/3,0>.

```
A . lsg ;
```
$$\begin{bmatrix} 1 \\ 2 \\ 0 \end{bmatrix}$$

```
NullSpace(A);
```
$$\left\{ \begin{bmatrix} 1 \\ -2 \\ 1 \end{bmatrix} \right\}$$

Ist das Gleichungssystem aus einer Reihe von Messungen entstanden und ist die Anzahl der Messungen größer als die Anzahl der Variablen, so ist das Gleichungssystem (wegen der unvermeidlichen Messfehler) in der Regel nicht lösbar. Eine Variante zu LinearSolve ist die Funktion LeastSquares, die in solchen Fällen einen Vektor x ermittelt, für den die 2-Norm von $A*x - b$ minimal wird.

Wenn Ihr Gleichungssystem noch nicht in Matrizenschreibweise vorliegt, können Sie A und b über das Kommando GenerateMatrix relativ einfach aufstellen.

```
glsys:=[2*y+x+3*z-16=-2,
        4*x-5*y+6*z=12,
        9*x+8*y+7*z=46]:
```

An GenerateMatrix wird die Liste der Gleichungen übergeben. Im zweiten Parameter müssen die Variablen in einer Liste (eckige Klammern!) genannt werden.

```
glmat1:=GenerateMatrix(glsys, [x,y,z]);
```
$$glmat1 := \begin{bmatrix} 1 & 2 & 3 \\ 4 & -5 & 6 \\ 9 & 8 & 7 \end{bmatrix}, \begin{bmatrix} 14 \\ 12 \\ 46 \end{bmatrix}$$

GenerateMatrix erstellt die Koeffizientenmatrix für die Variablen und einen Vektor mit den zusammengefassten Werten der variablenfreien Terme der Gleichungen. Wird als drittes Argument augmented=true angegeben, so erzeugt GenerateMatrix stattdessen nur eine Matrix, in der die variablenfreien Terme als letzte Spalte erscheinen. Mit LinearSolve kann das Gleichungssystem dann gelöst werden.

```
glmat2:=GenerateMatrix(glsys, [x,y,z],
                augmented=true);
```

$$glmat2 := \begin{bmatrix} 1 & 2 & 3 & 14 \\ 4 & -5 & 6 & 12 \\ 9 & 8 & 7 & 46 \end{bmatrix}$$

```
LinearSolve(glmat2)
```

$$\begin{bmatrix} 1 \\ 2 \\ 3 \end{bmatrix}$$

Matrizentransformationen

Maple kennt zahlreiche Funktionen zur Durchführung diverser Matrizentransformationen. Die Funktion LUDecomposition zerlegt eine Matrix multiplikativ in eine untere (Lower) und eine obere (Upper) Dreiecksmatrix (und eine Permutationsmatrix, falls Spaltenvertauschungen benötigt werden) die das Gaußsche Eliminationsverfahren wiedergeben. (Die untere Matrix L gibt die inversen Operationen des Gaußverfahrens an, die obere Matrix U das Ergebnis.) Diese Zerlegung ist dann nützlich, wenn ein Gleichungssystem $A.\vec{x} = \vec{b}$ für verschiedene Werte von $\vec{b}$ gelöst werden soll. Man braucht dann nämlich mit den beiden Dreiecksmatrizen der Zerlegung nur eine Substitution bzw. eine Rücksubstitution durchzuführen, was wesentlich effizienter ist als jeweils eine neue Lösung mit dem Gauss-Verfahren. Die LU-Zerlegung ist mit dem Algorithmus von Crout effizient zu berechnen, so dass mit dieser Methode insgesamt vorteilhafter numerisch zu arbeiten ist. Ist die Matrix A symmetrisch und positiv definit, so kann man mit der Cholesky-Methode die Zerlegung etwa um den Faktor zwei beschleunigen, indem man die Symmetrie ausnutzt. Zudem ist dieses Verfahren numerisch sehr stabil und benötigt keine Pivotisierung.

Eine Übersicht der wichtigsten Transformationsfunktionen des LinearAlgebra-Package finden Sie in der Syntaxzusammenfassung am Ende des Kapitels. Genauere Informationen zu den Funktionen erhalten Sie in der Online-Hilfe und in den Maple-Handbüchern.

LUDecomposition transformiert die 4×5-Zufallsmatrix m in eine Permutationsmatrix P (hier eine 4×4-Einheitsmatrix)und eine untere 4×4-Dreiecksmatrix L.

```
restart: with(LinearAlgebra):
m:=RandomMatrix(4,5):
P,L,U :=LUDecomposition(m);
```

Matrizentransformationen

$$P, L, U := \begin{bmatrix} 1 & 0 & 0 & 0 \\ 0 & 1 & 0 & 0 \\ 0 & 0 & 1 & 0 \\ 0 & 0 & 0 & 1 \end{bmatrix}, \begin{bmatrix} 1 & 0 & 0 & 0 \\ -1/13 & 1 & 0 & 0 \\ -\frac{66}{65} & -\frac{3161}{1095} & 1 & 0 \\ \frac{36}{65} & \frac{2516}{1095} & -\frac{53399}{113534} & 1 \end{bmatrix},$$

$$\begin{bmatrix} -65 & -41 & -34 & -56 & 62 \\ 0 & \frac{219}{13} & -\frac{840}{13} & -\frac{160}{13} & -\frac{965}{13} \\ 0 & 0 & -\frac{113534}{365} & -\frac{155918}{1095} & -\frac{243454}{1095} \\ 0 & 0 & 0 & \frac{1267243}{56767} & \frac{3386273}{56767} \end{bmatrix}$$

Ein einfacher Test zeigt, dass die Zerlegung in der Tat korrekt ist:

P . L . U - m;

$$\begin{bmatrix} 0 & 0 & 0 & 0 \\ 0 & 0 & 0 & 0 \\ 0 & 0 & 0 & 0 \\ 0 & 0 & 0 & 0 \end{bmatrix}$$

Die Matrix U kann ebenfalls weiter zerlegt werden, sodass man eine obere Dreiecksmatrix erhält und eine Matrix mit nur Einsen in der Hauptdiagonalen. (Diese Zerlegung entspricht dem Gauß-Jordan-Verfahren.)

U1,R:=LUDecomposition(m,output=['U1','R']);

$$U1, R := \begin{bmatrix} -65 & -41 & -34 & -56 \\ 0 & \frac{219}{13} & -\frac{840}{13} & -\frac{160}{13} \\ 0 & 0 & -\frac{113534}{365} & -\frac{155918}{1095} \\ 0 & 0 & 0 & \frac{1267243}{56767} \end{bmatrix}, \begin{bmatrix} 1 & 0 & 0 & 0 & -\frac{268513}{1267243} \\ 0 & 1 & 0 & 0 & -\frac{5581445}{1267243} \\ 0 & 0 & 1 & 0 & -\frac{644346}{1267243} \\ 0 & 0 & 0 & 1 & \frac{3386273}{1267243} \end{bmatrix}$$

Mit der Funktion Pivot kann man ein Element einer Matrix auswählen und erhält als Ergebnis eine Matrix, die dadurch entsteht, dass zu allen Zeilen passende Vielfache der Zeile des ausgewählten Elements so addiert werden, dass in der Spalte des ausgewählten Elements alle anderen Elemente 0 werden.

mat:=RandomMatrix(4,4);Pivot(mat,2,3);

$$mat := \begin{bmatrix} -41 & -34 & -56 & 62 \\ 20 & -62 & -8 & -79 \\ -7 & -90 & -50 & -71 \\ 16 & -21 & 30 & 28 \end{bmatrix}, \begin{bmatrix} -181 & 400 & 0 & 615 \\ 20 & -62 & -8 & -79 \\ -132 & \frac{595}{2} & 0 & \frac{1691}{4} \\ 91 & -\frac{507}{2} & 0 & -\frac{1073}{4} \end{bmatrix}$$

Eigenwerte und Eigenvektoren

Von besonderem Interesse sind die Eigenvektoren einer Matrix. Dies sind die Vektoren, die bei Multiplikation mit der Matrix auf ein Vielfaches ihrer selbst abgebildet werden. Sie erfüllen also die Gleichung $A \cdot \vec{x} = \lambda \cdot \vec{x}$ für ein $\lambda \in \mathbb{R}$. Die Zahl λ nennt man einen Eigenwert der Matrix. Alle zu einem festen Eigenwert gehörenden Vektoren einer $n \times n$-Matrix bilden einen Unterraum des $\mathbb{R}^n$ und wie man leicht sieht, sind die Unterräume für verschiedene Eigenwerte disjunkt. Hat die Matrix n verschiedene Eigenwerte, so sind die zugehörigen Unterräume alle eindimensional. Man kann dann eine Basis des $\mathbb{R}^n$ aus lauter Eigenvektoren der Matrix bilden und bezüglich dieser Basis hat die Matrix die Form einer Diagonalmatrix mit den Eigenwerten als Diagonalelementen. Man findet die Eigenwerte als Lösungen des charakteristischen Polynoms.

Eigenwerte werden mit der Funktion Eigenvalues berechnet. Auch diese Berechnungen werden symbolisch durchgeführt. Will man eine numerische Näherung, so muss man wenigstens ein Matrixelement als Gleitkommazahl eingeben. Wir verwenden zur Demonstration des Befehls eine 3 × 3-Matrix mit zwei Eigenwerten.

```
m1:=<<41, 5, -10>|<3, 39, -6>|<-14,-14, 64>>;
```

$$m1 := \begin{bmatrix} 41 & 3 & -14 \\ 5 & 39 & -14 \\ -10 & -6 & 64 \end{bmatrix}$$

```
ew:=Eigenvalues(m1);
```

$$ew := \begin{bmatrix} 72 \\ 36 \\ 36 \end{bmatrix}$$

Das Ergebnis zeigt, dass ein Eigenwert zweimal vorkommt, zu diesem Eigenwert gibt es dann einen zweidimensionalen Unterraum aus Eigenvektoren. Die Eigenvektoren erhält man mit der Funktion Eigenvectors. Mit dem zusätzlichen Parameterwert output='list' wird eine Liste geliefert, die als Elemente Listen mit drei Elementen enthält. Das erste Element einer solchen Liste ist ein Eigenwert, das zweite die Vielfachheit dieses Eigenwertes und das dritte Element ist eine Basis des zugehörigen Eigenraums (angegeben in Form einer Menge von Vektoren).

```
ev:=Eigenvectors(m1,output='list');
```

$$ev := [[72, 1, \left\{ \begin{bmatrix} 1 \\ 1 \\ -2 \end{bmatrix} \right\}], [36, 2, \left\{ \begin{bmatrix} 1 \\ -5/3 \\ 0 \end{bmatrix}, \begin{bmatrix} 0 \\ 14/3 \\ 1 \end{bmatrix} \right\}]]$$

Ohne die zusätzliche output-Option liefert die Funktion einen Spaltenvektor, der die Eigenwerte enthält, und eine Matrix, deren Spaltenvektoren die zugehörigen Eigenvektoren sind:

Eigenvectors(m1);

$$\begin{bmatrix} 72 \\ 36 \\ 36 \end{bmatrix}, \begin{bmatrix} 1 & 1 & 0 \\ 1 & -5/3 & 14/3 \\ -2 & 0 & 1 \end{bmatrix}$$

Mit CharacteristicPolynomial lässt sich das charakteristische Polynom einer Matrix aufstellen. Seine Nullstellen sind die Eigenwerte der Matrix. Man kann dieses Polynom auch direkt als Determinante einer Matrix berechnen, die aus der Ausgangsmatrix dadurch entsteht, dass man von den Elementen der Diagonalen jeweils das (ungebundene) Symbol λ abzieht. Dies folgt unmittelbar aus der Gleichung $A \cdot \vec{x} - \lambda \cdot \vec{x} = \vec{0}$. Für einen Eigenwert bildet nämlich die Matrix einen zugehörigen Eigenvektor auf den Nullvektor ab, muss also die Determinante 0 haben.

CharacteristicPolynomial(m1, lambda);

$$-93312 + 6480\,\lambda - 144\,\lambda^2 + \lambda^3$$

m1 - DiagonalMatrix(<lambda,lambda,lambda>);Determinant(%);

$$\begin{bmatrix} 41-\lambda & 3 & -14 \\ 5 & 39-\lambda & -14 \\ -10 & -6 & 64-\lambda \end{bmatrix}$$

$$93312 - 6480\,\lambda + 144\,\lambda^2 - \lambda^3$$

solve(%);

72, 36, 36

Orthonormalbasis berechnen

Die Funktion GramSchmidt erstellt die Orthonormalbasis zu einer gegebenen Liste von Vektoren mit dem Gram-Schmidt-Verfahren. Die Vektoren der Liste müssen alle die gleiche Orientierung (Zeilen- oder Spaltenvektoren) haben. Sind die Vektoren der Liste nicht linear unabhängig, hat das Ergebnis natürlich weniger Vektoren. Diese stehen paarweise aufeinander senkrecht. Mit der Option normalized=true werden sie zudem auf die Länge 1 normalisiert.

v1:=<3|4|0>: v2:=<2|-1|3>: v3:=<-1|0|2>: v4:=<1|-2|1>:
GramSchmidt([v1,v2,v3,v4]);

$$[[\ 3\quad 4\quad 0\ ], [\ \tfrac{44}{25}\quad -\tfrac{33}{25}\quad 3\ ], [\ -\tfrac{204}{173}\quad \tfrac{153}{173}\quad \tfrac{187}{173}\ ]]$$

```
onb:=GramSchmidt([v1,v2,v3,v4],normalized=true);
```

$$onb := [[\ 3/5\ \ 4/5\ \ 0\ ],\cdots,[\ -\tfrac{6}{173}\sqrt{346}\ \ \tfrac{9}{346}\sqrt{346}\ \ \tfrac{11}{346}\sqrt{346}\ ]]$$

```
DotProduct(onb[1], onb[2]), DotProduct(onb[2], onb[2]);
```

   0, 1

Tensorrechnung

Maple kennt einige Funktionen zur Tensorrechnung, die vor ihrer Verwendung mit `with(tensor)` aktiviert werden müssen.

Syntaxzusammenfassung

Das geometry- und das geom3d-Package

```
with(geometry);    with(geom3d);
```
   aktiviert die Funktionen der Package. Im Folgenden werden nur einige besonders wichtige Funktionen aufgezählt.

```
point(p, [x,y]);    point(p, [x,y,z]);
```
   definiert den Punkt p mit den Koordinaten x und y (und z).

```
line(l, [p1,p2]);    line(l, [gl]);
```
   definiert die Gerade l, die durch die Punkte $p1$ und $p2$ führt bzw. durch die Geradengleichung $a*x+b*y+c=0$ oder $x1=p1+t*m1, x2=p2+t*m2, x3=p3+t*m3$ definiert ist.

```
circle(c1, [p1,p2,p3]);    circle(c2, [m,r]);
```
   definiert den Kreis $c1$, der durch die Punkte $p1$ bis $p3$ führt, bzw. den Kreis $c2$ mit dem Mittelpunkt m und dem Radius r.

```
intersection(l1,l2);    intersection(c1,c2);    intersection(l,c);
```
   berechnet den Schnittpunkt bzw. die Schnittpunkte zweier Geraden, zweier Kreise oder eines Kreises und einer Geraden.

```
triangle(t, [p1,p2,p3]);    triangle(t, [l1,l2,l3]);
triangle(t, [s1,s2,s3]);    triangle(t, [s1,angle=a,s2]);
```
   definiert das Dreieck t durch drei Eckpunkte, drei Geraden, drei Seitenlängen oder zwei Seitenlängen und einen Winkel. Bei den beiden letzten Varianten ist nur die Größe, nicht aber die Position des Dreiecks bestimmt.

Syntaxzusammenfassung

```
reflect(r, objekt, l);     reflect(r, objekt, p);
```
spiegelt *objekt* an der Geraden *l* oder am Punkt *p* und speichert das Spiegelbild in *r*.
```
rotation(r, objekt, winkel, clockwise, p);
rotation(r, objekt, winkel, counterclockwise, p);
```
dreht *objekt* um den Drehpunkt *p* und speichert das Ergebnis in *r*. Der dritte und vierte Parameter geben den Drehwinkel und die Drehrichtung an.

Eine ausführliche Übersicht über die Befehle der beiden Packages erhält man mit ?geometry bzw. mit ?geom3d.

Lineare Algebra mit dem LinearAlgebra-Package

```
with(LinearAlgebra);
```
aktiviert das `LinearAlgebra`-Package. Der Befehl muss am Beginn jeder Berechnung stehen, die auf eine der im Folgenden beschriebenen Funktionen zurückgreift.

Vektoren erzeugen und weiterverarbeiten

```
Vector(n);    Vector(n,i->f(i));    Vector([a,b,c...]);    Vector(n,k);?
```
definiert einen (Spalten-)Vektor. Die erste Variante bildet einen n-dimensionalen Nullvektor, in der zweiten Variante werden die Elemente entsprechend der Funktionsvorschrift belegt, die dritte Variante entnimmt die Vektorelemente einer Liste. In der vierten Variante wird statt 0 der Wert k zur Initialisierung verwendet. Mit der in eckigen Klammern einzugebenden Option `row` wird ein Zeilenvektor statt eines Spaltenvektors erzeugt.

```
DotProduct(v1, v2);
```
bildet das Skalarprodukt zweier Vektoren (die Summe der Produkte der einzelnen Komponenten). Ist $v1$ ein Spaltenvektor, werden die Elemente von $v1$ vor der Produktbildung komplex konjugiert, andernfalls werden die Elemente aus $v2$ in konjugiert komplexer Form verwendet. Durch die Option `conjugate=false` wird dieses Verhalten verhindert.

```
CrossProduct(v1, v2);
```
bildet das Kreuzprodukt zweier dreidimensionaler Vektoren. Sind beide Vektoren Zeilenvektoren, so auch ihr Kreuzprodukt, ansonsten wird ein Spaltenvektor zurückgegeben.

```
Norm(v, modus);
```
berechnet die Norm zu v. Als Modus sind erlaubt: `infinity` (Defaulteinstellung, maximaler Betrag), `Fronebius` oder gleichbedeutend `Euklid` (Wurzel der Summe der Quadrate) oder eine beliebige positive Zahl (($a^n + b^n + c^n ...)^{\frac{1}{p}}$).

```
Normalize(v,modus);
```
   ermittelt den normalisierten Vektor zu v. Dadurch wird der Vektor auf die Länge 1 (gemessen an der durch ?modus? eingestellten Norm von oben) normiert.

```
VectorAngle(v1, v2);
```
   berechnet den Winkel zwischen den beiden Vektoren.

Matrizen erzeugen und bearbeiten

```
Matrix(z,s); Matrix(z,s,(n,m)->f); Matrix([[...],...]);
```
   definiert eine Matrix mit z Zeilen und s Spalten. Der Inhalt der Matrix kann durch eine zweiparametrige anonyme Funktionsvorschrift oder durch eine verschachtelte Liste vorgegeben werden. Dies beschreibt allerdings nur einen schmalen Ausschnitt der möglichen Matrizenkonstruktionen. In der Online-Hilfe findet man unter Mathematics...Linear Algebra...Linear Algebra Package...Constructors... eine Übersicht über die vielfältigen Sonderkonstruktionen

```
mat[z,s];
```
   liest (bzw. verändert) das Element der z-ten Zeile und s-ten Spalte der Matrix mat. Man kann auch ganze Bereiche der Matrix selektieren, indem man für z und s Bereiche oder Listen aus Zeilen- und Spaltennummern oder Bereichen eingibt. Ausgewählt werden dann alle Elemente der Matrix, die an Kreuzungspunkten der angegebenen Zeilen und Spalten stehen. Eine genaue Aufschlüsselung findet man unter Mathematics...Linear Algebra...Linear Algebra Package...Entry Operations...

Berechnungen mit Vektoren und Matrizen

```
map(func, mat);
```
   wendet die Funktion auf alle Elemente der Matrix an.

```
Transpose(mat);     HermitianTranspose(mat);
```
   transponiert die Matrix. Bei HermitianTranspose werden gleichzeitig konjugiert komplexe Werte gebildet.

```
Trace(mat);
```
   berechnet die Spur einer quadratischen Matrix (Summe der Diagonalenelemente).

```
MatrixInverse(mat);
```
   bildet die inverse Matrix, sofern diese existiert. Über Optionen kann man dabei eine Reihe verschiedener Methoden auswählen.

```
Determinant(mat);
```
berechnet die Determinante der Matrix. Auch hier kann man über Optionen verschiedene Methoden wählen.

```
Norm(mat, modus);
```
berechnet die Norm einer Matrix. Als Modus kommen in Frage: `infinity` (Defaulteinstellung, maximale Wurzel der Quadrate einer Zeile), `Fronebius` (Wurzel der Summe der Quadrate aller Elemente), 1 (maximale Wurzel der Quadrate einer Spalte) und 2 (Wurzel der größten Eigenwerte von $mat * mat^T$).

```
Rank(mat);
```
berechnet den Rang einer Matrix (die Anzahl der linear unabhängigen Spalten/Zeilen).

```
LinearSolve(A, b);
```
löst das Gleichungssystem $A * x = b$.

```
GenerateMatrix( [g1, g2,...], [x,y,...]);
```
bildet die Koeffizientenmatrix zum angegebenen Gleichungssystem. Durch die zusätzliche Angabe der Option `augmented=true` wird die rechte Seite der Gleichungen in eine zusätzliche Spalte der Koeffizientenmatrix aufgenommen. Andernfalls wird die rechte Seite des inhomogenen Systems als separater Vektor ausgegeben.

```
Eigenvalues(mat);
```
berechnet die Eigenwerte der Matrix.

```
Eigenvectors(mat);
```
berechnet Eigenwerte, Vielfachheiten und Eigenvektoren der Matrix.

```
CharacteristicPolynomial(mat);
```
stellt das charakteristische Polynom einer Matrix zur Berechnung der Eigenwerte auf.

```
GramSchmidt([v1,v2,...]);
```
bildet eine Orthonormalbasis zu den angegebenen Vektoren.

Kapitel 15

Grenzwerte, Summen und Produkte

Dieses Kapitel behandelt zwei Themenkreise, die nur mittelbar verwandt sind: die Berechnung von Grenzwerten mit dem Befehl `limit` sowie die Bildung von Summen und Produkten mit `add` und `sum` bzw. `mul` und `product`. Gerade zur Berechnung unendlicher Summen oder Produkte ist häufig eine kombinierte Verwendung von `limit` mit `sum` oder `product` erforderlich.

`limit`
führt einen Grenzwertübergang durch.

`add`
bildet die endliche Summe eines Ausdrucks für feste numerische Grenzen.

`sum`
bildet die endliche oder unendliche Summe eines Ausdrucks (symbolische Berechnung).

`eulermac`
liefert die asymptotische Näherung für eine allgemeine Summenformel.

`mul`
bildet das endliche Produkt eines Ausdrucks für feste numerische Grenzen.

`product`
bildet das endliche oder unendliche Produkt eines Ausdrucks (symbolische Berechnung).

`evalf`
führt zusammen mit den obigen Kommandos eine numerische Berechnung durch.

Verweise: Das Package `sumtools` enthält einige Spezialkommandos zur Berechnung von Summen, die in diesem Buch nicht beschrieben werden. Kapitel 24 behandelt die Bildung und Weiterverarbeitung von Reihen (Taylorreihen, Laurentreihen etc.).

Grenzwerte

Der Befehl `limit(f(x),x=x0)` berechnet den Grenzwert von $f(x)$ für $x \to x_0$. Dabei kann x_0 auch ∞ (`infinity`) sein. Zwischen Folgen und Funktionen wird nicht unterschieden. Die Verwendung von `limit` soll zunächst an einem einfachen Beispiel demonstriert werden:

`f:=(2*x+1)/(x-3);`

$$f := \frac{2x+1}{x-3}$$

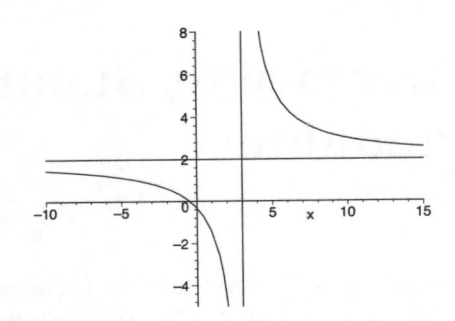

```
plot({limit(f,x=infinity),f},
     x=-10..15,-5..8);
```

Das Verhalten der Funktion für große x kann wie nebenstehend untersucht werden (`Limit` ist die träge Variante des Befehls und wird hier nur zur Ausgabe benutzt).

```
Limit(f,x=infinity)=limit(f,x=infinity),
Limit(f,x=-infinity)=
                  limit(f,x=-infinity);
```

$$\lim_{x \to \infty} \frac{2x+1}{x-3} = 2, \quad \lim_{x \to (-\infty)} \frac{2x+1}{x-3} = 2$$

Dagegen würde das Einsetzen von `infinity` ein nicht definiertes Ergebnis liefern.

`subs(x=infinity,f);`

undefined

Bei einer in x_0 stetigen Funktion kann man natürlich auch problemlos den Grenzwert berechnen.

`Limit(f,x=0)=limit(f,x=0);`

$$\lim_{x \to 0} \frac{2x+1}{x-3} = \frac{-1}{3}$$

Bei Unstetigkeitsstellen (die man mit `discont` findet) kann es auf die Richtung der Annäherung ankommen, auch bei einem uneigentlichen Grenzwert:

`x0:=op(discont(f,x));`

$x0 := 3$

```
Limit(f,x=x0)=limit(f,x=x0), Limit(f,x=x0,left)=limit(f,x=x0,left),
Limit(f,x=x0,right)=limit(f,x=x0,right);
```

$$\lim_{x \to 3} \frac{2x+1}{x-3} = undefined, \quad \lim_{x \to 3-} \frac{2x+1}{x-3} = -\infty, \quad \lim_{x \to 3+} \frac{2x+1}{x-3} = \infty$$

In diesem Fall führt das Einsetzen natürlich zu einer Fehlermeldung:

`subs(x=x0,f);`

`Error, division by zero`

Grenzwerte

Es gibt vier Richtungsangaben für die Berechnung eines Grenzwertes. Dabei bedeutet `real` die bidirektionale Annäherung an einen Punkt oder an $\pm\infty$ und `complex` die 'omnidirektionale' Annäherung in der komplexen Ebene (siehe komplexe Grenzwerte). Im Worksheet werden weitere Beispiele zu Grenzwerten von Funktionen an Definitionslücken behandelt (endlicher Sprung und hebbare Unstetigkeit).

Maple ist auch in der Lage, für recht abenteuerliche Funktionen den Grenzwert an Definitionslücken zu finden. Meistens wird dabei eine Reihenentwicklung benutzt. Übrigens ist es oft angezeigt, die mit `limit` berechneten Grenzwerte mit Hilfe einer Zeichnung oder der Ausgabe einer Folge von numerischen Werten zu kontrollieren (Beispiele im Worksheet).

Wenn der Funktionsterm weitere Unbekannte enthält, kann es vorkommen, dass der Grenzwert nicht ausgewertet wird. Dann müssen zusätzliche Annahmen gemacht werden.

Falls der Grenzwert nicht existiert, bekommt man bei beschränkten Funktionen immerhin noch eine Angabe der Schranken.

Grenzwerte sind das A und O der Infinitesimalrechnung, auch wenn man sie oft nicht explizit berechnet, z.B. wenn man Ableitungen bildet. Aber Maple kennt auch diese Zusammenhänge. Die nebenstehenden Zeilen mögen als ein Beispiel dafür dienen, dass man einem Computer-*Algebra*-System auch Infinitesimalrechnung beibringen kann. Die Grenzwertsätze können dagegen mit dem Befehl `combine` nur bedingt nachempfunden werden (siehe Worksheet).

```
for dir in [left,right,real,complex] do
dir=limit(f,x=x0,dir) od;
```
$left = -\infty$

$right = \infty$

$real = undefined$

$complex = \infty - \infty I$

```
f:=tan(Pi/4+x)^cot(2*x);
```
$f := \tan(\frac{1}{4}\pi + x)^{\cot(2x)}$

```
limit(f, x=0 );
```
e

```
series(f, x=0);
```
$e - \frac{2}{3}ex^2 - \frac{16}{45}ex^4 + O(x^5)$

```
limit(exp(-k*x),x=infinity);
```
$\lim_{x \to \infty} e^{(-kx)}$

```
assume(k>0): limit(exp(-k*x),x=infinity);
```
0

```
limit( b*sin(1/x), x=0);
```
$\min(-b, b)..\max(-b, b)$

```
fs:=limit( (f(x+dx) -f(x)) / dx, dx=0);
```
$fs := D(f)(x)$

```
fss:=limit( (f(x+2*dx)-2*f(x+dx)+f(x))/
            (dx^2), dx=0);
```
$fss := (D^{(2)})(f)(x)$

```
eval(fs,f=sin);
```
$\cos(x)$

```
eval(fss,f=sqrt);
```
$-\frac{1}{4}\frac{1}{x^{(3/2)}}$

Komplexe Grenzwerte

Grenzwerte von 'multivariablen' Funktionen können mit Maple derzeit leider nur sehr eingeschränkt berechnet werden, weil eine Richtungsangabe nicht ausgewertet wird. Man ist also darauf angewiesen, Grenzwerte von Funktionen von mehreren Veränderlichen durch die Angabe eines Wegs auf Grenzwerte von Funktionen einer Variablen ('eindimensionale Grenzwerte') zurückzuführen (weitere Beispiele im Worksheet).

```
limit(x/y,{x=3,y=4});
```
$$\frac{3}{4}$$
```
limit(x/y,{x=3,y=infinity});
```
$$0$$
```
limit(x/y,{y = 0, x = 0},right);
```
$$\mathrm{limit}(\frac{x}{y}, \{y = 0, x = 0\}, \mathit{right})$$
```
limit(x/(m*x),x=0); # y=m*x
```
$$\frac{1}{m}$$

Aus dem gleichen Grund kann `limit(f(x,y),{x=x0,y=y0})` auch nur bedingt zur Berechnung komplexer Grenzwerte verwendet werden. Dass auch die Richtungsangabe `complex` mit Vorsicht zu genießen ist, zeigt das folgende Beispiel.

Berechnet man z.B. den 'omnidirektionalen' Grenzwert von $1/z$ für $z \to 0$, so erhält man eine falsche Aussage. Richtig wäre *undefined*, aber Maple berechnet offensichtlich den Grenzwert nicht getrennt für den Real- und Imaginärteil der Funktion. Vielmehr muss der Benutzer wieder die Richtung der Annäherung angeben. Stimmt nun das nebenstehende Ergebnis für die Annäherung längs $y = \sqrt{x}$?

```
limit(1/z,z=0,complex);
```
$$\infty - \infty I$$
```
limit(1/(x+I*m*x),x=0,left);
```
$$\frac{\infty I}{\mathrm{signum}(-I + m)}$$
```
limit(1/(x+I*sqrt(x)),x=0,right);
```
$$-\infty I$$

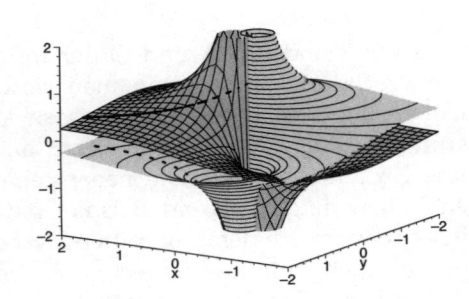

Einmal mehr hilft hier eine Zeichnung. Das Bild zeigt den Realteil (dunklere Fläche) und den Imaginärteil (Höhenlinien) von $f(z) = 1/z$ sowie die Annäherung an $z = 0 + 0I$ längs $y = \sqrt{x}$. Der punktierte Weg auf dem Imaginärteil führt tatsächlich nach $-\infty$, aber der Realteil nähert sich 1:

```
limit(Re(1/(x+I*sqrt(x))),x=0,right);
```
$$1$$

Da Maple die Berechnung von komplexen Grenzwerten oft auch implizit verwendet, ist man gut beraten, wenn man noch weitere Methoden kennt, um Maple mit Maple kontrollieren zu können. Eine davon ist

`complexplot(1/z,x=0.001..10);`

Nach rechts ist der Realteil und nach unten der Imaginärteil von $1/z$ abgetragen, wenn man sich wie oben $z = 0 + 0I$ nähert. Die ausführliche Formulierung und weitere Beispiele finden Sie im Worksheet.

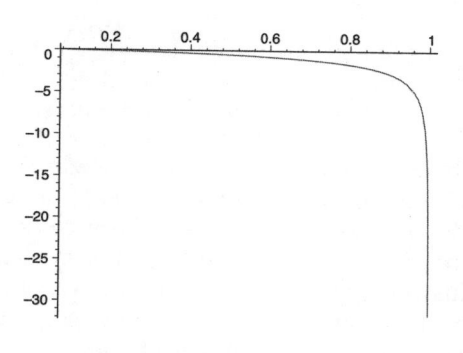

Summen

Für die Berechnung von Summen gibt es die Befehle `add` und `sum`. Bestimmte Summen mit numerischem Laufbereich werden mit `add` gebildet.

`add(i,i=1..100);`

5050

Gauß soll das fast so schnell wie Maple berechnet haben. Sein Mathematiklehrer wollte etwas Ruhe haben und ließ die Klasse alle Zahlen von 1 bis 100 addieren. Nach kurzer Zeit kam Gauß mit seiner Schiefertafel ans Lehrerpult und sagte 'lieget se' (da liegen die Zahlen). Nur hatte er die 100 Zahlen nicht untereinander geschrieben und addiert, sondern er hatte eine Formel gefunden:

`Sum(i,i=1..n)=factor(sum(i,i=1..n));`

$$\sum_{i=1}^{n} i = \frac{1}{2} n (n+1)$$

Und es ist gut, dass auch Maple diese Formel kennt, wie der folgende Vergleich demonstriert (die letzte Zahl ist jeweils die benötigte Zeit in Sekunden):

`symb:=n->sum(i,i=1..n);`

$$symb := n \to \sum_{i=1}^{n} i$$

`st:=time(): symb(10^7); time()-st;`

50000005000000

0.

`num:=n->add(i,i=1..n);`

$$num := n \to \text{add}(i, i = 1..n)$$

`st:=time(): num(10^7); time()-st;`

50000005000000

55.460

In der linken Spalte wurden die 10^7 Summanden mit der Summenformel berechnet, in der rechten Spalte wurden sie addiert (im Worksheet finden Sie auch den Speicherbedarf). Weshalb sollte man dann überhaupt add verwenden?

Dieser Befehl versucht nicht, wie sum eine allgemeine Formel zu finden, sondern addiert nur und ist deshalb wesentlich einfacher aufgebaut und stabiler was die Auswertung betrifft. Außerdem kann man so die von sum verwendeten Algorithmen (und speziellen Funktionen) umgehen, wenn es erforderlich ist.

```
f:=x->add(a[i]*x^i,i=0..5); f(0);
```
$$f := x \to \mathrm{add}(a_i\, x^i,\, i = 0..5)$$
$$a_0$$

```
g:=x->sum(a[i]*x^i,i=0..5); g(0);
```
$$g := x \to \sum_{i=0}^{5} a_i\, x^i$$
$$0$$

Hier folgt noch ein Beispiel zu einer Reihenentwicklung, die man mit add selbst definieren kann:

```
reihe:=(f,x0,n)->add((x-x0)^k*eval(diff(f(x),[x$k]),x=x0)/k!,k=0..n);
```
$$\mathit{reihe} := (f,\, x0,\, n) \to \mathrm{add}(\frac{(x - x0)^k \, \mathrm{diff}(f(x),\, x\,\$\,k)}{k!}\bigg|_{x = x0},\, k = 0..n)$$

```
reihe(sin^2+cos,Pi/3,5);
```
$$\frac{5}{4} - \frac{3}{4}(x - \frac{1}{3}\pi)^2 - \frac{1}{4}(x - \frac{1}{3}\pi)^3 \sqrt{3} + \frac{3}{16}(x - \frac{1}{3}\pi)^4 + \frac{1}{16}(x - \frac{1}{3}\pi)^5 \sqrt{3}$$

Auch Schachtelungen sind mit dem Befehl add erlaubt:

```
add( add(k[i,j]*x^(i+j), i=1..3), j=1..3);
```
$$k_{1,1}\, x^2 + k_{2,1}\, x^3 + k_{3,1}\, x^4 + k_{1,2}\, x^3 + k_{2,2}\, x^4 + k_{3,2}\, x^5 + k_{1,3}\, x^4 + k_{2,3}\, x^5 + k_{3,3}\, x^6$$

Summenformeln

Unbestimmte Summen: Ohne Angabe des Laufbereichs, also mit sum(f(i), i), erhält man einen Term $g(i)$, für den für alle i gilt: $g(i+1) - g(i) = f(i)$.

```
s:=factor(sum(i,i));
```
$$s := \frac{1}{2} i\,(i - 1)$$

```
simplify(eval(s,i=n+1)-eval(s,i=n));
```
$$n$$

Unendliche Reihen

Bestimmte Summen: Mit Angabe des Laufbereichs, also mit `sum(f(i), i=m..n)`, erhält man einen Term $g(m,n) = g(n+1) - g(m)$, wobei g die unbestimmte Summe ist. Ohne Angabe des Laufbereichs erhält man also in der Regel die Summe von 1 bis $n-1$. Wie mit `add` können auch mit `sum` Summen von Summen gebildet werden (siehe Worksheet).

```
simplify(eval(s,i=n+1)-eval(s,i=m));
```
$$\frac{1}{2}n^2 + \frac{1}{2}n - \frac{1}{2}m^2 + \frac{1}{2}m$$
```
simplify(sum(i,i=m..n));
```
$$\frac{1}{2}n^2 + \frac{1}{2}n - \frac{1}{2}m^2 + \frac{1}{2}m$$
```
factor(sum(i^2,i=1..n-1));
```
$$\frac{1}{6}n(2n-1)(n-1)$$

Unendliche Reihen

Unendliche Reihen werden mit der oberen Grenze `infinity` formuliert. Spätestens hier trifft man auch bei scheinbar harmlosen Summanden auf spezielle Funktionen wie die ζ-Funktion (Beispiele im Worksheet).

```
sum(1/i!,i=0..infinity);
```
$$e$$
```
sum(1/(2*i+1)^4,i=0..infinity);
```
$$\frac{1}{96}\pi^4$$
```
sum(1/i^(2*k),i=1..infinity);
```
$$\zeta(2k)$$

Konvergenz und Divergenz

Unendliche Reihen können nicht nur mit der oberen Grenze `infinity` gebildet werden, sondern auch mit der Kombination von `limit` und `sum`. Das nebenstehende Beispiel zeigt, dass man dabei nicht immer zum gleichen Ergebnis kommt. Für die geometrische Reihe bekommt man nicht nur die Teilsumme, sondern auch ohne Rückfrage den Grenzwert. Mit `limit` muss man Annahmen machen, die aber zu eng sind. Auch hier ist es also angebracht, symbolische Berechnungen numerisch zu kontrollieren oder eine Zeichnung zu erstellen.

```
s:=n->sum(a*q^i,i=0..n-1);
```
$$s := n \to \sum_{i=0}^{n-1} a q^i$$
```
normal(s(n)), s(infinity);
```
$$\frac{a(q^n - 1)}{q - 1}, \quad -\frac{a}{q-1}$$
```
lim:=limit(s(n),n=infinity);
```
$$lim := \lim_{n \to \infty} \frac{a q^n}{q-1} - \frac{a}{q-1}$$
```
assume(q<1); additionally(q>-1);
```
$$\lim_{n \to \infty} \frac{a q^{\sim n}}{q^{\sim} - 1} - \frac{a}{q^{\sim} - 1}$$
```
additionally(q>0); lim;
```
$$-\frac{a}{q^{\sim} - 1}$$

Asymptotische Näherung für Reihen

Für die Summe `sum(expr,x)` kann mit `eulermac(expr,x,n)` eine asymptotische Näherung der Ordnung n aufgestellt werden, d.h., mit $F(x) = $ eulermac$(f(x),x)$ ist $F(x+1) - F(x)$ asymptotisch gleich $f(x)$ (Euler-Maclaurinsche Summation).

```
eulermac(k/(1+k^2),k,4);
```

$$\frac{1}{2}\ln(1+k^2) - \frac{1}{2}\frac{k}{1+k^2} + \frac{\frac{1}{12}}{1+k^2} - \frac{1}{6}\frac{k^2}{(1+k^2)^2} - \frac{1}{15}\frac{k^2}{(1+k^2)^3} + \frac{\frac{1}{120}}{(1+k^2)^2} + \frac{\frac{1}{15}k^4}{(1+k^2)^4} +$$

$$O(5760\frac{k^4}{(1+k^2)^5} - \frac{2160\,k^2}{(1+k^2)^4} + \frac{120}{(1+k^2)^3} - \frac{3840\,k^6}{(1+k^2)^6})$$

```
convert(%,polynom);
```

$$\frac{1}{2}\ln(1+k^2) - \frac{1}{2}\frac{k}{1+k^2} + \frac{\frac{1}{12}}{1+k^2} - \frac{1}{6}\frac{k^2}{(1+k^2)^2} - \frac{1}{15}\frac{k^2}{(1+k^2)^3} + \frac{\frac{1}{120}}{(1+k^2)^2} + \frac{\frac{1}{15}k^4}{(1+k^2)^4}$$

Hier sind zwei Beispiele, wie man die Güte der Näherung beurteilen kann:

```
seq([evalf(sum(k/(1+k^2),k=1..n)),
evalf(convert(eulermac(k/(1+k^2),k=1..n,4),polynom))],n=1000..1010);
```

$[6.813605376 + 0.\,I,\ 6.812620774],\ [6.814604376 + 0.\,I,\ 6.813619776], \ldots$

```
sum(x/(1+x^2),x=1..1000); evalf(%);
```

$$\frac{1}{2}\Psi(1001 - I) + \frac{1}{2}\Psi(1001 + I) - \frac{1}{2}\Psi(1 - I) - \frac{1}{2}\Psi(1 + I)$$

$6.813605376 + 0.\,I$

```
evalf(eulermac(x/(1+x^2),x=1..1000,4));
```

$$6.812620774 + O(1) + O(\frac{-119998200001799999880}{100000600001500002000001500000600001})$$

Hinweis: Maple verwendet je nach Typ des Summanden verschiedene Methoden zur symbolischen Summation: Polynome werden unter Verwendung von Bernoulli-Polynomen `bernoulli(n,x)` summiert. Rationale Funktionen der Summationsvariablen werden nach Moenck summiert. Dabei werden unter Umständen die ζ-Funktion, die Ψ-Funktion und die Eulersche Konstante γ oder die verallgemeinerte hypergeometrische Funktion (siehe `?zeta`, `?Psi`, `?gamma`, `?hypergeom`) verwendet. Einen Sonderfall stellt die Summation über 'RootOfs' dar (siehe Worksheet).

Produkte

Analog zu add steht für die effiziente Multiplikation einer endlichen Anzahl von Faktoren das Kommando mul zur Verfügung.

```
mul( 1+1/x^2, x=1..20);
```
$$\frac{10607593947079914172 79425}{3029735356252906208 62464}$$
```
evalf(%);
```
$$3.501161884$$

Für die symbolische Berechnung von Produkten gibt es den Befehl product. Die Syntax und die Definitionen entsprechen denen bei sum, wenn man 'Differenz' sinngemäß durch 'Quotient' ersetzt.

```
product(x,x);
```
$$\Gamma(x)$$
```
Product(x^2,x=1..5)=product(x^2,x=1..5);
```
$$\prod_{x=1}^{5} x^2 = 14400$$

Mit product können auch unendliche Produkte berechnet werden.

```
product(1+1/x^2,x=1..infinity),evalf(%);
```
$$\frac{\sinh(\pi)}{\pi} \quad , \quad 3.676077910$$

Zum selben Ergebnis kommen Sie auch, wenn Sie das Produkt mit einem Grenzwertübergang berechnen.

```
limit( product( 1+1/x^2, x=1..n),
    n=infinity ); simplify(%);
```
$$\frac{1}{\Gamma(-I)\,\Gamma(I)}$$
$$\frac{\sinh(\pi)}{\pi}$$

Numerische Berechnungen

Auf den vorangegangenen Seiten wurde mehrfach evalf eingesetzt, um symbolisch nicht berechenbare Grenzwerte, Summen oder Produkte numerisch zu ermitteln. Manchmal ist es (beispielsweise zur Kontrolle) sinnvoll, auch dann numerisch zu arbeiten, wenn limit, sum oder product ein symbolisches Ergebnis liefern. Wenn Sie in diesem Fall einfach evalf(sum(..)) schreiben, berechnet Maple zuerst die symbolische Lösung und wertet diese anschließend numerisch aus. Damit von vornherein numerisch gearbeitet wird, müssen Sie die trägen Varianten der drei Kommandos verwenden, also Limit, Sum bzw. Product.

Das folgende Beispiel zeigt den Unterschied zwischen einer gemischt symbolisch-numerischen und einer rein numerischen Berechnung. Die Summe der ersten 2000 Terme von $\frac{(-1)^x}{x^2}$ wird zuerst normal, d.h. mit sum, berechnet und anschließend numerisch ausgewertet. Im zweiten evalf-Kommando wird dann durch Sum eine rein numerische Berechnung erzwungen, die viel schneller und mit wesentlich geringerem Speicherbedarf durchgeführt werden kann. (Grund: Bei der ersten Variante muss das symbolische Ergebnis –

eine Summe aus 2000 Termen – vor der Auswertung durch evalf zwischengespeichert werden!)

Die Zeit- und Speicherverbrauchsmessung erfolgte mit dem Befehl showtime. Das Kommando gibt nach seiner Aktivierung am Ende jeder Berechnung automatisch die verbrauchte Rechenzeit (in Sekunden) und den Speicherverbrauch an. off deaktiviert die automatische Zeitmessung wieder. Die Messung der Rechenzeit ist vom Betriebssystem abhängig.

```
showtime();
evalf( sum( (-1)^x/x^2, x=1..2000), 40);
```

   −0.8224669084866132026112193020564110699511

   time = 1.15, bytes = 8741878

```
evalf( Sum( (-1)^x/x^2, x=1..2000), 40);
```

   −0.8224669084866132026112193020564110699511

   time = 0.19, bytes = 1346178

```
off;
```

Syntaxzusammenfassung

```
limit(f, x=x0);
limit(f, x=x0, option);
limit(f, {x=x0, y=y0,..}, option);
```
   berechnet den Grenzwert von f für $x \to x0$. Als Optionen können angegeben werden: left (Annäherung von links), right (Annäherung von rechts), real (Annäherung von beiden Seiten) oder complex (omnidirektionale Annäherung in der komplexen Ebene). Bei der dritten Syntaxvariante wird der Grenzwert einer multivariablen Funktion berechnet.

```
add(f, x=start..end);
```
   summiert die Funktionswerte f numerisch, wobei x den ganzzahligen Bereich von *start* nach *end* durchläuft.

```
sum(f, x);
```
   berechnet eine allgemeine Summenformel g für die ersten n Terme von f, sodass gilt: $g(n+1) - g(n) = f(n)$.

```
sum(f, x=start..end);
sum(sum(f, x=sx..ex), y=sy..ey);
```
   berechnet die Summe über f, wobei x den ganzzahligen Bereich von *start* nach *end* durchläuft. Als Bereichsgrenze ist auch `infinity` (∞) erlaubt. Die zweite Syntaxvariante zeigt die Berechnung einer multivariablen Summe.

```
mul(f, x=start..end);
```
   multipliziert die Funktionswerte f numerisch, wobei x den ganzzahligen Bereich von *start* nach *end* durchläuft.

```
product(f, x); product(f, x=start..end);
product(product( f, x=sx..ex), y=sy..ey);
```

   berechnet Produkte, sonst wie bei `sum`.

```
limit(sum( f, x=start..n), n=end);
limit(product( f, x=start..n), n=end);
```
   führt die Berechnung einer Summe oder eines Produkts auf eine Grenzwertberechnung zurück.

```
evalf(Limit( f, x=xd));
evalf(Sum( f, x=start..end));
evalf(Product( f, x=start..end));
```
   führt eine rein numerische Berechnung des Grenzwerts, der Summe bzw. des Produkts durch.

```
convert({x1,x2,x3, ...}, '+');      convert({x1,x2,x3, ...}, '*');
```
   verwandelt die Menge oder Liste im ersten Parameter in die Summe $x1 + x2 + x3 + \ldots$ bzw. in das Produkt $x1 * x2 * x3 * \ldots$

```
eulermac(f, x, n);
```
   führt eine Euler-Maclaurinsche Summation n-ter Ordnung für die allgemeine Summenformel durch (also für `sum(f,x)`).

Kapitel 16

Differentiation

Dieses Kapitel beschäftigt sich mit der Bildung von Ableitungen. Für die Ableitung von Ausdrücken gibt es den Befehl diff. Implizit definierte Abhängigkeiten wie etwa y in $x^2 + y^2 = 1$ können sehr bequem mit implicitdiff abgeleitet werden. Funktionale Operatoren (also Funktionsvorschriften der Form x->f(x)) können mit D abgeleitet werden. Entscheidend bei der Bildung von Ableitungen ist, dass Sie Maple mitteilen, welche Symbole wovon abhängig sind.

diff
bildet die (partielle) Ableitung eines Ausdrucks.

implicitdiff
bildet die implizite Ableitung einer Funktion, die durch eine Gleichung definiert ist.

D
bildet die Ableitung einer Funktionsvorschrift oder einer Prozedur.

Verweis: Kapitel 18 behandelt die Lösung von Differentialgleichungen. Dabei wird häufig auf D zur Formulierung von Differentialgleichungen zurückgegriffen. In Kapitel 27 werden Befehle zur Vektoranalysis beschrieben, mit denen Sie unter anderem Divergenz, Gradient und Rotation von vektoriellen bzw. skalaren Funktionen berechnen können. Diese Befehle stellen eine Erweiterung zu den gewöhnlichen Differentiationskommandos für skalare Funktionen dar.

Ableitungen von Ausdrücken

Für das Differenzieren gibt es zwei Befehle: diff für Ausdrücke (Terme) und den D-Operator für Funktionen. Ausdrücke werden mit diff(term,var) partiell nach der im zweiten Argument angegebenen Variablen abgeleitet. Dabei ist Diff wie üblich die träge Variante.

```
Diff(a*x^3+b*x^2+c*x,x)=
        diff(a*x^3+b*x^2+c*x,x);
```

$$\frac{\partial}{\partial x}(ax^3 + bx^2 + cx) = 3ax^2 + 2bx + c$$

```
Diff(a*x^3+b*x^2+c*x,a)=
        diff(a*x^3+b*x^2+c*x,a);
```

$$\frac{\partial}{\partial a}(ax^3 + bx^2 + cx) = x^3$$

Da der Ausdruck meistens im Zusammenhang mit einer Funktion vorkommt (als Funktionsterm), ist eine korrekte Handhabung erforderlich bzw. es gibt eine Reihe von Fehlerquellen.

```
term:=x^2;   diff(term,x);
```

$$term := x^2 \qquad 2x$$

Bildet man aus dem Term (nach der frühen Bindung) eine Funktion, so sollte man unapply verwenden und nicht die Pfeilschreibweise.

```
funktion:=unapply(term,x);
```

$$funktion := x \to x^2$$

```
pfeil:=x->term;
```

$$pfeil := x \to term$$

```
funktion(etwas); pfeil(etwas);
```

$$etwas^2 \qquad x^2$$

Die Zuordnung ist in *pfeil* immer x^2, deshalb erhält man nur für die Variable x die richtige Ableitung.

```
diff(funktion(z), z);
diff(pfeil(etwas), x);
diff(pfeil(x), etwas);
```

$$2z \qquad 2x \qquad 0$$

Eine weitere Fehlerquelle besteht darin, im ersten Argument von diff nur den Funktionsnamen f (und nicht den Funktionsterm $f(x)$) anzugeben, der dann als eigener Term interpretiert wird.

```
diff(funktion, x); diff(pfeil, x);
diff(pfeil, pfeil);
```

$$0 \qquad 0 \qquad 1$$

Die Ableitung an einer Stelle bildet man am besten mit eval. Wenn die Reihenfolge der Auswertung stimmt, kann man auch subs verwenden.

```
Diff(x^3+x^2+x,x),x=0)=
        eval(diff(x^3+x^2+x,x),x=0);
```

$$\left(\frac{\partial}{\partial x}(x^3 + x^2 + x)\right)\bigg|_{x=0} = 1$$

```
subs(x=0,diff(x^3+x^2+x,x));
```

$$1$$

Ableitungen von Ausdrücken

Aber auch hier gibt es Stolpersteine, weil sich das Ableiten und das Einsetzen nicht vertauschen lassen. *Merke*: Mit unapply und eval ist man auf der sicheren Seite, während die Pfeilschreibweise und subs zu unbeabsichtigten Ergebnissen führen können (wie es auch weitere Beispiele im Worksheet zeigen).

```
su:=subs(x=0,diff(f(x),x));
```
$$su := \text{diff}(f(0), 0)$$
```
ev:=eval(diff(f(x),x),x=0);
```
$$ev := \left(\frac{\partial}{\partial x} f(x)\right)\Big|_{x=0}$$
```
f:=sin , ev; su;
```
$$f := \sin \;,\; 1$$

```
Error, wrong number (or type)
of parameters in function diff
```

Höhere Ableitungen bildet man durch mehrfache Angabe der unabhängigen Variablen, was mit dem $-Operator abgekürzt werden kann.

```
diff(x^3+x^2+x,x,x);
```
$$6x + 2$$
```
diff(x^3+x^2+x,x$3);
```
$$6$$

Bei automatisierten Berechnungen von Ableitungen, wie z.B. der Bildung von Reihen, empfiehlt sich die Variante diff(term, [vars]). Mit ihr kann auch eine leere Variablenliste angegeben werden, was die 0-te Ableitung, also den Term selbst, erzeugt.

```
for var in [[],[x],[x,x]] do
diff(x^3+x^2+x,var); od;
```
$$x^3 + x^2 + x$$
$$3x^2 + 2x + 1$$
$$6x + 2$$

```
seq(diff(x^3,[x$i]),i=-2..5);
```
$$x^3,\, x^3,\, x^3,\, 3x^2,\, 6x,\, 6,\, 0,\, 0$$

Schreibweisen: Mit dem Befehl declare aus dem Package PDEtools kann die Darstellung der Ableitungen gewählt werden:

```
with(PDEtools): declare(): diff(a*f(x)+b*g(x),x);
```

$a f_x + b g_x$

```
declare(prime=x);
```

derivatives with respect to : x of functions of one variable will now be displayed with '

```
diff(a*f(x)+b*g(x),x);
```

$a f' + b g'$

Der Aufruf von declare ohne Argumente bewirkt also, dass partielle Ableitungen als Index dargestellt werden. Mit dem Argument prime kann die Ableitung nach einer Variablen in der Strich-Notation dargestellt werden. Weitere Informationen zu declare finden Sie im Kapitel Differentialgleichungen.

Maple kennt alle Ableitungsregeln, auch für noch nicht definierte Funktionsterme, wenn die unabhängige Variable in Klammern angehängt wird, z.B. $f(x)$. Einfache Symbole – ohne (x) – werden als Konstanten behandelt. Bei der Kettenregel erscheint der D-Operator (siehe unten) für die vollständige Ableitung der äußeren Funktion.

Linearität: `diff(a*f(x)+b*g(x),x);`

$$a\left(\frac{\partial}{\partial x}f(x)\right) + b\left(\frac{\partial}{\partial x}g(x)\right)$$

Produkt: `diff(f(x)*g(x),x);`

$$\left(\frac{\partial}{\partial x}f(x)\right)g(x) + f(x)\left(\frac{\partial}{\partial x}g(x)\right)$$

Quotient: `simplify(diff(f(x)/g(x),x));`

$$\frac{\left(\frac{\partial}{\partial x}f(x)\right)g(x) - f(x)\left(\frac{\partial}{\partial x}g(x)\right)}{g(x)^2}$$

Verkettung: `diff( f(g(x)), x);`

$$D(f)(g(x))\left(\frac{\partial}{\partial x}g(x)\right)$$

Die Ableitung von Ausdrücken mit mehreren Veränderlichen

In den Argumenten von `diff` können mehrere Variablen angegeben werden.

`diff( x^2+y^3)^4, x, y);`

$$72\left(x^2+y^3\right)^2 xy^2$$

Bei der Ableitung von Termen mit mehreren Variablen geht `diff` prinzipiell davon aus, dass zwischen den Variablen keine Abhängigkeiten bestehen. $\frac{\partial}{\partial x}y$ wird daher zu 0 vereinfacht. Wenn y von x abhängig ist, müssen Sie das Maple mitteilen – am einfachsten durch das Nachstellen von (x). Damit gilt y als (noch unbekannte) Funktion von x.

`diff( (x^2+y^3)^4, x);`

$$8\left(x^2+y^3\right)^3 x$$

`diff( (x^2+y(x)^3)^4, x);`

$$4\left(x^2+y(x)^3\right)^3\left(2x+3y(x)^2\frac{\partial}{\partial x}y(x)\right)$$

Übersichtlicher sowohl bei der Ein- als auch bei der Ausgabe wird es, wenn Sie y mit `alias` als Abkürzung für $y(x)$ definieren.

`alias(y=y(x)):`
`diff( (x^2+y^3)^4, x);`

$$4\left(x^2+y^3\right)^3\left(2x+3y^2\frac{\partial}{\partial x}y\right)$$

Wenn eine Funktion von mehreren Variablen abhängig ist, müssen Sie die ganze Liste der Variablen angeben. Im Beispiel rechts wird vorher die `alias`-Abkürzung für y wieder gelöscht.

`alias(y=y):`
`diff( f(x,y,z), x$2,y,z$2);`

$$\frac{\partial^5}{\partial z^2 \partial y \partial x^2}f(x,y,z)$$

Benutzerdefinierte Differentiationsregeln

Zu einer allgemeinen Funktion f kann eine eigene Differentiationsvorschrift `diff/f` definiert werden. Maple testet beim Differenzieren automatisch, ob zu einer Funktion vom Benutzer definierte Ableitungsregeln unter dem Namen `diff/fnname` existieren, und verwendet diese gegebenenfalls statt der vordefinierten Ableitungsregeln.

Das folgende Beispiel beginnt aus zwei Gründen mit `restart`: Einerseits sollen eventuell noch vorhandene `alias`-Abkürzungen (beispielsweise jene aus dem vorigen Beispiel) gelöscht werden. Andererseits wird Maple damit gezwungen, die Ableitung $\frac{d}{dx}f(x)$ neu zu berechnen. Maple speichert normalerweise bereits berechnete Ergebnisse und greift nach Bedarf wieder darauf zurück. Diese an sich praktische Eigenschaft kann allerdings unter ungünstigen Bedingungen (wie beim folgenden Beispiel) dazu führen, dass Maple eine Berechnung auch dann nicht neu durchführt, wenn sich die Voraussetzungen für die Berechnung des Ergebnisses geändert haben.

Im Beispiel rechts soll $f(x)$ zu $-f(2x)x$ abgeleitet werden. Dazu wird unter dem Namen `diff/f'` (rechtsgerichtete Apostrophe!) die entsprechende Ableitungsregel gespeichert.

```
restart;
diff/f` := proc(x,dx)
  -f(2*x) * dx;
end:
```

Die nebenstehenden Zeilen zeigen, dass die neue Ableitungsregel sowohl bei einfachen als auch bei mehrfachen Ableitungen angewendet wird. Maple erkennt weiterhin (siehe zweites Kommando), dass die Ableitung nach einer in der Funktion gar nicht vorkommenden Variablen 0 ist. Der Name der Variablen (x oder n) hat dagegen, wie beabsichtigt, keinen Einfluss auf das Ergebnis.

```
diff( f(x), x);
```
$$-f(2x)x$$
```
diff(f(x), y);
```
$$0$$
```
diff( f(n), n$3);
```
$$-f(8n)n^3 + 3f(4n)n$$

Weitere Informationen zur Programmierung in Maple, zu den Schlüsselwörtern `proc` und `end` etc. finden Sie ab Kapitel 28.

Implizite Differentiation von Funktionsgleichungen

Zur Ableitung von Funktionen, die durch eine Gleichung definiert sind, eignet sich `implicitdiff` besser als `diff`. `implicitdiff` berücksichtigt in den meisten Fällen automatisch die Abhängigkeit zwischen den Variablen. Die Syntax des Kommandos lässt sich am leichtesten anhand einiger Beispiele verstehen.

Im Beispiel rechts wird y implizit durch die Kreisgleichung $x^2 + y^2 = 1$ definiert. `implicitdiff(f,y,x)` ermittelt daraus $\frac{\partial}{\partial x} y$ wieder in impliziter Form.

```
implicitdiff(x^2+y^2=1,y,x);
```
$$-\frac{x}{y}$$

Im obigen Beispiel erkennt `implicitdiff` selbstständig, dass y eine Funktion von x ist. In komplizierteren Fällen müssen die Abhängigkeiten exakt angegeben werden. Dazu erwartet `implicitdiff` im ersten Argument eine Menge mit Funktionsgleichungen, dann die Definition der Abhängigkeiten in der Form $y(x)$, im dritten Argument die Funktionen, deren Ableitungen gebildet werden sollen, und schließlich die Variablen, nach denen abgeleitet werden soll (zum Vergleich die Berechnung mit `diff` und `solve`).

```
implicitdiff({f},{y(x)},{y},x);
```
$$\{D(y) = -\frac{x}{y}\}$$

```
diff(x^2+y(x)^2=1,x);
solve(%, diff(y(x),x));
```
$$2x + 2y(x)(\frac{\partial}{\partial x} y(x)) = 0$$
$$-\frac{x}{y(x)}$$

Im nebenstehenden Beispiel ist z durch die Gleichung $x^2 y^2 z^2 = 1$ definiert. `implicitdiff` bildet zweimal die Ableitung $\frac{\partial^2}{\partial x \partial y} z$, einmal in der Kurzschreibweise und einmal in der vollständigen Notation. Zur Bildung mehrfacher Ableitungen müssen wie bei `diff` mehrere Differentiationsvariablen angegeben werden.

```
f:= x^2*y^2*z^2=1:
implicitdiff(f,z,x,y);
```
$$\frac{z}{xy}$$
```
implicitdiff({f}, {z(x,y)}, {z},
                  x,y, notation=Diff);
```
$$\frac{\partial^2}{\partial x \partial y} z = \frac{z}{xy}$$

Der Differentiationsoperator D für Funktionen

Der Befehl `diff` leitet Ausdrücke ab, also etwa $x^2 + 3x$ oder $\sin(x)$. `D` ist dagegen für die Ableitung von Funktionsvorschriften (oder funktionale Operatoren, im Folgenden kurz 'Funktionen') gedacht, also beispielsweise $x \mapsto x^2 + 3x$ bzw. sin.

Der D-Operator erzeugt aus einer Funktion wieder eine Funktion, die sich in der üblichen Schreibweise (Argument in Klammern angehängt) auch direkt anwenden lässt.

```
D(x->x^2); D(x->x^2)(etwas);
```
$$x \to 2x$$
$$2 \, etwas$$

```
D(x->x^2)(5);
```
10

Der Differentiationsoperator D für Funktionen

Zweckmäßigerweise gibt man den neuen Funktionen Namen. Umgekehrt können bekannte Funktionen einfach bei ihrem Namen genannt werden. Es ist also oft vorteilhaft, von vornherein mit Funktionen statt mit Ausdrücken zu arbeiten, weil man dann in die mit D gebildete neue Funktion problemlos einsetzen kann.

```
y:=x->x^4; ys:=D(y); ys(9); D(sin);
```
$$y := x \to x^4$$
$$ys := x \to 4x^3$$
2916

cos

Die Ordnung n der Ableitung wird mit (D@@n) angegeben, wobei auch die Ordnung 0 erlaubt ist. Eine Alternative ist D[1$n] (siehe unten Funktionen von mehreren Variablen). Natürlich gelten auch für den D-Operator die Ableitungsregeln (vgl. Worksheet).

```
yss:=(D@@2)(y); z:=(D@@0)(y)(10);
```
$$yss := x \to 12x^2$$
$$z := 10000$$

```
z:=D[1$2](y); z(8);
```
$$z := x \to 12x^2$$
768

Bei Funktionen mit mehreren Variablen muss in eckigen Klammern angegeben werden, nach welcher Variablen abgeleitet werden soll. Für die folgenden Beispiele wird dazu eine Funktionsvorschrift für zwei Variablen definiert. D[1](f) leitet die Funktion nach der ersten dieser Variablen (also nach x) ab.

```
f:=(x,y)->sin(x)+cos(y)+sin(x*y);
```
$$f := (x, y) \mapsto \sin(x) + \cos(y) + \sin(xy)$$
```
D[1](f);
```
$$(x, y) \mapsto \cos(x) + \cos(xy)y$$

Wenn an den Term D[n](f) noch ein Klammerpaar mit Variablen angehängt wird, werden diese Variablen nach der Ableitung in die Funktionsvorschrift eingesetzt.

```
D[2](f);
```
$$(x, y) \mapsto -\sin(y) + \cos(xy)x$$
```
D[2](f)(alpha,beta);
```
$$-\sin(\beta) + \cos(\alpha\,\beta)\alpha$$

Mehrfache Ableitungen werden am elegantesten mit D[n1$m1, n2$m2,...](f) formuliert. Damit wird f $m1$ Mal nach der Variablen $n1$, $m2$ Mal nach der Variablen $n2$ abgeleitet etc.

```
D[2$2](f);
```
$$(x, y) \mapsto -\cos(y) - \sin(xy)x^2$$

Alternative Schreibweisen zum Bilden der zweifachen Ableitung nach der zweiten Variablen wären D[2](D[2](f)) oder die dazugehörige Kurzform (D[2]@@2)(f).

Die beiden folgenden Beispiele zeigen zwei alternative Schreibweisen zur Formulierung derselben Aufgabe: f soll dreimal nach x (der ersten Variablen) und viermal nach y abgeleitet werden. Das Ergebnis des zweiten Befehls könnte gegebenenfalls mit unapply in die Operatorschreibweise umgeformt werden.

```
D[1$3,2$4](f);
```
$$(x,y) \mapsto -\cos(xy)y^3x^4 - 12\sin(xy)y^2x^3 + 36\cos(xy)yx^2 + 24\sin(xy)x$$
```
diff( f(x,y), x$3, y$4);
```
$$-\cos(xy)x^4y^3 - 12\sin(xy)x^3y^2 + 36\cos(xy)x^2y + 24\sin(xy)x$$

Umformung zwischen diff- und D-Schreibweise

Ausdrücke, in denen D oder diff zur Darstellung der Ableitung allgemeiner Funktionen vorkommt, können mit convert in die jeweils andere Schreibweise konvertiert werden.

```
restart:
diff( f(x,y,z), x,y,z$2);
```
$$\frac{\partial^4}{\partial y \partial z^2 \partial x} f(x,y,z)$$
```
convert(%, D);
```
$$(D_{1,2,3,3})(f)(x,y,z)$$

Mit lprint wird die interne Struktur des Ausdrucks angezeigt.

```
lprint(%);
    ((D[1,2,3,3])(f))(x,y,z)
```

Die ansonsten automatische Darstellung als mathematische Formel kann so verhindert werden.

```
convert(%, diff);
```
$$\frac{\partial^4}{\partial y \partial z^2 \partial x} f(x,y,z)$$
```
lprint(%);
    diff(diff(diff(diff(f(x,y,z),
         z),z),y),x)
```

Differentiation von Prozeduren

Der Differentiationsoperator D kann auch dazu verwendet werden, Prozeduren abzuleiten. Das Ergebnis der Ableitung ist eine neue Prozedur. Wenn die Prozedur auf lokale Variablen zurückgreift, kann die Ableitung einer Prozedur deutlich kompakter ausfallen als die direkte Ableitung einer gleichwertigen Funktion. Auch eine anschließende numerische Auswertung geht effizienter vor sich, weil mehrfach auftretende Terme nur einmal berechnet werden müssen. Die Differentiation von Prozeduren hat zudem den Vorteil, dass auch Prozeduren abgeleitet werden können, die Abfragen oder Schleifen enthalten.

Differentiation von Prozeduren

```
f := proc(x) local t0,t1,t2;
  t0 := sin(x): t1 := cos(x):
  t2 := (t0^2+t1+3)/(t1^3-t0);
  sin(t2^2+1)*cos(t2^2-1);
end:

f(x);
```

$$\sin\left(\frac{(\sin(x)^2+\cos(x)+3)^2}{(\cos(x)^3-\sin(x))^2}+1\right)\cos\left(\frac{(\sin(x)^2+\cos(x)+3)^2}{(\cos(x)^3-\sin(x))^2}-1\right)$$

```
fd1:=diff(f(x), x);   #direkte Ableitung des Ausdrucks
```

$$fd1 := \cos(\%2+1)$$
$$\left(2\frac{\%1\,(2\sin(x)\cos(x)-\sin(x))}{(\cos(x)^3-\sin(x))^2}-2\frac{\%1^2\,(-3\cos(x)^2\sin(x)-\cos(x))}{(\cos(x)^3-\sin(x))^3}\right)$$
$$\cos(\%2-1)-\sin(\%2+1)\sin(\%2-1)$$
$$\left(2\frac{\%1\,(2\sin(x)\cos(x)-\sin(x))}{(\cos(x)^3-\sin(x))^2}-2\frac{\%1^2\,(-3\cos(x)^2\sin(x)-\cos(x))}{(\cos(x)^3-\sin(x))^3}\right)$$
$$\%1 := \sin(x)^2+\cos(x)+3$$
$$\%2 := \frac{\%1^2}{(\cos(x)^3-\sin(x))^2}$$

```
fd2:=D(f);   #Ableitung der gleichwertigen Prozedur
fd2 := proc(x)
       local t1x,t2x,t0x,t2,t1,t0;
           t0x := cos(x);
           t0 := sin(x);
           t1x := -sin(x);
           t1 := cos(x);
           t2x := (2*t0*t0x+t1x) / (t1^3-t0) -
                  (t0^2+t1+3) / (t1^3-t0)^2 * (3*t1^2*t1x-t0x);
           t2 := (t0^2+t1+3)/(t1^3-t0);
           2*cos(t2^2+1)*t2*t2x*cos(t2^2-1)-2*sin(t2^2+1)*sin(t2^2-1)*t2*t2x
       end

simplify(fd1-fd2(x));   # Kontrolle
   0
```

Verweis: Das obige Beispiel zeigt den Unterschied zwischen der Differentiation einer Prozedur und einer gleichwertigen Funktion. Falls Sie mit den Begriffen 'Prozedur' und 'lokale Variable' noch nichts anfangen können, sollten Sie einen Blick in Kapitel 29 werfen.

Syntaxzusammenfassung

```
diff(expr,x);    diff(expr, x$n, y$m,...);    diff(expr, [x$n, y$m,...]);
```
   bildet die Ableitung des Ausdrucks *expr* nach x. In der zweiten Syntaxvariante wird *expr* n Mal nach x und m Mal nach y abgeleitet. Die dritte Variante erlaubt auch eine leere Liste (x$0) zur Erzeugung der 0-ten Ableitung, also des Ausdrucks selbst (z.B. in Verbindung mit seq oder add).
   Diff ist die träge Variante.

```
implicitdiff(eq,y,x);
implicitdiff({eq}, {y(x1,x2)}, {y}, x1,x2,...);
implicitdiff({eq}, {y(x1,x2)}, {y}, x1,x2,..., notation=Diff);
```
   bildet die Ableitung $\frac{\partial}{\partial x}y$ bzw. $\frac{\partial^n}{\partial x1 \partial x2 \dots}y$. Dabei ist y implizit durch die Gleichung *eq* definiert. Durch die Option notation=Diff wird das Ergebnis mit $\frac{\partial}{\partial x}$ dargestellt. Weitere Syntaxvarianten, insbesondere zur gleichzeitigen Bildung mehrerer Ableitungen zu y_n, die durch mehrere Gleichungen eq_n definiert sind, erhalten Sie mit ?implicitdiff.

```
D(f);    (D@@n)(f);    D[n1$m1, n2$m2](f);
```
   bildet die Ableitung des funktionalen Operators (der Funktionsvorschrift) f. Mit der zweiten Variante bekommt man die n-te Ableitung. In der dritten Syntaxvariante wird *m1* Mal nach der Variablen *n1*, *m2* Mal nach der Variablen *n2* etc. abgeleitet.

```
convert(x, diff);    convert(x, D);
```
   formt den Ausdruck x (sofern möglich) in eine Schreibweise mit diff bzw. mit D um.

Kapitel 17

Integration

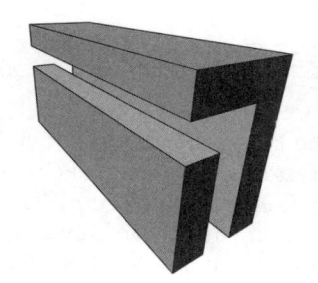

Während das Bilden von Ableitungen (mathematisch gesehen) verhältnismäßig einfach ist, stellt der umgekehrte Prozess häufig ein unlösbares Problem dar. Es gibt keine einheitliche Vorgehensweise, die für alle Integrale zum Ziel führt. Zum manuellen Integrieren (ohne Maple) werden normalerweise ganze Bücher mit Tabellen bekannter Integrale verwendet. Wenn das Integral nicht auf schon bekannte Einzelteile zurückgeführt werden kann, werden verschiedene Integrationsregeln angewendet, die in ganz speziellen Fällen zum Ziel führen. Und gar nicht selten kommt es vor, dass sich ein Integral nicht in geschlossener Form darstellen lässt.

Wie sieht nun die Integration in Maple aus? Das Programm kennt eine Reihe von Integrationsalgorithmen, die je nach Typ des Integranden eingesetzt werden. Dazu kommen Tabelleneinträge für elementare Funktionen sowie Platzhalter für Integrale, die prinzipiell nur numerisch berechnet werden können (z.B. die Gaußsche Fehlerfunktion).

Das vorliegende Kapitel beschreibt im Wesentlichen nur ein einziges Kommando, nämlich `int`. Im Verlauf des Kapitels werden verschiedene Anwendungsformen dieses Kommandos vorgestellt, beispielsweise zur numerischen Integration, zur Durchführung von Doppel- und Mehrfachintegralen, zur Integration komplexer Funktionen etc.

`int`
integriert die angegebene Funktion und setzt gegebenenfalls die Integrationsgrenzen ein.

`evalf(Int(..))`
verwendet ein rein numerisches Integrationsverfahren.

`residue`
berechnet Residuen (zur Integration komplexer Funktionen).

Das Integral

Die Integralrechnung ist vielleicht eine der wichtigsten Anwendungen für ein CAS: Statt in endlosen Tabellen nachzuschlagen und sich mit Integrationsregeln herumzuplagen, gibt man einen Befehl ein. Was in der Forschung höchst willkommen ist, hat aber auch Auswirkungen auf die Lehre. Inwieweit müssen Schüler und Studenten von morgen noch die Integration beherrschen? Neben der Fähigkeit eines CAS, Integrale symbolisch zu berechnen, spielt aber – einmal mehr – die Grafik eine wichtige Rolle und man könnte sich die Einführung des Integrals in der Physik etwa so vorstellen:

Im Wechselstromkreis sind Spannung und Strom meistens phasenverschoben. Welche Arbeit wird verrichtet? Das Produkt aus Spannung und Strom stellt den Momentanwert der Leistung P dar. Für genügend kurze Zeitintervalle Δt kann man die Arbeit durch $\Delta W = P \, \Delta t$ annähern. Das würde dann so aussehen:

```
P:='sin(t)*cos(t-Pi/5)';
```
$$P := \sin(t) \cos(t - \frac{1}{5}\pi)$$
```
student[leftbox](P, t=0..5, 30,
                shading=yellow);
```

Und die Arbeit während einer größeren Zeitspanne müsste dann ungefähr gleich der Summe der einzelnen Beiträge sein (die Summanden werden von Maple umgeformt):

```
W:=student[leftsum](P, t=0..5, 30);
```
$$W := \frac{1}{6}\left(\sum_{i=0}^{29} \sin(\frac{1}{6}i)\sin(\frac{1}{6}i + \frac{3}{10}\pi)\right)$$
```
evalf(%);
```
$$1.890470645$$

Natürlich fangen dann alle Schüler (aber auch Physikstudenten) sofort an, die Zerlegung zu verfeinern. Einige ändern auch die Grenzen und wundern sich über negative Ergebnisse und die Experimentierfreudigsten ändern die Phasenverschiebung von Spannung und Strom und strahlen, wenn die Arbeit 0 herauskommt. Dann wird es Zeit, vom Einzelfall auf einen allgemein gültigen Zusammenhang zu schließen.

Kann Maple einen Term für die Arbeit finden, wenn man die Zerlegung beliebig fein macht? Man müsste erst die Summe mit veränderlicher oberer Grenze n bilden.

```
Wn:=student[leftsum](P, t=0..5, n);
```
$$Wn := \frac{5}{n}\sum_{i=0}^{n-1} \sin(5\,\frac{i}{n})\sin(5\,\frac{i}{n} + \frac{3}{10}\pi)$$

Das Integral

Und dann den Grenzwert für $n \to \infty$ berechnen. Und man bekommt tatsächlich nicht nur einen Term, sondern auch die zugehörige Dezimalzahl, die etwas über der Näherung liegt.

```
limit(Wn,n=infinity); evalf(%);
```

$$\frac{1}{4}\sin(\frac{3}{10}\pi) + \frac{5}{2}\cos(\frac{3}{10}\pi) - \frac{1}{4}\sin(10 + \frac{3}{10}\pi)$$

$$1.921365057$$

Und weil man solche Berechnungen oft benötigt, schreibt man kurz (wobei Maple wieder den Integranden umformt):

```
Int(P, t=0..5) = int(P, t=0..5); evalf(%);
```

$$\int_0^5 \sin(t)\sin(t + \frac{3}{10}\pi)\,dt = \frac{1}{4}\sin(\frac{3}{10}\pi) + \frac{5}{2}\cos(\frac{3}{10}\pi) - \frac{1}{4}\sin(10 + \frac{3}{10}\pi)$$

$$1.921365057 = 1.921365057$$

Wenn man keine Integrationsgrenzen angibt, erhält man eine Stammfunktion.

```
Int(P,t) = int(P, t); W:=rhs(%);
```

$$\int \sin(t)\sin(t + 3/10\,\pi)\,dt = 1/2\,\cos(3/10\,\pi)t - 1/4\,\sin(2t + 3/10\,\pi)$$

$$W := \frac{1}{2}\cos(\frac{3}{10}\pi)\,t - \frac{1}{4}\sin(2t + \frac{3}{10}\pi)$$

Hinweis: Einzelheiten zum Befehl int finden Sie im Worksheet und in der Syntaxzusammenfassung auf Seite 279.

Zeichnet man eine Schar solcher Stammfunktionen zusammen mit dem Integranden in ein Schaubild, so liegt die Vermutung nahe, dass der Integrand die Ableitung einer Stammfunktion ist.

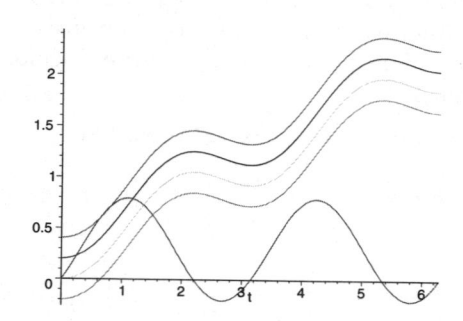

```
plot({P,seq(W+n*eval(W,t=0),n=-3..0)},
     t=0..2*Pi);
```

```
'P'=Diff('W',t), P=diff(W,t);
```

$$P = \frac{\partial}{\partial t}W \quad,\quad \sin(t)\sin(t + \frac{3}{10}\pi) = \frac{1}{2}\cos(\frac{3}{10}\pi) - \frac{1}{2}\cos(2t + \frac{3}{10}\pi)$$

```
combine(diff(W,t)-P,trig);
```

0

Im Worksheet wird noch in Analogie zum Übergang vom Differenzenquotienten zum Differentialquotienten das bestimmte Integral berechnet.

Einfache Anwendungen

Krummlinig begrenzte Flächen

Ein Aufgabentyp, mit dem sich heute noch viele Schüler plagen, ist die Berechnung von Flächen zwischen Kurven. Mit Maple muss man dazu nur über den Betrag der Differenz integrieren. Zum Vergleich: Das Integral über die Differenz ergibt die orientierte Fläche.

```
flaeche:=int(abs(f(x)-g(x)),x=a..b);
```
$$flaeche := \int_a^b |f(x) - g(x)|\, dx$$
```
orflaeche:=int(f(x)-g(x),x=a..b);
```
$$orflaeche := \int_a^b f(x) - g(x)\, dx$$

Nun trifft Maple die Fallunterscheidungen, wie ein einfaches Beispiel demonstriert.

```
f:=x->x: g:=x->x/2+1: flaeche; orflaeche;
```

$$\left(\begin{cases} b - \frac{1}{4}b^2 & b \le 2 \\ \frac{1}{4}b^2 - b + 2 & 2 < b \end{cases}\right) - \left(\begin{cases} a - \frac{1}{4}a^2 & a \le 2 \\ \frac{1}{4}a^2 - a + 2 & 2 < a \end{cases}\right)$$

$$\frac{1}{4}b^2 - \frac{1}{4}a^2 - b + a$$

Ein etwas anspruchsvolleres Beispiel wird im Worksheet ausführlich dargestellt. Die Fläche kann dabei mit zwei Befehlen berechnet werden. Für die Schattierung muss man allerdings ein wenig in die Trickkiste greifen.

```
f:=x->-x^3+4*x; g:=x->x^4-4*x^2+1;
```
$$f := x \to -x^3 + 4x$$
$$g := x \to x^4 - 4x^2 + 1$$

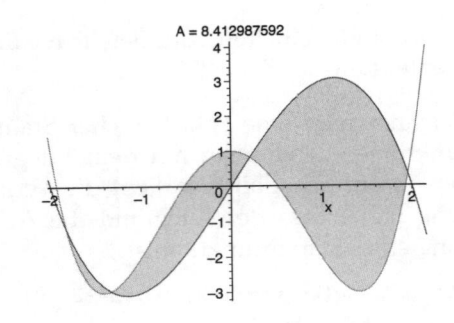

Rotationskörper

Auch Rotationskörper sind ein beliebtes Prüfungsthema, wobei das Problem eigentlich nie in der Anwendung der Formel liegt, sondern eher in der räumlichen Vorstellung. Ein gefundenes Fressen also für ein CAS.

Eine Fläche soll um die x-Achse rotieren. Man kann den Schwierigkeitsgrad noch etwas erhöhen, wenn die Fläche von zwei Kurven begrenzt wird (hier zwei Wurzelfunktionen). Die folgenden Befehle dienen zunächst nur der grafischen Darstellung:

```
with(plots):
kurven:=plot({sqrt(x),sqrt(2*(x-1))},x=0..3,thickness=2,color=black):
schnitt2d:=polygonplot([[0,0],seq([x,sqrt(2*(x-1))],x=seq(1+i/20,i=0..20)),
seq([x,sqrt(x)],x=seq(2-i/20,i=0..40))],axes=normal,tickmarks=[2,2],color=cyan):
display(kurven,schnitt2d);
```

Mit ähnlichen Befehlen lässt sich auch die 3D-Grafik erstellen, sodass man sich nun recht gut vorstellen kann, was zu berechnen ist.

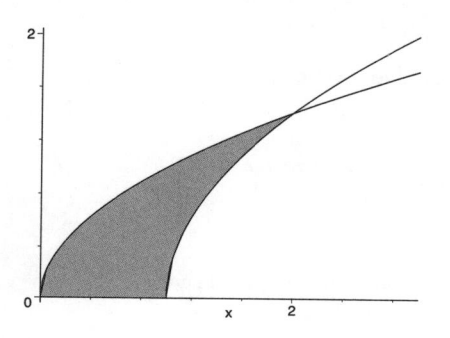

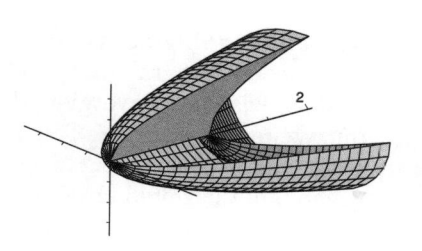

Und wie lautet nun das Ergebnis?

```
RotVol:=(radius,a,b)->Pi*int(radius(x)^2,x=a..b);
```

$$RotVol := (radius, a, b) \to \pi \int_a^b radius(x)^2 \, dx$$

```
Aussen:=RotVol(x->sqrt(x),0,2);
```

$Aussen := 2\pi$

```
Innen:=RotVol(x->sqrt(2*(x-1)),1,2);
```

$Innen := \pi$

```
Aussen-Innen;
```

π

Uneigentliche Integrale

Es existieren zwei Typen uneigentlicher Integrale: solche, bei denen die Integrationsgrenzen unendlich sind, und solche, bei denen im Integrationsbereich der Funktionswert Unendlich auftritt. Integrale des ersten Typs werden häufig anstandslos mit int berechnet. Allerdings kann es sein, dass bei der Integration über ein unbeschränktes Intervall zusätzliche Annahmen erforderlich sind:

```
int(exp(a*x),x=0..infinity);

Definite integration: Can't determine if the integral is convergent.
Need to know the sign of --> -a
Will now try indefinite integration and then take limits.
```

$$\lim_{x \to \infty} \frac{e^{(ax)} - 1}{a}$$

Mit `assume(a>0)` oder `assume(a<0)` kann man hier Maple weiterhelfen.

Integriert man über Singularitäten, so kann es sein, dass das Integral nicht definiert ist. Im ersten Beispiel konvergiert das Integral. Im zweiten existiert der Cauchysche Hauptwert. Mit der Option `continuous` werden dagegen Singularitäten ignoriert.

```
int(1/sqrt(abs(x)),x=-1..1);
```
$$4$$
```
int(1/x^3, x=-3..2);
```
$$undefined$$
```
int(1/x^3, x=-3..2,
    CauchyPrincipalValue);
```
$$\frac{-5}{72}$$

Maple kommt auch mit dem Fall zurecht, dass im Integrationsbereich mehrere Singularitäten mit Cauchyschem Hauptwert liegen, wie im nebenstehenden Beispiel an den Punkten $x = -1$ und $x = 0$.

```
int(1/(x^2+x), x=-2..1,
    CauchyPrincipalValue);
```
$$-2\ln(2)$$
```
evalf(%);
```
$$-1.386294361$$

Die Abbildung zeigt den Verlauf der Funktion.

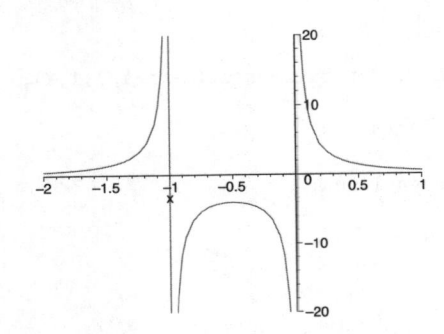

```
plot( 1/(x^2+x), x=-2..1, -20..20);
```

Hinweis: Im Worksheet finden Sie ein Beispiel für die Integration über Unstetigkeitsstellen mit endlichem Sprung.

Integraltabellen und Integrationsregeln

Tabellen

Nach dem Motto 'jedem seine Tabelle' kann man sich eine Sammlung seiner Lieblingsintegrale zusammenstellen. Auch wenn man jedes Integral neu berechnen kann, ist das oft zu Vergleichszwecken sinnvoll, besonders wenn es sich um nicht elementare Funktionen handelt, für die man oft zusätzliche Annahmen machen muss. Ein Spreadsheet leistet hier gute Dienste, weil die Berechnung automatisiert werden kann. Einfach in der ersten Spalte eine neue oder leicht geänderte Funktion eintragen und das Spreadsheet neu auswerten. Einen zusätzlichen Komfort stellt die Programmierbarkeit der Spreadsheets durch Befehle im Worksheet dar.

	A	B	C
1	$f(x)$	$\int f(x)\,dx$	$\int\int f(x)\,dx\,dx$
2	x^n	$\dfrac{x^{(n+1)}}{n+1}$	$\dfrac{x^{(n+2)}}{(n+1)(n+2)}$
3	$e^{(-x^2)}$	$\dfrac{1}{2}\sqrt{\pi}\,\mathrm{erf}(x)$	$\dfrac{1}{2}\sqrt{\pi}\left(x\,\mathrm{erf}(x)+\dfrac{e^{(-x^2)}}{\sqrt{\pi}}\right)$
4	$\dfrac{1}{\sqrt{1-x^2}\sqrt{1-k^2 x^2}}$	$\mathrm{EllipticF}(x,\,\mathrm{csgn}(k)\,k)$	*ein etwas umfangreicher Term*
5	$\mathrm{Dirac}(x)\,f(x)$	$f(0)\,\mathrm{Heaviside}(x)$	$f(0)\,\mathrm{Heaviside}(x)\,x$

Integrationsregeln

Die Integrationsregeln sind seit Maple eigentlich kein Thema mehr, deshalb stehen sie auch im Package für Studenten. Dennoch soll es ja vorkommen, dass auch Maple eine Stammfunktion, die es eigentlich geben müsste, nicht findet. Dann kann man sich immerhin bei einer Substitution oder einer partiellen Integration beraten lassen.

Integration durch Substitution:

```
with(student):
changevar(x=sin(u), Int(sqrt(1-x^2), x=a...b), u);
```

$$\int_{\arcsin(a)}^{\arcsin(b)} \sqrt{1-\sin(u)^2}\,\cos(u)\,du$$

```
changevar(x=g(u), Int(f(x), x=a...b), u);
```

$$\int_{\mathrm{RootOf}(g(\_Z)-a)}^{\mathrm{RootOf}(g(\_Z)-b)} f(g(u))\,(\frac{\partial}{\partial u}\,g(u))\,du$$

Der Befehl `subs()` eignet sich nicht zur Substitution der Integrationsvariablen. Dafür gibt es den Befehl `PDEtools[dchange]()`. Mehr dazu und zur Bildung von Integralfunktionen mit `intat()` finden Sie im Worksheet.

Partielle Integration oder Produktintegration:

```
intparts(Int(u(x)*v(x),x),u(x));
```

$$u(x)\int v(x)\,dx - \int (\frac{\partial}{\partial x}\,u(x))\int v(x)\,dx\,dx$$

Die logarithmische Integration

```
int(diff(f(x),x)/f(x),x);
```

$$\ln(f(x))$$

wird von Maple immer (auch ohne das Package `student`) ausgeführt, was gelegentlich (z.B. bei der Integration im Komplexen) zu Problemen führen kann.

Kurvenintegrale

Kurvenintegrale können z.B. zur Berechnung krummlinig begrenzter Flächen oder zur Berechnung von Bogenlängen verwendet werden. Das Standardbeispiel ist die Ellipse.

Flächen

Man kann zunächst eine allgemein gültige Formel für die Berechnung von Flächen in parametrisierter Form aufstellen (es gibt drei Formen davon). Anschließend legt man den Weg fest und wertet das Integral aus.

```
kurvint:=-int(y(t)*diff(x(t),t),t=ta..tb);
```

$$\mathit{kurvint} := -\int_{ta}^{tb} y(t)\,(\frac{\partial}{\partial t}\,x(t))\,dt$$

Kurvenintegrale

```
x:=t->a*cos(t)+3; y:=t->b*sin(t)+2; kurvint; Flaeche:=eval(kurvint,{ta=0,tb=2*Pi});
```

$x := t \to a\cos(t) + 3$

$y := t \to b\sin(t) + 2$

$-\dfrac{1}{2}\,a\,b\cos(tb)\sin(tb) + \dfrac{1}{2}\,a\,b\,tb - 2\,a\cos(tb) + \dfrac{1}{2}\,a\,b\cos(ta)\sin(ta) - \dfrac{1}{2}\,a\,b\,ta + 2\,a\cos(ta)$

$Flaeche := a\,b\,\pi$

Im vorliegenden Beispiel beginnt und endet der Integrationsweg im Punkt (5|2) und verläuft im Gegenuhrzeigersinn. In der ersten Hälfte wird dabei die gesamte Fläche der Figur berechnet und in der zweiten Hälfte die dunklere Fläche abgezogen.

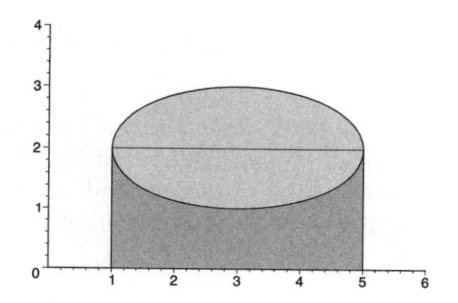

Bogenlängen

Auch hier zunächst die allgemeine Formel für die Bogenlänge in parametrisierter Form.

```
bogen:=int(sqrt(diff(x(t),t)^2+diff(y(t),t)^2),t=0..2*Pi);
```

$bogen := \displaystyle\int_0^{2\pi} \sqrt{(\dfrac{\partial}{\partial t}\,\mathrm{x}(t))^2 + (\dfrac{\partial}{\partial t}\,\mathrm{y}(t))^2}\,dt$

```
x:=t->a*cos(t)+3; y:=t->b*sin(t)+2; bogen;
```

$x := t \to a\cos(t) + 3$

$y := t \to b\sin(t) + 2$

$4\,\dfrac{\mathrm{EllipticE}(\sqrt{-\dfrac{-a^2 + b^2}{a^2}})\,\sqrt{\dfrac{b^2}{a^2}}\,a^2}{\sqrt{b^2}}$

Leider scheint diesmal das Ergebnis nicht so einfach zu sein wie bei der Berechnung der Ellipsenfläche: Es ist ein elliptisches Integral, das sich nicht geschlossen angeben lässt.

```
assume(b>0,a>0): simplify(bogen); eval(bogen,{a=2,b=1}); evalf(%);
```

$4\,\mathrm{EllipticE}(\dfrac{\sqrt{a^{\sim 2} - b^{\sim 2}}}{a^{\sim}})\,a^{\sim}$

$8\,\text{EllipticE}(\frac{1}{2}\sqrt{3})$

9.688448216

Dass die Berechnung solcher Integrale auch ihre Tücken haben kann, wird im Worksheet gezeigt: Wenn man das Integral mit variablen Grenzen ansetzt, müssen wegen der Periodizität von `EllipticE` die passenden Annahmen gemacht werden (was wiederum von der Reihenfolge der Auswertung abhängt).

Integration komplexer Funktionen, Residuen

Analytische Funktionen können wie Funktionen einer reellen Veränderlichen integriert werden, da in diesem Fall der Wert des Integrals vom Weg unabhängig ist.

```
int(z^2,z=1..I);
```
$$\frac{-1}{3} - \frac{1}{3}I$$
```
int( z*cos(z^2), z=1..I);
```
$$-\sin(1)$$

Im allgemeinen Fall kann der Integrationsweg parametrisiert angegeben werden.

```
kint:=int(f(z(t))*diff(z(t),t),t=ta..tb);
```
$$kint := \int_{ta}^{tb} f(z(t))\,(\frac{\partial}{\partial t}z(t))\,dt$$

So kann man z.B. den Einheitskreis um den Ursprung als Integrationsweg wählen

```
z:=t->cos(t)+I*sin(t); kint;
```
$$z := t \to \cos(t) + I\sin(t)$$
$$\int_{ta}^{tb} f(\cos(t) + I\sin(t))\,(-\sin(t) + I\cos(t))\,dt$$

und zum Vergleich mit dem ersten Beispiel die Funktion z^2 integrieren. (Weitere Beispiele finden Sie im Worksheet.)

```
f:=z->z^2; eval(kint,{ta=0,tb=Pi/2});
```
$$f := z \to z^2$$
$$\frac{-1}{3} - \frac{1}{3}I$$

Der Absolutbetrag von z ist nicht analytisch. Das erste Ergebnis erhält man, wenn man längs der geradlinigen Verbindung von $(1|0)$ nach $(0|I)$ integriert, das zweite $(-1 + I)$, wenn man einen Viertelkreis wählt.

$$f := \text{abs}$$
$$-\frac{1}{4}\sqrt{2}\ln(1+\sqrt{2}) - \frac{1}{2} + \frac{1}{2}I$$
$$+\frac{1}{4}I\sqrt{2}\ln(1+\sqrt{2})$$

$$-1 + I$$

Nicht sehr hilfreich ist hier der Vorschlag von Maple 6, wenn man ohne die Angabe eines Wegs integriert. Maple 7 gibt das Integral unausgewertet zurück (korrekt).

```
z:='z': int(abs(z),z=1..I);
```

$$\lim_{z \to I-} \left(\begin{cases} -\dfrac{1}{2}z^2 & z \leq 0 \\ \dfrac{1}{2}z^2 & 0 < z \end{cases} \right) - \dfrac{1}{2}$$

Hinweis: Eine Funktion kann mit `linalg[laplacian]` auf Analytizität untersucht werden (siehe Worksheet).

Residuen

Wegen der Wegunabhängigkeit des Integrals analytischer Funktionen verschwinden Umlaufintegrale über solche Funktionen, falls der Weg keine Singularitäten umschließt. In diesem Fall hat man über die Residuen zu summieren (Residuensatz):

$$\oint_C f(z)\,dz = 2\pi I \sum_{j=1}^{k} \operatorname*{Res}_{z=z_j} f(z)$$

Natürlich kann man mit Maple das Umlaufintegral auch explizit berechnen. Aber schon beim Standardbeispiel, der Funktion $1/z$, erhält man 0 statt $2\pi I$, wenn man obige Definition des Wegintegrals (`kint`) verwendet. Der Grund dafür liegt darin, dass Maple mit dieser Formulierung zuerst die logarithmische Integration anwendet.

Wenn man aber die logarithmische Integration vor Maple versteckt, so wird das Umlaufintegral um die Singularität von $1/z$ korrekt berechnet. Ein weiteres Beispiel also, dass es bei einem CAS oft auf die Reihenfolge der Anwendung von Regeln ankommt.

```
z:=cos(t) + I*sin(t): dz:=diff(z,t);
```

$$dz := -\sin(t) + I\cos(t)$$

```
f:=1/z;
```

$$f := \dfrac{1}{\cos(t) + I\sin(t)}$$

```
int( f*dz, t=0..2*Pi);
```

$$2\,I\,\pi$$

Natürlich wird man bei Umlaufintegralen um Singularitäten den Residuensatz verwenden. Dennoch lohnt es sich, an dieser Stelle die Integration im Komplexen etwas näher zu beleuchten.

Die nebenstehende Funktion f hat drei Singularitäten. (Mit dem Befehl `discont` erhält man nur reelle Unstetigkeitsstellen.)

```
f:=(2*z^3+3*z+50)/(z^3-3*z-52);
```

$$f := \dfrac{2z^3 + 3z + 50}{z^3 - 3z - 52}$$

```
solve(denom(f));
```

$$4,\ -2+3I,\ -2-3I$$

Die Residuen kann man an der Reihenentwicklung ablesen oder direkt mit residue bestimmen.

```
series(f,z=4,3);
```
$$\frac{38}{9}(z-4)^{-1} + \frac{29}{27} + O(z-4)$$

```
residue(f,z=4);
```
$$\frac{38}{9}$$

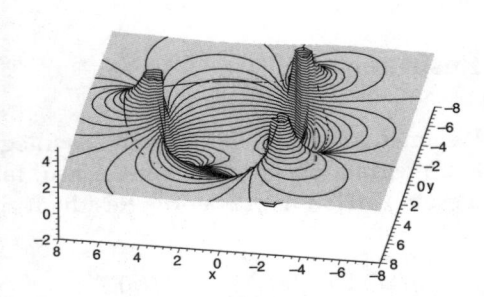

Im Worksheet finden Sie Befehle, mit denen man die Funktion (im Bild der Realteil) und den Integrationsweg darstellen kann. Außerdem werden verschiedene Integrationswege (und die Rechengeschwindigkeit) getestet.

Mehrfachintegrale

Weil die Welt nicht eindimensional ist, sind Mehrfachintegrale das tägliche Brot des Ingenieurs und Physikers: Die Gebiete und Räume, in denen Mehrfachintegrale eingesetzt werden, sind so umfassend, dass sie in dieser kurzen Einführung nur angedeutet werden können.

Wir beginnen mit einem einfachen Beispiel, der Berechnung des Volumens einer Pyramide. Die Aufgabe besteht immer darin, ein passendes Volumenelement zu finden, die Integrationsgrenzen richtig zu wählen und in der richtigen Reihenfolge zu integrieren.

Im student-Package gibt es eine Kurzfassung für das Dreifachintegral. Es ist zweckmäßig, solche Rechnungen zuerst an einfachen Beispielen zu testen, die man mit einer bekannten Formel überprüfen kann. Außerdem lässt sich die Integration auch zerlegen (siehe Worksheet).

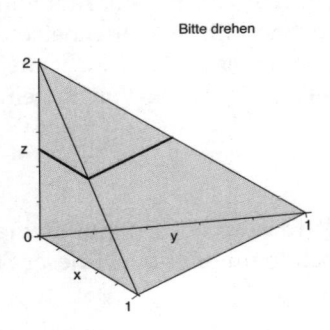

```
with(student):
Tripleint(1,z=0..2-2*x-2*y,y=0..1-x,
                                    x=0..1);
```
$$\int_0^1 \int_0^{1-x} \int_0^{2-2x-2y} 1\,dz\,dy\,dx$$

```
value(%);
```
$$\frac{1}{3}$$

Während man das Volumen einer Pyramide auch in der Formelsammlung nachschlagen kann, wird es beim Trägheitsmoment schon etwas komplizierter:

`Tripleint(y^2+z^2,z=0..2-2*x-2*y,y=0..1-x,x=0..1);`

$$\int_0^1 \int_0^{1-x} \int_0^{2-2x-2y} y^2 + z^2 \, dz \, dy \, dx$$

`map(value,%);`

$$\int_0^1 -\frac{7}{6}(1-x)^4 + \frac{1}{3}(10-10x)(1-x)^3 + \frac{1}{2}(\frac{1}{3}(2-2x)(-8+8x) - \frac{2}{3}(2-2x)^2)(1-x)^2$$
$$+ \frac{1}{3}(2-2x)^3(1-x)dx$$

`value(%);`

$$\frac{1}{6}$$

Allgemein werden in Maple also Dreifachintegrale folgendermaßen formuliert:

`Int(Int(Int(g(x,y,z),z=z1(x,y)..z2(x,y)),y=y1(x)..y2(x)),x=x1..x2);`

$$\int_{x1}^{x2} \int_{y1(x)}^{y2(x)} \int_{z1(x,y)}^{z2(x,y)} g(x, y, z) \, dz \, dy \, dx$$

Dabei sind kartesische Koordinaten in der Praxis eher die Ausnahme. Meistens müssen für die Integration die Koordinaten dem Problem angepasst werden. Dazu benötigt man die Funktionaldeterminante der Koordinatentransformation. In Maple kann mit `'linalg[jacobian]'` die erforderliche Matrix aufgestellt werden:

`restart: with(linalg): xyz:=[x(u,v,w),y(u,v,w),z(u,v,w)];`

$$xyz := [\mathrm{x}(u, v, w), \mathrm{y}(u, v, w), \mathrm{z}(u, v, w)]$$

`jacobian(xyz, [u,v,w]);`

$$\begin{bmatrix} \frac{\partial}{\partial u}\mathrm{x}(u,v,w) & \frac{\partial}{\partial v}\mathrm{x}(u,v,w) & \frac{\partial}{\partial w}\mathrm{x}(u,v,w) \\ \frac{\partial}{\partial u}\mathrm{y}(u,v,w) & \frac{\partial}{\partial v}\mathrm{y}(u,v,w) & \frac{\partial}{\partial w}\mathrm{y}(u,v,w) \\ \frac{\partial}{\partial u}\mathrm{z}(u,v,w) & \frac{\partial}{\partial v}\mathrm{z}(u,v,w) & \frac{\partial}{\partial w}\mathrm{z}(u,v,w) \end{bmatrix}$$

`fundet:=det(jacobian(xyz, [u,v,w])):`

Ein bekanntes Beispiel (Kugelkoordinaten):

```
x:=(u,v,w)-> u*cos(v)*sin(w);
y:=(u,v,w)-> u*sin(v)*sin(w);
z:=(u,v,w)-> u*cos(w);
```

$$x := (u, v, w) \to u\cos(v)\sin(w)$$

$$y := (u, v, w) \to u\sin(v)\sin(w)$$

$$z := (u, v, w) \to u\cos(w)$$

```
fundet;
```

$$-\cos(v)^2 \sin(w)^3 u^2 - \sin(v)^2 \sin(w)^3 u^2 - \cos(w)^2 u^2 \sin(v)^2 \sin(w)$$

$$- \cos(w)^2 u^2 \cos(v)^2 \sin(w)$$

```
simplify(%);
```

$$-\sin(w) u^2$$

Numerische Integration

Durch das Kommando `evalf` kann eine numerische Auswertung des Integrals erreicht werden. Dabei ist zwischen zwei Varianten zu unterscheiden: Bei `evalf(int(..))` wird das Integral zuerst (soweit möglich) symbolisch berechnet, erst das Ergebnis wird numerisch ausgewertet. Zusammen mit der trägen Variante des Integrationskommandos, also in der Form `evalf(Int(..))`, verwendet Maple ein rein numerisches Verfahren zur Integration. In den meisten Fällen kommen beide Varianten zum gleichen Ergebnis (eventuell mit kleinen Rundungsfehlern), es kann aber auch der Fall eintreten, dass die eine oder andere Variante zum falschen Ergebnis führt. Insofern stellen die beiden Berechnungsarten – sofern beide durchführbar sind – eine recht brauchbare Kontrolle des Ergebnisses dar.

In diesem Zusammenhang ist noch eine Anmerkung zum Unterschied zwischen `int` und `Int` erforderlich: Die Kommandos `Int`, `Diff`, `Sum` und `Product` heißen träge Kommandos, weil sie eine Auswertung des mathematischen Kommandos blockieren. Sie entfalten ihre Wirkung erst in Zusammenarbeit mit anderen Kommandos, etwa mit `evalf` zur numerischen Auswertung des ganzen Ausdrucks. Siehe auch Kapitel 28, Abschnitt 'Der Aufbau von Maple'.

Häufig stellt die numerische Integration die einzige Möglichkeit dar, zu einem Ergebnis zu gelangen. Auch wenn Maple für das unbestimmte Integral eine tabellierte Funktion kennt (in diesem Fall die Lommelfunktion), kann das bestimmte Integral nur mit `evalf` berechnet werden.

```
int( sin(1/x^3), x=1..2);
```

$$\int_1^2 \sin(x^{-3})dx$$

```
evalf(%);
```

$$0.3548334332$$

Numerische Integration

Maple verwendet zur numerischen Integration einen Polyalgorithmus, der die symbolischen und numerischen Möglichkeiten kombiniert. Im Normalfall wird eine NAG-Routine (Numerical Algorithms Group http://www.nag.co.uk/) aufgerufen. Diese Routinen sind in einer kompilierten C-Bibliothek und arbeiten mit Hardware Floating-Point (und entsprechender Geschwindigkeit). Wenn damit die Integration nicht gelingt, wird der Integrand auf Singularitäten untersucht, umgeformt und eine erneute NAG-Integration versucht. Führt auch das nicht zum Ziel, so werden die numerischen Methoden von Maple verwendet, die wieder nach ähnlichen Kriterien (Singularitäten und ihre Lage im Integrationsintervall, endliche oder unendliche Intervalle) automatisch ausgewählt werden. Will der Benutzer selbst eingreifen, so stehen ihm folgende Methoden zur Verfügung:

NAG-Methoden

`_d01ajc`
für endliche Intervalle, adaptive Gauß- und Kronrod-Methode.

`_d01akc`
für endliche Intervalle, oszillierende Integranden, adaptive Gauß- und Kronrod-Methode mit erhöhter Anzahl der Stützpunkte.

`_d01amc`
für unendliche Intervalle.

`_d01gbc`
für mehrfache Integrale, Monte Carlo Methode, geringe Genauigkeit.

Maple-Methoden

`_NoNAG`
keine NAG-Routinen verwenden, Maple wählt eine der folgenden Methoden selbst.

`_CCquad`
Clenshaw-Curtis-Quadratur (Defaulteinstellung).

`_Dexp`
adaptive doppelt-exponentielle Methode.

`_Sinc`
adaptive Sinc-Quadratur.

`_NCrule`
adaptive Newton-Cotes-Methode, Ordnung fixiert, nicht für hohe Genauigkeit.

Die gewünschte Methode wird im `Int`-Befehl mit ihrem Namen angegeben, die geforderte Genauigkeit als Anzahl der Stellen, also z.B.:

```
evalf(Int(sin(x)/x, x=1..100, 15, _NCrule));
```
                0.616142396521873

Hinweise: Im Worksheet finden Sie weitere Beispiele, mit denen Sie die verschiedenen Verfahren auf Geschwindigkeit und Genauigkeit testen können. Mit dem Befehl `series` können unausgewertete Integrale in Reihen entwickelt werden (falls möglich).

Wenn die symbolische Integration nicht durchgeführt wird, kann das auch an `RootOfs` liegen:

```
f:=1/(1+x^7);
```

$$f := \frac{1}{1+x^7}$$

```
int( f, x=1..2);
```

$$\frac{1}{7}\ln(3) - \frac{1}{7}(\sum_{\_R=\%1} \_R\ln(2 - \_R)) - \frac{1}{7}\ln(2) + \frac{1}{7}(\sum_{\_R=\%1} \_R\ln(1 - \_R))$$

$$\%1 := \text{RootOf}(\_Z^6 - \_Z^5 + \_Z^4 - \_Z^3 + \_Z^2 - \_Z + 1)$$

```
evalf(%);
```

$.1163017046 + 0. I$

Auch hier empfiehlt sich also die rein numerische Integration:

```
evalf( Int(f, x=1..2), 20);
```

$.11630170437709733349$

Wenn man uneigentliche Integrale numerisch berechnet, kann man manchmal mit `evalf(Limit( ))` zu erstaunlichen Ergebnissen kommen:

```
int( 1/x^2, x=0..infinity);
```

∞

```
evalf( Int( 1/x^2, x=0..infinity) );
```

$\text{Float}(\infty)$

```
evalf( Limit(Int( 1/x^2, x=n..infinity), n=0) );
```

2.000000000

Kontrolle der Integration

Der wirkungsvollste Kontrollmechanismus besteht darin, das Integral auf verschiedene Weisen zu berechnen. Bei komplexen Integralen bietet sich etwa eine alternative Berech-

Kontrolle der Integration

nung über den Residuensatz an. Bei bestimmten Integralen ist häufig eine rein numerische Integration möglich, die intern nach einem vollkommen eigenständigen Algorithmus durchgeführt wird (achten Sie auf die Großschreibung von Int!).

Des Weiteren kann es bei bestimmten Integralen zweckmäßig sein, das dazugehörige allgemeine Integral zu berechnen und (getrennt für Real- und Imaginärteil) mit plot zu zeichnen. Wenn dabei ein Sprung auftritt, ist das bestimmte Integral mit allergrößter Wahrscheinlichkeit falsch. Jetzt kann eventuell versucht werden, die Unstetigkeitsstelle durch links- und rechtsseitige Grenzwerte zu eliminieren.

Die einfachste Kontrolle allgemeiner Integrale besteht darin, diese wieder zu differenzieren und mit der Ausgangsfunktion zu vergleichen. Das Bilden der Ableitung ist ein mathematisch verhältnismäßig einfacher Vorgang, sodass zumindest dabei vorausgesetzt werden kann, dass Maple fehlerfrei arbeitet. Aber auch diese scheinbar elegante Lösung kann ihre Tücken haben. Erstens können sich Unstetigkeitsstellen im Integral durch das Differenzieren wieder herausheben. Zweitens kann die Rechenzeit bei komplizierten Integralen zu einem Hindernis werden. Und drittens kann es passieren, dass die Ausgangsfunktion und die Ableitung des Integrals vollkommen unterschiedlich aussehen, mathematisch aber übereinstimmen. Dann kann es oft einige Zeit dauern, bis man die richtigen Befehle zur Termumformung findet, besonders wenn trigonometrische Funktionen im Spiel sind:

```
f:=sin(a+1/x);
```

$$f := \sin(a + \frac{1}{x})$$

```
inte:=int(f,x);
```

$$inte := \sin(a + \frac{1}{x}) x - \mathrm{Si}(-\frac{1}{x}) \sin(a) - \mathrm{Ci}(\frac{1}{x}) \cos(a)$$

```
integrand:=diff(inte,x);
```

$$integrand := -\frac{\cos(a + \frac{1}{x})}{x} + \sin(a + \frac{1}{x}) - \frac{\sin(\frac{1}{x}) \sin(a)}{x} + \frac{\cos(\frac{1}{x}) \cos(a)}{x}$$

```
simplify(integrand);
```

$$\frac{-\cos(\frac{a\,x+1}{x}) + \sin(\frac{a\,x+1}{x})\, x - \sin(\frac{1}{x}) \sin(a) + \cos(\frac{1}{x}) \cos(a)}{x}$$

```
expand(integrand);
```

$$\sin(a) \cos(\frac{1}{x}) + \cos(a) \sin(\frac{1}{x})$$

```
combine(%,trig);
```

$$\sin(a + \frac{1}{x})$$

Wenn eine Vereinfachung nicht gelingt, können Sie die Identität zweier Ausdrücke durch das Einsetzen von Zufallszahlen testen. Dieses Verfahren ist natürlich nicht ganz zuverlässig. Die Wahrscheinlichkeit, dass zwei Ausdrücke mathematisch gleichwertig sind, wenn sie für eine Abfolge von zehn Zufallszahlen übereinstimmen, ist aber immerhin sehr hoch. Wichtig ist natürlich, dass die Zufallszahlen dem Problem entsprechen, d.h. im allgemeinsten Fall komplexe Fließkommazahlen aus allen vier Quadranten der komplexen Zahlenebene. Manchmal kann es auch sinnvoll sein, ganze Zahlen oder Brüche einzusetzen und dann eine symbolische Vereinfachung durchzuführen.

Das Beispiel unten stellt eine Fortsetzung des obigen Beispiels dar. In *testexpr* werden für x und a mehrere Fließkomma-Zufallszahlen im Bereich ± 5000 eingesetzt. Die beiden abschließenden Kommandos berechnen die größte absolute Abweichung von 0. Diese Vorgehensweise wäre vor allem bei umfangreicheren Testreihen sinnvoll.

```
testexpr:=integrand-f;
```

$$testexpr := -\frac{\cos(a + \frac{1}{x})}{x} - \frac{\sin(\frac{1}{x})\sin(a)}{x} + \frac{\cos(\frac{1}{x})\cos(a)}{x}$$

```
test:='5000-rand()/1e8';
```

$$test := 5000 - .1\,10^{-7}\,\text{rand}()$$

```
seq( evalf(subs(x=test, a=test, testexpr)), i=1..5);
```

$$-.2893\,10^{-9},\ .24\,10^{-11},\ .6581\,10^{-9},\ .450\,10^{-10},\ .2134\,10^{-9}$$

```
map(abs, [%] );
```

$$[.2893\,10^{-9},\ .24\,10^{-11},\ .6581\,10^{-9},\ .450\,10^{-10},\ .2134\,10^{-9}]$$

```
max( op(%) );
```

$$.6581\,10^{-9}$$

Maple beim Integrieren zusehen

Wenn Sie wissen möchten, wie Maple zu seinen Ergebnissen kommt, können Sie beim Integrieren zusehen. Dazu müssen Sie die Systemvariable `infolevel` für `int` auf einen Wert zwischen 2 oder 5 stellen (je höher der Wert, desto ausführlicher werden die Informationen). Das erste Beispiel zeigt Maple bei der Integration von $\frac{1}{1+\ln(x)}$.

```
infolevel[int]:=3:
int( 1/(1+ln(x)), x);
```

　　int/indef1:　　first-stage indefinite integration
　　int/indef2:　　second-stage indefinite integration
　　int/ln:　　case of integrand containing ln
　　int/indef1:　　first-stage indefinite integration
　　int/indef2:　　second-stage indefinite integration
　　int/exp:　　case of integrand containing exp

$$-e^{(-1)}\,\mathrm{Ei}(1,\,-\ln(x)-1)$$

Im zweiten Beispiel wird die Funktion $\frac{\sin(x)}{x}$ im Bereich zwischen 1 und 2 numerisch integriert. In diesem Fall muss `infolevel` für das Kommando `evalf/int`' erhöht werden.

```
infolevel['evalf/int']:=2:
evalf(Int(sin(x)/x, x=1..2));
```

　　evalf/int/control:　　integrating on 1 .. 2 the integrand
$$\frac{\sin(x)}{x}$$

　　Control:　　Entering NAGInt
　　Control:　　trying d01ajc (nag_1d_quad_gen)
　　d01ajc:　　result=.659329906435511814
　　d01ajc:　　abserr=.366001621474327760e-14; num_subint=1; fun_count=21
　　Control:　　result=.659329906435511814

　　.6593299064

Syntaxzusammenfassung

`int(f,x);`　　`int(f,x=a..b);`　　`int(f,x=a..b,opt);`　　`int(x -> f(x),a..b);`
berechnet das unbestimmte oder bestimmte Integral der Funktion f. Dabei wird in den ersten drei Varianten als Integrand ein Ausdruck erwartet. Die vierte Variante mit einer Funktionsvorschrift als Integrand ist nur für bestimmte Integrale erlaubt und dann darf in der Bereichsangabe keine Integrationsvariable stehen. Wenn über Singularitäten integriert werden soll, kann die Option `CauchyPrincipalValue` verwendet werden – `int` liefert dann den Cauchyschen Hauptwert. Mit der Option `continuous` werden Singularitäten ignoriert.

`Doubleint(g,x=a..b,y =c..d);`　　`Tripleint(g,x=a..b,y=c..d,z=e..f);`
sind Befehle aus dem Package `student` und berechnen das Doppel- bzw. Dreifachintegral von f (mit und ohne Grenzen). Die träge Integration wird mit `value` ausgewertet.

```
evalf(Int(f,x=a..b));     evalf(int(f,x=a..b));
```
Die erste Variante führt eine rein numerische Integration durch. Bei der zweiten Variante wird das Integral zuerst symbolisch berechnet (falls möglich) und dann numerisch ausgewertet. Gibt man bei der zweiten Variante mindestens eine Grenze als Dezimalzahl an, wird ebenfalls rein numerisch gerechnet. Eine Liste der Methoden finden Sie auf Seite 275 oder mit `?evalfint`.

```
infolevel[int]:=n:    infolevel['evalf/int']:=n:    infolevel[all]:=n:
```
zeigt den Verlauf der Integration (n=2..5).

```
residue(f,x=x0);
```
berechnet das Residuum von f an der Stelle $x0$.

```
with(linalg):
det(jacobian([x,y,z], [u,v,w]));
```
bildet die Funktionaldeterminante der Funktionen x, y, z bezüglich u, v, w (wird bei Koordinatentransformationen benötigt).

```
laplacian(f, [x,y,z], coords=c);
```
kann dazu verwendet werden, die Funktion f auf Analytizität zu testen (mit optionaler Angabe des Koordinatensystems).

Kapitel 18

Differentialgleichungen

Das Problem beim Lösen von Differentialgleichungen ähnelt dem bei der Integration von Funktionen: Es existieren zahlreiche mathematische Verfahren, die aber jeweils nur in ganz bestimmten Fällen zielführend sind. Zu den meisten möglichen (also mathematisch formulierbaren) Differentialgleichungen existieren überhaupt keine symbolischen Lösungen.

Diese einleitende Anmerkung soll vor allzu hohen Erwartungen gegenüber dem Kommando `dsolve` warnen. Das Kommando zur symbolischen Lösung von Differentialgleichungen bzw. von Systemen von Differentialgleichungen kommt nicht mit allen Differentialgleichungstypen zurecht. Dann muss man zur numerischen Variante von `dsolve` greifen (Option `numeric`).

`dsolve`
versucht, eine Differentialgleichung zu lösen. Dabei gibt es Optionen für Integraltransformationen, eine Reihenentwicklung oder numerische Verfahren.

`pdsolve`
versucht, eine partielle Differentialgleichung symbolisch zu lösen.

`odeplot`
aus dem Package `plots` stellt numerische Lösungen von Differentialgleichungen grafisch dar.

`DEtools`
bezeichnet ein Package, das verschiedene Kommandos zur grafischen Darstellung von (numerischen) Lösungen von Differentialgleichungen enthält.

Verweis: Weitere Wege zur Lösung von Differentialgleichungen sind in den Kapiteln 24 bis 26 (Reihenentwicklungen, Fourier- und Integraltransformationen) beschrieben. Insbesondere zum Thema Differentialgleichungen finden Sie im Maple Application Center http://www.mapleapps.com ein reichhaltiges Angebot an Worksheets und Kursen.

Symbolische Lösung von Differentialgleichungen

Vorbemerkung zu Schreibweisen: Mit dem Befehl `diff()` erhält man in Maple die partielle Ableitung. Damit sieht eine Differentialgleichung in ausführlicher Notation so aus:

```
dgl:=diff(y(x),x$2)+diff(y(x),x) + y(x) = diff(f(t),t);
```

$$dgl := (\frac{\partial^2}{\partial x^2} y(x)) + (\frac{\partial}{\partial x} y(x)) + y(x) = \frac{\partial}{\partial t} f(t)$$

Falls Sie im Gedruckten gelegentlich $\frac{d}{dx}$ finden, so ist damit ebenfalls das Ergebnis von `diff()`, also $\frac{\partial}{\partial x}$, gemeint.

Im Package `PDEtools` steht der Befehl `declare()` zur Verfügung, mit dem man auf die Kurzschreibweise von Ableitungen umschalten kann. Mit der nächsten Deklaration wird die Ableitung nach x mit einem Strich geschrieben und die Funktion $y(x)$ ohne Argument. Weitere Einzelheiten zur Verwendung von `declare()` finden Sie im Worksheet.

```
PDEtools[declare](): dgl;
```
$$y_{x,x} + y_x + y(x) = f_t$$

```
declare(prime=x , y(x)): dgl;
```
$$y'' + y' + y = f_t$$

Differentialgleichungen können wahlweise mit `diff` oder mit dem Differentialoperator `D` formuliert werden (siehe auch Kapitel 16). Die beiden gleichwertigen Kommandos unten sind zwei Schreibweisen für die Differentialgleichung $y' + y = 1$. Der zweite Parameter von `dsolve` enthält die zu bestimmende Funktion. Im Ergebnis kommen eventuell mehrere frei wählbare Integrationskonstanten $\_Cn$ vor, die durch Anfangs- oder Randbedingungen bestimmt werden können.

```
dsolve(D(y)(x) + y(x) = 1, y(x));
```
$$y(x) = 1 + e^{-x}\_C1$$

```
dsolve( diff(y(x), x) + y(x) = 1, y(x));
```
$$y(x) = 1 + e^{-x}\_C1$$

Im nächsten Beispiel wird die Anfangsbedingung $y(0) = 0$ angegeben.

```
de := diff(y(x),x) * y(x) * (1+x^2) = x;
```
$$de := (\frac{\partial}{\partial x} y(x)) y(x) (1 + x^2) = x$$

```
dsolve( { de, y(0)=0 }, y(x));
```
$$y(x) = -\sqrt{\ln(1+x^2)}, y(x) = \sqrt{\ln(1+x^2)}$$

Zur Kontrolle wird die erste der beiden möglichen Lösungen durch `subs` in die Ausgangsgleichung eingesetzt.

```
subs(%[1], de);
```

$$-\left(\frac{\partial}{\partial x}\left(-\sqrt{\ln(1+x^2)}\right)\right)\sqrt{\ln(1+x^2)}\,(1+x^2) = x$$

```
simplify(%);
```

$$x = x$$

Wenn Anfangs- oder Randbedingungen für Ableitungen angegeben werden sollen, muss die Schreibweise D(y)(x0)=y0 verwendet werden. Höhere Ableitungen werden in der Form D(D(D(y)))(x0)=y0 oder in Kurzschreibweise (D@@3)(y)(x0)=y0 notiert. Die Anfangsbedingungen werden zusammen mit der Differentialgleichung in geschwungene Klammern gesetzt.

```
dsolve( { de, D(y)(1)=1 }, y(x));
```

$$y(x) = \sqrt{\ln(1+x^2) - \ln(2) + 1/4}$$

Man kann sich Lösungen in impliziter oder expliziter Form angeben lassen:

```
dsolve( (y(x)^2 - x)*D(y)(x) + x^2-y(x) = 0, y(x),implicit );
```

$$\frac{x^3}{3} - y(x)x + \frac{y(x)^3}{3} = \_C1$$

```
dsolve( (y(x)^2 - x)*D(y)(x) + x^2-y(x)=0, y(x), explicit );
```

$$y(x) = -\frac{\sqrt[3]{\%1}}{2} - \frac{x}{2\sqrt[3]{\%1}} - I\sqrt{3}\left(\sqrt[3]{\%1} - \frac{x}{\sqrt[3]{\%1}}\right)1/2,$$

$$y(x) = -\frac{\sqrt[3]{\%1}}{2} - \frac{x}{2\sqrt[3]{\%1}} + I\sqrt{3}\left(\sqrt[3]{\%1} - \frac{x}{\sqrt[3]{\%1}}\right)1/2,$$

$$y(x) = \sqrt[3]{\%1} + \frac{x}{\sqrt[3]{\%1}}$$

$$\%1 = -\frac{x^3}{2} + \frac{3\_C1}{2} + \frac{\sqrt{-4x^3 + x^6 - 6x^3\_C1 + 9\_C1^2}}{2}$$

Mit der Option output=basis liefert dsolve eine Liste der Lösungsbasis und der partikulären Lösungen der Differentialgleichung.

```
de:=diff(y(x), x$4) + 5*diff(y(x),x$2) - 36*y(x)=sin(x);
```

$$de := \left(\frac{\partial^4}{\partial x^4}\mathrm{y}(x)\right) + 5\left(\frac{\partial^2}{\partial x^2}\mathrm{y}(x)\right) - 36\,\mathrm{y}(x) = \sin(x)$$

```
dsolve( de, y(x));
```

$$y(x) = -\frac{1}{40}\sin(x) + \_C1\sin(3x) + \_C2\,e^{(-2x)} + \_C3\,e^{(2x)} + \_C4\cos(3x)$$

```
dsolve( de, y(x), output=basis);
```

$$[[\sin(3x), e^{(-2x)}, e^{(2x)}, \cos(3x)], -\frac{1}{40}\sin(x)]$$

Lösungen von Differentialgleichungen weiterverwenden

Normalerweise werden Differentialgleichungen nicht nur aus Neugier darüber gelöst, ob Maple mit diesem Differentialgleichungstyp zurechtkommt. Vielmehr sollen die resultierenden Lösungen weiterverwendet und häufig auch grafisch dargestellt werden. Maple liefert die Lösungen als Gleichungen, die in dieser Form gut zur Substitution in die Differentialgleichung geeignet sind. Auf diese Weise kann relativ einfach getestet werden, ob die Lösung korrekt ist – siehe das Beispiel zu Beginn des vorigen Abschnitts. Um aus den Lösungsgleichungen allgemein verwendbare Funktionen zu gewinnen, kann mit rhs und unapply gearbeitet werden, wie die folgenden Beispiele zeigen. (Beispiele zur Weiterverarbeitung der Lösung von Systemen von Differentialgleichungen sowie von numerischen Lösungen finden Sie in den folgenden Abschnitten.)

Im Beispiel rechts wird die beinahe schon triviale Differentialgleichung für den freien Fall ohne Luftwiderstand gelöst. Ein Körper beginnt in einer Höhe von 10 Metern mit der Startgeschwindigkeit 0 zu fallen.

```
dsolve({ m*D(D(z))(t) = -m*g,
         z(0)=10, D(z)(0)=0 }, z(t));
```

$$z(t) = -\frac{gt^2}{2} + 10$$

Maple liefert das Ergebnis in Form einer Gleichung $z(t) = \ldots$. Um daraus eine Funktion zu bilden, wird mit rhs (right hand side) die rechte Seite der Gleichung isoliert, mit unapply in eine Funktionsvorschrift umgeformt und in *funcz* gespeichert.

```
funcz:=unapply(rhs(%), t);
```

$$funcz := t \mapsto -\frac{gt^2}{2} + 10$$

Um zu ermitteln, wann der Körper den Boden erreicht, wird die Gravitationskonstante g mit 9.81 belegt und die Nullstellen der Lösungsfunktion werden bestimmt.

```
g:=9.81: solve( funcz(t)=0, t);
```

$$-1.427843124, 1.427843124$$

```
t0:=max(%);
```

Jetzt können die Höhe des Körpers und seine Geschwindigkeit (Ableitung der Höhe nach der Zeit) als Funktionen der Zeit gezeichnet werden.

```
plot( {funcz(t), diff(funcz(t),t) },
      t=0..t0);
```

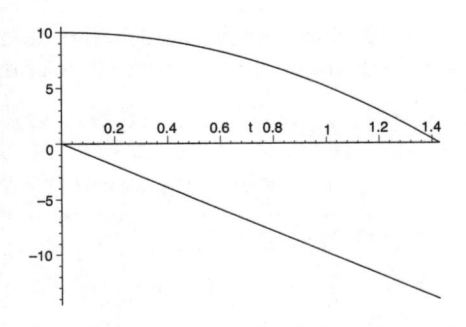

Das zweite Beispiel berechnet die gedämpfte Schwingung eines Körpers an einer Feder, wobei der Körper zur Zeit $t = 0$ außerhalb der Ruhelage ($y(0) = 1$) losgelassen wird. Die

Lösung der Differentialgleichung wird abermals mit rhs isoliert und unmittelbar (ohne unapply) in *funcy* gespeichert.

```
restart: m:=1: c:=1/3: k:=1:
dsolve( {m*D(D(y))(t) + c*D(y)(t) + k*y(t)=0, y(0)=1, D(y)(0)=0}, y(t));
```

$$y(t) = \frac{1}{35} \sqrt{35} \, e^{(-1/6\,t)} \sin(\frac{1}{6} \sqrt{35}\, t) + e^{(-1/6\,t)} \cos(\frac{1}{6} \sqrt{35}\, t)$$

Mit rhs wird die rechte Seite der Gleichung extrahiert.

```
funcy:=rhs(%);
```

$$funcy := \frac{1}{35} \sqrt{35} \, e^{(-1/6\,t)} \sin(\frac{1}{6} \sqrt{35}\, t) + e^{(-1/6\,t)} \cos(\frac{1}{6} \sqrt{35}\, t)$$

Die Abbildung zeigt den Verlauf der Schwingung innerhalb der ersten 18 Sekunden.

```
plot(funcy, t=0..18);
```

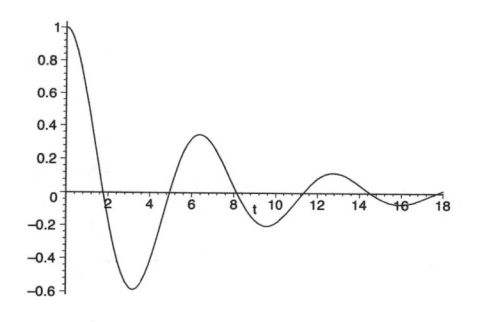

Differentialgleichungen in DESol

Maple liefert manchmal Teillösungen von unlösbaren Differentialgleichungen in Form von DESol-Termen. Die Funktion DESol ist mit RootOf vergleichbar und repräsentiert die nicht berechenbare Lösung einer Differentialgleichung. Die Reihenfolge der Parameter in DESol weicht von der in dsolve ab: Der erste Parameter enthält eine Folge der Differentialgleichungen, der zweite Parameter eine Folge der darin vorkommenden Variablen und der dritte Parameter eine Folge der Randbedingungen. Dagegen werden in dsolve Differentialgleichungen und Randbedingungen in einer gemeinsamen Folge (mit Mengenklammern) angeschrieben.

Auch wenn aus DESol (prinzipiell) keine Lösung gewonnen werden kann, so kann es doch hilfreich sein, um die Eigenschaften von Lösungen zu untersuchen: Einfache DESol-Ausdrücke können mit diff abgeleitet, mit int integriert und mit series in eine Potenzreihe umgewandelt werden.

Die folgende DGL (Fadenpendel) ist zum Beispiel nicht geschlossen lösbar:

```
dgl:=diff(x(t),t$2) = -g/l*sin(x(t));
```

$$dgl := \frac{\partial^2}{\partial t^2} \mathrm{x}(t) = -\frac{g\sin(\mathrm{x}(t))}{l}$$

```
dsolve({dgl, x(0)=x0, D(x)(0)=v0}, x(t));
```

Warning, computation interrupted

Maple 6 rechnet beliebig lange und Maple 7 liefert einen umfangreichen Term mit RootOf, der sich nicht verwenden lässt. Man kann aber einen Platzhalter für die Lösung erzeugen:

```
dgsol:=DESol( dgl, x(t), {x(0)=x0, D(x)(0)=v0} );
```

$$dgsol := \mathrm{DESol}(\{(\frac{\partial^2}{\partial t^2} \mathrm{x}(t)) + \frac{g\sin(\mathrm{x}(t))}{l}\}, \{\mathrm{x}(t)\}, \{\mathrm{x}(0) = x0, \mathrm{D}(x)(0) = v0\})$$

Und symbolisch damit rechnen:

```
intdg:=int(dgsol,t);
```

$$intdg := \mathrm{DESol}\left(\left\{(\frac{\partial^3}{\partial t^3} \mathrm{w}(t)) + \frac{g\sin(\frac{\partial}{\partial t} \mathrm{w}(t))}{l}\right\}, \{\mathrm{w}(t)\}\right)$$

```
diff(intdg,t,t,t)+g/l*sin(diff(intdg,t));
```

    0

Die so gewonnene Beziehung kann z.B. dazu verwendet werden, den Fehler bei der Lösung mit einer Reihenentwicklung zu untersuchen. Die zugehörige Reihenentwicklung finden Sie im Worksheet. Im Bild ist obiger Ausdruck (der mit DESol 0 ergibt) als Funktion der Zeit dargestellt, wenn man eine Reihenentwicklung verwendet.

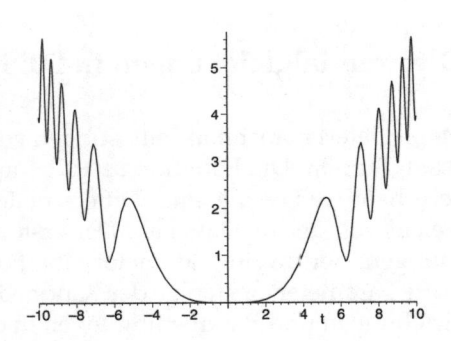

Systeme von Differentialgleichungen

Mit dsolve können auch Systeme von Differentialgleichungen gelöst werden. Sämtliche Differentialgleichungen müssen dazu in einer Menge (geschwungene Klammern) im ersten Parameter von dsolve angegeben werden. Hier ist zunächst die allgemeine Lösung eines linearen Systems erster Ordnung mit konstanten Koeffizienten:

Systeme von Differentialgleichungen

```
sys:=D(x)(t)=a11*x(t)+a12*y(t),D(y)(t)=a21*x(t)+a22*y(t);
```

$$sys := \mathrm{D}(x)(t) = a11\,\mathrm{x}(t) + a12\,\mathrm{y}(t), \mathrm{D}(y)(t) = a21\,\mathrm{x}(t) + a22\,\mathrm{y}(t)$$

```
dsolve( {sys}, {x(t), y(t)} );
```

$$\{y(t) = \_C1\,e^{\frac{(a22+a11+\%1)t}{2}} + \_C2\,e^{-\frac{(-a22-a11+\%1)t}{2}},$$

$$x(t) = \frac{\_C1\,(-a22+a11+\%1)\,e^{\frac{(a22+a11+\%1)t}{2}}}{2\,a21} -$$

$$\frac{\_C2\,(a22-a11+\%1)\,e^{-\frac{(-a22-a11+\%1)t}{2}}}{2\,a21}\}$$

$$\%1 = \sqrt{a22^2 - 2\,a11\,a22 + a11^2 + 4\,a12\,a21}$$

Man kann nun Koeffizienten eingeben, etwa um einen radioaktiven Zerfall von Mutter- und Tochterelement darzustellen, und in dsolve die Anfangsbedingungen einsetzen:

```
a11,a12,a21,a22:=-1,0,1,-0.4:
sol:=dsolve( {sys, x(0)=1, y(0)=0},
             {x(t), y(t)} );
```

$$sol := \{\mathrm{x}(t) = e^{(-t)}, \mathrm{y}(t) = -\frac{5}{3}e^{(-t)} + \frac{5}{3}e^{(-2/5\,t)}\}$$

Um die beiden Lösungsfunktionen x und y verwenden zu können, wird die gesamte Lösung mittels subs in $x(t)$ bzw. $y(t)$ eingesetzt und in *funcx* bzw. *funcy* gespeichert.

```
funcx:=subs(sol, x(t));
```

$$funcx := e^{(-t)}$$

```
funcy:=subs(sol, y(t));
```

$$funcy := -\frac{5}{3}e^{(-t)} + \frac{5}{3}e^{(-2/5\,t)}$$

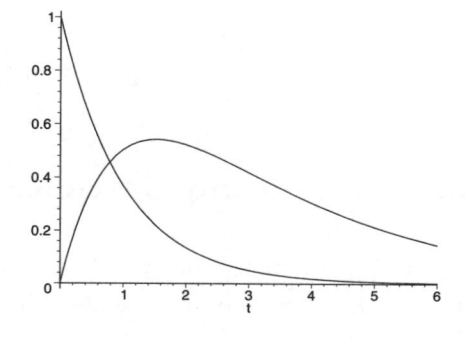

Die Lösungskurven können nun als Funktionen von t gezeichnet werden. Im Worksheet finden Sie das zugehörige Phasendiagramm.

```
plot( [funcx, funcy], t=0..6);
```

Lösung durch Laplace-Transformation

Zur Lösung einer Differentialgleichung durch eine Laplace-Transformation müssen Sie im dritten Parameter die Option `method=laplace` angeben. Oft erkennt Maple die Laplace-Transformation selbständig als geeignetes Lösungsverfahren und benutzt es auch ohne diese Option. In anderen Situationen kann die Angabe von `laplace` allerdings eine Zeitersparnis bedeuten, beispielsweise bei der in Kapitel 25 im Abschnitt 'Lösung von Differentialgleichungen mit Fourierreihen' auftretenden Differentialgleichung für einen RLC-Schwingkreis. Die Lösungsmethode hat außerdem den Vorteil, dass sie keine Integrationskonstanten, sondern Anfangsbedingungen in allgemeiner Form enthält, wie das folgende Beispiel (Sprungantwort eines RC- oder RL-Glieds) zeigt.

Die Einheitssprungfunktion `Heaviside` wird durch σ abgekürzt. Anschließend wird die Funktion u definiert, die für $1 \leq t \leq 5$ den Wert 1, ansonsten den Wert 0 aufweist. Die zu lösende Differentialgleichung lautet $y' + y = u$.

```
alias(sigma=Heaviside):
u:=sigma(t-1) - sigma(t-5):
de:=diff(y(t), t) + y(t) = u:
dsolve( {de}, y(t), method=laplace);
```

$$y(t) = \sigma(t-1)\left(1 - e^{-t+1}\right) + \left(-1 + e^{-t+5}\right)\sigma(t-5) + y(0)e^{-t}$$

Nach Eingabe der Anfangsbedingung $y(0) = 0$ erhält man nebenstehende Abbildung. Sie zeigt die Eingangsfunktion u und die Lösungsfunktion *sol1*, die der Eingangsfunktion exponentiell verzögert folgt.

```
plot( {u, sol1}, t=0..10);
```

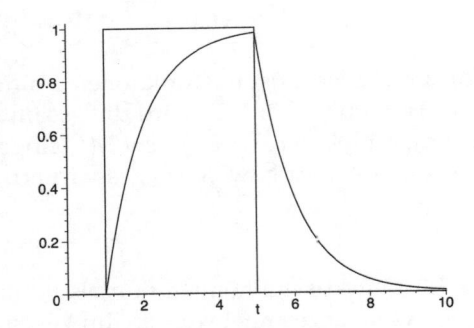

Hinweis: Weitere Beispiele finden Sie im Kapitel zu Integraltransformationen.

Näherungslösung durch Reihenentwicklung

Eine weitere mögliche Option von `dsolve` lautet `series`. Maple führt dann für alle betroffenen Funktionen eine Reihenentwicklung durch und liefert eine Näherungslösung der Differentialgleichung als Reihe.

Die Anzahl der Terme der Reihenentwicklung wird durch die Umgebungsvariable `Order` bestimmt, die normalerweise mit dem Wert 6 voreingestellt ist. Damit die resultierende Reihe, deren Term $O(x^{10})$ die Ordnung des Restterms angibt, als Funktion verwendet werden kann, muss sie mit `convert,polynom` in ein Polynom ohne $O(x^{10})$ umgewandelt werden.

```
Order:=10:
de:=diff(y(x), x$2) + diff(y(x),x) + y(x) = x+sin(x);
```

$$de := \frac{d^2}{dx^2}y(x) + \frac{d}{dx}y(x) + y(x) = x + \sin(x)$$

```
sol1:=dsolve( {de, y(0)=0, D(y)(0)=0}, y(x), series);
```

$$sol1 := y(x) = (\frac{1}{3}x^3 - \frac{1}{12}x^4 - \ldots + \frac{1}{181440}x^9 + O(x^{10}))$$

```
f1:=convert( rhs(sol1), polynom);
```

$$f1 := \frac{x^3}{3} - \frac{x^4}{12} - \frac{x^5}{120} + \frac{x^6}{240} - \frac{x^7}{5040} - \frac{x^8}{20160} + \frac{x^9}{181440}$$

Vergleich mit der exakten Lösung:

```
sol2:=dsolve( {de, y(0)=0, D(y)(0)=0}, y(x)):
f2:=rhs(sol2):
```

$$sol2 := y(x) = -1 + x + 2e^{(-1/2\,x)}\cos(\frac{1}{2}\sqrt{3}\,x) - \cos(x)$$

Die Abbildung zeigt die exakte Lösung (*sol2*, das ist die flachere der beiden Kurven) und die durch eine Reihenentwicklung ermittelte Näherungslösung *sol1*. Im Bereich $0 \leq t \leq \pi$ stimmen die beiden Kurven gut überein.

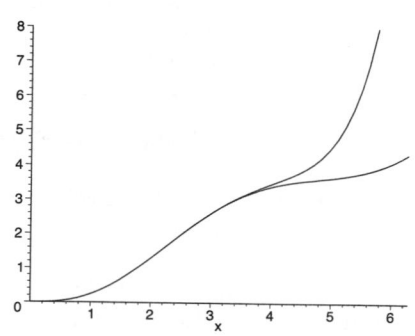

```
plot( {f1,f2}, x=0..2*Pi, 0..8);
```

Hinweis: Weitere Beispiele finden Sie im Kapitel Reihenentwicklungen.

Zusatzinformationen zur Lösungssuche

Wenn Sie wissen möchten, wie Maple zu seinen Ergebnissen kommt, können Sie bei der Lösung der Differentialgleichung zusehen. Dazu müssen Sie die Systemvariable `infolevel` für `dsolve` auf einen Wert zwischen 2 und 5 stellen (je höher der Wert, desto ausführlicher werden die Informationen).

```
infolevel[dsolve]:=3:
dsolve( 3*D(y)(x) + y(x)* (1 + (2*x-1)*y(x)^3) = 0, y(x));

    Methods for first order ODEs:
    Trying to isolate the derivative dy/dx...
    Successful isolation of dy/dx
    --- Trying classification methods ---
    trying a quadrature
    trying 1st order linear
    trying Bernoulli
    <- Bernoulli successful
```

$$y(x) = \frac{1}{\sqrt[3]{-2x - 1 + e^x \_C1}} \quad , ...$$

Ein Beispiel zu Differentialgleichungen höherer Ordnung:

```
alias(y=y(x)):
dsolve( diff(y, x$4) + 5*diff(y,x$2) - 36*y=0, y);

    Methods for high order ODEs:
    Trying to isolate the derivative d^4y/dx^4...
    Successful isolation of d^4y/dx^4
    --- Trying classification methods ---
    trying a quadrature
    checking if the LODE has constant coefficients
    <- constant coefficients successful
```

$$y = \_C1\, e^{(-2x)} + \_C2 \sin(3x) + \_C3 \cos(3x) + \_C4\, e^{(2x)}$$

Abschließend noch eine Übersicht der Differentialgleichungstypen, die zum Standardrepertoire von Maple gehören.

- DGL 1. Ordnung: lineare DGL, exakte DGL, homogene DGL, DGL mit getrennten Variablen, Bernoullische DGL, Riccatische DGL, Clairautsche DGL
- DGL 2. Ordnung: lineare DGL, Eulersche DGL, Besselsche DGL, Bernoullische DGL
- DLG höherer Ordnung: lineare DGL mit konstanten Koeffizienten
- lineare DGL-Systeme

Numerische Lösung von Differentialgleichungen

Wenn eine symbolische Lösung nicht existiert oder von dsolve nicht gefunden wird, kann man mit der Option numeric auf numerische Näherungsverfahren zurückgreifen. Natürlich können numerische Verfahren nur mit Zahlen arbeiten, d.h., es müssen ausreichend viele Anfangsbedingungen bekannt sein und die Differentialgleichung darf keine Variablen oder unbekannten Parameter enthalten. Ebenso ist es nicht möglich, die numerische Lösung in die Differentialgleichung einzusetzen, um die Probe zu machen, weil sich numerische Lösungen nicht ableiten lassen. Man kann aber die Güte der Näherung z.B. dadurch (unabhängig von den Kontrollmechanismen, die Maple verwendet) überprüfen, dass man von Differentialen zu Differenzen übergeht, also die Ableitungen durch Differenzenquotienten ersetzt. Ein weiteres einfaches Kriterium für die Verlässlichkeit (Stabilität) einer numerischen Lösung ist ihre Entwicklung vom Startpunkt aus zu großen Werten der unabhängigen Variablen. Maple bietet eine ganze Reihe von numerischen Verfahren an (siehe ?dsolve,numeric), die ihrerseits wieder über Feineinstellungen verfügen. Das Verfahren wird im Kommando dsolve mit method=name gewählt, wobei name folgende Werte annehmen kann:

- classical: Es gibt acht klassische Methoden, die durch zusätzliche Angabe ihres Namens (foreuler, heunform, impoly, rk2, rk3, rk4, adambash, abmoulton) in eckigen Klammern gewählt werden können. Voreingestellt ist das Eulerverfahren (foreuler). Alle klassischen Methoden arbeiten mit einer festen Schrittweite und ohne Fehlerkorrektur (sie sind mehr für den Unterricht gedacht). Bei höheren Ansprüchen an die Genauigkeit sollten Sie eines der folgenden Verfahren verwenden:
- rkf45: Das Runge-Kutta-Fehlberg Verfahren 4./5. Ordnung ist für die numerische Lösung von Anfangswertproblemen (?dsolve,numeric,ivp) voreingestellt und sollte nicht mit den klassischen Runge-Kutta Verfahren (rk2, rk3, rk4) verwechselt werden.
- dverk78: Hierbei handelt es sich ebenfalls um ein Runge-Kutta Verfahren 7./8. Ordnung, das entsprechend genauere Ergebnisse liefert und sehr differenziert kontrolliert werden kann.
- gear: Dies ist eine Gear Einzelschrittextrapolation mit zwei Varianten (Burlirsch-Stoer und polynomial) und einstellbarer Ordnung der Extrapolation.
- lsode: Der Livermore-Stiff ODE-Solver wird für steife Probleme empfohlen und hält für Fortgeschrittene acht Varianten parat. Mit zahlreichen Optionen können Feineinstellungen vorgenommen werden.
- rosenbrock: Die Rosenbrock-Methode ist voreingestellt, wenn man dsolve,numeric mit dem Argument stiff=true verwendet, um steife Differentialgleichungen zu lösen.
- taylorseries: Für Lösungen mit hoher Genauigkeit wird die Taylorreihen-Methode empfohlen, die allerdings auch längere Rechenzeiten erfordert.

Randwertprobleme (?dsolve,numeric,bvp) werden von Maple automatisch erkannt und mit Newton-Iteration gelöst. Die Optionen sind den Verfahren für Anfangswertprobleme analog.

Nach dieser kurzen Übersicht über die Vielfalt der numerischen Lösungsmethoden kann im Rahmen dieses Buchs nur exemplarisch gezeigt werden, wie man mit dsolve,numeric arbeiten kann. In den folgenden Beispielen wird deshalb stellvertretend die Standardmethode rkf45 vorgestellt. Ergänzungen und weitere Erläuterungen finden Sie in den Worksheets zum Kapitel.

Das erste Beispiel (gedämpfte Schwingung) ist bereits von oben bekannt. Es wurde hier absichtlich ein Beispiel gewählt, das Maple auch symbolisch lösen kann. Auf diese Weise ist ein Vergleich zwischen der symbolischen und der numerischen Lösung möglich. In den Kommandos unten wird die Differentialgleichung $my''+cy'+ky = 0$ definiert, wobei m die Masse, k die Federkonstante und c für die Dämpfung steht. Die symbolische Lösung der Differentialgleichung wird in *funcy1* als Funktionsvorschrift gespeichert (`unapply`). Anschließend wird der Ort des schwingenden Körpers für $t = 3$ berechnet.

```
restart:
de:=m*diff( y(t), t$2) +c*diff(y(t),t)+k*y(t)=0;
```

$$de := m\left(\frac{\partial^2}{\partial t^2} y(t)\right) + c\left(\frac{\partial}{\partial t} y(t)\right) + k\, y(t) = 0$$

```
sol1:=dsolve( {de, y(0)=1, D(y)(0)=0}, y(t) ):
funcy1:=unapply(rhs(sol1),t):
m:=1: c:=1: k:=1:
evalf(funcy1(3));
```

$$-.1243547676 + 0.\,I$$

Die numerische Lösung derselben Differentialgleichung wird von Maple als Prozedur geliefert, die in *funcy2* gespeichert wird.

```
funcy2:=dsolve( {de, y(0)=1, D(y)(0)=0}, y(t), numeric );
```

$$funcy2 := \mathbf{proc}(rkf45\_x) \ldots \mathbf{end\ proc}$$

Die Auswertung dieser Funktion liefert nicht einfach einen Lösungswert, sondern eine Liste von Gleichungen für t, $y(t)$ und die erste Ableitung $y'(t)$. Um daraus $y(t)$ zu isolieren, kann `subs` eingesetzt werden. Beachten Sie, dass Maple die Anzahl der Stellen automatisch erhöht (innerhalb der Prozedur).

```
funcy2(3);
```

$$[t = 3,\, y(t) = -.124354764313689803,$$
$$\frac{\partial}{\partial t} y(t) = -.133242639756008030]$$

```
subs( funcy2(3), y(t));
```

$$-.124354764313689803$$

Mit `seq` kann man eine Tabelle erstellen, welche die t-Werte $0, 0.2 \ldots 2$ und die zugehörigen y-Werte enthält. Die Wertepaare werden dazu in einer Liste angeordnet. Durch das `array`-Kommando wird das Ergebnis von `seq` in eine Matrix verwandelt und übersichtlich angezeigt. Alternativ kann mit der Option `output=array([<folge>])` eine Liste erzeugt werden, die auch die Ableitung(en) enthält. (Siehe Worksheet. Dort wird auch gezeigt, wie man sich die von `dsolve` erzeugte Prozedur ansehen kann.)

```
seq( [ t=n*0.2,
  y=subs( funcy2(n*0.2), y(t)) ],
  n=0..10 ): array( [%] );
```

$$\begin{bmatrix}
t = 0. & y = 1. \\
t = .2 & y = .981330755118847597 \\
t = .4 & y = .930587005866413297 \\
t = .6 & y = .855416409847094438 \\
t = .8 & y = .762962960725605099 \\
t = 1.0 & y = .659700151377465960 \\
t = 1.2 & y = .551318606241671172 \\
t = 1.4 & y = .442662372300737461 \\
t = 1.6 & y = .337707344497147066 \\
t = 1.8 & y = .239574973691335958 \\
t = 2.0 & y = .150574362951296697
\end{bmatrix}$$

Die einfachste Möglichkeit einer grafischen Darstellung der Lösung bietet das Kommando odeplot, das im nächsten Abschnitt näher vorgestellt wird:

```
with(plots):
odeplot( funcy2, [t,y(t)], 0..10);
```

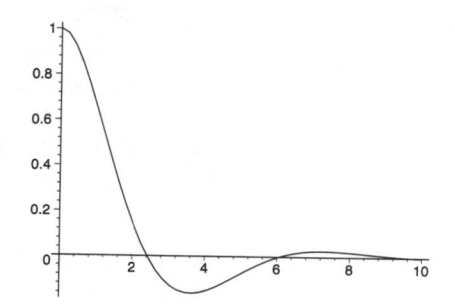

Wir können aber auch die Abweichung zwischen der numerischen und der symbolischen Lösung zeichnen. Den subs-Term zur Isolierung des y-Lösungswerts kennen Sie ja bereits aus dem Kommando zum Aufstellen der Tabelle. Durch die Apostrophe wird vermieden, dass Maple diese Substitution schon vor dem Einsetzen der verschiedenen t-Werte ausführt, was zu einer Fehlermeldung führen würde.

Die Abbildung zeigt die Abweichung der numerischen von der symbolischen Lösung. Lassen Sie sich von der Form der Kurve nicht abschrecken und beachten Sie den Maßstab der y-Achse!

```
plot( funcy1(x)-
      'subs(funcy2(x),y(t))',
      x=0..10);
```

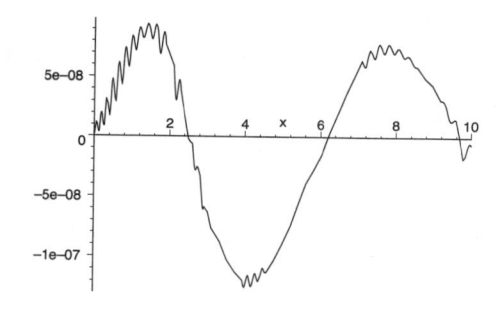

Im Worksheet finden Sie die Optionen, die mit rkf45 verwendet werden können. Die wichtigsten sind:

abserr und relerr: Ohne Angabe von Toleranzen arbeitet rkf45 mit den festen Fehlerschranken abserr=1e-7 und relerr=1e-6, wobei für den Fehler der Approximation gilt: approxerr[j] <= abserr + relerr * abs(y[i][j]). Man kann aber die Toleranzen auch an die Umgebungsvariable Digits koppeln.

range = a..b: Mit dieser Option werden Funktionswerte in einem Intervall vorausberechnet und beim anschließenden Aufruf der Prozedur interpoliert. Die Methode verwendet auch während der Integration interpolierte Zwischenwerte, was durch interpolate=false unterdrückt werden kann, wenn eine höhere Genauigkeit erwünscht ist.

maxfun: Damit wird die maximale Anzahl der Funktionsaufrufe beschränkt (in rkf45 ist 30000 voreingestellt). Beim Aufruf der erzeugten Prozedur zur Berechnung eines bestimmten Wertes, müssen alle in der DGL oder in dem DGL-System (wobei Maple aus DGLn höherer Ordnung ein System von Gleichungen erster Ordnung erzeugt) vorkommenden Funktionen mehrfach aufgerufen werden, was insbesondere bei Singularitäten zu beliebig großen Rechenzeiten führen kann. maxfun = 0 hebt diese Abbruchbedingung auf.

startinit: Mit der Option `startinit = true` beginnt die Integration immer beim Anfangswert, ansonsten wird die Integration immer beim letzten berechneten Punkt fortgesetzt (was natürlich zu großen Fehlern führen kann, siehe Worksheet).

stop_cond = list: Mit dieser Option können in einer Liste Stopp-Bedingungen angegeben werden, die der Problemstellung angepasst sind (z.B. Verletzung von Erhaltungssätzen bei physikalischen Problemen).

Im Worksheet finden Sie Beispiele zu den genannten Optionen sowie Zeitmessungen und Vergleiche mit der Methode `dverk78`.

Das zweite Beispiel (Bewegung eines Protons in einem Magnetfeld) zeigt die numerische Lösung eines Differentialgleichungssystems. Das System wurde in Vektorschreibweise formuliert, um Tipparbeit zu sparen. Maple ist in der Lage, dieses Gleichungssystem sowohl symbolisch als auch numerisch zu lösen, in diesem Beispiel geht es aber nur um das numerische Ergebnis und darum, wie man mit der Lösung arbeiten kann (Option `output`).

```
with(linalg):

m:= 1.6e-27:                          # Masse [kg]
q:= 1.6e-19:                          # Ladung [Coulomb]
bz:= 1:                               # Magnetfeld in z-Richtung [Tesla]
r:= vector( [x(t), y(t), z(t)] ):     # Ortsvektor
v:= map(diff, r, t):                  # Geschwindigkeitsvektor
a:= map(diff, v, t):                  # Beschleunigungsvektor
b:= vector( [0,0,bz] ):               # Feldvektor

sys := evalm( m*a - q*crossprod(v,b)):
de:=seq( sys[i]=0, i=1..3);
```

$$de := 1.6 \times 10^{-27} \frac{d^2}{dt^2}x(t) - 1.6 \times 10^{-19}\frac{d}{dt}y(t) = 0,$$

$$1.6 \times 10^{-27}\frac{d^2}{dt^2}y(t) + 1.6 \times 10^{-19}\frac{d}{dt}x(t) = 0,$$

$$1.6 \times 10^{-27}\frac{d^2}{dt^2}z(t) = 0$$

Für glatte Kurven sollte die Rechengenauigkeit vor dem Aufruf von `dsolve` erhöht werden (insbesondere bei dem gewählten Beispiel mit hohen Zehnerpotenzen).

```
Digits:=11:
conditions:= x(0)=0, y(0)=0, z(0)=0, D(x)(0)=1e8, D(y)(0)=0,D(z)(0)=1e6:
```

Es gibt in Maple zwei Arten der Ausgabe der erzeugten Prozeduren:
`procedurelist` erzeugt eine Prozedur, die die Lösung als Liste ausgibt (voreingestellt):

```
solp:=dsolve( {de, conditions}, convert(r,set), numeric, output=procedurelist);
```
$\quad solp := \mathbf{proc}(rkf45\_x) \ldots \mathbf{end\ proc}$

```
solp(1e-8);
```

$[\quad t = .1\,10^{-7},\ \mathrm{x}(t) = .841470984960688173,\ \dfrac{\partial}{\partial t}\,\mathrm{x}(t) = .540302305974630937\,10^{8},$

$\mathrm{y}(t) = -.459697694025368752,\ \dfrac{\partial}{\partial t}\,\mathrm{y}(t) = -.841470984960687757\,10^{8},$

$\mathrm{z}(t) = .0100000000000000038,\ \dfrac{\partial}{\partial t}\,\mathrm{z}(t) = .1000000\,10^{7}\quad]$

Die Option `listprocedure` erzeugt dagegen eine Liste von Prozeduren:

```
soll:=dsolve( {de, conditions}, convert(r,set),numeric,output=listprocedure);
```

Die etwas umfangreiche Ausgabe von sieben Prozeduren finden Sie im Worksheet. Die letzte Variante lässt sich dazu verwenden, die Prozeduren in den Ortsvektor einzusetzen und eine Raumkurve zu zeichnen.

```
rs:=subs(soll, r):
```

$\quad rs := [\mathbf{proc}(t) \ldots \mathbf{end\ proc},\ \mathbf{proc}(t) \ldots \mathbf{end\ proc},\ \mathbf{proc}\,(t) \ldots \mathbf{end\ proc}]$

```
rs(1e-8); # Test
```

$\quad [.841470984960688173, -.459697694025368752, .0100000000000000038]$

```
spacecurve([ 'rs[1](t)','rs[2](t)',
'rs[3](t)' ],t=0..3e-7,
numpoints=500,axes=framed,color=black);
```

Die Abbildung zeigt die Schraubenbahn des Protons im B-Feld. Die Komponenten des Ortsvektors werden dazu in spacecurve unausgewertet übergeben (in neueren Maple-Versionen nicht mehr erforderlich).

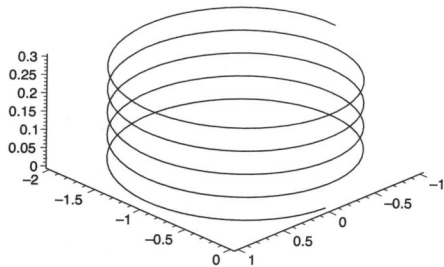

Grafische Darstellung numerischer Lösungen

Maple kennt prinzipiell zwei unterschiedliche Typen von Grafikkommandos zur Darstellung von Differentialgleichungen. `odeplot` aus dem Package `plots` versucht, die numerische Lösung einer Differentialgleichung grafisch darzustellen. Im Gegensatz dazu stehen die Kommandos des Package `DEtools`, mit denen die Phasenebene (das Richtungsfeld) und einzelne Phasenkurven (Lösungskurven) von Differentialgleichungen gezeichnet werden, wobei Maple selbst die zugehörigen Prozeduren zur numerischen Lösung einsetzt.

Wir beginnen mit Beispielen zu `odeplot`: Im ersten Parameter dieses Kommandos wird die mit `dsolve` ermittelte Lösungsfunktion angegeben. Der zweite Parameter enthält eine Liste der zu zeichnenden Variablen, beispielsweise $[t, y(t)]$. Im dritten Parameter wird der Zeichenbereich für die unabhängige Variable (hier t) angegeben, wobei nur die Form `a..b`, nicht aber `t=a..b` erlaubt ist.

Im ersten Beispiel wird die Differentialgleichung $y' + 3y = \sin(t^2)$ numerisch gelöst. Die grafische Darstellung der Lösung bereitet keine Probleme.

```
sol:=dsolve(
  { diff(y(t),t)+3*y(t)=sin(t)^2,
    y(0)=0 }, y(t), numeric):

with(plots):
odeplot(sol,[t, y(t)],0..10,numpoints=500);
```

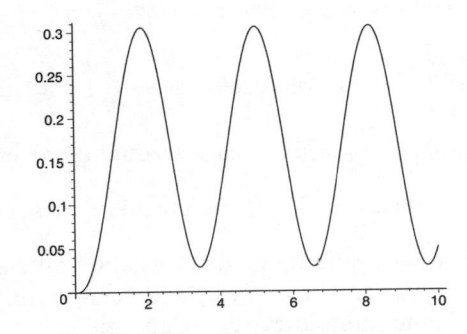

Interessanter ist das zweite Beispiel, in dem es um das Differentialgleichungssystem $x' = -y, y' = x + \sin(t)$ geht:

```
sol:=dsolve(
  { diff(y(t),t)=x(t)+sin(t), diff(x(t),t)=-y(t),   x(0)=0, y(0)=0 },
  { x(t), y(t) }, numeric);
  sol := proc (rkf45_x) ... end
```

In der ersten Abbildung wird x über t grafisch dargestellt.

```
odeplot( sol, [t, x(t)], 0..20);
```

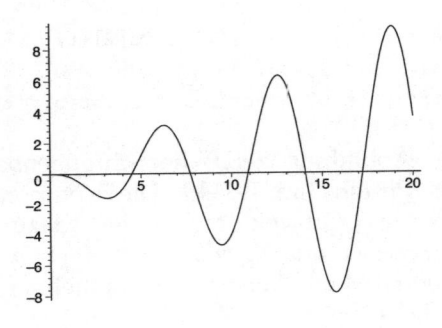

Die zweite Abbildung zeigt dieselbe Lösung, allerdings in der Ansicht y über x, wobei t die Werte von 0 bis 20 durchläuft.

```
odeplot( sol, [x(t), y(t)], 0..20,
   view=[-10..10, -10..10],
   numpoints=500,
   scaling=constrained);
```

In der dritten Abbildung wird das Ergebnis schließlich dreidimensional dargestellt.

```
odeplot( sol, [t, x(t), y(t)],
   0..20, shading=none, axes=boxed);
```

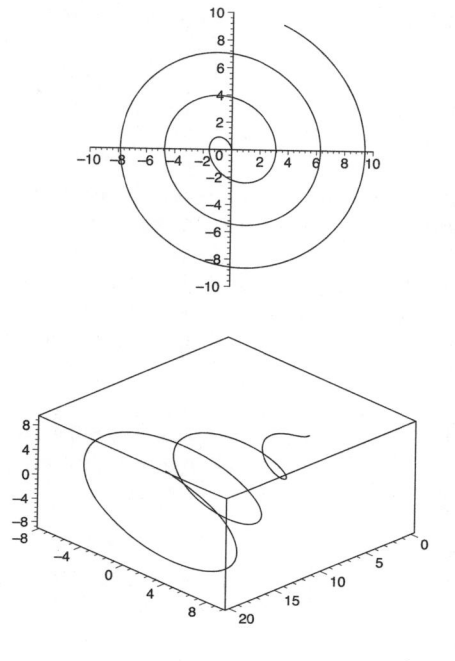

Richtungsfelder und Lösungskurven von Differentialgleichungen

Im Package DEtools befinden sich einige Kommandos, mit denen Lösungen von Differentialgleichungen direkt grafisch dargestellt werden können (ohne vorherigen Aufruf von dsolve,numeric). Folgende Kommandos können verwendet werden:

dfieldplot	zeichnet eine Phasenebene in Pfeildarstellung (Richtungsfeld).
phaseportrait	zeichnet Richtungsfeld mit Lösungskurven.
DEplot	stellt die Lösung einer gewöhnlichen DGL grafisch dar.
DEplot3d	stellt die Lösung dreidimensional dar.
PDEplot	zeichnet Lösungen von partiellen Differentialgleichungen.

An alle Kommandos wird im ersten Parameter die Differentialgleichung (oder das System von Differentialgleichungen) übergeben, im zweiten Parameter die Variablenliste und im dritten Parameter die unabhängige Variable (zumeist t). Die weiteren Parameter hängen vom Kommando ab.

Die Kommandos können mit einzelnen Differentialgleichungen der Form $y' = f(y,t)$ (mit $y = y(t)$) sowie mit Differentialgleichungssystemen der Form $x' = f1(x,y,t), y' = f2(x,y,t)$ (mit $x = x(t)$ und $y = y(t)$) umgehen. DEplot und PDEplot unterstützen darüber hinaus auch kompliziertere Differentialgleichungen – siehe die Beispiele unten.

Bei den meisten Kommandos können bzw. müssen Startbedingungen angegeben werden. Hier sind zwei Schreibweisen möglich: Die ausführliche Variante lautet $\{y(t0) = y0, y(t1) = y1, ...\}$ bzw. $\{[x(t0) = x0, y(t0) = y0], [...], ...\}$ für ein System zweier Differentialgleichungen. Die Kurzschreibweise lautet $\{[t0, y0], [t1, y1], ...\}$ bzw. $\{[t0, x0, y0], [...], ...\}$.

Wichtige Optionen für die Kommandos sind color zur Einstellung der Farbe von Pfeilen (z.B. color= sin(y)), linecolor zur Einstellung der Farbe von Phasenkurven, arrow zur Einstellung der Pfeilform (SMALL, MEDIUM, LARGE, LINE oder NONE), dirgrid zur Einstellung der Anzahl der Pfeile (die Defaulteinstellung lautet dirgrid=[20,20]) sowie stepsize zur Veränderung der Schrittweite für die numerischen Berechnungsverfahren. Darüber hinaus können sämtliche Optionen verwendet werden, die in den beiden folgenden Kapiteln zur Feineinstellung von 2D- und 3D-Grafiken beschrieben werden.

Hinweis: Die Kommandos fieldplot und gradplot aus dem Package plots stellen Vektor- und Gradientenfelder in einer ähnlichen Form dar wie die hier besprochenen Kommandos (ebenfalls mit Pfeilen). Die Kommandos werden in Kapitel 27 zum Thema Vektoranalysis behandelt.

Die Abbildung rechts zeigt die Phasenebene zur Differentialgleichung $y' = \sin(y)$.

```
restart: with(DEtools):
dfieldplot( diff(y(t),t)=sin(y(t)),
    [y(t)], t=-1..5, y=-1..4);
```

Im zweiten Beispiel zu dfieldplot wird das Differentialgleichungssystem $x' = \sin(x) + y$, $y' = \sin(y) - x$ dargestellt. Wenn für x und y kein Zeichenbereich angegeben wird, stellt Maple die Phasenebene automatisch für den Bereich zwischen $(-1, -1)$ und $(1, 1)$ dar.

```
dfieldplot(
  [ diff(x(t),t)=sin(x(t))+y(t),
    diff(y(t),t)=sin(y(t))-x(t) ],
  [ x(t),y(t) ],
  t=0..1, x=-1..1, y=-1..1);
```

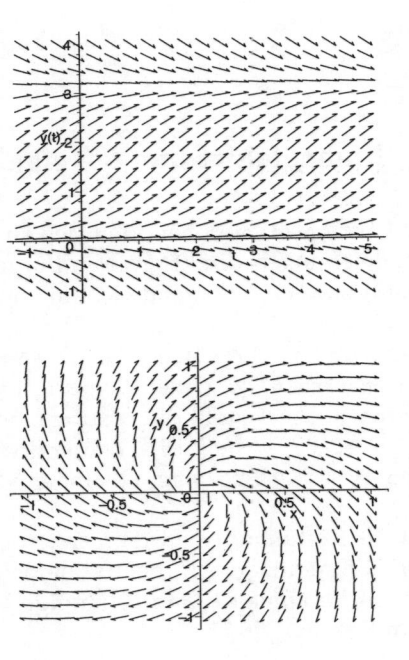

Grafische Darstellung numerischer Lösungen

phaseportrait zeichnet einzelne Kurven der Phasenebene. Die Differentialgleichung wird wie bei dfieldplot angegeben. Zusätzlich muss in einer Menge mindestens eine Anfangsbedingung für den Startpunkt einer Phasenkurve angegeben werden.

```
phaseportrait( diff(y(t),t)=sin(y(t)),
  [y(t)], t=-1..10, [ [y(4)=1],
  [y(4)=2], [y(4)=-1], [y(4)=-2] ]);
```

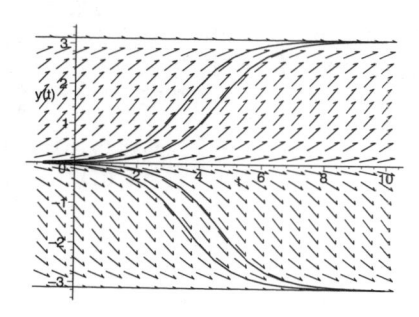

Das zweite Beispiel zu phaseportrait zeigt einige Lösungskurven des Differentialgleichungssystems $x' = \sin(x)+y$, $y' = \sin(y)-x$. Mit seq wurden mehrere Anfangsbedingungen in der Kurzschreibweise $[t0, x0, y0]$ formuliert. Die stepsize-Option ist erforderlich, damit die Phasenkurven nicht eckig werden. Die arrows-Option verhindert, dass außer den Phasenkurven auch die Pfeile für die Phasenebene gezeichnet werden. Die linecolor-Option bewirkt eine schwarze Darstellung der Phasenkurven (was vor allem für den Ausdruck der Grafik sinnvoll ist). Die Phasenkurven werden übrigens am Bildschirm viel dicker dargestellt, als dies beim Ausdruck der Fall ist.

```
start:=seq( [0,0,n*0.1], n=0..10);
```

$start := [0,0,0], [0,0,0.1], \ldots, [0,0,1.0]$

```
phaseportrait(
  [ diff(x(t),t)=sin(x(t))+y(t),
    diff(y(t),t)=sin(y(t))-x(t) ],
  [x(t),y(t)], t=0..10, {start},
  stepsize=0.1, arrows=NONE,
  linecolor=black);
```

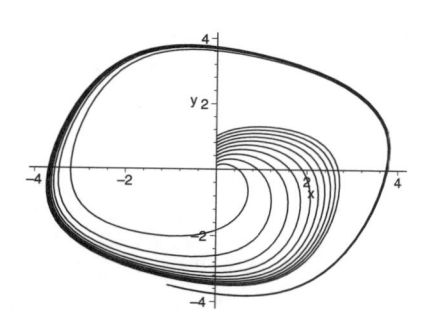

DEplot stellt die Lösung einer Differentialgleichung dar und greift dabei auf phaseportrait und dfieldplot zurück. Die Abbildung zeigt die Phasenebene sowie einige Kurven für die Differentialgleichung $x' = 1 + x - x^2$ für $x = x(t)$.

```
alias(x=x(t), y=y(t)):
DEplot( diff(x,t)=1+x-x^2, [x],
  t=0..3, {seq([0,n/2], n=-3..5)},
  x=-1..3, dirgrid=[10,10],
  arrows=MEDIUM);
```

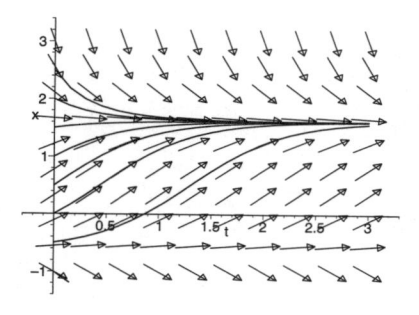

DEplot eignet sich auch für Systeme zweier Differentialgleichungen erster Ordnung. Im Beispiel wird das Differentialgleichungssystem $x' = -y$, $y' = x - y$ durch ein Feld angegeben. Die Abbildung zeigt die Phasenebene und eine Phasenkurve für $x(0) = 0, y(0) = 1$.

```
DEplot( [diff(x,t)=-y, diff(y,t)=x-y],
    [x,y], -1..1, { [0,0,1] } );
```

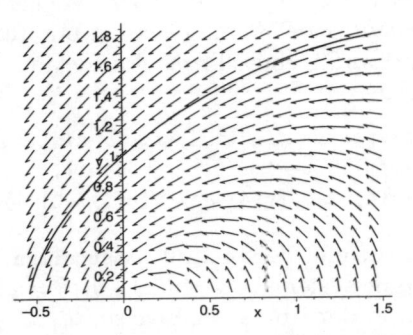

DEplot3d stellt Lösungen von Differentialgleichungssystemen dreidimensional dar. Die folgende Abbildung zeigt das Differentialgleichungssystem $x' = \sin(y) - x/10, y' = x$. Für x und y gelten noch immer die alias-Abkürzungen von oben.

```
DEplot3d(
  [diff(x,t)=sin(y)-x/10, diff(y,t)=x],
  [x,y], 0..40, {[0,1,1]},
  stepsize=0.1, linecolor=black );
```

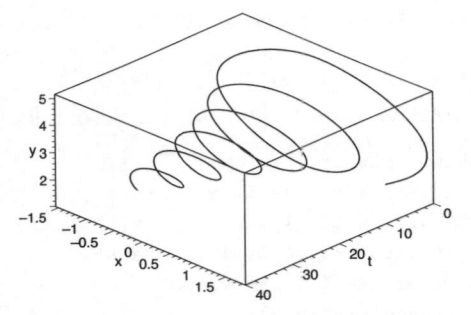

Die nächste Abbildung zeigt eine Kurvenschar für die Differentialgleichung $y'''' + y' = sin(x)$ für $y = y(x)$. Mit seq wird eine verschachtelte Liste gebildet, die die Startparameter $y(1) = 1$, $y'(1) = 1$, $y''(1) = -1$ und $y'''(1) = n$ für n zwischen -5 und 5 enthält.

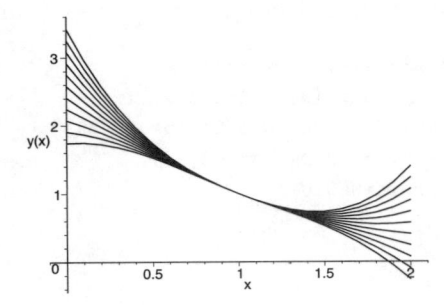

```
alias(x=x,y=y):
de := diff(y(x), x$4) +
      diff(y(x), x) = sin(x):
DEplot(de, [y(x)], x=0..2,
  [seq( [ y(1)=1,
          D(y)(1)=-1,
          (D@@2)(y)(1)=1,
          (D@@3)(y)(1)=n ],
    n=-5..5)] );
```

Partielle Differentialgleichungen

Partielle Differentialgleichungen sind bekanntlich schwieriger zu lösen als gewöhnliche. Dementsprechend wird hier auch einem CAS mehr abverlangt. Wegen der Vielzahl der Fallunterscheidungen und Lösungsverfahren (Separationsansätze) ist es fast unmöglich, ein CAS so zu programmieren, dass es partielle Differentialgleichungen 'auf Knopfdruck' löst. Dennoch hat sich auch auf diesem Gebiet in den letzten Jahren so viel getan, dass in dieser Einführung nur die Verwendung von pdsolve kurz vorgestellt werden kann.

Um das Anschreiben von partiellen Differentialgleichungen zu erleichtern, wird für die Funktion $f(x,y)$ die Abkürzung f eingeführt (PDEtools[declare] beeinflusst nur die Ausgabe). *pde* enthält die Gleichung $xf_x + yf_y = f$. Maple bezeichnet mit _Fn die Klasse von Funktionen vom Argument y/x.

```
restart: alias(f=f(x,y)):
pde:= x*diff(f,x) + y*diff(f,y)=f;
```
$$pde := x\,(\frac{\partial}{\partial x}f) + y\,(\frac{\partial}{\partial y}f) = f$$
```
sol:= pdsolve( pde, f);
```
$$sol := f = \_F1(\frac{y}{x})\,x$$

Die Lösung der Differentialgleichung gelingt auf Anhieb. Auch die anschließende Kontrolle durch das Einsetzen in die Ausgangsgleichung und die Vereinfachung führt zum gewünschten Ergebnis 0.

```
subs(sol, pde);
```
$$x\,(\frac{\partial}{\partial x}\_F1(\frac{y}{x})\,x) + y\,(\frac{\partial}{\partial y}\_F1(\frac{y}{x})\,x) =$$
$$\_F1(\frac{y}{x})\,x$$
```
simplify(lhs(%)-rhs(%));
```
$$0$$

Ähnlich problemlos klappt das auch bei der eindimensionalen Wellengleichung $u_{tt} = a^2 u_{xx}$, wobei zusätzlich die Störfunktion $\sin(t)$ eingefügt wird.

```
alias(u=u(t,x)):
pde:=diff(u,t$2) =
a^2*diff(u,x$2)+sin(t):
sol:=pdsolve(pde,u);
```
$$sol := u = t - \sin(t) + \_F1(x + a\,t) +$$
$$\_F2(x - a\,t)$$
```
subs(sol,pde):
simplify(lhs(%)-rhs(%));
```
$$0$$

Verweis: Weitere Beispiele zu pdsolve finden Sie im Worksheet des Kapitels sowie im Kapitel Integraltransformationen und natürlich in der Maple-Hilfe.

Lösungen partieller Differentialgleichungen grafisch darstellen

Das Kommando PDEplot aus dem PDEtools-Package ist in der Lage, quasi-lineare partielle Differentialgleichungen der Form $Pz_x + Qz_y = R$ grafisch darzustellen. Dabei ist z eine Funktion von x und y; P, Q und R sind Funktionen von x, y und z.

An PDEplot wird im ersten Argument die Differentialgleichung, dann die gesuchte Funktion, eine Raumkurve in Parameterdarstellung und der Laufbereich des Parameters übergeben. Maple zeichnet daraufhin für diese Raumkurve eine Lösungsfläche.

Im Beispiel unten wird eine Lösungsfläche zur Differentialgleichung $2z_x - zz_y = 1/10$ dargestellt. Die Lösungsfläche ist durch die Raumkurve $[cos(s), sin(s), s]$ bestimmt, wobei s von -6 bis 6 durchlaufen wird. Für die Darstellung gibt es eine Vielzahl von Optionen.

```
pd:=2*diff(z(x,y),x)-
    z(x,y)*diff(z(x,y),y)=1/10;

PDEplot( pd , z(x,y),[cos(s),sin(s),s],
[s=-6..6],axes=framed,lightmodel='light4',
numchar=60,color=yellow,
orientation=[50,80],x=-4..4,y=-4..4);
```

Hinweis: Die Packages liesymm und difforms enthalten weitere Prozeduren zur Bearbeitung und Lösung von partiellen Differentialgleichungen.

Syntaxzusammenfassung

```
dsolve( {DGL}, {Funktion}, Optionen );
```
versucht, die angegebene Differentialgleichung zu lösen. Wird ein ganzes System von Differentialgleichungen oder zusätzliche Anfangsbedingungen angegeben, muss *DGL* als Menge angeschrieben werden. Die *Funktion*, nach der die Differentialgleichung gelöst werden soll, muss als solche erkennbar sein, also in der Form `x(t)` angeschrieben werden. Ableitungen können wahlweise mit `diff` oder `D` gebildet werden. Anfangsbedingungen werden in der Form `x(t0)=x0, D(x)(t0)=dx0, D(D(x))(t0)=ddx0` etc. formuliert.

Das Kommando unterstützt unter anderem die folgenden Optionen:
`explicit/implicit`: Ergebnis explizit/ implizit anschreiben.
`output=basis`: Ergebnis als Liste der Lösungsbasis und der partikulären Lösungen anschreiben.
`serial`: Lösung durch eine Reihenentwicklung formulieren.
`fourier/laplace`: Lösung durch Fourier- oder Laplacatransformation ermitteln.
`numeric`: numerische Lösungsverfahren.

Wenn die Option `numeric` angegeben wird, sind zahlreiche weitere Optionen zur Einstellung des Näherungsverfahrens zulässig: `method=rkf45` oder `=dverk78` (und weitere zwölf Methoden) zur Auswahl des Näherungsverfahrens, `abserr` und `relerr` zur Steuerung des absoluten und relativen Fehlers etc. Siehe Online-Hilfe `?dsolve,numeric`. Die Prozeduren zur Berechnung der numerischen Lösung können in zwei Varianten gebildet werden. `procedurelist`: Eine Prozedur, die die Lösungen und ihre Ableitungen als Liste liefert (default). `listprocedure`: Liste von Prozeduren für die Lösungen und ihre Ableitungen.

```
DESol({DGL}, {Funktion}, {Randbed});
```
repräsentiert die (nicht berechenbare) Lösung einer Differentialgleichung. `DESol`-Terme können differenziert, integriert und in Reihen umgewandelt werden.

```
pdsolve(PDG, Funktion, Option);
```
versucht, die angegebene partielle Differentialgleichung zu lösen. Für die Lösungsfunktion müssen deren abhängige Variablen angegeben werden, beispielsweise $u(x,t)$. `pdsolve` kennt keine Optionen zur numerischen Lösungssuche, Rand- oder Anfangsbedingungen können nicht formuliert werden. Optionen: `HINT`, `INTEGRATE` und `build`.

```
PDEtools[declare]();
```
schaltet auf kompakte Notation von Funktionen und Ableitungen um.

Grafische Darstellung der Lösungen von Differentialgleichungen

```
with(plots):
odeplot(sol, [vars], t=start..end);
```
stellt die numerische Lösung einer Differentialgleichung zweidimensional (vars=t, x(t) oder x(t),y(t)) bzw. dreidimensional (vars=t,x(t),y(t)) dar. sol muss das Ergebnis eines dsolve-Kommandos mit der Option numeric sein.

```
with(DEtools):
DEplot([de], [function], trange, init);
```
stellt die Lösungen einer Differentialgleichung grafisch dar. Die Differentialgleichung muss wie bei dsolve angegeben werden. trange gibt den Zeichenbereich für die unabhängige Variable an. init gibt Startbedingungen für einzelne Phasenkurven in der Form $\{[t0, y0], [t1, x1], ...\}$ an. Es gibt eine Vielzahl von Formulierungsmöglichkeiten (vgl. ?DEplot).

```
DEplot3d([des], [var1(t), var2(t)], trange, init);
DEplot3d([des], [var1(t), var2(t), var3(t)], trange, init);
```
stellt die Lösungen eines Systems von Differentialgleichungen dreidimensional dar. (Bei der ersten Syntaxvariante bildet t die dritte Koordinate.)

```
dfieldplot(de, [var], trange);
```
zeichnet das Richtungsfeld einer Differentialgleichung.

```
phaseportrait(de, [var], trange, init);
```
zeichnet eine oder mehrere Phasenkurven der Differentialgleichung, die durch die Anfangsbedingungen in init bestimmt sind.

```
with(PDEtools):
PDEplot(pde, vars, param, prange);
```
stellt die Lösungen partieller Differentialgleichung als Flächen dar. Im ersten Argument wird die partielle Differentialgleichung angegeben. Es folgen die gesuchte Funktion, eine Raumkurve in Parameterdarstellung (als Anfangsbedingung) und der Laufbereich des Parameters. Auch hier gibt es wieder eine Reihe von Varianten.

Kapitel 19

Grafik I: 2D-Grafik

Das Thema Grafik ist so weitläufig, dass die Beschreibung der Kommandos und Optionen auf mehrere Kapitel verteilt wurde. Dieses und das nächste Kapitel widmen sich den grundlegenden Kommandos zur Darstellung von Funktionsverläufen und Punktmengen. Dabei werden in diesem Kapitel Kommandos für zweidimensionale Grafiken behandelt, im nächsten Kapitel Kommandos für dreidimensionale Grafiken.

Kapitel 31 beschreibt dann verschiedene Spezialkommandos (wie die Darstellung komplexer Funktionen, Grafiken in verschiedenen Koordinatensystemen) und geht auf das Thema Animationen ein. Kapitel 32 behandelt schließlich den internen Aufbau von Grafiken sowie die Möglichkeiten, selbst Grafikkommandos zu programmieren.

Außerdem werden einige Sonderformen von Grafiken in den entsprechenden Kapiteln behandelt – etwa die Darstellung der Lösungen von Differentialgleichungen im vorigen Kapitel, die Darstellung statistischer Daten in Kapitel 21, die Darstellung von Vektorfeldern in Kapitel 27 etc. Informationen zum Ausdruck von Grafiken finden Sie in Kapitel 2.

Hinweis: Eine Alternative zu den in den Grafik-Kapiteln dieses Buchs beschriebenen Befehlen (wie `plot` und `plot3d`) bietet `smartplot`.

Mit dieser Methode können Zeichnungen mit der Maus über Kontextmenüs (also ohne die Eingabe von Befehlen) erstellt werden, was für den Einstieg in die Grafik mit Maple (z.B. im Unterricht) besonders nützlich ist. Beispiele zu `smartplot` finden Sie im Worksheet.

Einstellung von Optionen

Der erste Schritt zu einer ansprechenden Grafik besteht üblicherweise in der Eingabe eines zumeist recht einfachen `plot`-Kommandos oder einer Zeichnung, die mit dem Kontextmenü als ein 'Smartplot' erstellt wurde. Das Ergebnis dieser Aktion entspricht allerdings häufig nicht den Wünschen des Benutzers bzw. es ist dem Problem nicht angepasst (Bereiche der Variablen, Beschriftung der Achsen, Farben und Linienstärken, …). Aus diesem Grund stellt Maple zahllose Optionen zur Verfügung, mit denen Details der Grafik eingestellt werden können.

Zur Einstellung der Optionen gibt es zwei Möglichkeiten: Die erste und bequemere Variante besteht darin, die Optionen im Grafikfenster über verschiedene Menüpunkte auszuwählen. Diese Vorgehensweise ist zwar sehr benutzerfreundlich, hat aber auch zwei Nachteile: Zum einen können auf diese Weise nicht alle von Maple zur Verfügung gestellten Optionen eingestellt werden, zum anderen ist das Ergebnis nicht reproduzierbar. Wenn das Grafikkommando zu einem späteren Zeitpunkt nochmals ausgeführt werden soll, müssen im Grafikfenster erneut alle Optionen eingestellt werden.

Aus diesem Grund können die Optionen auch direkt bei der Eingabe des Kommandos angegeben werden. Das setzt allerdings voraus, dass Sie die wichtigsten Optionen und Einstellmöglichkeiten kennen. In den Syntaxzusammenfassungen am Ende dieses und des nächsten Kapitels finden Sie eine sehr kompakte und übersichtliche Zusammenstellung aller wichtigen Optionen und Einstellmöglichkeiten.

Hinweis: Wenn Sie keine Optionen angeben, so hängt es von Ihrer Maple-Version ab, wie die Grafik am Bildschirm bzw. Drucker dargestellt wird. Das liegt daran, dass die Defaulteinstellung mancher Optionen je nach Maple-Version (und den Grafikfähigkeiten des Rechners, auf dem diese Version läuft) unterschiedlich voreingestellt sind.

Überblick über dieses Kapitel

Im Mittelpunkt dieses Kapitels steht das Universalkommando `plot`, das durch zahlreiche Optionen gesteuert wird. Viele dieser Optionen können auch in anderen Grafikkommandos verwendet werden. Während `plot` sofort nach dem Start von Maple zur Verfügung steht, befinden sich einige andere Kommandos (etwa `implicitplot` oder `display`) im plots-Package, das durch das Kommando `with(plots)` aktiviert werden muss (s.u.).

```
plot( func, x=x0..x1);
```
zeichnet einen Funktionsverlauf.

```
plot( [fx, fy, t=t0..t1] );
```
zeichnet eine parametrisierte Funktion.

```
implicitplot(...);
```
stellt eine implizit (durch eine Gleichung) definierte Funktion dar.

```
plot( ..., style=point);
```
zeichnet eine Punktmenge.

```
display(...);
```
vereint mehrere Grafiken in einer Abbildung.

```
textplot([x,y,'text']);
```
gibt eine Zeile Text an einer beliebigen Position aus.

```
plot( ..., optionen);
```
Optionen werden immer als eine Folge von Gleichungen angefügt.

Das Package plots

Dieses Package wird wohl bei der Arbeit mit Maple am häufigsten geladen. Auch wenn es für den Einstieg in die Grafik nicht unbedingt erforderlich ist, sollte man deshalb wissen, wie es aktiviert werden kann und was es bietet. Im Normalfall wird man den `with`-Befehl mit einem Doppelpunkt abschließen, um die Ausgabe zu unterdrücken. Wenn man aber sehen will, was sich in dem Paket verbirgt, geht das mit einem Strichpunkt:

```
with(plots);
```

```
Warning, the name changecoords has been redefined
```

[*animate, animate3d, animatecurve, arrow, changecoords, complexplot, complexplot3d, conformal, conformal3d, contourplot, contourplot3d, coordplot, coordplot3d, cylinderplot, densityplot, display, display3d, fieldplot, fieldplot3d, gradplot, gradplot3d, implicitplot, implicitplot3d, inequal, listcontplot, listcontplot3d, listdensityplot, listplot, listplot3d, loglogplot, logplot, matrixplot, odeplot, pareto, pointplot, pointplot3d, polarplot, polygonplot, polygonplot3d, polyhedra_supported, polyhedraplot, replot, rootlocus, semilogplot, setoptions, setoptions3d, spacecurve, sparsematrixplot, sphereplot, surfdata, textplot, textplot3d, tubeplot*]

Zunächst kommt eine Warnung (auch mit Doppelpunkt als Abschluss des Befehls), die darauf aufmerksam macht, dass die Behandlung von Koordinatensystemen umdefiniert wurde. Wenn Sie nicht gerade mit dem Befehl `changecoords` arbeiten, können Sie diese Warnung ignorieren bzw. mit `interface(warnlevel=0);` abschalten. Es folgt eine Liste der Befehle des Package. Die wichtigsten sind wohl `display`, `implicitplot`, `implicitplot3d`, `textplot` und `animate`. Wenn Sie nicht das gesamte Package laden wollen, können alle Befehle auch einzeln mit der 'langen Schreibweise' wie z.B. `plots[display]()` angesprochen werden.

Schaubilder mit plot zeichnen

Das Kommando `plot` wurde in diesem Buch schon viele Male ohne weitläufige Erklärungen verwendet. Es handelt sich um ein einfach zu bedienendes Universalkommando, dessen Hauptanwendung darin besteht, einfache Kurvenverläufe darzustellen und das sowohl für Funktionsvorschriften als auch Ausdrücke verwendet werden kann.

Die drei folgenden Kommandos sind gleichwertig und zeigen den Syntaxspielraum von plot. Wenn auf die Angabe des Zeichenbereichs im zweiten Argument verzichtet wird, zeichnet Maple automatisch den Bereich zwischen -10 und 10. *Achtung*: Die Bereichsangabe darf im zweiten Befehl nicht mit $x = \ldots$ geschrieben werden.

```
plot(sin);
plot(sin, -10..10);
plot(sin(x), x=-10..10);
```

Wenn Sie mehrere Kurven gleichzeitig darstellen möchten, müssen Sie diese als Menge (geschwungene Klammern) oder als Liste (eckige Klammern) anschreiben.

```
plot( {sin(x), x^2/20}, x=0..2*Pi);
```

Die Abbildung zeigt die Kurven $\sin(nx)/n$ für n zwischen 1 und 5. Um Schreibarbeit zu sparen, wurde der Befehl seq verwendet.

```
plot( {seq(sin(n*x)/n, n=1..5)},
      x=0..Pi);
```

Maple verwendet einen adaptiven (anpassungsfähigen) Plot-Algorithmus, der dort die meisten Punkte berechnet, wo sich der Kurvenverlauf am stärksten ändert. Wenn die zu zeichnende Kurve Singularitäten (Polstellen) enthält, kann das dazu führen, dass der vertikale Bereich unerwünscht groß wird.

```
plot( x/(x^2-1), x=-2..3);
```

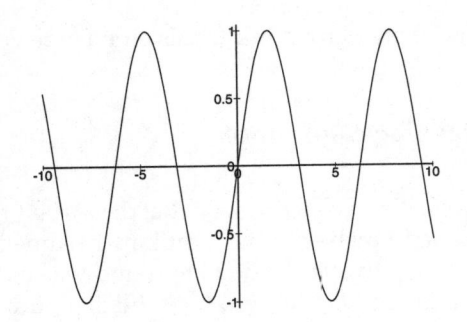

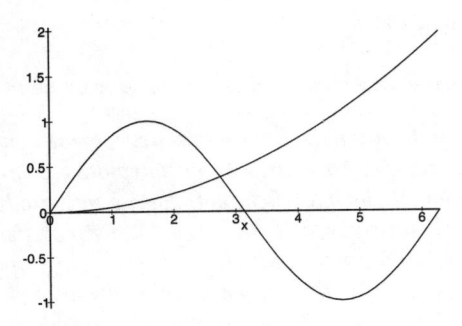

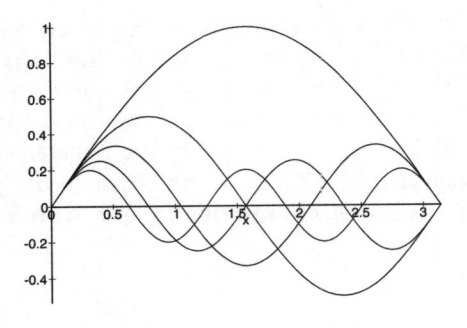

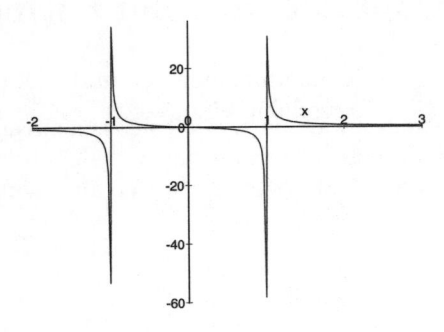

Schaubilder mit plot zeichnen

Man kann das adaptive Plotten verhindern (siehe Worksheet), die gängige Methode ist jedoch, den vertikalen Bereich im dritten Argument einzuschränken. Falls Sie die vertikalen Linien an den Unstetigkeitsstellen ($x = -1$, $x = 1$) stören, müssen Sie die Option `discont=true` angeben.

```
plot( x/(x^2-1), x=-2..3, -10..10);
```

plot ist sogar in der Lage, Funktionen in einem unendlichen Achsenbereich zu zeichnen. Intern wird das durch eine Transformation ähnlich der arctan-Funktion erreicht. Naturgemäß treten dabei Verzerrungen auf, eine grobe Abschätzung des Funktionsverlaufs ist aber möglich.

```
plot( {x,1+x^2,2+x^x},
      x=0..infinity, 0..infinity);
```

Bei sehr komplizierten Kurvenverläufen muss unter Umständen durch die Option `numpoints=n` oder durch `resolution=n` die Anzahl der berechneten Datenpunkte vergrößert werden – sonst sieht die Grafik zu eckig aus.

```
plot( sin(x^3), x=1..5,
      numpoints=1500);
```

plot kann nur dann verwendet werden, wenn eine numerische Berechnung der Funktionswerte möglich ist. Im Beispiel werden die Koeffizienten a, b und c durch subs vorübergehend eingesetzt.

```
plot( subs(a=1, b=-2, c=2,
           a*x^2+b*x+c),
      x=0..3);
```

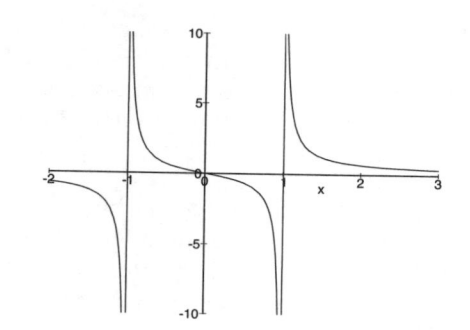

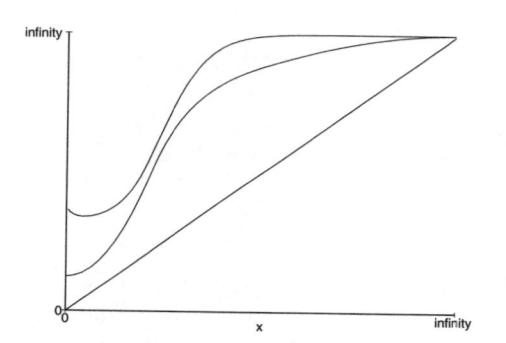

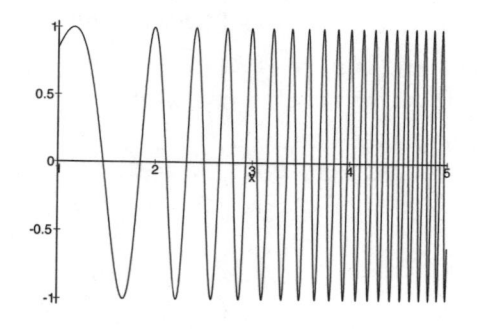

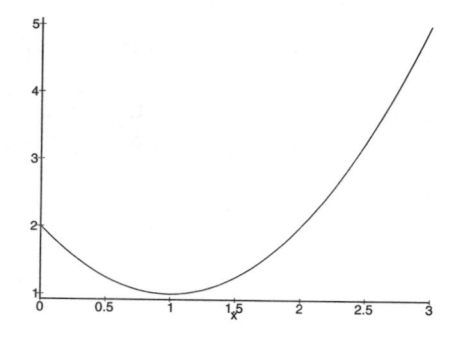

plot wertet die im ersten Parameter angegebene Funktion zuerst aus und setzt anschließend Zahlenwerte ein. In manchen Fällen führt diese Vorgehensweise zu Fehlern, weil eine Auswertung erst nach dem Einsetzen von Werten sinnvoll ist. In solchen Situationen muss die zu zeichnende Funktion in Apostrophe gesetzt oder durch evaln(...) eingeklammert werden.

f wird für positive x durch $\sin(x)$ und für negative x durch x definiert. Welche der beiden Funktionsvorschriften gilt, kann erst nach dem Einsetzen von Zahlenwerten entschieden werden.

```
f:=proc(x)
    if x>0 then sin(x) else x fi
end:
plot( f(x), x=-2..5);
    Error, (in f) cannot evaluate
    boolean
plot( 'f(x)', x=-2..5);
```

Für das Zeichnen komplexer Funktionen muss angeben werden, ob der Real- oder Imaginärteil, der Betrag der Funktion oder ihr Argument dargestellt werden soll.

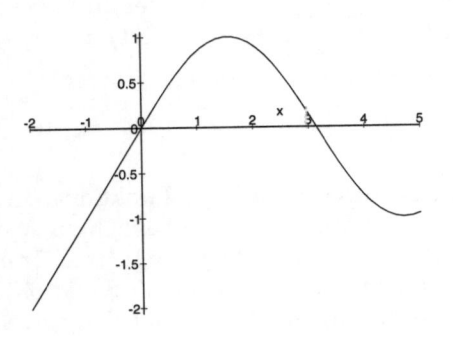

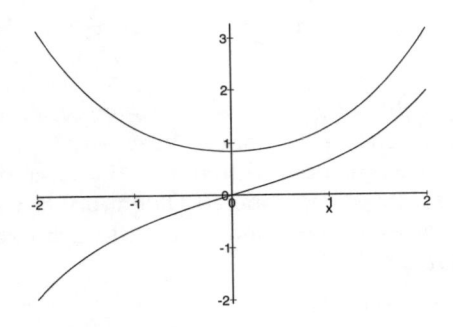

```
plot( sin(I*x), x=-1..1);
    Plotting error, empty plot
plot( { Re(sin(1+I*x)),
        Im(sin(1+I*x)) }, x=-2..2);
```

Parametrische Plots

Zur Darstellung parametrisierter Funktionen, bei denen die x- und y-Koordinaten durch zwei eigene Funktionen einer dritten Variablen definiert sind, kann eine eigene Variante von plot verwendet werden: Im ersten Argument wird eine Liste (eckige Klammern!) der beiden Funktionen und des Parameterbereichs übergeben. Wenn mehrere Funktionen gleichzeitig gezeichnet werden sollen, lautet das erste Argument $\{[fx1, fy1, t = ...], [fx2, fy2, t = ...], ...\}$.

Die Abbildung zeigt die parametrische Kurve $(x, y) = (t\cos(t), t\sin(t))$ für $0 \le t \le 6\pi$. Die scaling-Option sorgt für den gleichen Maßstab auf beiden Achsen.

```
plot( [ t*cos(t), t*sin(t),
        t=0..6*Pi],
      scaling=constrained );
```

Parametrisierte Funktionen werden häufig in der Physik verwendet, weil man damit sowohl Wege in der Ebene als auch Phasendiagramme beschreiben kann. (Weitere Beispiele finden Sie im Worksheet.)

```
plot( [[ sin(phi)*sin(3*phi)+phi,
   -sin(phi)*sin(3*phi)+phi,phi=0..2*Pi],
   [x,x,x=0..2*Pi]],scaling=constrained);
```

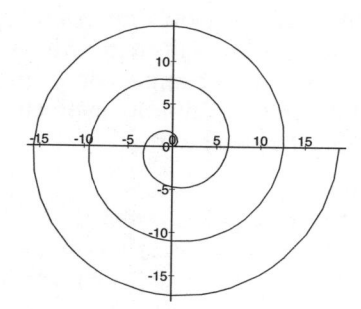

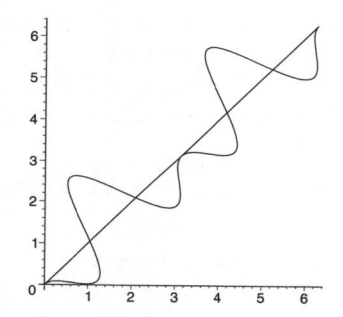

Hinweis: Statt eine Funktion zu parametrisieren, kann man auch das Koordinatensystem wechseln. Maple kennt 15 2D-Koordinatensysteme. Beispiele dazu finden Sie im Worksheet und in Kapitel 31.

Implizit definierte Funktionen

In den bisherigen Beispielen waren die zu zeichnenden Funktionen explizit in der Form $y = y(x)$ oder $x = x(t), y = y(t)$ bekannt. Implizite Funktionen sind dagegen durch eine Gleichung definiert, die nicht nach einer der Variablen aufgelöst ist, beispielsweise $x^2 + y^2 = 1$ für einen Kreis. Für eine grafische Darstellung solcher Beziehungen stellt das Package plots das Kommando implicitplot zur Verfügung. Im ersten Argument von implicitplot wird die Gleichung angegeben. Es ist auch die Angabe einer Funktionsvorschrift erlaubt, die dann gleich 0 gesetzt wird. In den beiden folgenden Argumenten muss der Zeichenbereich für die x- und y-Koordinate angegeben werden.

Die beiden Kommandos unten sind gleichwertig. Im ersten Fall wird die implizite Gleichung direkt angegeben, im zweiten Fall durch eine Funktionsvorschrift, die von Maple 0 gesetzt wird.

```
with(plots):
implicitplot( x^2-x=y^3-3*y,
              x=-3..3, y=-2..3);
implicitplot( (x,y)-> x^2-x-y^3+3*y,
              -3..3, -2..3);
```

Bei komplizierten Funktionen besteht die Gefahr, dass die Grafik sehr eckig wird. Eine höhere Auflösung erreichen Sie mit den Optionen numpoints=n oder grid=[nx,ny].

```
implicitplot( sin(x*y),
    x=-3..5, y=0..10, grid=[80,80]);
```

Hinweis: Implizite Plots können auch mit smartplot erstellt werden. Weitere Alternativen bietet das Package algcurves (siehe Kapitel 31).

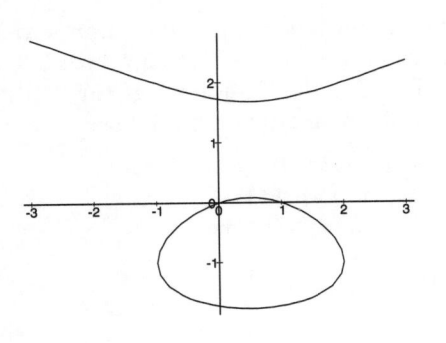

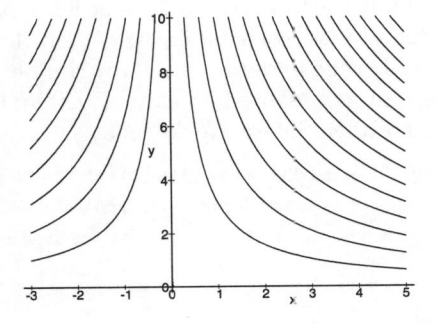

Darstellung von Punkten und Linienzügen

An plot kann statt einer Funktion auch eine Punkteliste in der Form $[[x1, y1], [x2, y2]...]$ übergeben werden. plot verbindet diese Punkte dann durch einen Linienzug. Diese plot-Variante eignet sich besonders dazu, in vorhandene Grafiken einzelne Linien (Asymptoten, Tangenten etc.) einzufügen. Im Abschnitt 'Überlagerung mehrerer Grafiken' finden Sie dazu ein Beispiel.

Die Abbildung rechts zeigt einen Linienzug zwischen den Punkten (1|1), (2|2), (3|2) und (4|1). Wenn geschlossene Linienzüge gezeichnet werden sollen, müssen der erste und der letzte Punkt übereinstimmen.

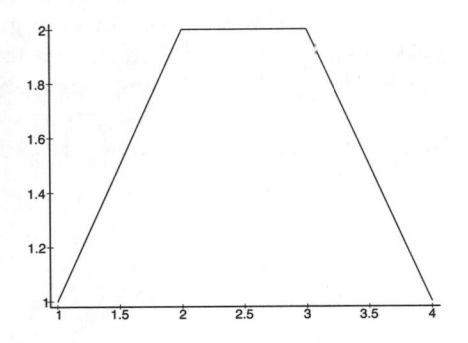

```
plot( [[1,1], [2,2],
       [3,2], [4,1]] );
```

Wenn plot mit der Option style=point verwendet wird, werden Punkte statt Linienzüge gezeichnet. Diese Option gilt sowohl für das Zeichnen von Funktionen als auch für die

Darstellung von explizit aufgezählten Punktelisten. Im Worksheet lässt sich die Größe der Punkte mit `symbolsize=n` ändern (n = 10 ist voreingestellt). Beim Export der Plots nach PostScript wird ein Kreuz verwendet.

Mit der Option `style=point` wird die Kurve sin(x) durch Punkte dargestellt (man erkennt den adaptiven Plot).

`plot(sin(x),x=0..2*Pi, style=point);`

Für das folgende Beispiel wurde durch `seq` eine Liste von hundert zufällig verteilten Datenpunkten erzeugt.

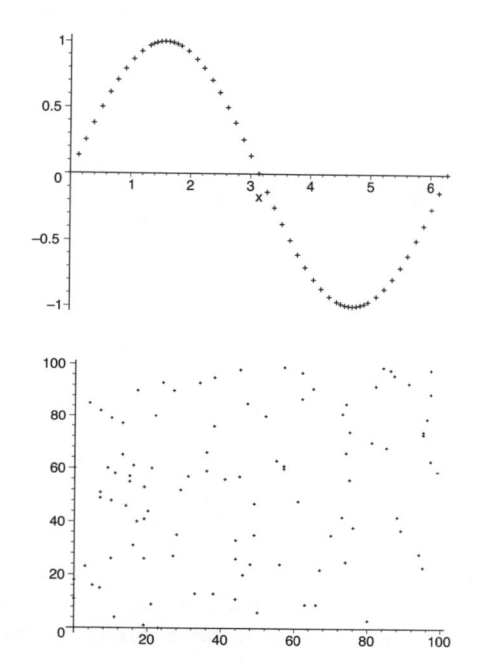

```
data:=seq( [rand(100)(),
            rand(100)()], n=1..100);
```
$data := [93, 44], [42, 8], \ldots, [28, 44]$

`plot( [data], style=point );`

Neben `plot` können auch die Kommandos `listplot` und `pointplot` aus dem `plots`-Package zum Zeichnen von Punktelisten verwendet werden. Dabei eignet sich `listplot` insbesondere für die Darstellung von nummerierten Listen von Funktionswerten oder Messwerten, die z.B. mit `readdata` eingelesen wurden.

Überlagerung mehrerer Grafiken

Häufig besteht der Wunsch, mehrere Grafiken miteinander zu kombinieren, indem man sie übereinander legt. Dazu stellt Maple das Kommando `display` aus dem Package `plots` zur Verfügung: `display([plot(),plot(),...]);` d.h., die verschiedenen Plots werden in einer Liste (oder Menge oder Folge) aufgeführt. Die einzelnen Grafiken können auch zuerst Variablen zugewiesen werden, die dann an `display` in einer Liste übergeben werden. Bei der Zuweisung muss der Befehl dann mit einem Doppelpunkt abgeschlossen werden, sonst wird die Plotstruktur ausgedruckt (und nicht gezeichnet).

In der folgenden Abbildung sollte an die Funktion $x + \sin(x)$ eine Tangente mit der Steigung 1 gelegt werden. Mit den ersten Kommandos wird die Funktion definiert und der Berührungspunkt der Tangente berechnet. Anschließend wird die Funktion im fraglichen Bereich gezeichnet und in $p1$ gespeichert. Die Tangente wird mit einem weiteren `plot`-

Kommando gezeichnet und in p2 abgelegt. display zeigt die beiden Abbildungen schließlich gemeinsam an, wobei durch die Option constrained erreicht wird, dass die Tangente tatsächlich mit einer Steigung von 45 Grad dargestellt wird.

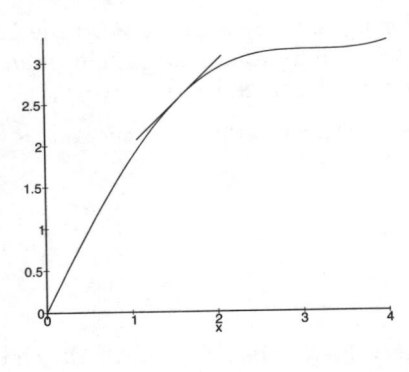

```
with(plots);
f:=x+sin(x): df:=diff(f,x):
x0:=evalf(solve(df=1));
```

$x0 := 1.570796327$

```
y0:=evalf(subs( x=x0, f));
```

$y0 := 2.570796327$

```
p1:=plot(x+sin(x), x=0..4):
p2:=plot( [[x0-0.5, y0-0.5],
           [x0+0.5, y0+0.5]] ):
display( [p1, p2],
         scaling=constrained);
```

Im Worksheet finden Sie eine weitere Variante, mit der Tangenten an beliebige Kurvenpunkte gezeichnet werden können. Zusammen mit der Option insequence=true kann man so mit display auch Animationen erzeugen.

Das zweite Beispiel zeigt eine Punktemenge, die eine Sinuskurve darstellt, sowie ein Näherungpolynom dritter Ordnung, das mit leastsquare aus dem Paket stats erzeugt wurde. Das zip-Kommando bildet aus den getrennten Listen für die x- und y-Koordinaten eine gemeinsame Liste der Form $[[x1,y1],[x2,y2],...]$, wie sie für das plot-Kommando benötigt wird.

```
datax:=[seq(i*0.3,i=1..20)]:
datay:=map(sin, datax):
data:=zip( (x,y)->[x,y], datax,datay):
with(stats):
f:=rhs(fit[leastsquare[[x,y],
y=d*x^3+a*x^2+b*x+c]]([datax,datay]));
```

$f := -0.317 + 2.07x - 0.938^2 + 0.0995x^3$

```
p1:=plot( data, style=point):
p2:=plot( f, x=0..6):
display( [p1,p2] );
```

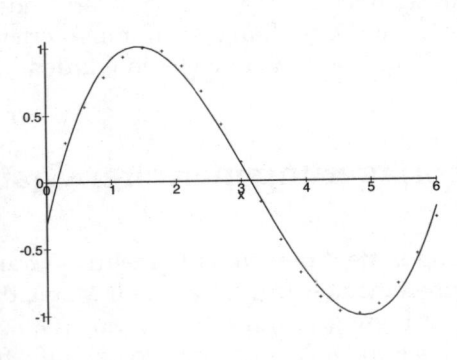

Mit display können nicht nur mehrere Grafiken überlagert, sondern auch Grafiken in einem Raster neben- und übereinander platziert werden. Die einzelnen Grafiken müssen dazu in einer array-Struktur an display übergeben werden. Dazu muss manchmal die Beschriftung der Achsen mit der Option tickmarks gesteuert werden.

Beschriftung der Grafik

```
p1:=plot(sin(x),x=-Pi..Pi):
p2:=plot(cos(x),x=-Pi..Pi):
p3:=plot(sinh(x),x=-Pi..Pi):
p4:=plot(cosh(x),x=-Pi..Pi):
display(array(1..2,1..2,
   [[p1,p2],[p3,p4]]),tickmarks=[2,3]);
```

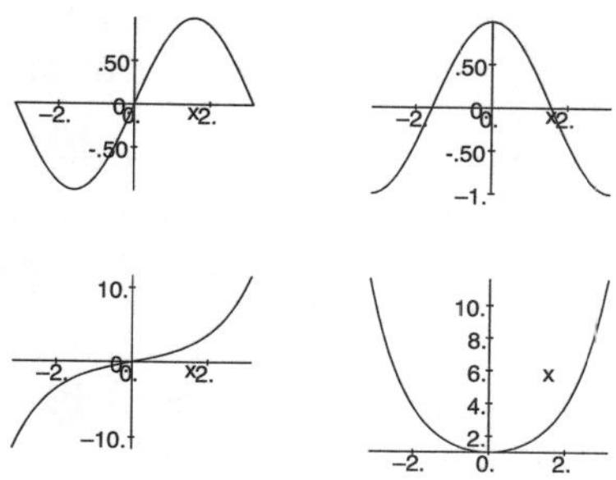

Beschriftung der Grafik

Die einfachste Form der Beschriftung stellt die Option `title` dar. Die damit angegebene Zeichenkette wird oberhalb der Grafik angezeigt. Analog wird die Option `labels` zur Beschriftung der beiden Koordinatenachsen eingesetzt.

```
plot( sin(x), x=0..2*Pi,
     title='Sinusfunktion',
     labels=['x-Achse', 'y-Achse']);
```

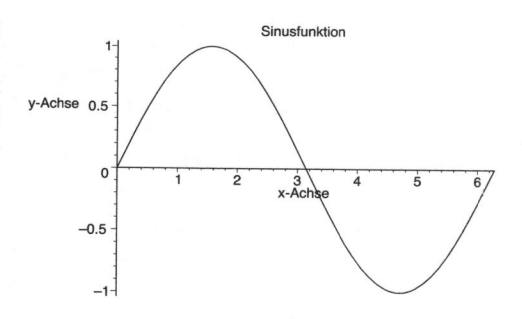

Wesentlich mehr Gestaltungsmöglichkeiten bietet das Kommando `textplot` aus dem `plots`-Package. Damit kann ein Text an einer beliebigen Position ausgegeben werden. Die Textangabe erfolgt in der Form [x,y,'text']. Der Text wird sowohl vertikal als auch horizontal über dem Punkt zentriert. Durch die Option `align=...` kann eine andere Ausrichtung erreicht werden. Mögliche Einstellungen sind ABOVE, BELOW, LEFT und RIGHT. Wenn horizontale und vertikale Ausrichtungen kombiniert werden sollen, müssen die Einstellungen in einer Menge angegeben werden: `align = {LEFT, BELOW}`.

Die mit `textplot` erzeugte Beschriftung muss via `display` mit der eigentlichen Grafik kombiniert werden.

```
p1:=plot(sin(x), x=0..2*Pi):
p2:=textplot([3*Pi/2, 0.5,'sin(x)'] ):
display( [p1, p2] );
```

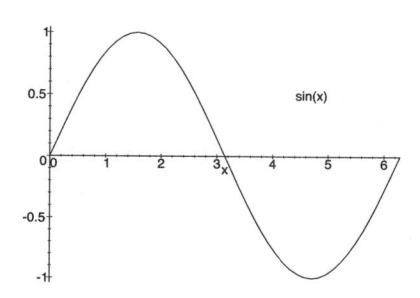

Über die vier Optionen `font`, `titlefont`, `axesfont` und `labelfont` können die Schriftarten der in einer Grafik vorkommenden Texte eingestellt werden. `font` gilt nur für die mit `textplot` erzeugten Texte, `titlefont` für den Titel, `axesfont` für die Ziffern an den Koordinatenachsen und `labelfont` für die Beschriftung der Koordinatenachsen.

Die Angabe der Schriftarten erfolgt in einer etwas gewöhnungsbedürftigen Syntax. Generell lauten die drei prinzipiellen Syntaxvarianten [schriftart] oder [schriftart, größe] oder [schriftart,stil,größe]. Es stehen vier Schriftarten, COURIER, HELVETICA, TIMES und SYMBOL, zur Verfügung.

Bei SYMBOL kann kein Stil angegeben werden. Bei COURIER und HELVETICA kommen die Stile BOLD (fett), OBLIQUE (kursiv) oder BOLDOBLIQUE (fett und kursiv) zur Anwendung. Für TIMES existieren im Prinzip dieselben Stile, nur heißen sie dort BOLD, ITALIC und BOLDITALIC. Als besondere Spezialität muss jetzt ROMAN angegeben werden, wenn der Schriftstil unverändert bleiben, die Schriftgröße aber verändert werden soll. Insgesamt ergeben sich folgende Möglichkeiten:

```
font=[COURIER oder HELVETICA oder TIMES oder SYMBOL]
font=[COURIER oder HELVETICA oder SYMBOL, größe]
font=[TIMES, ROMAN oder BOLD oder ITALIC oder BOLDITALIC, größe]
font=[COURIER oder HELVETICA, BOLD oder OBLIQUE oder BOLDOBLIQUE, größe]
```

Die Schriftgröße wird in Punkt angegeben. Die Größenangabe bezieht sich allerdings auf einen Ausdruck im A4-Format. Wenn der Ausdruck in eine PostScript-Datei erfolgt und die Grafik anschließend beim Einbetten in einen Text verkleinert wird (wie in diesem Buch), dann verkleinert sich auch die Beschriftung! Daher müssen Sie entsprechend hohe Werte für die Schriftgröße angeben, um den gewünschten Effekt zu erzielen.

Die nebenstehende Abbildung greift nochmals auf die beiden Plots *p1* und *p2* aus dem vorherigen Beispiel zurück, verändert aber die Größe der Beschriftung.

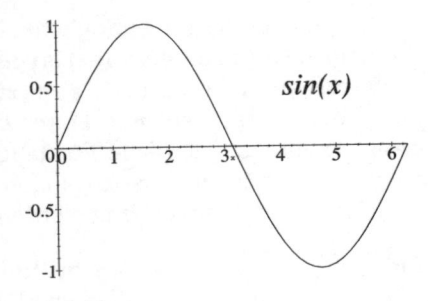

```
display( [p1, p2],
         font=[TIMES, ITALIC, 50],
         axesfont=[TIMES,ROMAN,30]);
```

Darstellungsoptionen

Einige Optionen haben Sie in den vorangegangenen Abschnitten bereits kennen gelernt: Mit `numpoints=n`, `resolution=n` und `grid=[nx,ny]` kann die Zeichengenauigkeit erhöht werden. `numpoints` bestimmt die Anzahl der Datenpunkte, die mindestens berechnet werden sollen. `resolution` gibt die Auflösung des Ausgabemediums an (normalerweise der Bildschirm). Die Defaulteinstellung lautet 200, höhere Werte verbessern die Qualität. `grid` ist für zweidimensionale Datenmengen (wie sie etwa beim Kommando `implicitplot` auftre-

Darstellungsoptionen

ten) geeignet und gibt die Anzahl der Datenpunkte in zwei Richtungen an, also etwa [80, 80] für 1600 Punkte. style bestimmt, wie die Punkte einer Grafik miteinander verbunden werden sollen. Die Standardeinstellung lautet line, mit style=point können Punktgrafiken gezeichnet werden.

Neben diesen grundlegenden Optionen gibt es die Möglichkeit, die Linienstärke, das Linienmuster sowie die Art des Symbols (für Punkte-Plots) und seine Größe zu wählen: Dies wird mit den Optionen thickness, linestyle, symbol und symbolsize erreicht. Dazu kommt die Einstellung der Farbe mit color.

Linienstärke: Über die Option thickness kann die Linienstärke innerhalb einer Grafik eingestellt werden.

```
plot( [seq(sin(x+n*Pi/8),n=1..3)],
     x=0..2*Pi, thickness=[1,2,3]);
```

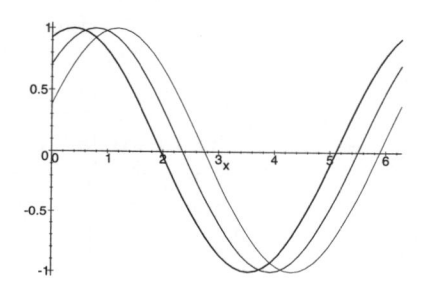

Linienmuster und Legende: Die Option linestyle steuert das Linienmuster. Die Abbildung zeigt die möglichen Muster nach dem Export nach PostScript. Bitte vergleichen Sie mit der Darstellung im Worksheet. Außerdem kann mit legend eine Legende in den Plot aufgenommen bzw. nachträglich mit Hilfe des Kontextmenüs eingefügt werden.

```
plot( [seq(sin(x+n*Pi/8),n=1..4)],
     x=0..2*Pi, linestyle=[1,2,3,4]);
```

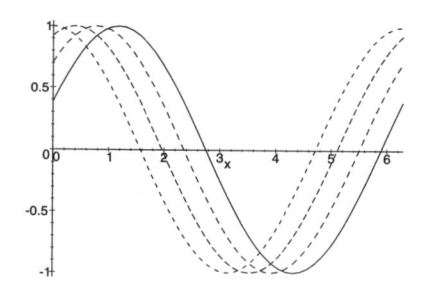

Symbolart und -größe: Die Option symbol bestimmt das Aussehen von Punkten. Neben dem Standardsymbol (der Raute) sind vier weitere Symbole definiert: ein Quadrat, ein Kreuz, ein Kreis und ein Punkt.

```
plot( [seq(sin(x+n*Pi/4),n=1..5)],
     x=0..2*Pi, style=point,
     symbol=[BOX, CROSS, CIRCLE,
     DIAMOND, POINT],numpoints=100,
     symbolsize=[10,12,14,16,20]);
```

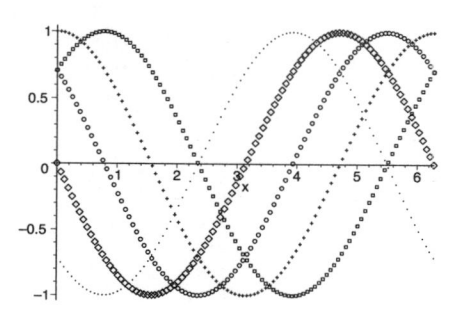

Farbe: Mit der Option `color` kann die Farbe der Grafik eingestellt werden. Vordefinierte Farben sind `black`, `red`, `green`, `blue` etc. (siehe Online-Hilfe zum Thema `?plot,color`). Außerdem kann mit `COLOR(RGB,r,g,b)` bzw. mit `COLOR(HUE,h)` eine beliebige Farbe eingestellt werden. Für r, g, b und h müssen Fließkommazahlen zwischen 0 und 1 angegeben werden.

Wenn mit `plot` mehrere Kurven gleichzeitig gezeichnet werden, gilt die `color`-Einstellung für alle Kurven. Sollen mehrere Kurven mit unterschiedlichen, von Ihnen definierten Farben gezeichnet werden, müssen die Farben wie in den obigen Beispielen in einer Liste angegeben werden. Weitergehende Einstellmöglichkeiten bietet die `color`-Option für dreidimensionale Grafiken – dieses Thema wird im nächsten Kapitel nochmals aufgegriffen. Mit der Option `filled=true` wird die Fläche zwischen der Kurve und der x-Achse mit Farbe gefüllt.

Maßstab: Für die Option `scaling` bestehen zwei Einstellmöglichkeiten. Die Defaulteinstellung `unconstrained` führt dazu, dass das gesamte Plotfenster zur Darstellung der Grafik genützt wird. Wenn stattdessen `constrained` verwendet wird, verwendet Maple für die x- und y-Achse dieselbe Skalierung. Dadurch werden Verzerrungen vermieden, Kreise sehen wirklich wie Kreise und nicht wie Ellipsen aus.

```
implicitplot( x^2+y^2=1, x=-1..1,
   y=-1..1, view=[-1..1,-2..2]);
```

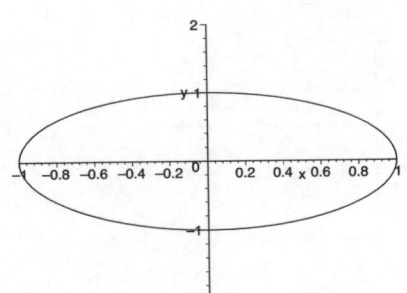

```
implicitplot( x^2+y^2=1, x=-1..1,
   y=-1..1, view=[-2..2,-1..1],
   scaling=constrained);
```

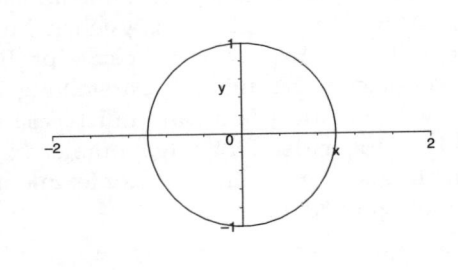

Die Option `view=[a..b,c..d]` legt den Bildausschnitt fest und wird oft zusammen mit `display` benötigt.

Achsen: Die Option `axes` bestimmt die Lage der Koordinatenachsen. Mit `normal` werden diese durch den Ursprung gezeichnet (Defaulteinstellung). Die Einstellung `frame` zeichnet die Koordinatenachsen durch die linke untere Ecke. `boxed` führt dazu, dass die Grafik an allen vier Seiten umrahmt wird. Mit `none` werden die Koordinatenachsen nicht gezeichnet.

```
plot( [ sin(3*t), cos(5*t),                plot( [ sin(3*t), cos(5*t),
        t=0..2*Pi ], axes=boxed);                   t=0..2*Pi ], axes=frame);
```

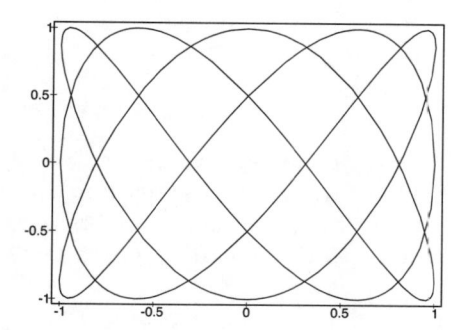

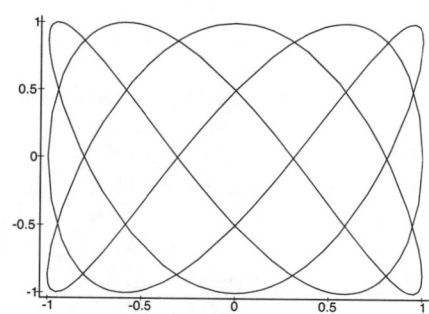

Achsenteilung: Die Optionen `xtickmarks=m` und `ytickmarks=n` bzw. `tickmarks=[m,n]` geben die gewünschte Anzahl der Beschriftungspunkte der Koordinatenachsen an. Maple richtet sich nur ungefähr nach Ihren Wünschen, weil es versucht, die Achsen immer an Vielfachen von 1, 2 oder 5 zu beschriften. Sollen nur bestimmte Marken eingetragen werden, so können diese bei `xtickmarks` und `ytickmarks` als Liste angegeben werden, z.B.: `ytickmarks=[seq(i^2*signum(i),i=-4..4)]`.

Optionen setzen: Wenn Sie bestimmte Optionen immer wieder benötigen, können Sie diese Optionen mit `setoptions` aus dem `plots`-Package fest einstellen. Nach der Ausführung des folgenden Kommandos werden *alle* weiteren 2D-Diagramme mit einer Koordinatenbox umrahmt.

```
with(plots): setoptions(axes=boxed):
```

Etwas flexibler ist:

```
meineoptionen:= axes=boxed, color=black:
plot(..., meineoptionen);
```

Damit werden Optionen in einzelne Plots übernommen.

Syntaxzusammenfassung

```
plot(f, a..b);
plot(f, x=a..b);
plot({f1, f2...}, x=a..b, c..d, optionen);
plot([f1, f2...], x=a..b, c..d, optionen);
```
   zeichnet die Funktion f im angegebenen Bereich der unabhängigen Variablen.
   Wenn f als Funktionsvorschrift oder Prozedur definiert wurde, darf in der Bereichsangabe `a..b` (optionales zweites Argument) die unabhängige Variable *nicht* angegeben werden. Wenn f als Ausdruck definiert wurde, *muss* die unabhängige Variable mit `x=...` angegeben werden.
   Ohne Bereichsangabe `a..b` wird von $-10..10$ gezeichnet. Durch das (optionale) dritte Argument `c..d` kann der Bereich der y-Achse angegeben werden. Hier bewirkt z.B. `y=...` eine Beschriftung der Hochachse.
   Mehrere Funktionen können in einer Menge oder Liste angegeben werden. Im Falle einer Liste können durch eine entsprechende Liste in den Optionen die Elemente $f1, f2...$ gezielt angesprochen werden (Farbe, Linienart, ...). Es lassen sich auch zahlreiche Optionen angeben, die etwas weiter unten beschrieben werden.
   Hinweis: Mit `smartplot` können Sie ohne Befehle zeichnen (siehe Worksheet).

```
plot( [fx, fy, t=a..b], optionen);
```
   zeichnet die parametrisierte Funktion $(fx(t), fy(t))$ für den angegebenen t-Bereich.

```
plot( [[x0,y0],[x1,y1]...], optionen);
```
   verbindet die angegebenen Koordinatenpunkte durch einen Linienzug. Wenn die Option `style=points` angegeben wird, zeichnet `plots` Punkte. Siehe auch `listplot` und `pointplot`.

```
with(plots):
```
   aktiviert die Kommandos des `plots`-Package. Das Kommando muss vor der Verwendung von `textplot`, `implicitplot`, `setoptions` und `display` ausgeführt werden.

```
textplot([x,y,'text']);      textplot([x,y,'text'], align=...);
```
   gibt den angegebenen Text zentriert über der Position (x,y) aus. Durch die Option `align` kann die Ausrichtung des Textes verändert werden. Mögliche Einstellungen sind `ABOVE`, `BELOW`, `LEFT` und `RIGHT`. Wenn die Ausrichtung sowohl horizontal als auch vertikal verändert werden soll, muss dies in einer Menge angegeben werden.

```
implicitplot(gl, x=a..b, y=a..b, optionen);
```
   stellt die durch die Gleichung `gl` implizit definierte Funktion von x und y dar.

```
display([p1, p2, p3 ...], optionen);
```
   überlagert die Grafiken pn zu einer neuen Grafik (ggf. mit neuen Optionen).

```
display(array(1..n, 1..m, [[p11, p12, ...], [p21, p22, ...]]), optionen);
```
   stellt die Grafiken pn in einem Raster dar.

Optionen (alphabetisch)

`adaptive=false`
  unterdrückt adaptives Plotten.

`coords=koordinaten`
  wählt ein Koordinatensystem aus (15 Möglichkeiten für 2D).

`discont=true`
  verhindert vertikale Linien an Unstetigkeitsstellen der zu zeichnenden Funktion.

`grid=[nx,ny]`
  gibt die Anzahl der zu berechnenden Datenpunkte einer zweidimensionalen Datenmenge in x- und y-Richtung an (bei den in diesem Kapitel behandelten Kommandos nur für `implicitplot` anwendbar).

`numpoints=n`
  gibt die Anzahl der Datenpunkte an, die zum Zeichnen einer Funktion *mindestens* berechnet werden sollen.

`resolution=n`
  gibt die Auflösung des Zeichenmediums an (Defaulteinstellung 200). Maple ist mit dieser Angabe zumeist in der Lage, die Anzahl der erforderlichen Datenpunkte selbstständig zu ermitteln.

`scaling=...`
  bestimmt, wie das Diagramm skaliert werden soll:
  `unconstrained`: nützt das gesamte Plotfenster (inline oder als eigenes Fenster), führt aber zu Verzerrungen (Defaulteinstellung).
  `constrained`: x- und y-Achse werden im gleichen Maßstab dargestellt.

`view=[a..b,c..d]`
  gibt den sichtbaren Bereich an.

Darstellungsoptionen (alphabetisch)

`axes=...`
  bestimmt das Aussehen der Koordinatenachsen:
  `normal`: Die Achsen gehen durch den Ursprung (Defaulteinstellung).
  `frame`: Die Achsen gehen durch die linke untere Ecke des Diagramms.
  `boxed`: Das Diagramm wird vollständig umrahmt.
  `none`: Es werden keine Koordinatenachsen angezeigt.

`axesfont=...`
  verändert die Schriftart der Ziffern entlang der Koordinatenachsen (siehe `font`).

```
font=...
```
veränert die Schriftart von Texten, die mit `textplot` erzeugt wurden. Die Großbuchstaben bei der Einstellung von `font` sind zwingend! Mögliche Einstellungen sind:
```
font=[COURIER oder HELVETICA oder TIMES oder SYMBOL]
font=[COURIER oder HELVETICA oder SYMBOL, größe]
font=[TIMES, ROMAN oder BOLD oder ITALIC oder BOLDITALIC, größe]
font=[COURIER oder HELVETICA, BOLD oder OBLIQUE oder BOLDOBLIQUE, größe]
```

```
labelfont=...
```
verändert die Schriftart der Beschriftung der Koordinatenachsen (siehe `font`).

```
labels=[zx,zy]
```
gibt die Beschriftung der Koordinatenachsen durch zwei Zeichenketten an.

```
linestyle=n
```
steuert das Linienmuster. Für n muss ein Wert zwischen 1 und 5 angegeben werden.

```
style=...
```
gibt an, wie die Daten dargestellt werden sollen. Mögliche Einstellungen:
`line`: Darstellung als Linienzug, Defaulteinstellung.
`point`: punktförmige Darstellung.

```
symbolstyle=...
```
bestimmt das Aussehen der Symbole in Punktdiagrammen. Mögliche Einstellungen sind `BOX`, `CROSS`, `CIRCLE`, `DIAMOND` und `POINT`.

```
thickness=n
```
steuert die Linienstärke, beginnend mit $n = 1$.

```
title=z
```
gibt den Titel der Grafik an (Zeichenkette).

```
titlefont=...
```
verändert die Schriftart des Titels der Grafik (siehe `font`).

```
xtickmarks=m, ytickmarks=n oder tickmarks=[m,n]
```
gibt an, wie viele Punkte der x- bzw. der y-Achse Maple mindestens beschriften soll. Mit `xtickmarks=[L]` und `ytickmarks=[L]` kann auch eine Liste für die Markierungen angegeben werden.

Anmerkung: Die Namen der Optionen (etwa `scaling`) müssen klein geschrieben werden. Die meisten Schlüsselwörter zur Einstellung der Optionen, also etwa `CONSTRAINED`, dürfen sowohl klein als auch groß geschrieben werden. Ausnahme: Die Parameter zur Einstellung von `font` müssen groß geschrieben werden.

Kapitel 20

Grafik II: 3D-Grafik

Dieses Kapitel ist eine Fortsetzung des vorangegangenen, in dem Befehle für zweidimensionale Grafiken behandelt wurden. Hier geht es um Befehle zur dreidimensionalen Darstellung von Daten. Die Befehle gleichen denen der 2D-Varianten, zahlreiche Optionen haben dieselbe oder zumindest eine ähnliche Bedeutung.

Hinweis: Auch 3D-Grafiken können ohne die Eingabe von Befehlen mit dem Kontextmenü (und `smartplot`) erzeugt werden.

Einen allgemeinen Überblick zum Thema Grafik und eine Übersicht, wo in diesem Buch Teilaspekte dieses Themas behandelt werden, finden Sie in der Einleitung des vorherigen Kapitels. Nun aber zu den wichtigsten Kommandos dieses Kapitels.

`plot3d`
stellt Funktionen der Art $f(x, y)$ durch Flächen im dreidimensionalen Raum dar.

`coords=koordinaten`
stellt 31 3D-Koordinatensysteme zur Verfügung.

`spacecurve` und `tubeplot`
zeichnen parametrische Raumkurven im dreidimensionalen Raum. Bei `tubeplot` wird eine Röhre mit variablem Radius gezeichnet, während der Radius bei `spacecurve` 0 ist (es wird nur eine Linie gezeichnet).

`surfdata`
zeichnet eine Fläche, deren Koordinatenpunkte vom Benutzer in einer Liste angegeben werden.

`pointplot3d`
zeichnet Punkte im dreidimensionalen Raum.

Ansonsten stehen die zahlreichen Optionen zur Steuerung der oben aufgezählten Kommandos im Mittelpunkt dieses Kapitels. Über solche Optionen können Sie insbesondere die Oberflächengestaltung der Flächen (also Schattierungen, Farben, Sichtbarkeitsuntersuchung etc.) beeinflussen.

Dreidimensionale Darstellung von Flächen

plot3d ist eine Erweiterung des plot-Kommandos, das im Mittelpunkt des vorangegangenen Kapitels stand. Statt einer Kurve $y = f(x)$ in der Ebene wird nun eine Fläche $z = f(x,y)$ im dreidimensionalen Raum gezeichnet.

Die Bedienung des Kommandos sieht erwartungsgemäß so ähnlich aus wie bei plot: Im ersten Argument wird die nun von zwei Variablen abhängige Funktion angegeben, in den beiden folgenden Argumenten *müssen* die Bereiche dieser Variablen angegeben werden, z.B. mit x=a..b, y=c..d, wenn für $f(x,y)$ ein Ausdruck verwendet wurde, oder mit a..b, c..d, wenn es sich bei f um eine Funktionsvorschrift handelt. Weitere Argumente können Optionen aufnehmen. Die beiden folgenden Abbildungen zeigen zwei typische plot3d-Beispiele.

```
plot3d( x^2-y^2, x=-1..1, y=-1..1);
```

```
plot3d( Im(sin(x+I*y)), x=0..2*Pi,
        y=-Pi/2..Pi/2, axes=boxed );
```

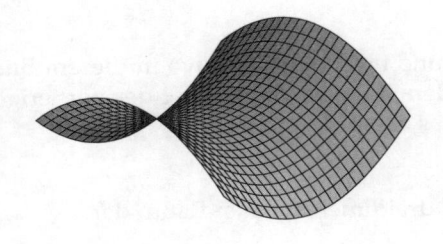

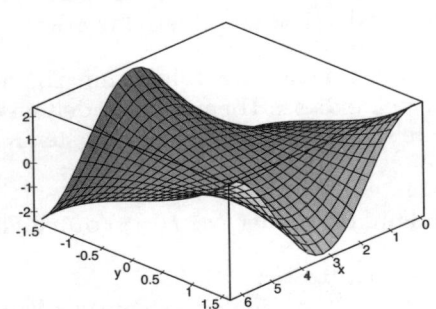

Die beiden folgenden Grafiken demonstrieren die Option grid, mit der die Anzahl der zu berechnenden Punkte (Default: [15, 15]) für die beiden unabhängigen Variablen eingestellt werden kann. Eine Erhöhung der Anzahl der Punkte ist bei Grafiken mit rasch variierenden Funktionswerten erforderlich.

Gleichzeitig lernen Sie eine weitere Option kennen: orientation bestimmt die Blickrichtung, aus der die Grafik betrachtet wird. Die Richtung wird durch zwei Winkel in der Einheit Grad (nicht in Bogenmaß!) angegeben. Die Einstellung erfolgt am einfachsten im Grafikfenster, wo die Grafik sehr bequem mit der Maus gedreht werden kann. Der erste Winkel gibt den horizontalen Blickwinkel an (0, 90, 180, 270 Grad für die Ansicht von vorne, rechts, hinten, links). Der zweite Winkel gibt den vertikalen Blickwinkel an (0, 90, 180, 270 Grad für die Ansicht von oben, vorne, unten, hinten).

Bei der Defaulteinstellung von [45, 45] sehen Sie die Grafik von schräg oben, die x-Achse zeigt (für ansteigende x-Werte) nach links vorne, die y-Achse nach rechts vorne. Eine gebräuchlichere Ansicht lautet [−45, 60]: Die Ansicht ist dann nicht mehr so steil von oben, die x-Achse zeigt nach rechts vorne, die y-Achse nach rechts hinten.

Dreidimensionale Darstellung von Flächen

```
plot3d( sin(x*y), x=0..7, y=0..7,
  axes=framed, scaling=constrained);
```

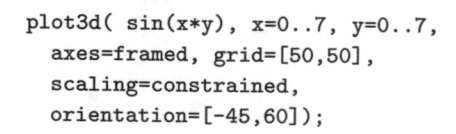

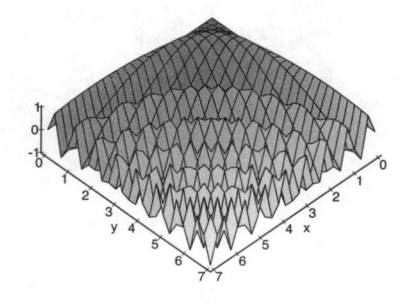

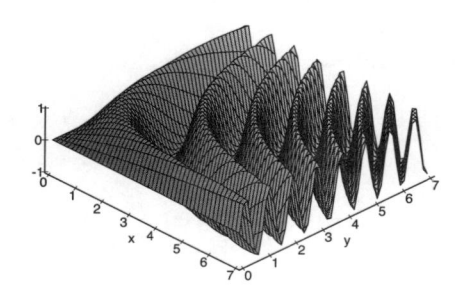

```
plot3d( sin(x*y), x=0..7, y=0..7,
  axes=framed, grid=[50,50],
  scaling=constrained,
  orientation=[-45,60]);
```

In Kombination mit orientation ist auch die Option projection von Interesse. Diese Option bestimmt die Perspektive der Darstellung. Der Wertebereich geht von 0 (Nahperspektive) bis 1 (Fernperspektive, keine Verzerrung).

```
plot3d( sin(6*sqrt(x^2+y^2)),
  y=-2..2, x=-2..2,
  grid=[40,40], scaling=constrained,
  orientation=[7,45],
  projection=1);
```

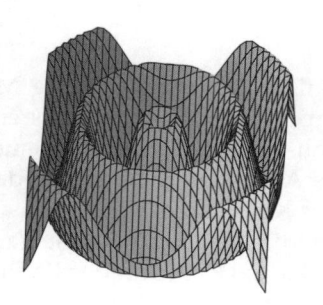

```
plot3d( sin(6*sqrt(x^2+y^2)),
  y=-2..2, x=-2..2, grid=[40,40],
  scaling=constrained,
  orientation=[7,45],
  projection=0);
```

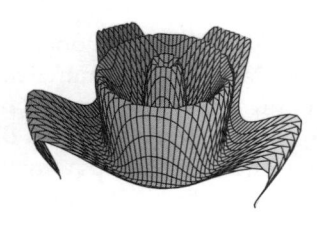

So wie bei 2D-Grafiken der Zeichenbereich der y-Achse oft durch einen zusätzlichen Bereich $y1..y2$ eingeschränkt werden muss, ist bei manchen 3D-Grafiken eine Einschränkung des z-Bereichs erforderlich. Dazu wird die Option view=z1..z2 verwendet. Die beiden folgenden Abbildungen zeigen diese Option.

```
plot3d( Re(tan(x+I*y)),
   x=0.05-Pi/2..0.05+Pi,
   y=-Pi/2..Pi/2,
   orientation=[-126,55],
   scaling=unconstrained,
   axes=boxed,
   grid=[40,40] );
```

```
plot3d( Re(tan(x+I*y)),
   x=0.05-Pi/2..0.05+Pi,
   y=-Pi/2..Pi/2,
   orientation=[-126,55],
   scaling=unconstrained,
   axes=boxed,
   grid=[40,40], view=-5..4.5 );
```

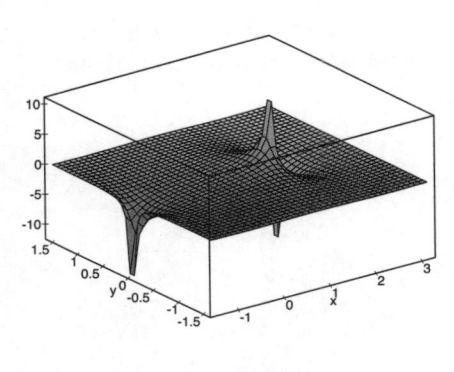

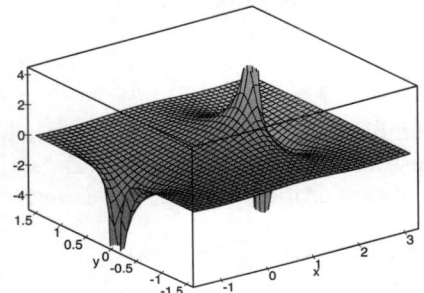

Parametrische 3D-Grafiken

Zum Zeichnen dreidimensionaler parametrischer Grafiken bestehen mehrere Möglichkeiten: Die Darstellung parametrischer Flächen erfolgt mit plot3d, wobei das erste Argument dann die drei Koordinaten als Funktionen von zwei Parametern in einer Liste $[x(s,t), y(s,t), z(s,t)]$ enthält und das zweite und dritte Argument die Bereiche der Parameter (im Gegensatz zum parametrischen 2D-Plot!). Das Kommando spacecurve aus dem Package plots zeichnet eine Kurve $[x(t), y(t), z(t)]$ im dreidimensionalen Raum. Variantenreicher ist das Kommando tubeplot aus demselben Package. Dort kann der Radius einer Röhre um diese Kurve in Abhängigkeit vom Parameter t variiert werden.

Mit der parametrischen Variante von plot3d wird eine durch drei Funktionen definierte Kugelfläche gezeichnet.

```
plot3d( [sin(s)*cos(t),
         cos(s)*cos(t),
         sin(t)],
        s=0..Pi, t=0..2*Pi,
        scaling=constrained );
```

Das Kommando spacecurve zeichnet parametrisierte Kurven im Raum.

```
with(plots):
spacecurve(
  [ t/10,
    (1+t/10)*sin(t),
    (1+t/10)*cos(t) ], t=0..30*Pi,
  numpoints=500, axes=framed,
  shading=none,
  orientation=[25,62] );
```

In der einfachsten Variante wirkt das Kommando tubeplot sehr ähnlich wie spacecurve: Statt einer Linie im Raum, zeichnet das Kommando eine Röhre mit dem Radius 1.

```
tubeplot( [2*sin(t), 2*cos(t), t/3],
         t=-1.5*Pi..2*Pi,
         orientation=[45,68]);
```

Interessantere Grafiken lassen sich erstellen, wenn auch der Radius variiert wird.

```
tubeplot(
  [ -t^1.5/5, 3*cos(t), 3*sin(t) ],
  t=0..8*Pi, radius=t/8,
  scaling=constrained,
  orientation=[107,56],
  grid=[60,15] );
```

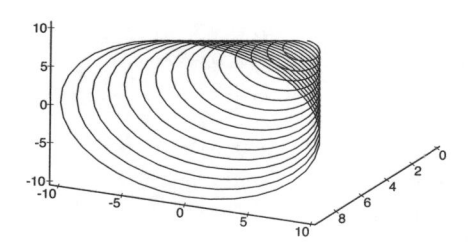

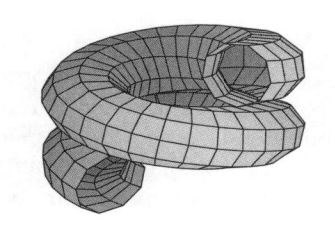

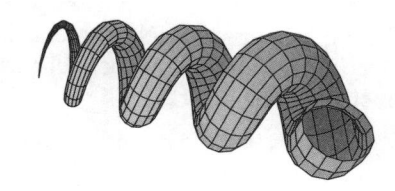

Flächen im Raum, die durch Listen definiert sind

In den bisher behandelten Kommandos wurden die darzustellenden Flächen durch eine oder mehrere Funktionen beschrieben. Die eigentliche Berechnung der Koordinatenpunkte erfolgte anschließend durch das jeweilige Kommando, wobei unter Umständen sogar noch eine Umrechnung von einem beliebigen Koordinatensystem in kartesische Koordinaten erfolgen kann (siehe Kapitel 31).

Wenn Sie die z-Koordinaten der Punkte selbst ausrechnen möchten und Maple nur noch die dazugehörige Fläche zeichnen soll, können Sie statt plot3d das Kommando listplot3d aus dem plots-Package verwenden. Es erwartet als erstes Argument eine Liste mit den z-Koordinaten, die den folgenden Aufbau hat: $[[z11, z12, z13, ...], [z21, z22, z23, ...], [...], ...]$.

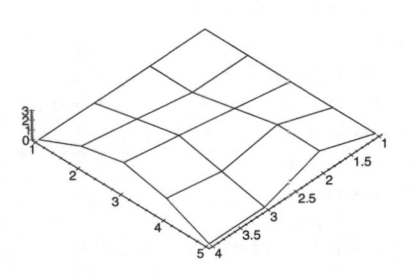

```
restart: with(plots):
listplot3d( [[0,0,0,0,0],
             [0,0,1,2,2],
             [0,1,2,1,0],
             [0,2,3,2,0]],
   axes=frame, style=hidden,
   color=black, orientation=[45,11]);
```

Erheblich mehr Flexibilität (zum Preis einer etwas aufwändigeren Bedienung) bietet das Kommando surfdata. An das Kommando wird eine verschachtelte Liste von Koordinatenpunkten übergeben. Jeder Punkt besteht aus den Angaben $[x, y, z]$. Die Summe aller Punkte bildet ein Netz, das die Fläche aufspannt. Die Koordinatenpunkte werden dazu zeilenweise zu Sublisten zusammengefasst. Die gesamte Grafik wird somit durch eine Liste mit folgendem Aufbau beschrieben:

$$[[p_{11}, p_{12}, p_{13}, ...], [p_{21}, p_{22}, p_{23}, ...], [p_{31}, p_{32}, p_{33}, ...], [...], ...]$$

In dieser Liste stellt p_{nm} eine Abkürzung für $[x_{nm}, y_{nm}, z_{nm}]$ dar.

Das eigentliche Problem bei surfdata ist die Bildung dieser dreifach verschachtelten Liste, die zu ziemlich unübersichtlichen seq-Konstruktionen führt.

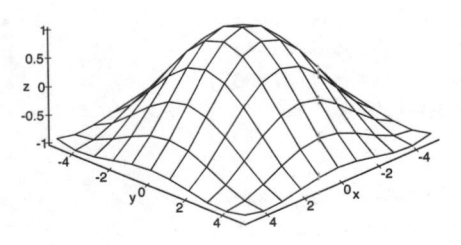

```
setoptions3d(style=hidden,color=black):
data := [ seq( [ seq( [ i,j,
   evalf(cos(sqrt(i^2+j^2)/2)) ],
   i=-5..5) ], j=-5..5) ]:
surfdata( data, axes=frame,
          labels=[x,y,z] );
```

Deshalb lohnt es sich, eine Funktion zu definieren, die Folgen mit variabler Schrittweite so erzeugt, dass sie auch verschachtelt werden können:

```
varlf:=(term,var,a,b,n) -> seq(eval(term),var=seq(a+i*(b-a)/n,i=0..n));
data:=varlf([varlf([r*sin(phi), r*cos(phi), 1.5*phi+3*sin(r)],
            r,Pi,2*Pi,14)],phi,0,4*Pi,41):
```

Mit der neuen Funktion wird die Berechnung der Daten für eine dreidimensionale Rutschbahn zum Vergnügen:

```
surfdata(evalf([ data ]));
```

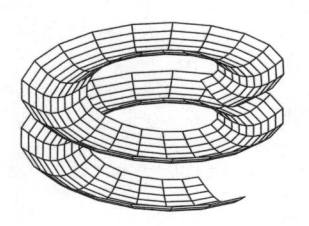

Dreidimensionale Punktgrafiken

Bei allen bisher behandelten Kommandos wird durch die Option style=point erreicht, dass die Daten in Punktform angezeigt werden. Damit die resultierenden Grafiken erkennbar bleiben, ist allerdings häufig eine asymmetrische Einstellung der grid-Option erforderlich, sodass die Punkte in der einen Richtung relativ eng aneinander rücken, in der zweiten Richtung dagegen deutliche Abstände aufweisen.

plot3d wird hier in seiner parametrischen Variante verwendet. Durch shading=none wird eine Einfärbung der Punkte vermieden. Beachten Sie die grid-Einstellung mit [80, 20]!

```
plot3d(
  [sin(s)*cos(t), cos(s)*cos(t), t],
  s=0..2*Pi, t=0..Pi, grid=[80,20],
  shading=none, scaling=constrained,
  style=point);
```

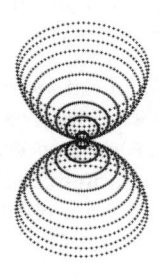

Wenn Sie die Punktmenge nicht durch eine Funktion, sondern durch eine Liste von Koordinatenpunkten angeben möchten, müssen Sie zum Zeichnen das Kommando pointplot3d verwenden. An das Kommando wird – ähnlich wie bei surfdata – eine Liste von Koordinatenpunkten übergeben. Die Form dieser Liste lautet $[[x1, y1, z1], [x2, y2, z2], ...]$. Wenn Sie zusätzlich die Option style=line angeben, zeichnet das Kommando nicht einzelne Punkte, sondern einen Linienzug.

Mit dem seq-Kommando wird eine Liste von 1000 Koordinatenpunkten einer Spirale im Raum berechnet. pointplot3d stellt diese Kurve räumlich dar.

```
with(plots):
data:= [ seq( evalf(
   [t/100, sin(t/30), cos(t/30)] ),
   t=0..1000) ]:
pointplot3d(data, axes=boxed);
```

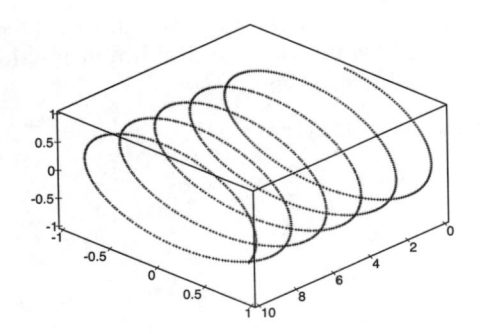

Optionen zur Oberflächengestaltung

Normalerweise (die Defaulteinstellung kann je nach Maple-Version wechseln) werden dreidimensionale Flächen am Bildschirm durch farbige Flächenstücke (Rechtecke) zusammengesetzt, die jeweils von einem dünnen schwarzen Rahmen umgeben sind. Durch die style-Option sind aber auch andere Darstellungsvarianten möglich. Die Standardvariante style=patch kennen Sie bereits aus einer Vielzahl von Abbildungen in diesem Kapitel, eine Abbildung zu style=point finden Sie im vorangegangenen Abschnitt. Die folgenden vier Abbildungen zeigen die verbleibenden Einstellungen hidden, wireframe, patchnogrid, contour und patchcontour.

Damit die Grafik nicht jedes Mal neu berechnet werden muss, wird sie zuerst einmal in *p* gespeichert. Es sei noch einmal daran erinnert, dass der Befehl dazu mit einem Doppelpunkt abgeschlossen werden muss, damit die Plotstruktur nicht ausgedruckt wird. Die Zeichnung kann dann mit p; (oder print(p); innerhalb einer Prozedur) abgerufen werden. In der Folge wird sie mehrmals mit display (aus dem plots-Package) unter der zusätzlichen Angabe weiterer Optionen angezeigt.

```
with(plots):
p:=plot3d( -5*cos(sqrt(x^2+y^2))*exp(-0.1 *sqrt(x^2+y^2)),
           x=-2*Pi..7*Pi, y=-2*Pi..4*Pi,grid=[45,35], axes=framed,
           scaling=constrained, orientation=[-157,62]):
```

In den beiden folgenden Abbildungen wird die Grafik ausschließlich durch Linien dargestellt – links mit Sichtbarkeitskontrolle, rechts ohne.

Optionen zur Oberflächengestaltung

```
display(p, style=hidden);                    display(p, style=wireframe);
```

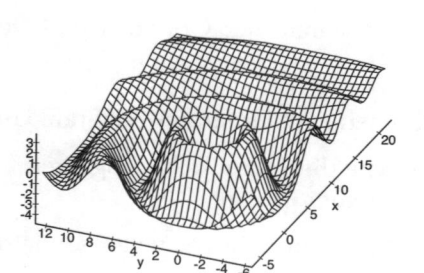

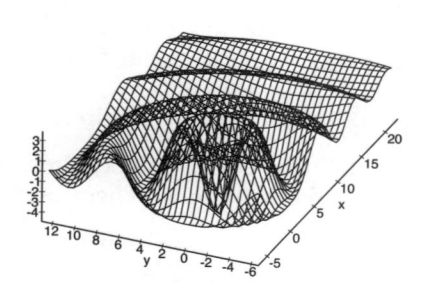

Die Einstellung patchnogrid führt dazu, dass die Grafik zwar mit Schattierungen angezeigt wird, aber ohne das sonst übliche Liniengitter. Durch patchcontour wird das Liniengitter durch Höhenlinien (wie auf einer Landkarte) ersetzt. Außerdem steht noch die Einstellung contour zur Verfügung, durch welche die Grafik ausschließlich durch Höhenlinien (aber ohne Schattierungen und vor allem auch ohne Sichtbarkeitskontrolle) dargestellt wird.

```
display(p, style=patchnogrid);               display(p, style=patchcontour);
```

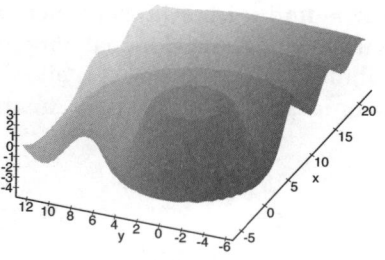

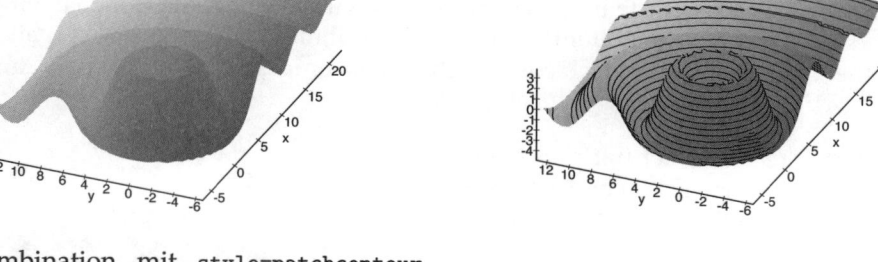

In Kombination mit style=patchcontour kann die Option contours verwendet werden. Diese Option gibt an, wie viele Höhenlinien gezeichnet werden (contours = n) oder in welchen Höhen die Höhenlinien gezeichnet werden sollen (contours = [z1, z2, z3 ...]).

```
display(p, style=patchcontour,
        contours=[-2,-1,0,1,2]);
```

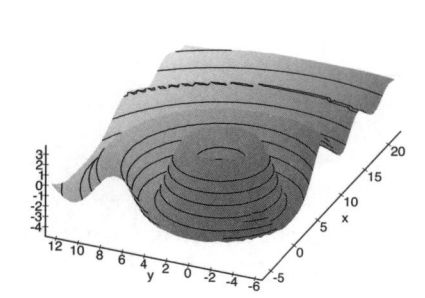

Farbe, Licht und Schatten

Die Einfärbung von dreidimensionalen Grafiken wird durch vier Optionen gesteuert: `shading`, `color`, `ambientlight` und `light`.

- `shading` wählt einen von mehreren Defaultalgorithmen zum Einfärben der Grafik aus.
- `color` definiert eine Farbe oder eine Funktion, welche die Farbe in Abhängigkeit von den x- und y-Koordinaten berechnet (`color` überschreibt `shading`).
- `light` und `ambientlight` geben eine oder mehrere gerichtete Lichtquellen sowie das Umgebungslicht an. Die Lichtquellen beleuchten die durch `shading` oder `color` eingefärbten Flächen.

Standardfarbverteilung mit der Option shading

Die Option `shading` wählt den Algorithmus, der die Schattierung (die Farbverteilung) über die Fläche steuert. Die Defaulteinstellung ist versionsabhängig, lautet jedoch zumeist `xyz`. In diesem Fall ist die Farbe von allen drei Koordinaten abhängig. Nach welcher Formel die Farbe dann konkret berechnet wird, geht aus der Maple-Dokumentation nicht hervor. Die Einstellung `xy` führt dazu, dass die Farbe nur von den x- und y-Koordinaten (nicht aber von z) abhängig ist. Die Einstellungen `z` und `zhue` bewirken eine reine Höhenabhängigkeit der Farbe. `zhue` erzeugt dabei buntere Bilder. Ganz ähnlich wirkt `zgreyscale`, allerdings werden die z-Werte nur in verschiedene Graustufen umgesetzt (was für den Ausdruck günstiger ist).

Die Abbildung rechts bezieht sich noch immer auf die im vorangegangenen Abschnitt in p gespeicherte Grafik.

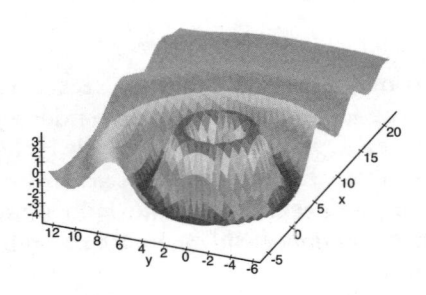

```
display(p, style=patchnogrid,
        shading=zhue);
```

Als letzte Einstellmöglichkeit kommt `none` in Frage: Dabei wird auf eine Einfärbung der Grafik überhaupt verzichtet, Linien und Punkte erscheinen schwarz, Flächen weiß. Diese Einstellung wird vor allem in Kombination mit `style=point` oder `=hidden` verwendet, wenn die Grafik ohnedies nur durch Punkte oder Linien dargestellt wird.

Wenn zur Einfärbung der Grafik explizit eine Farbfunktion (Option `color`) oder eine Lichtquelle (Option `light`) verwendet wird, hat `shading` keinen Einfluss mehr auf die Farbverteilung!

Farbverteilung durch eine eigene Funktion steuern

Wenn Sie mit den von Maple standardmäßig verwendeten Farben nicht zufrieden sind, können Sie über die Option `color` eigene Farben einstellen. Normalerweise wird mit `color` eine zweiparametrige Funktion angegeben, die den Farbverlauf über der Fläche steuert. In Sonderfällen (wie in der folgenden Abbildung) kann es aber auch sinnvoll sein, die gesamte Grafik in einer Farbe zu halten.

Am Bildschirm wird die obere der beiden sich durchdringenden Grafiken blau, die untere rot dargestellt.

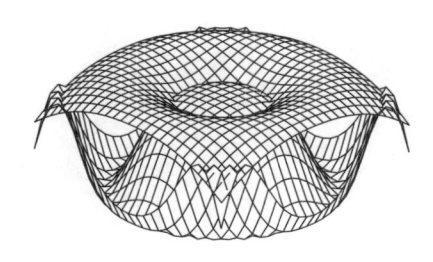

```
p1:=plot3d( 1.5*cos(x^2+y^2),
        x=-2..2, y=-2..2,
    style=hidden, color=red):
p2:=plot3d( 2*sin(sqrt(x^2+y^2)),
        x=-2..2, y=-2..2,
    style=hidden, color=blue):
display( [p1, p2] );
```

Nun aber zur Angabe einer Farbfunktion, die von den x- und y-Koordinaten der Grafik abhängig ist. Dazu existieren zwei Syntaxvarianten:

`color=f(x,y)`
bestimmt den Farbton (Übergang von Rot über Blau, Grün, Gelb wieder zu Rot).

`color=COLOR(RGB, r(x,y), g(x,y), b(x,y))`
bestimmt die Farbe durch die additive Mischung der Rot-, Grün- und Blauanteile.

Für beide Varianten gilt eine weitere Besonderheit von Maple: Die Farbkomponenten können in einem beliebigen Wertebereich angegeben werden (die allgemein übliche Einschränkung zwischen 0 und 1 gilt nicht). Bevor Maple die Grafik anzeigt, ermittelt es den kleinsten und größten Wert (jeweils getrennt für jede Komponente) und skaliert die Werte anschließend in den Wertebereich zwischen 0 und 1. Auf der einen Seite ist dieses Verhalten recht praktisch, weil Sie sich wenig Gedanken bei der Formulierung der Farbfunktion machen müssen. Andererseits verlieren Sie damit einen wichtigen Steuerungsmechanismus zur exakten Einstellung der Farbe: So ist es beispielsweise nicht möglich, zwei Flächen, bei denen die eine z-Werte zwischen 0 und 3 und die andere z-Werte zwischen 0 und 4 aufweist, so einzufärben, dass bei beiden Flächen Punkte mit $z = 2$ dieselbe Farbe aufweisen. (Wie es dennoch geht, zeigt Kapitel 32 zum Thema Grafikprogrammierung.)

Die wichtigste Anwendung der `color`-Option (abgesehen von der Herstellung 'schöner' Grafiken) besteht darin, vierdimensionale Daten in einem dreidimensionalen Diagramm unterzubringen. Am häufigsten kommt dies bei komplexen Funktionen vor, wo vier Werte (x- und y-Koordinate, Betrag und Phase bzw. Real- und Imaginärteil der Funktion) auftreten (siehe auch das Kommando `complexplot3d`, das in Kapitel 31 beschrieben wird).

```
greyscale:=x->COLOR(RGB,x,x,x):          greyscale:=x->COLOR(RGB,x,x,x):
plot3d( Re(sin(x+I*y)),                  plot3d( abs(sin(x+I*y)),
  x=0..2*Pi, y=-1..1, axes=framed,         x=0..2*Pi, y=-1..1, axes=framed,
  orientation=[-103,26],                   orientation=[-103,26],
  style=patch,                             style=patch,
  color=greyscale(Im(sin(x+I*y))) );       color=greyscale(
                                             Pi+argument(sin(x+I*y)) ) );
```

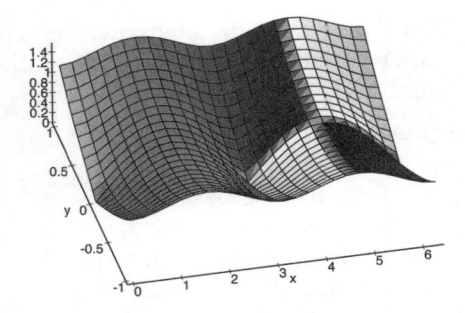

In den beiden obigen Abbildungen wird jeweils die komplexe Funktion $\sin(x+Iy)$ dargestellt. In der Abbildung links ist die z-Koordinate durch den Realteil, die Farbe durch den Imaginärteil bestimmt. Rechts ist die Höhe (z-Koordinate) der Grafik durch den Betrag der Funktion, die Farbe durch den Phasenwinkel bestimmt. Um eine optimale Darstellung beim Schwarzweißdruck zu erreichen, wurde zur Einstellung der Farben die Funktion *greyscale* definiert, mit der sehr bequem Graustufen erzeugt werden können.

Abschließend noch eine Anmerkung: Die Option `color` kann nicht in `display` verwendet werden, um die Farbverteilung einer bereits berechneten Grafik zu verändern. Wenn Sie eine Grafik mit veränderten Farben darstellen möchten, müssen Sie die Grafik dazu neu berechnen.

Beleuchtung der Grafik

Zusätzlich zur Einfärbung der Grafik durch `shading` oder `color` kann die Grafik durch Lichtquellen beleuchtet werden. Während die Farben ohne Beleuchtung ausschließlich durch `shading` oder `color` bestimmt werden, wird durch die Angabe von Lichtquellen auch der Winkel berücksichtigt, unter dem die Lichtstrahlen den Körper treffen. Maple kennt zwei Lichtquellen:

`ambientlight=[r,g,b]`
beschreibt das Umgebungslicht in seinen Komponenten Rot, Grün und Blau (je zwischen 0 und 1), das richtungsunabhängig alle Teilflächen gleich beleuchtet.

```
light=[phi, theta, r, g, b]
```
beschreibt eine Lichtquelle, die unter den Winkeln ϕ und θ auf den Körper strahlt. Der Polarwinkel ϕ wird zur vertikalen Achse gemessen (0, 90, 180, 270 Grad für eine Beleuchtung von oben, vorne, unten, hinten). Der Azimuth θ bestimmt die Drehung der Lichtquelle um die Vertikale (0, 90, 180, 270 Grad für eine Beleuchtung von vorne, rechts, hinten, links für $\phi = 90$). Die Option darf mehrmals hintereinander verwendet werden, um so mehrere gerichtete Lichtquellen zu definieren.

Entscheidend bei der Definition der gerichteten Lichtquellen ist die Tatsache, dass die dabei angegebenen Winkel nichts mit den Winkeln für die Blickrichtung (Option orientation) zu tun haben. orientation gibt an, aus welcher Richtung die Grafik betrachtet wird. Ausgangspunkt hierfür ist das Koordinatensystem der Grafik. Die Winkel in light beziehen sich dagegen auf den bereits gedrehten Körper (sozusagen auf das Bildschirmkoordinatensystem). Wenn Sie die Blickrichtung ändern, bewegen sich die Lichtquellen *nicht* mit.

Beachten Sie auch, dass die Reihenfolgen der Winkel für orientation und light voneinander abweichen! Bei orientation wird zuerst der vertikale, anschließend der horizontale Blickwinkel angegeben, bei light erfolgt die Angabe des Beleuchtungswinkels gerade in umgekehrter Reihenfolge.

Durch die Angabe mehrerer verschiedenfarbiger Lichtquellen aus unterschiedlichen Richtungen können Sie farbenprächtige Beleuchtungsmodelle bilden. Im Kontextmenü der Grafik können Sie zwischen vier vordefinierten Beleuchtungsmodellen auswählen.

Die folgenden Beispiele sind dagegen eher einfach gehalten. Sie beziehen sich auf eine Kugel, deren Flächen explizit mit Weiß eingefärbt wurden. Die Schattierungseffekte in den folgenden Abbildungen entstehen somit ausschließlich aus den unterschiedlichen Beleuchtungsmodellen.

Die Abbildung zeigt die weiße Kugel noch ohne die Verwendung eines Beleuchtungsmodells.

```
p:=plot3d( [sin(s)*cos(t),
            cos(s)*cos(t),
            sin(t)],
  s=0..Pi, t=0..2*Pi,
  scaling=constrained, color=white,
  orientation=[38,75], style=patch):
with(plots):
display(p);
```

In der Abbildung rechts ist die Kugel von einer weißen Lichtquelle rechts oben beleuchtet. Sobald eine Lichtquelle definiert ist, erscheinen alle nicht beleuchteten Teilflächen der Kugel schwarz.

```
display( p,
  light=[60,45,1,1,1]);
```

In der Abbildung rechts wurde zusätzlich zur gerichteten Lichtquelle der letzten Abbildung ein nicht allzu starkes Umgebungslicht eingesetzt.

```
display( p,
  light=[60,45,1,1,1],
  ambientlight=[0.3,0.3,0.3]);
```

In der letzten Abbildung dieser Serie wurde die Kugel von rechts oben mit rotem Licht, von links oben mit grünem Licht und von unten mit blauem Licht bestrahlt. Auf einem Farbmonitor leuchtet die Kugel in allen Farben, die sich durch die additive Farbmischung ergeben.

```
display( p,
  light=[60,45,1,0,0],
  light=[60,-45,0,1,0],
  light=[135,0,0,0,1]);
```

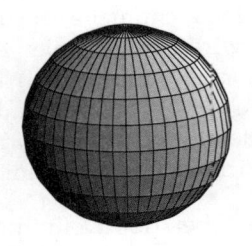

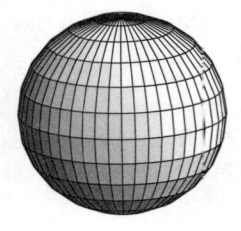

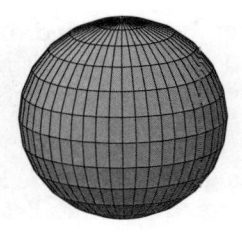

Syntaxzusammenfassung

```
plot3d(f(x,y), x=x0..x1, y=y0..y1, optionen);
plot3d((x,y)->f(x,y), x0..x1, y0..y1, optionen);
```
stellt die Fläche $z = f(x,y)$ dreidimensional dar. Die Bereichsangaben sind zwingend. Es kann auch eine Menge mehrerer Funktionen angegeben werden. Mögliche Optionen werden etwas weiter unten beschrieben.

```
plot3d([fx,fy,fz], s=s0..s1, t=t0..t1, optionen);
```
zeichnet die durch die Funktionen $[fx, fy, fz]$ definierte parametrische Fläche. fx, fy und fz sind von s und t abhängig.

```
with(plots);
```
aktiviert die Kommandos des `plots`-Package, hier: `spacecurve`, `tubeplot`, `surfdata`, `pointplot3d`, `textplot3d`, `setoptions3d` und `display`.

```
spacecurve([fx, fy, fz], t=t0..t1, optionen);
```
zeichnet die durch den Parameter t bestimmte Kurve im Raum.

```
tubeplot([fx, fy, fz], t=t0..t1, optionen);
tubeplot([fx, fy, fz], t=t0..t1, radius=fr, optionen);
```
wie `spacecurve`, nur wird um die Raumkurve eine Röhre mit Radius 1 bzw. variablem Radius $fr(t)$ gezeichnet.

```
listplot3d( [[z11,z12,...], [z21,z22,...], [...], ...] );
```
zeichnet die durch die z-Koordinaten gegebene Fläche. x- und y-Koordinaten werden von `listplot3d` selbstständig gewählt.

```
surfdata(data, optionen);
```
stellt die durch *data* definierte Fläche dreidimensional dar. *data* setzt sich aus einer zweifach verschachtelten Liste der Form $[[p11, p12, p13...], [p21, p22, p23...], ...]$ zusammen, wobei jeder Koordinatenpunkt in der Form $p = [x, y, z]$ angegeben wird.

```
pointplot3d(data, optionen);
```
zeichnet die durch ihre Koordinaten definierten Punkte im Raum. *data* wird durch eine Liste von Koordinatenpunkten gebildet, also $[[x0, y0, z0], [x1, y1, z1], ...]$.

```
textplot3d([x,y,z,'text'], color=black);
```
gibt den Text an der angegebenen Koordinatenposition aus. Die Beschriftung kann anschließend durch `display` mit einer anderen 3D-Grafik vereint werden.

```
setoptions3d(option=einstellung);
```
stellt die angegebene Option für alle weiteren `plot3d`-Kommandos ein.

```
display([p1, p2,...], optionen);
```
stellt eine oder mehrere 3D-Grafiken unter der Verwendung neuer Optionen dar.

Optionen zur Oberflächengestaltung

`style=...`
   gibt die Darstellungsform der Daten an:
   `point`: punktförmige Darstellung.
   `wireframe`: Darstellung durch Linien ohne Sichtbarkeitskontrolle.
   `hidden`: Darstellung durch Linien mit Sichtbarkeitskontrolle.
   `patch`: Darstellung mit Schattierungen und Linienraster.
   `patchnogrid`: Darstellung mit Schattierungen ohne Linienraster.
   `patchcontour`: Darstellung mit Schattierung und Höhenlinien.
   `contour`: nur Höhenlinien.

`contours=n`
`contours=[z0,z1...]`
   bestimmt die Anzahl bzw. die Orte der Höhenlinien. Die Option ist nur in Verbindung mit `style= patchcontour` sinnvoll.

`shading=...`
   wählt einen der Standardalgorithmen zum Einfärben der Grafik aus. Mögliche Einstellungen sind:
   `xyz`: Die Farbe ist von allen drei Koordinatenkomponenten abhängig.
   `xy`: Die Farbe ist nur von den x- und y-Koordinaten abhängig.
   `z`: Die z-Koordinate bestimmt die Farbe.
   `zhue`: Die z-Koordinate bestimmt den Farbton.
   `zgreyscale`: Die z-Koordinate bestimmt die Grauschattierung.
   `none`: keine Farben (Linien und Punkte sind schwarz, Flächen weiß).

`color=...`
   gibt eine Farbe oder eine Farbfunktion an, die in Abhängigkeit der Variablen x, y und z die Farbe bestimmt. Die Farbfunktion kann entweder unmittelbar formuliert werden und bestimmt dann den Farbton oder sie wird unter Zuhilfenahme von `COLOR(RGB,r,g,b)` angegeben und bestimmt die Farbe dann durch additive oder subtraktive Farbmischung. Mit `color=[r(x,y),g(x,y),b(x,y)]` können die Farbanteile als Funktionen der Koordinaten angegeben werden.

`light=...`
   definiert eine gerichtete Lichtquelle in der Form $[\phi, \theta, r, g, b]$. Der erste Winkel bestimmt die vertikale Beleuchtungsrichtung, der zweite Winkel die horizontale Richtung. Durch die mehrmalige Verwendung der Option können mehrere Lichtquellen angegeben werden.

`ambientlight=...`
   definiert ein ungerichtetes Umgebungslicht in der Form $[r, g, b]$.

Allgemeine Optionen

`axes=...`
bestimmt das Aussehen der Koordinatenachsen:
`normal`: Die Achsen gehen durch den Ursprung.
`frame`: Die Achsen kreuzen sich in der linken unteren Ecke des Diagramms.
`boxed`: Das Diagramm wird von einem Quader umrahmt.
`none`: Es werden überhaupt keine Koordinatenachsen angezeigt (Defaulteinstellung).

`tickmarks=[nx,ny,nz]`
gibt an, wie viele Punkte der x-, y- und z-Achse Maple mindestens beschriften soll.

`grid=[nx,ny]`
gibt die Anzahl der zu berechnenden Punkte in x- und y-Richtung an (Defaulteinstellung [25, 25]).

`orientation=[theta,phi]`
gibt die Blickrichtung an, aus der die Grafik betrachtet wird. θ bestimmt den horizontalen, ϕ den vertikalen Blickwinkel.

`projection=n`
gibt die Perspektive an. Der Wertebereich geht von 0 (Nahperspektive) bis 1 (Fernperspektive, keine Verzerrung, Defaulteinstellung).

`view=...`
gibt den sichtbaren Bereich der Grafik an. Normalerweise wird der Bereich nur für die z-Achse zusätzlich angegeben ($z0..z1$), es ist aber auch eine Angabe aller drei Koordinaten in der Form $[x0..x1, y0..y1, z0..z1]$ möglich.

Anmerkung: Zahlreiche Optionen, die in der Syntaxzusammenfassung des vorherigen Kapitels zum Thema 2D-Grafik aufgezählt wurden, können in gleicher Weise auch für 3D-Grafiken verwendet werden: `axesfont`, `font`, `labels`, `labelfont`, `linestyle`, `scaling`, `symbol`, `thickness`, `title` und `titlefont`.

Teil III

Maple für Fortgeschrittene

Der dritte dieses Buchs beschäftigt sich mit Problemen, die im täglichen Gebrauch von Maple selten vorkommen. Für viele Leser wird vielleicht nur eines dieser Themen interessant oder wichtig sein, die anderen dagegen nicht. Aus diesem Grund sind die Kapitel weitgehend unabhängig voneinander und bauen nicht aufeinander auf. Allerdings wird ein Grundlagenwissen aus Teil II dieses Buchs (beispielsweise der Umgang mit Listen) vorausgesetzt.

Die folgenden Kapitel können in vier Gruppen unterteilt werden:

- Kapitel 21 bis 27 behandeln fortgeschrittene mathematische Themen: Statistik und Wahrscheinlichkeitsrechnung, die Bildung von Regressions- und Interpolationsfunktionen, die Lösung von Optimierungsproblemen, das Aufstellen und Rechnen mit Reihen, den Umgang mit den Kommandos zur Laplace- und Fourier-Transformation und schließlich das Rechnen mit vektoriellen Funktionen (Vektoranalysis).

- Kapitel 28 bis 30 geben eine Einführung in die Programmierung in Maple. Im Vordergrund steht dabei die Vermittlung von Grundlagenkenntnissen über die internen Datenstrukturen von Maple (also beispielsweise den Aufbau eines mathematischen Ausdrucks), über die prozeduralen Sprachelemente von Maple (Abfragen, Schleifen etc.) und schließlich über die Programmierung eigener Packages. Einige praktische Beispiele runden diese Einführung ab.

- Kapitel 31 und 32 greifen nochmals das Thema Grafik auf, das ja bereits in den beiden vorangegangenen Kapiteln ausführlich behandelt wurde. Kapitel 31 stellt diverse Spezialkommandos vor, Kapitel 32 bietet eine Einführung in die Grafikprogrammierung. Zusammen mit dem Wissen aus den drei Kapiteln zum Thema Programmieren werden Sie in die Lage versetzt, eigene Grafikfunktionen zu programmieren.

Kapitel 21

Kombinatorik, Statistik, Wahrscheinlichkeitsrechnung

Dieses Kapitel beginnt mit einem Abschnitt zum Thema Kombinatorik, in dem einige Funktionen des Package `combinat` vorgestellt werden. Der Rest des Kapitels widmet sich den Funktionen des Statistik-Package. Dieses Package gliedert sich in mehrere Subpackages:

`transform`
enthält Funktionen zur Durchführung elementarer Bearbeitungsschritte (etwa `statsort` zum Sortieren statistischer Daten oder `split` und `tallyinto` zur Einteilung der Daten in Gruppen).

`statevalf`
definiert die Funktion `statevalf` zur numerischen Auswertung zahlreicher stetiger und diskreter Wahrscheinlichkeitsverteilungen. Zu allen Verteilungen können Werte der Dichtefunktion, der kumulierten Dichtefunktion (Verteilungsfunktion) und der dazugehörigen inversen Funktion berechnet werden.

`random`
enthält Funktionen zur Erzeugung von Zufallszahlen, die nach verschiedenen Wahrscheinlichkeitsfunktionen verteilt sind.

`statsplot`
definiert einige Funktionen zur Erstellung von statistischen Diagrammen (`scatterplot`, `boxplot`, `histogram` etc.).

Verweis: Die Bildung von Regressionsfunktionen durch vorgegebene Datenpunkte wird im nächsten Kapitel zum Thema Regressions- und Interpolationsfunktionen behandelt.

Kombinatorik

Der Operator ! zur Berechnung der Fakultät und die Funktion `binomial` zur Ermittlung des Binomialkoeffizienten gehören zu den Grundfunktionen von Maple. `binomial` kann auch für symbolische Berechnungen verwendet werden, allerdings muss das Ergebnis mit `expand` weiterbearbeitet werden, da `binomial` von Maple nicht automatisch expandiert wird. (Wie das Beispiel zeigt, verwendet Maple dabei automatisch zur Vereinfachung die Beziehung `binomial(n,k)=binomial(n,n-k)`.)

```
5!;
   120
binomial(12,10);
   66
binomial(a+3,a);
   binomial(a + 3, a)
expand(%);
   1/6 (a+1)(a+2)(a+3)
```

Weitere Funktionen zum Thema Kombinatorik sind im Package `combinat` definiert. Die Funktionen können nicht nur dazu eingesetzt werden, die mögliche Anzahl von Kombinationen, Permutationen etc. zu berechnen, sondern auch dazu, Permutationen mit vorgegebenen Listenelementen tatsächlich auszuführen. Die folgenden Beispiele stellen die wichtigsten Funktionen vor.

`multinomial` ist eine Erweiterung zu `binomial`. die Funktion dividiert die Fakultät des ersten Parameters durch das Produkt der Fakultäten aller weiteren Parameter. Dabei müssen der erste Parameter und die Summe aller weiteren Parameter identisch sein. `multinomial(n,k1,...,km)` beschreibt die Anzahl der Möglichkeiten, eine Menge von n Elementen in m Teilmengen mit $k1,...,km$ Elementen zu zerlegen.

```
with(combinat):
multinomial(12,5,5,2);
   16632
12! / (5! * 5! *2!);
   16632
```

`choose` bildet alle möglichen Kombinationen mit den Elementen einer Liste. Statt einer Liste kann auch eine ganze Zahl n übergeben werden. Maple interpretiert n dann als Liste $[1, 2, ..., n]$. Die Reihenfolge der Elemente spielt bei Kombinationen keine Rolle. Durch einen optionalen zweiten Parameter kann bestimmt werden, dass nur Kombinationen mit einer bestimmten Elementanzahl erstellt werden.

`numbcomb` ermittelt die Anzahl der Kombinationen, ohne diese tatsächlich alle zu generieren, und ist daher deutlich schneller als der inhaltlich gleichwertige Term `nops(choose(m,n))`. Beachten Sie aber, dass hier nicht unbedingt die Potenzmenge abgezählt wird, da es sich bei den Argumenten der Funktion um Listen handelt, in denen das mehrfache Vorkommen eines Elements (wie im nächsten Beispiel) erlaubt ist. `randcomb` ermittelt eine Zufallskombination mit einer vorgegebenen Anzahl von Elementen. Der zweite Parameter ist bei dieser Funktion nicht optional.

Kombinatorik

```
choose( [a,b,b,c]), numbcomb( [a,b,b,c]);
```
$[[\ ], [b], [c], [b, c], [b, b], [b, b, c], [a], [a, b], [a, c], [a, b, c], [a, b, b], [a, b, b, c]], 12$

```
choose( [a,b,b,c],2), numbcomb( [a,b,b,c], 2);
```
$[[a, b], [a, c], [b, b], [b, c]], 4$

```
randcomb( [a,b,b,c],2);
```
$[b, b]$

Ganz ähnlich wie `choose` arbeitet die Funktion `permutation`, die alle möglichen Permutationen der Listenelemente ermittelt. `numbperm` berechnet die Anzahl der möglichen Permutationen, `randperm` ermittelt eine zufällige Permutation.

```
permute([a,b,b,c]), numbperm([a,b,b,c]);
```
$[[a, b, b, c], [a, b, c, b], [a, c, b, b], [b, a, b, c], [b, a, c, b], [b, b, a, c], [b, b, c, a], [b, c, a, b],$
$[b, c, b, a], [c, a, b, b], [c, b, a, b], [c, b, b, a]], 12$

```
permute([a,b,b,c],2), numbperm([a,b,b,c],2);
```
$[[a, b], [a, c], [b, a], [b, b], [b, c], [c, a], [c, b]], 7$

```
randperm([a,b,b,c]);
```
$[b, a, b, c]$

`cartprod` liefert einen Iterator, der alle möglichen Elementkombinationen aus mehreren Listen bildet (das Kartesische Produkt der Listen). Wenn an die Funktion drei Listen übergeben werden, erzeugt sie alle dreielementigen Listen, in denen das erste Element aus der ersten Liste, das zweite Element aus der zweiten Liste und das dritte Element aus der dritten Liste stammt. Haben die drei Listen n_1, n_2 und n_3 Elemente, so hat das Ergebnis $n_1 \cdot n_2 \cdot n_3$ Elemente.

Im Gegensatz zu `choose` und `permute` werden diese Ergebnisse aber nicht in Form einer kompletten Liste ausgegeben, sondern müssen der Reihe nach abgerufen werden. Dies ist bei großen Listen wegen des Speicherplatzbedarfs sinnvoll. `cartprod` erzeugt ein Objekt mit zwei Methoden – `finished` und `nextvalue` – die anschließend verwendet werden können, um die Liste der Kombinationen iterativ durchzugehen. Die gewünschte Methode wird dabei hinter dem Namen des mit `cartprod` definierten Objekts in eckigen Klammern angegeben. Mit `Objekt[finished]` kann man testen, ob es überhaupt noch Listenelemente gibt. Wenn das der Fall ist, kann das nächste Element mit `Objekt[nextvalue]()` abgerufen werden. (Man beachte die runden Klammern! Hier wird eine Funktion ohne Parameter aufgerufen.)

Im Beispiel unten wurde eine kleine Schleife gebildet, die als Ergebnis die gewünschte Liste in der Variablen l liefert. Informationen zu den Schleifenkommandos finden Sie in Kapitel 29.

```
cproc:=cartprod( [[a,b,c],[x,y],[1,2]]):
l:=[]: while not cproc[finished] do l:=[op(l),cproc[nextvalue]()]: od: l;
```

$[[a,x,1],[a,x,2],[a,y,1],[a,y,2],[b,x,1],[b,x,2],[b,y,1],[b,y,2],[c,x,1],[c,x,2],$
$[c,y,1],[c,y,2]]$

`partition` liefert eine Liste aller möglichen Listen natürlicher Zahlen, die jeweils addiert eine vorgegebene natürliche Zahl ergeben. Listen mit den gleichen Zahlen in verschiedenen Reihenfolgen gelten dabei als gleich. `numbpart` berechnet die Anzahl dieser Listen. Eine Variante dazu stellen `composition` und `numbcomp` dar: Dort muss die Anzahl der Summanden vorgegeben werden; die Reihenfolge der Summanden wird im Gegensatz zu `partition` berücksichtigt.

```
partition(6), numbpart(6);
```

$[[1,1,1,1,1,1],[1,1,1,1,2],[1,1,2,2],[2,2,2],[1,1,1,3],[1,2,3],[3,3],[1,1,4],[2,4],$
$[1,5],[6]],11$

```
composition(6,2), numbcomp(6,2);
```

$\{[3,3],[2,4],[1,5],[5,1],[4,2]\},5$

Bearbeitung statistischer Daten

Das Statistik-Package beinhaltet Funktionen zur Durchführung statistischer Untersuchungen, zur Darstellung statistischer Diagramme und zur Berechnung von Wahrscheinlichkeitsverteilungen. Das `stats`-Package ist in Subpackages organisiert. Bevor irgendeine Statistikfunktion ausgeführt werden kann, muss zuerst `with(stats)` und anschließend `with(subname)` ausgeführt werden. Die meisten Subpackages werden im Verlauf dieses Kapitels beschrieben. Eine Ausnahme bildet lediglich das Subpackage `fit`, das im folgenden Kapitel (Regressions- und Interpolationsfunktionen) behandelt wird.

Eine gemeinsame Besonderheit aller Statistikkommandos besteht darin, dass einzelne Parameter häufig in eckigen Klammern angegeben werden müssen (etwa `split[2](liste)` statt `split(2,liste)`).

Darstellung statistischer Daten

Voraussetzung für das Verständnis der Statistikfunktionen ist die Kenntnis der Darstellungsmöglichkeiten statistischer Daten. Statistische Daten werden generell in Listen gespeichert. Innerhalb von Listen sind im `stats`-Package folgende Datentypen vorgesehen:

x	Datenpunkt x.
x1..x2	Datenbereich $x1..x2$. Ein Datenbereich meint einen beliebigen Punkt, der zwischen $x1$ (inklusive) und $x2$ (exklusive) liegt.

missing	fehlender Datenpunkt. Die meisten Statistikkommandos kommen auch mit Datenmengen zurecht, die unvollständig sind. In der Realität kommt das sehr häufig vor, beispielsweise bei der Auswertung von Fragebögen, wenn manche Fragen einfach nicht beantwortet wurden. Nicht vorhandene Datenpunkte müssen mit dem Schlüsselwort missing gekennzeichnet werden.
Weight(x,w)	gewichteter Datenpunkt. Für x kann einer der drei obigen Datentypen eingesetzt werden. w gibt die Gewichtung an. Weight(2, 3) ist gleichbedeutend mit drei Datenpunkten der Größe 2. Weight(1..5, 4) gibt an, dass vier Datenpunkte zwischen 1 und 5 liegen. Weight erfüllt selbst keine Funktion und kann daher auch nicht ausgewertet werden. Weight wird nur zur internen Darstellung gewichteter Daten verwendet.

Das folgende Beispiel soll den Umgang mit diesen Datentypen verdeutlichen. data zeigt eine typische statistische Liste, bestehend aus den drei normalen Datenpunkten 2, 3 und 4, dem vierfach auftretenden Datenpunkt 5, einem fehlenden Datenpunkt und dem Datenbereich 1..4, in dem drei weitere Datenpunkte liegen. mean berechnet aus dieser Liste den Mittelwert. Die Anweisung zeigt gleichzeitig, wie mean zu seinem Ergebnis kommt.

```
with(stats): with(describe):
data:=[ 2,3,4,Weight(5,4),missing,Weight(1..4,3) ];
```
$$data := [2, 3, 4, \text{Weight}(5, 4), \mathit{missing}, \text{Weight}(1..4, 3)]$$

```
mean(data), (2+3+4+5*4+(1+4)/2*3)/10;
```
$$\frac{73}{20}, \frac{73}{20}$$

Statistische Daten aus einer Datei lesen

Um statistische Daten bequem aus einer Textdatei in Maple-Listen einzulesen, existiert die Funktion importdata. Diese Funktion ist unmittelbar im stats-Package enthalten, es muss also kein Subpackage geladen werden. Die Textdatei darf nur Zahlen und das Zeichen * für fehlende Datenpunkte enthalten. Die Datenpunkte müssen durch Leer- oder Tabulatorzeichen oder durch Zeilenumbrüche voneinander getrennt sein.

Das folgende Beispiel geht davon aus, dass sich in der Datei statdata.dat die vier nebenstehenden Textzeilen befinden.

```
1 2 3.5
1 * 4
2 7 3
9 8 7
```

Wenn `importdata` ohne weitere Parameter aufgerufen wird, liefert es die Daten in einer einzigen Zahlenfolge. Durch den optionalen zweiten Parameter können die Daten spaltenweise in Teillisten angeordnet werden.

```
importdata('statdata.dat');
```
    1., 2., 3.5, 1., *missing*, 4., 2., 7., 3., 9., 8., 7.
```
importdata('statdata.dat',3);
```
    [1., 1., 2., 9.], [2., *missing*, 7., 8.],

        [3.5, 4., 3., 7.]

Anmerkung: `importdata` findet die gesuchte Datei nur im aktuellen Verzeichnis. Als aktuelles Verzeichnis gilt allerdings nicht das Verzeichnis, in dem sich auch die Worksheet-Datei befindet, sondern normalerweise das Maple-Verzeichnis. Es gibt in Maple leider keine Möglichkeit, auf Dateien zuzugreifen, die sich im selben Verzeichnis befinden wie die aktuelle Arbeitsmappe (es sei denn, Sie geben den vollständigen Pfad an – aber das ist natürlich auch nicht portabel, wenn Sie das Worksheet später auf einem anderen Rechner verwenden möchten). Beachten Sie bei der Angabe von Dateinamen, dass der Name in rechts gerichtete Apostrophe gesetzt werden muss. Bei der DOS- und Windows-Funktion muss der Backslash jeweils doppelt angegeben werden, also etwa `"c:\\maple 6\\datei.dat"`.

Für Daten, die nicht in dem durch `importdata` vorgeschriebenen Format vorliegen, muss eine eigene Prozedur zum Einlesen der Daten programmiert werden (siehe `readdata`, `readline` und `sscanf` in Kapitel 29).

Statistische Daten transformieren

Listen mit statistischen Daten können prinzipiell mit allen Funktionen bearbeitet werden, die zur Manipulation von Listen vorgesehen sind (`map`, `zip`, `op` etc., siehe Kapitel 9). Die im Subpackage `transform` definierten Spezialfunktionen haben aber den Vorteil, dass sie auf die Besonderheiten statistischer Daten Rücksicht nehmen und insbesondere auch mit Datenbereichen, fehlenden Datenpunkten und gewichteten Daten zurechtkommen. Als Ausgangspunkt für die folgenden Beispiele dienen die Beispieldaten in der Variablen *tst*.

```
with(stats): with(transform):
tst:=[Weight(1..3,4), 3..4, Weight(4..7,4), 8];
```
   $tst := [\,\text{Weight}(\,1..3,4\,), 3..4, \text{Weight}(\,4..7,4\,), 8\,]$

`statvalue` ermittelt die Werte bzw. Wertbereiche einer statistischen Liste und entfernt dabei Gewichtungen durch `Weight`. Durch `classmark` können vorher alle Bereiche durch deren Mittelwerte ersetzt werden. `frequency` liefert eine Liste aller Gewichtungsfaktoren. `cumulativefrequency` hat eine ähnliche Funktion, summiert die Faktoren aber sukzessive.

```
statvalue(tst);
```

$[\,1..3,3..4,4..7,8\,]$

```
classmark(tst), statvalue(classmark(tst));
```

$\left[\text{Weight}(\,2,4\,),\frac{7}{2},\text{Weight}\left(\frac{11}{2},4\right),8\right],\left[2,\frac{7}{2},\frac{11}{2},8\right]$

```
frequency(tst), cumulativefrequency(tst);
```

$[\,4,1,4,1\,],[\,4,5,9,10\,]$

apply entspricht in seiner Funktion map und wendet die in eckigen Klammern angegebene Funktion auf alle Listenelemente an. Im Gegensatz zu map kann apply aber auch mit den besonderen Werten in Statistiklisten umgehen. Bei Bereichen werden beide Bereichsgrenzen verändert. Gewichtungsfaktoren bleiben unverändert. multiapply ist mit zip vergleichbar und bildet eine neue Liste, wobei in die mehrparametrige Funktion je ein Element aus jeder übergebenen Liste eingesetzt wird. Beachten Sie, dass bei beiden Kommandos die Bearbeitungsfunktionen in eckigen Klammern angegeben werden.

```
apply[sin](tst);
```

$[\,\text{Weight}(\,\sin(\,1\,)..\sin(\,3\,),4\,),\sin(\,3\,)..\sin(\,4\,),\text{Weight}(\,\sin(\,4\,)..\sin(\,7\,),4\,),\sin(\,8\,)\,]$

```
multiapply[(x,y)->x*y]([[1,2,3], [4,5,6]]);
```

$[\,4,10,18\,]$

scaleweight multipliziert alle Gewichtungsfaktoren mit dem in eckigen Klammern angegebenen Faktor. Im Beispiel unten wird die Funktion count aus dem describe-Subpackage verwendet, um die Gewichte durch die Anzahl der Datenpunkte zu dividieren. Die Summe aller Gewichte beträgt anschließend 1.

```
with(describe):
scaleweight[1/count(tst)](tst);
```

$\left[\text{Weight}\left(1..3,\frac{2}{5}\right),\text{Weight}\left(3..4,\frac{1}{10}\right),\text{Weight}\left(4..7,\frac{2}{5}\right),\text{Weight}\left(8,\frac{1}{10}\right)\right]$

statsort sortiert die angegebenen Datenpunkte. Wenn sich Datenbereiche überlappen oder wenn einzelne Datenpunkte in Datenbereichen liegen, liefert statsort eine Fehlermeldung. Abhilfe bietet classmark zur Umwandlung von Bereichen in Mittelwerte.

```
statsort( [6,missing,3,Weight(4..5,2)] );
```

$[\,3,\text{Weight}(\,4..5,2\,),6,\textit{missing}\,]$

split zerlegt eine Liste in n gleich lange Teillisten. Die Reihenfolge der Elemente wird dabei nicht verändert, d. h., die Liste muss gegebenenfalls *vorher* sortiert werden. Wenn die Anzahl der Datenpunkte nicht ein Vielfaches von n beträgt, dann werden auch einzelne Datenpunkte zerlegt und anteilsmäßig (mit Gewichtungsfaktoren) in die beiden Teillisten eingefügt.

```
split[3]([1,2,3,4,5,6]);
```
$[[1,2],[3,4],[5,6]]$

```
split[4]([1,2,3,4,5,6]);
```
$\left[\left[1, \text{Weight}\left(2, \frac{1}{2}\right)\right], \left[\text{Weight}\left(2, \frac{1}{2}\right), 3\right], \left[4, \text{Weight}\left(5, \frac{1}{2}\right)\right], \left[\text{Weight}\left(5, \frac{1}{2}\right), 6\right]\right]$

`tallyinto` ist zur Durchführung von Klasseneinteilungen geeignet. Die Funktion bildet eine Liste mit gewichteten Bereichen, wobei vorgegebene Bereiche (Untergrenze inklusive, Obergrenze exklusive) beachtet werden. Die Daten müssen vorher nicht sortiert werden.

```
tallyinto( [1,2,2,2,3,4,5,6,6], [1..3,3..4,4..7]);
```
$[\text{Weight}(1..3, 4), 3..4, \text{Weight}(4..7, 4)]$

Das folgende Beispiel zeigt eine weitere Anwendung von `tallyinto`, diesmal zur Durchführung einer Klasseneinteilung von hundert Zufallszahlen. Beachten Sie insbesondere, wie mit `seq` die Bereichsgrenzen mit minimalem Tippaufwand generiert und in der Variablen *bins* gespeichert werden.

```
tst:=[seq(rand(100)(), n=1..100)];
```
$tst := [33, 83, 16, 98, 8, 38, 16, 21, 54, 53, 22, 92, 57, 95, 30, 16, 53, 67, 31, 8, 1, 29, 79, ...,$
$34, 0, 88, 73, 37, 54, 58, 85, 86, 97, 47, 14, 39, 75, 27, 81, 75, 35, 81, 81, 36, 73, 8, 2, 34]$

```
bins:=[seq(10*n..10*n+10   ,n=0..9)];
```
$bins := [0..10, 10..20, 20..30, 30..40, 40..50, 50..60, 60..70, 70..80, 80..90, 90..100]$

```
tallyinto(tst,bins);
```
$[\text{Weight}(10..20, 8), \text{Weight}(20..30, 11), \text{Weight}(30..40, 15), \text{Weight}(40..50, 6), ...,$
$\text{Weight}(90..100, 7), \text{Weight}(0..10, 11)]$

```
frequency(%);
```
$[8, 11, 15, 6, 16, 3, 8, 15, 7, 11]$

Statistische Kennzahlen (beschreibende Statistik)

Das stats-Subpackage `describe` enthält eine Menge Funktionen zur Berechnung elementarer statistischer Kennzahlen (Mittelwert, Standardabweichung etc.). Die Anwendung dieser Funktionen ist in den meisten Fällen so einfach, dass hier nur zu den wichtigsten Funktionen ein Beispiel angegeben wird.

```
with(stats): with(describe):
```
$[coefficientofvariation, count, countmissing, covariance, decile, geometricmean, harmonicmean,$
$kurtosis, linearcorrelation, mean, meandeviation, median, mode, moment, percentile,$
$quadraticmean, quantile, quartile, range, skewness, standarddeviation, sumdata, variance]$

Als Testdaten für die folgenden Beispiele dient die Zahlenreihe in *tst*: drei Datenpunkte, ein doppelt gewichteter Zahlenbereich zwischen 4 und 6 sowie zwei fehlende Datenpunkte. count ermittelt die Anzahl der gültigen Daten, countmissing die Anzahl der fehlenden Datenpunkte. range liefert den Bereich, den die Testdaten umfassen.

```
tst:= [1,2,3,Weight(4..6,2),
       Weight(missing,2)]:
count(tst), countmissing(tst);
```
$$5, 2$$
```
range(tst);
```
$$1..6$$

mean berechnet den Mittelwert der Daten. Neben mean existieren einige weitere Mittelwertkommandos, etwa quadraticmean, harmonicmean oder geometricmean.

```
mean(tst);
```
$$\frac{16}{5}$$
```
quadraticmean(tst);
```
$$\frac{3}{10}$$

Standardabweichung und Varianz werden mit standarddeviation und variance berechnet. Auch hier existieren einige Varianten, etwa coefficientofvariation oder meandeviation.

```
standarddeviation(tst),
  variance(tst);
```
$$\frac{8}{5}, \frac{64}{25}$$

median, quartile, decil, percentil und quantile ermitteln jenen (zumeist interpolierten) Datenpunkt, an dem die Daten in zwei Teile geteilt werden können. Das Beispiel rechts zeigt drei gleichwertige Möglichkeiten, den Teilungspunkt zwischen den unteren drei Vierteln und dem oberen Viertel zu bestimmen.

```
quantile[3/4](tst), quartile[3](tst),
  percentile[75](tst);
```
$$\frac{39}{8}, \frac{39}{8}, \frac{39}{8}$$

Maple fehlen zurzeit Kommandos, um aussagekräftige Untersuchungen mehrerer Datenreihen durchzuführen. Die beiden einzigen Kommandos sind linearcorrelation und covariance, die den Korrelationskoeffizienten und die Kovarianz von zwei Datenreihen ermitteln.

```
tst:=[1,2,3,4],[2,4,5,6]:
linearcorrelation(tst ); evalf(%);
```
$$\frac{13}{35}\sqrt{7}, .9827076297$$
```
covariance(tst); evalf(%);
```
$$\frac{13}{8}, 1.625000000$$

Statistische Diagramme

Das Subpackage `statplots` stellt einige Befehle zur grafischen Darstellung statistischer Daten zur Verfügung. Die Befehle können in der Regel durch die üblichen Optionen für Plotstrukturen ergänzt werden.

Histogramme

Histogramme (Balkendiagramme) stellen die bekannteste und einfachste Form statistischer Diagramme dar. Die Funktion `histogram` erwartet als Parameter eine Liste von Weight-Funktionen, die am einfachsten durch `tallyinto` erzeugt werden kann. Im Beispiel unten werden normalverteilte Zufallszahlen mit `tallyinto` in Klassen eingeteilt. Die resultierende Liste mit Weight-Funktionen wird durch `scaleweight` auf die Summe 1 skaliert.

```
with(stats): with(statplots): with(transform):
with(random): with(describe): with(plots):
f:=normald[5,1]:    data:=[f(100)]:
tallyinto(data, [seq(n*0.5..(n+1)*0.5,n=1..20)]):
histdata:=scaleweight[1./count(%)](%);
```

$histdata := [Weight(0.5..1, 0), ..., Weight(4..4.5, 0.18), ..., Weight(10..10.5, 0)]$

Durch die folgenden Kommandos wird das Histogramm der obigen Klassenverteilung und die dazugehörige theoretische Verteilungskurve in einem Diagramm überlagert:

```
p1:=histogram(histdata):
fpdf:=statevalf[pdf,f]:
p2:=plot(fpdf(x), x=0.5..10):
display( [p1,p2] );
```

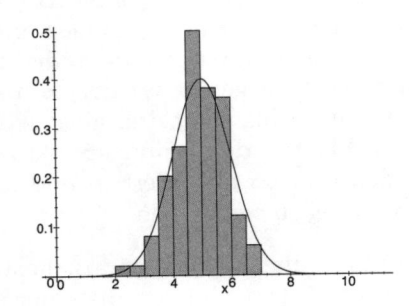

Maple sieht auch ein Kommando zur Darstellung dreidimensionaler Säulendiagramme vor: Das Kommando `matrixplot` ist im `plots`-Package versteckt. Die Optionen des folgenden Beispiels wurden so gewählt, dass eine möglichst neutrale Schattierung der Säulen erreicht wird. (Die Defaulteinstellung liefert ein buntes Farbenwirrwarr.)

Statistische Diagramme

```
matrixplot( [[1,2,3], [3,4,5]],
  heights=histogram, axes=framed,
  gap=0.2, ambientlight=[0.5,0.5,0.5],
  shading=none, style=patch,
  light=[45,45,0.5,0.5,0.5]);
```

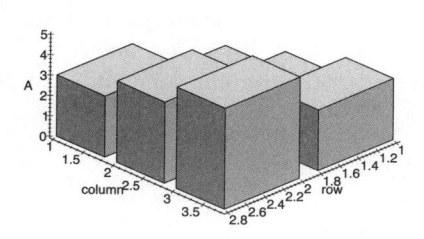

Zweidimensionale Scatter-Plots

scatterplot zeichnet ein Punktdiagramm. Die Koordinaten der Punkte werden aus den Elementen von zwei Listen übernommen. Die Reihenfolge der Listenelemente wird dabei nicht verändert.

```
datax:=[normald[5,1](100)]:
datay:=[normald[7,3](100)]:
scatterplot(datax,datay,color=navy);
```

Mit der Option format=quantile werden die beiden Listen vorher sortiert. Der jeweils kleinste Wert beider Listen ergibt dann die Koordinaten des ersten Punkts etc.

```
scatterplot(datax,datay,format=quantile);
```

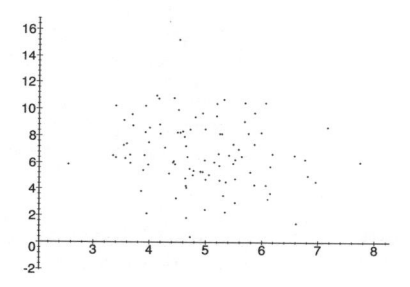

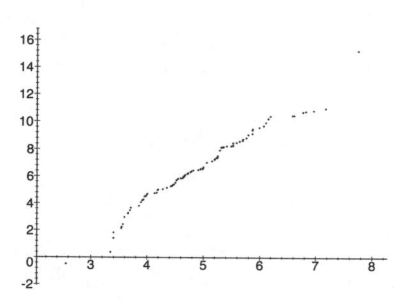

Ergänzungen zu zweidimensionalen Scatter-Plots

Mit den Befehlen scatter1d, boxplot und notchedbox kann die Verteilung eindimensionaler Daten grafisch dargestellt werden. Die resultierenden Grafiken werden allerdings selten für sich angezeigt, sondern meistens als Ergänzung zu einem Scatter-Plot verwendet. Das Problem beim Kombinieren der Grafiken besteht darin, dass die Teilgrafiken richtig positioniert und zum Teil verdreht werden müssen. Dazu stellt das statplots-Package die Kommandos xscale, xshift und xyexchange zur Verfügung.

scatterplot ergänzt bei eindimensionalen Daten jeden Punkt mit dem y-Wert 1. Die Dichte der Punkte gibt ein gutes visuelles Maß für die Verteilung der Daten an. Die Daten in *datax* stammen noch vom vorigen Beispiel.

```
scatterplot(datax);
```

Wenn die Option `format=jittered` verwendet wird, variiert scatterplot die ergänzte y-Koordinate der Punkte zufällig zwischen 1 und 0.

```
scatterplot(datax,format=jittered);
```

Die Option `format=stacked` bewirkt, dass mehrere Punkte mit demselben Wert übereinander dargestellt werden. Die Option ist in der Regel nur bei ganzzahligen Werten sinnvoll. Die Kurzschreibweise 2$5 mit dem Aufzählungsoperator $ meint $2, 2, 2, 2, 2$.

```
scatterplot([1, 2$5, 3$3,4$10,
             5, 6$4],format=stacked);
```

boxplot zeichnet einen vertikalen Balken, der Auskunft über den Wertebereich der Daten, den Ort des ersten und des dritten Quartils und den Ort des Medians gibt.

```
boxplot(datax);
```

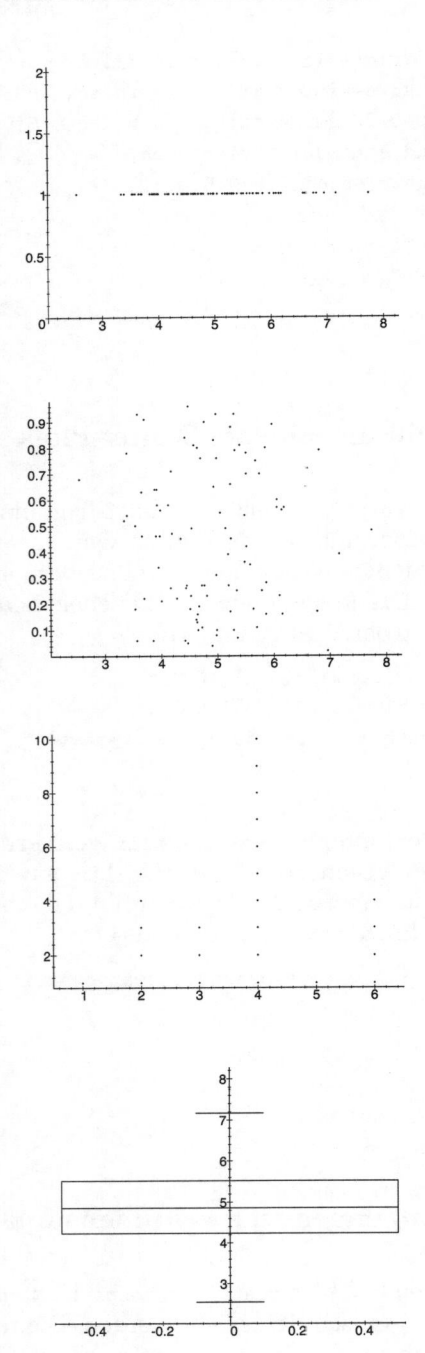

Statistische Diagramme

Die Option `format=notched` stellt eine Variante zu `boxplot` dar. Der Balken für das zweite und dritte Quartil wird dabei eingekerbt und bietet damit zusätzliche Informationen über die Verteilung der Daten. Mit den Optionen `shift` und `width` können (wie auch bei `boxplot`) der Ort und die Breite des Balkens angegeben werden.

```
boxplot(datax,format=notched,
            shift=5,width=2);
```

Das Diagramm rechts zeigt eine Kombination eines Scatter-Plots mit einem Box-Plot (oben) und einem Notch-Plot (rechts). Beachten Sie die Positionierung von *p2* und *p3* und die Verdrehung von *p2* durch `xyexchange`.

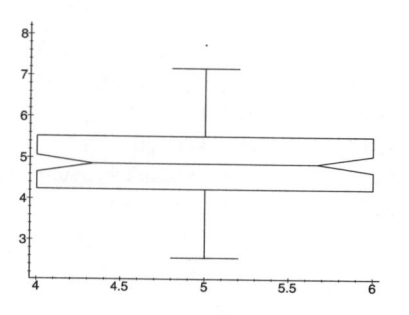

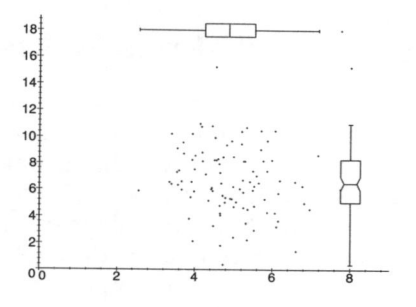

```
p1:=scatterplot(datax, datay):
p2:=xyexchange(boxplot(datax,shift=18,
                           width=1)):
p3:=boxplot(datay,format=notched,shift=8,
                           width=0.5):
display( [p1,p2,p3], view=[0..9,0..19]);
```

Das `statplots`-Package sieht zwar die Kommandos `xshift`, `yshift` und `xscale`, `yscale` zur horizontalen Verschiebung und Skalierung von 2D-Diagrammen vor, `yscale` ist aber leider (Release 6.1) nicht lauffähig. Man kann sich die Funktion jedoch leicht selbst definieren. Dazu wird die Plotstruktur um 90^0 gedreht, mit `xscale` skaliert und wieder zurückgedreht.

```
yscale := (scl,x)-> xyexchange(xscale(scl,xyexchange(x))):
```

Damit können Sie die letzte Abbildung dieses Abschnitts erstellen: ein Histogramm mit der Klasseneinteilung der Daten in *datay* und ein darüber dargestellter eindimensionaler Scatter-Plot. Dieser Scatter-Plot wird mit `yscale` und `yshift` vom y-Bereich zwischen 0 und 1 in den Bereich zwischen 0.3 und 0.35 transformiert.

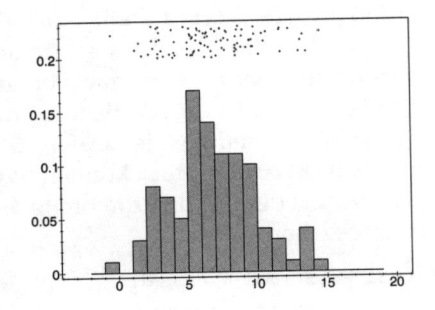

```
tallyinto(datay,
        [seq(n..n+1, n=-2..18)]):
histdata:=scaleweight[1./count(%)](%):
p1:=histogram(histdata):
p2:=yshift(0.3,yscale(0.05,
    scatterplot(datay,format=jittered))):
display([p1,p2], axes=boxed);
```

Stetige und diskrete Wahrscheinlichkeitsverteilungen

Im stats-Package sind zahlreiche stetige und diskrete Wahrscheinlichkeitsverteilungen definiert. Damit diese Verteilungsfunktionen numerisch ausgewertet werden können, muss das Subpackage statevalf aktiviert werden. Anschließend können für alle definierten Wahrscheinlichkeitsverteilungen die Dichtefunktion, die kumulierte Dichtefunktion (Verteilungsfunktion) und die dazugehörige inverse Funktion berechnet werden. Die folgenden Beispiele zeigen exemplarisch für einige Verteilungsfunktionen die Anwendung von statevalf. Das einzige Problem besteht in der ebenso unüblichen wie unübersichtlichen Syntax dieses Kommandos mit zweifach verschachtelten eckigen Klammern.

Verweis: Die Syntaxzusammenfassung am Ende des Kapitels zählt alle zur Verfügung stehenden Verteilungsfunktionen (immerhin 13 stetige und 6 diskrete) samt ihren Parametern auf. Eine ausführliche Beschreibung der Funktionen erhalten Sie mit ?stats, distributions.

Stetige Wahrscheinlichkeitsverteilungen

Im Beispiel rechts werden die Funktionen $f1$ bis $f3$ mit den drei Verteilungsfunktionen einer Normalverteilung mit dem Mittelwert 0 und der Standardabweichung 1 definiert. Dabei steht pdf für *probability density function*, cdf für *cumulative density function* und icdf für *inverse cumulative density function*. $f2$ und $f3$ sind also zueinander invers (siehe zweites Beispiel). Die beiden Abbildungen unten zeigen den Verlauf der drei Funktionen.

```
with(stats): with(statevalf):
f1:=statevalf[pdf,normald[0,1]]:
f2:=statevalf[cdf,normald[0,1]]:
f3:=statevalf[icdf,normald[0,1]]:
f1(1), f2(1), f3(0.841);

    .39894228, .841344746, .998576271

f3(f2(3));

    3.000000007
```

```
plot({f1(x), f2(x)}, x=-4..4);          plot(f3(x),x=0..1, -3..3);
```

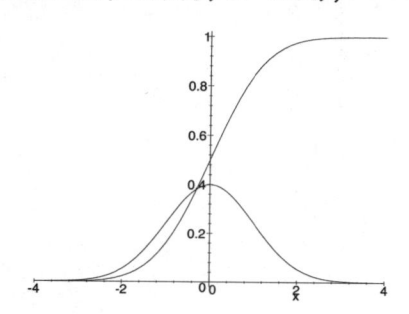

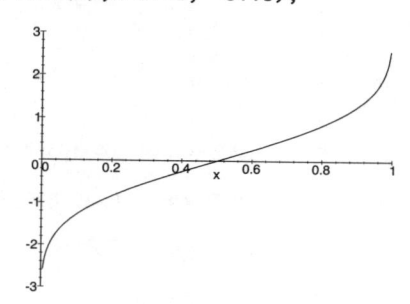

Mit dem folgenden Term beantworten Sie die Frage: Wie groß muss die mittlere Lebensdauer eines Motors sein, wenn die Standardabweichung 20000 km beträgt und zumindest 80 Prozent aller Motoren 90000 km laufen sollen?

```
statevalf[icdf,normald[90000,20000]](0.8);
```

    106832.4247

Die Abbildung rechts zeigt die Dichtefunktion einer Exponentialverteilung mit $\lambda = 1$.

```
f1:=statevalf[pdf,exponential[1]]:
plot(f1(x), x=0..4);
```

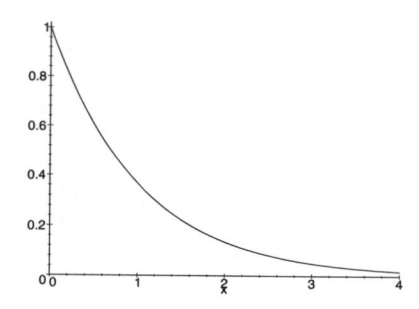

Die Abbildung rechts zeigt eine logarithmische Normalverteilung. Auf die Angabe der beiden Parameter μ und σ wurde verzichtet, Maple verwendet dann automatisch 0 und 1.

```
f1:=statevalf[pdf,lognormal]:
plot(f1(x), x=0..4);
```

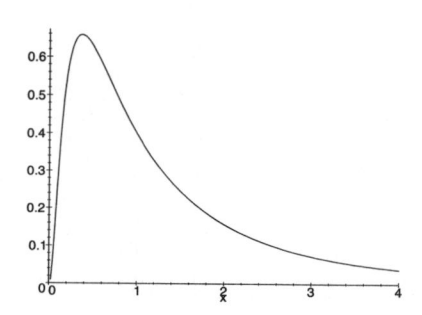

Diskrete Wahrscheinlichkeitsverteilungen

Bei diskreten Wahrscheinlichkeitsverteilungen verlangt statevalf die Schlüsselwörter pf für probability function, dcdf für discrete cumulative density function und idcdf für in-

verse discrete cumulative density function. Das Beispiel unten zeigt den Verlauf einer
Poisson-Verteilung mit $\mu = 5$.

```
f1:=statevalf[pf,poisson[5]]:
seq(f1(n), n=1..10);
```

   .03368973500, .08422433749, .1403738958,

   .1754673698, .1754673698, .1462228081,

   .1044448629, .06527803935, .03626557742,

   .01813278870

```
plot(f1(floor(x)), x=1..10,
    numpoints=1000);
```

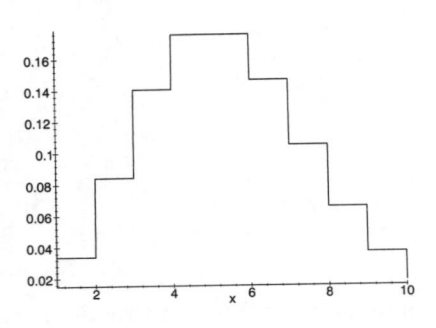

Wahrscheinlichkeitsverteilte Zufallszahlen

Nach dem Aktivieren des Subpackage `random` können zu allen Wahrscheinlichkeitsverteilungen Zufallszahlen berechnet werden. Die Syntax sieht im einfachsten Fall so aus, dass der Name der Verteilung und als Parameter die Anzahl der gewünschten Zufallszahlen angegeben werden. Statt der Anzahl darf auch das Schlüsselwort `generator` angegeben werden – dann gibt Maple eine Prozedur zurück, die sich in der Folge zur Berechnung von Zufallszahlen verwenden lässt. Optional kann dabei in eckigen Klammern bestimmt werden, wie viele Stellen die Zufallszahlen haben sollen.

```
with(stats): with(random):
normald[10,1](3);
```

   11.17583957, 9.436635869, 10.23539400

```
f:=normald[10,1](generator[20]):
f(), f(), f();
```

   9.5091101253731983605, 9.3614149769836458270, 10.764824589892271837

```
with(statplots): with(plots):
```

```
yscale := (scl,x)-> xyexchange(xscale(scl,xyexchange(x))):
f:=normald[5,2]:
p1:=plot( statevalf[pdf,f](x), x=-2..12):
p2:=yshift(0.2,yscale(0.03,scatterplot( [f(300)],format=jittered ))):
display([p1,p2]);
```

Die Abbildung rechts zeigt die Normalverteilung f für $\mu = 5$ und $\sigma = 2$ und die dazugehörige Verteilung der Zufallszahlen. Informationen zu den ziemlich unübersichtlichen plot-Kommandos finden Sie einige Seiten weiter vorne.

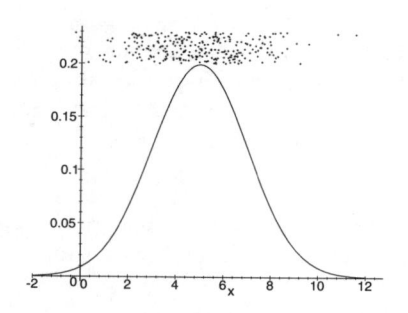

Die Routinen zur Erzeugung von Zufallszahlen beruhen auf dem einen von Maple zur Verfügung gestellten Zufallsgenerator. Um mehrere unabhängige Generatoren zu erzeugen, verwendet man die Option uniform. Man sollte aber die zutreffende Bemerkung der Online-Hilfe beachten, dass es nicht einfach sei, gute uniforme Generatoren zu definieren. ('... random numbers should not be generated with a method chosen at random.' D. Knuth)

Die Abbildung rechts zeigt Beta-verteilte Zufallszahlen und den tatsächlichen Verlauf der Beta-Verteilung.

```
f:=beta[5,2]:
p1:=plot( statevalf[pdf,f](x), x=0..1):
p2:=yshift(2.6,yscale(0.2,
   scatterplot([f(300)],format=jittered))):
display([p1,p2]);
```

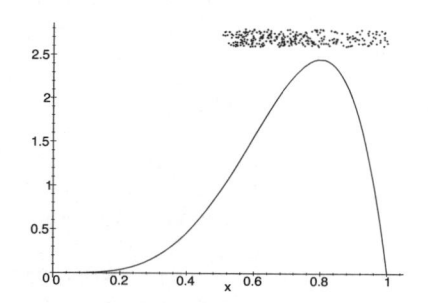

Syntaxzusammenfassung

Kombinatorik

```
!n;    binomial(n,m);
```
berechnen die Fakultät von n bzw. den Binomialkoeffizienten von n über m.

```
with(combinat);
```
aktiviert die Kommandos des combinat-Package.

```
multinomial(n,m1,m2,m3,...,mk);
```
berechnet den Multinomialkoeffizienten $n!/(m1! * m2! * ... * mk!)$.

```
choose([a,b,c]);        choose([a,b,c], n);     randcomb([a,b,c]);
numbcomb([a,b,c]);      numbcomb([a,b,c], n);
```
choose ermittelt eine Liste aller Kombinationen (mit n Elementen) der angegebenen Listenelemente, randcomb eine Zufallskombination. numbcomb berechnet die Anzahl der möglichen Kombinationen.

```
permute([a,b,c]);       permute([a,b,c],n);     randperm([a,b,c]);
numbperm([a,b,c]);      numbperm([a,b,c], n);
```
wie oben, allerdings für Permutationen statt für Kombinationen.

```
Objekt:=cartprod([liste1,liste2,liste3,...]);
```
definiert eine neue Prozedur, mit der über das Kartesische Produkt der angegebenen Listen iteriert werden kann. Objekt[finished] testet, ob es noch nicht verwendete Elementkombinationen gibt. Objekt[nextvalue]() liefert die nächste Kombination.

```
partition(n);           numbpart(n);
composition(n,m);       numbcomp(n,m);
```
ermitteln Listen, deren Elemente die Summe n ergeben. Bei composition wird die Anzahl der Elemente auf m eingeschränkt.

Bearbeitung statistischer Daten

```
with(stats): with(transform):
```
aktiviert die Kommandos des transform-Subpackage des stats-Package.

```
importdata('dateiname');        importdata('dateiname',n);
```
liest statistische Daten aus der angegebenen Datei und liefert das Ergebnis als einfache Zahlenfolge bzw. als Folge von n nach Spalten geordneten Listen.

```
statvalue(lst);         classmark(lst);
```
ermittelt die Werte bzw. Mittelwerte einer statistischen Liste.
```
frequency(lst);         cumulativefrequency(lst);
```
ermittelt die Gewichtungsfaktoren bzw. die summierten Gewichtungsfaktoren einer statistischen Liste.

```
apply[fn](lst);         multiapply[fn]([lst1,lst2,...]);
```
wendet die Funktion fn auf die Listenelemente an.

```
scaleweight[f](lst);
```
skaliert die Gewichtungsfaktoren mit dem Faktor f.

```
statsort(lst);
```
sortiert die Liste nach den Datenwerten. Gewichte werden nicht beachtet. Bereiche dürfen sich nicht überlappen.

```
split[n](lst);
```
zerlegt die Liste in n gleich große Teillisten. Wenn die Elementanzahl der Liste kein Vielfaches von n beträgt, werden auch einzelne Datenpunkte (mit Gewichtungsfaktoren < 1) geteilt.

```
tallyinto(lst, [b1..b2,b2..b3,b3..b4,...]);
```
ordnet die Listenelemente den angegebenen Bereichen zu. Das Ergebnis ist eine Liste von Weight-Funktionen.

Statistische Kennzahlen (Beschreibende Statistik)

```
with(stats): with(describe):
```
aktiviert die Kommandos des describe-Subpackage.

```
count(lst);    countmissing(lst);
```
ermittelt die Anzahl der gültigen bzw. der fehlenden Datenpunkte.

```
range(lst);
```
ermittelt den Bereich, in dem die Elemente der Liste liegen.

```
mean(lst);    quadraticmean(lst);    geometricmean(lst);    harmonicmean(lst);
```
berechnet diverse Mittelwerte der Liste.

```
variance(lst);    standarddeviation(lst);    meandeviation(lst);
```
berechnet Varianz und Standardabweichung.

```
median(lst);          quartile[n](lst);       decil[n](lst);
percentil[n](lst);    quantile[n1/n1](lst);
```
ermittelt den Teilungspunkt einer Liste. Bei quartil gibt n das Viertel an, bei dem geteilt werden soll (1 bis 3), bei decil das Zehntel (1 bis 9), bei percentil das Hundertstel (1 bis 99). Bei quantil darf ein beliebiger Bruch (z.B. 1/3) angegeben werden.

```
linearcorrelation(lst1,lst2);    covariance(lst1,lst2);
```
berechnet den Korrelationskoeffizienten und die Kovarianz zweier Datenreihen.

Statistische Diagramme

```
with(stats): with(statplots): with(plots):
```
aktiviert die Kommandos des statplots-Subpackage und des plot-Package.

```
histogram(data);
```
zeichnet ein Histogramm. In *data* muss eine Liste mit Weight-Funktionen übergeben werden.

```
matrixplot(data, height=histogram, gap=0.2);
```
zeichnet ein dreidimensionales Säulendiagramm.

```
scatterplot(datax, datay);    scatterplot(datax,datay,format=quantile);
```
zeichnet jeweils ein zweidimensionales Scatter-Diagramm, wobei mit der Option `quantile` die Datenreihen zuerst (unabhängig voneinander) sortiert werden.

```
scatterplot(data);    scatterplot(data,format=jittered);
scatterplot(data,format=stacked);
```
zeichnet ein eindimensionales horizontales Scatterdiagramm. Die Option `jittered` bewirkt eine zufällige vertikale Verteilung der Punkte zwischen 0 und 1. `stacked` führt dazu, dass gleiche Punkte übereinander angeordnet werden.

```
boxplot(data);
```
zeichnet jeweils einen vertikalen Balken, der die Verteilung der Daten angibt. Die beiden Optionen `shift` und `width` bestimmen die x-Position und die Breite des Balkens. Mit `format=notched` wird der Balken zwischen dem 2. und 3. Quartil eingekerbt.

```
yscale := yscale := (scl,x)-> xyexchange(xscale(scl,xyexchange(x)))
xscale(f,diag);    xshift(dx,diag);    xyexchange(diag);
yscale(f,diag);    yshift(dy,diag);
```
skalieren, verschieben bzw. drehen ein 2D-Diagramm. `yscale` muss bei Bedarf selbst definiert werden.

Stetige und diskrete Wahrscheinlichkeitsverteilungen

```
with(stats): with(statevalf):
```
aktiviert die Kommandos des `statevalf`-Subpackage.

```
statevalf[pdf, stetigeverteil](x):
statevalf[cdf, stetigeverteil](x):
statevalf[icdf, stetigeverteil](x):
```
berechnet die Dichtefunktion, die kumulierte Dichtefunktion bzw. die dazugehörige inverse Funktion einer stetigen Wahrscheinlichkeitsverteilung. Beispiel: `statevalf[pdf, beta[3,2]](0.3)`:

```
beta[nu1, nu2]      cauchy[a, b]         chisquare[nu]    exponential[alpha, a]
fratio[nu1, nu2]    gamma[a, b]          laplaced[a, b]   logistic[a, b]
lognormal[mu, sigma] normald[mu, sigma]  students[nu]     uniform[a, b]
weibull[a, b]
```
die zur Verfügung stehenden stetigen Verteilungsfunktionen. Genauere Informationen zur Bedeutung der Parameter erhalten Sie mit `?stats, distribution`.

Syntaxzusammenfassung

```
statevalf[pf, diskreteverteil](x):
statevalf[dcdf, diskreteverteil](x):
statevalf[idcdf, diskreteverteil](x):
```
berechnet die Dichtefunktion, die kumulierte Dichtefunktion bzw. die dazugehörige inverse Funktion einer diskreten Wahrscheinlichkeitsverteilung.

```
binomiald[n,p]              discreteuniform[a,b]
empirical[listprob]         hypergeometric[N1, N2, n]
negativebinomial[n,p]       poisson[mu]
```
die zur Verfügung stehenden diskreten Verteilungsfunktionen.

Wahrscheinlichkeitsverteilte Zufallszahlen

```
with(stats):    with(random):
```
aktiviert die Kommandos des random-Subpackage.

```
verteil(n);
```
liefert eine Folge von n Zufallszahlen der angegebenen Verteilung. Als Verteilung kann jede der oben aufgezählten stetigen und diskreten Verteilungen verwendet werden. `normald[5, 2](500)` erzeugt somit 500 normalverteilte Zufallszahlen.

```
f:=verteil(generator);      f();
```
gibt eine Prozedur f zur Berechnung von Zufallszahlen zurück. Beim Aufruf der Prozedur muss ein Klammerpaar angegeben werden.

Kapitel 22

Regressions- und Interpolationsfunktionen

In diesem Kapitel geht es darum, durch einige vorgegebene Datenpunkte eine Kurve zu legen. Die Funktion dieser Kurve kann beliebig für weitere Berechnungen verwendet werden, beispielsweise um Näherungswerte für nicht bekannte Punkte der Kurve zu berechnen. Seit Maple 7 sind die meisten hier besprochenen Funktionen im Package CurveFitting zur Verfügung gestellt. Die meisten älteren Funktionen sind jetzt als Aufrufe der entsprechenden Funktion dieses Package realisiert. Die wichtigsten Funktionen lauten:

`PolynomialInterpolation` (früher: `interp`)
berechnet ein Interpolationspolynom, das exakt durch die angegebenen Datenpunkte führt.

`Spline` (früher: `spline`
erstellt eine stückweise durch Polynome zusammengesetzte Interpolationsfunktion, die exakt durch die angegebenen Datenpunkte führt.

`leastsquare`
aus dem Subpackage `fit` des `stats`-Package berechnet eine Linearkombination der angegebenen Funktionen, sodass die Kurve möglichst nahe an den Datenpunkten vorbeiführt. Außerdem können auch dreidimensionale Daten durch Flächen angenähert werden.

`LeastSquares`
aus dem `CurveFitting`-Package berechnet ebenfalls eine Linearkombination der angegebenen Funktionen, sodass die Kurve möglichst nahe an den Datenpunkten vorbeiführt.

Verweis: Kommandos zur Berechnung einer Näherungsfunktion an eine gegebene, mathematisch kompliziertere Funktion werden in den Kapiteln 23 (Reihenentwicklungen) und 24 (Fourier-Transformation) behandelt.

Exakte Interpolation durch gegebene Punkte

Die Funktion `interp` berechnet ein Polynom der Ordnung $n - 1$, das durch n Datenpunkte führt. Die Daten werden an die Funktion in der Form $[x0, x1, x2, ...], [y0, y1, y2, ...]$ übergeben. Im folgenden Beispiel wird eine Kurve durch zehn zufällige y-Werte an den x-Positionen zwischen 1 und 10 gelegt.

```
with(CurveFitting datax:=[seq(i,i=1..10)];
```

$$datax := [1, 2, 3, 4, 5, 6, 7, 8, 9, 10]$$

```
datay:=[1, 0, 7, 3, 6, 8, 5, 8, 1, 9];
```

$$datay := [1, 0, 7, 3, 6, 8, 5, 8, 1, 9]$$

```
dataxy:=zip( (x,y)->[x,y], datax, datay);
```

$$dataxy := [[1, 1], [2, 0], [3, 7], [4, 3], [5, 6], [6, 8], [7, 5], [8, 8], [9, 1], [10, 9]]$$

```
f:=PolynomialInterpolation( datax, datay, x);
```

$$f := \frac{17\,x^9}{51840} - \frac{517\,x^8}{40320} + \frac{11699\,x^7}{60480} - \frac{3719\,x^6}{2880} + \frac{27323\,x^5}{17280} + \frac{176741\,x^4}{5760} - \frac{652577\,x^3}{3240} +$$
$$\frac{1816483\,x^2}{3360} - \frac{1669153\,x}{2520} + 293$$

Der größte Nachteil von `PolynomialInterpolation` besteht darin, dass die Kurve wegen der hohen Ordnung des Polynoms stark zum Überschwingen neigt. Eine Interpolation über den Datenbereich der vorgegebenen Punkte ist so gut wie unmöglich. Die oben berechnete Funktion f erreicht für $x = 0$ bereits den Wert 293, für $x = 11$ gar 755!

Die Abbildung rechts zeigt zehn Datenpunkte und die Kurve der dazugehörigen Interpolationsfunktion.

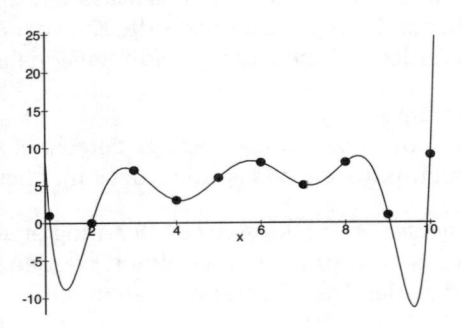

```
p1:=plot(f, x=0.9..10.1):
p2:=plot(dataxy,style=POINT,
         symbol=BOX,color=blue):
with(plots):
display( [p1,p2] );
```

Stückweise Interpolation mit spline

Der größte Nachteil von `PolynomialInterpolation` besteht wie gesagt darin, dass die Kurve sehr stark zum Überschwingen neigt. Diesen Nachteil umgeht die Funktion `Spline`, die die Kurve stückweise durch mehrere Polynome niedrigeren Grades (üblicherweise durch Polynome dritten Grades mit `piecewise`) zusammensetzt. Die Kurve ist auch an den Schnittpunkten glatt. Wie das Beispiel zeigen wird, ist auch die erste Ableitung noch glatt, d.h. ohne plötzliche Änderung der Steigung.

Das folgende Beispiel geht von denselben zehn Datenpunkten wie das Beispiel des vorangegangenen Abschnitts aus.

An `Spline` werden in den beiden ersten Parametern die Datenlisten für die x- und y-Koordinaten übergeben. Der dritte Parameter enthält den gewünschten Variablennamen der Funktion, der vierte Parameter ist eine Option, die die Ordnung der Splines festlegt. Voreingestellt ist der Wert 3.

```
f:=unapply(Spline( datax, datay, x, degree=3),x);
```

$$f := x \mapsto \begin{cases} 2 + \dfrac{207809}{40545}x - \dfrac{124177}{13515}x^2 + \dfrac{124177}{40545}x^3 & x < 2 \\[2mm] \dfrac{1148902}{13515} - \dfrac{968123}{8109}x + \dfrac{717227}{13515}x^2 - \dfrac{59305}{8109}x^3 & x < 3 \\[2mm] \vdots & \\[2mm] -\dfrac{25348512}{4505} + \dfrac{81535373}{40545}x - \dfrac{3220033}{13515}x^2 + \dfrac{75947}{8109}x^3 & x < 9 \\[2mm] \dfrac{4282833}{901} - \dfrac{58752658}{40545}x + \dfrac{395164}{2703}x^2 - \dfrac{197582}{40545}x^3 & \text{otherwise} \end{cases}$$

`Spline` liefert eine `piecewise`-Funktion als Ergebnis (siehe auch Kapitel 11). Die Weiterverarbeitung des Ergebnisses ist dadurch recht einfach.

```
f(2.5);
```

3.9455328

Die Abbildung rechts zeigt nochmals die zehn Datenpunkte, die Interpolationskurve und die Splinekurve durch diese Punkte. Beachten Sie, dass sich die Splinekurve viel weniger weit von den Punkten entfernt als bei der Verwendung von `PolynomialInterpolation` im vorigen Abschnitt.

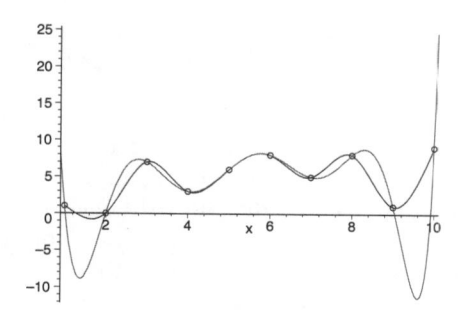

```
p3:=plot(f(x), x=1..10):
with(plots): display( [p1,p2,p3] );
```

Die Funktion kann mit `diff` differenziert werden. Die erste Ableitung ist glatt, die zweite immerhin noch stetig.

```
fd:=unapply(diff(f(x), x),x):
fd2:=unapply(diff(f(x),x,x),x):
plot( {fd(x), fd2(x)}, x=1..10);
```

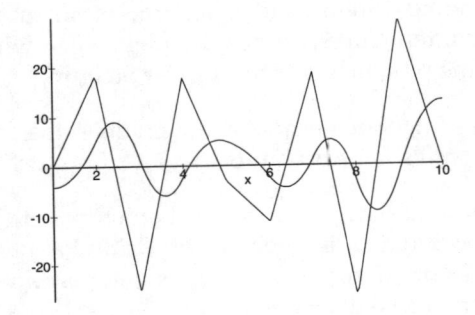

Näherungskurven an gegebene Datenpunkte (Regression)

Das `stats`-Package enthält im `fit`-Subpackage das Kommando `leastsquare`. Mit ähnlicher Funktion gibt es im Package `CurveFitting` die Funktion `LeastSquares`. Damit können die Koeffizienten einer Linearkombination von Funktionen ermittelt werden, die den Zusammenhang zwischen zwei oder mehreren Datenlisten (Letzteres nur mit `leastsquare`) beschreibt. Die Summe der Quadrate der Abweichungen der Datenpunkte von der gegebenen Kurve wird dabei minimiert.

Wir greifen zunächst noch einmal das Beispiel des letzten Abschnitts auf. Wenn wir die Bedingung aufheben, dass die Interpolationsfunktion durch die Datenpunkte gehen soll, können wir die Interpolation mit einem Polynom kleineren Grades vornehmen.

```
LeastSquares(datax,datay,x,curve=sum(a[i]*x^i,i=0..5));
```

$$-\frac{121}{15} + \frac{55703}{3900}x + \frac{10941}{5720}x^3 - \frac{25801}{3432}x^2 - \frac{3727}{17160}x^4 + \frac{23}{2600}x^5$$

Das nebenstehende Schaubild zeigt noch einmal alle drei Interpolationskurven. Die am dicksten ausgezogene Kurve ist die zuletzt erzeugte. Sie geht nicht mehr durch die Interpolationspunkte, verläuft aber zwischendurch wesentlich enger an den Punkten. Wenn die Punkte von Messwerten herrühren, deren Genauigkeit schwankt, ist diese Methode von Vorteil.

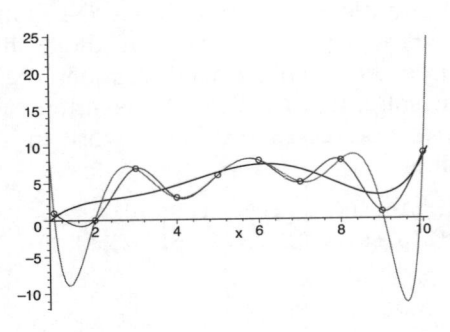

Für das folgende Beispiel wurde eine Datenmenge von 50 Punkten erstellt. Die x-Koordinaten sind zufällig zwischen 0 und 100 verteilt, die y-Koordinaten wurden über die Sinusfunktion aus den x-Daten berechnet, wobei sie mit zufälligen Abweichungen behaftet sind. Es könnte sich dabei um Messdaten mit zufällig verteilten Messfehlern handeln.

p1 enthält eine Punktgrafik der Datenmenge, die in den folgenden Abbildungen zusammen mit verschiedenen Näherungskurven dargestellt wird.

```
with(stats): with(fit): with(statplots):
datax:=[seq( rand(100)(), i=1..50)]:
datay:=map( x->evalf(sin(x/100*Pi)+rand(30)()/100,4), datax):
p1:=scatterplot(datax, datay):
```

Durch die Datenpunkte soll nun eine quadratische Funktion der Form $y = a0 + a1 * x + a2 * x^2$ gelegt werden. Dazu müssen der Funktion LeastSquares Listen mit den beiden Datenmengen, ein Name für die zu verwendende Variable und ein Term in dieser Variablen, der die Form der zu erzeugenden Funktion beschreibt, übergeben werden. Gibt man nichts weiter an, so werden alle freien Variablen des Terms als zu bestimmende Parameter behandelt. Man kann auch über eine Option die Namen der Variablen festlegen, die als Parameter bestimmt werden sollen. Die Funktion liefert als Ergebnis den Funktionsterm der berechneten Näherungsfunktion. Die Parameter dürfen nur linear in dem übergebenen Term vorkommen.

```
f:=LeastSquares(datax,datay, x, curve=a0 + a1*x +a2*x^2,params={a0,a1,a2});
```

$f := 0.1866167892 + 0.0391118959190775370\, x - 0.000398415701643947696\, x^2$

Das Kommando display aus dem plots-Package vereint die Kurve mit der zuvor in *p1* gespeicherten Punktgrafik.

```
p2:=plot( f, x=0..100):
display([p1,p2]);
```

Der Versuch, die Daten durch eine Exponentialfunktion anzunähern, ist wegen der Verteilung der Daten zum Scheitern verurteilt.

```
fy:=a0 + a1*exp(x):
f:=LeastSquares(datax,datay, x, curve=fy);
p2:=plot( f, x=0..100):
display( [p1,p2] );
```

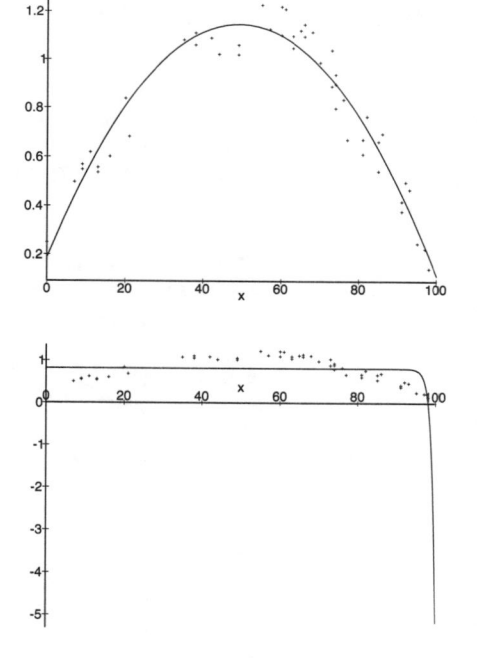

Die beiden Abbildungen oben zeigen deutlich, dass die Qualität des Ergebnisses sehr stark von den Funktionen abhängt, die LeastSquares zur Kombination angeboten werden. Das Kommando ist nicht in der Lage, andere Parameter als die Koeffizienten der Funktionen zu bestimmen. Die Bestimmung von $a0, a1$ und $a2$ für $f = a0 + a1 * \sin(a2 * x)$ ist daher nicht möglich.

leastsquare kann auch einfache mehrdimensionale Ausgleichsfunktionen der Art $y = a1 * x1 + a2 * x2 + ...$ ermitteln. Das seq-Kommando ermittelt die Abweichung zwischen den Sollwerten in *dataу* und den Ergebnissen der Regressionsfunktion f. Im folgenden Fall liefert die Funktion die Gleichung einer Ebene, für die die Summe der quadrierten Abstände der Datenpunkte von dieser Ebene minimal ist. Beachten Sie auch, dass leastsquare eine etwas umständlichere Syntax als LeastSquares hat.

```
datax1:=[1,2,3,4]: datax2:=[2,3,4,6]: datay:=[3,7,8,9]:
x3:=rhs(leastsquare[[x1, x2, x3], x3=a0+a1*x1+a2*x2, {a1,a2,a0}]
                                               ([datax1,datax2,datay]));
```

$$x3 := 3 + \frac{9}{2} x1 - 2x2$$

```
seq( subs(x1=datax1[i], x2=datax2[i],f-datay[i]), i=1..4);
```

$$\frac{1}{2}, -1, \frac{1}{2}, 0$$

Syntaxzusammenfassung

> **Vor Maple 7:**
> `interp([x0,x1 ... xn], [y0,y1 ... yn], x);`
>   berechnet ein Interpolationspolynom der Ordnung $n - 1$, das durch die angegebenen Datenpunkte führt.
>
> `spline( [x0,x1 ... xn], [y0,y1 ... yn], x, n);`
>   liefert stückweise Polynome n-ter Ordnung ($n = 2$ oder 3) für die Variable x durch die angegebenen Datenpunkte.
>
> `with(stats): with(fit):`
> `leastsquare[[x1,x2..., y], y=a1*f1 + a2*f2 +..., {a1,a2...}]([datx1,datx2 ...`
> `daty]);`
>   ermittelt die Koeffizienten a_i der Regressionsfunktion y, wobei f_i beliebige Funktionen von x_i sind.

> **Ab Maple 7:**
> `with(CurveFitting):`
> `PolynomialInterpolation([x0,x1 ... xn], [y0,y1 ... yn], x)`
> `PolynomialInterpolation([[x0,y0] ... [xn,yn]], x)`
>   berechnet ein Interpolationspolynom der Ordnung $n - 1$, das durch die angegebenen Datenpunkte führt.

Kapitel 23

Minima und Maxima, lineare Optimierung

Dieses Kapitel beschreibt mehrere Kommandos, die zur Suche von Extremwerten geeignet sind. `minimize`, `maximize` und `extrema` berechnen Extremwerte von Funktionen einer oder mehrerer reeller Variablen. Mit `extrema` werden die Extremwerte einer Funktion mit Lagrangeschen Multiplikatoren ermittelt. Die Kommandos des Package `simplex` können zur linearen Optimierung einer Zielfunktion, die durch ein System von Ungleichungen eingeschränkt ist, verwendet werden (Simplex-Algorithmus).

`minimize` und `maximize`
berechnen die absoluten Minima bzw. Maxima einer Funktion (im angegebenen Bereich).

`extrema`
ermittelt die Punkte, die die notwendige Bedingung für ein Extremum einer Funktion erfüllen (unter Berücksichtigung von Nebenbedingungen).

`simplex`
bezeichnet ein Package, das mehrere Kommandos zur Durchführung linearer Optimierungen enthält. Die beiden wichtigsten lauten wiederum `minimize` und `maximize`.

Minima und Maxima

Heutzutage hat wohl jeder Elftklässler, der mit einem CAS in Mathematik unterrichtet wird, sein ausgefeiltes Programm, das nach allen Regeln der Kunst eine automatische Kurvendiskussion durchführt. Dennoch lohnt es sich, die in Maple vorhandenen Befehle `extrema`, `minimize` und `maximize` kurz vorzustellen, da sie einem viel Arbeit abnehmen können. Dabei ist `extrema(f,{nebenbed},x,'s')` eigentlich zur Bestimmung der Extrema multivariabler Funktionen mit Nebenbedingungen gedacht (s.u. Methode der Lagrangeschen Multiplikatoren), es kann aber auch in Standardsituationen eingesetzt werden, um schnell die Kandidaten für Extremstellen zu finden.

```
extrema( x^4 - x^2, {}, x, 's');s;
```

$$\{0, \frac{-1}{4}\}$$

$$\{\{x = 0\}, \{x = \frac{1}{2}\sqrt{2}\}, \{x = -\frac{1}{2}\sqrt{2}\}\}$$

Leider wird das Ergebnis nicht sehr benutzerfreundlich ausgegeben. Die folgende kleine Prozedur kombiniert deshalb die Extremwertsuche mit einer sortierten Ausgabe und einer Zeichnung, deren Bereich schon den in Frage kommenden Stellen angepasst ist.

```
kd:=proc(f)
global stellen:
extrema(f,{},x,'s');
stellen:=sort([seq(evalf(Re(op(s[i,1])[2])),i=1..nops(s))]);
print(seq([stellen[i],subs(x=stellen[i],f)],i=1..nops(s)));
plot(f,x=stellen[1]-1..stellen[-1]+1);
end;
```

Vielleicht wundern Sie sich über die etwas umständliche Formulierung in der vierten Zeile der Prozedur. Sie hat zwei Gründe: Wenn die Funktion keine Extrema besitzt, liefert `extrema` komplexe Ergebnisse (wie die Berechnung der Nullstellen der Ableitung mit `solve`). Aber auch im Falle reeller Nullstellen muss Maple unter Umständen 'durch das Komplexe gehen' wie in diesem Beispiel:

```
kd(x^4-3*x^2+x);
```

$$[1.130901123, -1.070230182], [-1.300839566, -3.513905038], [.1699384435, .08413522071]$$

Minima und Maxima

Wenn man eine Zeichnung hat und die Angabe der möglichen Extremstellen, muss man sich eigentlich nicht mehr um die hinreichenden Bedingungen kümmern. Wer es aber mit Bestimmtheit wissen will, kann z.B. minimize verwenden.

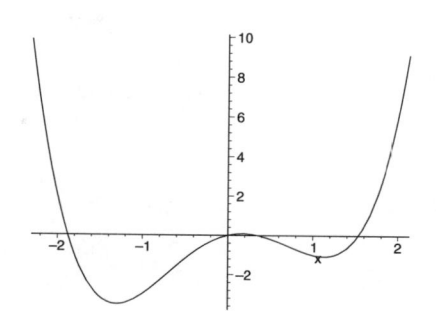

```
minimize(x^4-3*x^2+x,x,location);
```

$\text{minimize}(x^4 - 3x^2 + x, x, location, location = false), \{\}$

Aber minimize streikt, weil es von solve eine 'komplexe' Lösung bekommt (wir haben auch gleich den schlimmsten Fall als Einstieg genommen, im Worksheet können Sie sich den Ausdruck ansehen). Es gibt aber eine Umgebungsvariable, mit der man solve dazu veranlassen kann, das Ergebnis nicht explizit zu berechnen:

```
_EnvExplicit:=false: minimize(x^4-3*x^2+x,x,location);
```

$\%1^4 - 3\%1^2 + \%1, \{[\{x = \%1\}, \%1^4 - 3\%1^2 + \%1]\}$

$\%1 := \text{RootOf}(4\_Z^3 - 6\_Z + 1, index = 3)$

```
evalf(%);
```

$-3.513905038, \{[\{x = -1.300839566\}, -3.513905038]\}$

Bei gebrochen rationalen Funktionen lassen sich minimize und maximize auch zur Bestimmung der Pole und Asymptoten einsetzen.

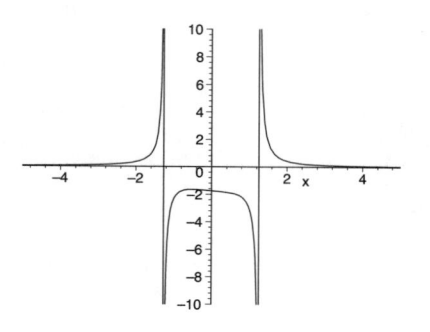

```
f:=(x^4+x+7)/(x^6-4);
```

$f := \dfrac{x^4 + x + 7}{x^6 - 4}$

```
plot(f,x=-5..5,-10..10);
```

Bestimmung der Pole:

```
minimize(f,location);
```

$-\infty, \{[\{x = \text{RootOf}(\_Z^3 + 2, -1.259921050)\}, -\infty],$

$[\{x = \text{RootOf}(\_Z^3 - 2, 1.259921050)\}, -\infty]\}$

```
evalf(%);
```

$\text{Float}(-\infty), \{[\{x = 1.259921050\}, \text{Float}(-\infty)], [\{x = -1.259921050\}, \text{Float}(-\infty)]\}$

Relatives Maximum:

```
maximize(f,x=-1..1,location);
```

$\dfrac{\%1^4 + \%1 + 7}{\%1^6 - 4}, \{[\{x = \%1\}, \dfrac{\%1^4 + \%1 + 7}{\%1^6 - 4}]\}$

$\%1 := \text{RootOf}(2\_Z^9 + 16\_Z^3 + 5\_Z^6 + 4 + 42\_Z^5,\; index = 5)$

```
evalf(%);
```

$-1.646347486, \{[\{x = -.5288119415\}, -1.646347486]\}$

Und die Asymptote:

```
minimize(f,x=2..infinity,location);
```

$0, \{[\{x = \infty\}, 0]\}$

Im Worksheet finden Sie weiteres Experimentiermaterial. Hier folgen noch ein paar Beispiele zu den Stärken und Schwächen von `minimize` und `maximize`.

```
minimize(sin(x),location);
```

$-1, \{[\{x = -\dfrac{1}{2}\pi + 2\pi\_Z0\}, -1]\}$

```
maximize(exp(-(x+4)^2),location);
```

$1, \{[x = -4, 1]\}$

```
minimize(ln(x)^2);
Error, (in minimize/cell/power/univariate) complex argument to max/min
```

Aber:

```
minimize(ln(x)^2,x=0..infinity,location);
```

$0, \{[\{x = 1\}, 0]\}$

Transzendente Gleichungen können im allgemeinen Fall nur numerisch gelöst werden. Deshalb ist auch von `minimize` und `maximize` in der vorliegenden Form kein Ergebnis zu erwarten, wenn es auf entsprechende Funktionen angewendet wird. Wünschenswert wäre allerdings ein automatisches Umschalten von `solve` zu `fsolve`. Dafür können die beiden Befehle auch zur Untersuchung multivariabler Funktionen eingesetzt werden:

```
minimize(sin(x)*cos(y),location);
```

$-1, \{[\{y = \pi + 2\pi\_Z46, x = \frac{1}{2}\pi + 2\pi\_Z49\}, -1], [\{y = 2\pi\_Z47, x = -\frac{1}{2}\pi + 2\pi\_Z48\}, -1]\}$

Allerdings nicht uneingeschränkt:

```
minimize(sin(x*y),x=0..3,y=0..3,location);
Error, (in minimize/cell/addpoint) wrong number (or type) of
parameters in function union
```

Extremwerte mit Nebenbedingungen

Der Befehl extrema ist, wie oben erwähnt, zur Bestimmung der Extrema multivariabler Funktionen mit Nebenbedingungen gedacht und arbeitet mit Lagrangeschen Multiplikatoren. Man kann dies an einem übersichtlichen Beispiel nachvollziehen.

Wenn die Zielfunktion Z und die Nebenbedingung N gegeben sind, so kann man sie im Falle zweier Variablen räumlich darstellen.

```
Z:=x*y;    N:=x^2/3-y=25;
```

Es sind demnach die Extrema der abgebildeten Raumkurve (dem Schnitt der beiden Flächen) zu bestimmen. Meistens erreicht man durch Einsetzen der Nebenbedingung in die Zielfunktion eine Projektion der Raumkurve auf die x-z- oder y-z-Ebene und kann dann über die Ableitung die Extrema berechnen.

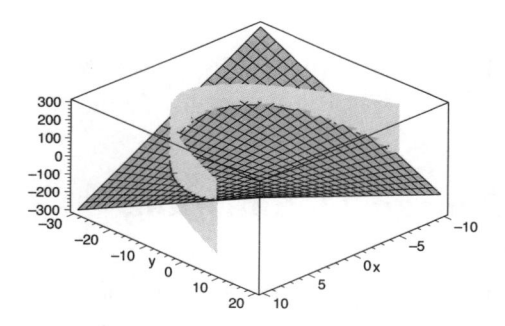

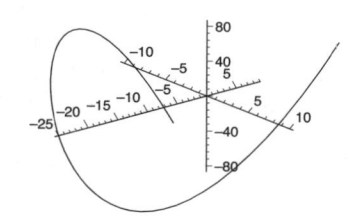

Bei der Methode der Lagrangeschen Multiplikatoren wird ein Vielfaches der Nebenbedingung (hier x^2/3-y-25=0) zur Zielfunktion addiert und man erhält eine Schar von Flächen, die alle obige Raumkurve enthalten. Gibt es unter diesen Flächen eine, für die in einem Punkt die Ableitungen nach allen Variablen verschwinden, so ist die notwendige Bedingung für ein Extremum erfüllt (Animation im Worksheet).

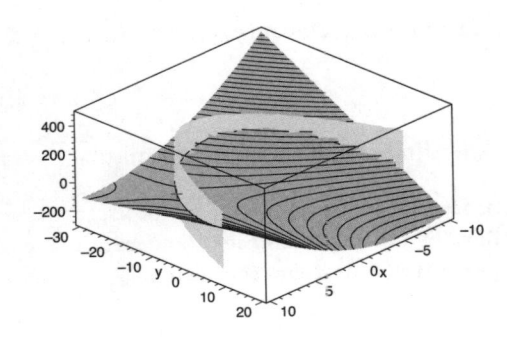

Und wie lautet nun das Ergebnis?

```
extr:=extrema(Z, {N}, {x,y}, 'L'); L;
```

$$extr := \{\frac{250}{3}, \frac{-250}{3}\}$$

$$\{\{y = \frac{-50}{3}, x = -5\}, \{y = \frac{-50}{3}, x = 5\}\}$$

Im Worksheet finden Sie weitere Beispiele, bei denen sich der Einsatz von extrema auch wirklich lohnt.

Lineare Optimierung

Das Package simplex enthält mehrere Kommandos zur Durchführung linearer Optimierungen. Die beiden wichtigsten Kommandos lauten minimize und maximize, mit denen eine Zielfunktion unter Berücksichtigung von Einschränkungen optimiert wird. An beide Kommandos wird im ersten Parameter die Zielfunktion und im zweiten Parameter die Menge der Einschränkungen angegeben. Die Einschränkungen müssen mit ≤ oder ≥ formuliert werden, die Operatoren < oder > sind nicht erlaubt. Sowohl die Zielfunktion als auch die Einschränkungen müssen linear sein.

Anmerkung: Wie Ihnen vermutlich aufgefallen ist, sind die Schlüsselwörter minimize und maximize in zweierlei Bedeutung in Verwendung – zur Berechnung der Extrema von Funktionen und zur linearen Optimierung. Wenn Sie beide Bedeutungen dieses Kommandos gleichzeitig benötigen, dürfen Sie das simplex-Package nicht mit with aktivieren. Vielmehr müssen Sie die simplex-Varianten von minimize und maximize mit den langen Namen simplex[minimize] bzw. simplex[maximize] ansprechen.

Im folgenden Beispiel soll berechnet werden, wie die Produkte P1 und P2 auf den Maschinen M1, M2 und M3 produziert werden, sodass der Gewinn (P1: 300 DM, P2: 500 DM) in der Summe optimal ist. Um P1 herzustellen, muss je 2 Stunden auf den Maschinen M1 und M2 gearbeitet werden. Um P2 herzustellen, werden die Maschinen M1, M2 und M3

Lineare Optimierung

für 4, 2 bzw. 6 Stunden beansprucht. Pro Monat können maximal 170 Stunden auf M1, 150 Stunden auf M2 und 180 Stunden auf M3 gearbeitet werden.

Wir können zunächst die Bedingungen und die Zielfunktion aufstellen und uns anhand einer Grafik orientieren.

```
with(simplex):
bed:={2*x1+4*x2<=170, 2*x1+2*x2<=150, 6*x2<=180};
ziel := 300*x1+500*x2;
```

$bed := \{6\,x2 \leq 180,\ 2\,x1 + 2\,x2 \leq 150,\ 2\,x1 + 4\,x2 \leq 170\}$

$ziel := 300\,x1 + 500\,x2$

```
plots[inequal]( bed, x1=0..100,x2=0..80,
    optionsfeasible=(color=grey),
    optionsclosed=(color=green, thickness=3),
    optionsexcluded=(color=yellow),scaling=constrained );
```

In der Abbildung wurden zusätzlich zu den Bedingungen, die sich mit `inequal` leicht darstellen lassen, noch eine Schar der Zielfunktionen und ihr Optimum eingezeichnet.

```
los:=maximize(ziel, bed );
opt:=subs(los,ziel);
```

$los := \{x1 = 65,\ x2 = 10\}$

$opt := 24500$

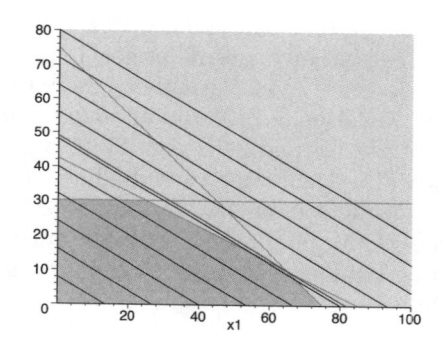

Der maximale Gewinn wird also dann erzielt, wenn 65 Stück von P1 und 10 Stück von P2 erzeugt werden, und beträgt 24500 DM.

Beim Experimentieren mit verschiedenen Zielfunktionen (siehe Worksheet) werden Sie feststellen, dass Maple im Falle mehrerer Lösungen (wenn das Optimum längs einer Kante angenommen wird) nicht reproduzierbar von einer Ecke zur anderen springt. Dies lässt sich auch nicht dadurch beeinflussen, dass man mit den dafür vorgesehenen Befehlen `setup` und `pivot` Pivotelemente vorgibt.

Im zweiten Beispiel findet `maximize` die optimale Kombination von vier Variablen. Dazu kann im vierten Parameter das Schlüsselwort `NONNEGATIVE` angegeben werden. Damit weiß Maple, dass alle vier Variablen größer oder gleich 0 sein müssen. Durch die Angabe des Variablennamens *sys* im vierten Parameter schreibt `maximize` dorthin das noch ungelöste Gleichungssystem des Optimierungsproblems, wobei fünf Schlupfvariablen $\_SL$ eingeführt werden, um aus den Ungleichungen Gleichungen zu machen (Ausgabe im Worksheet).

```
Z:=53*x1+50*x2+60*x3+90*x4:
B:={30*x1 + 22*x2 +            18*x4<=600,
    10*x1 + 11*x2 + 25*x3 +  9*x4<=800,
    16*x1 +                  41*x4<=370,
    42*x1 +         43*x3 + 37*x4<=500,
    15*x1 + 23*x2 + 29*x3 + 21*x4<=700}:
L1:=maximize( Z, B, NONNEGATIVE, 'sys' );
```

$$L1 := \{x4 = \frac{2909730}{347161},\ x3 = \frac{974420}{347161},\ x2 = \frac{6307455}{347161},\ x1 = \frac{571915}{347161}\}$$

```
subs(L1,Z);
```

$$\frac{666025145}{347161}$$

```
subs(L1,B);
```

$$\{600 \leq 600,\ \frac{125649225}{347161} \leq 800,\ 370 \leq 370,\ 500 \leq 500,\ 700 \leq 700\}$$

Mit der Veranschaulichung des Problems wird es nun etwas schwieriger, man kann aber jeweils zwei Variablen einen festen Wert zuweisen (z.B. 0) und dann die sich ergebenden Ebenen zeichnen. Wenn man so einen Plot dreht oder auch die Ebenen animiert, indem man den Variablen verschiedene Werte gibt, kann man doch entscheidende Hinweise für eine Modellierung erhalten.

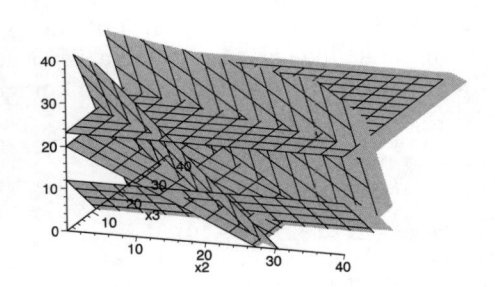

Transportprobleme

Transportprobleme stellen neben den linearen Optimierungsaufgaben die zweite wichtige Problemgruppe der Operation Research dar. (Operation Research ist jener Wissenschaftszweig, der sich mit Optimierungsaufgaben beschäftigt.) Maple bietet zwar kein Kommando an, mit dem sich Transportprobleme unmittelbar lösen lassen, mit einigen Listenkommandos kann ein gegebenes Problem allerdings so formuliert werden, dass es für minimize geeignet ist.

Am leichtesten kann das anhand eines Beispiels nachvollzogen werden: Drei Baustellen benötigen pro Woche 160, 330 bzw. 340 m³ Schotter, der von drei Kiesgruben mit einer Kapazität von 220, 290 und 320 m³ angeliefert wird. Die Kosten für den Transport zwischen den Kiesgruben und Baustellen sehen (pro m³ in DM) folgendermaßen aus:

Lineare Optimierung

	B1	B2	B3
K1	10	15	18
K2	10	17	19
K3	16	19	20

Das Problem kann mit einer 3*3-Matrix $x[1,1]$ bis $x[3,3]$ formuliert werden. Das Matrizenelement $x[i,j]$ gibt an, wie viel Schotter von einer bestimmten Kiesgrube zu einer bestimmten Baustelle transportiert wird. Die zu minimierende Zielfunktion lautet $x[1,1] * 10 + x[1,2] * 15 + ...$

Für das Problem existieren sechs Restriktionen: Für jede Baustelle muss die Summe aller x der jeweiligen Spalte die erforderliche Gesamtmenge ergeben. Für jede Kiesgrube darf die Summe aller x der jeweiligen Zeile die vorhandene Kapazität nicht überschreiten. Der Aufwand für das relativ einfache Beispiel wirkt vielleicht etwas hoch. Die prinzipielle Vorgehensweise wäre aber auch für ein Beispiel mit 20 Quellen und 14 Zielorten nicht umfangreicher (abgesehen von der Eingabe der Koeffizienten).

```
with(simplex):
kies := [220, 290, 320]:
baustelle := [160, 330, 340]:
kosten:=array([[10,15,18],[10,17,19],[16,19,20]]);
```

$$kosten := \begin{bmatrix} 10 & 15 & 18 \\ 10 & 17 & 19 \\ 16 & 19 & 20 \end{bmatrix}$$

```
x := array(1..3,1..3):
restr := {seq( sum(x[i,'j'],'j'=1..3)=kies[i], i=1..3)} union
         {seq( sum(x['i',j],'i'=1..3)=baustelle[j], j=1..3)};
```

$restr := \{x_{1,1} + x_{1,2} + x_{1,3} = 220, x_{2,1} + x_{2,2} + x_{2,3} = 290, x_{1,1} + x_{2,1} + x_{3,1} = 160,$

$x_{1,2} + x_{2,2} + x_{3,2} = 330, x_{1,3} + x_{2,3} + x_{3,3} = 340, x_{3,1} + x_{3,2} + x_{3,3} = 320\}$

```
ziel:=add(add(x[i,j]*kosten[i,j],i=1..3),j=1..3);
```

$ziel := 10\,x_{1,1} + 10\,x_{2,1} + 16\,x_{3,1} + 15\,x_{1,2} + 17\,x_{2,2} + 19\,x_{3,2} + 18\,x_{1,3} + 19\,x_{2,3} + 20\,x_{3,3}$

Die Berechnung der Lösung geht dann überraschend schnell vor sich. Durch `assign` werden die Bestimmungsgleichungen der Lösung als Zuweisungen ausgeführt.

```
minimize(ziel, restr, NONNEGATIVE);
```

$\{x_{3,3} = 320, x_{3,2} = 0, x_{2,2} = 110, x_{2,3} = 20, x_{2,1} = 160, x_{1,2} = 220, x_{1,3} = 0, x_{3,1} = 0,$

$x_{1,1} = 0\}$

```
assign(%); eval(x);
```

$$\begin{bmatrix} 0 & 220 & 0 \\ 160 & 110 & 20 \\ 0 & 0 & 320 \end{bmatrix}$$

```
ziel;
```

13550

Das Gesamtergebnis kann anschließend der Matrix x entnommen werden: Baustelle 1 erhält 160 m^3 von Kiesgrube 2, Baustelle 2 220 m^3 von Kiesgrube 1 und weitere 110 m^3 von Kiesgrube 2, Baustelle 3 20 m^3 von Kiesgrube 2 und 320 m^3 von Kiesgrube 3. Die Gesamtkosten betragen 13550 DM.

Syntaxzusammenfassung

```
minimize(f);      minimize(f,x=x1..x2);
maximize(f);      maximize(f,x=x1..x2);
```
versucht, die Minima bzw. Maxima der Funktion im gesamten Zahlenbereich bzw. im angegebenen Zahlenbereich zu ermitteln. Als Option kann `location` angegeben werden, um den x-Wert auszugeben.

```
extrema(f, {nebenbed}, {var}, 'ort');
```
ermittelt die Extrema der (multivariablen) Funktion f. Dabei werden im zweiten Parameter angegebene Nebenbedingungen berücksichtigt (gibt es keine Nebenbedingungen, so muss {} eingetragen werden). Der dritte Parameter enthält die Variable bzw. eine Menge der Variablen. In die im vierten Parameter angegebene Variable wird der Ort der gefundenen Extrema in Form von Gleichungen geschrieben. Die Prozedur arbeitet nach der Methode der Lagrangeschen Multiplikatoren (testet also nur die notwendige Bedingung).

```
with(simplex);
```
aktiviert die Kommandos des `simplex`-Package.

```
minimize(zielfunc, {restrik}, option);
maximize(zielfunc, {restrik}, option);
```
führt eine lineare Optimierung für die Zielfunktion durch. Dabei werden die durch $\leq$ oder $\geq$ angeschriebenen Restriktionen berücksichtigt. Im dritten Parameter kann die Option NONNEGATIV angegeben werden, dann gilt für alle Variablen automatisch die zusätzliche Bedingung $x_i \geq 0$.

Kapitel 24

Reihenentwicklungen

Bei vielen Berechnungen treten Funktionen auf, die mathematisch nur mit sehr hohem Aufwand (oder überhaupt nicht) weiterbearbeitet werden können. Vor allem in technischen Anwendungen können solche Funktionen oft durch besser handhabbare Reihenentwicklungen ersetzt werden.

`series`
führt eine Taylor-, Laurent- oder eine verallgemeinerte Potenzreihenentwicklung durch. Eine mögliche Anwendung von `series` besteht in der Lösung von Differentialgleichungen.

`mtaylor` und `poisson`
führen multivariable Taylor-Reihenentwicklungen durch.

`powseries`
bezeichnet ein Package, das verschiedene Kommandos zur Bearbeitung von formalen Potenzreihen enthält.

`numapprox`
stellt ein Package dar, das Kommandos zur numerischen Berechnung von (zumeist rationalen) Näherungsfunktionen enthält.

Verweis: Bereits in Kapitel 15 wurde das Kommando `eulermac` behandelt, das eine Euler-Maclaurin-Reihe für eine allgemeine Summenformel erstellt. Informationen zur Fourier-Reihenentwicklung für periodische Funktionen finden Sie im nächsten Kapitel.

Taylor-, Laurent- und allgemeine Potenzreihenentwicklung

Das Standardkommando zum Aufstellen von Reihenentwicklungen lautet series. Es produziert je nach der Form der zu entwickelnden Funktion eine Taylor-, eine Laurent- oder eine allgemeine Potenzreihe (jeweils auch komplex). Dem Kommando wird im ersten Parameter die zu entwickelnde Funktion und im zweiten Parameter der Entwicklungspunkt übergeben. Im dritten Parameter kann die maximale Ordnung der Entwicklung angegeben werden. Wird darauf verzichtet, greift Maple dafür auf die globale Variable Order zurück (Voreinstellung 6). Für die Entwicklung von Funktionen in Reihen und vor allem für das Weiterarbeiten mit diesen Reihen ist es wichtig, sich mit den verschiedenen Typen vertraut zu machen.

```
typen:=x->[type(x,taylor),type(x,laurent),type(x,series),whattype(x)]:
series(sin(x),x,10); typen(%);
```

$$x - \frac{1}{6}x^3 + \frac{1}{120}x^5 - \frac{1}{5040}x^7 + \frac{1}{362880}x^9 + O(x^{10})$$

$[true, true, true, series]$

```
series(z/((z-(1+I))^2*(z-2)),z=1+I,2); typen(%);
```

$$-I(z-1-I)^{-2} - I(z-1-I)^{-1} + \frac{1}{2} - \frac{1}{2}I + \frac{1}{2}(z-1-I) + O((z-1-I)^2)$$

$[false, true, true, series]$

```
series(sin(sqrt(x)),x,4); typen(%);
```

$$\sqrt{x} - 1/6\,x^{3/2} + \frac{1}{120}x^{5/2} - \frac{1}{5040}x^{7/2} + \frac{1}{362880}x^{9/2} + O(x^5)$$

$[false, false, false, `+`]$

Weitere Beispiele finden Sie im Worksheet. Es gibt auch den Entwicklungspunkt ∞ (in diesem Fall ruft series das Kommando asympt auf, um die Reihenentwicklung durchzuführen).

```
series(arctan(x), x=infinity);
```

$$\frac{1}{2}\pi - \frac{1}{x} + \frac{1}{3}\frac{1}{x^3} - \frac{1}{5}\frac{1}{x^5} + O\left(\frac{1}{x^6}\right)$$

Weiterverarbeitung von Reihen

Mit series erhält man normalerweise ein Ergebnis im Datentyp series. Dabei wird eine besonders effiziente Speicherung der Reihe (in Form des Entwicklungsorts und der Größe der Koeffizienten) verwendet. Aus diesem Grund kann mit den Ergebnissen von `series` nicht unmittelbar weitergearbeitet werden.

`f:=series(sin(x), x=Pi);`

$$f := -x + \pi + \frac{1}{6}(x-\pi)^3 - \frac{1}{120}(x-\pi)^5 + O\left((x-\pi)^6\right)$$

`evalf(subs(x=2, f));`

$$0.9097898165 + O((2-\pi)^6)$$

`whattype(f);`

series

Mit dem Kommando `convert/polynom` kann eine Umwandlung in ein normales Polynom ohne Ordnungsterm durchgeführt werden. Dieses Polynom kann in der Folge zum Rechnen, Vereinfachen, Differenzieren, Zeichnen etc. verwendet werden.

`p:=convert(f, polynom);`

$$p := -x + \pi + \frac{(x-\pi)^3}{6} - \frac{(x-\pi)^5}{120}$$

Die Abbildung zeigt die Reihenentwicklung von $\sin(x)$ um den Punkt $x = \pi$ und die Originalfunktion.

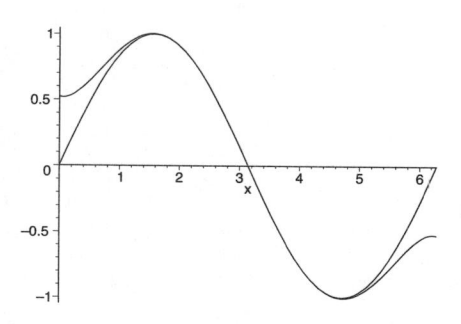

`plot({p, sin(x)}, x=0..2*Pi);`

Ein weiterer Sonderfall tritt ein, wenn `series` bei einer Reihenentwicklung zu einem exakten Ergebnis kommt. Das kann beim Rechnen mit Reihen vorkommen oder einfach so erzeugt werden:

`f:=series(x^2, x=3);`

$$f := 9 + 6(x-3) + (x-3)^2$$

`simplify(f);`

$$9 + 6(x-3) + (x-3)^2$$

Da das Ergebnis exakt ist, entfällt der Ordnungsterm. Das Ergebnis sieht deswegen aus wie ein normales Polynom. Dennoch wird es intern durch den `series`-Datentyp dargestellt und muss mit `convert` in ein Polynom verwandelt werden, bevor die Vereinfachung zur Ausgangsfunktion x^2 gelingt.

```
whattype(f);
```
   series

```
convert(f,polynom);
```
$$-9 + 6x + (x-3)^2$$

```
simplify(%);
```
$$x^2$$

Innerhalb von series können Sie mit Reihen ähnlich wie mit anderen mathematischen Formeln arbeiten: Erlaubt sind nicht nur Operationen mit skalaren Größen (z.B. die Multiplikation der Reihe mit einem Faktor), sondern auch die Verknüpfung von mehreren Reihen (Addition, Multiplikation ...). In den folgenden Beispielen werden unter anderem die Reihen zu sin(x) und cos(x) miteinander multipliziert. Zum selben Ergebnis käme auch das Kommando series(sin(x)*cos(x), x=Pi/2).

```
s1:=series(sin(x),x=Pi/2);
```
$$s1 := 1 - \frac{1}{2}\left(x - \frac{1}{2}\pi\right)^2 + \frac{1}{24}\left(x - \frac{1}{2}\pi\right)^4 + O\left(\left(x - \frac{1}{2}\pi\right)^6\right)$$

```
s2:=series(cos(x), x=Pi/2);
```
$$s2 := -\left(x - \frac{1}{2}\pi\right) + \frac{1}{6}\left(x - \frac{1}{2}\pi\right)^3 - \frac{1}{120}\left(x - \frac{1}{2}\pi\right)^5 + O\left(\left(x - \frac{1}{2}\pi\right)^6\right)$$

```
series(1/s1, x=Pi/2);  #Reihe zu 1/sin(x)
```
$$1 + \frac{1}{2}\left(x - \frac{1}{2}\pi\right)^2 + \frac{5}{24}\left(x - \frac{1}{2}\pi\right)^4 + O\left(\left(x - \frac{1}{2}\pi\right)^6\right)$$

```
series(s1+x^2, x=Pi/2);  #Reihe zu sin(x)+x^2
```
$$\left(1 + \frac{1}{4}\pi^2\right) + \pi\left(x - \frac{1}{2}\pi\right) + \frac{1}{2}\left(x - \frac{1}{2}\pi\right)^2 + \frac{1}{24}\left(x - \frac{1}{2}\pi\right)^4 + O\left(\left(x - \frac{1}{2}\pi\right)^6\right)$$

```
series(s1*s2, x=Pi/2);  #Reihe zu sin(x)*cos(x)
```
$$-\left(x - \frac{1}{2}\pi\right) + \frac{2}{3}\left(x - \frac{1}{2}\pi\right)^3 - \frac{2}{15}\left(x - \frac{1}{2}\pi\right)^5 + O\left(\left(x - \frac{1}{2}\pi\right)^6\right)$$

```
s1:=series(sin(x),x=0);
series(arcsin(s1), x=0); # Umkehrfunktion
simplify(convert(%, polynom));
```
$$x + O(x^6)$$

   x

Differentialgleichungen mit Reihenentwicklungen lösen

Eine praktische Anwendung von series besteht in der Lösung von Differentialgleichungen durch einen Reihenansatz. Wir wollen das mit Maple an einer etwas ungewöhnlichen DGL versuchen.

```
de:=y(x)+diff(y(x),x)=sin(sqrt(x));
dsolve({de,y(0)=0},y(x));
```

$$de := y(x) + \frac{\partial}{\partial x} y(x) = \sin(\sqrt{x})$$

$$y(x) = e^{(-x)} \int_0^x \sin(\sqrt{u})\, e^u\, du$$

Es gibt keine Stammfunktion

```
integral:=int(sin(sqrt(x))*exp(x),x);
```

$$integral := \int \sin(\sqrt{x})\, e^x\, dx \quad ,$$

und deshalb auch keine Reihe:

```
series(integral,x);
Error, (in series/int) unable to compute series
```

Nun gibt es mehrere Möglichkeiten:

1. Die rechte Seite (Inhomogenität) in eine Reihe entwickeln.

```
sr:=convert(series(sin(sqrt(x)),x,9),polynom);
```

$$sr := \sqrt{x} - \frac{1}{6} x^{(3/2)} + \frac{1}{120} x^{(5/2)} - \frac{1}{5040} x^{(7/2)} + \frac{1}{362880} x^{(9/2)} - \frac{1}{39916800} x^{(11/2)} + \frac{1}{6227020800} x^{(13/2)} - \frac{1}{1307674368000} x^{(15/2)} + \frac{1}{355687428096000} x^{(17/2)}$$

```
de:=y(x)+diff(y(x),x)=sr:
sol:=rhs(dsolve({de,y(0)=0},y(x)));
```

$$sol := \frac{3392923553}{5284823040} I e^{(-x)} \sqrt{\pi}\, \text{erf}(I \sqrt{x}) + \frac{3392923553}{2642411520} \sqrt{x} - \frac{7333793}{34681651200} x^{(7/2)} + \frac{89909153}{9909043200} x^{(5/2)} - \frac{750512033}{3963617280} x^{(3/2)} + \frac{929}{5579410636800} x^{(13/2)} - \frac{22433}{858370867200} x^{(11/2)} + \frac{452513}{156067430400} x^{(9/2)} + \frac{1}{355687428096000} x^{(17/2)} - \frac{1}{1268047872000} x^{(15/2)}$$

Die Fehlerfunktion `erf` stört vielleicht etwas, also können wir nochmals in eine Reihe entwickeln (siehe Worksheet) und erhalten folgende Lösung:

```
plot([sr,sol,psol],x=0..60,-1..1);
```

Dabei ist `sr` die rechte Seite der DGL, die Lösung `sol` (Fehlerfunktion ohne Entwicklung) folgt ihr verzögert und die Entwicklung der Fehlerfunktion (`psol`) verursacht starke Oszillationen. Die Lösung mit der nicht entwickelten Fehlerfunktion ist dagegen (je nach Rechengenauigkeit) auch in einem zehnfach größeren Bereich stabil.

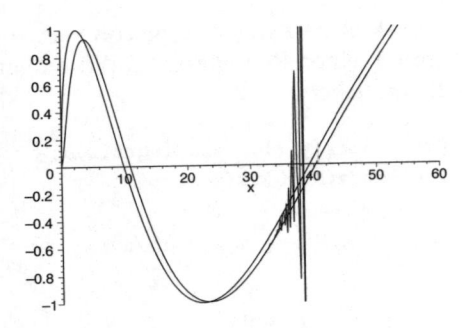

Zwei weitere Möglichkeiten finden Sie im Worksheet: 2. Entwicklung des Integranden, der in dem von Maple nicht ausgewerteten Integral vorkommt und 3. Aufstellen einer benutzerdefinierten Reihe für die linke Seite der DGL (und Koeffizientenvergleich mit `match`). Für welche Methode man sich entscheidet, wird letzten Endes immer eine Frage der geforderten Genauigkeit und des Rechenaufwands sein.

Multivariable Taylor-Reihenentwicklung

Das Kommando `mtaylor` führt Taylorentwicklungen für multivariable Funktionen durch (während `series` nur für Funktionen einer Variablen ausgelegt ist). Der Aufruf des Kommandos erfolgt prinzipiell wie bei `series`, im zweiten Parameter muss allerdings eine Liste der Entwicklungspunkte der betroffenen Variablen angegeben werden. Im optionalen dritten Parameter wird wiederum die Ordnung der Reihenentwicklung angegeben. Beachten Sie, dass bei der Defaulteinstellung 6 bereits sehr umfangreiche Ausdrücke mit bis zu 21 Termen entstehen. Das Kommando liefert das Ergebnis als normales Polynom ohne Ordnungsterme.

```
mtaylor(log(x+y), [x=1, y=Pi], 3);
```

$$\ln(1+\pi) + \frac{x-1}{1+\pi} + \frac{y-\pi}{1+\pi} - \frac{(x-1)^2}{2(1+\pi)^2} - \frac{(y-\pi)(x-1)}{(1+\pi)^2} - \frac{(y-\pi)^2}{2(1+\pi)^2}$$

Das Kommando `poisson` stellt eine Variante zu `mtaylor` dar. Der wesentliche Unterschied besteht darin, dass bei trigonometrischen Funktionen die Koeffizienten nach der kanonischen Fourier-Form angeordnet werden. `poisson` ist im Gegensatz zu `mtaylor` nicht in der Lage, Reihenentwicklungen um einen beliebigen Punkt durchzuführen. Außerdem ist die Auswahl der Funktionen, für die überhaupt eine Entwicklung durchgeführt werden kann, im Vergleich zu `mtaylor` stark eingeschränkt.

Das folgende Beispiel führt eine Reihenentwicklung für die Funktion $\sin(a+x)*\cos(b+y)$ sowohl mit poisson als auch mit mtaylor durch. Mit combine/trig lässt sich zeigen, dass die beiden Ergebnisse identisch sind.

```
f := sin(a+x)*cos(b+y);
f1:=poisson(f, [x,y], 3 );
```

$$f1 := \frac{\sin(a+b)}{2} + \frac{\sin(a-b)}{2} + \left(-\frac{\cos(a-b)}{2} + \frac{\cos(a+b)}{2}\right) y$$

$$+ \left(-\frac{\sin(a+b)}{2} + \frac{\sin(a-b)}{2}\right) yx + \left(\frac{\cos(a-b)}{2} + \frac{\cos(a+b)}{2}\right) x$$

$$+ \left(-\frac{\sin(a+b)}{4} - \frac{\sin(a-b)}{4}\right) x^2 + \left(-\frac{\sin(a+b)}{4} - \frac{\sin(a-b)}{4}\right) y^2$$

```
f2:=mtaylor(f, [x,y], 3);
```

$$f2 := \sin(a)\cos(b) - \sin(a)\sin(b)y + \cos(a)x\cos(b) - \frac{\sin(a)\cos(b)y^2}{2} - \cos(a)x\sin(b)y -$$

$$\frac{\sin(a)x^2\cos(b)}{2}$$

```
combine(f1-f2,trig);
    0
```

Formale Reihen

Das Package powseries enthält Kommandos zur Bearbeitung formaler Reihen. Damit sind Reihen gemeint, die durch eine allgemeine Entwicklungsformel definiert werden. Das Package powseries ermöglicht es, mit solchen Reihen zu rechnen. Erlaubte Rechenschritte sind unter anderem Addition, Subtraktion, Multiplikation und Division zweier Reihen, das Logarithmieren von Reihen, das Bilden von Ableitung und Integral, das Bilden der inversen Reihe. Der Vorteil von formalen Reihen besteht darin, dass sie nach Ende der Berechnung in beliebiger (!) Ordnung ausgewertet werden können.

```
with(powseries);
```

> [*compose, evalpow, inverse, multconst, multiply, negative, powadd, powcos, powcreate, powdiff, powexp, powint, powlog, powpoly, powsin, powsolve, powsqrt, quotient, reversion, subtract, template, tpsform*]

Die beiden elementaren Kommandos des Package lauten powcreate und tpsform. Mit powcreate wird eine Prozedur erzeugt, die die berechneten Koeffizienten und das Bildungsgesetz in der *remember table* ablegt.

```
powcreate( p(n)=1/n!);
seq(p(i),i=0..6);
```

$$1, 1, \frac{1}{2}, \frac{1}{6}, \frac{1}{24}, \frac{1}{120}, \frac{1}{720}$$

```
p(100);
```

1/93326215443944152681699238856266700490715968264381621468592963 89\
521759999322991560894146397615651828625369792082722375825 11\
8521091686400000000000000000000000

Hier steht das Bildungsgesetz:

```
p(_k);
```

$$\frac{1}{\_k!}$$

Und die *remember table* kann so eingesehen werden:

```
op(4,op(p));
```

table([0 = 1, 1 = 1, 2 = $\frac{1}{2}$, 3 = $\frac{1}{6}$, 4 = $\frac{1}{24}$, 5 = $\frac{1}{120}$, 6 = $\frac{1}{720}$, _k = $\frac{1}{\_k!}$,

100 = 1/93326215443944152681699238856266700490715968264381621\
468592963895217599993229915608941463976156518286253697920 82\
7223758251185210916864000000000000000000000000])

So kann man sich auch die ganze Prozedur ausgeben lassen (Ausgabe hier nicht gedruckt):

```
interface(verboseproc=3): print(p); interface(verboseproc=1):
```

Die so gebildeten Koeffizienten können in der 'truncated powerseries form' dargestellt werden:

```
tpsform(p, x, 5);
```

$$1 + x + \frac{1}{2} x^2 + \frac{1}{6} x^3 + \frac{1}{24} x^4 + O(x^5)$$

Bevor eine neue Reihe mit dem alten Namen gebildet werden soll, sollte man den Namen wieder freigeben. Die Koeffizienten können auch rekursiv und mit Anfangsbedingungen angegeben werden:

```
p:='p':  powcreate( p(n)=p(n-1)*p(n-2), p(0)=1, p(1)=1/2);
tpsform(p, x, 5);
```

$$1 + \frac{1}{2} x + \frac{1}{2} x^2 + \frac{1}{4} x^3 + \frac{1}{8} x^4 + O(x^5)$$

Formale Reihen

Zur Übung können wir nun unsere eigene Taylorreihe aufstellen. Wenn man nicht um $x = 0$ entwickelt, benötigt man allerdings einen kleinen Trick, um dies tpsform mitzuteilen.

```
powcreate(mytayl(n)=diff(sin(a),a$n)/n!,mytayl(0)=0):
seq(eval(mytayl(i),a=0),i=1..10);
```

$$1, 0, \frac{-1}{6}, 0, \frac{1}{120}, 0, \frac{-1}{5040}, 0, \frac{1}{362880}, 0$$

```
tpsform(mytayl,x);
```

$$\cos(a)\, x - \frac{1}{2}\sin(a)\, x^2 - \frac{1}{6}\cos(a)\, x^3 + \frac{1}{24}\sin(a)\, x^4 + \frac{1}{120}\cos(a)\, x^5 + O(x^6)$$

```
eval(tpsform(mytayl,x),x=x-a);
```

$$\cos(a)\,(x-a) - \frac{1}{2}\sin(a)\,(x-a)^2 - \frac{1}{6}\cos(a)\,(x-a)^3 + \frac{1}{24}\sin(a)\,(x-a)^4 +$$
$$\frac{1}{120}\cos(a)(x-a)^5 + O((x-a)^6)$$

Wenn man die Taylorformel nicht verwendet, muss man unter Umständen dafür sorgen, dass Koeffizienten Null werden:

```
powcreate(p(k)=1/k!*signum(sin(Pi/2*k)));
tpsform(p,x,9);   #series(sin(x),x);
```

$$x - \frac{1}{6}x^3 + \frac{1}{120}x^5 - \frac{1}{5040}x^7 + O(x^9)$$

```
powcreate(q(k)=1/k!*signum(cos(Pi/2*k))); tpsform(q,x,9);
```

$$1 - \frac{1}{2}x^2 + \frac{1}{24}x^4 - \frac{1}{720}x^6 + \frac{1}{40320}x^8 + O(x^9)$$

Nun kann mit den Reihen gerechnet werden. Für algebraische Operationen verwendet man evalpow, für die Umkehrung reversion, für die Ableitung powdiff usw., wobei diese Befehle jeweils wieder eine kleine Prozedur erzeugen:

```
r:=evalpow(p*q);
```

$r := \mathbf{proc}(powparm) \ldots \mathbf{end\ proc}$

```
tpsform(r,x,9);
```

$$x - \frac{2}{3}x^3 + \frac{2}{15}x^5 - \frac{4}{315}x^7 + O(x^9)$$

```
series( sin(x)*cos(x), x, 9);
```

$$x - \frac{2}{3}x^3 + \frac{2}{15}x^5 - \frac{4}{315}x^7 + O(x^9)$$

```
r:=reversion(p): tpsform(r, x, 9);
```

$$x + \frac{1}{6}x^3 + \frac{3}{40}x^5 + \frac{5}{112}x^7 + O(x^9)$$

```
series( arcsin(x), x, 9);
```

$$x + \frac{1}{6}x^3 + \frac{3}{40}x^5 + \frac{5}{112}x^7 + O(x^9)$$

```
r:=powdiff(p): tpsform(r,x,9);
```

$$1 - \frac{1}{2}x^2 + \frac{1}{24}x^4 - \frac{1}{720}x^6 + \frac{1}{40320}x^8 + O(x^9)$$

Die Koeffizienten kann man sich auch anders besorgen: Die Übernahme von Reihen, die mit `series` gebildet wurden, erfolgt mit `powpoly`. Dabei kann man leicht 'beliebig viele' Koeffizienten zur Verfügung stellen:

```
s:=series( tan(x), x=0, 100):
r:=powpoly( convert(s,polynom), x ):
t:=evalpow(p+r):   t(81);
```

4175274033331513510985633502936606795773285432061317602012048760260621643210499875465552472336593041603925204895742379860808172757528600474371358074977094025907590717607462565998669095896766019714129330176000000000000000000

```
tpsform(t,x,15);
```

$$2x + \frac{1}{6}x^3 + \frac{17}{120}x^5 + \frac{271}{5040}x^7 + \frac{7937}{362880}x^9 + \frac{353791}{39916800}x^{11} + \frac{22368257}{6227020800}x^{13} + O(x^{15})$$

```
series(tan(x)+sin(x),x,15);
```

$$2x + \frac{1}{6}x^3 + \frac{17}{120}x^5 + \frac{271}{5040}x^7 + \frac{7937}{362880}x^9 + \frac{353791}{39916800}x^{11} + \frac{22368257}{6227020800}x^{13} + O(x^{15})$$

Numerische Berechnung von Näherungsfunktionen

Das Package `numapprox` fasst verschiedene Funktionen zur Berechnung von Näherungsfunktionen zusammen:

```
with(numapprox);
```

> [*chebdeg, chebmult, chebpade, chebsort, chebyshev, confracform, hermite_pade, hornerform, infnorm, laurent, minimax, pade, remez*]

- `minimax` erstellt eine rationale Näherungsfunktion, die die gegebene Funktion in einem Bereich ($x0..x1$) annähert.

Numerische Berechnung von Näherungsfunktionen

- pade ist die Pade-Approximation zur Berechnung einer rationalen Näherungsfunktion. Dabei wird wie bei series um einen Punkt $x0$ entwickelt.
- chebpade berechnet ebenfalls eine rationale Näherungsfunktion für den Bereich $(x0..x1)$. Die Näherungsfunktion ist aus Tschebyscheff-Polynomen zusammengesetzt.
- chebyshev berechnet eine Tschebyscheffsche Reihe für die angegebene Funktion im Bereich $x0..x1$.

Daneben enthält das Package einige weitere Kommandos: taylor und laurent stellen eingeschränkte Varianten des series-Kommandos dar. hornerform und confracform führen Polynome bzw. rationale Funktionen in die Hornerform bzw. in einen Kettenbruch über – siehe convert/horner bzw. /confrac in Kapitel 10. remez wird von minimax zur Optimierung der rationalen Funktion verwendet und wird nur in Sonderfällen direkt vom Anwender aufgerufen.

Anmerkungen: Die Rechenzeit der Kommandos ist fallweise ziemlich hoch. Eine Reduzierung von Digits kann erhebliche Verbesserungen bringen. Wenn die Kommandos statt eines Ergebnisses eine Fehlermeldung liefern, können Sie versuchen, eine kleine Veränderung der Ausgangsparameter (inklusive der Rechengenauigkeit) vorzunehmen.

In den folgenden Beispielen werden die verschiedenen Algorithmen verglichen. Als 'Härtetest' können wir z.B. die Funktion $\tan(x^2)$ mit der Unstetigkeit (Pol) im Punkt $x0 = \sqrt{\pi/2}$ nehmen. Wie üblich können Sie im Worksheet andere Funktionen einsetzen und alle Parameter ändern.

Wir definieren die Funktion, die Unstetigkeitsstelle und Bereichsangaben.

```
f:=x->tan(x^2);
```
$$f := x \to \tan(x^2)$$
```
x0:=sqrt(Pi/2): a:=0: b:=1:
```

Nun kann mit series eine Laurentreihe um $x0$ und eine Taylorreihe um den Ursprung entwickelt werden.

```
sx0:=series(f(x),x=x0,40):
s:=series(f(x),x=a,40):
```

```
plot([f(x),convert(s,polynom),convert(sx0,polynom)],x=-2..3,-10..10);
```

Die Laurentreihe ist am Pol nicht von der Funktion zu unterscheiden, hat aber für kleine x eine sehr große Abweichung von f(x). Die Taylorreihe approximiert die Funktion für kleine x sehr gut, gibt aber jenseits der Pole die Funktion nicht wieder.

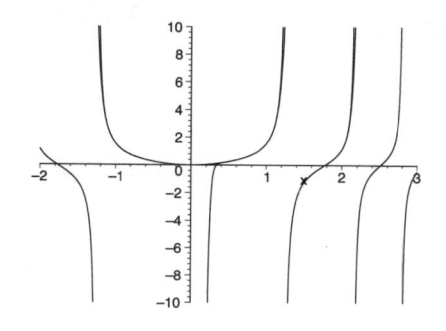

Nun können wir untersuchen, inwiefern die Befehle aus dem Paket numapprox eine Verbesserung der Annäherung bringen. Die Prozedur minimax approximiert nach dem Remes-Algorithmus. Die erste Variante *mini0* ist ein Polynom fünften Grades. Bei der zweiten Variante *mini25* hat der Zähler den Grad 2 und der Nenner den Grad 5.

```
mini0:=minimax(f(x),x=a..x0-0.1,5,1,'fehler'); expand(mini0); 'fehler'=fehler;
```

$mini0 := -.100575884 + (4.867599482$

$+ (-36.71069950 + (102.4890774 + (-114.2815642 + 45.21405146\, x)\, x)\, x)\, x)x$

$-.100575884 + 4.867599482\, x - 36.71069950\, x^2 + 102.4890774\, x^3 - 114.2815642\, x^4$

$+ 45.21405146\, x^5$

$fehler = .1006673773$

Mit der gebrochen rationalen Funktion (Ausgabe hier unterdrückt) erhält man eine wesentlich bessere Näherung:

```
mini25:=minimax(f(x),x=a..x0-0.05,[2,5],1,'maxerror'): 'maxerror'=maxerror;
```

$maxerror = .0005507722888$

```
plot([f(x),mini0,mini25],x=-1/2..3,-10..10);
```

Die Annäherung ist bei den hier verwendeten Parametern schlechter als mit der normalen Reihenentwicklung. Wenn man mit der rechten Bereichsgrenze zu nahe an $x0$ geht, beginnt das Näherungspolynom zu oszillieren.

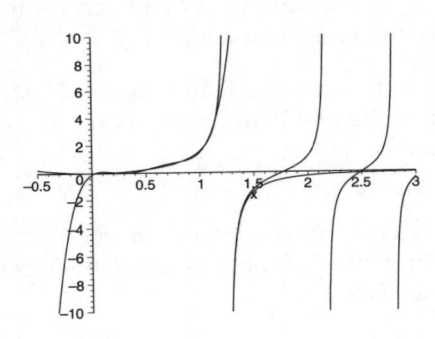

Als Nächstes können wir die beiden Sorten der Pade-Approximation untersuchen. Zunächst eine Entwicklung um den Ursprung:

```
padef:=pade(f(x),x=a,[6,17]);
```

$$padef := \frac{-\frac{10}{99}x^6 + x^2}{1 - \frac{43}{99}x^4 + \frac{17}{1485}x^8 + \frac{4}{31185}x^{12} + \frac{1}{467775}x^{16}}$$

Und dann eine Tschebyscheff-Pade-Approximation von Pol zu Pol (Ausgabe im Worksheet):

```
chebpadef1:=chebpade(f(x),x=-x0+0.1..x0-0.1,[6,17]):
plot([f(x),padef,chebpadef1],x=-3..3,-10..10);
```

Die Pade-Approximation liefert hier mit dem geringsten Aufwand das beste Ergebnis, indem sie sowohl die Symmetrie als auch noch den zweiten Pol wiedergibt. Insofern ist also hier der Einsatz von Tschebyscheff-Polynomen überflüssig.

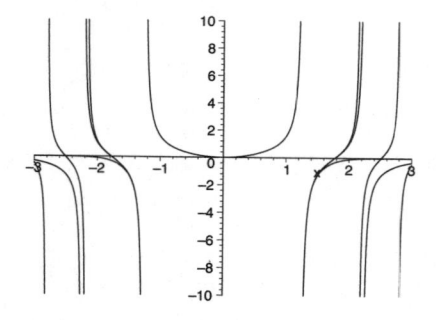

Schließlich folgt noch eine Demonstration, wie man es nicht machen sollte:

```
chebpadef2:=chebpade(f(x),x=a..1.25,[7,0]);

cheby:=chebyshev(f(x),x=a..1,0.001);

plot([f(x),chebpadef2,cheby],
     x=-1/2..2,-10..10);
```

Die mit chebpade gebildete Reihe beginnt sehr stark zu oszillieren, wenn man sich mit der Bereichsgrenze dem Pol nähert. Die mit chebyshev gebildete Reihe ist dagegen zwar stabil, aber eben nur im Intervall von 0 bis 1 eine gute Näherung.

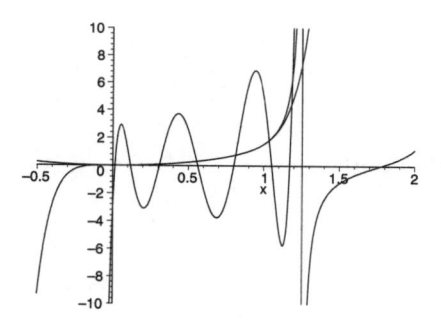

Syntaxzusammenfassung

```
series(f,x);    series(f,x=x0,n);
```
führt eine Laurent-, Taylor- oder allgemeine Potenzreihenentwicklung für f um $x = 0$ oder um $x = x0$ bis zur Ordnung Order oder bis zur im dritten Parameter angegebenen Ordnung n durch.

```
asympt(f,x);    asympt(f,x,n);
```
führt eine Reihenentwicklung für $x \to \infty$ bis zur Ordnung n durch.

`whattype(%);`
    stellt den Datentyp des letzten Ergebnisses fest. Nach den Kommandos `series` und `asympt` kommen `series` oder `+` in Frage.

`convert(reihe, polynom);`
    konvertiert eine Reihe vom Datentyp `series` in ein Polynom.

`Order:=n;`
    bestimmt die Defaulteinstellung für die Ordnung, bis zu der Reihen entwickelt werden sollen.

`mtaylor(f,[x=x0,y=y0,...],n);`
    führt eine multivariable Taylor-Reihenentwicklung für $f = f(x, y, ...)$ durch.

`poisson(f,[x=x0,y=y0,...],n);`
    wie oben, allerdings werden die Koeffizienten in der kanonischen Fourier-Form angeordnet.

Formale Reihen

`powcreate(f(n)=...);`
    definiert die formale Reihe f durch eine Funktion für die Koeffizienten zu $x^0, x, x^2, x^3, ...$. Die Koeffizienten können mit f(0), f(1), ... abgerufen werden.

`tpsform(f, x, n);`
    gibt die formale Reihe f als Reihe (Datentyp `series`) der Variable x bis zur Ordnung n zurück.

`powpoly(polynom, x);`
    verwandelt ein Polynom in eine formale Reihe.

`evalpow(f +-*/ g);`   `evalpow(f */^ s);`   `evalpow(f(g));`
    führt elementare Berechnungen mit den Reihen f und g und dem Skalar s durch (Addition, Subtraktion, Multiplikation, Division etc.).

`powdiff(f);`   `powint(f);`
    differenziert bzw. integriert die Reihe.

`powlog(f);`   `powexp(f);`
    bildet den Logarithmus und die Exponentialfunktion der Reihe.

`reversion(f);`
    bildet die Reihe zur Umkehrfunktion.

Numerische Berechnung von Näherungsfunktionen

```
minimax(f, x=a..b, [z,n]);
```
 stellt eine rationale Funktion mit dem Zählergrad z und dem Nennergrad n auf, die die Funktion f im Bereich zwischen a und b annähert.

```
pade(f, x=x0, [z,n]);
```
 stellt eine rationale Näherungsfunktion auf, die f im Bereich um $x = x0$ annähert.

```
chebpade(f, x=a..b, [z,n]);
```
 wie oben, allerdings wird die Funktion aus Tschebyscheff-Polynomen $T(n, x - x0)$ zusammengesetzt.

```
chebyshev( f, x=a..b, eps);
```
 berechnet eine Reihenentwicklung aus Tschebyscheff-Polynomen, die f im Bereich zwischen a und b mit einer maximalen Abweichung von eps annähert.

```
T(n,x);
```
 gibt das Tschebyscheff-Polynom n-ter Ordnung zurück. Zum Arbeiten mit diesen Polynomen kann das Paket orthopoly aufgerufen werden. *Achtung*: Dadurch werden Variablen mit den Namen G, H, L, P, T, U überschrieben.

Kapitel 25

Fourierreihen und Fouriertransformation

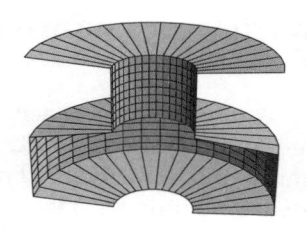

In diesem Kapitel wird gezeigt, wie Fourierreihenentwicklungen für periodische Signale durchgeführt werden können. Außerdem werden die in Maple vorgesehenen Kommandos zur numerischen und analytischen Fouriertransformation behandelt. Die Anwendungsbereiche von Fourierreihenentwicklungen und -transformationen sind vielseitig:

- Mit der Fourierreihenentwicklung können beliebige periodische Signale aus Sinus- oder Cosinusfunktionen unterschiedlicher Frequenz zusammengesetzt werden. Damit lässt sich das Verhalten von Systemen, die durch Differentialgleichungen beschrieben werden, unter dem Einfluss periodischer Eingangsgrößen untersuchen: Harmonische Analyse und Synthese.

- Die numerische Fouriertransformation für diskrete Daten ermöglicht die Auswertung (Spektralanalyse) und Weiterverarbeitung (Glättung) von Messdaten, die mit Übertragungs- und Messfehlern behaftet sind: AD- und DA-Wandler arbeiten so.

- Die analytische Fouriertransformation stellt den Übergang zu einem kontinuierlichen Spektrum dar und erlaubt so die Transformation aperiodischer Vorgänge, was z.B. in der Quantenphysik von großer Bedeutung ist. Sie kann ebenfalls zur Lösung von Differentialgleichungen eingesetzt werden.

Die folgenden Kommandos stehen im Mittelpunkt dieses Kapitels:

`fourier, invfourier`
führen eine Fouriertransformation für Funktionen bzw. die Rücktransformation durch.

`FFT, iFFT`
führen eine Fouriertransformation für diskrete Daten bzw. die Rücktransformation durch.

`formseries`
und drei weitere Varianten stellen eine Fourierreihe für periodische Funktionen auf. `formseries` ist keine von Maple zur Verfügung gestellte Funktion, der erforderliche Programmcode (wenige Zeilen) wird im Verlauf dieses Kapitels beschrieben.

Fourierreihenentwicklung für periodische Funktionen

Mit Fourierreihen können vorgegebene periodische Funktionen (Rechteckfunktionen, Sägezahnfunktionen etc.) durch die Überlagerung mehrerer Sinus- und Cosinusschwingungen unterschiedlicher Frequenz dargestellt werden. Für die Praxis ist das insofern von großer Bedeutung, als viele Differentialgleichungen für eine allgemeine Sinus- oder Cosinusschwingung gelöst werden können.

Fourierreihen für eine periodische Funktion $f(t)$ mit der Periodenlänge $T0$ sind folgendermaßen definiert:

$$f(t) = \frac{a_0}{2} + \sum_{k=1}^{\infty}\left[a_k \cos\left(\frac{2\pi kt}{T0}\right) + b_k \sin\left(\frac{2\pi kt}{T0}\right)\right]$$

mit $\quad a_k = \frac{2}{T0}\int_0^{T0} f(t)\cos\left(\frac{2\pi kt}{T0}\right)dt$

und $\quad b_k = \frac{2}{T0}\int_0^{T0} f(t)\sin\left(\frac{2\pi kt}{T0}\right)dt$

Entscheidend ist also die Berechnung der Koeffizienten a_k und b_k aus der gegebenen Funktion f. Sind diese bekannt, kann die Fourierreihe als einfache Summe zusammengesetzt werden. In Maple können die Koeffizienten a_k und b_k folgendermaßen definiert werden:

```
ak := 2/T0_ * Int( f_ * cos(2*Pi*t_*k_/T0_), t_=0..T0_):
bk := 2/T0_ * Int( f_ * sin(2*Pi*t_*k_/T0_), t_=0..T0_):
```

Die Integration wird mit `Int` formuliert, weil sonst das Integral mit $f_- = const$ berechnet wird, außerdem kann so im Bedarfsfall auch numerisch integriert werden (eine Alternative wäre, $f_-(t_-)$ zu verwenden oder eine Prozedur zu schreiben). Alle in den Definitionen vorkommenden Variablen sind mit Unterstrich angeschrieben, um mögliche Verwechslungen mit anderen Variablen zu vermeiden. Aufbau der Fourierreihe:

```
formseries:=(f, t, T0, nmax) ->
  value(subs(k_=0, f_=f, t_=t, T0_=T0, ak/2)) +
  add( value(subs(k_=n, f_=f, t_=t, T0_=T0, ak)) * cos(2*Pi*n*t/T0), n=1..nmax)+
  add( value(subs(k_=n, f_=f, t_=t, T0_=T0, bk)) * sin(2*Pi*n*t/T0), n=1..nmax):
```

Die symbolische Auswertung wird mit `value()` erreicht. Für die Verwendung von `formseries(f, t, T0, nmax)` gilt: Im ersten Argument wird die zu entwickelnde Funktion angegeben, im zweiten Argument die darin enthaltene Variable, im dritten Argument die Periode $T0$ und im vierten Argument die Anzahl der Terme, die berechnet werden sollen. Beachten Sie, dass die im ersten Argument angegebene Funktion für sich nicht periodisch sein muss. Das Kommando (siehe die Definition der Integrale für a_k und b_k) wertet die Funktion nur im Bereich zwischen 0 und $T0$ aus und nimmt an, dass sich der Funktionsverlauf davor und danach wiederholt. Im ersten Beispiel wird eine Fourierreihe für eine Rechteckfunktion mit der Periode 2 entwickelt. Die Funktion ist zwischen $t=0$ und

Fourierreihenentwicklung für periodische Funktionen

$t = 0.5$ mit 1, sonst mit 0 definiert. Die Fourierreihe wird bis zur siebten Ordnung berechnet. (Die Heaviside-Funktion wird im Folgenden mit σ abgekürzt.)

```
alias(sigma=Heaviside):
form:=formseries( sigma(t) - sigma(t-1/2), t, 2, 7);
```

$$form := 1/4 + \frac{1}{\pi}[-1/7\cos(7\pi t) + \cos(\pi t) - 1/3\cos(3\pi t) + 1/5\cos(5\pi t) + 1/5\sin(5\pi t) +$$
$$\sin(\pi t) + \sin(2\pi t) + 1/3\sin(3\pi t) + 1/3\sin(6\pi t) + 1/7\sin(7\pi t)]$$

Die Rechteckfunktion wird schon durch eine Fourierreihe siebter Ordnung in ihren Umrissen angenähert.

```
plot(form, t=0..3);
```

Im Worksheet können Sie die Annäherung verbessern.

Im zweiten Beispiel wird eine Sägezahnfunktion mit der Periode 1 durch eine Fourierreihe 15. Ordnung angenähert.

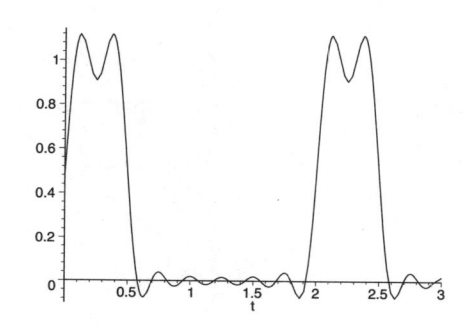

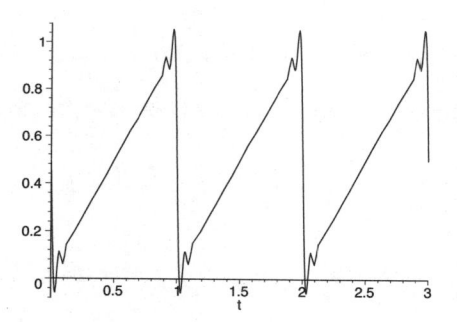

```
form2:=formseries(t, t, 1, 15):
plot(form2, t=0..3);
```

In der Praxis ist die symbolische Integration oft nicht möglich (auch Maple kann keine Stammfunktion aus dem Speicher zaubern, die noch kein Mathematiker kennt) oder das Ergebnis der symbolischen Integration kostet bei der Weiterverarbeitung zu viel Rechenzeit. Für diese Fälle finden Sie im Worksheet drei weitere Varianten zur Bildung einer Fourierreihe:

- `evalfseries(f, t, T0, nmax)` konvertiert die symbolisch berechneten Koeffizienten zu Floats.
- `numseries(f, t, T0, nmax)` integriert numerisch, also mit `evalf(Int(..))`. Zusammen mit der vorangehenden Variante hat man so die Möglichkeit, die Ergebnisse zu kontrollieren.
- `chopseries(f, t, T0, nmax)` unterdrückt Koeffizienten wie 1.23410^{-16}, die durch Rundungsfehler bei der numerischen Integration entstehen.

Komplexe Koeffizienten und FFT

Fourierreihen können auch mit komplexen Koeffizienten aufgestellt werden, was insbesondere bei der schnellen Fouriertransformation (FFT) benötigt wird. Wählt man für das trigonometrische Interpolationspolynom

```
Tn:=sum(c[k]*exp(2*Pi*I*k*t/T),k=0..n-1);
```

$$Tn := \sum_{k=0}^{n-1} c_k e^{(\frac{2I\pi kt}{T})}$$

und für die Fourierreihe mit reellen Koeffizienten

```
Tab:=a[0]/2+sum(a[k]*cos(2*Pi*k*t/T)+b[k]*sin(2*Pi*k*t/T),k=1..p-1)
     +a[p]/2*cos(2*Pi*p*t/T);
```

$$Tab := \frac{1}{2} a_0 + \sum_{k=1}^{p-1} (a_k \cos(2\frac{\pi kt}{T}) + b_k \sin(2\frac{\pi kt}{T})) + \frac{1}{2} a_p \cos(2\frac{\pi pt}{T})$$

mit $p = \text{floor}(\frac{n+1}{2})$, $a_0 = 2c_0$, $a_p = 2c_p$, so gilt $a_i = 2\Re(c_i)$, $b_i = -2\Im(c_i)$. Eine weitere Möglichkeit der Darstellung mit reellen Koeffizienten ist:

```
TA:=a[0]/2+sum(A[k]*sin(2*Pi*k*t/T+phi[k]),k=1..p);
```

$$TA := \frac{1}{2} a_0 + \sum_{k=1}^{p} A_k \sin(2\frac{\pi kt}{T} + \phi_k)$$

mit $A_i = \sqrt{a_i^2 + b_i^2}$, $\phi_i = \arctan(a_i, b_i)$ und $A_p = \frac{a_p}{2}$, $\phi_p = \frac{\pi}{2}$.

Zur Demonstration der Vorgehensweise werden die komplexen Koeffizienten mit der schnellen Fouriertransformation (FFT s.u.) berechnet. Dazu wird die zu analysierende Funktion 'digitalisiert' (tn ist der Zeitschritt, $(tk|ftk)$ sind die Punkte):

```
p:=floor((n+1)/2):   tn:=k*T/n:   tk:=tn $ k=0..n-1:   ftk:='seq(f(tn),k=0..n-1)':
data:=[tn,f(tn)] $ k=0..n-1: n:=2^m:
```

Für das Beispiel von oben wird zunächst eine stückweise definierte Funktion f aufgestellt (siehe Worksheet) und damit werden die Arrays für FFT gefüllt:

```
rx:=array([ftk]);
```

$rx := [1, 1, 1, 1, 1, 1, 1, 1, 0, 0, 0, 0, 0, 0, 0, 0, 0, 0, 0, 0, 0, 0, 0, 0, 0, 0, 0, 0, 0, 0, 0, 0]$

```
ix:=array([0 $ j=1..n]);
```

$ix := [0, 0, 0, 0, 0, 0, 0, 0, 0, 0, 0, 0, 0, 0, 0, 0, 0, 0, 0, 0, 0, 0, 0, 0, 0, 0, 0, 0, 0, 0, 0, 0]$

Nach dem Aufruf von FFT mit

```
evalhf(FFT(m,var(rx),var(ix))):
```

steht das Ergebnis wieder in den gleichen Arrays und man kann die komplexen Koeffizienten c_i bilden (mit etwas Nachhilfe bei Rundungsfehlern):

```
for i to n do c[i-1]:= (rx[i]+I*ix[i])/n:
if abs(Im(c[i-1]))<10^(-10) then c[i-1]:=Re(c[i-1]);  fi ;
if abs(Re(c[i-1]))<10^(-10) then c[i-1]:=I*Im(c[i-1]); fi od:
```

Anschließend können die reellen Koeffizienten a_i, b_i und A_i berechnet werden:

```
a[0]:=2*c[0]:   a[p]:=2*c[p]:   phi[p]:=Pi/2:   A[p]:=a[p]/2:
for i to p-1 do
a[i]:=2*Re(c[i]); b[i]:=-2*Im(c[i]);
A[i]:=sqrt(a[i]^2+b[i]^2);
phi[i]:=arctan(a[i],b[i]);  od:
```

Kontrollausgabe:

```
seq(c[i],i=0..5);
```

.2500000000, .1742682873 − .1430182873 I, .03125000000 − .1571043591 I,

−.03588372200 − .06713372200 I, 0. I, .04485731894 − .01360731893 I

Achtung: Wenn mit Floats gerechnet wird, bleibt bei komplexen Zahlen 0.I stehen.

```
seq(a[i],i=0..5);
```

.5000000000, .3485365746, .06250000000, −.07176744400, 0., .08971463788

Nun kann die vorgegebene Funktion zusammen mit den 'Messpunkten' und der Fourierreihe (hier mit den A_i) dargestellt werden:

```
p2:=plot([data],style=point,color=black,symbol=box):
plots[display]({plot({f(t),TA},t=-0.2*T..1.1*T),p2});
```

Im Worksheet sind die Messpunkte besser sichtbar. Außerdem haben Sie dort die Möglichkeit, die Funktion und die verschiedenen Parameter zu ändern sowie die verschiedenen Typen der Koeffizienten zu testen.

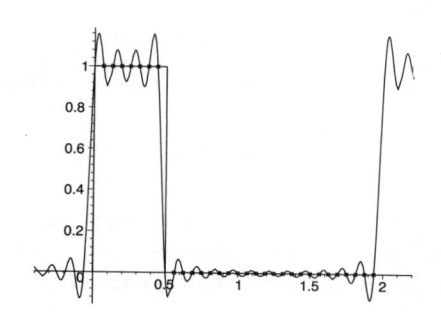

Das eigentliche Ziel der harmonischen Analyse ist aber die Bestimmung des Frequenzspektrums. Dieses kann nun z.B. in einem Histogramm dargestellt werden:

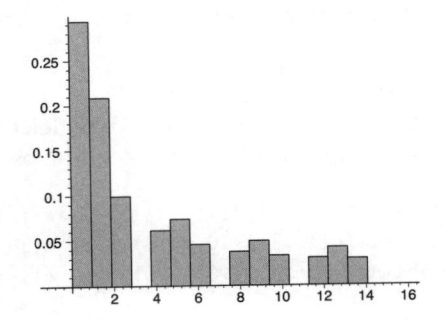

```
with(stats[statplots]):
histogram([seq(Weight(i-1,Re(A[i])),
        i=1..p)],numbars=p,area=1);
```

Lösung von Differentialgleichungen mit Fourierreihen

Das Thema wird an einem praxisnahen Beispiel behandelt: Das Verhalten eines elektrischen Serienschwingkreises (bestehend aus einem ohmschen Widerstand R, einer Spule L und einem Kondensator C) soll analysiert werden, wenn eine periodische Eingangsspannung angelegt wird. Gesucht ist also z.B. der Spannungsverlauf am Widerstand.

Die Eingangsspannung kann im Worksheet vom Benutzer selbst definiert werden. Voreingestellt ist eine Sägezahnspannung mit einer Frequenz von 100 Hertz. Die Spannung steigt im Verlauf der Periode von -0.5 auf $+0.5$ Volt an und fällt dann plötzlich wieder auf -0.5 Volt ab. Die Daten der elektrischen Bauteile sind zunächst L=20 mH, C=100 μF, R=10Ω und können natürlich ebenfalls vom Benutzer verändert werden.

Die Idee für den Rechenweg ist einfach: Es ist zwar schlecht möglich, die Systemgleichung (eine Differentialgleichung zweiter Ordnung) für eine Sägezahnfunktion zu lösen, dafür kann aber leicht die Lösung für eine Sinusfunktion ermittelt werden. Also wird die Sägezahnfunktion über die Fourierreihenentwicklung in Sinusterme zerlegt. Diese Terme werden der Reihe nach in die Lösung der Differentialgleichung eingesetzt und die Einzellösungen werden zur Gesamtlösung aufsummiert.

Als Erstes wird die Eingangsspannung u mit dem schon bekannten `evalfseries` in eine Fourierreihe zerlegt.

```
u:=(t-1/2*T)/T:
u1:=evalfseries(u, t, T , 15);
```

$$u1 := -.3183098861 \sin(2\frac{\pi t}{T}) - .1591549430 \sin(4\frac{\pi t}{T}) - .1061032954 \sin(6\frac{\pi t}{T})$$
$$- .07957747152 \sin(8\frac{\pi t}{T}) - .06366197722 \sin(10\frac{\pi t}{T}) - .05305164769 \sin(12\frac{\pi t}{T}) \ldots$$

Mit dem nächsten Kommando wird die Gleichung für die Spannungen im Stromkreis aufgestellt. Die Generatorspannung $u(t)$ wird dabei durch den allgemeinen Term $b\sin(\omega t)$ ausgedrückt. Für b und ω werden später die Koeffizienten bzw. Frequenzen der Fourier-

Lösung von Differentialgleichungen mit Fourierreihen

zerlegung eingesetzt. (Wenn die Fourierzerlegung auch Cosinusterme enthält, muss als Ansatz für $u(t)$ die Funktion $a\cos(\omega t) + b\sin(\omega t)$ verwendet werden.)

```
eq := b*sin(omega*t)=R*i(t)+L*diff(i(t),t)+1/C*int(i(t),t);
```

$$eq := b\sin(\omega t) = Ri(t) + L\frac{d}{dt}i(t) + \frac{\int i(t)dt}{C}$$

Oder als Differentialgleichung zweiter Ordnung:

```
de:= diff(eq, t);
```

$$de := b\cos(\omega t)n = R\frac{d}{dt}i(t) + L\frac{d^2}{dt^2}i(t) + \frac{i(t)}{C}$$

Im Worksheet werden drei Lösungsverfahren angeboten: ohne spezielle Methode, Laplacemethode und Fouriermethode (Näheres dazu im Kapitel zu den Integraltransformationen):

```
sol:=dsolve( {de, i(0)=0, D(i)(0)=0}, i(t)):
lsol:=dsolve( {de, i(0)=0, D(i)(0)=0}, i(t), method=laplace ):
fsol:=dsolve( {de}, i(t), method=fourier ):
```

Dabei fällt zunächst auf, dass sich die benötigten Rechenzeiten etwa wie 30 : 7 : 3 verhalten und dass die Probe am leichtesten mit der Laplacelösung gelingt:

```
subs(lsol, de): simplify(%);
```

$$b\cos(\omega t)n = b\cos(\omega t)n$$

Nach der Umwandlung der Lösungsgleichungen in Terme

```
isol:=subs( sol,i(t)): ilsol:=subs( lsol,i(t)): ifsol:=subs( fsol,i(t)):
```

können die Teillösungen je Lösungsverfahren aufsummiert werden (die Koeffizienten b_i der Fourierentwicklung von $u1$ wurden vorher berechnet):

```
isu:=add( subs( b=bi[i], omega=2*Pi/T*i, isol), i=1..15):
ilsu:=add( subs( b=bi[i], omega=2*Pi/T*i, ilsol), i=1..15):
ifsu:=add( subs( b=bi[i], omega=2*Pi/T*i, ifsol), i=1..15):
```

Nun benötigen wir konkrete Daten. Hier ist zunächst die Eingangsspannung (Generatorspannung) $u1$ mit einer Frequenz von 100 Hertz, dargestellt durch eine Fourierreihe 15. Ordnung.

```
T:=1/100:
plot(u1, t=0..4*T);
```

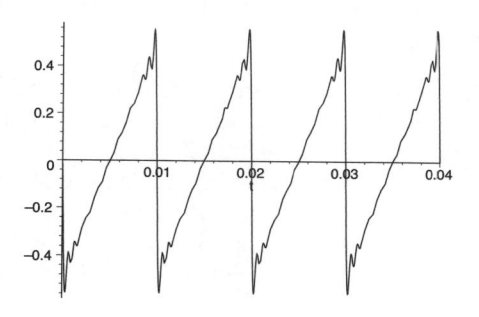

Die Spannung am Widerstand R kann zusammen mit der Generatorspannung für die Laplacelösung und die Fourierlösung gezeichnet werden.

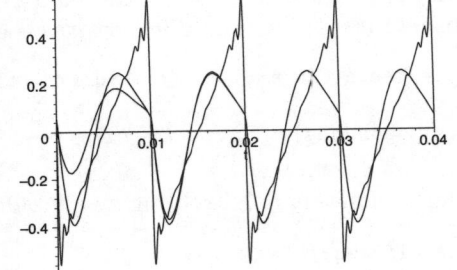

```
R:=10: C:=1e-4: L:=2e-2:
plot([u1,ilsu*R,evalc(Re(ifsu))*R],t=0..4*T);
```

Nun sieht man, dass die Fourierlösung nur den rein periodischen Anteil enthält, während die Laplacelösung auch das Einschwingen erfasst. Außerdem ist die Laplacelösung dem Problem besser angepasst als die Lösung ohne spezielle Methode, was die Rechenzeit und den Umfang des Lösungsterms angeht. Im Worksheet können Sie die Differenzen der verschiedenen Lösungen studieren und die Parameter ändern, z.B.:

```
T:=1/200:
plot([u1,ilsu*R,evalc(Re(ifsu))*R],t=0..4*T);
```

Fouriertransformation diskreter Daten

Das Kommando FFT (Fast Fourier Transform) führt eine Fouriertransformation für diskrete Daten durch und wurde oben schon benutzt, um auf bequeme Art komplexe Fourierkoeffizienten zu erzeugen. Die Transformation entspricht einem Übergang vom Zeit- in den Frequenzbereich. Die Daten müssen an das Kommando in zwei getrennten Feldern für Real- und Imaginärteil übergeben werden. Die Anzahl der Datenpunkte muss eine Zweierpotenz sein.

Während die Ausgangsdaten den zeitlichen Verlauf einer Funktion (aufgetragen über die Zeit) widerspiegeln, gibt die resultierende Ergebnisliste das zugehörige Frequenzspektrum an. Die Fouriertransformation von Zufallszahlen, die im Wesentlichen einem weißen Rauschen entsprechen, ergibt eine Liste mit annähernd gleich großen Gewichten für alle Frequenzen, weil im weißen Rauschen alle Frequenzen gleichermaßen vertreten sind. Die Fouriertransformation einer Sinusschwingung ergibt dagegen ein Frequenzspektrum mit einer ausgeprägten Spitze für die Frequenz der Schwingung, alle anderen Werte der transformierten Daten sollten 0 sein. Etwas komplizierter sieht das Frequenzspektrum eines einzelnen Rechteckimpulses aus (siehe die folgenden Abbildungen).

Im folgenden Beispiel wird ein Rechteckimpuls transformiert. Die Ausgangsdaten bestehen im Realteil aus 462 Nullen, 100 Einsen und abermals 462 Nullen (ergibt 1024 Punkte). Der Imaginärteil ist durchgehend null. Zur grafischen Darstellung der Ausgangsdaten in *datar* und *datai* werden diese in einer verschachtelten Liste in *dataxy* zusammengefasst.

```
datar := array( [0$462, 1$100, 0$462]):
datai := array( [0$1024] ):
dataxy := [seq( [i, abs(datar[i]+I*datai[i])], i=1..1000)]:
```

Die Abbildung zeigt den zeitlichen Verlauf eines Rechteckimpulses, der aus diskreten Datenpunkten zusammengesetzt ist. Mit plot werden die Punkte durch einen Linienzug verbunden.

```
plot(dataxy);
```

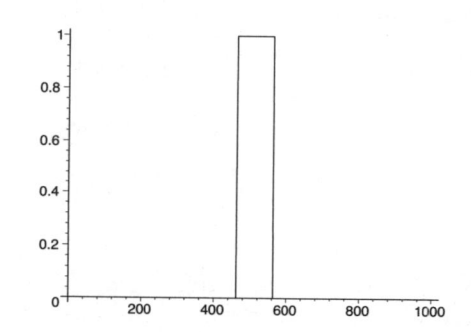

Im ersten Argument von FFT wird die Hochzahl der Zweierpotenz angegeben ($2^{10} = 1024$). FFT schreibt das Ergebnis in *datar* und *datai* zurück, die Ausgangsdaten werden also zerstört.

```
FFT(10, datar, datai);
                1024
```

Hier ist der Realteil der Koeffizienten:

```
dataxy := [seq( [i, datar[i]],i=1..1024)]:
plot(dataxy,0..1024);
```

Den Imaginärteil können Sie im Worksheet plotten.

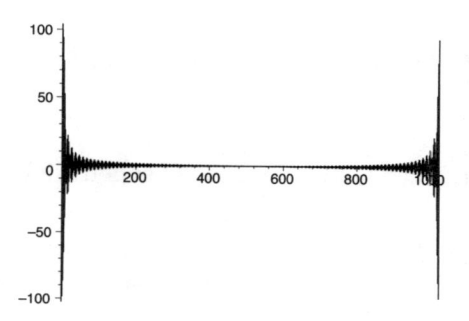

Die komplexen Koeffizienten sind folgendermaßen angeordnet:

```
evalf(datar[1]+I*datai[1],5);
for i from 2 to 5 do:
evalf(datar[i]+I*datai[i],5), evalf(datar[1026-i]+I*datai[1026-i],5);od;

    100.
```

$-98.438 - .30201\,I$, $-98.438 + .30201\,I$, $93.841 + .57581\,I$, $93.841 - .57581\,I$,

$-86.465 - .79584\,I$, $-86.465 + .79584\,I$, $76.720 + .94154\,I$, $76.720 - .94154\,I$ ...

Das heißt, der erste Koeffizient ist reell, der 'Rest' konjugiert-komplex bezüglich der Mitte des Arrays. Summiert man bei der Fourierreihe nicht von 0 bis n-1 (im Array von 1 bis n), sondern von -n/2 bis n/2, so lässt sich das auch so darstellen (Absolutbetrag der Koeffizienten):

```
dataxy := [seq( [i-1, abs(datar[1024+i]+I*datai[1024+i]) ],i=-50..0),
seq( [i-1, abs(datar[i]+I*datai[i]) ],i=1..50) ]:
dataxy[45..55];
```

[[−7, 39.03425427], [−6, 52.35998277], [−5, 65.14824599], [−4, 76.72583855],

[−3, 86.46872152], [−2, 93.84273356], [−1, 98.43878930], [0, 100],

[1, 98.43878984], [2, 93.84273355], [3, 86.46872105]]

Nach dieser Umordnung ergibt sich nebenstehendes Bild der Absolutbeträge der Koeffizienten.

```
plot(dataxy, -50..50);
```

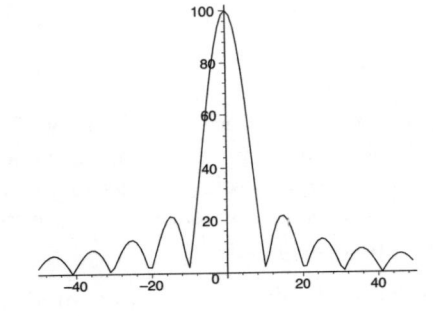

Die Rücktransformation erfolgt mit iFFT

```
iFFT(10, datar, datai);
```

und man kann nun die Rechengenauigkeit testen:

```
datar[k] $ k=460..470;
```

$.3450266415\,10^{-9}$, $-.4562319860\,10^{-9}$, $-.1444915806\,10^{-8}$, .9999999961, 1.000000000,

1.000000002, 1.000000006, .9999999971, 1.000000002, 1.000000001, 1.000000006

Für größere Datenmengen gibt es die Möglichkeit, mit

```
evalhf(FFT(10, var(datar), var(datai) ) );
```

Hardwarefloats zu verwenden, was sowohl die Geschwindigkeit erhöht (in diesem Beispiel etwa um den Faktor 8) als auch die Rechengenauigkeit. Tests dazu finden Sie im Worksheet.

Analyse und Verarbeitung von Messdaten

Die schnelle Fouriertransformation wird häufig dazu verwendet, Daten mit Mess- oder Übertragungsfehlern zu analysieren. Um diese Situation zu simulieren, wird im folgenden Beispiel eine Sinusschwingung mit Zufallszahlen überlagert, deren Bereich zehnmal größer ist als die Amplitude der Sinusschwingung.

```
datar:= [ seq( evalf(sin(50*2*Pi*t/1024)), t=1..1024 ) ]:
```

Die Abbildung rechts zeigt die ersten hundert Punkte der noch unverfälschten Sinusschwingung.

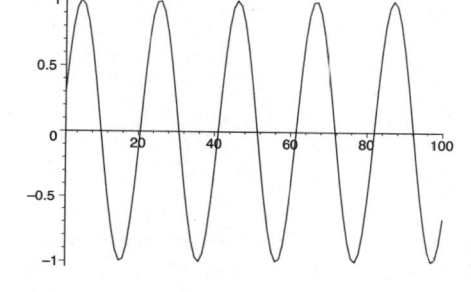

```
dataxy:= [ seq( [i,datar[i]],
                i=1..1024) ]:
plot(dataxy, 1..100);
```

Und die zugehörige Linie im Frequenzspektrum (komplette Rechnung im Worksheet):

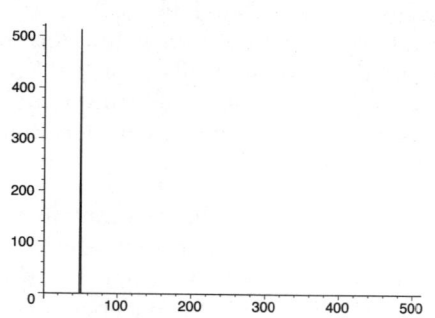

```
FFT(10, ndatar, ndatai):
dataxy:=[seq( [ i-1, abs(ndatar[i]+
        I*ndatai[i]) ],i=1..1024)]:
plot(dataxy, 1..512);
```

```
datar:= [ seq( evalf(datar[i]+rand(1000)()/100), i=1..1024) ]:
```

Durch das Kommando oben wurden die Daten mit Zufallszahlen zwischen 0 und 10 überlagert. In der Abbildung rechts ist die Sinusschwingung nicht mehr zu erkennen.

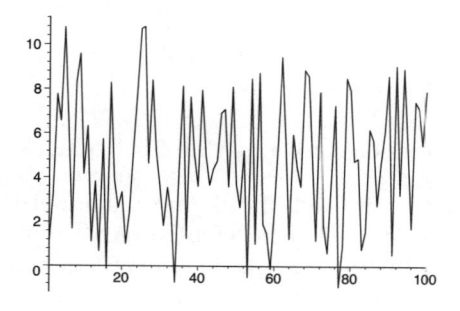

```
dataxy:=[seq( [i,datar[i]],
              i=1..1024)]:
plot(dataxy, 1..100);
```

Zur Fouriertransformation werden die als Liste vorliegenden Daten in ein Feld verwandelt. Das Ergebnis der Transformation wird in den Variablen *fdatar* und *fdatai* gespeichert. Dazu muss (bei Feldern) das Kommando copy verwendet werden!

```
datar:=array(datar):
datai:=array( [0$1024] ):
FFT(10, datar, datai):
fdatar:=copy(datar):
fdatai:=copy(datai):
```

Das Frequenzspektrum sieht nun so aus. Immerhin ist die Spitze bei der Frequenz 50Hz noch deutlich zu erkennen.

```
dataxy:=[seq(
  [ i, abs(datar[i]+I*datai[i]) ],
  i=1..1024)]:
plot(dataxy, 30..70, 0..500);
```

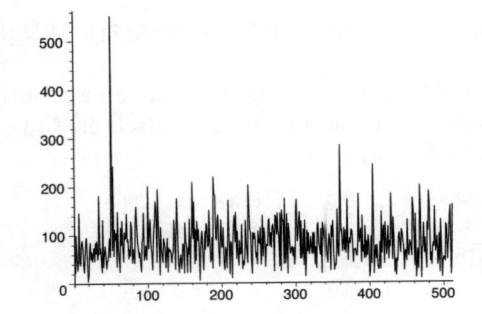

Die Kommandos rechts filtern aus den fouriertransformierten Daten die Frequenzen zwischen 0 und 100 heraus. Dazu wird ein Filterfeld definiert, das hundert Einsen und dann lauter Nullen enthält. Das so beschnittene Frequenzspektrum wird anschließend mit iFFT zurück in den Zeitbereich transformiert.

```
filter:=array([1$100, 0$924]):
for i from 1 to 1024 do:
  datar[i] := datar[i]*filter[i]:
  datai[i] := datai[i]*filter[i]:
od:
iFFT(10, datar, datai):
```

Die Abbildung zeigt die rücktransformierten Ausgangsdaten, nachdem die oberen Frequenzen eliminiert wurden. Die Kurve ist zwar schon viel glatter, hat aber noch immer keine allzu große Ähnlichkeit mit der originalen Sinusschwingung.

```
dataxy:=[seq( [i,datar[i]],
              i=1..1024)]:
plot(dataxy, 1..100);
```

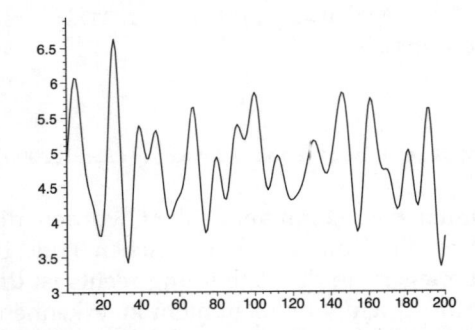

Im Worksheet können Sie das Rechteckfilter schärfer einstellen. Hier ist noch ein Filtertyp:

Durch ein Gaußfilter kommt man der Realität näher. In den Befehlen rechts wird eine digitalisierte Glockenkurve zur mittleren Frequenz 50Hz definiert.

```
filter:=array( [0$40,
  seq( evalf(exp(-(i-10)^2/19)),
       i=1..19), 0$965] ):
```

Die Abbildung rechts zeigt den Verlauf des oben definierten Filters, das die Frequenz 50 optimal und die Frequenzen zwischen 40 und 60 teilweise durchlässt.

```
dataxy:=[seq( [i,filter[i]],
              i=1..1024)]:
plot(dataxy, 30..70);
```

Nach der abermaligen Ausführung der oben bereits zweifach abgedruckten Kommandos (*datar* und *datai* wieder herstellen, filtern und mit iFFT rücktransformieren) ergibt sich folgende Abbildung der rekonstruierten Sinusschwingung:

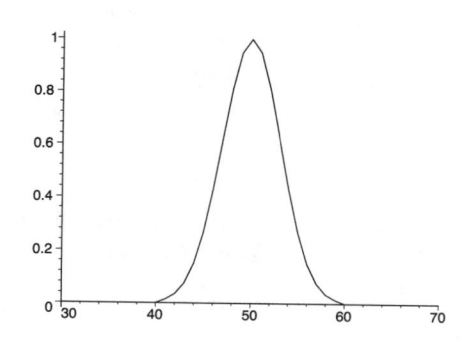

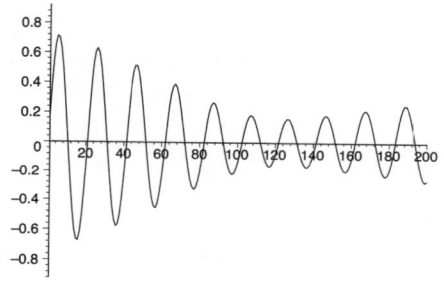

```
dataxy:=[seq( [i,datar[i]],
              i=1..1024)]:
plot(dataxy, 1..100);
```

Fouriertransformation analytischer Funktionen

Geht man von der Fourierreihe zum Fourierintegral über, so kann man mit einem kontinuierlichen Spektrum auch aperiodische Funktionen beschreiben. Diese Verallgemeinerung ist neben der harmonischen Analyse die wichtigste Eigenschaft der Fouriertransformation, die vor allem in der Quantenphysik eine große Rolle spielt (Zeit ↔ Frequenz, Ort ↔ Impuls). Die Transformation der Zeitfunktion $f(t)$ in die Frequenzfunktion $F(w)$ erfolgt nach folgender Formel:

$$F(w) = \int_{-\infty}^{\infty} f(t)e^{-Iwt}dt$$

und kann mit den Kommandos fourier (und invfourier für die Rücktransformation) in Kurzform aufgerufen werden, wenn vorher das Package inttrans geladen wurde (with(inttrans)). An fourier(f,t,w) wird im ersten Argument die zu transformierende Funktion, im zweiten Argument die Zeitvariable (t) und im dritten Argument die Frequenzvariable (w) übergeben.

Zunächst folgen ein paar Beispiele, die an die bisher behandelten diskreten Spektren anknüpfen (die Diskretisierung erfolgt mit der Diracfunktion, beachten Sie auch die Normierung).

Eine konstante Funktion hat die Frequenz 0, also das Spektrum $Dirac(w)$.

```
with(inttrans): fourier(a,t,w);
```
$$2a\pi\, Dirac(w)$$
```
invfourier(%,w,t);
```
$$a$$

Ein Impuls zur Zeit 0 erfordert alle Frequenzen mit konstantem Gewicht.

```
fourier(a*Dirac(t),t,w);
```
$$a$$
```
invfourier(%,w,t);
```
$$a Dirac(t)$$

Genau eine Frequenz ergibt eine periodische Schwingung (nun aber komplex).

```
invfourier(a*Dirac(w-w0),w,t);
```
$$1/2\,\frac{ae^{iw0\,t}}{\pi}$$
```
fourier(%,t,w);
```
$$a Dirac(w-w0)$$

Aus fünf diskreten Frequenzen kann man eine kleine Fourierreihe aufbauen

```
g:=add(Dirac(w-i)/i,i=1..5);
```
$$Dirac(w-1) + 1/2\, Dirac(w-2) + ...$$
```
f:=invfourier(g,w,t);
```
$$\frac{60\,e^{it} + 30\,e^{2\,it} + 20\,e^{3\,it} + 15\,e^{4\,it} + 12\,e^{5\,it}}{120\pi}$$

und sich z.B. den Realteil der Schwingung ansehen.

```
plot(evalc(Re(f)),t);
```

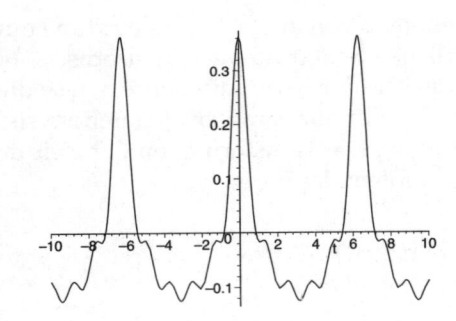

Es folgen weitere Standardbeispiele zu nicht periodischen Funktionen.

Fouriertransformation analytischer Funktionen

Zuerst wieder der Rechteckimpuls, diesmal symmetrisch zu 0.

```
f:=sigma(t+1)-sigma(t-1);
```

$$f := \sigma(t+1) - \sigma(t-1)$$

```
plot( f, t=-2..2, numpoints=500);
```

Die Fouriertransformierte lautet

```
g:=simplify(fourier( f, t, w));
```

$$g := \frac{2\sin(w)}{w}$$

und kann zusammen mit ihrer Einhüllenden dargestellt werden.

```
plot({abs(g),abs(2/w)},
    w=-4*Pi..4*Pi,0..2);
```

Man vergleiche mit dem Ergebnis von FFT.

Der umgekehrte Fall ist die Rücktransformation eines Frequenzbandes:

```
g:=sigma(w-10)-sigma(w-20):
f:=invfourier(g,w,t):
f:=combine(simplify(evalc(Re(%))),trig);
```

$$f := \frac{-\sin(10\,t) + \sin(20\,t)}{2\pi\,t}$$

Es treten nur die Randfrequenzen auf und die Einhüllende ist wieder $\propto 1/t$.

Schließlich sollten wir den wichtigen Fall einer Gaußverteilung nicht vergessen:

```
g:=exp(-(w-15)^2/2):
f:=invfourier(g,w,t):
f:=simplify(evalc(Re(%)));
```

$$f := \frac{\sqrt{2}\,e^{-1/2\,t^2}\cos(15\,t)}{2\sqrt{\pi}}$$

Gaußverteilt bleibt gaußverteilt!

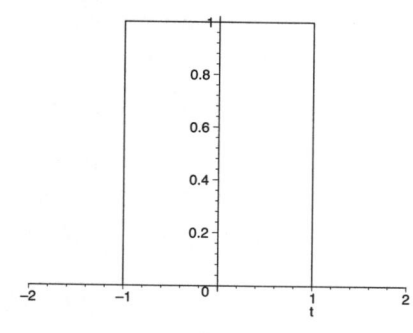

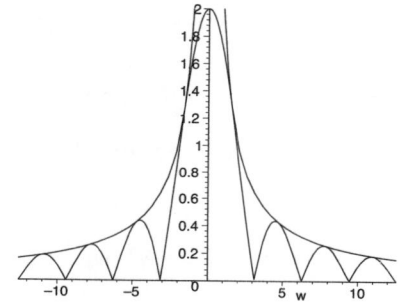

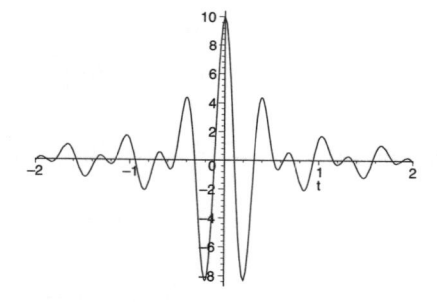

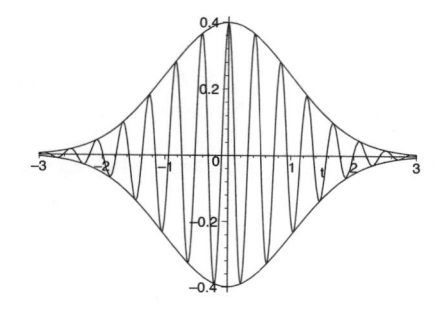

Wie bei allen Integraltransformationen sind zwei Eigenschaften der Fouriertransformation besonders nützlich:

1. Transformation von Ableitungen

```
alias(F=fourier): alias(F(omega)=fourier(f(t),t,omega)):
seq(F(diff(f(t),t$n),t,omega),n=1..4);
```

$$i\omega\, F(\omega), -\omega^2 F(\omega), -i\omega^3 F(\omega), \omega^4 F(\omega)$$

Das überführt z.B. die Schwingungsgleichung

```
dgl:=diff(f(t),t$2)+p*diff(f(t),t)+q*f(t)=sin(b*t);
```

$$\frac{d^2}{dt^2}f(t) + p\frac{d}{dt}f(t) + qf(t) = \sin(bt)$$

in eine lineare Gleichung für $F(\omega)$

```
bild:=F(dgl,t,omega);
```

$$-\omega^2 F(\omega) + ip\omega\, F(\omega) + qF(\omega) = -i\pi\, Dirac(\omega - b) + i\pi\, Dirac(\omega + b)$$

mit der Lösung

```
bildsol:=solve(bild,F(omega));
```

$$F(\omega) = \frac{i\pi\,(-Dirac(\omega - b) + Dirac(\omega + b))}{-\omega^2 + ip\omega + q}$$

und der Rücktransformierten, also der Lösung der DGL

```
sol:=invfourier(bildsol,omega,t);
```

$$f(t) = \frac{-1/2\,i\left(-e^{ibt}b^2 + -ie^{ibt}pb + e^{ibt}q + e^{-ibt}b^2 + -ie^{-ibt}pb - e^{-ibt}q\right)}{(-b^2 + ipb + q)(-b^2 + -ipb + q)}$$

2. Faltung

Bei jeder Messung werden die Daten gefiltert (Auflösungsvermögen und Ansprechwahrscheinlichkeit der Apparatur), sodass das Ergebnis immer eine Faltung ist:

```
alias(F=fourier): faltung:=Int(filter(t-tau)*daten(tau),tau=-infinity..infinity);
```

$$\int_{-\infty}^{\infty} filter(t-\tau)\,daten(\tau)\,d\tau$$

Das Filter, von dem jeder Experimentalphysiker träumt, ist die Diracfunktion

Fouriertransformation analytischer Funktionen

```
filter:=t->Dirac(t);faltung=value(faltung);filter:='filter':
```

$$\int_{-\infty}^{\infty} Dirac(t-\tau)\,daten(\tau)d\tau = daten(t)$$

die auch implizit so definiert ist: Sie reproduziert bei der Faltung die Originalfunktion exakt (ist also das 'Einselement' der Faltung). Wir können nun etwas realistischere Filter untersuchen. Dazu benötigen wir zunächst den Faltungssatz

```
alias(Ff(omega)=fourier(filter(t),t,omega)):
alias(Fd(omega)=fourier(daten(t),t,omega)):
faltung:=int(filter(t-tau)*daten(tau),tau=-infinity..infinity):
bild:=F(faltung,t,omega);
```

$$F(daten(t),t,\omega)F(filter(t),t,\omega)$$

oder rückwärts

```
expand(invfourier(bild,omega,t));
```

$$\int_{-\infty}^{\infty} daten(-\_U1)filter(t+\_U1)d\_U1$$

Angenommen, es wurde eine Messung *messung(t)* gemacht und die Filterfunktion *filter(t)* ist bekannt. Dann kann man die Funktion *daten(t)* so erhalten:

```
bildgl:=F(messung(t),t,omega)=bild;
```

$$F(messung(t),t,\omega) = F(daten(t),t,\omega)F(filter(t),t,\omega)$$

```
bildsol:=solve(bildgl,Fd(omega));
```

$$Fd(\omega) = \frac{F(messung(t),t,\omega)}{F(filter(t),t,\omega)}$$

Das sind die transformierten Daten $Fd(\omega)$ und wir können die Lösung in allgemeiner Form schon bereitstellen:

```
sol:=invfourier(bildsol,omega,t);
```

$$daten(t) = invfourier\left(\frac{F(messung(t),t,\omega)}{F(filter(t),t,\omega)},\omega,t\right)$$

Nun können verschiedene 'Messungen' und Filtertypen eingesetzt werden. Sie finden dazu im Worksheet ein Rechteckfilter, ein Gaußfilter, ein Diracfilter und eine Glockenkurve, die Sie alle (außer dem Diracfilter) selbst modifizieren können. Für ein Rechteckfilter mit der Ansprechwahrscheinlichkeit a und der halben Breite b ergibt sich z.B.:

```
a:=0.8:b:=0.2:
plot([evalc(Re(sol)),messung(t),evalc(Re(faltung))+0.1,filter(t)],
     t=-1..3,color=[red,blue,black,brown]);
```

Die Zeichnung zeigt (auf der Hochachse von unten nach oben) die Filtercharakteristik, die 'Messung' und die entfalteten Originaldaten. Zur Simulation einer Messung wurde die Überlagerung zweier Schwingungen gewählt. Man sieht deutlich, dass über die größere Frequenz stärker gemittelt wird.

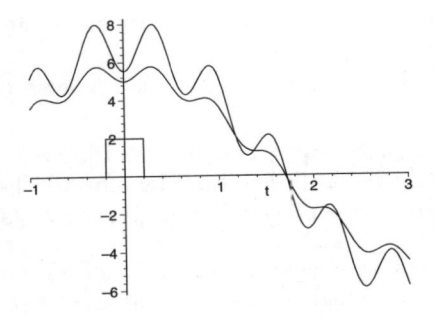

Syntaxzusammenfassung

```
FFT(n, real, imag);    iFFT(n, real, imag);
```
führt eine Fast-Fourier-Transformation bzw. die Umkehrtransformation durch. *real* und *imag* sind Felder (arrays), die die Real- und Imaginärteile von 2^n Datenpunkten enthalten. Das Ergebnis wird wiederum in diese Felder geschrieben.

```
evalhf(FFT(n, var(real), var(imag)));
evalhf(iFFT(n, var(real), var(imag)));
```
wie oben, aber unter Ausnutzung der Fließkommaarithmetik des Rechners.

```
with(inttrans);    fourier(f, t, w);    invfourier(f,w,t);
```
transformiert die Funktion $f = f(t)$ in den Frequenzbereich w bzw. führt die Rücktransformation in den Zeitbereich durch.

```
formseries(f,t,T0,n);   evalfseries(f,t,T0,n);   numseries(f,t,T0,n);
chopseries(f,t,T0,n);
```
sind keine Maple-Kommandos, sondern wurden in diesem Kapitel definiert (Abschnitt Fourierreihenentwicklung). Sie stellen die Fourierreihe der periodischen Funktion $f = f(t)$ mit der Periode *T0* bis zur Ordnung n auf.

Kapitel 26

Integraltransformationen und Z-Transformation

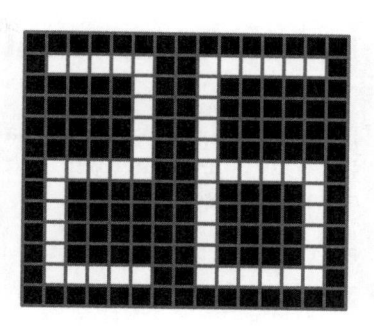

Maple stellt im Paket inttrans folgende Transformationen zur Verfügung:

with(inttrans);

[$addtable, fourier, fouriercos, fouriersin, hankel, hilbert, invfourier, invhilbert,$
$invlaplace, invmellin, laplace, mellin, savetable$]

Das sind also drei Fouriertransformationen sowie die Laplace-, Mellin-, Hankel- und Hilbert-Transformation. Mit addtable und savetable können zu den jeweiligen Transformationen Namensgebungen und Rechenregeln hinzugefügt und abgespeichert werden. Mit ?examples,index finden Sie Beispiele unter 'Integral Transforms'.

In diesem Kapitel steht bei den Integraltransformationen die Laplace-Transformation im Vordergrund. Im Zeitalter der Digitalisierung darf aber ihre diskretisierte Verwandte, die Z-Transformation, nicht fehlen. (Die Z-Transformation befindet sich nicht im Paket inttrans.)

laplace, invlaplace
führen die Laplace-Transformation einer reellen oder komplexen Funktion $f(t)$ nach $F(s)$ bzw. die Rücktransformation durch. Die Laplace-Transformation wird vor allem zur Lösung von Differentialgleichungen verwendet.

ztrans, invztrans
führen eine Z-Transformation für diskrete Funktionen $f(n)$ nach $F(z)$ bzw. die Rücktransformation durch. Die Z-Transformation wird häufig zur Lösung von Differenzengleichungen eingesetzt.

Hinweise: Die Fouriertransformation wurde wegen ihrer herausragenden Bedeutung (und als Bindeglied Reihenentwicklung – Integraltransformation) schon im vorangehenden Kapitel behandelt.

Maple 7 verarbeitet die Integraltransformationen in größerer Allgemeinheit als Maple 6, was aber zum Teil zu einer wesentlich umfangreicheren Ausgabe führt, die hier nicht abgedruckt ist. Im Worksheet finden Sie beide Varianten, wobei die Eingabe, mit der die Ergebnisse von Maple 6 erzeugt wurden, deaktiviert ist.

Laplace-Transformation

Durch die Laplace-Transformation (kurz L-Transformation) wird die Funktion $f(t)$, die für $t < 0$ als 0 betrachtet wird, zu $F(s)$ transformiert. Die Laplace-Transformation ist folgendermaßen definiert:

```
F(s):=convert(laplace(f(t), t, s),int);
```

$$F(s) = \int_0^\infty e^{-st} f(t)\, dt$$

Im Gegensatz zur Fouriertransformation ist der Exponent des Kerns nun nicht mehr rein imaginär, sondern s ist eine komplexe Zahl (mit einem Realteil). Es kann also Probleme mit der Konvergenz des Integrals geben. Wenn die Originalfunktion wie $\exp(at)$ wächst, so ist die Bildfunktion nur für $\Re(s) > a$ definiert. Maple kann dem Benutzer die nun erforderlichen Fallunterscheidungen nicht immer abnehmen. Ein einfaches Beispiel mag dies verdeutlichen:

```
f:=t->1; value(F(s));
Definite integration: Can't determine if the integral is
convergent. Need to know the sign of --> s
Will now try indefinite integration and then take limits.
```

$$\lim_{t\to\infty} -\frac{e^{(-ts)} - 1}{s}$$

```
assume(s>0): %;
```
$\frac{1}{s}$

Statt mit `assume` eine Annahme für eine Variable festzulegen, kann man auch mit `assuming` die Annahme nur für eine Berechnung machen. Wichtiger ist aber, dass man überhaupt daran denkt, dass manche Operationen ohne geeignete Annahmen nicht durchgeführt werden können. Man hört immer wieder 'Warum vereinfacht Maple den Term nicht so wie ich mir das vorstelle?'. In den meisten Fällen kann das aber darauf zurückgeführt werden, dass der Benutzer in reellen Zahlen denkt oder sich um die Konvergenz eines Integrals nicht kümmert, während Maple für solche Fälle Stoppstellen eingebaut hat, über die man nur kommt, wenn man die passenden Annahmen macht (der Dialog zwischen CAS und Benutzer lässt sich mit `?infolevel` fördern). Im Worksheet finden Sie weitere Beispiele zu Fallunterscheidungen, dabei ist insbesondere bei der Verschiebung von Funktionen Vorsicht geboten. Die Anwendung von `laplace` und `invlaplace` erfolgt analog zu `fourier` (siehe auch Syntaxzusammenfassung), wir können uns also gleich den zwei wichtigsten Eigenschaften der L-Transformation widmen.

1. Die L-Transformierte von Ableitungen

```
alias(F(s)=laplace(f(t),t,s)):
laplace( diff(f(t), t), t, s);            sF(s) - f(0)
laplace( diff(f(t), t$2), t, s);          s(sF(s) - f(0)) - D(f)(0)
```

Das heißt, die L-Transformierte der Ableitung einer Funktion ist s mal die L-Transformierte der Funktion (minus Anfangswert). Damit können Differentialgleichungen algebraisiert werden:

```
dgl:=diff(f(t), t$2)+ diff(f(t), t)+f(t)=0;
```

$$dgl := (\frac{\partial^2}{\partial t^2} f(t)) + (\frac{\partial}{\partial t} f(t)) + f(t) = 0$$

Transformation:

```
alggl:=laplace( dgl ,t,s);
```

$$alggl := s\,(s\,F(s) - f(0)) - D(f)(0) + s\,F(s) - f(0) + F(s) = 0$$

Lösung im Bildbereich:

```
bildsol:=solve(alggl,F(s));
```

$$bildsol := \frac{s\,f(0) + D(f)(0) + f(0)}{s^2 + s + 1}$$

Rücktransformation:

```
sol:=invlaplace(bildsol,s,t);
```

$$sol := e^{(-1/2\,t)}\,f(0)\cos(\frac{1}{2}\sqrt{3}\,t) + \frac{1}{3}\,e^{(-1/2\,t)}\,f(0)\,\sqrt{3}\sin(\frac{1}{2}\sqrt{3}\,t)+$$

$$\frac{2}{3}\,e^{(-1/2\,t)}\,\sqrt{3}\,D(f)(0)\sin(\frac{1}{2}\sqrt{3}\,t)$$

Das läuft also ab, wenn man `dsolve` mit `method=laplace` aufruft. Vordergründig besteht der Vorteil der Laplace-Methode gegenüber 'dsolve-pur' also darin, dass man die Anfangsbedingungen 'frei Haus' bekommt und sich nicht mit den Integrationskonstanten herumschlagen muss. Der tiefere Sinn der Laplace-Methode liegt aber in der Anpassung der Methode an das Problem. Diese Anpassung kann noch weiter verfeinert werden, wenn der Benutzer die Methode nicht über `dsolve` aufruft, sondern obige Schritte selbst durchführt, um im Bedarfsfall Maple helfen zu können.

2. Faltungssatz

Zur besseren Übersicht werden folgende Abkürzungen verwendet:

```
alias(L=laplace):alias(F1(s)=laplace(f1(t),t,s)):alias(F2(s)=laplace(f2(t),t,s)):
```

Zur L-Transformation gehört die einseitige Faltung (von 0 bis t)

```
faltung:=int(f1(t-tau)*f2(tau),tau=0..t);
```
$$faltung := \int_0^t f1(t-\tau)\,f2(\tau)\,d\tau$$

```
bild:=L(faltung,t,s);
```
$$bild := F2(s)\,F1(s)$$

In Worten: Die Transformierte einer Faltung ist das Produkt der Transformierten – Algebraisierung! Auch die Umkehrung ist Maple bekannt:

`invlaplace(bild,s,t);`
$$\int_0^t f2(\_U1)\,f1(t - \_U1)\,d\_U1$$

Weitere Anwendungen finden Sie unter 'Lösung von Differentialgleichungen mit der L-Transformation'. Für Faltungen, wie sie bei Messungen vorkommen, ist die L-Transformation weniger geeignet, weil die Faltung einseitig ist. Beispiele zur zweiseitigen Faltung finden Sie bei der Fouriertransformation.

Hinweis: Eine für den Praktiker wichtige Option stellt `addtable` dar. Damit können der Transformationstabelle eigene Einträge hinzugefügt werden. Beispiele dazu finden Sie in der Maple-Hilfe und im Worksheet dieses Kapitels.

Lösung von Differentialgleichungen mit der Laplace-Transformation

Die wichtigste Anwendung der Laplace-Transformation besteht im Lösen von Differentialgleichungen. Das Kommando `laplace` hat gegenüber dem bereits in Kapitel 18 beschriebenen Kommando `dsolve(..., method=laplace)` den Vorteil, dass der Rechenvorgang genauer gesteuert werden kann, was insbesondere bei der Lösung von partiellen Differentialgleichungen oft erforderlich ist.

Die prinzipielle Vorgehensweise zur Lösung einer Differentialgleichung durch eine Laplace-Transformation ist ziemlich einfach: Die Differentialgleichung für die Funktion $y(t)$ wird transformiert. Aus $y(t)$ wird dabei $Y(s)$, aus der Differentialgleichung wird eine gewöhnliche Gleichung. Diese Gleichung wird mit `solve` für $Y(s)$ gelöst. Schließlich wird diese Lösung zurück in den Zeitbereich transformiert.

Im Mittelpunkt des ersten Beispiels steht die Differentialgleichung $y' + y = u$, wobei die Funktion u einen Rechteckimpuls zwischen $t = 1$ und $t = 5$ darstellt.

`de:=diff(y(t),t)+b*y(t)=u;`
$$de := \frac{d}{dt}y(t) + y(t) = u$$

`u:=sigma(t-1)-sigma(t-5);`
$$u := \sigma(t-1) - \sigma(t-5)$$

Vor der Transformation der Differentialgleichung durch `laplace` wird die Abkürzung $Y(s)$ für $\mathcal{L}\{f(t)\}$ definiert.

`alias( Y(s)=laplace(y(t),t,s) ):`
`laplace(de, t, s);`
$$s\,Y(s) - y(0) + b\,Y(s) = \frac{e^{(-s)}}{s} - \frac{e^{(-5s)}}{s}$$

Die resultierende Gleichung in s kann für $Y(s)$ mühelos gelöst werden. Dabei wird mit subs die Anfangsbedingung $y(0) = 0$ eingesetzt.

```
sol:=solve(subs(y(0)=0,%), Y(s));
```

$$sol := \frac{e^{(-s)} - e^{(-5s)}}{s(s+b)}$$

Die Rücktransformation liefert dann die Lösung der Differentialgleichung.

```
antwort:=invlaplace(sol ,s,t);
```

$$antwort := \frac{\sigma(t-1)}{b} - \frac{\sigma(t-1) e^{(-b(t-1))}}{b}$$
$$- \frac{\sigma(t-5)}{b} + \frac{\sigma(t-5) e^{(-b(t-5))}}{b}$$

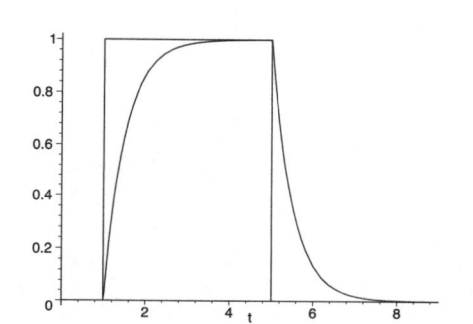

Die Abbildung rechts zeigt die Reaktion von $y(t)$ auf das rechteckförmige Eingangssignal.

```
plot(b*antwort,u, t=0..9);
```

Untersuchung eines RLC-Schwingkreises

Im Mittelpunkt des zweiten Beispiels steht nochmals die bereits im vorigen Kapitel im Zusammenhang mit Fourierreihen vorgestellte elektrische Schaltung, die aus der Hintereinanderschaltung eines Widerstands R, eines Kondensators C und einer Spule L besteht. Es soll die Reaktion der Schaltung (also der Strom j) auf verschiedene Eingangssignale (Spannung u) untersucht werden.

Die Schaltung kann durch eine Integrodifferentialgleichung beschrieben werden, die durch Differentiation in eine Differentialgleichung zweiter Ordnung überführt wird.

```
sys:= u(t)=R*j(t) + L*diff(j(t),t) + 1/C*int(j(t), t):
de:= diff(sys, t);
```

$$de := \frac{\partial}{\partial t} \mathrm{u}(t) = R\left(\frac{\partial}{\partial t} \mathrm{j}(t)\right) + L\left(\frac{\partial^2}{\partial t^2} \mathrm{j}(t)\right) + \frac{\mathrm{j}(t)}{C}$$

Für die transformierten Funktionen $U(s)$ und $J(s)$ werden Abkürzungen definiert. Die Laplace-Transformation der Differentialgleichung liefert wiederum eine verhältnismäßig einfache Gleichung in s. Im Gegensatz zum vorigen Beispiel ist die Eingangsfunktion $U(s)$ darin noch direkt enthalten, weil für $U(s)$ in der Folge unterschiedliche Funktionen eingesetzt werden sollen.

```
alias( U(s)=laplace(u(t), t, s), J(s)=laplace(j(t), t, s)):
bild:=laplace( de, t, s);
```

$$bild := s\,\mathrm{U}(s) - \mathrm{u}(0) = R\,(s\,\mathrm{J}(s) - \mathrm{j}(0)) + L\,(s\,(s\,\mathrm{J}(s) - \mathrm{j}(0)) - \mathrm{D}(j)(0)) + \frac{\mathrm{J}(s)}{C}$$

Mit solve wird die Gleichung nach $J(s)$ aufgelöst. In die Lösung wird $u(0) = 0, j(0) = 0$ sowie $D(j)(0) = 0$ substituiert, das Ergebnis wird in der Funktion Js gespeichert.

```
Js:=solve(bild, J(s));
```

$$Js := \frac{C\,(s\,\mathrm{U}(s) - \mathrm{u}(0) + R\,\mathrm{j}(0) + L\,s\,\mathrm{j}(0) + L\,\mathrm{D}(j)(0))}{R\,C\,s + L\,C\,s^2 + 1}$$

```
Js:=subs( u(0)=0, j(0)=0, D(j)(0)=0, Js);
```

$$Js := \frac{C\,s\,\mathrm{U}(s)}{R\,C\,s + L\,C\,s^2 + 1}$$

Bereitstellen einer transformierten Spannung (hier im Originalbereich konstant).

```
U(s):=laplace(ut, t, s);
```

$$\mathrm{U}(s) := \frac{ut}{s}$$

Die Rücktransformation liefert die allgemeine Lösung für den Strom, wenn eine konstante Spannung ut angelegt wird.

```
jt:=invlaplace(Js, s, t);
```

$$jt := 2\,\frac{ut\,e^{(-1/2\,\frac{R\,t}{L})}\sin(\frac{1}{2}\sqrt{-\frac{-4\,L + R^2\,C}{L^2\,C}}\,t)}{L\sqrt{-\frac{-4\,L + R^2\,C}{L^2\,C}}}$$

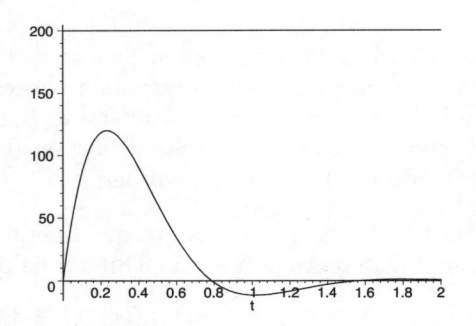

Die Abbildung zeigt die Eingangsspannung und die Spannung am Widerstand R=12Ω. Nach einem kurzen Einschwingvorgang klingt der Strom und damit die Spannung am Widerstand auf 0 ab.

```
R:=12: L:=2: C:=0.02: ut:=200:
plot(ut, jt*R, t=0..2);
```

Als Nächstes soll untersucht werden, wie die Schaltung auf eine sinusförmige Eingangsspannung mit 50 Hertz reagiert.

```
ut:=100*sin(2*Pi*50*t):
us:=laplace(ut, t, s);
```

$$us := \frac{10000\,\pi}{s^2 + 10000\,\pi^2}$$

```
invlaplace( subs( U(s)=us, Js), s, t):
jt:=subs(R=10, L=2, C=0.02, %): simplify(%): evalf(%,5);
```

$$-.15915\cos(314.16\,t) + .0025337\sin(314.16\,t) + .15915\,e^{(-2.5000\,t)}\cos(4.3301\,t)$$

$$- .091935\,e^{(-2.5000\,t)}\sin(4.3301\,t)$$

Der Strom pendelt sich erst allmählich in eine stabile Schwingung ein. Die Abbildung zeigt die Spannung am Widerstand R während der ersten Sekunde nach dem Einschalten.

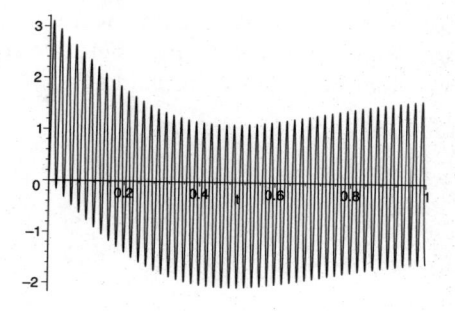

```
plot( {jt*10}, t=0..1,
      numpoints=2000);
```

Im letzten Beispiel wird mit der σ-Funktion ein trapezförmiges Eingangssignal konstruiert. Die transformierte Funktion fällt jetzt etwas komplizierter aus:

```
ut:=t-(t-1)*sigma(t-1)-(t-4)*sigma(t-4)+(t-5)*sigma(t-5);
```

$$ut := t - (t-1)\,\sigma(t-1) - (t-4)\,\sigma(t-4) + (t-5)\,\sigma(t-5)$$

```
us:=laplace(ut, t, s);
```

$$us := s^{-2} - \frac{e^{-s}}{s^2} - \frac{e^{-4s}}{s^2} + \frac{e^{-5s}}{s^2}$$

Werte einsetzen und zurücktransformieren:

```
subs( R=8, L=2, C=0.02,U(s)=us, Js);
```

$$.02\,\frac{s\left(\dfrac{1}{s^2} - \dfrac{e^{(-s)}}{s^2} - \dfrac{e^{(-4s)}}{s^2} + \dfrac{e^{(-5s)}}{s^2}\right)}{.16\,s + .04\,s^2 + 1}$$

```
invlaplace(%,s,t): jt:=evalf(%,2);
```

$(0.020\,\cos(4.6\,t - 4.6) + 0.0087\,\sin(4.6\,t - 4.6))\,\sigma(t - 1.0)\,e^{-2.0\,t + 2.0} +$

$(0.020\,\cos(4.6\,t - 18.0) + 0.0087\,\sin(4.6\,t - 18.0))\,\sigma(t - 4.0)\,e^{-2.0\,t + 8.0} +$

$(-0.0087\,\sin(4.6\,t - 23.0) - 0.020\,\cos(4.6\,t - 23.0))\,\sigma(t - 5.0)\,e^{-2.0\,t + 10.0} +$

$(-0.020\,\cos(4.6\,t) - 0.0087\,\sin(4.6\,t))\,e^{-2.0\,t} - 0.020\,\sigma(t - 1.0) - 0.020\,\sigma(t - 4.0) +$

$0.020\,\sigma(t - 5.0) + 0.020$

Die Abbildung zeigt die trapezförmige Eingangsspannung und die resultierende Ausgangsspannung am Widerstand R.

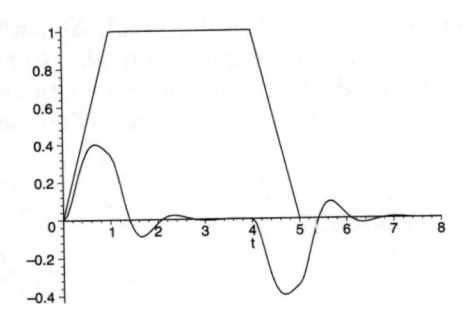

```
plot( {ut, jt*16}, t=0..8);
```

Wärmeleitung (partielle DGL)

Bei der Lösung partieller Differentialgleichungen kann die L-Transformation besonders hilfreich sein. Die eindimensionale Wärmeleitungsgleichung für ein homogenes Medium lautet (b ist proportional zur Leitfähigkeit):

```
pde:=b^2*diff(u(t,x),x$2)-diff(u(t,x),t)=0;
```

$$pde := b^2 \left(\frac{\partial^2}{\partial x^2} u(t, x)\right) - \left(\frac{\partial}{\partial t} u(t, x)\right) = 0$$

Ein Lösungsversuch mit pdsolve

```
solb:=pdsolve(pde,u,build);
```

$$solb := u(t, x) = \_C1\, e^{(-c_1 t)}\, \_C2\, e^{\left(\frac{\sqrt{-c_1}\, x}{b}\right)} + \frac{\_C1\, e^{(-c_1 t)}\, \_C3}{e^{\left(\frac{\sqrt{-c_1}\, x}{b}\right)}}$$

führt zu einem physikalisch nicht sinnvollen Ergebnis, denn $\_c_1$ müsste negativ sein, das würde aber eine Oszillation mit x bedeuten. Also transformieren wir die Differentialgleichung:

```
alias(U=laplace(u(t,x),t,s)):   bildgl:=laplace(pde,t,s);
```

$$bildgl := b^2 \left(\frac{\partial^2}{\partial x^2} U\right) - sU + u(0, x) = 0$$

Für die Lösung der DGL benötigt dsolve eine Funktion von x. Für die Anfangsbedingung kann man $u(0, x) = 0$ wählen (sie kann nach der Rücktransformation wiederhergestellt werden).

```
de:=subs(U=T(x),u(0,x)=0,bildgl);
```

$$de := b^2 \left(\frac{\partial^2}{\partial x^2} T(x)\right) - s\, T(x) = 0$$

Nun können die transformierten Randbedingungen $T(0)$ und $T(l)$ angegeben und die DGL im Bildbereich gelöst werden:

```
bildsol:=dsolve({de,T(0)=A0(s),T(l)=A1(s)},T(x));
```

$$bildsol := \mathrm{T}(x) = \frac{(e^{(-\frac{\sqrt{s}\,l}{b})}\,A0(s) - A1(s))\,e^{(\frac{\sqrt{s}\,x}{b})}}{-e^{(\frac{\sqrt{s}\,l}{b})} + e^{(-\frac{\sqrt{s}\,l}{b})}} - \frac{(-A1(s) + A0(s)\,e^{(\frac{\sqrt{s}\,l}{b})})\,e^{(-\frac{\sqrt{s}\,x}{b})}}{-e^{(\frac{\sqrt{s}\,l}{b})} + e^{(-\frac{\sqrt{s}\,l}{b})}}$$

Die Lösung vereinfacht sich deutlich, wenn wir l gegen unendlich gehen lassen. Damit der Grenzwert berechnet werden kann, muss dazu angenommen werden, dass s und b positiv sind (vgl. Worksheet):

$$bildsolla := \mathrm{T}(x) = e^{(-\frac{\sqrt{s\tilde{\,}}\,x}{b\tilde{\,}})}\,A0(s\tilde{\,})$$

Wenn man nun Maple noch mitteilt, dass $A0(s)$ eine transformierte Randbedingung ist, so wird das Produkt zweier Transformierter bei der Rücktransformation zu einer Faltung:

```
sol:=invlaplace(rhs(bildsoll),s,t);
```

$$sol := \int_0^t \frac{1}{2}\,\frac{a0(\_U1)\,x\,e^{(-1/4\,\frac{x^2}{b\tilde{\,}^2\,(t-\_U1)})}}{b\tilde{\,}\,\sqrt{\pi}\,(t-\_U1)^{(3/2)}}\,d\_U1$$

Damit die Integration ausgeführt werden kann, muss noch die Randbedingung im Originalbereich angegeben werden und man erhält zunächst:

```
subs(a0(_U1)=a0,sol);
```

$$slov := \lim_{\_U1 \to t-}\,a0\,\mathrm{erf}(\frac{1}{2}\,\frac{x}{b\tilde{\,}\,\sqrt{t-\_U1}}) - \mathrm{erf}(\frac{1}{2}\,\frac{x}{\sqrt{t}\,b\tilde{\,}})\,a0$$

Der Grenzwert kann für positive x berechnet werden. Nun müssen die Annahmen wieder aus dem Term entfernt werden, damit man weiterrechnen kann (siehe Worksheet). Schließlich lautet das Ergebnis:

$$solv := a0 - \mathrm{erf}(\frac{1}{2}\,\frac{x}{\sqrt{t}\,b})\,a0$$

```
b:=0.5:a0:=1:
plot3d(solv,t=0.001..10,x=-5..5,axes=framed,
       grid=[10,50],style=patchcontour,
       contours=20,shading=Z)
```

Im Worksheet kann die Zeichnung von allen Seiten betrachtet werden: Die zunächst rechteckige Temperaturverteilung 'zerfließt' zur Gaußschen Fehlerfunktion.

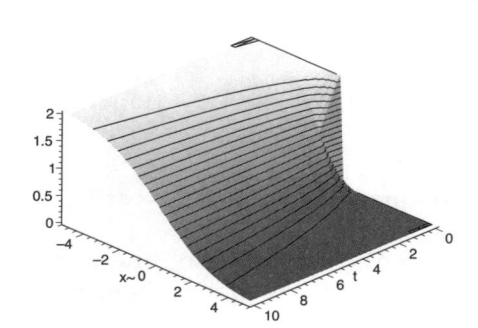

Z-Transformation

Die Z-Transformation steht im Maple-Browser zwar unter Integraltransformationen, ist aber eine diskrete Transformation und kann auch angesprochen werden, ohne das Paket inttrans zu laden. Sie ist folgendermaßen definiert:

$$F(z) = \sum_{n=0}^{\infty} \frac{f(n)}{z^n}$$

und entsteht aus der L-Transformation durch Diskretisierung (Digitalisierung): Tastet man stetige Funktionen $f(t)$ mit einer Samplingrate a ab, so entstehen z.B. Treppenfunktionen.

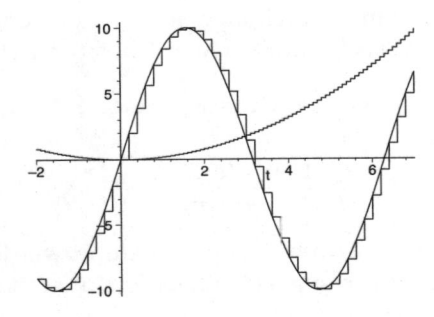

```
digi:=(f,a)-> f(floor(a*t)/a);
plot([10*sin(t),10*digi(sin,5),
    digi(x->x^2,10)/5],
    t=-2..7,numpoints=500);
```

Auf diese Treppenfunktionen lässt sich nun die L-Transformation folgendermaßen anwenden: Die Zeit t wird diskretisiert zu nT, die L-Transformation wird innerhalb T für $f(n) = const$ durchgeführt und aufsummiert, also z.B. für $T = 1$:

$$\sum_{n=0}^{\infty} \int_{n}^{n+1} f(n)\, e^{(-t\,s)}\, dt = \sum_{n=0}^{\infty} \frac{f(n)\left(-e^{(-(n+1)\,s)} + e^{(-s\,n)}\right)}{s}$$

Dies lässt sich weiter vereinfachen (siehe Worksheet), sodass man schließlich mit $z = e^s$ folgende Korrespondenz zwischen der Z- und der L-Transformation findet (für Treppenfunktionen):

$$\left(-\frac{1}{z}+1\right)\left(\sum_{n=0}^{\infty} \frac{f(n)}{z^n}\right) = s \int_{0}^{\infty} f(t)\, e^{(-t\,s)}\, dt$$

oder kurz: $\quad \left(-\dfrac{1}{z}+1\right) F(z) = s\, F(s)$

Bei der Verwendung von ztrans ist zu beachten, dass z und $F(z)$ im allgemeinen Fall komplex sind, und dass die Transformation nur definiert ist, wenn die Reihe konvergiert. Das einfachste Beispiel ist:

```
ztrans(a,n,z);
```
$$\frac{a\,z}{z-1}$$

Das ist der Grenzwert der geometrischen Reihe

```
Sum(1/z^n,n=0..infinity)=sum(1/z^n,n=0..infinity);
```

$$\sum_{n=0}^{\infty}\frac{1}{z^n}=\frac{z}{z-1}$$

der nur für $|1/z|<1$ existiert. Weitere Beispiele finden Sie im Worksheet. Dabei nimmt die 'charakteristische Funktion', also das Analogon zur Diracfunktion, eine Sonderrolle ein:

```
invztrans(a,z,n);
```
$charfcn_0(n)\,a$

Wobei in diesem Zusammenhang `charfcn[0](n)` diejenige Folge ist, die nur für $n=0$ Eins ist und Null sonst.

In Analogie zur L-Transformation besitzt die Z-Transformation die Eigenschaft, dass die Transformierte der Folge der Differenzen im Wesentlichen das (z-1)-fache der Transformierten der Folge ist. Zum Beispiel gilt für die ersten Differenzen:

```
d1:=n->f(n+1)-f(n);
```
$d1:=n\to f(n+1)-f(n)$

```
alias(F(z)=ztrans(f(n),n,z)):
collect(ztrans(d1(n),n,z),F(z));
```
$(z-1)\,F(z)-f(0)\,z$

Auf dieser Eigenschaft, die auf höhere Differenzen (siehe Worksheet) ausgedehnt werden kann, bauen die Lösungsverfahren für Differenzengleichungen auf.

Lösung von Differenzengleichungen mit der Z-Transformation

In Analogie zur Lösung von Differentialgleichungen mit der L-Transformation wollen wir zwei Differenzengleichungen mit der Z-Transformation lösen.

Erstes Beispiel

Die 'Schwingungsgleichung'

```
alias(F(z)=ztrans(f(k),k,z)):
dgl:=f(k+2)+f(k)=0;
```

$$dgl:=f(k+2)+f(k)=0$$

wird Z-transformiert, nach der Transformierten aufgelöst

```
bild:=ztrans(dgl,k,z);
```

$$bild:=z^2\,F(z)-f(0)\,z^2-f(1)\,z+F(z)=0$$

```
bildsol:=solve(bild,F(z));
```

$$bildsol:=\frac{z\,(f(0)\,z+f(1))}{z^2+1}$$

und zurücktransformiert:

```
sol:=invztrans(bildsol,z,k);
```

$$sol := \sum_{\_\alpha=\%1} \left(\frac{1}{2} \frac{\left(\frac{1}{\_\alpha}\right)^k \_\alpha\, f(0) - \left(\frac{1}{\_\alpha}\right)^k f(1)}{\_\alpha} \right) \qquad \%1 := \text{RootOf}(\_Z^2 + 1)$$

Lassen Sie sich nicht abschrecken – das funktioniert!

```
sol:=eval(sol, {f(0)=0,f(1)=5});
```

$$sol := \sum_{\_\alpha=\%1} \left(-\frac{5}{2} \frac{\left(\frac{1}{\_\alpha}\right)^k}{\_\alpha} \right) \qquad \%1 := \text{RootOf}(\_Z^2 + 1)$$

Man kann Terme, die `RootOf` enthalten, sogar direkt zeichnen:

```
plot(sol,k);
```

Aber was haben wir da gezeichnet?
```
add(allvalues(sol)[i],i=1..2);
```

$$\frac{5}{2} I\,(-I)^k - \frac{5}{2} I\, I^k$$

```
evalc(Re(%));
```

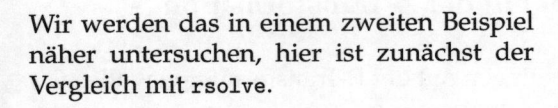

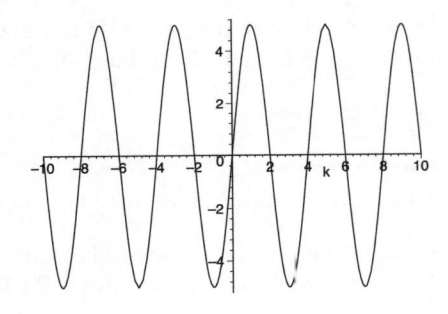

$$5 \sin(\frac{1}{2} k\,\pi)$$

Wir werden das in einem zweiten Beispiel näher untersuchen, hier ist zunächst der Vergleich mit `rsolve`.

```
evalc(Re(rsolve(dgl,f)));
```

$$f(0) \cos(\frac{1}{2} k\,\pi) + f(1) \sin(\frac{1}{2} k\,\pi)$$

Zweites Beispiel

Für die Untersuchung einer gedämpften Schwingung stellen wir die Digitalisierungsfunktion `digi` und höhere Differenzen `differ` zur Verfügung (siehe Worksheet):

```
digi:=(f,a)-> f(floor(a*k)/a):
differ:=proc(n,k)
if n<2 then u(k+n)-u(k+n-1);
else differ(n-1,k+1)-differ(n-1,k) end if
end proc:
alias(Delta=charfcn[0], U(z)=ztrans(u(k),k,z)):
```

Die erste und zweite Differenz stehen nun als Differenzenquotienten mit der Schrittweite 1 für die erste und zweite Ableitung. Es können verschiedene Anregungen ('rechte Seiten') untersucht werden. Der schwarze Input im Worksheet lässt sich mit der rechten Maustaste zu 'Mapleinput' toggeln und Sie können wählen:

1. Ungestörtes System (voreingestellt)

```
dgl:=8*differ(2,k)+4*differ(1,k)+3*u(k)=0;
```

$dgl := 8\,\mathrm{u}(k+2) - 12\,\mathrm{u}(k+1) + 7\,\mathrm{u}(k) = 0$

2. Einmalige Auslenkung

```
dgl:=8*differ(2,k)+4*differ(1,k)+3*u(k)=100;
```

3. Impuls zur Zeit Null

```
dgl:=8*differ(2,k)+4*differ(1,k)+3*u(k)=100*charfcn[0](k);
```

4. Sinusförmige Anregung

```
dgl:=8*differ(2,k)+4*differ(1,k)+3*u(k)=100*sin(2*Pi*k/3);
```

Es folgt die Transformation der Differenzengleichung und das Auflösen nach der Bildfunktion:

```
bild:=ztrans( dgl, k, z);
```

$bild := 8\,z^2\,\mathrm{U}(z) - 8\,\mathrm{u}(0)\,z^2 - 8\,\mathrm{u}(1)\,z - 12\,z\,\mathrm{U}(z) + 12\,\mathrm{u}(0)\,z + 7\,\mathrm{U}(z) = 0$

```
Uz:=solve(bild, U(z));
```

$Uz := 4\,\dfrac{z\,(2\,\mathrm{u}(0)\,z + 2\,\mathrm{u}(1) - 3\,\mathrm{u}(0))}{8\,z^2 - 12\,z + 7}$

Nach der Rücktransformation können Anfangswerte eingesetzt werden:

```
uk:=invztrans( Uz, z, k);
```

$$uk := \sum_{\_\alpha = \%1} \left(\frac{1}{5} \frac{-2\left(\dfrac{1}{\_\alpha}\right)^k \_\alpha\,\mathrm{u}(0) + 6\left(\dfrac{1}{\_\alpha}\right)^k \_\alpha\,\mathrm{u}(1) + 6\left(\dfrac{1}{\_\alpha}\right)^k \mathrm{u}(0) - 8\left(\dfrac{1}{\_\alpha}\right)^k \mathrm{u}(1)}{\_\alpha} \right)$$

$\%1 := \mathrm{RootOf}(8 - 12\,\_Z + 7\,\_Z^2)$

```
uka:=subs( u(0)=100, u(1)=50, uk);
```

$$uka := \sum_{\_\alpha=\%1} \left(\frac{1}{5} \frac{100 \left(\frac{1}{\_\alpha}\right)^k \_\alpha + 200 \left(\frac{1}{\_\alpha}\right)^k}{\_\alpha} \right) \qquad \%1 := \text{RootOf}(8 - 12\_Z + 7\_Z^2)$$

Eine Kontrollausgabe schadet nie:

```
seq(uka, k=0..10);
```

$$100,\ 50,\ \frac{-25}{2},\ \frac{-125}{2},\ \frac{-1325}{16},\ \frac{-2225}{32},\ \frac{-4075}{128},\ \frac{1675}{128},\ \frac{48625}{1024},\ \frac{122425}{2048},\ \frac{394175}{8192}$$

```
plot(uka, k=0..20);
```

Aber Maple macht aus den diskreten Werten wieder eine 'stetige Funktion'. Woran das wohl liegt?

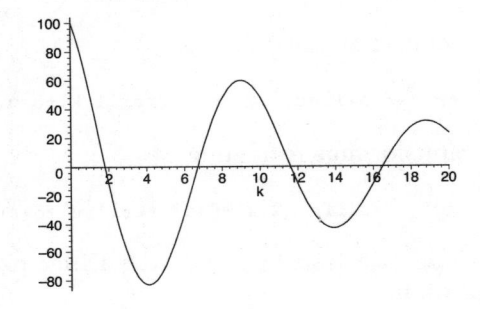

Am adaptiven Plot-Algorithmus! Er lässt sich so abschalten:

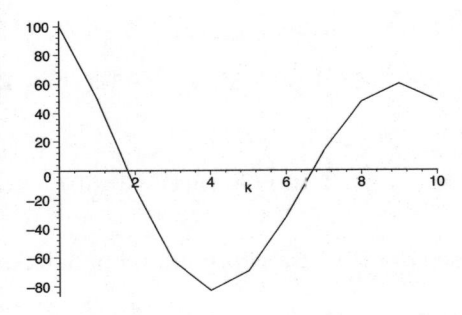

```
plot(uka, k=0..10,adaptive=false,
     sample=[seq(i,i=0..10)]);
```

Das Sampling lässt sich aber noch besser nachbilden, wenn wir wieder unsere Digitalisierungsfunktion verwenden. Dazu muss aber zuerst aus dem Lösungsterm eine Funktion gemacht werden.

```
ukf:=unapply(uka,k);
```

$$ukf := k \to \sum_{\_\alpha=\text{RootOf}(8-12\_Z+7\_Z^2)} \left(\frac{1}{5} \frac{100 \left(\frac{1}{\_\alpha}\right)^k \_\alpha + 200 \left(\frac{1}{\_\alpha}\right)^k}{\_\alpha} \right)$$

```
plot([ukf(k),digi(ukf,1)],k=0..20,
numpoints=500);
```

Also doch digital!

Im Worksheet kommt man über Hyperlinks zurück zu neuen Anfangswerten oder neuen Differenzengleichungen.

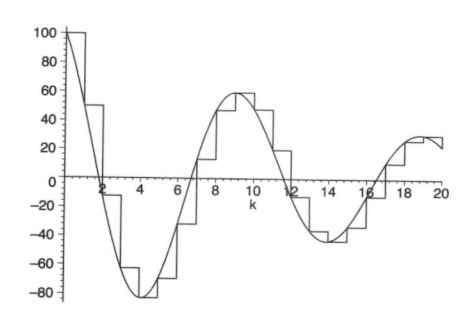

Syntaxzusammenfassung

> `with(inttrans);`
> aktiviert die Kommandos `addtable`, `fourier`, `fouriercos`, `fouriersin`, `hankel`, `hilbert`, `invfourier`, `invhilbert`, `invlaplace`, `invmellin`, `laplace`, `mellin`, und `savetable`.
>
> `laplace(f,t,s);`   `invlaplace(F,s,t);`
> führt die Laplace-Transformation von $f(t)$ nach $F(s)$ bzw. die Umkehrtransformation aus.
>
> Die Befehle für die anderen Integraltransformationen sind gleich aufgebaut, nur die Hankeltransformation enthält als viertes Argument noch den Index der Besselfunktion. *Hinweis*: Im Worksheet des Kapitels werden alle Transformationen aufgelistet.
>
> `addtable(tname, patt, expr, t, s, parameter, condition, additional);`
> erlaubt es dem Benutzer, der Transformation `tname` ein Muster `patt` hinzuzufügen, das dann nach `expr` transformiert wird (mit den Variablen t und s). Mit den restlichen optionalen Argumenten können in die Transformation Parameter und Fallunterscheidungen aufgenommen werden.
>
> `savetable(tname, file);`
> speichert einen mit `addtable` für die Transformation `tname` erstellten Eintrag ab.
>
> `ztrans(f,k,z);`   `invztrans(F,z,k);`
> führt die Z-Transformation von $f(k)$ nach $F(z)$ bzw. die Umkehrtransformation aus. Das Paket `inttrans` wird dazu nicht benötigt.
>
> `assume(var, prop);`   `<expr> assuming <prop>;`
> werden oft für Annahmen benötigt, damit die Transformationen durchgeführt werden können.

Kapitel 27

Vektoranalysis

Dieses Kapitel beschreibt die in Maple vorgesehenen Kommandos zur Vektoranalysis und deren Anwendung zur Vereinfachung aufwändiger Integrale. Das Kapitel enthält auch einige Beispiele zur grafischen Darstellung von Vektorfeldern.

`grad`
berechnet den Gradienten einer skalaren Funktion.

`diverge, curl`
berechnen Divergenz und Rotation von vektoriellen Funktionen. `grad`, `diverge` und `curl` können in einer großen Zahl von vordefinierten Koordinatensystemen eingesetzt werden.

`potential, vecpotent`
berechnen eine skalare oder vektorielle Potentialfunktion zu einer gegebenen vektoriellen Funktion. Alle fünf Kommandos sind Teil des `linalg`-Package.

`fieldplot[3d], gradplot[3d]`
stellen zwei- und dreidimensionale Vektorfelder grafisch dar.

Hinweis: In Maple 8 gibt es das neue Package `VectorCalculus`. Sie finden dazu eine Einführung und Beispiele im Worksheet `kap27vec8.mws`.

Gradient, Divergenz und Rotation

Das Package `linalg`, das in Kapitel 14 (Vektor- und Matrizenrechnung) bereits eingehend behandelt wurde, enthält einige noch nicht besprochene Kommandos zur Vektoranalysis. Zum besseren Verständnis dieser Kommandos ist es notwendig, den Unterschied zwischen skalaren und vektoriellen Funktionen zu klären: Eine skalare Funktion (im kartesischen Koordinatensystem) ist eine Funktion der drei Variablen x, y und z, die als Ergebnis einen Skalar (also einen einzelnen Wert) liefert. Im Gegensatz dazu stehen vektorielle Funktionen, die als Ergebnis der drei Parameter x, y und z wiederum einen Vektor $(x1, y1, z1)$ liefern. Allgemein können skalare und vektorielle Funktionen folgendermaßen definiert werden:

```
sf := f(x,y,z):
vf := [fx(x,y,z), fy(x,y,z), fz(x,y,z)]:
```

Das Kommando `grad` berechnet den Gradienten einer skalaren Funktion. Dem Kommando wird im zweiten Parameter die Liste der Variablen der Funktion übergeben. Das Ergebnis ist eine vektorielle Funktion. Der resultierende Vektor zeigt für jeden beliebigen Punkt jeweils in die Richtung der größten Funktionszunahme (und steht damit senkrecht auf der Niveaufläche der Funktion).

```
with(linalg):
grad( sf, [x,y,z] );
```
$$[\frac{\partial}{\partial x}f(x,y,z), \frac{\partial}{\partial y}f(x,y,z), \frac{\partial}{\partial z}f(x,y,z)]$$
```
grad( x+x*y*z^2, [x,y,z]);
```
$$[1+yz^2, xz^2, 2xyz]$$

`diverge` berechnet die Divergenz von Vektorfeldern. Die Divergenz gibt als skalare Funktion die Dichte der Quellen des Vektorfeldes an jedem beliebigen Koordinatenpunkt an.

```
diverge( vf, [x,y,z]);
```
$$\frac{\partial}{\partial x}fx(x,y,z) + \frac{\partial}{\partial y}fy(x,y,z) + \frac{\partial}{\partial z}fz(x,y,z)$$
```
diverge( [y*sin(x), x*cos(y), z], [x,y,z] );
```
$$y\cos(x) - x\sin(y) + 1$$

Die Rotation wird mit dem Kommando `curl` berechnet. Die Rotation gibt als vektorielle Funktion Stärke und Richtung der im vektoriellen Feld auftretenden Wirbel an.

```
curl( vf, [x,y,z] );
```
$$[\frac{\partial}{\partial y}fz(x,y,z) - \frac{\partial}{\partial z}fy(x,y,z), \frac{\partial}{\partial z}fx(x,y,z) - \frac{\partial}{\partial x}fz(x,y,z), \frac{\partial}{\partial x}fy(x,y,z) - \frac{\partial}{\partial y}fx(x,y,z)]$$

Das etwas unübersichtliche Ergebnis kann mit convert(..., matrix) als Spaltenvektor angezeigt werden.

```
convert(%, matrix);
```

$$\begin{bmatrix} \frac{\partial}{\partial y} fz(x,y,z) - \frac{\partial}{\partial z} fy(x,y,z) \\ \frac{\partial}{\partial z} fx(x,y,z) - \frac{\partial}{\partial x} fz(x,y,z) \\ \frac{\partial}{\partial x} fy(x,y,z) - \frac{\partial}{\partial y} fx(x,y,z) \end{bmatrix}$$

Die Kommandos rechts zeigen ein weiteres Anwendungsbeispiel zu curl. Das Ergebnis wird wiederum mit convert in eine lesbarere Form gebracht.

```
curl( [z*sin(x), z*sin(y),
       sqrt(x^2+y^2)], [x,y,z] ):
convert(%,matrix);
```

$$\begin{bmatrix} \frac{y}{\sqrt{x^2+y^2}} - \sin(y) \\ \sin(x) - \frac{x}{\sqrt{x^2+y^2}} \\ 0 \end{bmatrix}$$

grad, diverge und curl können für alle in Maple definierten Koordinatensysteme verwendet werden. Es stehen eine Vielzahl von zwei- und dreidimensionalen Koordinatensystemen zur Verfügung – siehe ?coords und die Kapitel zur Grafik. Mit addcoords können neue Koordinatensysteme definiert werden und mit changecoords kann man die Koordinaten wechseln (Maple 7).

Um die Divergenz in Zylinderkoordinaten zu berechnen, müssen in zwei zusätzlichen Parametern eine Liste mit den Namen der drei Koordinaten und der Name des Koordinatensystems übergeben werden.

```
vf:=[r*cos(phi),r*sin(phi),r]:
diverge(vf, [r,phi,z],
        coords=cylindrical);
```

$$3\cos(\phi)$$

Im zweiten Beispiel werden einige alias-Abkürzungen eingeführt, um die Rotation einer allgemeinen Funktion in Kugelkoordinaten übersichtlich darzustellen.

```
alias(R=R(r,theta,phi), Theta=Theta(r,theta,phi), Phi=Phi(r,theta,phi)):
curl( [R, Theta, Phi], [r,theta,phi], coords=spherical):
convert(%,matrix);
```

$$\begin{bmatrix} \dfrac{r\cos(\theta)\Phi + r\sin(\theta)\left(\frac{\partial}{\partial\theta}\Phi\right) - r\left(\frac{\partial}{\partial\phi}\Theta\right)}{r^2\sin(\theta)} \\ \dfrac{\left(\frac{\partial}{\partial\phi}R\right) - \sin(\theta)\Phi - r\sin(\theta)\left(\frac{\partial}{\partial r}\Phi\right)}{r\sin(\theta)} \\ \dfrac{\Theta + r\left(\frac{\partial}{\partial r}\Theta\right) - \left(\frac{\partial}{\partial\theta}R\right)}{r} \end{bmatrix}$$

Das letzte Beispiel zeigt die Berechnung des Gradienten einer allgemeinen Funktion in elliptischen Zylinderkoordinaten.

```
grad( f(u,v,z), [u,v,z], coords=ellcylindrical): convert(%,matrix);
```

$$\begin{bmatrix} \dfrac{\frac{\partial}{\partial u} f(u,v,z)}{a\sqrt{\sin(v)^2 + \sinh(u)^2}} \\ \dfrac{\frac{\partial}{\partial v} f(u,v,z)}{a\sqrt{\sin(v)^2 + \sinh(u)^2}} \\ \frac{\partial}{\partial z} f(u,v,z) \end{bmatrix}$$

Potentialfunktionen

Bei komplizierteren Berechnungen besteht oft der Wunsch, Vektorfunktionen durch einfachere Potentialfunktionen zu ersetzen. Die Kommandos potential und vecpotent sind bei der Suche geeigneter Potentialfunktionen behilflich.

potential testet, ob zu einer gegebenen Vektorfunktion vf eine skalare Potentialfunktion existiert. Wenn das der Fall ist, schreibt das Kommando die Lösung in die im dritten Parameter in Apostrophen angegebene Variable. Eine Potentialfunktion p von vf erfüllt die Forderung grad$(p) = vf$.

```
potential( [x,y^2,z^3],
           [x,y,z], 'p');
```
true

```
p;
```
$$\frac{x^2}{2} + \frac{z^4}{4} + \frac{y^3}{3}$$

```
grad(p, [x,y,z]);
```
$[x, y^2, z^3]$

vecpotent versucht das Vektorpotential eines Vektorfeldes zu bestimmen. Die Syntax ist der von potential analog. Für ein Vektorpotential v von vf gilt: rot$(v) = vf$.

```
vecpotent( [y^2+z^2, x^2+z^2,
            x^2+y^2],
           [x,y,z], 'v');
```
true

```
convert( map(simplify,v), matrix );
```
$$\begin{bmatrix} x^2 z + \frac{z^3}{3} - x^2 y - \frac{y^3}{3} \\ -y^2 z - \frac{z^3}{3} \\ 0 \end{bmatrix}$$

```
curl(v, [x,y,z]);
```
$[y^2 + z^2, x^2 + z^2, x^2 + y^2]$

Gaußscher und Stokescher Integralsatz

Der Gaußsche Integralsatz ermöglicht die Transformation zwischen Volumen- und Oberflächenintegralen. Durch diese Transformation kann sich das gegebene Integral vereinfachen, wobei je nach gegebener Funktion und der Form der umschließenden Fläche die eine oder die andere Form des Integrals einfacher auszuwerten ist. Der Gaußsche Integralsatz lautet (n ist der nach außen zeigende Normaleneinheitsvektor auf dA):

$$\iiint_V \operatorname{div} f \, dV = \iint_A f \cdot n \, dA$$

Dazu gleich ein Beispiel: Es soll das Oberflächenintegral über die Funktion $f \cdot n$ entlang der Oberfläche eines Würfels zwischen $(0,0,0)$ und (a,a,a) ermittelt werden, wobei $f = [e^x, \cosh(y), \sinh(z)]$. Allein das Aufstellen dieses Integrals ist mühsam. Immerhin muss über alle sechs Begrenzungsflächen des Würfels integriert werden. Durch die Überführung in ein Volumenintegral wird außerdem die Berechnung des Normalenvektors n gespart.

```
f:=[exp(x), cosh(y), sinh(z)];
```
$$f := [e^x, \cosh(y), \sinh(z)]$$
```
int(int(int(
    diverge(f,[x,y,z]),
    x=0..a), y=0..a), z=0..a):
convert(simplify(%),exp);
```
$$2\,a^2\,(e^a - 1)$$

Der Stokesche Integralsatz ermöglicht die Transformation zwischen einem Oberflächenintegral und einem Umlaufintegral entlang der Begrenzungslinie C der Fläche. Die Formel lautet:

$$\iint_A (\operatorname{rot} f) \cdot n \, dA = \oint_C f \cdot r'(s) \, ds$$

Dabei ist n der Normaleneinheitsvektor auf der Integrationsfläche A und $r'(s) = \frac{dr}{ds}$ der Tangenteneinheitsvektor entlang der Integrationskurve C.

Im Beispiel zur Anwendung des Stokeschen Integralsatzes soll das Linienintegral $f \cdot r'$ für $f = [-3y, 3x, z]$ entlang des Kreises $x^2 + y^2 = 1$ ermittelt werden, wenn die Fläche parallel zur x-y-Ebene liegt. Man bildet also zunächst das Skalarprodukt des Normalenvektors mit der Rotation von f und anschließend ein Doppelintegral mit geeigneten Grenzen.

```
f:=[-3*y,3*x,z];
```
$$f := [-3\,y, 3\,x, z]$$
```
n:=[0,0,1];
```
$$n := [0,0,1]$$
```
dotprod(n,curl(f,[x,y,z]));
```
$$6$$
```
int( int( 6,
    x=-sqrt(1-y^2)..sqrt(1-y^2)),
    y=-1..1);
```
$$6\pi$$

Grafische Darstellung von Vektorfunktionen

Das Package `plots` enthält vier Kommandos zur Darstellung vektorieller Funktionen. Die Grundidee ist bei allen vier Kommandos dieselbe: Über den darzustellenden Raum wird ein zwei- oder dreidimensionaler Raster gelegt. In jedem Rasterpunkt werden durch einen kleinen Pfeil Größe und Richtung des dort auftretenden Vektors angezeigt.

`fieldplot` zeichnet zweidimensionale Vektorfelder. Die beiden Vektorkomponenten werden in einer Liste angegeben, die beiden weiteren Parameter geben den Zeichenbereich an.

```
with(plots):
fieldplot( [x*y^2, y*x^2],
           x=-1..1, y=-1..1);
```

Das Kommando eignet sich auch zur Darstellung komplexer Funktionen.

```
fieldplot( [ Re(sin(x+I*y)),
             Im(sin(x+I*y)) ],
   x=0..Pi, y=-1..1, axes=boxed);
```

`gradplot` stellt die partiellen Ableitungen einer skalaren Funktion dar (also die Vektoren $[\frac{\partial}{\partial x}f, \frac{\partial}{\partial x}f]$. Über die Option `arrows` kann die gewünschte Pfeilform eingestellt werden. Beachten Sie, dass dabei – im Gegensatz zu den meisten anderen Grafikoptionen – Großbuchstaben vorgeschrieben sind.

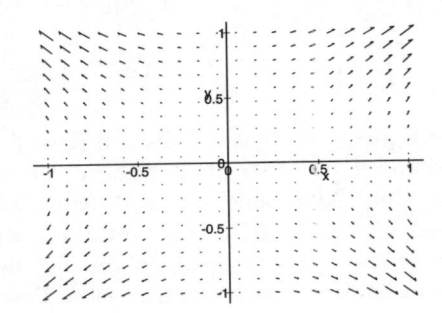

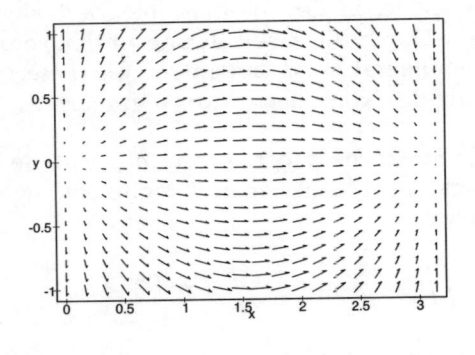

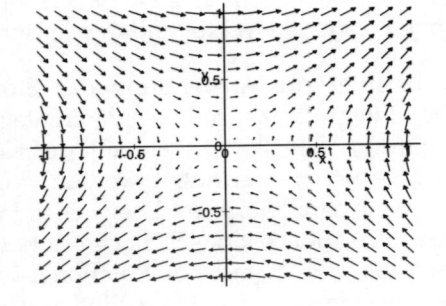

```
gradplot( sin(x*y), x=-1..1,
          y=-1..1, arrows=SLIM);
```

fieldplot3d und gradplot3d sind die dreidimensionalen Varianten zu den beiden oben beschriebenen Kommandos.

```
fieldplot3d( [x,y,z],
   x=-1..1, y=0..Pi/2, z=0..Pi/2,
   orientation=[131,71],
   axes=boxed, grid=[5,5,5],
   arrows=SLIM, color=black);
```

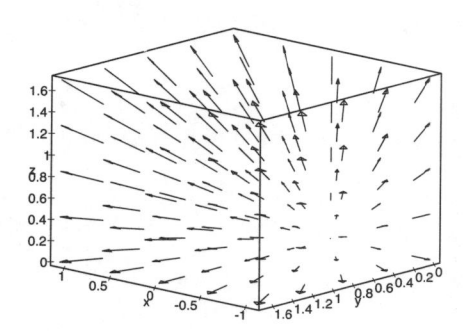

Über die Option grid wird die Rastereinteilung in den drei Koordinatenrichtungen angegeben. Durch die color-Option kann eine beliebige Farbverteilung eingestellt werden. Diese und die anderen im Kommando vorkommenden Optionen sind in Kapitel 20 beschrieben.

Syntaxzusammenfassung

```
with(linalg);
```
aktiviert die fünf unten beschriebenen Kommandos.

```
grad(f, [x,y,z]);     grad(f, [x,y,z], c);
```
bildet den Gradienten einer skalaren Funktion mit den drei Variablen x, y und z. Das Ergebnis ist eine vektorielle Funktion. Der optionale Parameter c bestimmt ein nichtkartesisches Koordinatensystem, z.B. coords=cylindrical, coords=spherical etc. Eine Liste der vordefinierten Koordinatensysteme bietet ?coords.

```
diverge([fx, fy, fz], [x,y,z]);    diverge([fx, fy, fz], [x,y,z], c);
```
berechnet die Divergenz einer vektoriellen Funktion. Das Ergebnis ist eine skalare Funktion.

```
curl([fx, fy, fz], [x,y,z]);    curl([fx, fy, fz], [x,y,z], c);
```
bildet die Rotation einer vektoriellen Funktion. Das Ergebnis ist wiederum eine vektorielle Funktion.

```
potential([fx, fy, fz], [x,y,z], 'p');
```
versucht, eine skalare Potentialfunktion aufzustellen, die die Bedingung $\mathrm{grad}(p) = f$ erfüllt. Das Kommando liefert das Ergebnis *true* oder *false* und schreibt gegebenenfalls die Potentialfunktion in die Variable p.

```
vecpotent([fx, fy, fz], [x,y,z], 'p');
```
schreibt (falls möglich) eine vektorielle Potentialfunktion in die Variable p. Die Potentialfunktion erfüllt die Bedingung $\mathrm{rot}(p) = vf$.

Grafische Darstellung von Vektorfunktionen

```
with(plots);
```
aktiviert die unten angeführten Kommandos.

```
fieldplot([fx, fy], x=x0..x1, y=y0..y1);
```
stellt die zweidimensionale Vektorfunktion $[f_x, f_y]$ durch kleine Pfeile dar.

```
gradplot(f, x=x0..x1, y=y0..y1);
```
stellt die partiellen Ableitungen von f nach x und y durch Pfeile dar.

```
fieldplot3d([fx,fy,fz], x=x0..x1, y=y0..y1, z=z0..z1);
```
wie oben, aber für dreidimensionale Vektorfelder.

```
arrows = ..
```
stellt die Pfeilform ein:
THIN: kleine, hakenförmige Pfeile.
SLIM: kleine Pfeile mit 'echter' Spitze.
LINE: Linien ohne Spitze.
THICK: breite Pfeile.

```
grid = [nx, ny]        oder        grid = [nx, ny, nz]
```
stellt die Anzahl der Rasterpunkte in den zwei oder drei Koordinatenrichtungen ein.

Koordinatensysteme

```
?coords
```
zeigt die vordefinierten Koordinatensysteme.

```
addcoords(coord_name, v, in_cart);
```
erlaubt die Definition eigener Koordinatensysteme. Dabei ist `coord_name` der Name des Koordinatensystems, `v` die Liste der Variablen (zwei- oder dreidimensional), `in_cart` die Liste der Ausdrücke zur Definition der neuen Koordinaten. (Es können noch Optionen angegeben werden.)

```
changecoords(expr, vars, coord, new_vars);
```
rechnet den Ausdruck `expr` von kartesischen Koordinaten (Liste `vars`) in ein bekanntes Koordinatensystem mit dem Namen `coord` um und verwendet dort die Variablennamen der Liste `new_vars`.

Kapitel 28

Programmieren I: Grundlagen, interne Strukturen

Dieses ist das erste von drei Kapiteln, die sich explizit mit dem Programmieren in Maple befassen. Die drei Kapitel bilden eine Einführung in die Programmiersprache von Maple. Sie dienen allerdings nicht dazu, Sie in die Anfänge der Anwendungsprogrammierung einzuführen, sondern sollen in erster Linie Hinweise auf Besonderheiten von Maple geben. Auch dies ist im Rahmen dieses Buches nur beschränkt möglich. Insbesondere sei auf das mit Maple mitgelieferte Manual 'Programming Guide' verwiesen, das auf beinahe 600 Seiten die Programmierung von Maple erklärt. Dieses Buch ist didaktisch wie inhaltlich hervorragend aufgebaut (eine wahre Rarität unter Originalhandbüchern!).

Dieses Kapitel vermittelt vor allem Grundlagenwissen. Wenn Sie nur schnell eine Schleife schreiben wollen, können Sie das zum Teil theoretische Kapitel vorläufig einfach überspringen. Für fortgeschrittene Anwendungen stellen die im Kapitel behandelten Themen aber eine unverzichtbare Basis dar:

- Codeeingabe
- Regeln für die Angabe von Dateinamen
- Aufbau von Maple (Kernel, Library, Packages)
- Anzeige des Maple-Codes von Funktionen
- Aufbau und die interne Verwaltung mathematischer Ausdrücke
- Speicherung bereits berechneter Ergebnisse (`remember`-Option)

Kapitel 29 beschreibt die prozeduralen Sprachelemente von Maple. Damit sind jene Kommandos (Schlüsselwörter) gemeint, mit denen Sie Abfragen und Schleifen bilden, Prozeduren definieren etc. Das Kapitel geht auch auf den Umgang mit Parametern (Typenüberprüfung), auf lokale Variablen und die Programmierung von Optionen ein.

Kapitel 30 vollzieht dann den Schritt von einer einzelnen Prozedur zur Gestaltung neuer Befehle und ganzer Packages mit Hilfetexten. Das Kapitel beschreibt auch, wie eigene Packages in eigenen Bibliotheken gespeichert werden können. Maple stellt damit einen mächtigen und flexiblen Mechanismus zur Erweiterung seiner Fähigkeiten zur Verfügung.

Kapitel 32 zum Thema Grafikprogrammierung enthält weitere Beispiele zur Programmierung mit Maple.

Die Programmierumgebung

Obwohl Sie Maple bis jetzt als Computeralgebra-Programm kennen gelernt haben, das primär dazu dient, mathematische Anweisungen entgegenzunehmen und auszuwerten, können Sie Maple genauso gut auch als Programmierumgebung betrachten. Die Basis von Maple bildet eine flexible und sehr leistungsfähige Programmiersprache. Alle weiteren Funktionen (etwa `solve` zur Lösung von Gleichungen) sind in dieser Programmiersprache erstellt und werden vom Kernel interpretiert. (Siehe auch den folgenden Abschnitt zum Aufbau von Maple S. 442 ff.)

Sie können diese Programmiersprache zur Erstellung eigener Programme verwenden. Wenn Sie schon Erfahrungen in einer prozeduralen Programmiersprache (Pascal, C etc.) haben, wird Ihnen der Einstieg in die Programmierung von Maple leicht fallen. Sehr einfach sind viele Dinge zu verstehen, wenn Sie sich schon einmal mit Lisp, Scheme oder einer anderen funktionalen Sprache beschäftigt haben.

Maple arbeitet als Interpreter, nicht als Compiler. Die Maple-Befehle werden jeweils erst bei der Ausführung in Maschinenbefehle umgesetzt. Maple verwaltet auch den vom System bereitgestellten Speicher selbst, so dass keine eigenen Speicherverwaltungsroutinen programmiert werden müssen. Alle Funktionen und Prozeduren werden nach ihrer Definition wie die vordefinierten Funktionen von Maple behandelt.

Maple ist eine schwach-typisierte Sprache. An jedes Symbol können beliebige Objekte gebunden werden. Typdeklarationen für Variablen gibt es nicht, der Typ eines Objekts ist beim Objekt selbst gespeichert und nicht bei der Variable, über die auf das Objekt zugegriffen wird. Allerdings gibt es für die Argumentübergabe beim Funktionsaufruf einen sehr leistungsfähigen Mechanismus zur Typüberprüfung. Maple-Funktionen sind First-Class-Objekte, sie können selbst an Funktionen übergeben werden und als Rückgabewerte von Funktionen auftreten (das wird gewöhnungsbedürftig sein für Programmierer, die von einer prozeduralen Sprache kommen).

Die ersten Experimente werden Sie sicherlich im Worksheet-Interface von Maple durchführen. Dazu geben Sie den Programmcode wie ein gewöhnliches Maple-Kommando ein. Wenn Sie mehrere Zeilen benötigen, gelangen Sie mit (Shift)+(↵) in die nächste Zeile.

Das Beispiel rechts zeigt die Definition einer rekursiven Funktion zur Berechnung von Fibonacci-Zahlen. (Eine Beschreibung der wichtigsten Schlüsselwörter der Programmiersprache von Maple folgt im nächsten Kapitel.)

```
fibonacci:=proc(x::nonnegint)
  option remember;
  if x=0 then 0
  elif x=1 then 1
  else f(x-1)+f(x-2) end if
end proc:

f(50);
          12586269025
```

Die Programmierumgebung

Den Programmcode speichern Sie einfach zusammen mit der Worksheet-Datei. Wenn Sie die Datei später wieder laden, müssen Sie das Kommando zur Definition von f erneut ausführen, damit die Fibonacci-Funktion wieder zur Verfügung steht.

Relativ rasch werden Ihnen die sehr eingeschränkten Ediermöglichkeiten der Maple-Oberfläche auf die Nerven gehen. Selbstverständlich können Sie zur Erstellung des Programmcodes auch einen beliebigen anderen Editor verwenden. Mit dem Kommando `read` lässt sich die Textdatei dann in Maple einlesen (siehe auch den folgenden Teilabschnitt zum Thema Verzeichnisse und Dateien). Die übliche Dateikennung für Maple-Quellcode ist *.mpl.

```
read 'test.mpl';
```

Wenn die Datei Syntaxfehler enthält, liefert `read` eine Fehlermeldung und zeigt die fehlerhafte Zeile an. Bei längeren Prozeduren kann es sinnvoll sein, die `interface`-Variable `echo` auf 2 zu stellen. Maple zeigt dann alle eingelesenen Programmzeilen an und erleichtert so die Orientierung im Code.

Anmerkung: Prinzipiell können Sie Programmcode auch über die Zwischenablage zwischen Maple und einem Editor hin- und herkopieren. Maple kopiert allerdings zu jeder Programmzeile auch die Maple-Eingabekennzeichnung > in die Zwischenablage (selbst wenn diese in Maple selbst nicht vorhanden ist). Da dieses Zeichen nicht zum Programmcode gehört, muss es im Editor mühsam wieder entfernt werden.

Zur Fehlersuche in Maple-Programmen steht Ihnen auch ein einfacher Debugger zur Verfügung. Der Debugger ist in Kapitel 30 beschrieben.

Dateien und Verzeichnisse

Eine Quelle ständigen Ärgers sind die Konventionen zur Angabe von Dateinamen. Die Ursache der Probleme liegt dabei weniger bei Maple als in dem Umstand, dass Maple mit drei recht unterschiedlichen Dateisystemen (DOS/Windows, Apple, Unix) zurechtkommen muss. Dieser Abschnitt gibt einige Tipps zur Angabe von Dateinamen.

- Dateinamen müssen in linksgerichtete Apostrophe ' oder Anführungszeichen " gestellt werden.

- Als Trennzeichen zwischen Verzeichnissen kann in allen Maple-Versionen das Zeichen / verwendet werden. Maple ersetzt das Zeichen unter DOS/Windows automatisch durch \.

- Selbst wenn Sie mit der Windows-Version von Maple arbeiten, ist die Angabe eines einzelnen \-Zeichens im Dateinamen nicht zulässig. \ wird (wie in C bzw. unter Unix üblich) zur Kennzeichnung von Sonderzeichen verwendet und bildet mit dem nachfolgenden Zeichen eine Einheit. Das Sonderzeichen \ selbst kann nur durch zwei \-Zeichen gebildet werden, also etwa `verzeichnis\\name`.

Ein weiteres Problem beim Zugriff auf Dateien stellt das aktuelle Verzeichnis dar. Mit dem Kommando read "name" wird die Datei name aus dem aktuellen Verzeichnis gelesen. Das aktuelle Verzeichnis ist aber im Regelfall *nicht* dasselbe Verzeichnis wie jenes, aus dem die gerade aktuelle Worksheet-Datei stammt. Es besteht keine Möglichkeit, per Programmcode Dateien im gleichen Verzeichnis zu speichern oder zu lesen, in dem sich auch die aktuelle Worksheet-Datei befindet. Das aktuelle Verzeichnis kann mit der Funktion currentdir() (die Klammern müssen eingegeben werden!) ermittelt und durch Eingabe eines vollen Pfadnamens gesetzt werden:

```
currentdir();
    "c:\\Programme\\Maple 6"
olddir:=currentdir("c:\\Programme\\Maple 6\\Versuche");
    olddir := "c:\\Programme\\Maple 6"
currentdir();
    "c:\\Programme\\Maple 6\\Versuche"
```

Natürlich können Sie bei jedem Dateizugriff den vollen Dateinamen (mit Laufwerk und allen Verzeichnissen) angeben. Wenn Sie die Worksheet-Datei aber später auf einem anderen Rechner installieren, dann stimmen die Pfadangaben freilich auch nicht mehr.

Verweis: Das Thema 'Umgang mit Dateien' ist mit diesen wenigen Absätzen natürlich noch nicht abgeschlossen. Kapitel 29 beschreibt Maple-Kommandos, mit denen Sie im Programmcode Dateien lesen und schreiben können (fopen, fprintf etc.). Kapitel 30 erklärt, wie Sie Maple-Programmcode im Binärformat speichern (sowohl als Einzeldatei als auch in Form von eigenen Librarys).

Der Aufbau von Maple

Wie schon oft betont, ist Maple kein reines Anwendungsprogramm zur Computeralgebra, sondern eine Programmierumgebung mit einer integrierten Programmiersprache, einem Interpreter für diese Sprache und einer großen, überwiegend mit dieser Sprache geschriebenen Programmbibliothek, die der Nutzer fast nach Belieben erweitern und ergänzen kann. Dabei kann man den Quellcode jeder in Maple geschriebenen Funktion bei Bedarf einsehen, nur für die Kernfunktionen (Kernel) des Interpreters und einige aus Effizienzgründen direkt in C implementierte Funktionen ist der Quellcode nicht zugänglich (sie sind durch die Option builtin gekennzeichnet).

Nach dem Start von Maple können Sie viele Funktionen sofort verwenden. Das liegt daran, dass einige Funktionen in den Kernel von Maple eingebaut sind (etwa seq) und der Code zahlreicher weiterer Funktionen beim Start von Maple oder beim ersten Aufruf der jeweiligen Funktion automatisch gelesen wird.

Die gesamte Bibliothek der zur Verfügung stehenden Funktionen ist zu umfangreich, um komplett in den Speicher geladen werden zu können. Zudem wird man niemals diesen gesamten Funktionsumfang in einem einzelnen Worksheet benötigen. Deshalb sind diese Funktionen in der Library nach Paketen (Packages) geordnet. Diese Library ist auf der Festplatte gespeichert. Man kann unter Zuhilfenahme der Packages jeden Befehl direkt ansprechen, wenn er noch nicht im Speicher zur Verfügung steht. `plots[display]` bezeichnet beispielsweise die Funktion `display` im Package `plots`. Maple durchsucht bei einem solchen Aufruf alle angemeldeten (mehr dazu später) Libraries nach dem Package und dann dieses Package nach der angegebenen Funktion. Wenn sie gefunden wird, wird sie automatisch geladen und ausgeführt.

Allerdings ist dieser Ladevorgang nicht permanent. Nach Durchführung steht die Funktion nicht mehr zur Verfügung und muss bei Bedarf wieder mit der gleichen Methode über ihr Package angesprochen werden. Man kann dies verhindern, indem man die Funktion explizit mit `with` in den Speicher lädt: `with(plots,display)`. Auf diese Weise lassen sich einzelne Funktionen solcher Packages gezielt ansprechen. Ist abzusehen, dass man mehrere Funktionen eines Package benötigt, so kann man mit `with(Packagename)` alle Funktionen des Package laden.

Abgesehen von einigen internen Funktionen, die sich im Kernel von Maple befinden, wird der verschlüsselte Code aller weiteren Funktionen (inklusive der Packages) in den Dateien `lib\maple.lib` gespeichert. Damit Maple die gewünschten Informationen in diesen Riesendateien ausreichend schnell findet, enthält `lib\maple.ind` einen Index zu dieser Datei. Die Hilfetexte zu den Anweisungen befinden sich in `lib\maple.hdb`. Für die nach Maple 7 neu hinzugekommenen Maplets gibt es eine Zusatzbibliothek im Verzeichnis `update`. Zusammen beanspruchen diese Bibliotheken in der aktuellen Version mehr als 43 Mbyte. Mit dem Befehl `march` können Sie ein Inhaltsverzeichnis der Library-Datei erstellen, einzelne Dateien extrahieren oder zusätzliche Dateien in die Library aufnehmen. Details zu diesem Befehl folgen in Kapitel 30, S. 513.

Über die Online-Hilfe erhalten Sie Informationen darüber, zu welcher Gruppe welche Kommandos gehören:

?index	Überblick über den Befehlsumfang von Maple
?keywords	Schlüsselwörter von Maple, die nicht umdefiniert werden dürfen
?index,statement	Schlüsselwörter der Programmiersprache von Maple
?index,procedure	Schlüsselwörter plus Tools zur Programmierung (Debugger etc.)
?index,function	Liste aller vordefinierten Funktionen der Standardlibrary
?inifcn	Liste der mathematischen Funktionen, die beim Systemstart bekannt sind, mit kurzer Erklärung
?index,packages	Überblick über die Packages
?ininame	Liste der vordefinierten Variablen wie I und π
?envvar	Hilfe zu Umgebungsvariablen `Digits`
?index,misc	Überblick über Hilfsfunktionen und externe Tools
?operator	Überblick über die Operatoren von Maple
?worksheet,expressions	Operatoren/Funktionen zum Aufbau mathematischer Ausdrücke
?share	Informationen zum Aufbau der `share`-Library (im Internet)
?updates	Neuerungen in der verwendeten Version von Maple

Die share-Library

Die share-Library umfasst eine Reihe von Zusatzkommandos und Packages, die nicht zur Standard-Library gehören und nicht wie andere Maple-Kommandos dokumentiert sind. Die Kommandos der share-Library stammen von Maple-Anwendern, die den Code anderen Anwendern zur Verfügung stellen. Sie können Packages der share-Library über das Internet beziehen – siehe das Online-Hilfethema ?share.

Schutz von Namen

Schlüsselwörter (siehe Hilfetext ?keywords) sind intern in Maple integriert und können nicht verändert werden. Alle anderen Funktionen sind an gewöhnliche Maple-Symbole gebunden. Um diese Variablen vor einem irrtümlichen Überschreiben zu bewahren, sind sie durch protect geschützt. Der Versuch, eine so geschützte Variable zu überschreiben, führt zu einer Fehlermeldung. Sie können aber den Schutz mit unprotect aufheben. protect und unprotect lassen sich auch zum Schutz selbst definierter Variablen und der daran gebundenen Prozeduren oder Daten verwenden.

Maple-Code ansehen

Das Studium des Maple-Codes ist sicherlich eine der wichtigsten Informationsquellen bei der Gestaltung eigener Maple-Prozeduren. Sie finden hier – leider ohne Kommentare oder andere Erklärungen – zahlreiche Beispiele dafür, wie Maple-Funktionen definiert sind. Mit Ausnahme der zum Kernel gehörenden Funktionen können Sie den Code aller Maple-Kommandos problemlos mit print ansehen. Sie müssen dazu lediglich die interface-Variable verboseproc auf 2 stellen.

Die Funktion abs gehört zu den in den Kernel integrierten Funktionen. Für sie existiert kein Maple-Quellcode, der folglich auch nicht angezeigt werden kann. Maple signalisiert das mit der Option builtin.

```
interface(verboseproc=2):
print(abs);
     proc() options builtin; 121 end
```

Der Befehl read zählt zu den wenigen Schlüsselwörtern (nachschlagbar mit ?keywords) von Maple, zu denen überhaupt keine Information verfügbar ist.

```
print(read);
    Syntax error, reserved word
    'read' unexpected
```

cos befindet sich in der Standard-Library und wird automatisch geladen, sobald es benötigt wird. Der Code beträgt knapp 50 Zeilen, von denen hier nur die ersten wiedergegeben sind.

Maple-Code ansehen

```
print(cos);

    proc (x::algebraic)
    local n, t;
    option 'Copyright (c) 1992 by the University of Waterloo. All rights reserved.';
    if nargs <> 1 then error "expecting 1 argument, got %1", nargs
    elif type(x,'complex(float)') then evalf(('cos')(x))
    elif type(x,'infinity') then
       if type(Re(x),'infinity') then x*undefined
       else x^4
       end if
    elif type(x,'undefined') then
       if type(x,'imaginary') then Im(x)
       ...
    end proc
```

Der Code zahlreicher Funktionen ist auf mehrere Prozeduren aufgeteilt. So existieren beispielsweise zahlreiche `convert/xxx`-Prozeduren, die die Konversion von Maple-Ausdrücken in verschiedene Datentypen vornehmen. In der Online-Hilfe zu einigen Maple-Funktionen wird dieser Mechanismus als einfache Erweiterungsmöglichkeit erwähnt. Beispielsweise können Sie eine Prozedur `evalf/constant/Name` schreiben, die den Wert der neuen numerischen Konstante `Name` zurückgibt.

Bei vielen Funktionen verteilt sich der Code auf zahlreiche weitere Prozeduren. So verzweigt der Code der Integrationsfunktion `int` je nach Typ des Integrals in zahlreiche andere Prozeduren `int/integraltyp`. Solche Verzweigungen in weitere Prozeduren kommen sehr häufig vor und machen die Analyse komplexer Funktionen zu einer recht mühsamen und unübersichtlichen Angelegenheit.

Wenn Sie herausfinden möchten, wie eine aus mehreren Prozeduren zusammengesetzte Anweisung funktioniert, können Sie die globale Variable *infolevel[Funktion]* auf einen Wert zwischen 2 und 5 stellen. Je höher Sie den Wert wählen, desto mehr Informationen gibt Maple während der Abarbeitung der Anweisung aus. Das funktioniert allerdings nur dann, wenn die Prozeduren den Befehl `userinfo` zur Ausgabe von Informationen enthalten (beispielsweise bei `int`, `dsolve` und `simplify`). `infolevel[all]:=5` zeigt ein Maximum an Informationen bei sämtlichen Funktionen an.

```
infolevel[all]:=5:
int(1/(1+x^3),x):
  int/indef:      first-stage indefinite integration
  int/ratpoly:    rational function integration
  parfrac/parfrac:     partial fraction decomposition
  factor/polynom:      polynomial factorization: number of terms    2
  parfrac/parfrac:     splitting    1/(1+_X)/(_X^2-_X+1)
  solve/linear:   # equations     2
  solve/linear/integer/sparse:     # equations    2
  solve/linear/integer/sparse:     c[1], -2+3*c[1], 3
  solve/linear/integer/sparse:     # equations    1
  solve/linear/integer/sparse:     c[2], 1+3*c[2], 3
  solve/linear/integer/sparse:     backsubstitution at:    2
```

```
solve/linear/integer/sparse:    backsubstitution at:    1
parfrac/parfrac:    exit partial fraction decomposition
parfrac/parfrac:    split is    1/3/(1+_X)-1/3*(-2+_X)/(_X^2-_X+1)

print('int/indef');
   proc(f)
   local g, r;
   option remember, 'Copyright (c) 1992 by the University of
      Waterloo. All rights reserved.';
      userinfo(1, int, 'first-stage indefinite integration');
      if type(f, 'series') then RETURN('int/series'(f, _X))
      elif type(traperror(degree(f, _X)), 'integer') then
   ...
   end
```

Der Aufbau mathematischer Ausdrücke

Die meisten Funktionen von Maple bearbeiten in irgendeiner Form mathematische Ausdrücke. Wenn Sie selbst Funktionen schreiben möchten, müssen Sie wissen, wie mathematische Ausdrücke zusammengesetzt sind und wie Sie sie analysieren können. Grundlegende Informationen zu diesem Thema waren übrigens bereits in Kapitel 12 zu finden, das sich hauptsächlich mit der Vereinfachung mathematischer Ausdrücke befasste.

Im folgenden Beispiel wird ein typischer mathematischer Ausdruck analysiert – das Ergebnis des Integrals über $1/(1+x^3)$.

```
sol:=int(1/(1+x^3), x);
```

$$sol := \frac{\ln(1+x)}{3} - \frac{\ln(x^2-x+1)}{6} + \frac{\sqrt{3}\arctan(\frac{(2x-1)\sqrt{3}}{3})}{3}$$

nops bestimmt die Anzahl der Terme des Ausdrucks, whattype gibt Auskunft über den Typ des Ausdrucks. Es handelt sich hier um eine Summe mit drei Summanden. Diese Angabe bezieht sich allerdings nur auf die oberste Ebene des Ergebnisses.

```
nops(sol);
```
$$3$$
```
whattype(sol);
```
$$+$$

Alternativ zu whattype kann die Typenüberprüfung auch mit type erfolgen. type ermöglicht in manchen Fällen eine feinere Differenzierung. (Beispielsweise liefert whattype bei allen Reihen series, mit type kann zwischen taylor und laurent unterschieden werden.)

```
type(sol, '+');
```
$$true$$

Der dritte Term der Summe kann mit op ermittelt werden. Zur weiteren Analyse dieses Ausdrucks wird er an die Variable *op3* gebunden.

```
op3:=op(3,sol);
```

$$op3 := \frac{\sqrt{3} \arctan(\frac{(2x-1)\sqrt{3}}{3})}{3}$$

Bei *op3* handelt es sich um ein Produkt. Alle Faktoren dieses Produkts ermittelt op ohne Positionsangabe.

```
whattype(op3);
```

*

```
op(op3);
```

$$1/3, \sqrt{3}, \arctan(\frac{(2x-1)\sqrt{3}}{3})$$

Der erste Faktor dieses Produkts wird nun in *op31* gespeichert und analysiert. Es handelt sich um den Bruch 1/3.

```
op31:=op(1,op3):
whattype(op31), op(op31);
```

$$fraction, 1, 3$$

Der zweite Faktor enthält $\sqrt{3}$. Maple stellt Wurzeln mit dem Exponenten 1/2 dar.

```
op32:=op(2,op3):
whattype(op32), op(op32);
```

$$\hat{\ }, 3, 1/2$$

Im dritten Faktor befindet sich die arctan-Funktion. whattype liefert in diesem Fall nur *function*. Der Name der Funktion kann mit op(0,...) ermittelt werden. op(0,...) führt bei den meisten anderen Datentypen zu einer Fehlermeldung.

```
op33:=op(3,op3):
whattype(op33), op(op33);
```

$$function, \frac{(2x-1)\sqrt{3}}{3}$$

```
op(0,op33);
```

arctan

Als Nächstes kann der Inhalt der Funktion zerlegt werden:

```
op331:=op(1,op33):
whattype(op331), op(op331);
```

$$*, 1/3, 2x-1, \sqrt{3}$$

op331 hätten Sie mit einer verschachtelten op-Struktur auch direkt aus *sol* ermitteln können.

```
op(1,op(3,op(3,sol)));
```

$$\frac{(2x-1)\sqrt{3}}{3}$$

Die Analyse mathematischer Ausdrücke führt – genügend Geduld vorausgesetzt – irgendwann zu elementaren mathematischen Ausdrücken (Zahlenwerten, Variablen), die durch Operatoren (etwa +, *) oder Funktionen miteinander verbunden sind. Dieses Konzept gilt allgemein auch für andere Maple-Datentypen – etwa für Listen, für Felder, für Reihenentwicklungen etc.

Die Struktur eines Terms kann damit als Baum interpretiert werden. An den Knoten stehen Operatoren und Funktionen, an den Blättern Zahlen und Variablen.

Die folgende Prozedur hilft bei der Analyse mathematischer Ausdrücke. Sie zerlegt den als Parameter übergebenen Ausdruck in immer kleinere Teile und gibt diese unterschiedlich stark eingerückt aus. Die in der Prozedur vorkommenden Sprachelemente werden im nächsten Kapitel noch beschrieben. An dieser Stelle soll nur ganz grob das Konzept der Prozedur beleuchtet werden.

```
nestprint:=proc(x)
  local i,n;
  if nargs=2 then n:=args[2]; else n:=0; end if:
  for i from 0 to n do printf('   '); end do:
  if type(x,function) then
    lprint(op(0,x));
    for i from 1 to nops(x) do: nestprint(op(i,x),n+1): end do:
  elif nops(x)>1 then
    lprint(whattype(x));
    for i from 1 to nops(x) do: nestprint(op(i,x),n+1): end do:
  else
    lprint(op(x));
  end if;
end proc:
```

Die if-Abfrage in der dritten Zeile testet, ob an die Prozedur ein zweiter (optionaler) Parameter (nargs=2) übergeben wurde. Wenn das der Fall ist, wird n (das ist die Einrücktiefe) damit belegt, andernfalls bekommt n den Wert 0. Die folgende Schleife gibt mit printf n mal 3 Leerzeichen aus.

In der folgenden if-Verzweigung werden drei Fälle berücksichtigt: Wenn es sich beim Ausdruck um eine Funktion handelt, wird der Funktionsname mit lprint ausgegeben und die Argumente der Funktion werden rekursiv an nestprint weitergegeben. Wenn es sich um einen beliebigen anderen Ausdruck mit mehr als einem Term handelt, wird der Typ des Terms mit whattype ermittelt und ausgegeben, die Subterme werden an nestprint weitergegeben. Anderenfalls enthält x bereits die kleinstmögliche mathematische Einheit und wird direkt ausgegeben.

Maple verwaltet negative Vorzeichen als Multiplikation mit -1.

```
nestprint(-x);
   *
      -1
      x
```

Rationale Zahlen werden mit fraction dargestellt. Rationale Terme mit ungebundenen Variablen im Nenner werden in Form von Produkten mit negativen Hochzahlen gespeichert.

```
nestprint(2/3);
   fraction
      2
      3
nestprint(2/x);
   *
      2
      ^
         x
         -1
```

Gleitkommazahlen werden in der Form float(a, b) gespeichert. a und b sind ganze Zahlen und beschreiben die Zahl $a * 10^b$.

Im letzten Beispiel wird nochmals der dritte Summand des Integrals analysiert. Das Beispiel macht deutlich, aus wie vielen Einzelkomponenten scheinbar einfache mathematische Ausdrücke zusammengesetzt sind.

```
nestprint( evalf(1/3) );
    float
       3333333333
       -10
```

op3;

$$\frac{\sqrt{3}\,\arctan(\frac{(2x-1)\sqrt{3}}{3})}{3}$$

```
nestprint(op3);
    *
        fraction
           1
           3
        ^
           3
           fraction
              1
              2
        arctan
```

```
                *
                    fraction
                       1
                       3
                    +
                       *
                          2
                          x
                       -1
                    ^
                       3
                       fraction
                          1
                          2
```

Wenn Sie die Prozedur nestprint später nochmals verwenden möchten, sollten Sie sie mit save in einer Datei speichern. Mit read können Sie die Definition dann jederzeit wieder einlesen.

```
save nestprint, 'nestprt';
read('nestprt'):
```

Seit Release 4 steht das Kommando dismantle zur Verfügung, das im Prinzip dieselbe Aufgabe erfüllt wie nestprint. Das Ausgabeformat ist allerdings noch unübersichtlicher als bei nestprint.

```
dismantle(op3);
  SUM(3)
     PROD(5)
        INTPOS(2): 3
        RATIONAL(3): 1/2
        FUNCTION(3)
           NAME(5): arctan
           EXPSEQ(2)
              SUM(3)
                 PROD(5)
                    SUM(5)
                       NAME(4): x
                       INTPOS(2): 2
                       INTNEG(2): -1
                       INTPOS(2): 1
                    INTPOS(2): 1
                    INTPOS(2): 3
                    RATIONAL(3): 1/2
                    RATIONAL(3): 1/3
                 INTPOS(2): 1
                 RATIONAL(3): 1/3
```

Interna zur Verwaltung mathematischer Ausdrücke

Im vorigen Abschnitt wurde anhand einiger Beispiele beschrieben, wie Maple mathematische Ausdrücke zusammensetzt. In diesem Abschnitt finden Sie Informationen darüber, wie diese Ausdrücke von Maple verwaltet werden.

Maple speichert jeden mathematischen Ausdruck nur ein einziges Mal. Wenn in der Formel $(1+x)^2 + (1+x)^3$ zweimal der Subterm $(1+x)$ vorkommt, dann wird in der internen Darstellung zweimal auf diesen Subterm verwiesen – einmal in der Form $\hat{}(\to (1+x^2), 2)$ und das zweite Mal in der Form $\hat{}(\to (1+x^2), 3)$. Dieser Mechanismus gilt sowohl für elementare Ausdrücke (etwa Zahlen oder Variablen) als auch für beliebig komplexe, zusammengesetzte Ausdrücke.

Die Prozedur adrprint ist durch eine kleine Veränderung von nestprint in den drei lprint-Kommandos entstanden. Sie gibt zusätzlich zu den Operatoren bzw. Funktionen auch die dazugehörigen vollständigen Ausdrücke aus. Außerdem erfolgt zu jedem mathematischen (Teil-)Ausdruck die Angabe, an welcher Adresse er gespeichert wird. Zur Ermittlung der Adresse wird addressof verwendet.

```
adrprint:=proc(x)
  local i,j,n;
  if nargs=2 then n:=args[2]; else n:=0; end if:
  for i from 0 to n do printf('   '); end do:
  if type(x,function) then
    lprint(op(0,x), x, addressof(x));
    for i from 1 to nops(x) do: adrprint(op(i,x),n+1): end do:
  elif nops(x)>1 then
    lprint(whattype(x), x, addressof(x));
    for i from 1 to nops(x) do: adrprint(op(i,x),n+1): end do:
  else
    lprint(op(x), addressof(op(x)));
  end if;
end:
```

Im Beispiel rechts erkennen Sie, dass die Zahl 1, die Variable x und der Ausdruck $(1 + x)$ jeweils an denselben Adressen gespeichert sind. Intern werden mathematische Ausdrücke also hauptsächlich nur durch Zeiger auf elementare mathematische Ausdrücke oder bereits vorhandene zusammengesetzte Ausdrücke dargestellt.

```
adrprint( (1+x)^2 + (1+x)^3 );
   +    (1+x)^2+(1+x)^3   1551096
      ^    (1+x)^2   1593068
         +   1+x   1547444
            1   1554660
            x   1583824
         2   1554676
      ^    (1+x)^3   1593080
         +   1+x   1547444
            1   1554660
            x   1583824
         3   1554692
```

Interna zur Verwaltung von Prozeduren

Prozeduren (und damit auch Kommandos) werden in ganz normalen Variablen gespeichert. Die Anweisung zur Definition einer Prozedur sieht prinzipiell folgendermaßen aus:

`name:=proc(para1,para2,...) Ausdrücke; end:`

An die Variable *name* wird der Code der oben definierten Prozedur gebunden. Wenn Sie nun nur `name` (ohne Parameter) eingeben, liefert Maple als Reaktion wiederum nur diese Zeichenkette. Prozeduren unterliegen also – wie Funktionen, Tabellen und Felder – der last-name-Auswertung. Der Code der Prozedur wird nur dann angezeigt, wenn Sie `print(name)` oder `op(name)` oder `eval(name)` eingeben.

Darüber hinaus existieren zusammen mit der Prozedur sechs interne Verwaltungsinformationen, auf die Sie mit `op(n,eval(name))` zugreifen können. Für $n = 1$ bis 6 liefert Maple dann die Parameter der Funktion, deren lokale Variablen, deren Optionen (inklusive der Copyright-Meldung), die Erinnerungstabelle zu bereits berechneten Ergebnissen (siehe nächsten Abschnitt), eine Zeichenkette mit einer Kurzbeschreibung der Funktion und schließlich die Liste der globalen Variablen.

Im folgenden Beispiel werden diese sechs Informationen der Funktion `simplify` angezeigt. Die Erinnerungstabelle ist wegen des vorher ausgeführten `restart`-Kommandos leer; es existiert keine Kurzbeschreibung, das Kommando verwendet keine globalen Variablen.

```
restart;
seq( [op(i,eval(simplify))], i=1..6);
```

    $[s]$,

    $[f, i, inds, r, rnormal, symb\_mode, cin, cout, v, prps]$,

    $[remember, system, \text{'}Copyright\ 1992\ by\ the\ University\ of\ Waterloo\text{'}]$,

    $[], [], []$

Die Speicherung bereits berechneter Ergebnisse

Eine Besonderheit von Maple besteht darin, dass es sich bei den meisten Funktionen bereits berechnete Ergebnisse merkt. Wenn Sie ein kompliziertes Integral berechnen, kann es einige Sekunden (oder Minuten) dauern, bis Maple das Ergebnis liefert. Wenn Sie das Integral ein zweites Mal benötigen, wird das Ergebnis praktisch verzögerungsfrei präsentiert.

Intern wird dies durch eine Erinnerungstabelle realisiert. Diese Erinnerungstabelle wird im vierten Operanden der internen Verwaltungsinformationen einer Prozedur gespeichert.

```
simplify( sin(x)^2+cos(x)^2);
    1

op(4, eval(simplify));
```
$$\text{table}([$$
$$\sin(x)^2 + \cos(x)^2 = 1,$$
$$(\sin(x)^2 + \cos(x)^2, power, trig) = 1$$
$$\sin = \sin$$
$$\cos = \cos$$
$$x = x$$
$$])$$

Seit Release 4 kann der Inhalt der Erinnerungstabelle zur Funktion *name* auch mit `print(name)` angezeigt werden, wenn vorher die `interface`-Variable `verboseproc` auf 3 (oder einen höheren Wert) gestellt wird.

Die Erinnerungstabelle einer Prozedur lässt sich mit `forget` löschen.

```
forget(simplify):
op(4, eval(simplify));
```
$$\text{table}([])$$

Einen Sonderfall stellt das Kommando `int` dar. Es besitzt für sich keine Erinnerungstabelle. Dieses Kommando ist so komplex, dass es selbst wiederum zahlreiche Subprozeduren aufruft. Eine dieser Subprozeduren lautet `int/indef`. Diese Prozedur ist von Anfang an mit einer Tabelle vordefinierter Integrale ausgestattet, in der unter anderem die Integrale der Standardfunktionen wie $\sin(x)$, $\cos(x)$, $\ln(x)$ etc. enthalten sind. Diese Tabelle wird in der Folge mit den Ergebnissen der durch `int` berechneten Integrale erweitert.

Das Beispiel rechts zeigt Ausschnitte der Erinnerungstabelle zum `int`-Kommando. Beachten Sie, dass darin auch das soeben berechnete Integral von $1/x$ enthalten ist.

```
restart;
int(1/x, x);
```
$$\ln(x)$$
```
op(4, eval('int/indef1'));
```
$$\text{table}([\quad (1/\_X) = ln(\_X)])$$

Es wurde bereits in Kapitel 11 zur Definition eigener Funktionen erwähnt, dass durch die Option `remember` auch eigene Funktionen mit einer Erinnerungstabelle ausgestattet werden können. Das kann zu nicht ganz offensichtlichen Nebenwirkungen führen.

Nebenstehend ist nochmals die vom Anfang dieses Kapitels (S. 440) stammende Funktion `fibonacci` abgedruckt. Die Funktion verwendet einen rekursiven Algorithmus zur Berechnung von Fibonacci-Zahlen.

```
fibonacci:=proc(x::nonnegint)
  option remember;
  if x=0 then 0
  elif x=1 then 1
  else f(x-1)+f(x-2) end if
end proc:
```

Diese Funktion verhält sich auf den ersten Blick widersprüchlich: *fibonacci*(2000) führt in der Windows-Version wegen der hohen Rekursionstiefe zu einem Stack-Overflow. Die Berechnung klappt aber einwandfrei, wenn vorher *fibonacci*(1000) berechnet wurde. (Die beiden Ergebnisse sind rechts nur unvollständig abgedruckt. *fibonacci*(2000) liefert eine Zahl mit mehr als 400 Stellen.)

```
fibonacci(2000);
    Error, (in fibonacci)
    too many levels of recursion
fibonacci(1000); fibonacci(2000);
    4346655768693...875

    42246963333923048...125
```

Der Grund für dieses eigentümliche Verhalten liegt in der Erinnerungstabelle und der rekursiven Implementation von *fibonacci*. Die Anzahl der rekursiven Funktionsaufrufe für *fibonacci*(n) ist nämlich selbst gerade wieder *fibonacci*(n): Es haben *fibonacci*(0) und *fibonacci*(1) je einen Funktionsaufruf. Für jeden größeren Wert von n erhält man die Summe der Aufrufe für *fibonacci*($n-1$) und *fibonacci*($n-2$), dies entspricht aber gerade der Definition von *fibonacci*. Der hierzu benötigte Aufrufstack wächst folglich exponentiell und auch auf einem Rechner mit großer Speicherkapazität sind bald die Grenzen erreicht.

Werden durch vorherige Berechnungen schon Ergebnisse in der Erinnerungstabelle abgespeichert, kann auf diese ohne Rekursion zurückgegriffen werden. Der Aufrufstack wächst wesentlich langsamer, so dass vorher unmögliche Berechnungen möglich werden.

Abschließend ein letztes Beispiel, das die Nebenwirkungen der Erinnerungstabelle demonstriert. Die nebenstehenden Zeilen definieren eine rekursive Funktion, der offensichtlich eine Abbruchbedingung fehlt – ein Aufruf dieser Funktion müsste daher zu einem 'stack overflow error' führen.

```
test:=proc(x)
  option remember;
  test(x-1)+test(x-2):
end:
```

Bevor die Funktion zum ersten Mal ausgeführt wird, werden die Funktionswerte `test(0)` und `test(1)` durch Zuweisungen definiert. Maple trägt diese Werte in die Erinnerungstabelle ein. Die Berechnung $test(5)$ führt aus diesem Grund nicht zu einer Endlosschleife – wenn x nach mehreren rekursiven Aufrufen 2 erreicht hat, kann unmittelbar auf $test(1)$ und $test(0)$ zurückgegriffen werden.

```
test(0):=0:
test(1):=1:
test(5);
    5
```

Nun zum vielleicht überraschendsten Aspekt dieses Beispiels: Die Berechnung von $test(5)$ gelingt auch dann, wenn auf die `remember`-Option verzichtet wird! Durch die Zuweisungen $test(n) := m$ erzeugt Maple nämlich auch jetzt eine Erinnerungstabelle und trägt darin die Funktionswerte für $x = n$ ein. Die Erinnerungstabelle wird allerdings bei der Ausführung von `test` nicht automatisch mit dessen Ergebnissen erweitert.

Syntaxzusammenfassung

Librarys und Packages

```
with(package);
```
definiert die Namen der Funktionen des Package. Sobald eine Funktion zum ersten Mal verwendet wird, lädt Maple automatisch deren Code.

```
with(package,name1,name2...);
```
definiert nur die Namen der angegebenen Funktionen des Package.

Verwaltung von mathematischen Ausdrücken

```
op(ausdruck);
```
liefert die Operanden eines mathematischen Ausdrucks als Folge (beispielsweise a, b, c von $a + b + c$ oder $\cos(a * b * c)$).

```
op(n, ausdruck);
```
liefert den n-ten Operanden eines Ausdrucks. Bei Funktionen ist $n = 0$ erlaubt und liefert dann den Namen der Funktion: `op(0,sin(x))` ergibt also `sin`.

```
nops(ausdruck);
```
bestimmt die Anzahl der Operanden eines Ausdrucks.

```
whattype(ausdruck);
```
stellt den Typ eines mathematischen Ausdrucks fest (beispielsweise `'+'`, `'*'`, `function`).

```
type(ausdruck, typ);
```
testet, ob der Ausdruck den angegebenen Datentyp aufweist.

```
dismantle(ausdruck);
nestprint(ausdruck);   adrprint(ausdruck);
```
zeigen den Aufbau von mathematischen Ausdrücken in Form einer hierarchischen Liste an. `dismantle` ist ein Kommando von Maple. `nestprint` und `adrprint` sind in diesem Kapitel im Abschnitt 'Aufbau mathematischer Ausdrücke' definiert.

Interna von Funktionen und Prozeduren

`op(n, eval(name));`
  zeigt Verwaltungsinformationen zu einem Befehl, einer Prozedur oder einer Funktion an: für $n=1$ die Namen der Parameter, für $n=2$ die lokalen Variablen, für $n=3$ die Optionen des Befehls und für $n=4$ den Inhalt der Erinnerungstabelle.

`interface(verboseproc=2):`
`print(name);    print('pack/name');    print(eval(name));`
  zeigen den Code des angegebenen Befehls an. Bei Prozeduren aus Packages muss entweder der vollständige Prozedurname `package/name'` oder `eval(name)` verwendet werden. Der Code kann nur angezeigt werden, wenn er bereits geladen wurde.

`forget(Funktionsname);`
  löscht die Erinnerungstabelle einer Funktion mit `remember`-Option.

`protect(name);    unprotect(name);`
  `protect` schützt eine Variable (bzw. die darin enthaltene Prozedur) vor einer irrtümlichen Zuweisung. `unprotect` hebt diesen Schutz wieder auf.

Kapitel 29

Programmieren II: Prozedurale Sprachelemente

Dieses Kapitel beschreibt die wichtigsten Anweisungen zur Gestaltung von Programmen, also zur Formulierung von Prozeduren, Schleifen, Abfragen etc. Maples Sprache unterstützt prozedurale Programmierung (wie C oder Pascal), funktionale Programmierung (wie Lisp oder Scheme) und auch ein objektorientierter Programmierstil ist möglich, wenngleich auch mit mehr Aufwand als in Smalltalk, C++ oder Java.

Die folgende Aufzählung beschreibt ganz kurz die wichtigsten in diesem Kapitel behandelten Anweisungen:

`proc`
definiert Prozeduren oder Funktionen.

`for`
zur Konstruktion von Schleifen.

`if`
die übliche Anweisung für Fallunterscheidungen.

`readdata, readline, fopen, fscanf` und `fprintf`
stellen die wichtigsten Anweisungen zur Ein- und Ausgabe von Daten dar.

Verweis: Einleitende Informationen zur Definition von Funktionen finden Sie in Kapitel 11.

Prozeduren

Prozedurdefinitionen beginnen mit dem Schlüsselwort `proc` und enden mit `end proc`. Sie sind die Grundbausteine des Programmierens in Maple und werden sowohl zur Programmierung komplizierter Anweisungen als auch zur Formulierung einfacher Funktionen verwendet. Der prinzipielle Aufbau einer Prozedurdefinition sieht folgendermaßen aus:

```
name := proc(x::typ1, y::typ2, ..)
  local l1,l2,..;
  options ..;
  Anweisungen
end proc:
```

Die Elemente einer Prozedurdefinition werden hier knapp und überblicksmäßig beschrieben. Daran anschließend finden Sie mehrere Teilabschnitte mit detaillierteren Informationen.

Nach dem Schlüsselwort `proc` werden die *Parameter* der Prozedur angegeben. Der Parameterübergabemechanismus von Maple ist etwas komplizierter als in anderen Programmiersprachen (eine Mischung aus call-by-value und call-by-name). Weitere Informationen zur Parameterliste und zur Typenüberprüfung folgen einige Absätze weiter unten.

Nach der Parameterliste erfolgt die Definition einer Liste lokaler Variablen. Der Gültigkeitsbereich lokaler Variablen ist auf die Prozedur eingeschränkt, Wechselwirkungen zu gleichnamigen Variablen außerhalb der Prozedur sind nicht möglich.

Mit dem Schlüsselwort `options` können einige Optionen angegeben werden, die das Verhalten der Prozedur steuern. Die wichtigsten lauten `remember`, `operator`, `arrow`, `angle` und `trace`. Diese Prozeduroptionen sind nicht mit Optionen zu verwechseln, die der Anwender eines Kommandos in einem Parameter in der Form `Optionsname=einstellung` angibt. Auf die Gestaltung von Prozeduren, die solche Optionen verstehen, geht ein eigener Abschnitt einige Seiten weiter unten ein.

Jetzt beginnt der eigentliche Code der Prozedur. Sie können darin beliebig viele Kommandos aufrufen, mit `if` Abfragen oder mit `for` Schleifen bilden etc. Die Ergebnisse der in der Prozedur ausgeführten Kommandos werden am Bildschirm nicht angezeigt. Sie können Bildschirmausgaben aber durch `print` oder `lprint` (ohne Formatierung) erzwingen. Die Definition einer Prozedur wird mit dem Schlüsselwort `end proc` abgeschlossen.

Maple-Prozeduren geben immer ein Ergebnis zurück. Als Rückgabewert einer Prozedur gilt das Ergebnis des letzten ausgewerteten Ausdrucks. Alternativ dazu können Sie die Prozedur jederzeit mit `return` verlassen und auch dabei einen Rückgabewert (als Folge von Ausdrücken) angeben.

Formalitäten

Ob Sie innerhalb einer Prozedur Doppelpunkte oder Strichpunkte zur Trennung der Ausdrücke verwenden, ist gleichgültig. Die Ergebnisse der Ausdrücke innerhalb einer Prozedur werden in keinem Fall am Bildschirm angezeigt (es sei denn, Sie verändern den Wert der interface-Variablen printlevel).

Wenn nach end proc (also in der letzten Zeile einer Prozedurdefinition) ein Strichpunkt steht, dann gibt Maple den Code der Prozedur nach ⏎ nochmals am Bildschirm aus. Aus diesem Grund enden die meisten Prozedurdefinitionen dieses Buchs mit einem Doppelpunkt, wodurch die doppelte Anzeige des Programmcodes vermieden wird. Der abschließende Doppel- oder Strichpunkt hat keinen Einfluss auf das Verhalten der Prozedur.

Prozeduren sind wie Funktionen, Tabellen und Felder von der automatischen Auswertung ausgenommen. Wenn Sie die neue Prozedur neuproc definieren und anschließend neuproc ohne Parameter eingeben, antwortet Maple nur mit der Ausgabe der gleichen Zeichenkette. Damit der Code von Prozeduren ausgeführt wird, müssen Sie eine Parameterliste in runden Klammern angeben. Prozeduren ohne Parameter muss ein leeres Klammerpaar folgen!

Kontrollstrukturen

Nachdem if-Anweisungen bereits in zahlreichen Beispielen dieses Buchs verwendet wurden, wird jetzt die (aus anderen Programmiersprachen ohnedies bekannte) Syntax nachgeliefert.

Fallunterscheidungen werden in Maple mit den Schlüsselwörtern if, then, elif, else und end if (vor Version 6 mit fi) gebildet.

```
if   bedingung1 then ...
elif bedingung2 then ...
elif bedingung3 then ...
else ...
end if;
```

Statt der drei Punkte dürfen beliebig lange Anweisungsfolgen eingefügt werden. Die elif- und else-Abschnitte sind optional, jede if-Anweisung muss aber mit end if abgeschlossen werden.

Schleifen werden über die Schlüsselwörter do und end do (früher: od) gebildet. Diese Schlüsselwörter bilden für sich eine Endlosschleife und werden deshalb normalerweise in Zusammenhang mit for oder while verwendet. Schleifen können vorzeitig mit break verlassen werden. next überspringt die verbleibenden Anweisungen bis end do und beginnt den nächsten Schleifendurchgang. Die folgenden Beispiele zeigen einige einfache Schleifen.

In der Schleife rechts durchläuft x die Werte 1, 2 und 3. Es spielt keine Rolle, ob x vor Beginn der Schleife bereits einen Wert hatte – dieser wird gegebenenfalls gelöscht. Nach dem Ende der Schleife hat x den Wert 4.

```
for x from 1 to 3 do
  print(x):
od:
     1
     2
     3
```

Das Beispiel rechts ist eine Variante des vorigen Beispiels. Die Schleife wird in umgekehrter Richtung und mit der Schrittweite −2 durchlaufen. Nach dem Ende der Schleife hat x den Wert −1. for-Schleifen sind abweisend. Schleifen der Form for i from 1 to 3 by -1 werden daher kein einziges Mal ausgeführt.

```
for x from 5 to 1 by -2 do
  print(x):
end do:
     5
     3
     1
```

Eine weitere for-Variante kann mit dem Schlüsselwort in gebildet werden. In die Schleifenvariable werden der Reihe nach alle Elemente der nach in angegebenen Liste eingesetzt.

```
for i in [1,2,3] do
  print(i)
end do:
     1
     2
     3
```

Mit while kann eine Schleife in Abhängigkeit von einer allgemeinen Bedingung formuliert werden. Die Schleife wird so lange ausgeführt, bis die Bedingung nicht mehr erfüllt ist.

```
x:=0:
while(x<3) do
  x:=x+1:
end do;
```
$$x := 1$$
$$x := 2$$
$$x := 3$$

Die for-Schleife hat eine wesentliche Einschränkung: Sie kommt nicht mit symbolischen Start- und Endwerten bzw. Schrittweiten zurecht. Es ist nicht möglich, eine for-Schleife von 0 bis π mit der Schrittweite $\pi/8$ zu bilden. Maple liefert in diesem Fall die Fehlermeldung 'unable to execute for'. Auch die Formulierung der Schleife mit while nach dem obigen Muster verursacht Probleme. Der Ausdruck while(x<=Pi) liefert die Fehlermeldung 'cannot evaluate boolean'. Das folgende Beispiel zeigt einen Weg, dieses Problem zu umgehen.

In der nebenstehenden Schleife durchläuft x die Werte $0, \pi/8, \pi/4, ..., \pi$. (Auf den Abdruck der Ergebnisse der Schleife wurde verzichtet.) Beachten Sie die Formulierung der while-Bedingung mit is. Auf diese Weise wird die Fehlermeldung 'cannot evaluate boolean' vermieden.

```
x:=0:
while is(x<=Pi) do:
  print(x):
  x:=x+Pi/8:
end do;
```

Im letzten Beispiel wird durch do und end do eine Endlosschleife gebildet, die dann mit break vorzeitig verlassen wird.

```
x:=0:
do
  x:=x+1:
  if x>3 then break; end if;
  print(x):
end do:
     1
     2
     3
```

Die Parameter einer Prozedur

Dem Schlüsselwort proc folgt normalerweise eine Liste mit den Parametern der Prozedur. Beim Aufruf der Prozedur müssen mindestens so viele Argumente angegeben werden, wie in der Prozedurdefinition Parameter angegeben sind. Mehr Argumente sind erlaubt und können über nargs und args gelesen werden (siehe unten). Weniger Parameter führen hingegen zu einer Fehlermeldung durch Maple.

test wurde mit drei Parametern definiert. Beim Aufruf der Prozedur wurden vier Argumente angegeben, das letzte Argument wird von der Prozedur aber ignoriert. Als Argumente sind alle Datentypen erlaubt (Zahlenwerte, Listen, Funktionen etc.).

```
test:=proc(x,y,z)
  x,y,z:
end proc:
test(1,sqrt(2), [a,b,c], x);
     1, √2 , [4, b, c]
```

Maple beklagt sich, wenn test mit zu wenig Argumenten aufgerufen wurde.

```
test(1,2):
    Error, (in test) test uses a
    3rd argument, z, which is
    missing
```

Variable Parameteranzahl

Bei vielen Prozeduren soll die Anzahl der Parameter variabel gehalten werden. Das gilt besonders für alle Prozeduren, an die eine beliebige Anzahl von Optionen der Form option=einstellung (in beliebiger Reihenfolge) übergeben werden kann. In solchen Fällen können innerhalb der Prozedur die beiden Variablen nargs und args ausgewertet werden. nargs enthält die Anzahl der Argumente, die insgesamt übergeben wurden. args enthält diese Argumente als Folge, einzelne Parameter können mit args[n] gelesen werden.

Im Beispiel rechts wird eine Prozedur definiert, an die mindestens zwei Argumente übergeben werden müssen. Beim Aufruf werden fünf Argumente angegeben. Die beiden ersten werden für x und y eingesetzt, auf die restlichen drei wird über args[3] bis args[5] zugegriffen. (Selbstverständlich sind – trotz der Parameter x und y – auch die beiden ersten Parameter in args enthalten.)

```
test:=proc(x,y)
  local n;
  x, y, seq( args[n], n=3..nargs):
end proc:

test(a,b,c,d,e);
    a, b, c, d, e
```

Parameter in eckigen Klammern

Bei einigen Maple-Kommandos (vor allem aus dem stats-Package) wird ein Teil der Parameter in eckigen Klammern übergeben. Obwohl sich daraus kein erkennbarer Vorteil ergibt (und der Anwender durch die inkonsistente Syntax nur verwirrt wird), sollten Sie zumindest wissen, wie Sie diese Form der Parameterübergabe selbst realisieren können.

Wenn Sie eine Prozedur in der Form Prozedur[x1,x2](x3) aufrufen, dann rechnet Maple die Parameter in den eckigen Klammern noch zum Prozedurnamen. Innerhalb der Prozedur können Sie auf den Prozedurnamen über das Schlüsselwort procname zugreifen. Über op können Sie dann die Indizes des Prozedurnamens lesen.

```
fn:=proc(x3)
  print(op(1,procname), op(2,procname), x3);
end:
fn[a,b](c);
    a, b, c
```

Typenkontrolle

Häufig erwartet eine Prozedur bestimmte Datentypen für ihre Parameter – etwa Integerzahlen, Listen etc. – und liefert nur dann korrekte Ergebnisse, wenn der Datentyp der Argumente korrekt ist. Wenn eine Überprüfung der Typen bereits beim Funktionsaufruf automatisch durchgeführt werden soll, kann zu den Parametern mit dem ::-Operator ein Datentyp angegeben werden.

test liefert trotz des geringeren Programmieraufwands präzise Fehlermeldungen. Wenn man die Fehlermeldung durch eigene Analyse der übergebenen Argumente überprüfen will, muss man mehr Aufwand betreiben.

```
test:=proc(x::nonnegint,
           y::nonnegint)
  sqrt(x*y);
end:

test(1.5, 2):
  Error, test expects its 1st
  argument, x, to be of type
  nonnegint, but received 1.5
```

Eine vollständige Liste der von Maple unterstützten Datentypen finden Sie in der Online-Hilfe unter ?type. Die folgende Tabelle greift aus den beinahe 90 Typen einige besonders wichtige heraus:

`integer:`	ganze Zahlen	`range:`	Bereiche in der Form $a..b$
`float:`	Gleitkommazahlen	`set:`	Mengen $\{a,b,c\}$
`fraction:`	Brüche	`list:`	Listen $[a,b,c]$
`name:`	Variablennamen	`table:`	Tabellen
`algebraic:`	algebraische Ausdrücke	`array:`	Felder
`polynom:`	Polynome	`vector:`	Vektoren
`equation:`	Gleichungen	`matrix:`	Matrizen

Die automatische Typenauswertung kommt auch mit recht komplexen Ausdrücken zurecht: Durch geschwungene Klammern können mehrere Alternativen angegeben werden. Bei Aufzählungstypen (Listen, Folgen etc.) kann auch der Typ der Listenelemente angegeben werden.

`x::constant..constant`	x muss ein Bereich zweier konstanter Zahlen sein
`x::{list,set}`	x darf wahlweise eine Liste oder eine Menge sein
`x::list('=')`	an x muss eine Liste mit Gleichungen übergeben werden (z. B. $[x=3, y=4]$)
`x::anything`	an x darf ein beliebiger Ausdruck übergeben werden

Wenn für einen Parameter mehrere Typen zugelassen werden oder überhaupt keine Typenkontrolle durchgeführt wird, kann der Datentyp auch nachträglich mit der Funktion type festgestellt werden.

An die Prozedur test sollen zwei positive ganze Zahlen übergeben werden. Die Typenkontrolle erfolgt über das Kommando type. Wenn die Typen nicht übereinstimmen, wird die Prozedur durch ERROR mit einer Fehlermeldung beendet.

```
test:=proc(x,y)
  if not type( [args],
    [nonnegint, nonnegint]) then
    error "Falsche Eingabewerte:",args
  end if:
  ...
end proc:
```

Eine Typenkontrolle ist manchmal auch nützlich im Zusammenhang mit der Auswertung von Bedingungen in Funktionen. Betrachten Sie die nebenstehende einfache Funktionsdefinition, die auf den ersten Blick völlig in Ordnung zu sein scheint und offensichtlich auch korrekte Ergebnisse liefert. Der plot-Befehl liefert allerdings eine Fehlermeldung.

```
f:=proc(x)
   if (x < 0) then
      -x^2;
   else
      x^2;
   end if:
end proc:
f(-2),f(2);
```
$$-4,4$$
```
plot(f(x),x=-3..3);
Error, (in f) cannot
evaluate boolean: x < 0
```

In der folgenden Variante erhält man das gewünschte Schaubild:

```
plot(f,-3..3);
```

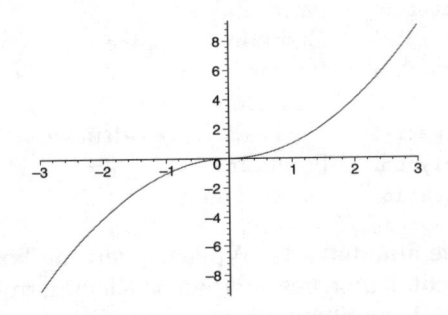

Ein Versuch, das Problem durch die Verwendung von is zu beheben, liefert ein noch seltsameres Ergebnis:

```
f:=proc(x)
   if is(x < 0) then
      -x^2;
   else
      x^2;
   end if:
 end proc:
 plot(f(x),x=-3..3);
```

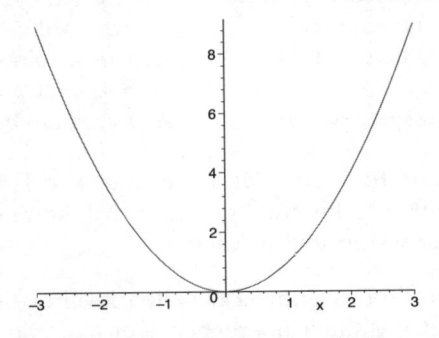

Die Schwierigkeit bei dem plot-Aufruf entsteht dadurch, dass versucht wird, $f(x)$ auszuwerten, ehe die Variable x gebunden ist. In dieser Situation kann der Ausdruck $x < 0$ nicht ausgewertet werden. Arbeitet man mit is, so ist das Ergebnis FAIL und es wird als Term x^2 ausgegeben. Man kann dann zwar den plot-Befehl verwenden, erhält aber die falsche Funktion.

Abhilfe schafft hier eine Variante, die nachprüft, ob der an *f* übergebene Wert eine Zahl ist. Falls nicht, sollte der Funktionsaufruf unausgewertet zurückgegeben werden. Das bewirkt, dass beim Aufruf von plot ein unausgewerteter Aufruf von *f* für die Plotstruktur erzeugt wird, der dann endgültig ausgewertet wird, wenn die Werte der Variablen eingesetzt sind.

```
f:=proc(x)
   if type(x,constant) then
      if is(x < 0) then
         -x^2;
      else
         x^2;
      end if:
   else
      'f'(x);
   end if: end proc:
```

Besonderheiten beim Umgang mit Variablen und Parametern

Gültigkeitsbereiche und Auswertungsmechanismen von Variablen

Maple bindet seine Variablen lexikalisch. Das bedeutet, dass die Werte von Variablen bei der Ausführung von Prozeduren nicht von der Historie des jeweiligen Aufrufs abhängen, sondern nur von den übergebenen Argumenten und den zum Definitionszeitpunkt gültigen Variablenbindungen. In Prozeduren verwendete Variablen sind standardmäßig lokal, d.h. nur in der Prozedur gebunden. Existiert außerhalb der Prozedur eine Variable gleichen Namens, so wird sie von der lokalen Variablen 'verschattet', d.h., innerhalb der Prozedur ist die globale Variable unter ihrem Namen nicht verfügbar und kann deshalb auch nicht versehentlich verändert werden. Man *kann* (und sollte) lokale Variablen mit dem Schlüsselwort local am Anfang der Prozedurdefinition kennzeichnen. Tut man das nicht, erhält man eine Warnung der Art *Variable is implicitly declared local*. Will man aus irgendwelchen Gründen auf globale Variablen zugreifen, so *muss* man dies zu Beginn der Prozedurdefinition mit dem Schlüsselwort global deklarieren.

Lokale Variablen werden für jeden Aufruf einer Prozedur neu erzeugt. Das ist besonders wichtig, wenn sich eine Prozedur rekursiv selbst aufruft. In diesem Aufruf wird für alle lokalen Variablen für jeden neuerlichen Aufruf Speicherplatz reserviert. Eine Veränderung in einer Ebene der Prozedur hat keinen Einfluss auf die Variablen der darunter liegenden Ebenen.

Die Prozedur test vereinbart eine lokale Variable i und bindet sie an den Wert 5. Da dies die einzige Anweisung ist, wird der Wert 5 als Ergebnis ausgegeben. Die globale Variable i behält ihre Bindung bei.

```
test:=proc()
   local i:
   i:= 5;
 end proc:
i:=0: test(),i;
```

$$5, 0$$

Um den Effekt globaler Variablen zu demonstrieren, wurde im Beispiel rechts die Variable i als global deklariert. Nach dem Aufruf der Prozedur *test* hat i daher einen neuen Wert.

```
test:=proc()
   global i:
   i:= 5;
end proc:
i:=0: test(),i;
```

$$5, 5$$

Globale Variablen werden eingesetzt, wenn eine Prozedur eine Variable mit einem ganz bestimmten Namen verändern oder lesen soll. Beispielsweise könnten Optionen einer Prozedur durch globale Variablen gesteuert werden, die vor dem Aufruf der Prozedur eingestellt werden.

Im Beispiel unten wird die Prozedur fn definiert, die eine Gleitkommaauswertung des übergebenen Parameters bewirkt. Wenn die globale Variable *_fn_digits* nicht belegt ist, erfolgt die Auswertung in der durch Digits vorgegebenen Stellenzahl, andernfalls bestimmt *_fn_digits* die Anzahl der Stellen. Informationen zu if finden Sie etwas weiter unten.

```
fn := proc(x) global _fn_digits:
   if _fn_digits='_fn_digits' then evalf(x) else evalf(x,_fn_digits) end if:
end proc:
fn(1/3);_fn_digits:=20:fn(1/3);
```

.3333333333, .33333333333333333333

Eine Besonderheit gilt für Umgebungsvariablen wie Digits. Diese Variablen sind global, müssen aber in Prozeduren nicht deklariert werden, um verwendet werden zu können. Wenn solche Variablen innerhalb einer Prozedur verändert werden, dann gilt diese Änderung nur innerhalb der Prozedur und in allen weiteren, von dieser Prozedur aufgerufenen Prozeduren. Daher kann z.B. die Rechengenauigkeit innerhalb einer Prozedur bedenkenlos verändert werden, ohne Konsequenzen für weitere Berechnungen in Maple befürchten zu müssen. Eigene Umgebungsvariablen sind leicht zu definieren, sie müssen mit _Env beginnen. (Anmerkung für Scheme-Kundige: Es handelt sich hier um eine Variante der Fluid-Bindung.)

Prozeduren und Funktionen werden von Maple nur auf Anforderung voll ausgewertet, sonst gilt für sie die Regel der last-name-evaluation. Bei jeder Prozedur sind eine Reihe von Informationen zusätzlich zum Programmcode gespeichert, die mit eval(Funktionsname) als Sequenz abrufbar sind. Mit op(n,eval(Programmcode)) lassen sich für verschiedene Werte von n gezielt einzelne Informationen abrufen:

1. Die Sequenz der Parameternamen
2. Die lokalen Variablen
3. Die für die Funktion vereinbarten Funktionsoptionen
4. Die Erinnerungstabelle
5. Die Beschreibung (description)
6. Die als global deklarierten Variablen
7. Die lexikalische Tabelle

Besonders interessant ist die lexikalische Tabelle (die übrigens nicht als Tabelle, sondern als Ausdrucksfolge definiert ist). In ihr werden immer abwechselnd Namen und Werte der lokalen Umgebung gespeichert, in der die Funktion definiert wurde. Ein Beispiel soll das verdeutlichen. Wir definieren eine Funktion gerade mit zwei Parametern m und b. Sie gibt als Resultat eine Funktion einer Geraden mit Steigung m und y-Achsenabschnitt b aus. In der lexikalischen Tabelle der anschließend definierten Geraden sind die zum Definitionszeitpunkt gültigen Werte für m und b festgehalten.

Man kann das auch dazu benutzen, Prozeduren mit gekapselten Zuständen zu definieren. Die Prozedur make_zähler erzeugt eine Funktion, die eine interne Variable bei jedem Aufruf um 1 erhöht und den aktuellen Wert als Ergebnis liefert. Die zwei anschließend definierten Zähler $z1$ und $z2$ haben den gleichen Code, arbeiten aber, wie die folgende seq-Anweisung zeigt, mit verschiedenen Werten für a. Man sieht auch, dass die lexikalischen Tafeln, aus denen $z1$ und $z2$ ihre Werte für a nehmen, für die beiden Funktionen verschieden sind. Die zwei verschiedenen mit dieser Prozedur erzeugten Zähler haben auf diese Weise jeweils eine eigene Zählvariable a und können so unabhängig voneinander benutzt werden.

```
gerade:=proc(m,b)
   proc(x)
      m*x+b;
   end proc:
end proc:

g1:=gerade(1/2,-1);
```

$$g1 := proc(y) \quad y * 1/2 + (-1) \quad end\, proc$$

```
g1(6);
```

$$2$$

```
op(1,eval(g1));op(7,eval(g1));
```

$$x$$

$$m, \frac{1}{2}, b, -1$$

```
make_zähler:=proc(init)
   local a;
   a:=init;
   proc ()
      a:=a+1;
   end proc:
end proc:

z1:=make_zähler(0);z2:=make_zähler(9);
z1 := proc () a := a+1 end proc
z2 := proc () a := a+1 end proc
seq([z1(),z2()],i=1..10);
```

$$[1, 10], [2, 11], [3, 12], [4, 13], [5, 14]$$

```
eval(op(7,(eval(z1))));
```

$$a, 5$$

```
eval(op(7,(eval(z2))));
```

$$a, 14$$

Betrachtet man die beiden letzten Funktionen, so fällt auf, dass bei make_zähler eine lokale Variable zur Speicherung des aktuellen Zählerwerts verwendet wurde, während in gerade die Parameter direkt verwendet wurden. Dies hat seinen Grund in der Art, in der Maple den Aufruf von Funktionen und die Übergabe von Parametern behandelt. Maple wertet die im Funktionsaufruf übergebenen Argumente aus und ersetzt dann im Funktionscode die Parameternamen durch die erhaltenen Werte. Dann erst startet die Funktionsausführung. Wenn die Funktion ausgeführt wird, stehen also nicht mehr die Parameternamen im Code, sondern die jeweils übergebenen Werte. Daher können Parameternamen auch im Code nicht wie Variablen behandelt werden und neue Werte zugewiesen bekommen. Eine Zuweisungsoperation an einen Parameter würde in eine Zuweisung an den

Wert des Arguments übersetzt werden. Dies führt zu einem Laufzeitfehler, wenn das Argument kein Linkswert sein kann (Linkswerte sind Objekte, die auf der linken Seite einer Zuweisung stehen können).

Dieses Verhalten lässt sich bei der Definition von g1 beobachten. Der ausgegebene Prozedurcode verwendet nicht die Namen m und b, sondern direkt die übergebenen Werte. Der Prozedurtext von $z1$ hingegen enthält eine Zuweisung für die lokale Variable a.

Im nebenstehenden Beispiel entwickeln wir dieses Verfahren etwas weiter. Wir definieren einen Konstruktor für den abstrakten Datentyp 'Stack'. Drei Operationen sollen implementiert werden:

empty   prüft, ob der Stack leer ist.
push   legt ein Objekt auf den Stack.
pop   nimmt das oberste Element vom Stack und gibt es aus.

Dazu werden in makestack vier lokale Variablen definiert: eine Liste für den Datenstack und drei Prozeduren, die auf dieser Liste die gewünschten Prozeduren realisieren. Ein Problem besteht nun darin, die drei Prozeduren aufrufen zu können und die Daten gegen andere Zugriffe als über diese Prozeduren zu schützen. In diesem Beispiel verwenden wir dazu eine Tabelle, in der die drei Prozeduren eingetragen werden. Diese Tabelle geben wir als Ergebnis des Konstruktors aus.

Bei den anschließenden Aufrufen geben wir hinter dem Namen des Stacks in eckigen Klammern eine der gewünschten Operationen an. Da es sich bei dem erzeugten Stackobjekt um eine Tabelle mit drei Einträgen handelt, wird die zu dem angegebenen Namen gehörende Operation als Ergebnis geliefert. Diese kann dann ausgeführt werden. Im Beispiel werden fünf Zahlen nacheinander auf den Stack gelegt und dann wieder weggenommen (die Reihenfolge kehrt sich dabei um).

```
makestack:=proc()
  local stapel,leer,rein,raus;
  stapel:=[];
  leer:=proc()
          is(nops(stapel)=0);
        end proc;
  rein:=proc(obj)
          stapel:=[obj,stapel[]];
          true;
        end proc;
  raus:=proc()
          local erg;
          erg:=stapel[1];
          stapel:=stapel[2..-1];
          erg;
        end proc;
  table([(empty)=leer,
         (push)=rein,
         (pop)=raus]);
end proc:

s1:=makestack();
```
  $s1:=table([empty = leer,$
  $\ \ \ \ \ \ pop = raus, push = rein])$
```
s1[empty]();
```
  $true$
```
seq(s1[push](i^2),i=1..5);
```
  $true, true, true, true, true$
```
seq(s1[pop](),i=1..5);
```
  $25, 16, 9, 4, 1$

Variablen werden in der globalen Worksheet-Umgebung vollständig ausgewertet. Dieses Verhalten entspricht den Notwendigkeiten einer symbolischen Verarbeitung von Daten, zu denen auch ungebundene Variablen gehören. Innerhalb von Prozeduren gelten andere

Regeln. Globale Variablen werden nach wie vor vollständig ausgewertet, lokale Variablen hingegen nur über eine Stufe. Dies bedeutet in den meisten Fällen keine Einschränkung und ist wesentlich effizienter, da Verweisketten nicht vollständig durchgegangen werden müssen.

Im interaktiven Betrieb wertet Maple Variablen vollständig aus, auch wenn dabei verkettete Zuweisungen berücksichtigt werden müssen. $a+1$ liefert daher wenig überraschend $c+1$. (Wenn c mit einem Wert belegt würde, würde Maple natürlich auch das Ergebnis ausrechnen.) Man kann dieses Verhalten mit der Angabe eines zusätzlichen Parameters für `eval` steuern. Das Argument muss eine ganze Zahl sein und gibt an, über wie viele Stufen der Verweis verfolgt werden soll.

```
restart:
a:=b:
b:=c:
a+1;
```
$$c+1$$
```
eval(a+1,1)
```
$$b+1$$

Werden dieselben Variablenzuweisungen dagegen für lokale Variablen in einer Prozedur ausgeführt, so wird nur eine Verweisstufe ausgewertet und man erhält $b+1$. Das Ergebnis $c+1$ erhalten Sie nur, wenn Sie `eval(a)+1` statt `a+1` schreiben.

```
test:=proc()
  local a,b,c:
  a:=b: b:=c: a+1;
end proc:
test();
```
$$b+1$$

Wieder anders sieht es bei globalen Variablen aus: Diese verhalten sich innerhalb der Prozedur exakt gleich wie außerhalb, d.h., es erfolgt eine vollständige Auswertung.

```
test:=proc()
  global a,b,c:
  a:=b: b:=c: a+1;
end proc:
test();
```
$$c+1$$

Zusammenfassung: Innerhalb von Prozeduren werden globale Variablen vollständig, lokale Variablen nur eine Ebene weit ausgewertet. Eine vollständige Auswertung kann jederzeit durch `eval` erzwungen werden. Parameter werden vor Beginn der Prozedur ausgewertet und im Code für die Parameternamen substituiert.

Anmerkung 1: Die Operatoren %, %% und %%% können auch in Prozeduren zum Zugriff auf die drei letzten Ergebnisse verwendet werden. Die Operatoren werden wie globale Variablen vollständig ausgewertet. Gleichzeitig verhalten sie sich aber wie lokale Variablen insofern, als sie lokal innerhalb der Prozedur zur Verfügung stehen und keinen Einfluss auf die Operatoren außerhalb der Prozedur haben. Beim Eintritt in die Prozedur sind alle drei Operatoren leer.

Anmerkung 2: Auch bei der automatischen 'vollständigen' Auswertung werden Prozeduren, Tabellen und Felder nicht ausgewertet. Zu einem Prozeduraufruf kommt es nur, wenn

Klammern angegeben werden; bei Tabellen und Feldern muss `eval` verwendet werden (siehe Kapitel 10, Seite 152), damit der Inhalt (und nicht nur der Variablenname) übergeben wird. Das sind zwar auch Besonderheiten von Maple, aber die gelten zumindest unverändert in und außerhalb von Prozeduren.

Verweis: Ein praktisches Beispiel, das die zahlreichen Implikationen bei der Auswertung von Variablen und Parametern demonstriert, finden Sie im folgenden Kapitel: Dort wird die Programmierung des Kommandos `seqn` beschrieben. `seqn` ist eine (für gewisse Anwendungen) bessere Alternative zu `seq`.

Parameterübergabe per Referenz

Beim Aufruf einer Funktion werden die übergebenen Argumente ausgewertet. Diese Auswertung ist allerdings nicht für alle Objekte gleich. Terme werden so weit möglich berechnet (etwa wie call-by-value). Tabellen, Felder und Funktionen werden nach der last-name-Regel ausgewertet (etwa wie call-by-name). Dies ist die Praxis in vielen Programmiersprachen: Speicherintensive Objekte kopiert man ungern für Funktionsaufrufe und übergibt lieber einen Verweis auf ihren Speicherort, so dass die Funktion das Objekt direkt verändern kann.

Will man einen normalerweise ausgewerteten Parameter als Referenz übergeben, um eventuell die Originaldaten zu verändern, so kann man dies tun, indem man den Parameter in der Funktionsdefinition entsprechend kennzeichnet, um seine Auswertung beim Funktionsaufruf entweder zu unterbinden (`uneval`) oder nur nach der last-name-Regel durchzuführen (`evaln`). Man setzt das entsprechende Schlüsselwort durch zwei Doppelpunkte getrennt hinter den Variablennamen (wie bei der Typüberprüfung). Damit wird erreicht, dass bei der Parameterübergabe ganz auf die Auswertung verzichtet wird oder dass die Auswertung nur so weit durchgeführt wird, bis ein Variablenname vorliegt. (`evaln` wertet beispielsweise z||3 zum Namen *z3* aus.)

Der Prozedur *test* wird der nicht ausgewertete Name der Variablen *a* übergeben. Nach dem Aufruf hat *a* den Wert 5.

```
restart:
test:=proc(x::evaln)
  x:=5;
end:
a:=3: test(a): a;

    5
```

Im zweiten Beispiel soll der Wert der übergebenen Variable um eins erhöht werden. Beim ersten Versuch werden Sie wahrscheinlich die nebenstehende Prozedur formulieren. Sie versagt, weil *x* ein Parameter ist und innerhalb der Prozedur nicht ausgewertet wird (siehe den vorherigen Abschnitt).

```
test:=proc(x::evaln)
  x:=x+1;
end:
a:=3: test(a): a;
  Error, too many levels of recursion
```

Die korrigierte Variante verwendet in der ersten Zeile `evaln`, um eine Auswertung bei der Übergabe des Parameters zu vermeiden, und in der zweiten Zeile `eval`, um die Auswertung jetzt doch durchzuführen.

test funktioniert auch dann, wenn im Parameter ein symbolischer Ausdruck übergeben wird.

Da Felder ohnehin per Referenz übergeben werden, ist eine Veränderung von Feldelementen auch ohne die Kennzeichnung des Parameters durch `evaln` möglich.

```
test:=proc(x::evaln)
  x:=eval(x)+1;
end:
a:=3: test(a): a;
     4

a:=sin(b): test(a): a;
     sin(b) + 1

test:=proc(x::array)
  x[1]:=1:
end:

a:=array([0,0]): test(a):
print(a);
     [1, 0]
```

Prozeduroptionen

Nach der Deklaration der lokalen und globalen Variablen können mit `options` mehrere in Maple vorgesehene Optionen ausgewählt werden. Diese Optionen steuern die interne Verwaltung und Anwendung der Prozedur. Maple kennt folgende Optionen:

`remember`: Zur Prozedur wird eine Erinnerungstabelle verwaltet, in der bereits berechnete Ergebnisse gespeichert werden. Dadurch erreicht man – insbesondere bei rekursiven Prozeduren – eine enorme Zeitersparnis. Die Erinnerungstabelle kann über `op(4,op(name))` direkt manipuliert bzw. mit `forget(name)` gelöscht werden. Siehe auch Kapitel 11 und 28.

`system`: Wenn diese Option zusammen mit `remember` verwendet wird, dann wird die Erinnerungstabelle bei einer 'garbage collection' gelöscht. Eine 'garbage collection' ist die Neuorganisation des Speichers, wobei nicht mehr benötigte Informationen gelöscht werden. Dieser Vorgang wird automatisch von Maple ausgeführt, bevor der Speicher knapp wird.

`builtin`: Wird für Prozeduren verwendet, die direkt im Kernel von Maple integriert sind. Die Option kann beim Programmieren eigener Funktionen nicht verwendet werden.

`operator`: Die Option bewirkt, dass die Funktion als funktionaler Operator gilt (entspricht der Deklaration `f:=x->y^2`). Die Option hat keinen Einfluss auf die tatsächliche Wirkung und Funktion der Prozedur.

arrow: Die Option wird zusammen mit operator verwendet und führt dann zur Pfeildarstellung der Funktion. Auch arrow verändert die Funktion der Prozedur nicht.

```
test:=proc(x)
  options operator, arrow;
  x^2;
end proc:

print(test):
```

$$x \mapsto x^2$$

trace: Die Option bewirkt, dass jeder Einsprung in die Prozedur und jeder Rücksprung aus der Prozedur dokumentiert wird. Die Option wird vor allem zur Fehlersuche in rekursiven Prozeduren verwendet. Weitere Tipps zu diesem Thema finden Sie im Abschnitt zur Fehlersuche in nächsten Kapitel.

Copyright: Mit der Option kann eine Copyright-Notiz in der Prozedur verankert werden. Die übliche Anwendung sieht so aus, dass eine Zeichenkette mit Copyright beginnend angegeben wird.

```
test:=proc(x)
  options "Copyright mk 96";
  x^2;
end proc:

op(3, op(test));
```

   "Copyright mk 96"

Schnelle Gleitkommaauswertung von Prozeduren

Prinzipiell können Sie mit evalhf(prozedur(..)) eine schnellere Auswertung numerischer Anweisungen in der Gleitkommaarithmetik des Rechners erzwingen. evalhf funktioniert allerdings nur, wenn in der Prozedur ausschließlich auf solche Kommandos und Funktionen zurückgegriffen wird, die auch unmittelbar in der Programmiersprache C ausgeführt werden könnten. Symbolische Berechnungen sind von evalhf von vornherein ausgeschlossen, ebenso viele numerische Verfahren (z.B. zur Integration) sowie die Kommandos zur Matrizenrechnung. evalhf lässt sich somit nur dann sinnvoll einsetzen, wenn eine aufwendige Berechnung ohne Maple-Spezialfunktionen durchgeführt werden soll.

Die Prozedur *test* berechnet die Summe von $1/x^2$ für $x = 1..n$. Eine Besonderheit der Prozedur besteht darin, dass das Prozentzeichen % wie eine Variable verwendet wird. Die Anweisung 0: liefert das Ergebnis 0 und löscht damit %. %+1/i^2 greift auf % zurück und liefert das um $1/i^2$ vergrößerte Ergebnis. Die letzte Anweisung der Prozedur (%:) liefert den Rückgabewert der Prozedur.

```
test:=proc(n)
  local i:  0:
  for i from 1 to n do:
    %+1/i^2:
  end do:
  %:
end proc:
```

Die Prozedur ist normalerweise verhältnismäßig langsam, weil symbolisch gerechnet wird. Das Kommando `test(8000)` liefert daher einen sehr umfangreichen Bruch, der durch `evalf` numerisch auf 18 Stellen ausgewertet wird. Wenn `test` dagegen in `evalhf` ausgeführt wird, erscheint das Ergebnis fast verzögerungsfrei in der Genauigkeit der Hardware-Arithmetik (üblicherweise 16 Stellen). Natürlich kann man sich auch den Grenzwert für $n \to \infty$ berechnen lassen (und die Überlegenheit symbolischer Berechnung gegenüber schlechter Numerik genießen).

```
test(8000): evalf(%,18);
        1.64480907466040092
evalhf(test(8000));
        1.64480907466040272
sum(1/n^2,n=1..infinity);
        1/6 π²
evalf(%,18)
        1.64493406684822644
```

In Prozeduren, die mit `evalhf` ausgewertet werden sollen, ist eine Rückgabe von Ergebnissen in den Parametern nicht erlaubt. Zu dieser Grundregel existiert eine Ausnahme: Felder, die als Parameter übergeben werden, dürfen innerhalb der Prozedur verändert werden. Das ist allerdings auch nur dann möglich, wenn die Feldvariable in `var` eingeschlossen wird. Auch bei diesem Sonderfall dürfen nur einzelne Elemente des Felds (`x[1,2]:=..`), nicht aber das Feld als Ganzes (`x:=..`) verändert werden.

Die Prozedur `test` schreibt in das erste Element des Felds x den Wert 0. Als Testobjekt wird der Prozedur das Feld $a := [1, 2]$ übergeben. Damit eine Gleitkommaauswertung möglich ist (die hier nur zu Demonstrationszwecken erfolgt), muss a in `var` eingeklammert werden.

```
test:=proc(x:array)
    x[1]:=0:
end:

a:=array([1,2]):
evalhf( test(var(a)) ): print(a);
        [0.0, 2.0]
```

Definition neuer Operatoren

Normalerweise werden Prozeduren zur Definition neuer Funktionen oder Kommandos verwendet. Es besteht aber auch die Möglichkeit, neue Operatoren zu definieren. Eigene Operatoren beginnen immer mit dem Symbol '&'. Die drei folgenden Beispiele zeigen die Definition von Operatoren für ein, zwei oder drei Operanden. Operatoren für mehr als zwei Operanden sind allerdings selten sinnvoll und unterscheiden sich in ihrer Anwendung nicht von gewöhnlichen Funktionen.

Bei der Definition von Operatoren muss der mit '&' beginnende Operatorname in rechtsgerichtete Apostrophe gestellt werden. Der Operator `&op1` quadriert den dahinter angegebenen Operanden.

```
&op1`:=proc(x)
    x^2;
end:

&op1 a;
        a²
```

Das zweite Beispiel zeigt einen Operator, der die Summe der Quadrate der beiden Operanden bildet. Der Operator wird wie gewöhnliche Maple-Operatoren zwischen die beiden Operanden gestellt.

```
&op2':=proc(x,y)
  x^2+y^2:
end proc:

a &op2 b;
```
$$a^2 + b^2$$

Operatoren für drei oder mehr Operanden werden wie gewöhnliche Funktionen aufgerufen, d.h., die Parameter werden hinter dem Operator in Klammern gestellt.

```
&op3':=proc(x,y,z)
  x+y+z;
end proc:

&op3(a, b, c);
```
$$a + b + c$$

Anmerkung: Mit dem Befehl `define` lassen sich Merkmale von Operatoren definieren – etwa ob der Operator assoziativ, kommutativ etc. ist. Das Kommando ist allerdings nur für formale Operatoren von Interesse, nicht aber für Operatoren, die explizit durch eine Prozedur definiert wurden. Formale Operatoren sind Operatoren, von denen nur der Name existiert. `define` löscht die Definition eines Operators durch eine Prozedur und wirkt sich lediglich auf die Vereinfachung von Ausdrücken mit formalen Operatoren aus.

Funktionen mit eigenen Optionen

Viele Maple-Funktionen zeichnen sich dadurch aus, dass nach einigen starr vorgegebenen Parametern beliebig viele weitere Parameter in der Form `option=einstellung` angegeben werden dürfen. Am häufigsten tritt diese Situation bei Grafikbefehlen auf.

Das folgende Beispiel stellt ein Schema vor, nach dem beliebig viele Optionen mit Defaulteinstellungen berücksichtigt werden können. An die Funktion `test` müssen in den beiden ersten Parametern Listen übergeben werden (beispielsweise um die darin enthalten Koordinatenpunkte zu verarbeiten).

Außerdem können die drei Optionen `optiona`, `optionb` und `optionc` eingestellt werden, wobei für die Option A numerische Werte, für B Zeichenketten und für C ein Boolescher Wert (also *true* oder *false*) erlaubt sind. Die Defaulteinstellungen für die drei Optionen lautet 10, "default" und *true*.

Das Programm verwendet zur Auswertung der Optionenliste, die es einfach mit `args` aus allen Parametern ab der dritten Position ermittelt, die Funktion `hasoption`. Diese Funktion nimmt als erstes Argument eine Liste von Optionen entgegen. Im zweiten Argument muss der Name der Option (und optional der gewünschte Datentyp) angegeben werden. Das dritte Argument ist eine Variable, in der die Einstellung der Option gespeichert wird. Im optionalen vierten Argument kann eine Variable angegeben werden, in der die (um die aktuelle Option verkleinerte) Parameterliste übergeben wird. Falls die Variablen für den

Funktionen mit eigenen Optionen

dritten oder vierten Parameter schon belegt sind, müssen sie in Apostrophen übergeben werden.

`hasoption` liefert *true* oder *false* zurück, je nachdem, ob die gesuchte Option gefunden wurde oder nicht. In *test* wird das dazu benutzt, um für nicht angegebene Optionen Defaultwerte zu verwenden.

Nach der Ermittlung der drei Optionen enthält *opts* eine Liste mit allen übrigen Optionen. Diese Liste könnte nun an andere Maple-Funktionen weitergegeben werden, wenn diese Optionen erwarten (etwa bei der Programmierung einer neuen Grafikfunktion, die auf `plot3d` aufbaut) und man deren Optionen einfach unverändert weitergeben möchte. In *test* werden dagegen keine weiteren Optionen erwartet, daher wird eine Fehlermeldung ausgegeben.

Die Beispielprozedur endet damit, dass die Einstellung der drei Optionen ausgegeben wird. In der echten Anwendung würde an dieser Stelle der eigentliche Code der Prozedur beginnen.

```
test:=proc(l1::list, l2::list)
  local opts, available, value, opta, optb,optc;
  opts:=[args[3..nargs]];
  if not hasoption(opts, optiona=posint, opta, 'opts') then
    opta:=10:
  end if:
  if not hasoption(opts, optionb=string, optb, 'opts') then
    optb:="default":
  end if:
  if not hasoption(opts, optionc=boolean, optc, 'opts') then
    optc:=false:
  end if:
  if nops(opts)>0 then
    error "invalid option", opts:
  end if:
  print(opta,optb,optc);
end proc:
```

Die vier folgenden Beispiele demonstrieren den Aufruf der `test`-Prozedur. Beim ersten Aufruf werden lediglich zwei leere Listen übergeben, die Prozedur liefert die Defaulteinstellung der Optionen. Beim zweiten Aufruf werden eigene Optionen angegeben. Beispiel drei und vier zeigen, wie sich die Prozedur verhält, wenn Optionen im falschen Format oder überhaupt unzulässige Optionen übergeben werden.

```
test([],[]);
```
    10,*"default"*,*false*

```
test([],[], optiona=5, optionb="xyz", optionc=false);
```
    5,*xyz*,*false*

```
test([],[], optiona=xy);
  Error, (in hasoption) The optiona option must be a posint
  but got xy

test([],[], optiona=5, optionb="xyz", optionc=false, optiond=3);
  Error, (in test) invalid option, [optiond = 3]
```

Bearbeitung von Dateien

Häufig besteht der Wunsch, Daten aus anderen Programmen in Maple weiterzuverarbeiten bzw. die Ergebnisse von Maple wieder in andere Programme einzulesen. Für den Datenaustausch kommt in solchen Situationen eigentlich nur eine ASCII-Datei in Frage, die das Zahlenmaterial (oder eventuell auch Zeichenketten) in einer für beide Programme verständlichen Form enthält.

Maple bietet inzwischen schon eine fast unüberschaubare Anzahl von Befehlen zu diesem Zweck an und mit jedem Release scheinen es mehr zu werden. Dieser Abschnitt beschränkt sich auf die wichtigsten Kommandos. Weitergehende Informationen zu unterschiedlichen Dateitypen, weiteren Kommandos etc. finden Sie unter dem Hilfethema `?file_types`.

Hinweis: Die folgenden Beispiele gehen davon aus, dass sich die dreizeilige Textdatei `data.txt` im aktuellen Verzeichnis befindet. (Informationen zur Angabe von Dateinamen und Verzeichnissen finden Sie im vorigen Kapitel auf Seite 441.)

Dateinummern

Ein gemeinsames Merkmal beinahe aller Kommandos zur Bearbeitung von Dateien ist die Angabe der Datei. Diese kann wahlweise direkt durch den Dateinamen oder durch eine Dateinummer (file descriptor) erfolgen. Im zweiten Fall muss die Dateinummer vor dem ersten Zugriff mit `fopen` ermittelt werden. Nach dem letzten Zugriff muss die Datei mit `fclose` wieder geschlossen werden.

An `fopen` muss der Dateiname und die Art des Zugriffs (READ oder WRITE) übergeben werden. Optional kann im dritten Parameter noch der Datentyp (TEXT oder BINARY) angegeben werden – in den meisten Fällen erkennt Maple den erforderlichen Typ aber selbstständig an der Art des Zugriffs.

Textdateien lesen

Das Kommando `readline` liest eine Textzeile aus einer Datei. Das Programm rechts öffnet die Datei `data.txt`, liest den darin enthaltenen Text zeilenweise in die Stringvariable *s* und gibt deren Inhalt am Bildschirm aus. Anschließend wird die Datei mit `fclose` wieder geschlossen.

```
fn:=fopen('data.txt', READ):
s:=readline(fn):
while(s<>0) do:
  lprint(s):
  s:=readline(fn):
end do:
fclose(fn):
  "1 2 3"
  "4 5"
  "6.6 7 8e-8 9"
```

`readdata` eignet sich zum Einlesen von reinen Zahlendateien. Die Zahlen müssen zeilenweise in der Datei stehen und durch Tabulator- oder Leerzeichen voneinander getrennt sein. Andere Trennungszeichen, etwa Kommas oder Semikolons, sind nicht erlaubt. Bei Gleitkommazahlen muss ein Dezimalpunkt (kein Komma) verwendet werden. Exponenten müssen in der Form $123e456$ angegeben werden. Die in Maple sonst auch gültige Schreibweise $123 * 10^{456}$ ist nicht erlaubt. Der Zahlenbereich ist auf das in der Programmiersprache C übliche `double`-Format begrenzt, also maximal 16 Stellen, Hochzahlen bis ± 310.

An `readdata` werden drei Parameter übergeben: der Dateiname oder die Dateinummer, das Zahlenformat (`integer` oder `float`) und die Anzahl der Spalten. Wenn auf die beiden letzten Parameter verzichtet wird, liest `readdata` nur die erste Zahl jeder Textzeile und interpretiert die Zahlen als Gleitkommazahlen. `readdata` liefert als Ergebnis eine (gegebenenfalls verschachtelte) Liste.

`readdata` liest die erste Zahl jeder Zeile und gibt das Ergebnis als Liste zurück.

```
fn:=fopen('data.txt', READ):
readdata(fn);
fclose(fn):
```
$$[1., 4., 6.6]$$

Im Beispiel rechts wird aus Gründen der Übersichtlichkeit der Dateiname direkt angegeben. `readdata` erwartet ganze Zahlen und bildet Listen mit je zwei Zahlen pro Zeile.

```
readdata('data.txt', integer, 2);
```
$$[[1, 2], [4, 5], [6, 0]]$$

Auch `fscanf` eignet sich zum Einlesen von Textzeilen. An das Kommando wird die Dateinummer und eine Zeichenkette übergeben, die das Format der gewünschten Daten beschreibt. Die Syntax ist dieselbe wie bei dem gleichnamigen aus C bekannten Kommando. Insbesondere werden ganze Zahlen durch `%d`, Gleitkommazahlen durch `%f` und Zeichenketten durch `%s` beschrieben. (Eine ausführliche Beschreibung der Syntaxmöglichkeiten bietet die Online-Hilfe.) `fscanf` liefert das Ergebnis als Liste zurück.

Im Beispiel rechts wird abermals die gesamte Datei eingelesen, wobei alle Zahlen als Gleitkommazahlen interpretiert werden. Das Ende der Datei wird mit `feof` erkannt.

```
fn:=fopen('data.dat', READ):
while(not feof(fn)) do
  lst:=fscanf(fn, '%f %f %f'):
  lprint(lst):
end do:
fclose(fn):
   [1., 2., 3.]
   [4., 5., 6.6]
   [7., .8e-7, 9.]
```

`read` ist ein weiteres Kommando zum Lesen von (Programm-)Dateien. Es ist nur in Kombination mit `save` sinnvoll anzuwenden und wird etwas weiter unten gemeinsam mit diesem Kommando beschrieben.

Textdateien schreiben

Zum Schreiben von Textdateien eignen sich die Kommandos `writeline` und `fprintf`. Ihre Anwendung ist der von `readline` bzw. `scanf` sehr ähnlich.

Nebenstehendes Programm liest `data.txt` zeilenweise ein und kopiert die Zeichenketten in die Datei `datacopy.txt`. An `writeline` wird die Dateinummer und die zu schreibende Zeichenkette übergeben.

```
f1:=fopen('data.txt',READ):
f2:=fopen('datacopy.txt', WRITE):
s:=readline(f1):
while(s<>0) do
  writeline(f2,s):
  s:=readline(f1):
end do:
fclose(f1): fclose(f2):
```

Eine zweite Version desselben Programms kann auch mit `fprintf` formuliert werden. Dabei darf nicht das Sonderzeichen \n zur Markierung des Zeilenendes vergessen werden.

```
f1:=fopen('data.txt',READ):
f2:=fopen('datacopy.txt', WRITE):
while(not feof(f1)) do
  s:=readline(f1):
  fprintf(f2, '%s\n', s):
end do:
fclose(f1): fclose(f2):
```

Anmerkung: Maple berücksichtigt je nach Version (Unix, Windows, Apple) die für das jeweilige Betriebssystem üblichen Zeichen zur Markierung des Zeilenendes. Siehe auch den Hilfetext zu `?file_types`.

Binärdateien lesen und speichern

Zum Zugriff auf Binärdateien eignen sich vor allem die Kommandos `readbytes` und `writebytes`. Damit kann eine bestimmte Anzahl von Bytes gelesen oder geschrieben werden. Die Daten werden wahlweise als Liste von Integerzahlen oder als Zeichenketten übergeben.

Die effizienteste Möglichkeit, in Maple eine Datei zu kopieren, sieht folgendermaßen aus:

```
writebytes('datacopy.txt',
    readbytes('data.txt',infinity)):
```

Während des Zugriffs ist auch eine Veränderung der Schreib- oder Leseposition innerhalb der Datei möglich: `filepos` ermittelt die aktuelle Position oder verändert sie. Die schon mehrmals eingesetzte Funktion `feof` testet, ob bereits das Dateiende erreicht ist.

Die Kommandos read und save

Während die bisher behandelten Kommandos den Datenaustausch zwischen Maple und anderen Programmen erleichtern, haben die Kommandos `read` und `save` nur innerhalb von Maple-Anwendungen Bedeutung.

`save` speichert den Inhalt von Maple-Variablen (also auch Listen, Felder, Matrizen, Prozeduren etc.) in einer Datei. Die Namen der Variablen werden dabei mitgespeichert, sodass beim späteren Laden die Zuordnung zwischen Daten und Variablen automatisch wieder hergestellt wird.

Wenn der Dateiname mit .m endet, wird dabei ein Maple-internes binäres Format verwendet, andernfalls wird die Datei als ASCII-Text gespeichert. Die in der Datei gespeicherten Variablen können zu einem späteren Zeitpunkt durch `read` wieder gelesen werden.

Der Vorteil von `read` und `save` gegenüber den oben beschriebenen Kommandos besteht darin, dass auch sehr große Maple-Ausdrücke (z.B. eine Matrix mit 100 mal 100 Elementen) sehr effizient gespeichert werden können. Der Nachteil ist, dass sich das Format der Dateien (insbesondere das Binärformat) bisher praktisch mit jedem neuen Release von Maple geändert hat und daher nicht portabel ist.

Die wichtigste Anwendung von `read` ist aus diesem Grund das Einlesen von Programmcode, der zuvor mit `save` oder `savelib` gespeichert wurde. Mehr Informationen zu diesem Thema finden Sie im folgenden Kapitel, das beschreibt, wie eigene Kommandos gespeichert und in Packages oder Librarys verwaltet werden können.

Im Beispiel rechts wird die Variable a mit einem 2*2-Feld in der Datei test.txt gespeichert. Im Anschluss an das save-Kommando ist die resultierende ASCII-Datei dargestellt. Die beiden Zeilenumbrüche wurden nur aus Platzgründen durchgeführt, test.txt besteht aus einer einzigen Zeile.

```
a:=array([[1,2], [2.3, 1/3]]):
save a, 'test.txt';

a := array(1 .. 2, 1 .. 2,
[(2, 1)=2.3,(2, 2)=1/3,(1, 1)=1,
(1, 2)=2]);
```

Mit read kann a ganz bequem wieder eingelesen werden.

```
a:='a':
read 'test.txt':
print(a);
```
$$\begin{bmatrix} 1 & 2 \\ 2.3 & 1/3 \end{bmatrix}$$

Bildschirmausgabe, Tastatureingabe

Die zwei gebräuchlichsten Kommandos zur Ausgabe von Informationen am Bildschirm wurden in diesem Buch schon mehrfach vorgestellt: lprint zur Ausgabe unformatierter Zeichenketten und print zur Ausgabe formatierter mathematischer Ausdrücke. printf funktioniert ähnlich wie lprint, ermöglicht aber eine genauere Steuerung der Ausgabe (siehe fprintf etwas weiter oben). Neben diesen drei Kommandos, die speziell für die Bildschirmausgabe vorgesehen sind, können auch die im vorigen Teilabschnitt beschriebenen Kommandos (fprintf und writeline) zur Ausgabe am Bildschirm verwendet werden, wenn statt der Dateinummer terminal angegeben wird. Das ist vor allem zu Testzwecken sehr komfortabel.

```
lprint(x^2, 1/3);
  x^2    1/3
print(x^2,1/3):
```
$$x^2, \frac{1}{3}$$
```
i:=3: f:=evalf(sqrt(3)):
printf('i hat den Wert %d, f hat den Wert % f', i, f);
  i hat den Wert 3, f hat den Wert   1.732050
writeline(terminal, 'abc', 'def'):
  abc
  def
```

Auch zur Eingabe einer Zeichenkette über die Tastatur kann ein schon bekanntes Kommando verwendet werden: Wenn bei readline statt des Dateinamens terminal angegeben wird, erwartet Maple die Eingabe über die Tastatur. readstat ist sogar in der Lage, Maple-Kommandos entgegenzunehmen und auszuwerten. Als Parameter kann eine Zeichenkette angegeben werden, die dann vor dem Eingabecursor angezeigt wird.

```
printf('Geben Sie eine Zeichenkette ein: '): s:=readline(terminal);
  Geben Sie eine Zeichenkette ein:
  > hallo
```
$$s := "hallo"$$

```
s:=readstat('Geben Sie ein Maple-Kommando ein: ');
  Geben Sie ein Maple-Kommando ein: > sqrt(x);
```
$$s := \sqrt{x}$$

Umgang mit Zeichenketten

Zeichenketten werden in Maple in (doppelten) Anführungszeichen eingegeben, also etwa "abc". Zeichenketten können wie alle anderen Maple-Ausdrücke in Variablen gespeichert werden. Zeichenketten sind in ihrer Länge nur durch die Speicherkapazität des Rechners begrenzt.

Mehrere Zeichenketten werden mit `cat` oder dem Verkettungsoperator '||' zu einer Zeichenkette verbunden. `length` ermittelt die Länge der Zeichenkette.

```
str:="abcde" || "fghikl";
```
$$str := "abcdefghikl"$$
```
length(str);
```
$$11$$

Maple-Ausdrücke können mit `convert, string` in Zeichenketten umgewandelt werden. Eine unmittelbare mathematische Auswertung von Zeichenketten ist nicht möglich. Erst nach der Rückverwandlung in Maple-Ausdrücke durch `parse` funktioniert `evalf` wieder.

```
convert(2/3, string);
```
$$"2/3"$$
```
evalf(%);
```
$$"2/3"$$
```
parse(%);
```
$$\frac{2}{3}$$
```
evalf(%);
```
$$0.666666667$$

`substring` ermittelt eine Teilzeichenkette. Das erste und das letzte Zeichen müssen in einer Bereichsangabe genannt werden. Wenn nur ein Zeichen gelesen werden soll, müssen Anfangs- und Endzeichen übereinstimmen (z.B. 3..3).

```
substring(str, 3..5);
```
$$"cde"$$

In `substring` sind auch negative Indizes erlaubt, um bequem auf das Ende der Zeichenkette zuzugreifen. Beachten Sie aber, dass im Bereich zuerst das vordere und dann das hintere Zeichen angegeben wird. Der Bereich -1..-3 ist ungültig!

```
substring(str, -3..-1);
```
$$"ikl"$$

searchtext ermittelt die Position eines Suchmusters in einer Zeichenkette. Das Kommando liefert 0 oder die Position des ersten Auftretens der Zeichenkette. Durch eine optionale Bereichsangabe kann der Suchbereich eingeschränkt werden. `searchtext` liefert nur dann ein Ergebnis, wenn die gesamte Zeichenkette in diesem Bereich enthalten ist (nicht nur das erste Zeichen!). `SearchText` unterscheidet im Gegensatz zu `searchtext` zwischen Groß- und Kleinschreibung.

```
searchtext("efg", str);
    5
searchtext("efg", str, 1..6);
    0
```

parse liest die übergebene Zeichenkette und liefert entweder einen unausgewerteten Maple-Ausdruck oder das Ergebnis dieses Ausdrucks zurück. Die Zeichenkette kann mit oder ohne anschließendes Semikolon übergeben werden. Eine Auswertung erfolgt nur, wenn im zweiten Parameter das Schlüsselwort `statement` angegeben wird.

```
parse("diff(sin(x),x)");
```
$$\frac{d}{dx}\sin(x)$$
```
parse("diff(sin(x),x)",statement);
```
$$\cos(x)$$

sscanf funktioniert ähnlich wie das im vorigen Abschnitt vorgestellte Kommando fscanf. Es liest Daten aus der im ersten Parameter genannten Zeichenkette, wobei die Formatanweisungen des zweiten Parameters beachtet werden. Das Ergebnis wird als Liste zurückgegeben. (Im ersten Beispiel werden nur zwei Zahlen ausgegeben, da keine dritte ganze Zahl folgt, sondern .2!)

```
sscanf("1 2.2 3.3", "%d %d %d");
    [1, 2]
sscanf("1 2.2 3.3", "%f %f %f");
    [1.0, 2.2, 3.3]
sscanf("x=5,y=666", "x=%d,y=%d");
    [5, 666]
```

sprintf funktioniert ähnlich wie printf und fprintf; allerdings erfolgt die Ausgabe nicht am Bildschirm oder in eine Datei, vielmehr liefert die Funktion eine Zeichenkette als Ergebnis.

```
sprintf("int %d, float %f", 3, 2.5);
    "int 3, float 2.5"
```

Das Package StrinTools stellt seit Maple 7 eine ganze Reihe weiterer nützlicher Funktionen zum Umgang mit Strings zur Verfügung.

Im nächsten Kapitel werden wir exemplarisch zeigen, wie man weitere Stringfunktionen durch ein eigenes Package zur Verfügung stellen kann.

Syntaxzusammenfassung

Prozeduren

```
p:=proc(var1::typ1, va2::typ2 ...)
  local l1,l2 ...: global g1,g2 ...:
  options ...: description "Kurzbeschreibung":
  Ausdruck: ...: ...:
end proc:
```
definiert die Prozedur *p*. Beim Aufruf der Prozedur wird eine automatische Typenüberprüfung der Parameter durchgeführt. Wenn als Typ `evaln` oder `uneval` angegeben wird, kann eine vollständige Auswertung der Parameter beim Aufruf vermieden werden (wichtig für Rückgabeparameter). $l1, l2...$ gelten als lokale, $g1, g2...$ als globale Variablen. Die möglichen Prozeduroptionen werden etwas weiter unten beschrieben. Die Prozedur liefert normalerweise das Ergebnis des letzten Kommandos als Rückgabewert. Die Prozedur kann aber auch vorzeitig durch `return` abgebrochen werden, wobei die nach `return` stehende Ausdrucksfolge als Rückgabewert gilt.

Prozeduroptionen:

`remember`: Alle Ergebnisse der Prozedur werden in einer Erinnerungstabelle gespeichert.
`system`: Die Erinnerungstabelle darf bei einer 'garbage collection' gelöscht werden.
`builtin`: Das Kommando ist im Kernel von Maple integriert.
`operator`: Die Prozedur wird durch `print` in der Klammerschreibweise angezeigt.
`arrow`: Die Prozedur wird durch `print` in Pfeilschreibweise angezeigt.
`trace`: Alle Ein- und Aussprünge in die Prozedur werden angezeigt.

`'&op':=proc(...) ... end:`
definiert einen neuen Operator durch die angegebene Prozedur.

`nargs;`
enthält die Anzahl der Parameter, die an die Prozedur übergeben wurden.

`args;`
enthält die übergebenen Parameter als Folge.

`evalhf(p);`
führt die Prozedur (falls möglich) unter Verwendung der schnellen Gleitkommaarithmetik des Rechners aus. Die Rechengenauigkeit wird durch die Hardware vorgegeben (meist 16 Stellen).

`hasoptions(opts, name=typ, 'einstellung', 'opts');`
hilft bei der Auswertung eigener Optionen. Das Kommando testet, ob *opts* eine Option mit dem angegebenen Namen und Typ enthält. Wenn das der Fall ist, wird die Einstellung in der im dritten Parameter genannten Variablen gespeichert und `hasoptions` liefert *true* zurück. Falls im optionalen vierten Parameter noch eine Variable angegeben wird, speichert `hasoptions` darin die um die gerade ausgewertete Option verkleinerte Optionenliste.

Verzweigungen und Schleifen

```
if    bed1 then ...
elif bed2 then ...
else ... end if;
```
   bildet eine if-Anweisung. Es sind beliebig viele elif-Blöcke erlaubt. Die elif- und else-Blöcke sind optional, die Abfrage muss aber in jedem Fall mit end if abgeschlossen werden.

```
do ... end do;
```
   bildet eine Endlosschleife. Ein Ausstieg ist nur mit break möglich.

```
for var from anfang to ende do ... end do;
```
   durchläuft die Schleife für ganzzahlige Werte von *anfang* bis *ende*.

```
for var from anfang to ende by schritt do ... end do;
```
   wie oben, allerdings mit einer beliebigen Schrittweite für die Laufvariable.

```
for var in liste do ... end do;
```
   führt den Schleifenkörper für jedes Element der Liste einmal aus.

```
while bedingung do ... end do;
```
   führt die Schleife aus, solange die Bedingung nach while erfüllt ist.

```
break;
```
   verlässt die aktuelle Schleife und setzt das Programm nach end do fort.

```
next;
```
   überspringt die Kommandos in der aktuellen Schleife und setzt die Schleife bei end do fort.

Umgang mit Dateien

```
fn:=fopen("dateiname", typ);
```
   öffnet die angegebene Datei zum Lesen (READ) oder Schreiben (WRITE).

```
fclose(fn);
```
   beendet den Zugriff auf die Datei.
```
feof(fn);
```
   testet, ob das Dateiende erreicht ist.

```
pos:=filepos(fn);
filepos(fn, newpos);
```
   ermittelt die aktuelle Position innerhalb der Datei bzw. verändert sie.

```
fprintf(fn, format, data1, data2, data3 ...);
printf(format, data1, data2, data3 ...);
s:=sprintf(format, data1, data2, data3 ...);
```
    formatiert die angegebenen Daten gemäß der Formatierungszeichenkette und speichert sie in einer Datei bzw. gibt sie am Bildschirm aus bzw. liefert die Zeichenkette als Rückgabewert. *format* kennt unter anderem die Codes %d für ganze Zahlen, %f für Gleitkommazahlen und %s für Zeichenketten. (Eine vollständige Beschreibung der Formatierungsmöglichkeiten enthält die Online-Hilfe.)

```
lst:=fscanf(fn, format);
lst:=sscanf(str, format);
```
    liest Daten aus einer Datei oder Zeichenkette und liefert die gefundenen Elemente als Liste. *format* enthält ähnlich wie bei `fprintf` Formatangaben für die erwarteten Daten.

```
readdata(fn, typ, n);
```
    liest die angegebene ASCII-Datei zeilenweise und liefert eine (verschachtelte) Liste von Zahlenwerten. Als Datentyp kann wahlweise `integer` oder `float` (default) gewählt werden. n gibt die Zahl der maximal zu lesenden Spalten an.

```
readline(fn);
```
    liest die nächste Zeile aus der angegebenen Datei und liefert das Ergebnis als Zeichenkette. Wenn das Dateiende erreicht ist, liefert das Kommando den Wert 0.

```
writeline(fn, str1, str2 ...);
```
    schreibt eine oder mehrere Zeichenketten (getrennt durch Zeilenendezeichen) in die Datei.

```
readbytes(fn, n);
```
    liest n Bytes aus der Datei und gibt die Daten als Liste von ganzen Zahlen zurück. Wenn der optionale Parameter `TEXT` angegeben wird, liefert das Kommando eine Zeichenkette als Ergebnis. Wenn die gesamte Datei gelesen werden soll, kann für n `infinity` angegeben werden.

```
writebytes(fn, data);
```
    speichert die angegebenen Daten (eine Liste von ganzen Zahlen oder eine Zeichenkette) in der Datei.

```
save var,"datname";
```
    speichert die angegebene Variable in einer Datei in einem Maple-internen Format. Wenn der Dateiname mit .m endet, verwendet Maple ein binäres Format, andernfalls werden die Daten im ASCII-Format gespeichert.

```
read "datname";
```
    liest die in der Datei gespeicherten Variablen wieder ein.

```
print(a,b,c);
```
    gibt die Ausdrücke a, b und c im Formelsatz am Bildschirm aus.

```
lprint(a,b,c);
```
    gibt die Ausdrücke a, b und c als ASCII-Zeichenkette am Bildschirm aus.

```
s:=readline(terminal);
```
   ermöglicht die Eingabe einer Textzeile über die Tastatur.

```
s:=readstat("Erläuterungstext");
```
   ermöglicht die Eingabe einer Maple-Anweisung über die Tastatur.

Umgang mit Zeichenketten

```
cat("abc", "def");      "abc"||"def";
```
   vereint zwei Zeichenketten.

```
lenght(str);
```
   ermittelt die Länge der Zeichenkette.

```
convert(expr, string);     parse(str);
```
   convert wandelt einen Maple-Ausdruck in eine Zeichenkette um. parse führt eine Konversion in die umgekehrte Richtung durch.

```
substring(str, a..b);
```
   ermittelt die Teilzeichenkette vom a-ten bis zum b-ten Zeichen aus str.

```
searchtext("muster", str);      searchtext("muster", str, a..b);
SearchText("muster", str);      SearchText("muster", str, a..b);
```
   ermitteln die Position des angegebenen Musters innerhalb der Zeichenkette str. Wenn die Suche erfolglos bleibt, liefern die Kommandos den Wert 0 als Ergebnis. Der optionale dritte Parameter schränkt den Suchbereich ein. SearchText unterscheidet zwischen Groß- und Kleinschreibung.

```
parse(s);     parse(s, statement);
```
   liest die Zeichenkette s und liefert den unausgewerteten oder den ausgewerteten Maple-Ausdruck (zweite Syntaxvariante).

Kapitel 30

Programmieren III: Eigene Funktionen und Packages

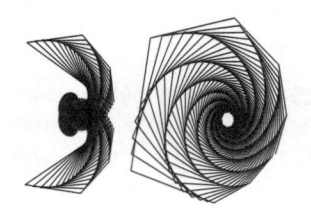

Die bisher vorgestellten Programmierbeispiele stellen eher Ad-hoc-Lösungen dar, die je nach Bedarf rasch programmiert werden können und anschließend wieder in der Versenkung verschwinden. Wenn Sie neue Funktionen programmieren, die Sie über längere Zeit immer wieder einsetzen oder an andere Personen weitergeben möchten, sind die Anforderungen an das Programm etwas höher. Die Funktionen sollten möglichst gut gegen Bedienungsfehler abgesichert sein. Sie sollten mit einer brauchbaren Online-Hilfe ausgestattet sein und den üblichen Maple-Konventionen entsprechen etc. Dieses Kapitel geht auf diese Bedingungen ein und enthält Informationen zu folgenden Themen:

- Fehlersuche (Debugger)
- Analyse des Zeit- und Speicherbedarfs von Prozeduren (Profiler)
- Zusammensetzung eigener Packages
- Verwendung von march zum Erzeugen eigener Librarys
- Gestaltung von Hilfetexten für neue Funktionen

In mehreren Beispielen wird in diesem Kapitel beschrieben, wie man einzelne Funktionen oder ganze Packages programmiert, mit einer Online-Hilfe ausstattet und schließlich wahlweise in eine eigene Library integriert.

Fehlersuche, Fehlerabsicherung

Wenn man selbst mit Maple programmieren will, kommt man nicht umhin, sich mit den Möglichkeiten zu beschäftigen, die zur Verfügung stehen, um Fehler zu lokalisieren. Dieser Abschnitt beginnt mit der Beschreibung der Kommandos tracelast, trace sowie der Umgebungsvariablen printlevel und infolevel, die sehr einfache Hilfsmittel zur Fehlersuche darstellen. Wenn diese Hilfsmittel nicht ausreichen, kann der Debugger von Maple zu Hilfe genommen werden, der ein schrittweises Ausführen der Prozedur ermöglicht. Zur Analyse von Textdateien mit Programmcode eignet sich das Zusatzprogramm mint. Es gibt Informationen über die verwendeten Variablen und Funktionen, weist auf eventuelle Namenskonflikte hin etc. Will man eigene Funktionen gegen Fehleingaben absichern, so kann man dazu try ... catch ... finally ... verwenden. Diese Methode wird zum Schluss des Abschnitts besprochen.

Verfolgung des Programmablaufs durch trace, printlevel und infolevel

Wenn sich die gerade erstellte Prozedur mit einer merkwürdigen Fehlermeldung statt mit dem erwünschten Ergebnis meldet, bietet tracelast eine bequeme Möglichkeit, die zuletzt ausgeführte Anweisung und den Wert der Variablen zu diesem Zeitpunkt festzustellen.

Im folgenden Beispiel soll seq für die Werte zwischen a und b ausgeführt werden. Intern wird der Bereich durch die Variablen $n1$ und $n2$ formuliert. Allerdings enthält der Code einen Fehler: Die Zuweisung an $n2$ verwendet den Vergleichsoperator = statt des Zuweisungsoperators :=. tracelast zeigt die lokalen Variablen an, so dass der Fehler problemlos gefunden werden kann.

```
test:=proc(a,b)
  local n1, n2, i:
  n1:=a: n2=b:
  seq(i,i=n1..n2);
end:
test(3,4);
  Error, (in test) unable to execute seq
tracelast;
  Error, (in test) unable to execute seq
    executing statement: seq(i,i = n1 .. n2)
    locals defined as: n1 = 3, n2 = n2, i = i
    test called with arguments: 3, 4
```

Zur raschen Analyse rekursiver Funktionen eignet sich die Option trace. Maple zeigt jeden Ein- und Aussprung aus der Prozedur, jedes Ergebnis eines Kommandos sowie jede Zuweisung einer Variablen am Bildschirm an.

```
test:=proc(x)
  option trace:
  if x>1 then x*test(x-1) else 1 fi:
end:
test(2);
    --> enter test, args = 2
    --> enter test, args = 1
  1
    <-- exit test (now in
        test) = 1}
  2
    <-- exit test (now at top
        level) = 2}
  2
```

Dieselbe Wirkung wie durch die Option trace erhalten Sie auch durch das gleichnamige Kommando. Vor der Ausführung einer Prozedur ohne trace-Option wird trace(procname) ausgeführt. Anschließend werden während der Ausführung der Prozedur dieselben Informationen wie oben angezeigt. untrace(procname) hebt die Wirkung von trace wieder auf.

Hinweis: Die Datei Kapitel30b.mws auf der beiliegenden CD-ROM zeigt anhand der beiden Prozeduren seq1 und seqn eindrucksvoll, dass sich mit trace auch der Programmablauf von sehr komplexen, sich gegenseitig aufrufenden Prozeduren nachvollziehen lässt.

Eine ähnliche Wirkung erzielen Sie auch durch die Veränderung der globalen Variablen printlevel:=n. Diese Variable gibt an, bis zu welcher Ebene n die Auswertung von Maple-Anweisungen angezeigt wird. Dabei gilt folgende Definition für die aktuelle Auswertungsebene: Anweisungen, die unmittelbar ausgewertet werden, befinden sich in der untersten Ebene (0) und werden immer angezeigt. Jede Schleife oder if-Bedingung erhöht die Ebene um 1, jede Prozedur bzw. jeder rekursive Prozeduraufruf erhöht die Ebene um 5. printlevel gilt im Gegensatz zu trace für sämtliche Prozeduren und Maple-Kommandos.

Durch das Kommando userinfo werden Informationen nur dann angezeigt, wenn die globale Variable infolevel entsprechend eingestellt wird. userinfo eignet sich dazu, dem Anwender einer Prozedur auf Wunsch Zusatzinformationen über die internen Abläufe innerhalb der Prozedur zu geben. userinfo wird beispielsweise in den Kommandos int, dsolve und simplify eingesetzt und gibt Informationen über das gewählte Integrationsverfahren, den Typ der Differentialgleichung etc.

Das folgende Beispiel zeigt die Anwendung von userinfo: Im ersten Parameter des Kommandos wird das Informationsniveau angegeben. Der Wertebereich geht von 1 (wichtige Meldung) bis 5 (selten benötigte Details). Der zweite Parameter bestimmt den Namen der Prozedur, für die die Informationen angezeigt werden. Der Name muss nicht identisch mit dem unmittelbaren Prozedurnamen sein. Es dürfen auch mehrere zusammengehörende

Prozeduren den gleichen `userinfo`-Namen verwenden. Ab dem dritten Parameter werden die auszugebenden Informationen angegeben.

Die Beispielprozedur `test` quadriert den übergebenen Parameter und gibt je nach *infolevel*[*test*] die Meldung 'Hallo!' aus.

```
test:=proc(x)
  userinfo(3, 'test', 'Hallo<):
  x^2:
end:
```

Die Prozedur zeigt die Zusatzinformationen erst dann an, wenn *infolevel*[*test*] größer oder gleich 3 gesetzt wird.

```
test(3);
    9
infolevel[test]:=3:
test(3);
    test:    Hallo!
    9
```

Neben den drei beschriebenen Methoden zur Protokollierung des Programmablaufs können Sie natürlich auch ganz einfach `print`- oder `lprint`-Anweisungen in den Programmcode einfügen. Bei `print` werden mathematische Ausdrücke korrekt formatiert (etwa $\sqrt{x}$), `lprint` gibt reine Zeichenketten aus (etwa x^(1/2)).

Man kann auch eigene Fehlermeldungen in Programmen erzeugen. Nach der Anweisung `error` erwartet Maple eine Anweisungsfolge bestehend aus einer Zeichenkette für die Fehlermeldung und einer beliebigen Anzahl von Parametern. Nach der Auswertung der Anweisungsfolge wird ein Ausnahme-Objekt (Exception) erzeugt, das aus einer Folge mit dem aktuellen Funktionsnamen (oder einer 0, falls der Aufruf im Toplevel war), der Meldung und der Parameterfolge besteht. Die gerade bearbeitete Anweisungsfolge wird abgebrochen und der Aufrufstack zurückverfolgt, bis eine Fehlerbehandlungsprozedur gefunden wird. Findet sich keine, so verwandelt sich die Ausnahme (Exception) in einen Fehler (Error) und dieser wird angezeigt. (Mehr zur programmgesteuerten Fehlerbehandlung später in diesem Kapitel.) Die Anweisung eignet sich insbesondere für einen kontrollierten Ausstieg aus der Prozedur nach der Feststellung eines Fehlers (z.B. wegen der falschen Verwendung eines Parameters). Gleichzeitig kann dem Anwender der Prozedur eine klare Fehlermeldung präsentiert werden.

Der Maple-Debugger

Die Fehlersuche in eigenen Prozeduren kann ein ausgesprochen mühsamer Prozess sein. Seit Release 4 steht in allen Maple-Versionen ein einfacher Debugger zur Verfügung, der dabei hilft. Der Debugger wird automatisch aktiviert, sobald es innerhalb einer Prozedur zu einer Unterbrechung kommt. Dazu muss in der zu analysierenden Prozedur entweder ein Breakpoint gesetzt oder eine Variable überwacht werden. Anschließend wird die Prozedur wie üblich gestartet. In der vorher angegebenen Zeile wird die Programmausführung unterbrochen. Maple zeigt statt des normalen Eingabezeichens > den Text DBG> an, um so anzuzeigen, dass der Debugger aktiv ist. Maple nimmt jetzt bis zum Ende der Prozedur verschiedene Debugger-Kommandos entgegen, die eine schrittweise Ausführung der Prozedur ermöglichen.

Der Debugger kann auch zur Analyse der meisten Maple-Funktionen verwendet werden. Ausnahmen bilden nur die kompilierten Funktionen des Kernels, da der Debugger selbst nur die Maple-eigene Programmiersprache behandelt.

Dieser Abschnitt beginnt im Gegensatz zu den meisten anderen Teilen des Buchs mit einer Syntaxzusammenfassung der Kommandos zum Aufruf und zur Steuerung des Debuggers, Beispiele folgen erst anschließend. Diese Vorgehensweise erleichtert den Überblick über die Möglichkeiten, die der Debugger bietet. Weitere Beispiele finden Sie im Maple-Manual 'Programming Guide'.

Vor dem Aufruf des Debuggers

```
showstat(test);
```
zeigt den Programmcode der zu analysierenden Prozedur *test* mit den Maple-internen Zeilennummern an. Diese Zeilennummern unterscheiden sich von den tatsächlichen Zeilennummern, die beispielsweise in einem Texteditor angezeigt werden, weil Maple Zeilen mit mehreren Kommandos intern in mehrere Zeilen zerlegt. Außerdem werden manche Schlüsselwörter (etwa end do oder end if zum Abschluss einer Schleife oder einer Verzweigung) nicht als eigenständige Kommandos akzeptiert, die entsprechende Zeile bekommt aus diesem Grund keine Nummer.

```
stopat(Prozedurname);
```
unterbricht die Ausführung der Prozedur in der ersten Zeile.

```
stopat(Prozedurname,zeilennr);
```
unterbricht die Ausführung der Prozedur in der angegebenen Zeile. (Es gilt die Nummerierung von showstat.)

```
stopat(Prozedurname,zeilennr,bedingung);
```
unterbricht die Ausführung der Prozedur in der angegebenen Zeile, sofern die Bedingung erfüllt ist. In der Bedingung können globale und lokale Variablen der Prozedur verwendet werden.

```
stopwhen(globaleVariable);
stopwhen([prozedurname,variable]);
```
unterbricht die Ausführung der angegebenen Prozedur, wenn sich der Inhalt der angegebenen Variable ändert. Die zweite Syntaxvariante eignet sich für Überwachungsausdrücke mit lokalen Variablen. Bei globalen Variablen muss kein Prozedurname angegeben werden. Es wird dann jede Prozedur unterbrochen, die diese Variable verändert.

```
stoperror('fehlertext'); stoperror(all);
```
unterbricht die Ausführung des Codes, wenn der angegebene Fehler auftritt. Als *fehlertext* muss beispielsweise 'division by zero' angegeben werden, also die Maple-interne Bezeichnung des Fehlers. Wenn das Schlüsselwort all angegeben wird, wird der Debugger bei jedem Fehler gestartet.

```
showstop();
```
zeigt eine Liste aller Breakpoints und Überwachungsausdrücke an.

```
DEBUG();
DEBUG(bedingung)
```
Wenn im Programmcode der zu analysierenden Prozedur das Kommando DEBUG verwendet wird, wird der Code an dieser Stelle unterbrochen (bei der zweiten Syntaxvariante nur dann, wenn die Bedingung erfüllt ist).

```
Prozedurname(parameter ...);
```
startet die Ausführung der Prozedur. Der Debugger wird aktiviert, sobald die Programmausführung auf einen Breakpoint stößt oder eine überwachte Variable ihren Inhalt ändert.

```
unstopat(...); unstopwhen(...); unstoperror(...);
```
löscht einen Breakpoint oder eine Überwachungsbedingung. Es gilt dieselbe Syntax wie bei stopat, stopwhen bzw. bei stoperror.

Steuerung des Debuggers

Kommandos zur Steuerung des Debuggers werden ohne den sonst üblichen abschließenden Strichpunkt angegeben. Während der Debugger aktiv ist, können gewöhnliche Maple-Kommandos (allerdings in eingeschränktem Umfang) ausgeführt werden. Insbesondere ist es möglich, Variablen anzuzeigen oder zu verändern.

```
step
```
führt das nächste Kommando aus.

```
next
```
führt das nächste Kommando aus. Wenn es sich dabei um einen Kontrollausdruck handelt (Schleife, Verzweigung etc.), wird der gesamte Ausdruck auf einmal ausgeführt. next kann also zur Ausführung zahlreicher Kommandos führen.

```
outfrom
```
führt die Kommandos im aktuellen Kontrollausdruck aus und unterbricht die Ausführung nach dem Ende dieses Ausdrucks wieder.

Fehlersuche, Fehlerabsicherung

`return`
> führt die aktuelle Prozedur vollständig aus und unterbricht die Ausführung nach dem Rücksprung. `return` ist nur dann sinnvoll, wenn die zu analysierende Prozedur sich selbst oder andere Prozeduren aufruft.

`cont`
> setzt die Programmausführung bis zum nächsten Breakpoint bzw. bis zur Änderung der nächsten überwachten Variable fort.

`showstat`
`showstat prozedur`
`showstat prozedur zeileVon..zeileBis`
`list`
> zeigt das gesamte Programmlisting, Teile daraus oder (relativ zur aktuellen Zeile) die vorigen fünf und die nächsten zwei Zeilen. Breakpoints werden durch die Zeichen ! oder durch ? (mit Bedingung) gekennzeichnet.

`where`
`where n`
> zeigt den Aufruf-Stack einer Prozedur an. Das ist vor allem zur Analyse rekursiver Prozeduren wertvoll. Durch die zweite Syntaxvariante kann der Ausdruck des Stacks auf die letzten n Ebenen beschränkt werden.

`stopat, stopwhen, stoperror`
`unstopat, unstopwhen, unstoperror`
> können wie die gleichnamigen Maple-Kommandos zum Setzen und Löschen von Haltepunkten verwendet werden. Parameter werden ohne Klammern und ohne Kommas angegeben.

`quit`
> beendet die Ausführung der Prozedur und den Debugger.

Beispiel

Das folgende Beispiel zeigt die Analyse der rekursiven Fibonacci-Funktion f, die für nicht ganzzahlige Parameter nicht wie erwartet funktioniert. (Die einfachste Möglichkeit zur Behebung des Problems wäre die Deklaration des Parameters x als `x::nonnegint`. Damit wäre sichergestellt, dass an f nur positive ganze Zahlen übergeben werden können.)

```
restart:
f:=proc(x)
  option remember;
  if x=0 then 0
  elif x=1 then 1
  else f(x-1)+f(x-2) fi
end:
f(2.5);
  Error, (in f) too many levels of
  recursion
```

showstat zeigt den Code in einer anderen Formatierung und mit den Maple-internen Zeilennummern.

```
showstat(f);
f := proc(x)
   1    if x = 0 then
   2       0
           elif x = 1 then
   3       1
           else
   4       f(x-1)+f(x-2)
           fi
     end
```

Mit stopat wird ein bedingter Haltepunkt formuliert: Die Ausführung soll in Zeile 4 unterbrochen werden, wenn die Variable x dort kleiner 0 ist.

```
stopat(f,4,x<0);
```
$[f]$

Die Ausführung von f wird erwartungsgemäß automatisch unterbrochen. Im Debugger wird der Wert von x angezeigt.

```
f(2.5);
 f:
     4 f(x-1)+f(x-2)?
DBG > x;
```
-0.5

where zeigt, wie es so weit hat kommen können. In eckigen Klammern wird der Parameter der Funktion angegeben.

```
DBG > where
  TopLevel: f(2.5)
       [2.5]
  f: f(x-1)+f(x-2)
       [1.5]
  f: f(x-1)+f(x-2)
       [.5]
  f: f(x-1)+f(x-2)
       [-.5]
```

list zeigt nochmals den Programmcode rund um die aktuelle Zeile an. Bei genauem Hinschauen sollte spätestens jetzt klar werden, dass die Bedingung $x = 0$ für nicht ganze Zahlen ungeeignet ist. $x \leq 0$ würde die endlose Rekursion stoppen.

```
DBG > list
 f := proc(x)
   1    if x = 0 then
   2       0
           elif x = 1 then
   3       1
           else
   4?!    f(x-1)+f(x-2)
           fi
     end
```

Mit quit wird die Ausführung der Prozedur beendet und der Debugger verlassen.

```
DBG > quit
   Warning, computation interrupted
```

Analyse des Programmcodes durch mint

Als letztes Hilfsmittel zur Fehlersuche bietet sich das separate Programm `mint` an. An dieses Programm wird beim Aufruf der Name einer Textdatei mit Maple-Code übergeben. `mint` analysiert den Code und gibt als Ergebnis eine Liste von Fehlern und Warnungen zurück. Etwas informativer wird `mint`, wenn mit der Option `-i` Werte zwischen 2 und 4 angegeben werden. Der folgende Aufruf von `mint` (für die DOS-Version von Maple) analysiert die im übernächsten Abschnitt beschriebene Datei `seqn.mpl` und schreibt das Ergebnis in die Datei `errors.lst`.

```
mint -i 4 seqn.mpl > errors.lst
```

Die Datei `errors.lst` enthält zwar keine Fehlermeldungen (weil `seqn` – hoffentlich – keine mehr enthält), gibt aber Aufschluss über die Verwendung der vorkommenden Symbole. Beispielsweise werden Sie darauf hingewiesen, dass die lokale Variable *range* auch in Maple verwendet wird (z.B. als Option von `plot`). Wenn innerhalb der Prozedur `seqn` ein `plot`-Kommando aufgerufen würde, könnten sich daraus Komplikationen ergeben.

Seit Release 4 steht eine Variante von `mint` auch in Form des eingebauten Maple-Kommandos `maplemint` zur Verfügung. Der Vorteil des Kommandos besteht darin, dass der Programmcode nicht in einer externen Textdatei vorliegen muss, sondern auch direkt in einem Worksheet definiert werden kann. Allerdings ist `maplemint` weniger leistungsfähig als `mint` und liefert in der aktuellen Version noch recht zweifelhafte Ergebnisse. Seit Version 6 werden zudem neue Sprachelemente (Exceptions und Module) nicht behandelt und führen zu einem Abbruch von `maplemint`.

Abfangen von Fehlern mit traperror

Während sich die bisherigen Teilabschnitte mit der Suche nach Fehlern beschäftigten, geht es jetzt darum, eine Prozedur auch dann sicher aufzurufen, wenn noch Fehler zu erwarten sind. (Selbst bei korrektem Code kann es zu Fehlern kommen, wenn falsche Parameter übergeben werden, der verfügbare Speicherplatz nicht ausreicht etc.)

Die Funktion `traperror` wertet den als Parameter übergebenen Ausdruck aus. Wenn dabei kein Fehler auftritt, liefert `traperror` einfach das Ergebnis des Ausdrucks, andernfalls eine Zeichenkette mit der Fehlermeldung. Der Vorteil von `traperror` liegt vor allem darin, dass das gerade laufende Programm trotz des festgestellten Fehlers beim Aufruf einer Funktion nicht abgebrochen wird.

Ob ein Fehler aufgetreten ist, kann über die globale Variable `lasterror` festgestellt werden. Diese Variable wird durch den Aufruf von `traperror` gelöscht. Falls ein Fehler auftritt, wird der Fehlertext darin gespeichert.

Seit Maple 6 wird empfohlen, stattdessen den dort neu eingeführten `try` - `catch`-Mechanismus zu verwenden (s. nächster Abschnitt). `traperror` wird noch unterstützt, hat aber eine unsichere Zukunft.

Die Prozedur `test` berechnet den Reziprokwert des übergebenen Parameters. Die Auswertung von `test(3)` via `traperror` liefert anstandslos 1/3, `lasterror` wird nicht belegt.

```
test:=proc(x) 1/x: end:
traperror(test(3));
    1/3
lasterror;
    lasterror
```

`traperror` erkennt die Division durch 0 und liefert als Ergebnis die Fehlermeldung. Diese Fehlermeldung ist jetzt auch in `lasterror` enthalten.

```
traperror(test(0));
    'division by zero'
lasterror;
    'division by zero'
```

Fehler mit try – catch abfangen

Seit Maple 6 kann man mit den Anweisungen `try`, `catch` und `finally` eine eigene Fehlerkontrolle implementieren. Die nebenstehende Syntax dieser Konstruktion soll kurz erklärt und dann in einem einfachen Beispiel verdeutlicht werden.

```
try
   Anweisungen1
catch Catch-Zeichenfolgen
   Anweisungen2
finally
   Anweisungen3
end try
```

Der Anweisungsblock 1 enthält die in einer kontrollierten Umgebung auszuführenden Anweisungen. Die Catch-Zeichenfolgen werden, falls eine Ausnahme in diesen Anweisungen auftritt, mit der Meldung des erzeugten Ausnahmeobjekts verglichen. Falls einer der Catch-Strings mit einem Anfangsstück der Zeichenfolge übereinstimmt, werden die Anweisungen des zweiten Anweisungsblocks ausgeführt. Dieser Abschnitt aus Catch-Strings und zugehörigen Anweisungen kann beliebig oft vorkommen, so dass für unterschiedliche Ausnahmen auch unterschiedliche Behandlungen verwendet werden können. Wird in keinem der Catch-Strings eine Übereinstimmung gefunden, wird der Aufrufstack nach einer Fehlerbehandlungsroutine abgesucht. Falls Maple auch dort nicht fündig wird, erfolgt eine Fehlermeldung im Toplevel. Bevor diese Fehlermeldung erfolgt bzw. wenn kein Fehler aufgetreten ist, werden die Anweisungen des dritten Blocks nach `finally` ausgeführt. Hier kann man Anweisungen unterbringen, die auf jeden Fall durchgeführt werden sollten, insbesondere die Freigabe von Ressourcen. Eine durch eine `catch`-Anweisung abgefangene Ausnahme gilt als erledigt, das System arbeitet danach weiter. Man kann allerdings in einem `catch`-Block diese Ausnahme durch Aufruf des `error`-Befehls ohne weitere Angaben erneut weitergeben. Lässt man die Catch-Zeichenfolgen weg, so wird jede im `try`-Block auftretende Ausnahme abgefangen und im `catch`-Block behandelt. Die folgende Programmdefinition wurde mit `showstat` ausgedruckt, um Zeilennummern für die nachfolgenden Erläuterungen zu generieren. Das Programm schreibt Primzahlen in eine Datei. Schreib- und Leseoperationen sind natürliche Kandidaten für Fehlerbehandlungsroutinen.

```
speicherePZ := proc(Dateiname, anzahl)
local datnr, i;
    1     try
    2         datnr := fopen(Dateiname,WRITE,TEXT)
          catch "file I/O error":
    3         error "Datei %1 konnte nicht geöffnet werden!", Dateiname
          end try;
    4     i := 1;
    5     try
    6         while i <= anzahl do
    7             fprintf(datnr,"Die %dte Primzahl ist: %d\n",i,ithprime(i));
    8             i := i+1;
    9             if 5 < i then
   10                 error "Zahl zu groß %1", i
                end if
            end do
          catch :
   11         printf("Das war ein Fehler: i=%d",i);
   12         error
          finally
   13         fclose(datnr)
          end try
end proc
```

Die Prozedur hat zwei `try`-Blöcke. Im ersten Block bis Zeile 4 wird die Datei unter dem der Prozedur übergebenen Namen zum Schreiben von Text geöffnet. Der dabei mögliche Fehler (wenn etwa ein ungültiger Dateiname angegeben wurde) hat als Meldung 'file I/O error'. Diese Fehlermeldung wird von dem `catch`-Befehl zwischen Zeile 2 und 3 abgefangen und durch eine eigene Ausnahme ersetzt. Dieser `try`-Block hat keinen `finally`-Teil. Wenn die Öffnung der Datei fehlschlägt, sind noch keine Betriebssystemressourcen beansprucht. Tritt eine andere Ausnahme auf, so wird diese nicht von `catch` abgefangen und direkt weitergegeben.

Der zweite `try`-Block beginnt bei Zeile 5 und geht bis zum Programmende. Hier wird nun in einer Schleife wiederholt in die Datei geschrieben. Um zu demonstrieren, wie hier eigene Ausnahmen erzeugt werden können, wird in Zeile 5 ein `error`-Befehl eingesetzt. Die so erzeugte Ausnahme wird von dem folgenden `catch` (wie jede andere Ausnahme) abgefangen. Hier wird nun eine Meldung ausgedruckt (nicht sehr informativ) und anschließend der Fehler weitergegeben. In jedem Fall aber wird vor dem Verlassen des `try`-Blocks die Anweisung im `finally`-Teil ausgeführt und die Datei geschlossen.

Die Analyse des Zeit- und Speicherbedarfs von Prozeduren

Die einfachste Möglichkeit, den Zeitbedarf und den Speicherverbrauch von Kommandos zu messen, bietet das Kommando showtime. Nach seiner Aktivierung zeigt es nach jedem ausgeführten Kommando an, wie viel Zeit und Speicherplatz die Berechnung des Ergebnisses erfordert hat.

Außerdem wird das Ergebnis in durchlaufenden Variablen On gespeichert, auf die Sie zugreifen können. Damit steht ein praktischerer Mechanismus als die Zeichen %, %% und %%% zum Zugriff auf die drei letzten Ergebnisse zur Verfügung.

```
restart:
showtime();

O1 :=
simplify(sin(x)^2+cos(x)^2);

               1

time = 0.12, bytes = 200690

O2 :=
int(1/(1+x^5),x):
time = 2.63, bytes = 2364518

O3 :=
O1;

               1

time = 0.01, bytes = 69042

O4 :=
off;
```

showtime wird durch das Kommando off abgeschaltet.

Aussagekräftigere Informationen über das Zeitverhalten und den Speicherbedarf von Prozeduren können mit dem Kommando profile ermittelt werden. Alle zu analysierenden Prozeduren müssen als Argumente an profile übergeben werden. Im folgenden Beispiel wird die in Kapitel 28 definierte Funktion nestprint verwendet, um den aus dem Integral $\int 1/(1+x^5)dx$ resultierenden Ausdruck zu analysieren. Dabei wird mit profile gemessen, wie viel Zeit und Speicher die Prozedur nestprint und die Befehle int und lprint beanspruchen.

```
restart:
nestprint:=proc(x) ... end: # siehe Kapitel 28
profile(nestprint,lprint,int):
nestprint( int(1/(1+x^5),x));
    +
        *
            fraction
    ...

showprofile();
function        depth   calls   time    time%       bytes   bytes%
---------------------------------------------------------------------
int               1       1     .200    55.40     1854316   64.82
nestprint        10     285     .101    27.98      931784   32.57
lprint            1     285     .060    16.62       74528    2.61
```

```
total:                    12      571     .361   100.00      2860628   100.00
```

```
unprofile(nestprint,lprint,int):
```

Kurz einige Anmerkungen zur Interpretation dieser Tabelle: `nestprint` hat während der Analyse des Ausdrucks eine Rekursionstiefe von 10 erreicht und wurde insgesamt 285 Mal (rekursiv) aufgerufen. Der Speicherverbrauch ist entsprechend. Die Ausgabe der Informationen am Bildschirm durch `lprint` hat beinahe 17 Prozent der gesamten Zeit beansprucht. Den Löwenanteil des Ressourcenverbrauchs hat die Funktion `int` mit über 55 Prozent der Ausführungszeit und fast 65 Prozent des Speicherbedarfs.

Beispiel: Die neue Funktion seqn

Das Kommando `seq` hat zwei wesentliche Nachteile:

- Die Schleifenvariable wird immer um 1 erhöht, es ist daher unmöglich, Folgen mit variabler Schrittweite zu bilden.
- Es können nur einfache Folgen gebildet werden. Verschachtelte Listen müssen durch eine vollkommen unübersichtliche Verschachtelung des `seq`-Kommandos erstellt werden.

Version 1

Dieser Abschnitt beschreibt die Entwicklung der neuen Funktion `seqn`, die beide Nachteile vermeidet. Der Befehl entspricht in seiner Funktion im Wesentlichen dem Mathematica-Kommando `Table`.

Wir beginnen zunächst mit der einfacheren Funktion `seq1`, die als Eingabe einen Term für die Folgenglieder erwartet und einen Term der Form $x = a..b$, der den Bereich für die Folgenvariable angibt. Optional kann noch ein weiterer Term für die Schrittweite eingegeben werden. Wird er nicht eingegeben, wählt die Funktion die Schrittweite 1 oder -1, je nachdem, ob $a \leq b$ gilt oder nicht. Die Funktion ist mit `showstat` ausgedruckt (die Zeilennummern dienen lediglich der Erläuterung der Funktion):

```
seq1 := proc(f::uneval, range::uneval)
local i, data, von, bis, inc, '&vgl', seqvar;
   1    if not type(range,name = '..') then
   2      error "Das zweite Argument soll die Form name=Bereich haben %0", range
        end if;
   3    von := eval(lhs(rhs(range)));
   4    bis := eval(rhs(rhs(range)));
   5    seqvar := lhs(range);
```

```
 6     if 2 < nargs then
 7       inc := args[3]
       elif is(bis <= von) then
 8       inc := -1
       else
 9       inc := 1
       end if;
10     if is(inc = 0) then
11       error "Das Schleifeninkrement darf nicht 0 sein"
       end if;
12     if not type(eval(inc),algebraic) then
13       error "Das Inkrement muss algebraisch sein"
       end if;
14     if is(von <= bis) and is(0 < inc) or is(bis <= von) and is(0 < inc) then
15       '&vgl' := proc (x, y) options operator, arrow; is(x <= y) end proc
       else
16       '&vgl' := proc (x, y) options operator, arrow; is(y <= x) end proc
       end if;
17     data := NULL;
18     i := von;
19     while is('&vgl'(i,bis)) do
20       data := data, eval(subs(seqvar = i,f));
21       i := i+inc
       end do;
22     data;
end proc
```

Die Funktionsdefinition ist typisch für eine gegen Eingabefehler abgesicherte Funktion. Der überwiegende Teil der Definition besteht aus einer Kontrolle der eingegebenen Argumente. Der Aufbau der gewünschten Folge findet in den Zeilen 17 bis 22 statt. Dazu wird eine mit while gebildete Schleife verwendet, weil for-Schleifen symbolische Werte nicht zulassen. Die einzelnen Folgenglieder werden in der Schleife fortlaufend an die mit der leeren Folge (NULL) initialisierte lokale Variable data angehängt. Nach Ende der Schleife wird der Wert dieser Variablen zurückgegeben.

Wir wollen nun die Vorbereitung für die Durchführung dieser Schleife etwas näher betrachten. Zunächst ist zu beachten, dass beide Argumente beim Funktionsaufruf nicht ausgewertet werden. Dies ist nötig, um eine eventuell vorhandene globale Bindung der angegebenen Schleifenvariablen zu unterdrücken. Bei Auswertung der Argumente würde sonst, wenn beispielsweise x an 3 gebunden wäre, beim Aufruf von seq1 aus $x = a1..10$ der Ausdruck $3 = 1..10$.

Da damit keine automatische Typüberprüfung möglich ist, müssen die Argumente explizit untersucht werden. Zunächst wird mit type überprüft, ob der an range übergebene Term die passende Form hat, und falls nicht, wird die Funktion mit einer Ausnahme abgebrochen (Z. 1–2). Danach (Z. 3–9) werden die Variablen für die Schleife aus den Argumenten ermittelt. Da der Typ von range jetzt als passend vorausgesetzt werden kann, können mit lhs und rhs die linke und die rechte Seite des eingegebenen Ausdrucks isoliert werden. Der Bereich auf der rechten Seite kann wieder mit diesen Funktionen in Anfangswert und Endwert zerlegt werden. Diese beiden Werte werden mit eval ausgewertet und das Ergebnis wird an die Variablen von und bis gebunden. Die rechte Seite wird nicht ausgewertet, da hier der Variablenname direkt übernommen werden muss. Er wird an `seqvar` gebunden.

Von Zeile 6 bis 9 wird das Schleifeninkrement bestimmt. Dazu wird überprüft, ob ein drittes Argument eingegeben wurde, und falls das der Fall ist, dieses an die Variable `inc` gebunden. Andernfalls wird `inc` an 1 oder -1 gebunden, je nachdem, ob `vor` kleiner ist als `bis` oder nicht. (Beachten Sie die Verwendung von `is` bei der Überprüfung der Bedingung. Diese Funktion ist wesentlich leistungsfähiger (und entsprechend langsamer) als `evalb`.)

Danach (Z. 10 – 13) wird überprüft, ob `inc` nicht 0 ist (das ergäbe eine Endlosschleife) und ob `inc` vom Typ `algebraic` ist. Letzteres ist nötig, um die Abbruchbedingung der Schleife überprüfen zu können. Falls eine dieser Bedingungen nicht erfüllt ist, wird eine entsprechende Ausnahme erzeugt.

Als Letztes wird für fallende oder wachsende Folgen die entsprechende Vergleichsfunktion für die Schleife erzeugt. Zur besseren Lesbarkeit erzeugen wir einen eigenen Operator `&vgl`, der den passenden Vergleich implementiert. (Eigene Operatoren werden durch den Anfang ihres Namens mit `&` gekennzeichnet und können in Infix-Schreibweise verwendet werden.)

Einige Beispiele zeigen, dass sich `seq1` wie gewünscht verhält:

`seq1` verhält sich wie `seq` und funktioniert auch dann wunschgemäß, wenn die Laufvariable x schon vor der Ausführung des Kommandos belegt ist.

```
x:=3:seq1(x,[x=1..3]);
```
$$1, 2, 3$$

Eventuelle andere belegte oder unbelegte Variablen werden korrekt berücksichtigt.

```
seq1(sin(n*x),[x=0..Pi, Pi/2]);
```
$$0, \sin(1/2\,n\,\pi), \sin(n\,\pi)$$

```
n:='n': m:=1/Pi: x:=3: y:=4:
seqn( n*m*x^y, [[x=0..3], [y=2..4]]);
```
$$[[0,0,0], [\frac{n}{\pi}, \frac{n}{\pi}, \frac{n}{\pi}], [4\,\frac{n}{\pi}, 8\,\frac{n}{\pi}, 16\,\frac{n}{\pi}], [9\,\frac{n}{\pi}, 27\,\frac{n}{\pi}, 81\,\frac{n}{\pi}]]$$

Version 2: seqn für verschachtelte Listen

`seq1` teilt in der jetzigen Form noch eine Einschränkung mit dem Original: Das Kommando ist nur für einfache Folgen, nicht aber für verschachtelte Listen geeignet. Solche Listen können wohl gebildet werden, der Aufruf von `seq1` wird aber unübersichtlich:

```
[seq1([seq1(x*y,y=2..4)],x=0..6,2)];
```
$$[[0,0,0], [4,6,8], [8,12,16], [12,18,24]]$$

Die Einschließung in Listenklammern ist notwendig, weil seq1 maximal drei Argumente verarbeitet. Der erste Aufruf von seq1 liefert aber selbst schon eine Folge mit drei Elementen (nämlich $2x, 3x, 4x$) und diese Folge muss zu einer Einheit für den zweiten Aufruf von seq1 zusammengefasst werden. Bei mehr als zwei Listen wird dieses Verfahren etwas komplizierter. Eleganter wäre es, wenn die gleiche Liste durch folgendes Kommando gebildet werden könnte:

```
seqn(x^y, [[x=0..6,2], [y=2..4]]);
```

Es bestünde jetzt natürlich die Möglichkeit, eine Funktion seq2 zu schreiben, die verschachtelte Listen als Resultat zweier Schleifen liefert, und eine Funktion seq3 für dreifach verschachtelte Listen etc. Eleganter ist die folgende rekursive Lösung, durch die beliebig verschachtelte Listen gebildet werden. Die Grundidee ist einfach: Wenn die neue Funktion seqn mit mehr als zwei Parametern aufgerufen wird, dann wird ein Parameter an seq1 weitergereicht und seqn mit den verbleibenden Parametern rekursiv aufgerufen. Mit jedem rekursiven Aufruf reduziert sich die Anzahl der Parameter um eins.

Der Code von seqn fällt überraschend kurz aus, was daran liegt, dass der Großteil der Arbeit von der bereits vorhandenen Prozedur seq1 erledigt wird.

```
seqn:=proc(term::uneval, ll::uneval)
   if type(ll,list) then
      if type(ll[1],list) then
         if nops(ll)=1 then
            op(op(ll)):
            [seq1(term,%)];
         else
            op(ll[1]):
            ll[2..-1]:
            [seq1( seqn(term, %), %%)];
         end if:
      else
         op(ll);
         [seq1(term,%)]:
      end if:
   else
      error "Eingabe muss eine Liste oder eine geschachtelte Liste sein %1" ,ll:
   end if:
end proc:
```

Die Argumente für jeden einzelnen Funktionsaufruf von seq1 müssen jetzt in einer Liste übergeben werden, alle diese Listen werden noch einmal zu einer Liste zusammengefasst. Da auch hier eine automatische Auswertung unterdrückt werden soll, kann nicht mit optionalen Argumenten gearbeitet werden. (Für optionale Argumente lässt sich die automatische Auswertung beim Prozeduraufruf nicht unterbinden.)

Wird als zweites Argument keine Liste übergeben, verzweigt die erste Fallunterscheidung zu einer Fehlermeldung. Ansonsten wird überprüft, ob das erste Element von ll eine Liste ist. Ist dies nicht der Fall, so enthält die ll die Argumente für einen einzelnen Aufruf von seq1. Mit diesen Werten, also mit op(ll), muss der Aufruf von seq1 erfolgen. Da seq1 aber seine Argumente nicht auswertet, können wir diesen Ausdruck nicht in den Aufruf schreiben. Wir verwenden hier eine besondere Eigenschaft von %, um dies zu erreichen. % hat lokale Werte in einer Prozedur. Wenn wir also ganz einfach op(11) ausführen (wir müssen das keiner Variablen zuweisen!), wird das Ergebnis an % gebunden. Da % bei Prozeduraufrufen als Parameter immer seinen gegenwärtigen Wert übergibt, kann der korrekte Wert an seq1 so übergeben werden. Für den Fall, dass 11 nur eine Liste enthält, muss man op(op(11)) bilden. Im letzten Fall schließlich muss ein rekursiver Aufruf erfolgen. Wir benötigen dazu op(11[1]) für den Aufruf von seq1 und 11[2..-1] für den rekursiven Aufruf von seqn. (Beachten Sie die Reihenfolge!)

Die nebenstehenden Beispiele zeigen zwei Anwendungen von seqn. Im ersten Beispiel wird eine einfache verschachtelte Liste der Funktion x^y gebildet. Etwas trickreicher ist das zweite Beispiel, bei dem die Grenze der Laufvariablen y durch den aktuellen Wert von x bestimmt wird.

```
x:='x': y:='y':
seqn( x^y, [x=0..3], [y=2..4]);
```
$$[[0,0,0],[1,1,1],[4,8,16],[9,27,81]]$$
```
seqn( x^y, [x=0..3], [y=0..x]);
```
$$[[0],[1,1],[1,2,4],[1,3,9,27]]$$

Auch wesentlich komplexere Listen lassen sich so recht einfach formulieren:

```
seqn( x+y+z,[[x=1..2],
             [y=10..20, 10],
             [z=100..200, 100]]);
```

$$[[[111, 211], [121, 221]], [[112, 212], [122, 222]]]$$

```
n:='n': m:=1/Pi: x:=3: y:=4:
seqn( n*m*x^y, [[x=0..3], [y=2..4]]);
```

$$[[0,0,0],[\frac{n}{\pi},\frac{n}{\pi},\frac{n}{\pi}],[4\frac{n}{\pi},8\frac{n}{\pi},16\frac{n}{\pi}],[9\frac{n}{\pi},27\frac{n}{\pi},81\frac{n}{\pi}]]$$

Module

Seit Maple 6 kann man mit Modulen zusammengehörige Funktionen und Daten in einer gemeinsamen Definition festlegen. Die nebenstehende Syntax einer Moduldefinition ähnelt der einer Prozedurdefinition.

Modulname := modul()
    export *ExportNamen*;
    local *LokaleNamen*;
    global *GlobaleNamen*;
    option *Optionen*;
    description *Beschreibung*;
    Anweisungsfolge (RUMPF)
end module:

Die mit export gekennzeichneten Namen können in der Anweisungsfolge des Rumpfes des Moduls mit Werten (Daten oder Funktionen) belegt werden. Auf diese kann dann über das Modul zugegriffen werden. Mit local gekennzeichnete Namen stehen nur innerhalb des Moduls zur Verfügung. Soll auf globale Variablen zugegriffen werden, so müssen diese explizit mit `global` deklariert werden. Optionen und Beschreibung entsprechen denen in Prozeduren, wobei für Module bezüglich der Optionen einige Abweichungen gelten (s. Online-Hilfe mit `?module,option`).

Ein einfaches erstes Beispiel soll den Umgang mit Modulen verdeutlichen. Wir definieren ein Modul zähler, das eine Funktion nächste exportiert, die mit Hilfe einer lokalen Variablen fortlaufende ganze Zahlen ausgibt. Auf die exportierte Funktion wird in der Form *Modul:-Funktion* zugegriffen. Will man mehrere Zugriffe auf Funktionen eines Moduls hintereinander durchführen, so kann man dies mit folgender Konstruktion vereinfachen:

use *Modul* in *Anweisungen* end use.

```
zähler:=module()
   export nächste;
   local zahl;
   zahl:=0;
   nächste:=proc()
      zahl:=zahl+1;
   end proc;
end module:

zähler:-nächste();

      1

use zähler in nächste(),nächste(),
         nächste(); end use;

      2,3,4
```

Will man mehrere Zähler verwenden, so kann man die Moduldefinition in einer Prozedur einbinden. Die Variable zum Zählen wird dabei lokal in der Prozedur definiert, so dass mit verschiedenen Aufrufen der Prozedur verschiedene Zähler erzeugt werden können, die dann unabhängig voneinander zählen.

```
make_zähler:=proc(start)
   local zahl,zähler;
   zahl:=start;
   zähler:=module()
      export nächste;
      nächste:=proc()
         zahl:=zahl+1;
      end proc;
   end module:
end proc:

z1:=make_zähler(5):z2:=make_zähler(0):
z1:-nächste(),z2:-nächste();

      6,1
```

Wir betrachten als Nächstes eine Modul-Implementation eines Stacks (S. 468). Wir können hier die einzelnen Methoden direkt exportieren und müssen keine Tafel erzeugen. Wir müssen allerdings auch hier zur Erzeugung unabhängiger Stacks die Moduldefinition in einer Prozedur kapseln. Die Variable stack, die die Daten enthält, wird in der Prozedur lokal deklariert und dann in der folgenden Moduldefinition verwendet.

```
make_stack:=proc()
   local stack,stack_modul;
   stack:=[];
   stack_modul:=module()
      export push,pop,empty;
      push:=proc(Objekt)
         stack:=[Objekt, op(stack)];
         NULL;
      end proc;
      empty:=proc()
         is(nops(stack)=0);
      end proc;
```

Das Modul selbst wird als Ergebnis von `make_stack` ausgegeben und behält so einen Verweis auf diese Variable, auch wenn die Prozedur `make_stack` beendet ist. Die Prozedur `pop` ist gegenüber der früheren Variante um eine einfache Fehlerprüfung erweitert, die den Fall behandelt, dass versucht wird, sie mit einem leeren Stack aufzurufen. Der Ausdruck `NULL` in `push` bezeichnet die leere Anweisungsfolge. Damit wird bewirkt, dass diese Prozedur keinen Rückgabewert hat.

```
        pop:=proc()
          local erg;
          if nops(stack)=0 then
             error "pop mit leerem Stack"
          end if;
          erg:=stack[1];
          stack:=stack[2..-1];
          erg;
        end proc:
     end module;
end proc:
```

Wir erzeugen zunächst zwei Stacks und legen in jedem der beiden einen Wert ab. Die Auswertung der lexikalischen Tafel der jeweiligen Stackfunktionen zeigt, dass zwar beide die Variable `stack` benutzen, dass aber die Bindungen dieser Variablen unterschiedlich sind.

```
s1:=make_stack():
s2:=make_stack():
s1:-push(3);s2:-push(5);
eval(op(7,eval(s1:-push)));
```
$$stack, [3]$$
```
eval(op(7,eval(s2:-push)));
```
$$stack, [5]$$

Wir stellen nun ein etwas umfangreicheres Beispiel für ein Modul vor, das nicht einen abstrakten Datentyp erzeugt, sondern Funktionen bereitstellt, die zur Verarbeitung von Zeichenketten dienen. Am Beispiel dieses Moduls werden wir im nächsten Abschnitt dann auch vorführen, wie einfach seit Maple 6 das Erstellen eigener Funktionspakete geworden ist. Das Modul nimmt natürlich nicht für sich in Anspruch, für einen professionellen Einsatz geeignet zu sein. Dazu müsste die Fehlerbehandlung deutlich verbessert werden. Teilweise existieren im Package `StringTools` (ab Maple 7) ähnliche Funktionen. Allerdings berücksichtigen diese nicht wie die hier vorgestellten Funktionen die deutschen Umlaute.

Die Funktionen `left`, `right`, `mid` stellen von anderen Sprachen her bekannte Funktionen zur Verfügung. Hier werden lediglich direkt vorhandene Funktionen mit einer anderen Schnittstelle versehen. `trim` entfernt führende Leerzeichen in einer einfachen Schleife. `ascii` liefert den ASCII-Code des ersten Zeichens eines Strings. `upper` wandelt alle Buchstaben eines Strings in Großbuchstaben um und berücksichtigt dabei Umlaute und ß. `lower` führt eine entsprechende Umwandlung in Kleinbuchstaben durch.

```
stringtools:=module()

   export left,right,mid,trim,ascii,upper,lower,
          pos,vor,nach,split1,replace,frueher;

   local i,pos1;

   left:=(str::string,n::posint)->str[1..n];
```

```
right:=(str::string,n::posint)->str[-n..-1];

mid:=proc(str::string,lnks::posint,anz::posint)
  if nargs=2 then
     str[lnks..-1];
  else
     str[lnks..lnks+anz-1];
  end if;
end proc;

trim:=proc(str::string)
  local s0;
  s0:=str;
  while s0[1]=" " do
    s0:=s0[2..-1];
  end do;
  s0;
end proc;

ascii:=(str::string)->op(convert(str[1],'bytes'));

upper:=proc(str::string)
  local ka,kz,kae,kue,koe,ksz,dist,einsup;
  ka:=ascii("a");
  kz:=ascii("z");
  kae:=ascii("ä");
  koe:=ascii("ö");
  kue:=ascii("ü");
  ksz:=ascii("ß");
  einsup:=proc(str)
    local asc;
    asc:=ascii(str);
    if ((asc>=ka) and (asc<=kz)) or (asc=kae) or (asc=kue) or (asc=koe)
    then
        convert([asc-32],'bytes');
    elif (asc=ksz)
    then
        "SS";
    else
        str;
    end if
  end proc;
  cat(map(einsup,convert(str,'list'))[]);
end proc;

lower:=proc(str::string)
  local ka,kz,kae,kue,koe,dist,einsdown;
  ka:=ascii("A");
  kz:=ascii("Z");
  kae:=ascii("Ä");
```

```
      koe:=ascii("Ö");
      kue:=ascii("Ü");
      einsdown:=proc(str)
        local asc;
        asc:=ascii(str);
        if ((asc>=ka) and (asc<=kz)) or (asc=kae) or (asc=kue) or (asc=koe)
        then
             convert([asc+32],'bytes');
        else
            str;
        end if;
      end proc;
      cat(map(einsdown,convert(str,'list'))[]);
    end proc;

    pos := proc(muster::string,str::string,bereich::{range,integer})
      local rng,p;
      rng:=1..-1;
      if nargs>2 then
        if type(bereich,integer) then
          rng:=bereich..-1;
        else
          rng:=bereich;
        end if;
      end if;
      p:=searchtext(muster,str,rng);
      if p>0 then
        p+lhs(rng)-1;
      else
        0;
      end if;
    end proc;

    vor:=proc(muster::string,str::string)
      local i;
      i:=searchtext(muster,str);
      if i=0 then
        str;
      else
        str[1..(i-1)];
      end if;
    end proc;

    nach:=proc(muster::string,str::string)
      local i;
      i:=searchtext(muster,str);
      if i=0 then
        "";
      else
        str[i+length(muster)..-1]
```

```
    end if;
  end proc;
  split1:=proc(muster::string,str::string)
    local i;
    i:=searchtext(muster,str);
    if i=0 then
       str,"";
    else
       str[1..(i-1)],str[i+length(muster)..-1];
    end if
  end proc;

  replace:=proc(alt::string,neu::string,str::string)
    local a,b;
    a,b:=split1(alt,str);
    if b="" then
      str;
    else
      cat(a,neu,replace(alt,neu,b));
    end if;
  end proc;

  frueher :=proc(str1::string,str2::string)
    local s1,s2;
    s1:=replace("Ü","UE",replace("Ö","UE",replace("Ä","AE",upper(str1))));
    s2:=replace("Ü","UE",replace("Ö","UE",replace("Ä","AE",upper(str2))));
    is(s1<s2);

  end proc;

end module;
```

pos ermittelt die Position eines Musterstrings in einem String und gibt die Stelle des Anfangs des Musters im durchsuchten String an, falls er gefunden wird, sonst gibt sie 0 zurück. Optional kann man die Suche auch auf einen Bereich einschränken. Beachten Sie in der Definition, dass der Bereich zwar als Parameter angegeben wird (um eine Datentypprüfung zu ermöglichen), aber nicht angegeben werden muss. Maple erzeugt nur dann eine Fehlermeldung, wenn in der Funktion auf einen Parameter zugegriffen wird, für den kein Argument übergeben wurde. Für diesen Fall setzt der Anfang der Definition als Standard den Bereich als den vollständigen String fest. Für den Bereich kann entweder eine ganze Zahl oder ein Bereich angegeben werden (beachten Sie die Typkennzeichnung des Parameters). Wird nur eine Zahl angegeben, so wird ab dieser Position mit der Suche begonnen.

vor liefert den Teil eines Strings, der vor einem im String gefundenen Muster steht (falls der String das Muster nicht enthält, den ganzen String). nach liefert den Teil nach dem ersten Auftreten des Musters (den leeren String, falls das Muster nicht gefunden wurde). split1 teilt den String in zwei Teilstrings auf. Der erste ist das Ergebnis von vor, der zweite das von nach. replace ersetzt (rekursiv) alle Vorkommen eines Musterstrings in einem String durch einen anderen String. frueher stellt eine mit dem deutschen Alphabet kompatible lexikografische Ordnung von Zeichenketten zur Verfügung.

Wir zeigen an einem Beispiel, wie man diesen 'Werkzeugkasten' verwenden kann. Die Funktion satz_worte zerlegt einen in einem String gespeicherten Satz in die Folge seiner Worte. Als Trennzeichen wird das Leerzeichen verwendet. Die Funktion split1 wird dabei in der Form stringtools:-split1 geschrieben, um unabhängig von einem with-Befehl zu sein.

```
satz_worte:=proc(satz::string)
   local w0,s1;
   w0,s1:=stringtools:-split1(" ",satz);
   if s1="" then
     w0;
   else
     w0,satz_worte(s1);
   end if;
end proc:
satz1:="Der Habicht war so dicht wie lange nicht":
satz_worte(satz1);
     "Der", "Habicht", "war", "so", "dicht", "wie", "lange", "nicht"
sort([%],frueher);
   ["Der", "dicht", "Habicht", "lange", "nicht", "so", "war", "wie"]
```

Organisation eigener Packages und Librarys

Nachdem Sie eine Menge Zeit in die Entwicklung eigener Funktionen gesteckt haben, möchten Sie diese natürlich in einer Form speichern, die die Nutzung unter Maple möglichst einfach macht und eine Weitergabe an andere Maple-Anwender ermöglicht. Dieser Abschnitt geht auf verschiedene Facetten dieses Themas ein: auf das Speichern und Laden von Funktionen mit save bzw. read, auf die Organisation eigener Packages durch table (ab Maple 6 veraltet, aber weiter unterstützt) oder Module und deren Aktivierung durch with und schließlich auf die Erstellung eigener Librarys. Eigene Librarys sind übrigens auf jeden Fall erforderlich, wenn Sie Ihre Funktionen mit eigener Online-Hilfe ausstatten möchten (siehe den folgenden Abschnitt).

Hinweis: Der gesamte Abschnitt baut auf den im vorigen Abschnitt vorgestellten Funktionen seq1, seqn, make_stack und stringtools auf.

Funktionen einzeln speichern und laden

Die einfachste Möglichkeit, in einem Worksheet definierte Funktionen so zu speichern, dass sie bequem zu einem anderen Worksheet geladen werden können, bietet das im vorigen Kapitel bereits erwähnte Kommando save. Es speichert Namen und Inhalt aller angegebenen Variablen. (Funktionsnamen sind ja auch Variablen, die aber nicht an einen Zahlenwert, sondern an Programmcode gebunden sind.) Wenn bei save kein Verzeichnis angegeben wird, speichert Maple die Datei im aktuellen Verzeichnis (siehe Kapitel 28, Seite 441).

Nach einem restart können die Funktionen und Daten mit read wieder gelesen und anschließend wie vorher verwendet werden. Die folgenden Befehle setzen voraus, dass die entsprechenden Funktionen definiert sind.

```
save seqn, seq1,make_stack,stringtools, 'tools':
restart:
read 'tools':
seqn(x^y, [[x=1..3], [y=1..3]]);
```
   $[[1, 1, 1], [2, 4, 8], [3, 9, 27]]$

```
s1:=make_stack(): s1:-push(13);s1:-pop();
```
   13

```
stringtools:-upper("häßliches Entlein");
```
   "HÄSSLICHES ENTLEIN"

Die Datei tools enthält den Programmcode im ASCII-Format (allerdings ohne Formatierung, d. h., die Kommentare, Zeilenumbrüche und Einrückungen werden eliminiert). tools ist also nur zur internen Speicherung des Codes geeignet. Den Originalcode müssen Sie weiterhin in einem Worksheet oder in einer eigenen Textdatei speichern.

Wenn der bei save angegebene Dateiname mit *.m endet, speichert Maple den Variableninhalt in einem binären Format. (Genaugenommen werden auch in diesem Fall ausschließlich ASCII-Zeichen verwendet, um ein problemloses Versenden der Datei per E-Mail zu ermöglichen. tools.m ist aber verschlüsselt und kann im Gegensatz zu tools nicht mehr in einem Editor gelesen werden.) Der Vorteil des binären Formats besteht darin, dass die Dateien kompakter sind und effizienter verarbeitet werden können.

Funktionen in Packages organisieren

Beinahe ebenso einfach wie das direkte Speichern der Funktionen ist die Organisation eines einfachen Package. Wir behandeln zunächst den Fall, dass die Funktionen nicht in einem Modul gespeichert sind. Dies entspricht allen Packages, die vor Maple 6 geschrieben sind. Der Code der zum Package gehörenden Funktionen muss in diesem Fall in den Elementen einer Tabelle gespeichert werden. Diese Tabelle wird mit save gespeichert, mit read gelesen und mit with aktiviert. Wenn das Verzeichnis, in dem die Package-Datei gespeichert ist, in den libname-Pfad aufgenommen wird, kann sogar read entfallen (d.h., with übernimmt auch das Laden der Datei).

Die folgenden Befehle gehen wieder davon aus, dass die Funktionen bereits verfügbar sind. Der Name des neuen Package lautet mypack. Das Package wird durch eine leere Tabelle eingerichtet, anschließend werden die Tabellenelemente seqn, seq1 und make_stack eingerichtet. Achten Sie auf die eval-Kommandos: Sie sind erforderlich, damit die Tabellenelemente nicht nur den Namen der Funktionen, sondern auch deren Code enthalten.

```
mypack:=table():
mypack[seq1]:=eval(seq1):
mypack[seqn]:=eval(seqn):
mypack[make_stack]:=eval('make_stack'):
```

Wenn Sie von Anfang an wissen, dass Sie ein Package bilden möchten, können Sie die neuen Funktionen natürlich gleich unter den Namen mypack[namexyz] einrichten:

```
mypack:=table():
mypack[seq1]:=proc ... end:
mypack[seqn]:=proc ... end:
mypack[make_stack]:=proc ... end: # Code wie im vorigen Abschnitt
```

In jedem Fall enthält mypack jetzt die neuen Funktionen. Die Funktionen können unter ihrem vollen Namen aufgerufen werden:

```
mypack[seqn](x, [x=1..2, 0.5] );
```
   $[1, 1.5, 2.0]$

Das gesamte Package kann jetzt mit save bequem gespeichert werden. Zum Laden verwenden Sie abermals read. Damit die Funktionen nicht nur unter den (umständlichen) vollen Namen, sondern auch in der Kurzform zur Verfügung stehen, müssen Sie außerdem with ausführen. Anschließend stehen die Funktionen wieder wie gewohnt zur Verfügung.

```
save mypack, 'mypack.m';
restart:
read 'mypack.m';
with(mypack);
```
   $[make_stack, seq1, seqn]$

```
seqn(x, [x=0..Pi, Pi/6]);
```
   $[0, 1/6\,\pi, 1/3\,\pi, 1/2\,\pi, 2/3\,\pi, 5/6\,\pi, \pi]$

Noch einfacher wird die Sache, wenn Sie die Funktionen in einem Modul definieren. Sie müssen dann lediglich das Modul speichern. Für das Modul stringtools (S. 505) lautet die dazu nötige Anweisung etwa:

```
save stringtools, 'stringtools.m';?
```

Was im Vergleich zu 'echten' Packages aus der Standardbibliothek jetzt noch stört, ist der Umstand, dass vor dem with-Kommando read ausgeführt werden muss. Auch dieses Problem lässt sich lösen: Die globale Variable libname enthält normalerweise nur den Pfad zum Verzeichnis der Standardbibliothek. Wenn Sie libname um den Pfad jenes Verzeichnisses erweitern, in dem Sie Ihre Package-Dateien speichern, übernimmt with das Lesen der Package-Datei. Voraussetzung ist allerdings, dass zum Speichern das Binärformat mit der Dateikennung *.m verwendet wird.

Das folgende Kommando erweitert libname um den Pfad zum aktuellen Verzeichnis, in das mypack.m gespeichert wurde. (Das Zeichen . verweist immer auf das aktuelle Verzeichnis.) Anschließend wird das Package ganz bequem durch ein einziges with-Kommando aktiviert.

```
restart:
libname:=libname, '.';
```
   $libname := C:\backslash Maple6\backslash lib, .$

```
with(mypack);
```
   $[make_stack, seq1, seqn]$

```
seqn(x, [x=100..0, -10]);
```
   $[100, 90, 80, 70, 60, 50, 40, 30, 20, 10, 0]$

with funktioniert jetzt zwar auf Anhieb, dafür ist aber die manuelle Veränderung von libname lästig. Auch das lässt sich beheben.

Daher ist es besser, die neuen Packages in einem eigenen Verzeichnis zu speichern und libname in der Initialisierungsdatei von Maple entsprechend einzurichten. In der Windows-Version von Maple hat diese Datei den Namen maple.ini und sie befindet sich entweder im aktuellen Verzeichnis oder im Unterverzeichnis Users bzw. im Profilverzeichnis, falls Maple 7 für mehrere Benutzer eingerichtet ist. Den Ort der Initialisierungsdatei bei anderen Maple-Versionen müssen Sie in der Originaldokumentation nachlesen.

Die Initialisierungsdatei kann Maple-Kommandos enthalten, die beim Start von Maple automatisch ausgeführt werden. Wenn Sie die folgenden Zeilen in maple.ini einfügen, dann gilt C:\maple 6\mypacks als zweite Library-Datei. with sucht die gewünschten Packages jetzt automatisch zuerst in der Standardbibliothek und dann im angegebenen Verzeichnis. Wenn Sie unter Unix arbeiten, werden Sie vermutlich ein Verzeichnis innerhalb Ihres Home-Verzeichnisses angeben und / zur Trennung der Verzeichnisse verwenden.

```
# maple.ini
print('Initialisierungdatei maple.ini'):
libname:=libname, 'c:\\maple 6\\mypacks':
print('neuer libname', libname):
```

Nach einem Neustart von Maple bzw. nach restart zeigt Maple zwei neue Bildschirmausgaben an (sozusagen als Feedback, ob alles funktioniert). Sofern die Datei mypack.m vom aktuellen Verzeichnis (wo sie bisher mit `save` gespeichert worden ist) in das Verzeichnis `mypacks` verschoben wurde, kann `with(mypack)` jetzt sofort ausgeführt werden.

Initialisierungsdatei maple.ini

neuerlibname, c : \Maple6 /lib, c : \maple6\mypacks

`with(mypack);`

$[make_stack, seq1, seqn]$

Falls im Package vor der ersten Verwendung Initialisierungsarbeiten erforderlich sind (Definition neuer Datentypen, Initialisierung eigener globaler Variablen etc.), müssen Sie eine Prozedur mit dem Namen `mypack[init]` definieren. `init` wird von `with` automatisch ausgeführt.

Die in diesem Abschnitt gewählte Vorgehensweise ist zwar sehr einfach, hat aber noch Nachteile:

- Die Verwaltung und Erstellung des Programmcodes für die neuen Kommandos erfolgt in einem Maple-Worksheet, was für große Projekte unpraktisch ist.
- Alle neuen Kommandos stehen dem Anwender zur Verfügung. Besser wäre es, wenn einzelne Kommandos nach außen hin unsichtbar wären und nur intern zur Verfügung stünden (etwa `seq1`, das ja eigentlich nur eine Hilfsfunktion zu `seqn` ist).
- Es kann keine Online-Hilfe eingebunden werden.

Alle drei Nachteile lassen sich durch die Verwendung eigener Librarys beseitigen.

Die Definition eigener Librarys

Librarys sind Dateien, in denen sehr viele Definitionen von neuen Kommandos gespeichert werden. Natürlich könnte die Standardbibliothek von Maple auch in Hunderten Einzeldateien gespeichert werden (in früheren Maple-Releases war das auch noch der Fall), das wäre aber sehr ineffizient., da die Dateigrößen vergleichsweise klein sind und das Betriebssystem dabei sehr viel Plattenplatz verschwenden würde. Deswegen sind alle Funktionen von Maple, die nicht Teil des Kernels sind, in der Datei `lib\maple.lib` gespeichert.

Zur Verwaltung der Librarys steht der Befehl `march` zur Verfügung. Mit `march` können alle Dateien einer Library ermittelt, einzelne Dateien entfernt oder hinzugefügt oder überhaupt neue Librarys angelegt werden.

`march` wird durch mehrere Optionen gesteuert. Mit ihnen kann man die Library anzeigen, durchsuchen, Funktionen löschen oder hinzufügen und einiges mehr. Genaueres erfahren Sie in der Online-Hilfe unter `?march`.

Inhaltsverzeichnis der Standard-Library

Mit dem folgenden Befehl können Sie ein Inhaltsverzeichnis der Maple-Standard-Library in einem Worksheet erzeugen (der Index bei `libname` geht davon aus, dass mehr als eine Library vorhanden ist und die erste Library der an `libname` gebundenen Folge die Standard-Library ist).

```
L := march('list',libname[1])
```

Die so erzeugte Liste enthält die Namen der enthaltenen *.m-Dateien, das Datum der letzten Änderung (als Liste), die Position innerhalb der Dateien und eine interne Indexnummer. Die Standardbibliothek enthält etwa 11000 Einträge.

```
[["evala/AFactors/set_of_primes.m", [2000, 6, 10, 10, 10, 54], 1, 323],
 ["diff/coth.m", [2000, 6, 10, 10, 9, 33], 324, 164],
 ["dsolve/ratlode.m", [2000, 6, 10, 10, 10, 48], 488, 1716],
 ["compile/writefunction.m", [2000, 6, 10, 10, 30, 16], 2204, 472],
 ["Trace.m", [2000, 6, 10, 10, 6, 28], 2676, 26],
 ["type/BooleanOpt.m", [2000, 6, 10, 10, 35, 5], 2702, 160]
...
```

Für Experimente mit Librarys sollten Sie auf keinen Fall die Standard-Library verwenden! Wenn Sie die Library irrtümlich zerstören, müssen Sie Maple neu installieren!

Eine neue Library einrichten

Die folgenden Absätze beschreiben, wie Sie eine eigene Library im neuen Verzeichnis `mylib` einrichten. Dazu erzeugen Sie dieses Verzeichnis und führen dann die Anweisung `march('create',Library-Pfad, n)` aus. Als Parameter müssen Sie den Namen des Verzeichnisses angeben. Außerdem benötigt `march` eine Information, wie viele *.m-Dateien ungefähr in der Library gespeichert werden sollen. (Maple benötigt diese Angabe, um die Größe der anfangs verwendeten Hash-Tabelle zur Indizierung zu bestimmen.) `march` erzeugt damit die (zunächst nur mit Verwaltungsinformationen gefüllten) Dateien `maple.lib` und `maple.ind` im Verzeichnis `mylib`.

Das Speichern von Packages innerhalb dieser Library kann seit Release 4 mit dem Kommando `savelib` direkt von Maple aus erfolgen. Voraussetzung für das korrekte Funktionieren von `savelib` ist allerdings, dass die globalen Variablen `libname` und `savelibname` den Pfad zum Verzeichnis mit der neuen Library enthalten. Beachten Sie, dass die Schreibweise exakt übereinstimmen muss (auch die Groß- und Kleinschreibung, die unter Windows ja sonst keine Rolle spielt).

Um den Prozess so weit wie möglich zu automatisieren, sollten Sie die Bindungen für `libname` und `savelibname` gleich in der Initialisierungsdatei `maple.ini` einrichten. (Die `print`-Anweisungen sind natürlich optional.)

```
# maple.ini
savelibname:='c:\\maple 6\\mylib':
libname:=libname, savelibname:
print('Initialisierungdatei maple.ini'):
printf('neuer libname: \n'):
print(libname):
printf('savelibname: \n'):
print(savelibname):
```

Nach einem `restart` kann `savelib` sofort verwendet werden. Mit `read` wird die Definition der Funktionen neu eingelesen, die drei folgenden Kommandos erstellen das Package `mypack` und `savelib` speichert das Package in der Library `maple.lib` im Verzeichnis `mylib`.

```
restart:
   init file maple.ini
   libname: C:\Maple 6/lib, C:\maple 6\mylib
   savelibname: C:\maple 6\mylib
read 'tools':
mypack:=table():
mypack[seqn]:=eval(seqn):
mypack[seq1]:=eval(seq1):
mypack[make_stack]:=eval(make_stack):
savelib( mypack, 'mypack.m');
```

Die Funktionen des Moduls `stringtools` können noch einfacher abgespeichert werden. Der folgende Befehl erzeugt in `mylib` das Package `stringtools`.

```
savelib(stringtools);
```

Die Verwendung des Package unterscheidet sich jetzt nicht mehr von der eines Package der Standardbibliothek:

```
restart:
with(mypack);
```

   $[make_stack, seq1, seqn]$

```
seqn(x,[x=3..1,-1]);
```

   $[3, 2, 1]$

```
with(stringtools);
```

   $[ascii, frueher, left, lower, mid, nach, pos, replace, right, split1, trim, upper, vor]$

Eigene Online-Hilfe

Für eigene Hilfetexte stehen dieselben Gestaltungsmöglichkeiten wie bei Worksheet-Dateien zur Verfügung. Jede beliebige Worksheet-Datei kann als Vorlage für einen Hilfetext verwendet werden. Das Erstellen eines Hilfetexts ist damit ebenso einfach wie das Erstellen eines Worksheets. Eigene Hilfetexte können nur zu Librarys erstellt werden (nicht aber zu einzelnen Kommandos oder Packages, die in *.m-Dateien gespeichert werden). Das ist keine ernsthafte Einschränkung, denn zu dokumentierende eigene Funktionen sollte man ohnehin in eine Library einbinden.

Das Konzept der neuen Hilfefunktion besteht darin, dass alle Hilfetexte in wenigen maple.hdb-Dateien gespeichert werden. Normalerweise existiert nur eine solche Datei im lib-Verzeichnis mit den Hilfetexten zur Standardbibliothek. Darüber hinaus können in eigenen Verzeichnissen mit dem Worksheet-Kommando HELP|SAVE TO DATABASE neue Hilfedateien erzeugt werden (Details zu diesem Kommando folgen unten).

Bei der Suche nach einem konkreten Hilfetext berücksichtigt Maple alle Hilfedateien, deren Verzeichnisse im Pfad von libname angegeben sind.

Einen neuen Hilfetext erstellen

Die Erstellung von Online-Hilfetexten ist der letzte Schritt bei der Entwicklung eigener Packages. Voraussetzung ist, dass die zu beschreibende Funktion bereits in einer Library vorhanden ist, die in libname angeführt wird. Die Hilfedatei ist im gleichen Verzeichnis zu speichern wie die neue Library.

Zur Erstellung eines neuen Hilfetexts öffnen Sie ein neues Worksheet. Wenn es in Maple bereits eine Funktion gibt, die so ähnlich funktioniert wie Ihre, können Sie deren Hilfetext kopieren und in das neue Worksheet einfügen. Sie sparen sich so eine Menge Arbeit. Gleichzeitig ist ein einigermaßen einheitliches Aussehen aller Hilfetexte gewährleistet. (Sehen Sie sich die Datei part3\seqnhelp.mws auf der beiliegenden CD-ROM an. Diese Datei wurde zur Erstellung des Hilfetexts zu seqn verwendet.)

Um das Worksheet als Hilfetext zu speichern, führen Sie das Kommando HELP| SAVE TO DATABASE aus. In dem Dialog müssen Sie zwei Informationen eintragen: den Namen des Hilfetexts (*topic*, also beispielsweise seqn) und den exakten Pfad zum Verzeichnis, in dem die Hilfedatei gespeichert werden soll (*database*). Der Pfad muss mit einem Pfad in libname übereinstimmen. Optional können Sie weitere Namen (*aliases*) für den Hilfetext und ein übergeordnetes Hauptthema (*parent*, beispielsweise den Package-Namen) angeben.

Wenn eine Hilfedatei einmal existiert (d.h. ab dem zweiten Thema), wird der Prozess etwas komfortabler: Im Dialog werden alle existierenden Hilfedateien angezeigt, zu denen die Variable *libname* verweist. Zum Speichern des aktuellen Worksheets kann eine der Hilfedateien mit der Maus ausgewählt werden.

Wenn ein Hilfethema bereits existiert, wird der alte Hilfetext ohne Warnung durch den neuen Text überschrieben. Mit DATABASE|REMOVE kann ein Thema aus der Hilfedatei gelöscht werden. (Die Hilfedatei wird dadurch allerdings nicht kleiner, der Hilfetext kann lediglich nicht mehr angezeigt werden.)

Turtlegrafik

Wir schließen das Kapitel mit einem etwas komplexeren Package mit geschachtelten Moduldefinitionen, das in Maple eine Turtle-Grafik bereitstellt. Die Methoden dieser Grafik stammen ursprünglich aus der Programmiersprache Logo, die um 1960 von Bolt, Beranek and Newman Inc. entwickelt und von Seymour Papert für den Unterricht mit Kindern eingesetzt wurde. Dazu stand ein kleiner, fahrbarer Roboter zur Verfügung, der sich vorwärts und rückwärts bewegen und auf der Stelle drehen konnte. Bei der Bewegung konnte er mit einem auf den Boden absenkbaren Schreibstift eine Spur hinterlassen. Wegen seiner halbkugelförmigen Plastikabdeckung erhielt der Robot den Spitznamen Turtle (Schildkröte), der sich auf die später verwendeten Bildschirmversionen übertragen hat.

Wir werden hier eine einfache Implementation dieser Turtle mit Hilfe von geschachtelten Modulen vorstellen. Der Quelltext würde allerdings den Rahmen des Kapitels sprengen, so dass hier nur die wesentlichen Teile und der strukturelle Aufbau dargestellt werden. Der vollständige Quelltext befindet sich auf der CD im Worksheet zu diesem Kapitel.

Das Modul stellt eine Standard-Turtle bereit, die mit einem abgekürzten Befehlssatz gesteuert werden kann. Zudem besteht die Möglichkeit, weitere Turtles zu erzeugen und zu steuern. Wie üblich beginnt die Moduldefinition mit der Vereinbarung der exportierten und lokalen Variablen und einem Copyright-Vermerk. Daran schließt sich eine Kurzbeschreibung der Modulfunktion an. Die Option `package` wird nicht verwendet, weil die exportierte Variable `kurven` nicht geschützt werden soll, um weiter Manipulationen an der ausgegebenen Plotstruktur machen zu können. Danach erhalten einige Variablen Anfangswerte zugewiesen. `Turtleliste` ist eine lokale Variable, die über die vorhandenen Turtles Buch führt. `bereich` legt einen Anfangswert für den Zeichenbereich fest. `kurven` dient dazu, alle von den Turtlen gezeichneten Streckenzüge aufzunehmen. `drawopts` legt die Voreinstellungen für die später mit `display` auszugebenden Zeichnungen fest.

```
turtles:=module()
   export neu,neustart,Turtle,blatt,clear,makeTurtle,show,kurven,fd,bk,pc,
      setpc,lt,rt,hd,sethd,wd,swd,xp,sxp,yp,syp,po,spo,hdto,pd,pu,ipd,txt,hm;
   local drawopts, bereich,winkelnormal,Turtleliste,neueTurtle;
   option 'Copyright (C) 2002 Gerhard Bitsch';
   description "Ein einfaches Turtle-Grafik-System";

   Turtleliste:=[];
   kurven:=[];
   bereich:=[-5..5,-5..5];
   drawopts:=scaling=constrained,axes=NONE;
```

Von zentraler Bedeutung ist die Funktion zur Erzeugung einer Turtle. Die Turtle selbst wird wieder als Modul realisiert. Jede Turtle muss aber in der Turtleliste als ein Paar aus Name und Turtle registriert werden (den Grund dafür werden wir später sehen). Zweckmäßigerweise wird die Aufgabe, eine Turtle zu erzeugen, in zwei Funktionen aufgeteilt. makeTurtle wird exportiert, die eigentliche Erzeugung der Turtle findet in der lokalen Hilfsfunktion neueTurtle statt.

```
makeTurtle:=proc(name)
    local ntur,nm;
    nm:=name;
    ntur:=neueTurtle();
    assign(evaln(''||nm),ntur);
    Turtleliste:=[op(Turtleliste),[name,ntur]];
    NULL;
end proc;
```

Besonders zu beachten ist bei dieser Definition die Zeile assign(evaln(''||nm),ntur);. Mit dieser Methode wird der übergebene Name global an die neu erzeugte Turtle gebunden.

```
neueTurtle:=proc()
    local x,y,winkel,farbe,dicke,Punkte,unten;
    x:=0;
    y:=0;
    winkel:=90;
    farbe:=COLOR(RGB,0.,0.,0.);
    dicke:=THICKNESS(1);
    unten:=true;
    Punkte:=[[0,0]];

    module()
      export xpos,ypos,pos,heading,setheading,headto,pencolor,setpencolor,
          forward, back, left, right, ispendown,pendown,penup,setpos,setx,sety,text,
          home,width,setwidth,getPunkte,setPunkte,Abschluss;
       .
       .
       .
    end module;
end proc;
```

Die Funktion neueTurtle stellt lokal die Variablen bereit, die den inneren Zustand der Turtle beschreiben, und initialisiert sie. winkel gibt dabei die Bewegungsrichtung der Turtle als Winkel zur positiven x-Achse in Grad an. x und y geben die Position der Turtle in der Zeicheneben an. farbe und dicke legen Farbe uns Strichstärke für die Turtle-Spur fest. Diese Festlegung erfolgt mit Hilfe von elementaren Befehlen zur Erstellung einer Plotstruktur, auf die wir in Kapitel 32 näher eingehen werden. unten gibt an, ob der Stift abgesenkt ist und die Turtle bei Bewegung zeichnet. Punkte stellt eine Liste von Punktkoordinaten bereit, die immer die bisherige Bewegung der Turtle festhalten. Bei der Anzeige der Grafik wird aus dieser Liste ein Streckenzug in der aktuellen Farbe erzeugt.

Das Ergebnis von neueTurtle ist ein (anonymes) Modul, das die Funktionen der Turtle unter Verwendung der lokalen Variablen bereitstellt. Diese Funktionen sind in diesem Falle alle von diesem Modul exportierten Objekte. Diese Konstruktion erlaubt es, durch mehrfachen Aufruf der Funktion mehrere Turtles zu erzeugen, die alle voneinander unabhängige Zustandsvariablen besitzen.

Die Implementation der meisten Turtle-Funktionen ist einfach. Es handelt sich um Befehle, die die Turtle bewegen, drehen, in eine bestimmte Richtung setzen oder den Stift verändern. Als erstes Beispiel besprechen wir die Funktion, mit der die Turtle eine bestimmte Strecke vorwärts bewegt wird.

```
forward:=proc(laenge)
   local wrad;
   wrad:=evalf(winkel*Pi/180);
   x:=evalf(x+laenge*cos(wrad));
   y:=evalf(y+laenge*sin(wrad));
   if unten then
      Punkte:=[op(Punkte),[x,y]];
   end if;
   NULL;
end proc;
```

Der gegenwärtige Richtungswinkel wird ins Bogenmaß umgerechnet, um mit Hilfe der Funktionen sin und cos die neue Position der Turtle zu berechnen. Ist der Stift abgesenkt, so wird diese neue Position an die Punktliste der Turtle angehängt. Die Funktion liefert mit NULL ein leeres Ergebnis.

Ein Streckenzug ist beendet und muss abgespeichert werden, wenn ein Befehl zur Anzeige eingegeben wird, der Stift angehoben wird oder Farbe oder Dicke des Stifts geändert werden. In all diesen Fällen wird die Funktion Abschluss aufgerufen.

```
Abschluss:=proc()
   kurven:=[op(kurven),CURVES(Punkte,farbe,dicke)];
   Punkte:=[[x,y]];
   NULL;
end proc;
```

Abschluss verwendet die Plotstruktur CURVES, die aus einer Liste von Punktkoordinaten, einer Farbe und einer Dicke einen Streckenzug konstruiert. Anschließend wird die Punktliste mit den Koordinaten der gegenwärtigen Turtle-Position neu initialisiert. Die folgende Funktion setpencolor zeigt die Anwendung von Abschluss. Wird ein Befehl zur Neufestsetzung der Stiftfarbe gegeben, so muss Abschluss aufgerufen werden, falls die Punktliste mehr als einen Punkt enthält. Die neue Farbe wird durch die Angabe der Farbwerte für Rot, Grün und Blau (alle im Bereich zwischen 0 und 1) festgelegt.

```
setpencolor:=proc(r,b,g)
   if nops(Punkte)>1 then
      Abschluss();
   end if;
   farbe:=COLOR(RGB,r,b,g);
   NULL;
```

```
    end proc;
```

Die Behandlung des Zeichenblatts (anzeigen, löschen, Größe ändern) ist im Hauptmodul angesiedelt. Die zentrale Rolle spielt hier die Liste kurven, die eine Plotstruktur enthält, welche durch die Turtle-Bewegungen aufgebaut wird. Mit der Funktion show werden alle Punktlisten der vorhandenen Turtles in die Liste kurven übernommen und dann mit display angezeigt.

```
  show:=proc()
    local tu;
    for tu in map(x->x[2],Turtleliste) do
      tu:-Abschluss();
    end do;
    plots[display](kurven,drawopts,args);
  end proc;
```

Um die Funktion Abschluss für alle Turtles aufzurufen, wird die Liste aller definierten Turtles iterativ abgearbeitet. Die map-Funktion sorgt dabei dafür, dass jeweils die Turtle (als zweites Listenelement) an die Iterationsvariable gebunden wird. Man kann auch weitere von display verwendbare Plotoptionen angeben. Diese werden dann über die Variable args, die stets alle übergebenen Werte enthält, in den display-Befehl eingesetzt.

Das Zeichenblatt löschen kann man mit der folgenden Funktion clear. Sie leert die Liste der Kurven und initialisiert die Punktlisten der vorhandenen Turtles mit ihrer gegenwärtigen Position. Auch hier wird wieder eine Iteration über die Turtleliste durchgeführt. Eine (nicht abgedruckte) Variante neu setzt außerdem vorher alle Turtles in den Ursprung auf einen Richtungswinkel von 90 Grad.

```
  clear:=proc()
    local tu;
    kurven:=[];
    for tu in map(x->x[2],Turtleliste) do
      tu:-setPunkte([tu:-pos()]);
    end do;
    NULL;
  end proc;
```

Etwas mehr Aufwand betreibt die Funktion neustart. Sie löscht außer der Standardturtle alle weiteren Turtles, indem sie die Namen aus der Turtleliste verwendet, um die globalen Variablen zu löschen, an die die Turtles gebunden sind. Danach wird auch die Turtleliste entsprechend reduziert. Anschließend wird die Turtle mit neu initialisiert und der Standard-Zeichenbereich wieder hergestellt.

```
  neustart:=proc()
    local i;
    for i in map(x->x[1],Turtleliste[2..-1]) do unassign(i); end do;
    Turtleliste:=Turtleliste[1..1];
    neu();
```

```
        bereich:=[-5..5,-5..5];
    end proc;
```

Da man häufig nicht mehrere Turtles verwendet, stellt das Modul auch eine Standard-Turtle zur Verfügung und exportiert für diese Standard-Turtle Abkürzungen der Turtle-Befehle. Da der Befehl `makeTurtle(Turtle)` den Namen `Turtle` global bindet, muss diese Bindung zuerst lokal gespiegelt werden, damit die folgenden Abkürzungen korrekt definiert werden können.

```
    makeTurtle(Turtle);
    Turtle:=:-Turtle;
    fd:=Turtle:-forward;
    setpc:=Turtle:-setpencolor;
    lt:=Turtle:-left;
    rt:=Turtle:-right;
    sethd:=Turtle:-setheading;
    .
    .
    wd:=Turtle:-width;
    spo:=Turtle:-setpos;
    pd:=Turtle:-pendown;
    pu:=Turtle:-penup;
    txt:=Turtle:-text;
    hm:=Turtle:-home;
end module;
```

Zum Schluss soll in einigen Beispielen die Verwendung dieses Package demonstriert werden. Weitere Beispiele finden Sie im Worksheet zu diesem Kapitel. Wir beginnen mit einer einfachen Prozedur, die ein Quadrat mit einer als Parameter übergebenen Turtle zeichnet.

```
quad:=proc(l,tu)
    local i;
    for i from 1 to 4 do
        tu:-forward(l); tu:-left(90);
    end do;
end proc:
```

Nun wird diese Prozedur benutzt, um mit zwei verschiedenen Turtles zwei Rosetten zu zeichnen:

```
neu():makeTurtle(t1):
t1:-penup():t1:-setpos(-2,1):t1:-pendown():

for j from 1 to 36 do
    quad(3,Turtle);quad(2,t1):
    lt(10):t1:-right(10):
end do:
show();
```

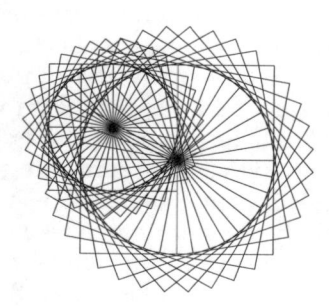

Mit `neu()` wird die Zeichenfläche gelöscht, dann wird die neue Turtle t1 erzeugt und in eine vom Ursprung verschiedene Position gebracht. In der anschließenden Schleife zeichnen t1 und die Standard-Turtle Turtle bei jedem Durchgang je ein Quadrat unterschiedlicher Größe und drehen sich anschließend um 10 Grad. Dadurch entstehen die beiden unterschiedlichen Rosetten. Beachten Sie, dass für Standardbefehle wie die Drehung für Turtle der abgekürzte Befehl benutzt werden kann, während t1 mit der ausführlichen Fassung angesprochen werden muss.

Das nächste Beispiel verwendet Rekursion, um einen 'Pythagorasbaum' zu zeichnen. Die Grafik entsteht aus einem Quadrat, dem auf der Oberseite ein rechtwinkliges Dreieck aufgesetzt wird. Auf den beiden Katheten des Dreiecks werden wieder (kleinere) Quadrate aufgesetzt und auf diesen wieder rechtwinklige Dreiecke usw. Die Funktion erhält als Eingaben die Seitenlänge lng des Grundquadrats, die gewünschte Rekursionstiefe stufe, den einen Winkel alpha des rechtwinkligen Dreiecks und die Turtle tu, mit der gezeichnet werden soll. Um die rekursiven Aufrufe aneinander setzen zu können, muss genau festgelegt werden, wie die Eingangs- und Ausgangsposition der Turtle bei der Zeichnung des Baums sein soll.

```
pythagorasbaum:=proc(lng,stufe,alpha,tu)
  local beta;
  beta:=90-alpha;
  quad(lng,tu);
  if (stufe=0) then
   tu:-forward(lng);
  else
   tu:-left(90);tu:-forward(lng);
   tu:-right(alpha);
   pythagorasbaum(lng*sin(alpha*Pi/180),
                  stufe-1,alpha,tu);
   tu:-right(90);
   pythagorasbaum(lng*sin(beta*Pi/180),
                  stufe-1,alpha,tu);
   tu:-right(beta);tu:-forward(lng);
   tu:-left(90);
  end if;
end proc:
```

In der Prozedur wird davon ausgegangen, dass die Turtle am Anfang am Boden des Quadrats ist und als Erstes die dem Dreieck gegenüberliegende Kante zeichnet. Zum Schluss soll sie am anderen Ende dieser Kante stehen. Bei der Aneinanderreihung der rekursiven Aufrufe müssen diese Festlegungen berücksichtigt werden.

Auf Stufe 0 wird nur ein Quadrat gezeichnet. Nach dieser Zeichnung muss die Turtle noch einmal die Grundseite durchlaufen. Auf höheren Rekursionsstufen muss die Turtle an die linke obere Ecke des Quadrats gebracht werden und um den Winkel alpha gedreht werden. Dann wird aus dieser Ausgangsposition ein passend verkleinerter Pythagorasbaum mit einer um eins erniedrigten Rekursionstiefe gezeichnet. Die Turtle steht anschließend an der Spitze des Dreiecks und muss zur Zeichnung des zweiten verkleinerten Baums um 90 Grad gedreht werden. Anschließend muss sie noch an die rechte untere Ecke des Quadrats bewegt werden.

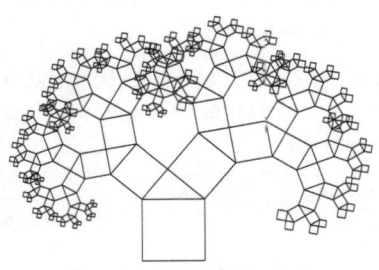

Ein Pythagorasbaum (Rekursionstiefe 7)

```
neu():rt(90):pu():spo(-1.4,-4):pd():
pythagorasbaum(1.7,7,40,Turtle):
pu():spo(0,-4.5):pd():
txt("Ein Pythagorasbaum (Tiefe 7)"):
show();
```

Als letztes Beispiel zeigen wir die Definition einer Funktion, die rekursiv Hilbert-Kurven zeichnet.

```
hilbert0:=proc(lng,stufe,faktor)
  if (stufe > 0) then
    lt(faktor*90);
    hilbert0(lng,stufe-1,-faktor);
    fd(lng);
    rt(faktor*90);
    hilbert0(lng,stufe-1,faktor);
    fd(lng);
    hilbert0(lng,stufe-1,faktor);
    rt(faktor*90);
    fd(lng);
    hilbert0(lng,stufe-1,-faktor);
    lt(faktor*90);
  end if;
end proc:

hilbert:=proc(stufe)
  hilbert0(0.2,stufe,1);
end proc:

neu():hilbert(6):show();
```

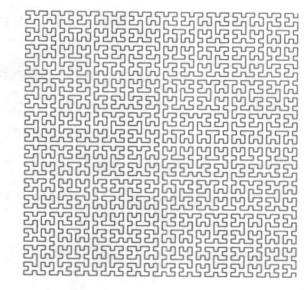

Syntaxzusammenfassung

Fehlersuche

```
tracelast;
```
zeigt Informationen zum letzten Fehler an (Programmcode der Zeile, in der der Fehler aufgetreten ist, Inhalt von Parametern und lokalen Variablen etc.).

```
option trace;
```
zeigt Informationen bei der Auswertung der aktuellen Prozedur an. Die Option muss nach der Definition der lokalen Variablen am Beginn einer Prozedur angegeben werden.

```
trace(prozname);     untrace(prozname);
```
hat dieselbe Wirkung wie die Option `trace`, kann aber auch nachträglich ohne eine Veränderung des Codes eingesetzt werden.

```
printlevel:=n;
```
zeigt Informationen zur Auswertung von Ausdrücken bis zur Ebene n an. Abfragen und Schleifen erhöhen die aktuelle Ebene um 1, Prozeduren um 5.

`userinfo(n, 'name', x);`
   gibt x als Zeichenkette aus, wenn $infolevel[name] \geq n$.

`infolevel[name]:=n:`   `infolevel[all]:=n:`
   bestimmt das Ausmaß von Informationen, die bei der Abarbeitung eines bestimmten Kommandos oder bei allen Kommandos angezeigt werden. n darf Werte zwischen 2 und 5 annehmen. Informationen können nur dann ausgegeben werden, wenn sie im Code des jeweiligen Kommandos vorgesehen sind.

`error Zeichenkette , Parameter1, ... ,Parametern;`
   erzeugt einen Ausnahmezustand (exception). Dazu erzeugt die Funktion eine Sequenz von Ausdrücken. An erster Stelle steht der Name der Funktion, aus der die Ausnahme erzeugt wurde, an zweiter Stelle steht die übergebene Zeichenkette, darauf folgen die Parameter. In der Zeichenkette können Platzhalter der Form %n verwendet werden, um die entsprechenden Parameter anzusprechen. Wird eine Fehlermeldung gedruckt, so werden diese Stellen durch das Druckbild der entsprechenden Werte ausgefüllt. Tritt ein Ausnahmezustand auf, so wird die Programmausführung unterbrochen und der Aufrufstack wird zu einem Exceptionhandler zurückverfolgt, der den Ausnahmezustand behandeln kann. Wenn sich ein solcher nicht findet, landet das System im Toplevel und gibt eine Fehlermeldung aus. Ausnahmen können mit `traperror` (veraltet) oder mit einer `try` - `catch`-Konstruktion behandelt werden.

`traperror(x);`
   wertet x aus. Wenn dabei ein Fehler auftritt, liefert `traperror` die Zeichenkette mit der Fehlermeldung, andernfalls das Ergebnis von x. Die Fehlermeldung wird auch in die globale Variable `lasterror` geschrieben. Diese Funktion ist seit Maple 6 obsolet. Sie wird aus Kompatibilitätsgründen noch unterstützt, sollte aber durch `try -- catch` ersetzt werden.

`try     catch     finally`
   Mit dieser Anweisung kann man Programmteile in einer kontrollierten Umgebung ausführen und Bedienungsfehler oder Systemfehler so behandeln, dass nicht notwendig ein Programmabbruch erfolgt. Aufbau und Funktion dieser Anweisung sind auf S. 496 beschrieben.

Verweis: Die Kommandos des Maple-Debuggers sind auf Seite 491 beschrieben.

Analyse des Zeit- und Speicherverbrauchs

`showtime;    showtime();    off;`
zeigt nach der Ausführung jedes Kommandos die Rechenzeit und den Speicherbedarf während der Berechnung an. Außerdem werden die Ergebnisse in durchlaufenden Variablen $O1, O2, O3,..$ gespeichert. `off` beendet diesen Modus.

`profile`
`profile(proc1, proc2, proc3 ...);`
`showprofile();`
`unprofile(proc1, proc2, proc3 ...);`
`profile` gibt an, welche Prozeduren oder Kommandos analysiert werden sollen. Nach der Ausführung der Prozeduren zeigt `showprofile` an, welche Prozeduren wie oft (rekursiv) aufgerufen wurden und wie viel Rechenzeit und Speicher sie beanspruchten.

Packages laden und speichern

`save proc1, proc2, ..., 'name.m';`
speichert die Prozeduren in der Datei `name.m` im Binärformat.

`read 'name.m';`
liest die Prozeduren ein.

`savelib(proc1, proc2, ... , 'name.m');`
speichert die Prozeduren in der Library-Datei in dem durch *savelibname* angegebenen Verzeichnis (siehe unten).

`with(name);`
liest die Datei `name.m` aus einem in `libname` genannten Verzeichnis oder aus einer Library. `name.m` muss die Definition einer Tabelle `name` enthalten. Deren Elemente stehen nach der Ausführung von `with` als neue Kommandos zur Verfügung.

`libname`
enthält die Namen aller Verzeichnisse, die Librarys und Hilfedateien enthalten.

`savelibname`
enthält den Namen des Verzeichnisses, in das `savelib` schreiben soll.

Module

```
module() export eseq; local lseq; global gseq; option optseq; description desc;
BODY end module
```
definiert ein Modul. `eseq` sind die vom Modul exportierten Namen, denen im Modul Werte (Funktionen oder Daten) zugewiesen werden. `lseq` sind im Modul lokal verwendete Namen, die außerhalb des Moduls nicht zugänglich sind. `gseq` sind globale Namen, die im Modul verwendet werden. BODY sind die Anweisungen der Moduldefinition. `desc` ist eine Zeichenkette, die eine verbale Beschreibung des Moduls liefert.

`use` *Modulname* `in` *BODY* `end use`
 erlaubt die Verwendung der von einem Modul exportierten Namen in den Anweisungen von *BODY*. Für weitere Verwendungen sollten Sie die Online-Hilfe konsultieren.

Kapitel 31

Grafik III: Spezialkommandos

In diesem Kapitel geht es um verschiedene Spezialkommandos aus dem Package `plots`, die in den bisherigen Kapiteln zum Thema Grafik noch nicht behandelt wurden.

`logplot, semilogplot, loglogplot`
zeichnen Funktionen mit einfach- oder doppelt-logarithmischer Achsenskalierung.

`densityplot, contourplot`
stellen zweiparametrige Funktionen auf einem ebenen Raster durch Schattierungen bzw. durch Höhenlinien dar.

`complexplot, complexplot3d, conformal` und `rootlocus`
dienen zur Visualisierung komplexer Funktionen durch die Trennung von Real- und Imaginärteil, durch die Verwendung von Farben, durch konforme Abbildungen oder durch die Darstellung der Nullstellen einer charakteristischen Gleichung (Wurzelortskurven).

`coordplot, coordplot3d`
zeichnet das Netz eines Koordinatensystems. Maple kennt eine Vielzahl von Koordinatensystemen, die bei den meisten `plot`-Kommandos durch die Option `coords` eingestellt werden.

`inequal, implicitplot3D, polyhedraplot`
sind Spezialkommandos zur Visualisierung von Ungleichungen (2D), von impliziten dreiparametrigen Funktionen und von Vielflächern (Dodecahedron, Icosahedron etc.).

`animate`
bildet aus mehreren Grafiken eine Animation (eine bewegte Grafik).

Verweis: Eine generelle Einführung zum Thema Grafik finden Sie in den Kapiteln 19 (2D-Grafik) und 20 (3D-Grafik). Dort sind zahlreiche Optionen beschrieben, die auch in diesem Kapitel wieder eingesetzt werden. Einige Grafikkommandos für Spezialanwendungen wurden in den Kapiteln 18 (Darstellung von Differentialgleichungen), 21 (Darstellung statistischer Daten) und 27 (Darstellung von Vektorfeldern) behandelt. Informationen zum Thema Grafikprogrammierung finden Sie im folgenden Kapitel.

Grafiken im logarithmischen Maßstab

Funktionen mit exponentiellem Verlauf werden häufig in einem logarithmischen Maßstab für die y-Achse dargestellt. Der exponentielle Zusammenhang zwischen x und y wird dadurch linear abgebildet.

Die Funktionen e^x und e^{2x} werden durch `logplot` als unterschiedlich steile Geraden dargestellt und das Schaubild von e^{x^2} wird zur Parabel.

```
with(plots):
logplot( {exp(x), exp(x^2), exp(2*x)},
         x=0.1..10, 1..10^6);
```

Während `logplot` nur den Maßstab der y-Achse verändert, verwendet `loglogplot` für beide Achsen eine logarithmische Skalierung. Die Abbildung rechts soll den Amplitudengang einer Regelfunktion darstellen.

```
s:= I*omega:
f:= (1+s*2/5) * (1+s/9) /
    ( (1+s) * (1+s/99) ):

loglogplot( abs(f),
  omega=0.01..10000);
```

So recht kann die obige Abbildung allerdings nicht begeistern. Bei der Berechnung der Stützpunkte für die Kurve wird der logarithmische Maßstab ganz offensichtlich nicht beachtet. Daher müssen die Stützpunkte durch die `sample`-Option vorgegeben werden.

```
loglogplot( abs(f),
  omega=0.01..10000, axes=boxed,
  sample=[seq(10^(n/10), n=-20..50)]);
```

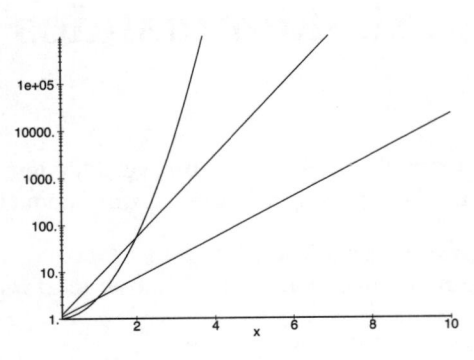

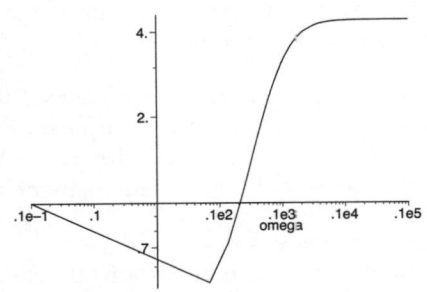

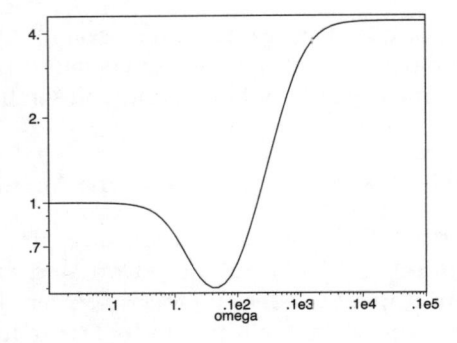

semilogplot ist das Gegenstück zu logplot: Die x-Achse wird logarithmisch dargestellt, die y-Achse linear. Wie bei loglogplot muss die sample-Option verwendet werden, um ein passables Ergebnis zu erzielen.

```
semilogplot( argument(f)*180/Pi,
   omega=0.01..10000, axes=boxed,
   sample=[seq(10^(n/10), n=-20..50)]);
```

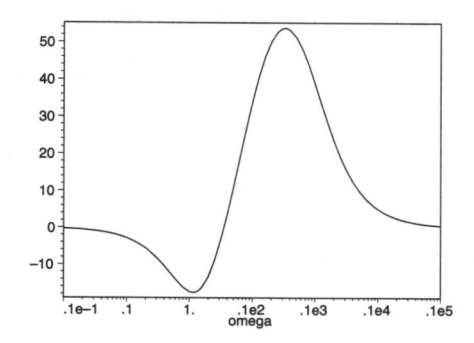

Zweidimensionale Rastergrafik

In Kapitel 20 wurde das Kommando plot3d vorgestellt, mit dem Funktionen der Form $z = f(x, y)$ als Flächen im Raum dargestellt werden können. Die beiden in diesem Abschnitt behandelten Kommandos densityplot und contourplot eignen sich zur zweidimensionalen Darstellung solcher Funktionen.

densityplot ist in seinen Variationsmöglichkeiten ziemlich eingeschränkt. Es stellt eine zweiparametrige Funktion in einem Raster von Graustufen dar. Die Anzahl der Rasterpunkte kann durch grid=[n,m] eingestellt werden.

In der Abbildung rechts wird der Wertebereich der Funktion f durch verschiedene Graustufen dargestellt.

```
with(plots):
f:=(x-1)*(x+2)*(y-2)*(y+2):
densityplot(f, x=-3..3, y=-3..3,
            axes=boxed);
```

Auch contourplot stellt Funktionen der Form $z = f(x, y)$ zweidimensional dar. In der Standardeinstellung dieses Kommandos wird der Wertebereich von f durch Höhenlinien gezeichnet.

```
contourplot(f, x=-3..3, y=-3..3);
```

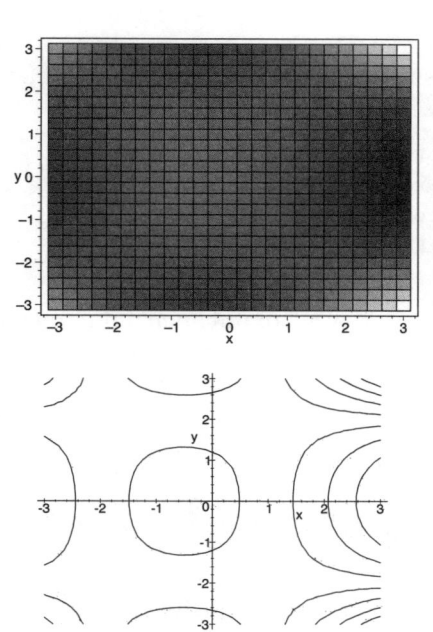

Exaktere Ergebnisse erhalten Sie, wenn Sie
sowohl die Zeichengenauigkeit durch grid
als auch die Anzahl der Höhenlinien durch
contours vergrößern.

```
contourplot(f, x=-3..3, y=-3..3,
  grid=[30,30], contours=25,
  color=black, axes=boxed);
```

Mit der Option filled können Sie die äqui-
potentialen Bereiche wie auf einer Landkarte einfärben. Mit coloring geben Sie dabei den gewünschten Farbbereich an.

```
contourplot(f, x=-3..3, y=-3..3,
  axes=boxed, filled=true,
  coloring=[white,black]);
```

Wenig überraschend stellt contourplot3d
die dreidimensionale Variante zu contourplot dar. Durch shading=none wird erreicht,
dass die Höhenlinien schwarz (nicht farbig)
gezeichnet werden.

```
contourplot3d(f, x=-3..3, y=-3..3,
  axes=boxed, filled=true,
  coloring=[white,black],
  shading=none);
```

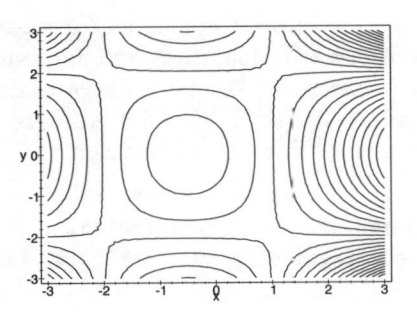

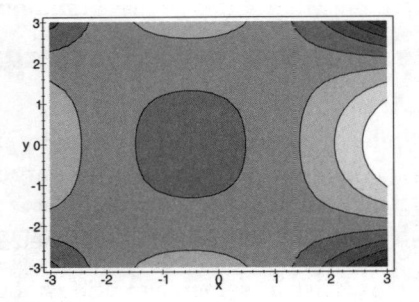

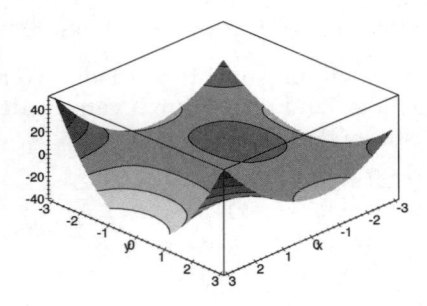

contourplot3d kommt auch mit parametrischen Funktionen $[fx, fy, fc]$ zurecht. Die Funktion fc wirkt sich dabei nicht auf die Form der Grafik, sondern ausschließlich auf deren Kolorierung aus. Mit der Option orientation lässt sich auch mit contourplot3d eine zweidimensionale Anzeige des Ergebnisses erzielen.

Visualisierung komplexer Funktionen

Das Problem beim Zeichnen komplexer Funktionen besteht darin, dass möglichst vier Variablen (Real- und Imaginärteil der unabhängigen Variablen der Funktion sowie Betrag und Phase des Ergebnisses) in einer einzigen Grafik abgebildet werden sollen. Eine 'nor-

Visualisierung komplexer Funktionen

male' dreidimensionale Grafik stellt dagegen nur drei Variablen dar (z.B. die z-Werte einer Funktion aufgetragen über den x- und y-Koordinaten).

Eine Lösung für das Problem wurde bereits in Kapitel 20 vorgestellt: Mit `plot3d` kann der Betrag der Funktion durch eine Fläche im Raum und der Phasenwinkel durch die Farbverteilung dargestellt werden.

Bequemere Alternativen bieten die Kommandos `complexplot` (zweidimensionale Darstellung einer Funktion mit einem Parameter), `complexplot3d` (dreidimensionale Darstellung einer Funktion mit zwei Parametern), `conformal` (konforme Abbildung eines durch die komplexe Funktion verzerrten Rasters) und `rootlocusplot` (Abbildung des Orts von Nullstellen einer charakteristischen Funktion).

Zweidimensionale Abbildung komplexer Funktionen

`complexplot` stellt einparametrige Funktionen zweidimensional dar. Intern entspricht `complexplot` im Wesentlichen dem normalen `plot`-Kommando zum Zeichnen einer parametrischen Funktion. Die Besonderheit besteht lediglich darin, dass `complexplot` die zwei Teilfunktionen für die x- und y-Werte automatisch bildet (Real- und Imaginärteil).

Die Abbildung rechts zeigt den Verlauf der tan-Funktion, wenn komplexe Zahlen zwischen $-\pi - \pi I$ und $\pi + \pi I$ eingesetzt werden.

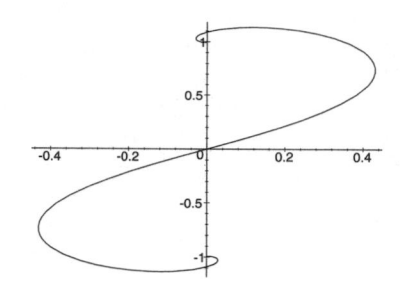

```
complexplot(tan(x*(1+I)), x=-Pi..Pi);
```

`complexplot` eignet sich auch dazu, Punkte in der komplexen Ebene rasch zu zeichnen. Dazu muss lediglich die Option `style=point` verwendet werden.

```
solve(z^12=1);
```

$$1, -\frac{1}{2} + \frac{1}{2} I \sqrt{3}, -\frac{1}{2} - \frac{1}{2} I \sqrt{3}, \cdots$$

```
complexplot( [%], style=point,
  axes=boxed);
```

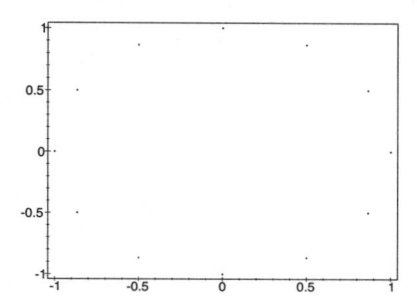

Dreidimensionale Abbildung komplexer Funktionen

`complexplot3d` entspricht im Prinzip `plot3d` unter Angabe einer Steuerfunktion für die `color`-Option. `complexplot3d` ist allerdings erheblich einfacher zu bedienen. Standardmäßig stellt das Kommando den Betrag einer zweiparametrigen Funktion dar und verwendet den Phasenwinkel zur Kolorierung.

Die Abbildung rechts zeigt den Betrag der komplexen Sinusfunktion. Durch die Einstellung der `orientation`-Option wurde die Grafik so gedreht, dass der Realteil von links nach rechts, der Imaginärteil von vorne nach hinten geht.

```
complexplot3d(sin(z), z=-I..2*Pi+I,
  orientation=[-70,21], axes=boxed,
  style=patch, grid=[40,40]);
```

Wenn an `complexplot3d` zwei Funktionen übergeben werden, dann bestimmt die erste Funktion die z-Koordinate der Fläche und die zweite Funktion die Farbe. Die Abbildung rechts zeigt dieselbe Funktion wie oben, allerdings bestimmt jetzt der Realteil die z-Koordinate und der Betrag die Farbe.

```
f:=sin(z):
complexplot3d( [Re(f),abs(f)],
  z=0..Pi+I, style=patch,
  axes=boxed);
```

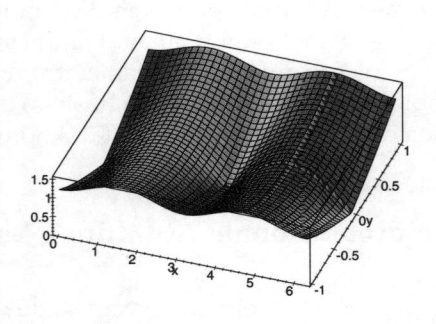

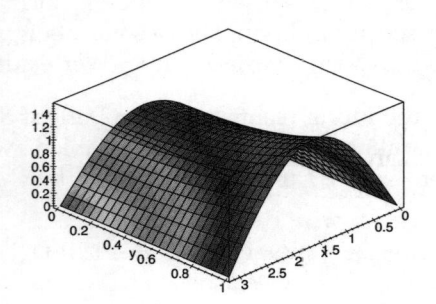

Besonders spektakuläre Bilder ergeben sich (nach längerer Rechenzeit), wenn der Newton-Algorithmus zur näherungsweisen Bestimmung der Nullstellen von komplexen Funktionen ($N(z) = z - p(z)/(p'(z) + s\,I)$) visualisiert wird. Eine eindrucksvolle Farbabbildung finden Sie im 'Learning Guide', an dieser Stelle muss eine Schwarzweißabbildung ausreichen.

```
p:=(z-1)*(z^2+z+5/4);
```

$$p := (z-1)\,(z^2 + z + \frac{5}{4})$$

```
f := unapply(z- p / (diff(p,z)-0.5*I), z);
```

$$f := z \to z - \frac{(z-1)\,(z^2 + z + \frac{5}{4})}{z^2 + z + \frac{5}{4} + (z-1)\,(2z+1) - .5\,I}$$

f@@4 entspricht $f(f(f(f(z))))$, also der vierfachen Verkettung einer Funktion. f@@4 wird von Maple effizienter ausgewertet als $f(f(f(f(z))))$.

```
complexplot3d(f@@4,-4-4*I..4+4*I,
  view=-1..2,style=patchnogrid,
  grid=[100,100]);
```

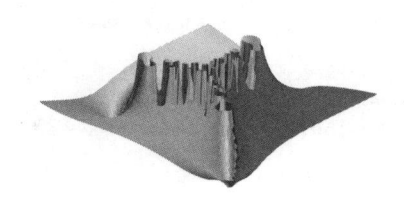

Konforme Abbildungen

Das Kommando conformal berechnet für einen Bereich der komplexen Zahlenebene die Resultate der komplexen Funktion und zeichnet das entstehende, verzerrte Gitter. An das Kommando wird im ersten Argument die darzustellende Funktion und im zweiten Argument ein rechteckiger komplexer Bereich übergeben. Maple überzieht den komplexen Bereich mit einem Raster, berechnet die Funktionswerte an den Rasterpunkten und verbindet die resultierenden (komplexen) Koordinatenpunkte.

Die Abbildung der trivialen Funktion $f(z) = z$ führt unmittelbar zum Rechteckraster, das conformal über die Funktion legt. Am Bildschirm wird die Grafik zweifarbig dargestellt (vertikale Linien rot, horizontale Linien grün). Zum Ausdruck von Grafiken sollten Sie die Option color=black angeben.

```
with(plots):
conformal(z, z=-1-I..2+I,
          axes=boxed);
```

Der erste Versuch, die Funktion $1/z$ darzustellen, endet in einer ziemlich trostlosen Grafik.

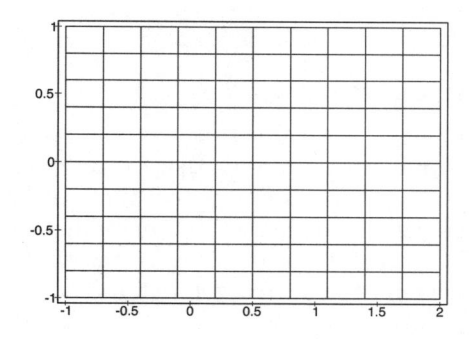

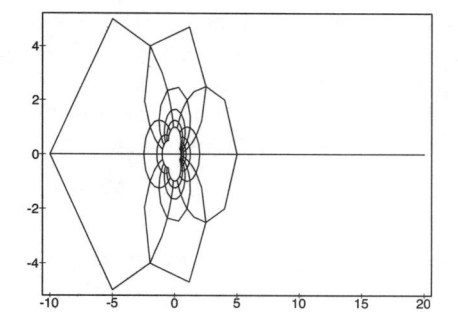

```
conformal(1/z, z=-1-I..2+I,
          axes=boxed);
```

Mit den Optionen view und grid lässt sich
die Darstellung verbessern.

```
display( conformal(1/z,
    z=-1-I..2+I, -4-3*I..4+3*I,
    grid=[50,50], axes=boxed),
  view=[-4..4, -3..3]);
```

Die Abbildung rechts zeigt eine weitere
konforme Abbildung. Beachten Sie, dass
der Zeichenbereich nur Punkte der rechten
komplexen Halbebene umfasst.

```
conformal( (z+1+I)^3, z=-I*2..2+2*I,
  grid=[40,40], axes=frame,
  scaling=constrained);
```

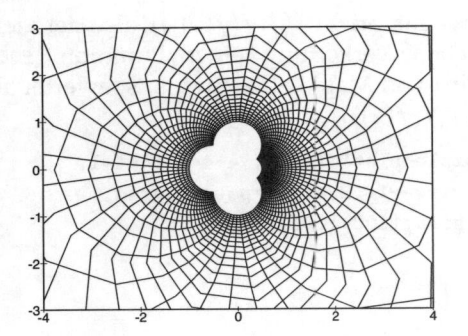

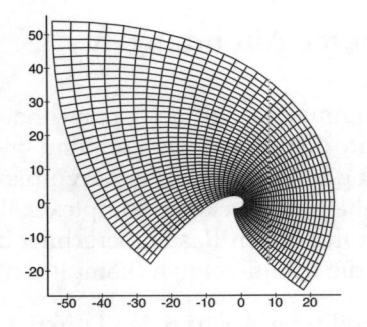

Wurzelortskurven

In Wurzelortskurven werden für die komplexe Funktion f die Nullstellen der Funktion $1 + kf = 0$ angezeigt, wobei für k reelle Zahlen für einen vorgegebenen Wertebereich eingesetzt werden. Das Kommando rootlocus löst also die Gleichung $1 + kf = 0$ der Reihe nach für immer neue Werte für k und verbindet zusammengehörige Nullstellen durch Linienzüge. Wurzelortskurven werden zumeist zur Beurteilung der Stabilität von Regelkreisen verwendet.

rootlocus stellt die einzelnen Linienkurven
in unterschiedlichen Farben dar. Die color-
Option hat keinen Einfluss auf die Farbe
der Kurve, worunter die Darstellung im
Schwarzweißdruck etwas leidet.

```
f:=(z*(z+0.5) - (z+2)*(2*z+0.5) ) /
              (z^2*(z+0.5)^2 );
```

$$f := \frac{z(z+.5) - (z+2)(2z+.5)}{z^2(z+.5)^2}$$

```
rootlocus(f, z, -5..5, style=line,
          thickness=3);
```

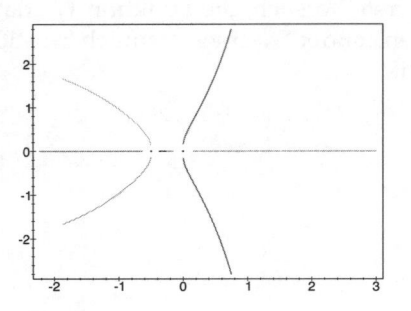

Wenn die Option `style=point` verwendet wird, zeichnet `rootlocus` nur die Punkte der Nullstellen, ohne zu versuchen, die Punkte zu Linien zu verbinden (vorteilhaft bei unübersichtlichem Kurvenverlauf).

```
f:=(1+s)^2 /
  (s^2*(1+4.5*s)*(1+0.12*s)^2);
```

$$f := \frac{(1+s)^2}{s^2 (1+4.5\,s)(1+.12\,s)^2}$$

```
rootlocus(f, s, -5..5, style=point);
```

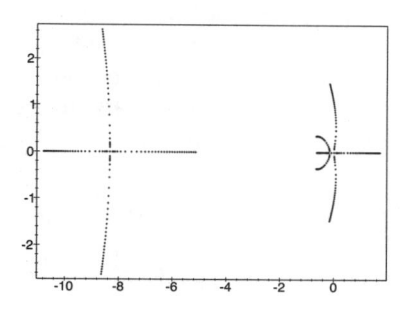

Hinweis: Zum Thema 'algebraische Kurven' finden Sie Beispiele im Worksheet (Package `algcurves`).

Grafik in verschiedenen Koordinatensystemen

Maple kennt über vierzig vordefinierte Koordinatensysteme, die bei den meisten `plot`- bzw. `plot3d`-Kommandos durch die Option `coords` eingestellt werden können. Eine Liste mit den vordefinierten Koordinatensystemen gibt `?coords`.

Die Anwendung der Koordinatensysteme ist einfach: Bei zweidimensionalen Koordinatensystemen werden die Standardkoordinaten x und y durch die Koordinaten des jeweiligen Systems ersetzt – bei polaren Koordinatensystemen etwa durch r und ϕ. Selbstverständlich können Sie die Variablen weiterhin nennen, wie Sie wollen – auch x und y.

```
plot(phi, phi=0..2*Pi,
  coords=polar);
```

Mit dem Kommando `coordplot` kann das Netz eines Koordinatensystems angezeigt werden. Die Abbildung rechts zeigt ein logarithmisches Koordinatensystem, wobei die Linien der beiden Koordinaten durch unterschiedliche Linienformen gekennzeichnet sind.

```
coordplot(logarithmic,labelling=true,
  linestyle=[1,2],
  scaling=constrained);
```

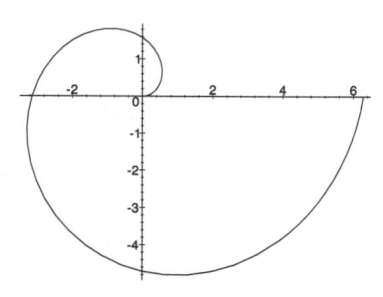

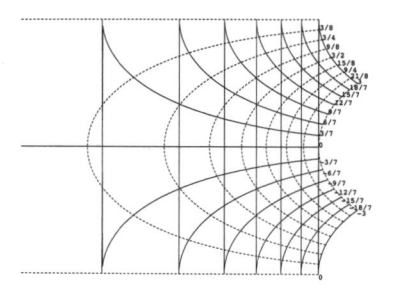

Im zweiten Parameter von `coordplot` kann
der Bereich angegeben werden, für den das
Koordinatensystem gezeichnet wird. Die
Abbildung rechts zeigt das Netz für ein polares Koordinatensystem mit $0 \leq r \leq 1$ und
$0 \leq \phi \leq 7\pi/4$.

```
coordplot(polar, [0..1,0..7*Pi/4],
  labelling=true,
  grid=[5,8], linestyle=[1,2],
  scaling=constrained);
```

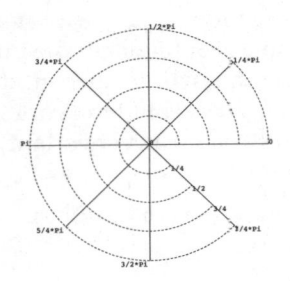

Entsprechend können dreidimensionale Koordinatensysteme bei `plot3d` verwendet werden. Wenn durch `coords=spherical` auf Kugelkoordinaten umgestellt wird, erwartet Maple die Parameter in der Form $r(\theta, \phi), \theta = \theta 0..\theta 1, \phi = \phi 0..\phi 1$. Die Kommandos unten zeichnen näherungsweise die Richtcharakteristik einer Antenne. Dabei verhindert die Option `scaling` wie bei 2D-Grafiken eine Verzerrung der Achsenmaßstäbe.

```
r:=sin(phi) *
  cos( Pi/2 * sin(phi)*cos(theta) );
```

$$r := \sin(\phi) \cos(\frac{\pi \sin(\phi) \cos(\theta)}{2})$$

```
plot3d( r, theta=0..2*Pi, phi=0..Pi,
        scaling=constrained,
        orientation=[-15,53],
        grid=[35,35],
        coords=spherical );
```

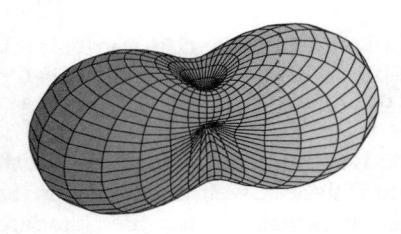

Auch Zylinderkoordinaten stellen kein Problem dar. Die drei Parameter von `plot3d` lauten jetzt: $r(\theta, z), \theta = \theta 0..\theta 1, z = z0..z1$. Diese Variante von `plot3d` eignet sich insbesondere zur Darstellung von Rotationskörpern.

```
plot3d( 2+sin(z), theta=0..2*Pi,
   z=0..10, grid=[25,25],
   orientation=[45,71],
   coords=cylindrical);
```

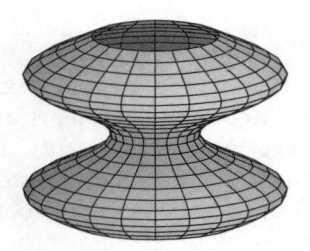

Spezialkommandos

coordplot3d zeichnet drei Flächen, bei denen je zwei Koordinaten variiert und die dritte konstant (auf 0 oder 1) gehalten wird. Durch den optionalen zweiten Parameter kann der Wertebereich für die Koordinaten eingestellt werden. Das wurde für die Abbildung rechts genutzt, um einen Blick in das Innere eines zylindrischen Koordinatensystems zu gewähren.

```
coordplot3d(cylindrical,
  [0..2, 0..7*Pi/4, -1..1],
  orientation=[-13,49]);
```

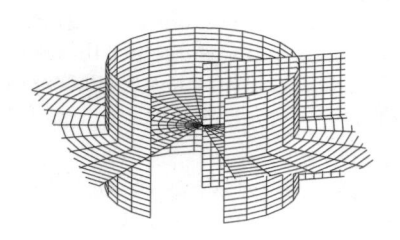

Spezialkommandos

Grafische lineare Optimierung

Ungleichungen können mit inequal zweidimensional dargestellt werden. Die Bedienung des Kommandos bereitet wenig Schwierigkeiten, ungewöhnlich ist lediglich die Einstellung der Optionen. optionsfeasible bestimmt, wie die Fläche dargestellt werden soll, die alle Ungleichungen erfüllt. Entsprechend ist optionsexcluded für die Flächen zuständig, die zumindest eine Ungleichung nicht erfüllen. optionsclosed bestimmt das Linienformat für die Begrenzung von Linien durch $\leq$- oder $\geq$-Operatoren. optionsopen ist für Begrenzungslinien durch <- oder >-Operatoren zuständig.

```
inequal( { x+y>=-1, x-y/2<=1, y-x/5<4},
  x=-5..4, y=-2..5,
  optionsfeasible=(color=grey),
  optionsexcluded=(color=white),
  optionsclosed=(thickness=3),
  optionsopen=(linestyle=3,thickness=1),
  axes=boxed );
```

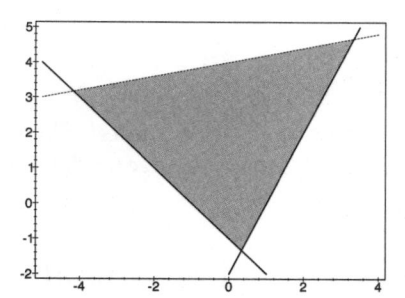

Implizite 3D-Grafiken

Bereits in Kapitel 19 wurde das Kommando implicitplot vorgestellt, das implizite Funktionen (etwa $x^2 + y^2 = 1$) grafisch darstellt. Dieses Kommando besitzt eine 3D-Variante, die gut mit dreiparametrigen impliziten Funktionen zurechtkommt.

Die Abbildung rechts zeigt die Kugelfläche $x^2+y^2+z^2=1$. Die Kugelfläche ist zwar etwas unüblich aus unterschiedlich geformten Teilflächen zusammengesetzt, aber gut erkennbar.

```
with(plots):
implicitplot3d( x^2+y^2+z^2=1,
  x=-1..1, y=-1..1, z=-1..1,
  grid=[10,10,10],
  scaling=constrained);
```

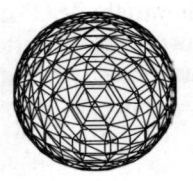

Polyhedraplot

Maple kennt zur Zeit 123 vordefinierte Polyedren (Vielflächer), die zur Veranschaulichung mathematischer und physikalischer Probleme (Optimierung, Molekülphysik) verwendet werden können. An das Kommando `polyhedraplot` werden die Koordinaten des Mittelpunkts des Vielflächers übergeben. Die Optionen `polytype` und `polyscale` steuern den Typ des Vielflächers und seine Größe. Die Abbildung zeigt eine kleine Auswahl.

```
with(plots):
polys:=array([tetrahedron,octahedron,
    hexahedron,dodecahedron,
    icosahedron]):
seq( polyhedraplot([2.5*n^1.6,n,n/3],
    polytype=polys[n],
    polyscale=1.5+n*0.7), n=1..5):
display( [%], scaling=constrained,
    orientation=[-126,56]);
```

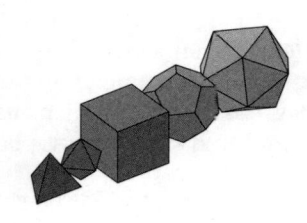

Hinweis: Im Worksheet finden Sie eine alphabetische Liste der 123 Polyedren. Mit `polygonplot3d` kann man eigene Polyedren definieren.

Bewegte Grafik (Animation)

Das Kommando `animate` berechnet mehrere zweidimensionale Grafiken und zeigt diese anschließend als Film an. `animate3d` ist die dreidimensionale Variante dieses Kommandos. Beide Kommandos weisen in ihrer Bedienung große Ähnlichkeit mit den Kommandos `plot` und `plot3d` auf. Wenn Sie eine bewegte Grafik aus Bildern zusammensetzen möchten, die nur mit Spezialkommandos wie `tubeplot` gezeichnet werden können, müssen Sie `display` zur Präsentation Ihres Films verwenden.

Bewegte Grafik (Animation)

Das folgende Kommando berechnet 30 Bilder, in denen eine Sinusschwingung nach links wandert. Gegenüber dem normalen `plot`-Kommando unterscheidet sich `animate` durch den dritten Parameter. Dieser Parameter gibt die Variable an, die in den einzelnen Bildern des Films variiert werden soll. Über die Option `frames` kann die gewünschte Anzahl von Bildern angegeben werden.

```
with(plots):
animate( sin(x+phi), x=-1..8, phi=0..2*Pi, frames=30);
```

Etwas mehr Rechenzeit beansprucht das folgende Kommando, das eine auseinander laufende dreidimensionale Sinuswelle darstellt. Der Bereich für ϕ wurde absichtlich nicht von 0 bis 2π gewählt – dann würde nämlich ein Bild des Films doppelt vorkommen, der Film würde einen spürbaren Ruck aufweisen.

```
animate3d( sin(sqrt(x^2+y^2)+phi), x=-6..6, y=-6..6, phi=0..2*Pi-2*Pi/15,
   frames=15);
```

Die Kommandos unten berechnen in einer einfachen Schleife zehn Bilder eines sich drehenden spiralförmigen Schneckenhauses. Die berechneten Grafiken werden in der Liste *data* gespeichert und durch `display` angezeigt. Dabei muss die Option `insequence=true` verwendet werden, damit `display` die Bilder nicht überlagert, sondern als Sequenz (als Film) darstellt.

```
data:=[]:
for i from 1 to 10 do
  phi:=2*Pi/10*i:
  data:=[op(data),
      tubeplot( [-t^1.5/5,3*cos(t+phi),3*sin(t+phi)], t=0..8*Pi, radius=t/8,
          scaling=constrained,grid=[60,15])   ]:
od:
display(data, insequence=true,  orientation=[107,56]);
```

Die folgende Variante wird in den Worksheets zum Buch häufig verwendet:

```
i:='i':phi:=2*Pi/10*i:
display([seq(tubeplot( [-t^1.5/5,3*cos(t+phi),3*sin(t+phi)], t=0..8*Pi,
radius=t/8,scaling=constrained,grid=[60,15]),i=1..10)],
insequence=true,  orientation=[107,56]);
```

Syntaxzusammenfassung

```
with(plots);
```
aktiviert die im Folgenden beschriebenen Kommandos.

Logarithmische Kurven

```
logplot(f, x=x0..x1);
semilogplot(f, x=x0..x1); loglogplot(f, x=x0..x1);
```
stellen die Funktion $f = f(x)$ in einem einfach- oder doppeltlogarithmischen Koordinatensystem dar. Bei logplot ist die y-Achse logarithmisch skaliert, bei semilogplot die x-Achse und bei loglogplot beide Achsen. Durch die Option sample=[x0,x1,x2,...] können die Stützpunkte angegeben werden, bei denen die Funktion f ausgewertet wird.

Zweidimensionale Rastergrafik

```
densityplot(f, x=x0..x1, y=y0..y1);
```
stellt die Werte der Funktion $f = f(x,y)$ im angegebenen Bereich durch unterschiedliche Grauschattierungen dar.

```
contourplot(f, x=x0..x1, y=y0..y1);
```
stellt f durch Höhenlinien (Linien gleicher Funktionswerte) dar. Die Option contours=n gibt die Anzahl der Höhenlinien an. Durch filled=true kann eine flächige Kolorierung der Äquipotentialflächen erreicht werden. Die Option coloring=[farbe1,farbe2] gibt die Farben an, zwischen denen variiert werden soll. (Eine Liste der vordefinierten Farben erhalten Sie mit ?color.)

```
contourplot3d(f, x=x0..x1, y=y0..y1);
```
ist die dreidimensionale Variante zu contourplot. Zusätzlich zu den oben aufgezählten Optionen können alle Optionen von plot3d verwendet werden.

Visualisierung komplexer Funktionen

```
complexplot( [z1,z2,z3,...], style=point);
complexplot( f, t=a..b);
```
zeichnet die komplexen Punkte $z1, z2...$ bzw. die komplexe Funktion $f(z)$. Dabei werden Real- und Imaginärteil in x- und y-Werte umgewandelt. a und b müssen reelle Zahlen sein, z darf aber ein komplexer Ausdruck sein (z.B. $t\,(1+I)$).

```
complexplot3d( f, z=a..b)); complexplot3d( [f1,f2], z=a..b);
```
stellt die Funktion $f(z)$ dreidimensional dar. Dabei geben die komplexen Zahlen a und b den Wertebereich in der komplexen Zahlenebene vor. Die z-Koordinate ergibt sich aus dem Betrag von f, die Farbe aus dem Phasenwinkel. In der zweiten Variante bestimmt die reelle Funktion $f1$ die z-Koordinate, die reelle Funktion $f2$ die Farbe.

```
conformal(f, z=z1..z2, z3..z4);
```
stellt die konforme Abbildung eines Rechteckrasters durch die komplexe Funktion $f = f(z)$ grafisch dar. In die Funktion werden z-Werte aus dem komplexen Bereich $z1..z2$ eingesetzt. Die resultierenden Linien werden im komplexen Bereich $z3..z4$ gezeichnet.

```
rootlocus(f,z,a..b);
```
zeichnet die Wurzelortskurve zu $f(z)$. Dazu wird die Gleichung $1 + k\,f = 0$ gelöst, wobei für k Werte aus dem Bereich $a..b$ eingesetzt werden. Die zusammengehörenden Nullstellen der Gleichung werden durch verschiedenfarbige Linienzüge verbunden.

Grafiken in nicht kartesischen Koordinatensystemen

```
plot(v(u), u=u1..u2, coords=c);
plot3d(w(u,v), u=u1..u2, v=v1..v2, coords=c);
```
Bei fast allen `plot`-Kommandos kann durch die Option `coords` das gewünschte Koordinatensystem angegeben werden. Dadurch wird eine Transformation der zwei oder drei Parameter u, v und w in die kartesischen Koordinaten x, y und z durchgeführt. Eine Auflistung aller 45 vordefinierten Koordinatensysteme samt Transformationsgleichungen finden Sie unter `?coords`. Besonders wichtige Koordinatensysteme sind `polar` (2D), `spherical` (3D) und `cylindrical` (ebenfalls 3D). Bei einigen Koordinatensystemen können zusätzliche optionale Parameter angegeben werden, etwa `ellipsoidal(2,4)`.

```
coordplot(c, [u1..u2, v1..v2]);
coordplot3d(c, [u1..u2, v1..v2, w1..w2]);
```
stellt das Koordinatensystem c grafisch dar. Dazu wird ein Raster von Punkten für den optional angegebenen Wertebereich durch die jeweilige Koordinatentransformation im kartesischen System abgebildet. Durch die Option `labelling=true` wird eine Beschriftung der einzelnen Linien erreicht.

Spezialkommandos

```
inequal( {f1(x,y)>n1, f2(x,y)<n2, ...}, x=x1..x2, y=y1..y2);
```
stellt Ungleichungen grafisch zweidimensional dar. Die Optionen `optionsfeasible` und `optionsexcluded` geben an, wie die Flächen dargestellt werden sollen, deren Punkte das Gleichungssystem erfüllen bzw. nicht erfüllen. `optionsclosed` und `optionsopen` steuern die Darstellung der Begrenzungslinien für die Operatoren $\geq$ und $\leq$ bzw. für $<$ und $>$. Die Einstellung erfolgt in der Form `optionsxy=(color=c, thickness=n1, linestyle=n2)`.

```
implicitplot3d(f, x=x0..x1, y=y0..y1, z=z0..z1);
```
stellt die implizite Funktion $f = f(x, y, z)$ im angegebenen Bereich dar. Die Anzahl der zu berechnenden Punkte kann durch `grid=[nx,ny,nz]` gesteuert werden.

```
polyhedraplot( [x,y,z], polytype=name, polyscale=radius);
```
stellt ein Polyeder dar. Die erste Liste gibt den Mittelpunkt an. Mit `polytype` kann man einen Polyeder aus `polyhedra_supported` wählen.

Animation

```
animate(f, x=x0..x1, t=t0..t1);
```
berechnet mehrere Bilder der Funktion f und variiert dabei die Variable t. Die Bilder werden anschließend als Film angezeigt. Durch die Option `frames` kann die Anzahl der zu berechnenden Bilder gesteuert werden.

```
animate3d(f, x=x0..x1, y=y0..y1, t=t0..t1);
```
wie oben, aber für dreidimensionale Grafiken.

```
display( [g1,g2,g3..], insequence=true);
```
stellt die zuvor berechneten Grafiken $g1, g2, g3...$ in bewegter Form (als Film) dar. Die Grafiken können auch innerhalb von `display` als Folge berechnet werden, z.B.:
`display([seq(plot(...),i=a..b)], insequence=true);`

Kapitel 32

Grafik IV: Grafikprogrammierung

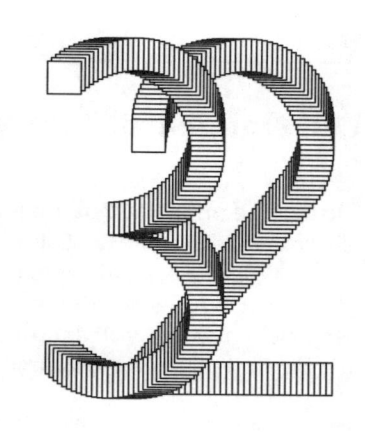

Dieses Kapitel enthält eine Einführung in das Thema Grafikprogrammierung. Inhaltlich baut es auf die vorangegangenen Kapitel zu den Themen Grafik und Programmierung auf. Es beginnt mit einer allgemeinen Behandlung der wichtigsten Datenstrukturen, die zur internen Verwaltung von Grafiken verwendet werden (PLOT, PLOT3D, CURVES, POLYGONS, STYLE, COLOR, MESH etc.).

Es beschreibt die Kommandos des Package `plottools`, mit denen verschiedene Grafikgrundelemente (`arc`, `circle` etc.) sowie Kommandos zur Manipulation vorhandener Grafiken (`rotate`, `stellate`, `cutout` etc.) zur Verfügung stehen.

Anschließend werden drei konkrete Programmierbeispiele vorgestellt:

- das neue Kommando `dotplot` zur Darstellung von Punktgrafiken,
- das neue Kommando `moebius` zum Zeichnen von Möbiusbändern (siehe Titelbild!) und
- das neue Kommando `colorplot3d`, mit dem die Einfärbung von 3D-Grafiken exakter als in `plot3d` gesteuert werden kann.

Die Datenstrukturen PLOT und PLOT3D

Die einzige offizielle Dokumentation der Grafikdatenstrukturen befindet sich im Hilfethema `?plot3d, structure`. Dieser Hilfetext enthält zwar die wichtigsten Informationen in sehr knapper Form, Beispiele fehlen allerdings. Dieses Informationsdefizit soll hier behoben werden. Es werden die wichtigsten Schlüsselwörter anhand zahlreicher Beispiele beschrieben. (Eine vollständige Zusammenfassung aller internen Grafikkommandos finden Sie in der Syntaxzusammenfassung am Ende des Kapitels.)

Das folgende Kommando zeichnet zwei Linien von $(1,1)$ nach $(2,2)$ und von $(1,2)$ nach $(2,1)$. Die beiden Linien werden von Maple automatisch in unterschiedlichen Farben gezeichnet: eine schwarz und die andere rot.

```
plot([ [[1,1],[2,2]],
       [[1,2],[2,1]] ]);
```

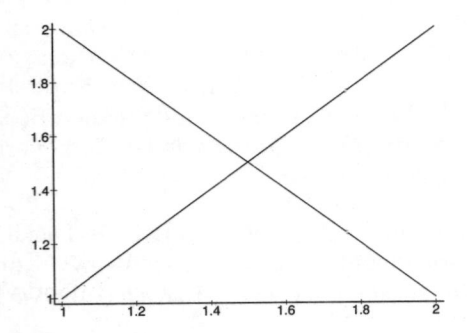

Den einfachsten Zugang zur Grafikprogrammierung finden Sie, indem Sie sich den Code von gewöhnlichen Maple-Grafiken betrachten. Den internen Aufbau der gerade berechneten Grafik können Sie sich problemlos mit `lprint` ansehen:

```
lprint(%);
  PLOT(CURVES([[1., 1.], [2., 2.]],COLOUR(RGB,1.0,0,0)),
  CURVES([[1., 2.], [2., 1.]],COLOUR(RGB,0,1.0,0)))
```

Grafiken werden von Maple in den Kommandos PLOT und PLOT3D gespeichert. Bei der Ausführung dieser Kommandos werden die darin enthaltenen Daten automatisch angezeigt. Innerhalb dieser Kommandos werden die Elemente der Grafik wiederum durch spezielle Kommandos beschrieben, etwa CURVES zur Angabe der Koordinatenpunkte eines Linienzugs oder COLOR zur Angabe von Farben. Viele der Kommandos sind gleichnamig zu den Optionen der Grafikkommandos `plot` und `plot3d` und unterscheiden sich nur durch ihre Großschreibung von ihnen. Die beiden nun folgenden Teilabschnitte gehen auf die wichtigsten Grafikkommandos innerhalb PLOT und PLOT3D ein.

Grafikkommandos in PLOT-Strukturen

Die beiden wichtigsten Grafikkommandos, die innerhalb von PLOT verwendet werden, lauten CURVES und POLYGONS. Damit können Linien und gefüllte Flächen gezeichnet werden.

Die Datenstrukturen PLOT und PLOT3D

Innerhalb der Kommandos werden die Koordinatenpunkte in Listen angegeben. Zur Angabe mehrerer Vielecke in POLYGONS müssen die Punkte von Polygonen in getrennte Listen geschrieben werden.

Die Einstellung von Farben erfolgt durch COLOR(RGB, r, g, b), wobei r, g und b jeweils zwischen 0 und 1 liegen müssen. Alternativ ist COLOR(HUE, h) erlaubt. Die Farbangabe kann entweder innerhalb CURVES oder POLYGONS erfolgen und gilt dann speziell für die darin beschriebenen Grafikelemente. Alternativ dazu ist eine Angabe außerhalb dieser Kommandos möglich, die dann als Defaulteinstellung für sämtliche Grafikelemente gilt. Im Grafikfenster können nur solche Einstellungen nachträglich durch Menükommandos verändert werden, die außerhalb erfolgt sind.

Durch STYLE wird angegeben, wie die CURVES- bzw. POLYGONS-Daten angezeigt werden sollen: STYLE(POINT) führt zur Anzeige von Punkten, STYLE(LINE) zur Anzeige von Linien und STYLE(PATCH) zur Anzeige von farbig gefüllten Vielecken. STYLE(PATCH) ist nur innerhalb von POLYGON von Bedeutung und auch dort nur dann, wenn gleichzeitig eine Farbe eingestellt wird!

Die folgenden Beispiele verdeutlichen die Syntax der Grafikkommandos. Jedes der Beispiele beginnt mit dem Grafikkommando PLOT. Bei der Ausführung dieses Kommandos wird die Grafik am Bildschirm bzw. in einem eigenen Fenster angezeigt. Auf die Abbildung der ohnedies trivialen Grafiken wurde hier aus Platzgründen verzichtet.

```
# zeichnet einen Linienzug
PLOT( CURVES([[1,1],[2,2], [3,2], [4,2]], COLOR(RGB,0,0,0)));

# 4 Punkte
PLOT( CURVES([[1,1],[2,2], [3,2], [4,2]], COLOR(RGB,0,0,0)),
      STYLE(POINT));

# Linienzug + 2 Punkte
PLOT( CURVES([[1,1],[2,2], [3,2], [4,2]], COLOR(RGB,0,0,0), STYLE(LINE)),
      CURVES([[1,1.5],[2,2.5]], COLOR(RGB,1,0,0), STYLE(POINT)));

# zwei leere Dreiecke
PLOT( POLYGONS(  [[1,1],[2,2],[1,3]], [[2,1],[2.5,2],[3,1]]) );

# zwei leere Dreiecke, STYLE ändert nichts
PLOT( POLYGONS(  [[1,1],[2,2],[1,3]], [[2,1],[2.5,2],[3,1]],
                 STYLE(PATCH)) );

# zwei in unterschiedl. Farbe gefüllte Dreiecke (Randfarbe 0),
# die Defaultoption für STYLE ist PATCH
PLOT( POLYGONS( [[1,1],[2,2],[1,3]], COLOR(RGB,1,0,0) ),
      POLYGONS( [[2,1],[2.5,2],[3,1]], COLOR(RGB,0,1,0) ) );

# ein Dreieck rot gefüllt, eines grün umrandet
PLOT( POLYGONS( [[1,1],[2,2],[1,3]], COLOR(RGB,1,0,0), STYLE(PATCH) ),
      POLYGONS( [[0,1],[2.5,2],[3,1]], COLOR(RGB,0,1,0), STYLE(LINE) ) );
```

Es besteht keine Möglichkeit, unmittelbar ein Polygon mit grünem Inneren und rotem Rand zu zeichnen. Sie können aber zuerst ein grün gefülltes Polygon und anschließend einen roten Linienzug (mit CURVES) zeichnen. Beachten Sie aber, dass Sie bei CURVES den gemeinsamen Start- und Endpunkt doppelt angeben müssen, damit der Linienzug geschlossen wird.

Maple kennt kein Kommando, um geschwungene Kurven oder Splines zu zeichnen. Damit eine Sinuskurve glatt aussieht, müssen entsprechend viele Koordinatenpunkte in CURVES angegeben werden.

Neben den oben beschriebenen Kommandos existieren einige weitere, die zur Einstellung der Koordinatenachsen, des sichtbaren Bereichs etc. dienen. Eine Zusammenfassung dieser Kommandos finden Sie in der Syntaxzusammenfassung am Ende dieses Kapitels.

Grafikkommandos in PLOT3D-Strukturen

Die zentralen Datenstrukturen in PLOT3D lauten GRID und MESH. GRID enthält in einer verschachtelten Liste zeilenweise die z-Koordinaten einer rechteckigen dreidimensionalen Fläche. MESH ist vielseitiger und erlaubt die Beschreibung beliebig geformter dreidimensionaler Flächen.

Wenn Sie den internen Code von dreidimensionalen Grafiken betrachten möchten, die Sie vorher mit `plot3d` oder verwandten Kommandos erstellt haben, sehen Sie sich mit einem Problem konfrontiert: Eine dreidimensionale Grafik setzt sich aus einer ungeheuer großen Datenmenge zusammen, deren Anzeige am Bildschirm in einem seitenlangen Zahlenfriedhof resultiert. Um die Datenmengen auf ein vernünftiges Maß zu begrenzen, müssen Sie die Zahl der zu berechnenden Punkte über die Option `grid` drastisch reduzieren.

Die Abbildung rechts zeigt die Fläche $z = x - y$. Die Anzahl der Eckpunkte wurde dabei auf nur neun Punkte beschränkt. (Die Defaulteinstellung lautet $15 * 15 = 625$ Punkte.) Die Grafik wird in p gespeichert und erst dann angezeigt. Beachten Sie dabei, dass das erste Kommando mit einem Doppelpunkt endet und so die Anzeige der internen Daten vermeidet.

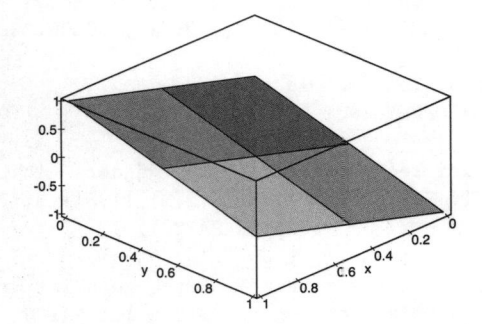

```
p:=plot3d( x-y, x=0..1, y=0..1,
    grid=[3,3], axes=boxed
    style=patch): p;
```

Die interne Darstellung dieser Grafik können Sie sich abermals mit lprint anzeigen lassen:

```
lprint(p);

PLOT3D(GRID(0. .. 1.,0. .. 1.,Array(1 .. 3,1 .. 3,{(1, 2) = -.500000000000000000,
(1, 3) = -1., (2, 1) = .500000000000000000, (2, 3) = -.500000000000000000,
(3, 1) = 1., (3, 2) = .500000000000000000},datatype = float[8],
storage = rectangular,order = C_order)),
STYLE(PATCH),AXESLABELS(x,y,""),AXESSTYLE(BOX))
```

Aus den obigen Zeilen geht die Verwendung des Grafikkommandos GRID klar hervor. Die beiden ersten Parameter bestimmen den Bereich der x- und y-Koordinaten. Da die Koordinatenpunkte in diesem Rechteck gleichmäßig verteilt sind, reicht zur vollständigen Beschreibung der Grafik die Angabe der z-Koordinaten in einem hfarray. Dies ist eine auf einer rtable aufbauende Matrix von Hardware-Gleitkommazahlen (festgelegt durch die Option float(8)).

Am obigen Beispiel stört die unnötig hohe Genauigkeit der Zahlenwerte, die eine übersichtliche Anzeige und Deutung der Daten erschwert. Die Stellenzahl kann durch Digits nicht verändert werden, weil die plot-Kommandos intern auf die (zumeist 16-stellige) Gleitkommaarithmetik des Rechners zurückgreifen. evalf(p,5) hilft auch nicht weiter, weil evalf weder PLOT3D noch GRID kennt und die Parameter dieser Kommandos nicht verändert. Um dennoch zu einer übersichtlichen Anzeige von Grafikdaten zu gelangen, muss eine neue Funktion programmiert werden.

convertf durchsucht einen Maple-Ausdruck rekursiv nach Gleitkommawerten und reduziert deren Stellenzahl mit evalf auf ein vernünftiges Maß. Die Grundidee der Funktion entspricht jener der Prozedur nestprint aus Kapitel 28. Die Funktion bildet den neuen Ausdruck *result* und ersetzt darin rekursiv alle vorkommenden Gleitkommazahlen durch Werte geringerer Genauigkeit. Zur Veränderung von Einzeltermen innerhalb der Variablen *result* wird subsop eingesetzt.

```
convertf:=proc(x,n)
   local i,result, new;
   result:=x;
   if type(result,float) or type(result,hfarray) then
     result:=evalf(result,n):
   elif (nops(result)>1 or type(result, function)) then
    for i from 1 to nops(result) do:
      new:=convertf(op(i,result), n);
      result:=subsop(i=new,result):
    end do:
   end if;
   result:
end proc:
```

Das neue Kommando wird nun dazu eingesetzt, den Code zweier 3D-Grafiken mit individueller Farbsteuerung zu betrachten. Im ersten Beispiel wurde die Farbfunktion unmittelbar durch die Option color angegeben, im zweiten Beispiel wird das COLOR-Kommando zur Definition von RGB-Werten verwendet. In den resultierenden Datenstrukturen erscheint nun innerhalb von GRID ein COLOR-Kommando, das zu jedem Punkt der Grafik einen bzw. drei Farbwerte enthält.

Beim Zeichnen der Grafik werden die rechteckigen Teilflächen durch zwei kleine Dreiecke dargestellt. Aus den Beispielen wird offensichtlich, warum diese Dreiecke häufig ein wenig voneinander abweichende Farben aufweisen: Maple speichert nämlich nicht zu jeder der rechteckigen Teilflächen eine Farbe, sondern zu jedem der vier Eckpunkte einer Teilfläche.

```
p:=plot3d( x-y, x=0..1, y=0..1, grid=[3,3], axes=boxed,
           color=sqrt(2*x^2+y^2)):
lprint(convertf(p, 3));

   PLOT3D(GRID(0. .. 1.,0. .. 1.,Array(1 .. 3,1 .. 3,{(1, 3) = -1., (3, 1) = 1.,
   (1, 2) = -.500, (2, 1) = .500, (2, 3) = -.500, (3, 2) = .500},
   datatype = sfloat,storage = rectangular,order = C_order),
   COLOR(HUE,0.,.289,.577,.408,.500,.707,.816,.866,1.)),
   AXESLABELS(x,y,""),AXESSTYLE(BOX))

p:=plot3d( x-y, x=0..1, y=0..1, grid=[3,3], axes=boxed,
           color=COLOR(RGB, x, y, x*y) ): lprint(convertf(p, 3));

   PLOT3D(GRID(0. .. 1.,0. .. 1.,Array(1 .. 3,1 .. 3,{(1, 3) = -1., (3, 1) = 1.,
   (1, 2) = -.500, (2, 1) = .500, (2, 3) = -.500, (3, 2) = .500},
   datatype = sfloat,storage = rectangular,order = C_order),
   COLOR(RGB,Array(1 .. 3,1 .. 3,1 .. 3,{(1, 3, 2) = 1., (2, 3, 2) = 1.,
   (3, 1, 1) = 1., (3, 2, 1) = 1., (3, 3, 1) = 1., (3, 3, 2) = 1.,
   (3, 3, 3) = 1., (1, 2, 2) = .500, (2, 1, 1) = .500, (2, 2, 1) = .500,
   (2, 2, 2) = .500, (2, 2, 3) = .250, (2, 3, 1) = .500, (2, 3, 3) = .500,
   (3, 2, 2) = .500, (3, 2, 3) = .500},datatype = sfloat,
   storage = rectangular,order = C_order))),
   AXESLABELS(x,y,""),AXESSTYLE(BOX))
```

Etwas seltener tritt das Kommando MESH auf. Es definiert ebenfalls eine dreidimensionale Fläche durch die verschachtelte Angabe von Koordinatenpunkten. Im Unterschied zu GRID werden dabei aber auch x- und y-Koordinaten angegeben. Dadurch besteht eine größere Flexibilität im Aussehen des dargestellten Körpers. Gleichzeitig verdreifacht sich allerdings die zu verarbeitende Datenmenge.

```
p:=plot3d( [r*sin(phi), r*cos(phi), cos(r)], r=0..Pi, phi=0..2*Pi,
           grid=[4,4], style=patch):
lprint(convertf(p, 3));

   PLOT3D(MESH(Array(1 .. 4,1 .. 4,1 .. 3,{(1, 1, 3) = 1., (1, 2, 3) = 1.,
   (1, 3, 3) = 1.,(1, 4, 3) = 1., (4, 1, 3) = -1., (4, 2, 3) = -1.,
   (4, 3, 3) = -1., (4, 4, 3) = -1.,(3, 3, 2) = -1.05, (3, 3, 3) = -.500,
```

```
      (3, 4, 1) = -.117e-13, (3, 4, 2) = 2.09,(3, 4, 3) = -.500, (4, 1, 2) = 3.14,
      (4, 2, 1) = 2.72, (4, 2, 2) = -1.57,(4, 3, 1) = -2.72, (4, 3, 2) = -1.57,
      (4, 4, 1) = -.175e-13, (4, 4, 2) = 3.14,(2, 1, 2) = 1.05, (2, 1, 3) = .500,
      (2, 2, 1) = .907, (2, 2, 2) = -.524,(2, 2, 3) = .500, (2, 3, 1) = -.907,
      (2, 3, 2) = -.524, (2, 4, 1) = -.584e-14,(2, 4, 2) = 1.05, (2, 4, 3) = .500,
      (3, 1, 2) = 2.09, (3, 1, 3) = -.500,(3, 2, 1) = 1.81, (3, 2, 2) = -1.05,
      (3, 2, 3) = -.500, (3, 3, 1) = -1.81,(2, 3, 3) = .500},
      datatype = sfloat, storage = rectangular,order = C_order)),STYLE(PATCH))
```

Die Angabe expliziter Farben für die einzelnen Punkte kann wie bei GRID durch COLOR erfolgen. Statt der Angabe einer Liste mit Farbwerten kann in COLOR auch eines der folgenden Schlüsselwörter genannt werden: XYZSHADING, XYSHADING, ZSHADING, ZHUE, ZGREYSCALE? und NONE. Damit wird einer der in Maple vordefinierten Farbverteilungsalgorithmen ausgewählt (siehe Kapitel 20).

Informationen zu den restlichen PLOT3D-Kommandos finden Sie in der Syntaxzusammenfassung am Ende des Kapitels.

Das plottools-Package

Seit Release 4 wird die Grafikprogrammierung durch das plottools-Package unterstützt. Dieses Package enthält zwei Typen von Kommandos:

- Grafikgrundelemente wie arc, aus denen Grafiken zusammengesetzt werden können. Das Ergebnis ist eine Aufzählung von Kommandos wie CURVES (siehe den vorigen Abschnitt). Diese Kommandos können mit display als Grafik angezeigt werden.
- Transformationskommandos wie rotate oder cutout, mit denen bereits vorhandene Grafiken verändert werden können.

Dieser Abschnitt gibt eine Einführung in den Umgang mit den Kommandos, geht aber nicht auf jedes einzelne Kommando ein. Eine vollständige Liste aller 2D- und 3D-Grundelemente finden Sie in der Syntaxzusammenfassung am Ende des Kapitels.

Der Aufbau von Grafiken aus Grafikgrundelementen ist denkbar einfach: An die plottools-Kommandos können außer den Parametern zusätzliche Optionen wie bei plot-Kommandos übergeben werden, um das Aussehen (Farbe, Linienstil) zu steuern. Weitere Optionen können an display übergeben werden – diese Optionen verändern dann aber das Gesamtergebnis und nicht nur ein einzelnes Element. Natürlich lassen sich mehrere Grafikelemente zu einer Liste zusammensetzen und dann gemeinsam zeichnen.

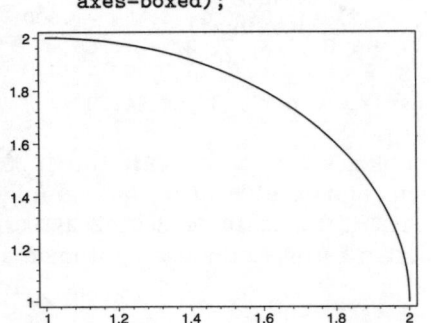

```
restart: with(plots): with(plottools):
display( arc( [1,1], 1, 0..Pi/2,
              thickness=3 ),
         axes=boxed);
```

```
cseq:=seq( arc([1,1], n/100,
           n/100..2+n/100), n=1..100):
display([cseq], axes=none);
```

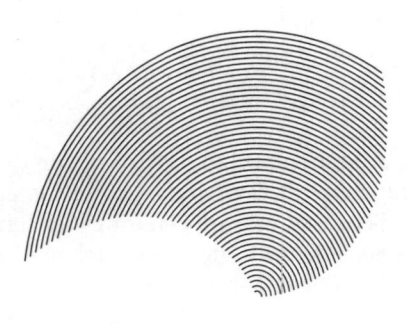

Transformationskommandos wie rotate, translate oder scale können sowohl auf Grafikgrundelemente als auch auf fertige Grafiken angewandt werden. Die folgenden vier Abbildungen demonstrieren die Wirkung von rotate einmal auf einen mit cylinder erzeugten Zylinder und einmal auf eine mit plot3d erstellte dreidimensionale Oberfläche. Beachten Sie, dass im zweiten Fall kein display-Kommando mehr erforderlich ist.

```
cyl:=cylinder([1,1,0], 1, 2):
display([cyl], axes=boxed);
```

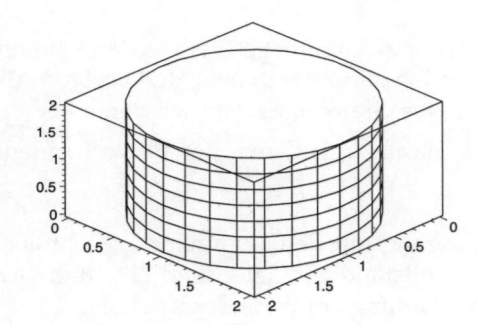

```
c1:=rotate(cyl,Pi/8,0,0):
display(c1,axes=boxed,
        scaling=constrained);
```

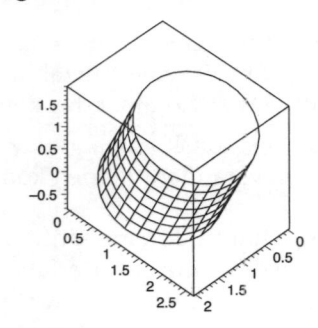

```
p:=plot3d(sin(x*y), x=0..3, y=0..3,
   axes=boxed, style=patch): p;
```

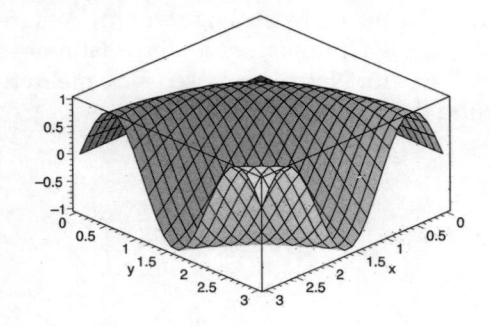

```
rotate( p, 0,Pi/2, 0);
```

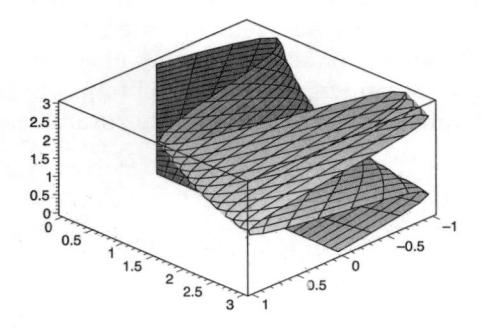

stellate ermittelt zu allen übergebenen Polygonen den Mittelpunkt und verschiebt diesen je nach Größe des zweiten Parameters n nach außen ($n > 1$) oder nach innen ($n < 1$). Dadurch entstehen aus jedem Polygon mehrere Dreiecke (die intern natürlich wiederum als Polygone dargestellt werden). Die beiden folgenden Abbildungen demonstrieren diesen Effekt an einem Würfel. Die Variable *opts* enthält eine Menge Optionen, die auch bei den folgenden Abbildungen verwendet werden. Die Optionen wurden so gewählt, um eine optimale Darstellung beim Schwarzweißdruck zu gewährleisten.

```
cub:=cuboid([0,0,0],[1,1,1]):
opts:=style=patch, scaling=constrained, orientation=[45,66],
    color=grey, shading=none, lightmodel=light4:
```

```
display(cub, opts);
```

```
cs:=stellate(cub, 0.7):
display(cs, opts);
```

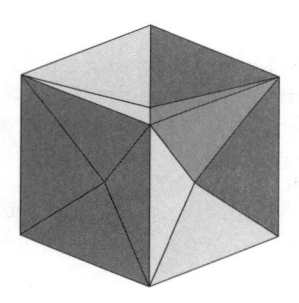

cutin verkleinert jedes Polygon um den im zweiten Parameter angegebenen Faktor. cutout hat den umgekehrten Effekt: Aus dem Polygon wird der innere Teil ausgeschnitten. Durch beide Kommandos entstehen durchsichtige 3D-Strukturen, die vor allem bei in sich verschlungenen Körpern besser wahrgenommen werden können. Beachten Sie bei den beiden folgenden Kommandos die eckigen Klammern um *cs*: Sie sind notwendig, weil *cs* eine Folge von POLYGON-Kommandos enthält, während cutin und cutout eine Liste erwarten.

```
display(cutin( [cs], 3/4), opts);
```

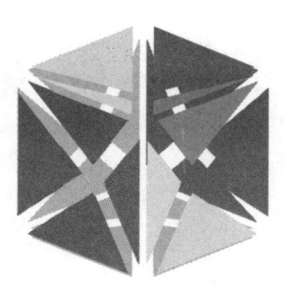

```
display(cutout( [cs], 3/4), opts);
```

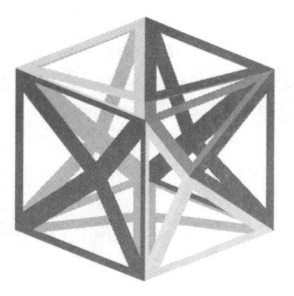

stellate, cutin und cutout setzen voraus, dass die Daten als POLYGON-Strukturen vorliegen. Bei Ergebnissen des plot3d-Kommandos muss eine Umwandlung mit convert(p, POLYGONS) erfolgen.

```
p:=plot3d(sin(x*y), x=0..2, y=0..2,
          grid=[15,15]):
pol:=convert(p,POLYGONS):
display(cutout( pol, 3/4), style=patch,
    color=grey, lightmodel=light4,
    axes=framed);
```

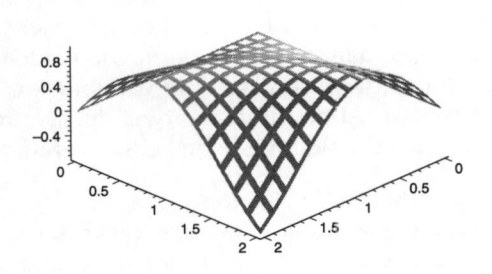

Das Kommando dotplot zur Darstellung von Punktgrafiken

Wenn im Kommando plot die Option style=point angegeben wird, stellt Maple die Datenpunkte nicht durch einen Linienzug, sondern durch kleine Punkte dar. Diese Punkte sind allerdings relativ klein und können auch mit der Option symbol nur recht eingeschränkt variiert werden.

Die Funktion dotplot schafft hier Abhilfe. Sie stellt die Punkte durch kleine regelmäßige Vielecke dar, deren Radius beliebig gewählt werden kann.

Die Erzeugung der Polygonlisten für die Vielecke erfolgt durch eine eigene Funktion, nämlich durch polyg. Diese Funktion erwartet in fünf Parametern die x- und y-Koordinaten des Mittelpunkts, die Radien in horizontaler und vertikaler Richtung sowie die gewünschte Anzahl von Eckpunkten. Sie liefert als Ergebnis eine verschachtelte Liste mit den Koordinaten der Eckpunkte des Polygons. Dabei wird die Rechengenauigkeit auf fünf Stellen eingeschränkt. Wie man sieht, kann man auch bei Funktionsdefinitionen in Pfeilschreibweise eine Typüberprüfung verlangen.

```
polyg:=(x::numeric,y::numeric,rx::numeric,ry::numeric,n::posint)->
    [seq([evalf(x+rx*cos(2*Pi/n*i),5),evalf(y+ry*sin(2*Pi/n*i),5)],i=0..n)]:
```

Die beiden Beispiele zeigen die prinzipielle Bedienung von polyg und die Bildung einer Grafik unter Zuhilfenahme des neuen Kommandos.

```
polyg( 2, 2, 0.1, 0.1, 3);
```

   [[2.1, 2.], [1.9500, 2.0866], [1.9500, 1.9134], [2.1, 2.]]

```
PLOT( POLYGONS(
    polyg(1,1,0.1, 0.1, 50),
    polyg(2,2,0.1,0.1,50),
    COLOR(RGB,0,0,0) ),
 SCALING(CONSTRAINED) );
```

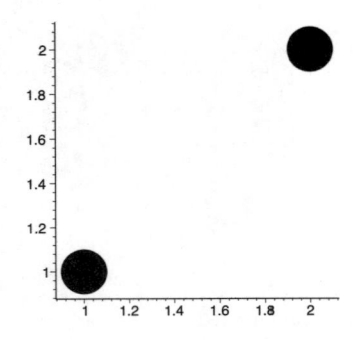

Das Kommando dotplot zur Darstellung von Punktgrafiken

Nun zum neuen Kommando `dotplot`, das auf `polyg` zurückgreift. An das Kommando werden eine Liste mit Koordinatenpunkten und der gewünschte Radius übergeben. Der erforderliche Radius hängt sehr stark von den Koordinatenbereichen der Punkte ab. Durch einen optionalen dritten Parameter kann das Verhältnis zwischen dem horizontalen und vertikalen Radius eingestellt werden. Das ist notwendig, wenn x- und y-Achse der Grafik unterschiedlich skaliert sind (was fast immer der Fall ist). Die beiden Beispiele unten demonstrieren die Wirkung dieses Parameters.

Zum Code der Prozedur gibt es wenig zu sagen: In der lokalen Variablen wird die Liste der Polygondaten aufgebaut. Dabei wird vorausgesetzt, dass der erste Parameter die Form $[[x0, y0], [x1, y1], ...]$ hat. Die Polygone werden aus 25 Punkten zusammengesetzt, was für eine runde Form (zumindest bei kleinen Radien) vollkommen ausreichend ist. Die Koordinatenpunkte werden anschließend in ein POLYGON-Kommando gestellt und mit PLOT gezeichnet.

```
dotplot:=proc( data::list, rx::numeric )
   local i, pol, prop;
   if nargs>=3 then prop:=args[3]: else prop:=1: end if:
   pol:=seq( polyg(data[i][1], data[i][2],rx, rx*prop, 25),
             i=1..nops(data));
   PLOT(POLYGONS( pol, COLOR(RGB,0,0,0) )):
end proc:
```

Die beiden folgenden Kommandos zeigen die Bedeutung des dritten Parameters von `dotplot`: In der Abbildung links werden die vier darzustellenden Punkte als Kreise mit dem Radius 0.1 gezeichnet. Da der sichtbare Bereich der x-Achse von 1 bis 4 reicht, während der y-Achsenbereich nur von 1 bis 2 geht, werden die beiden Achsen unterschiedlich skaliert, es kommt zu einer Verzerrung der Kreise zu Ellipsen. Durch den zweiten Parameter kann dieser Verzerrung entgegengesteuert werden. Bei der Einstellung sind Sie leider aufs Probieren angewiesen, da die Achsenskalierung nicht nur vom Koordinatenbereich, sondern auch von der Größe des Grafikfensters bzw. vom Papierformat abhängt.

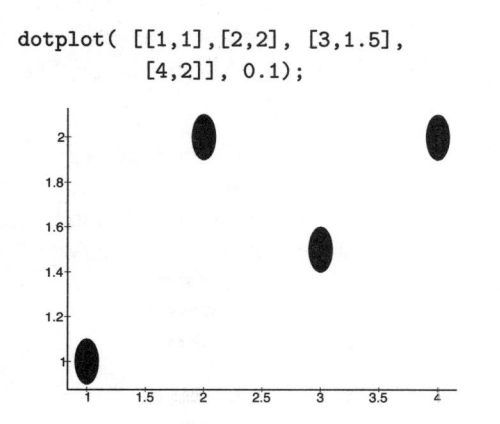

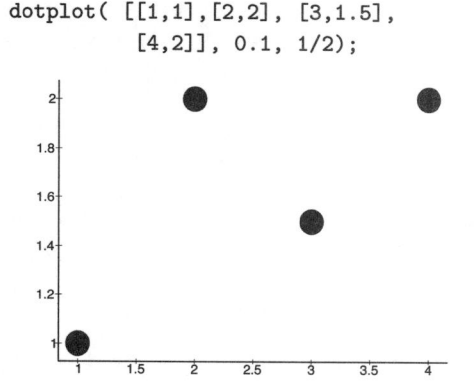

```
dotplot( [[1,1],[2,2], [3,1.5],
         [4,2]], 0.1);
```

```
dotplot( [[1,1],[2,2], [3,1.5],
         [4,2]], 0.1, 1/2);
```

Das Kommando moebius zur Darstellung von Möbiusbändern

Möbiusbänder sind Bänder, die in sich um 180 Grad gedreht sind. Maple besitzt kein Kommando, mit dem solche Bänder unmittelbar gezeichnet werden können. Eine Darstellung ist daher nur durch die direkte Erzeugung einer PLOT3D(MESH(...))-Struktur möglich.

Das Kommando moebius erwartet drei Parameter: eine Liste der Koordinaten eines in der z-Ebene liegenden Rahmens, der nach einer z-Achsendrehung um 180 Grad wieder seine Originalform aufweist, den Radius des Möbiusbandes und die gewünschte Anzahl von Teilflächen, aus denen das Band zusammengesetzt werden soll. Das Kommando liefert als Ergebnis eine verschachtelte Liste, die mit PLOT3D(MESH(...)) angezeigt werden kann.

```
frame:=[ [- 1.5, 0.5,0],
 [ 1.5, 0.5,0],[ 1.5,- 0.5,0],
 [- 1.5,- 0.5,0],[- 1.5, 0.5,0] ];
PLOT3D(
  MESH(moebius(frame, 4.5, 40)),
  SCALING(CONSTRAINED),
  SHADING(XYZSHADING),
  STYLE(PATCH),
  ORIENTATION(-118,-104));
```

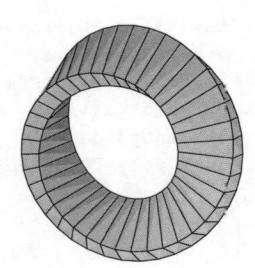

Nun zum Code des neuen Kommandos, der auf insgesamt fünf Prozeduren aufgeteilt ist: rotatex, rotatey und rotatez drehen die durch ihre dreidimensionalen Koordinaten angegebenen Punkte um einen bestimmten Winkel um die x-, y- oder z-Achse. Die Koordinaten müssen in der Form $[[x0, y0, z0], [x1, y1, z1], ...]$ angegeben werden. Der Drehwinkel wird in Grad (nicht in Bogenmaß) angegeben. translate verschiebt die Punkte um den Vektor $[dx, dy, dz]$.

Hinweis: Im Gegensatz zu den plottools-Kommandos (siehe einige Seiten weiter vorne) bearbeiten die hier vorgestellten Kommandos ausschließlich reine Koordinatenlisten. Die Transformation von Koordinaten in plot-Ausdrücken ist nicht möglich!

moebius rotiert den als Parameter übergebenen Rahmen zuerst um die z-Achse, verschiebt ihn anschließend aus dem Koordinatenmittelpunkt und rotiert ihn um die y-Achse. Die resultierenden Koordinaten werden in einer Liste gespeichert. Diese Schritte werden mit immer größeren Drehwinkeln wiederholt, bis der Rahmen vollständig um die y-Achse und um 180 Grad um die z-Achse gedreht wurde.

```
rotatex:=proc(pts::list, winkel)
   local sinus,cosinus;
   sinus:=evalf(sin(winkel/180.*Pi)); cosinus:=evalf(cos(winkel/180.*Pi));
   [seq([pts[i,1],
         cosinus*pts[i][2]-sinus*pts[i][3],
```

```
                   cosinus*pts[i][3]+sinus*pts[i][2]],i=1..nops(pts))];
   end proc:

rotatey:=proc(pts::list, winkel)
   local sinus,cosinus;
   sinus:=evalf(sin(winkel/180.*Pi)); cosinus:=evalf(cos(winkel/180.*Pi));
   [seq([cosinus*pts[i][1]-sinus*pts[i][3],
         pts[i,2],cosinus*pts[i][3]+sinus*pts[i][1]],
         i=1..nops(pts))];
end proc:

rotatez:=proc(pts::list, winkel)
   local sinus,cosinus;
   sinus:=evalf(sin(winkel/180.*Pi));
   cosinus:=evalf(cos(winkel/180.*Pi));
   [seq([cosinus*pts[i][1]-sinus*pts[i][2],
         cosinus*pts[i][2]+sinus*pts[i][1],
         pts[i,3]],i=1..nops(pts))];
end proc:

translate:=proc(pts::list, vec::list)
    [seq([ pts[i][1]+vec[1],pts[i][2]+vec[2],pts[i][3]+vec[3] ] ,i=1..nops(pts))];
end proc:


moebius:=proc(pts::list, r, anzahl)
   local i, newlist, newpts;
   newlist:=[];
   for i from 0 to anzahl do:
      newpts:=rotatez(pts, 180./anzahl*i);
      newpts:=translate(newpts, [r,0.,0.]);
      newlist:=[op(newlist), rotatey(newpts,360./anzahl*i)];
   end do:
   newlist;
end proc:
```

Das abschließende Beispiel zeigt die Verschachtelung zweier Möbiusbänder (siehe auch das Titelbild dieses Buchs).

```
mb1:=moebius(frame,4.5, 40):
mb2:=[]:
for i from 1 to nops(mb1) do:
  mb2:=[op(mb2),translate(
    rotatex(mb1[i],90), [4,0,0]) ]:
end do:
PLOT3D(MESH(mb1),MESH(mb2),
  SCALING(CONSTRAINED),
  ORIENTATION(95,55));
```

Das Kommando colorplot3d zur exakten Einfärbung von 3D-Grafiken

In Kapitel 20 wurde bereits beschrieben, dass Maple in `plot3d` die durch die Option `color` angegebenen Farbwerte automatisch auf einen Bereich zwischen 0 und 1 skaliert. Es ist zwar recht bequem, weil Sie sich wenig Gedanken bei der Formulierung der Farbfunktion machen müssen. Das hat aber auch den Nachteil, dass Sie die Farbgebung einer dreidimensionalen Grafik nicht exakt steuern können. Daher ist es nicht möglich, mehrere dreidimensionale Flächen mit unterschiedlichen z-Bereichen so einzufärben, dass Punkte gleicher Höhe (also Punkte mit gleichem z-Wert) auch dieselbe Farbe haben. Ebensowenig ist es möglich, eine allgemeine Farblegende zu verwenden (etwa in der Art: Grün für $z < 0$, Gelb für $0 \leq z \leq 10$ und Rot für $10 \leq z$). Die Funktion der Farbe ist somit auf den rein ästhetischen Aspekt reduziert.

Das im Folgenden vorgestellte Kommando `colorplot3d` stellt eine bezüglich der Grafikvarianten eingeschränkte Version des `plot3d`-Kommandos dar. Die Besonderheit des Kommandos liegt darin, dass durch die Option `color=COLOR(RGB,fr,fg,fb)` eine Farbfunktion angegeben werden kann, die von Maple *nicht* skaliert wird. Wenn einzelne Farbkomponenten kleiner 0 oder größer 1 werden, ändert sich die Helligkeit der jeweiligen Komponente nicht mehr. Die Einschränkungen des Kommandos gegenüber `plot3d` bestehen vor allem darin, dass keine parametrischen Grafiken gezeichnet und keine anderen `color`-Optionen verarbeitet werden können. Das Kommando könnte aber durch eine genauere Auswertung der Parameter in diese Richtung erweitert werden.

Die beiden folgenden Grafiken zeigen die Anwendung der neuen Kommandos: In der ersten Grafik wird die Funktion $z(x,y) = \sin(\sqrt{x^2 + y^2}) + \sin(x)$ dargestellt, in der zweiten Grafik wurde der Funktionswert generell um 1 erhöht. In beiden Grafiken wird dieselbe Funktion zur Berechnung der Farbwerte verwendet: z-Werte zwischen -2 und 2 werden durch die Grauschattierungen zwischen Schwarz und Weiß repräsentiert. Da die rechte Grafik höhere z-Werte aufweist, erscheint die gesamte Grafik heller.

```
greyscale:=(x)->COLOR(RGB,x,x,x):
z:=sin(sqrt(x^2+y^2))+sin(x):
colorplot3d( z, x=-10..6, y=-10..5,
  color=greyscale(z*0.25+0.5),
  grid=[30,30], view=-2..3,
  axes=boxed, scaling=constrained);
```

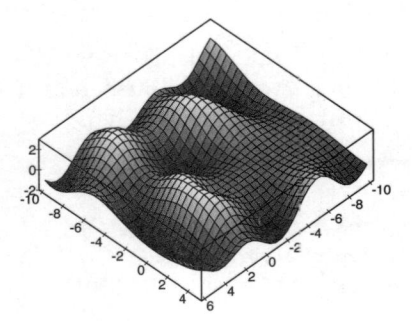

Das Kommando colorplot3d zur exakten Einfärbung von 3D-Grafiken

```
z:=1+sin(sqrt(x^2+y^2))+sin(x):
colorplot3d( z,   x=-10..6, y=-10..5,
  color=greyscale(z*0.25+0.5),
  grid=[30,30], view=-2..3,
  axes=boxed, scaling=constrained);
```

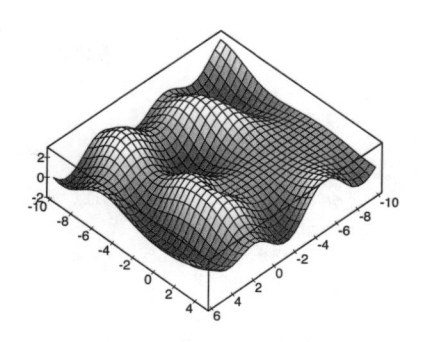

Nun zum Code der neuen Prozedur. Sie erwartet vier Parameter: Drei davon sind in der Parameterliste aufgezählt, der vierte Parameter in der Form `color=COLOR(RGB,r,g,b)` muss als Option (an beliebiger Stelle in der Parameterliste) angegeben werden. Bei der Auswertung der Optionen werden nur `grid=` und `color=` unmittelbar berücksichtigt. Falls die `grid`-Angabe fehlt, werden 15*15 Datenpunkte berechnet. Aus der `color`-Einstellung wird die Liste mit den Funktionen $[fr, fg, fb]$ entnommen und in der lokalen Variablen c gespeichert.

Beide Optionen werden durch `subsop(i=NULL,opts)` aus der Optionenliste gelöscht. Aus diesem Grund erfolgt die Vergrößerung der Schleifenvariablen i im `else`-Teil der Schleife. Die verbleibenden Optionen werden am Ende der Prozedur an `display` weitergegeben und dort berücksichtigt.

In der Schleife zur Berechnung der Grafik- und Farbdaten geht es vor allem darum, in f und c die beiden Laufvariablen x und y einzusetzen. Die Namen der Variablen in f und c stehen in den lokalen Variablen *varx* und *vary* und wurden den beiden Parametern *xrange* und *yrange* entnommen. Die Datenlisten für die eigentliche Grafik und für deren Farbwerte unterscheiden sich insofern, als die erste Liste verschachtelt, die zweite Liste dagegen linear ist. Deswegen wird beim Zusammensetzen der Farbliste häufiger `op` verwendet, um Listen in Folgen aufzulösen.

Abschließend wird die Grafik mit `PLOT3D`, `GRID` und `COLOR` zusammengesetzt und an `display` weitergegeben. Dieses Kommando wird in der Langform `plots[display]` aufgerufen, um eine Aktivierung des gesamten `plots`-Packages zu vermeiden.

```
colorplot3d:=proc(f::algebraic, xrange::'=', yrange::'=')
   local varx, vary, x, x0, x1, y, y0, y1, i, j, opts, gridopt,
         dataf1, dataf2, datac1, datac2, c:
   Digits:=6:
   #
   #     Parameter analysieren
   #
   varx:=op(1,xrange): vary:=op(1,yrange):
   x0:=evalf(op(1, op(2,xrange))): x1:=evalf(op(2, op(2,xrange))):
   y0:=evalf(op(1, op(2,yrange))): y1:=evalf(op(2, op(2,yrange))):
   #
```

```
#       Optionen analysieren
#
gridopt:=[15, 15]:        # defaults
opts:=[args[4..nargs]]:
i:=1:
while i<=nops(opts) do:
  if type(opts[i], identical('grid')=list) then
    gridopt:=rhs(opts[i]):
    opts:=subsop(i=NULL, opts):  # entfernen aus Optionsliste
  elif type(opts[i], identical('color')=function) or
        type(opts[i], identical('COLOR')=function) then
    c:=[ op(2..4, rhs(opts[i])) ]:
    opts:=subsop(i=NULL, opts):  # entfernen aus Optionsliste
  else
    i:=eval(i)+1:
  end if:
end do:
if c='c' then  # keine Farboption
  error "Falsche oder fehlende Farbfunktion, verwende: color=COLOR(RGB,r,g,b)":
end if:
#
#      Schleife für Grafik und Farbdaten
#
dataf1:=[]: datac1:=[]:
for i from 1 to gridopt[1] do:
  x:=evalf(x0+(x1-x0)/(gridopt[1]-1)*(i-1)):
  dataf2:=[]: datac2:=[]:
  for j from 1 to gridopt[2] do:
    y:=evalf(y0+(y1-y0)/(gridopt[2]-1)*(j-1)):
    dataf2:=[ op(dataf2), evalf( subs(varx=x, vary=y, f)) ]:
    datac2:=[ op(datac2), op(evalf( subs(varx=x, vary=y, c))) ]:
  end do:
  dataf1:=[ op(dataf1), dataf2]:
  datac1:=[ op(datac1), op(datac2)]:
end do:
#      Plot mit restlichen Optionen anzeigen
#
plots[display]( PLOT3D( GRID(x0..x1, y0..y1, dataf1,
                              COLOR(RGB, op(datac1))) ), op(opts) );
end proc:
```

Abschließend noch ein Anwendungsbeispiel: Die Abbildung rechts zeigt den Betrag der komplexen Funktion $\sin(x + Iy)$. Die Grauschattierungen geben die Phase der Funktion an: von Dunkelgrau für -180 Grad bis Weiß für 180 Grad.

```
f:=sin(x+I*y):
colorplot3d( abs(f), x=-0..3*Pi,
  y=-0.5..1.5, color=greyscale(
    0.33+ (Pi+argument(f))/(3*Pi) ),
  orientation=[-45,45],
  grid=[40,40], axes=boxed,
  labels=['x', 'y', '']);
```

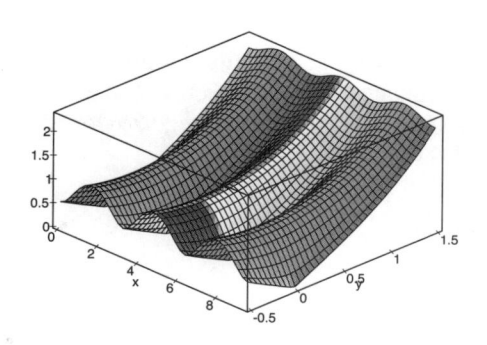

Syntaxzusammenfassung

```
PLOT(...);      PLOT3D(...);
```
enthalten die im Folgenden beschriebenen Grafikkommandos und Optionen. Die Optionen COLOR und STYLE dürfen wahlweise innerhalb oder außerhalb eines Grafikkommandos angegeben werden und gelten dann speziell für dieses Grafikkommando oder als Defaulteinstellung. Die restlichen Optionen müssen außerhalb eines Grafikkommandos angegeben werden. Die Syntax der Optionen wurde für die dreidimensionale Anwendung angegeben. Bei der Verwendung in PLOT entfällt jeweils der Parameter für die z-Komponente.

```
PLOT[3D]( ANIMATE([...]), ...);
```
enthält eine Liste von Grafikkommandos für eine bewegte (3D-)Grafik.

Grafikkommandos

```
CURVES( [[x0,y0], [x1, y1]...], ...)
```
enthält die Koordinaten eines zweidimensionalen Punkt- oder Linienzugs.

```
POLYGONS( [[x0,y0], [x1,y1]...], ...)
```
enthält die Koordinaten eines zweidimensionalen Polygons.

```
GRID(x0..x1, y0..y1, [[z00, z01, z02...],[z10,z11...]...], ...)
```
enthält die Daten einer rechteckigen dreidimensionalen Fläche.

```
MESH( [[ [x00,y00,z00], [x01,y01,z01],...],
       [ [x10,y10,z10], [x11,y11,z11]...]...], ...)
```
enthält die Daten einer allgemeinen dreidimensionalen Fläche.

TEXT([x0,y0,z0], 'text', ...)
    definiert Ort und Inhalt eines Texts. Im dritten Parameter kann durch ALIGNABOVE oder ALIGNBELOW sowie durch ALIGNLEFT oder ALIGNRIGHT die horizontale und vertikale Ausrichtung des Texts angegeben werden (Default jeweils zentriert).

Optionen

AXESTYLE(...)
    bestimmt das Aussehen der Koordinatenachsen: Die möglichen Einstellungen lauten BOX, FRAME, NORMAL, NONE.

AXESTICKS(xt, yt, zt)
    bestimmt die Orte der Achsenbeschriftung. Für jeden der drei Parameter kann eine Liste der Form $[x0, x1, x2, ...]$ oder $[x0 = \text{'text0'}, x1 = \text{'text1'}, ...]$ bzw. das Schlüsselwort DEFAULT angegeben werden.

COLOR(HUE,h0, h1, h2, ...)
COLOR(RGB,r0,g0,b0, r1,g1,b1, ...)
    bestimmt die Farbe eines Linienzugs/Polygons bzw. die Farben der Teilflächen einer dreidimensionalen Fläche.

COLOR(...)
    wählt einen Standardalgorithmus zum Einfärben von 3D-Grafiken aus: XYZSHADING, XYSHADING, ZSHADING, ZHUE, ZGREYSCALE, NONE.

CONTOURS(n)   oder   CONTOUR([c1,c2,c3,...])
    definiert die Anzahl oder die Orte der Höhenlinien. Die Option ist nur in Kombination mit STYLE(CONTOUR) oder STYLE(PATCHCONTOUR) sinnvoll.

LABELS('x', 'y', 'z')
    gibt die Beschriftungstexte für die Koordinatenachsen an.

LIGHT(phi, theta, r,g,b),   AMBIENTLIGHT(r,g,b)
    definieren die Beleuchtung des dreidimensionalen Körpers.

PROJECTION(n)
    bestimmt die perspektivische Verzerrung ($n = 0$ bis 1).

SCALING(...)
    bestimmt die Achsenskalierung: CONSTRAINED oder UNCONSTRAINED.

STYLE(...)
    bestimmt die grafische Repräsentation der Daten: POINTS, LINE, PATCH, CONTOUR, PATCHNOGRID, PATCHCONTOUR, HIDDEN.
TITLE('text')
    bestimmt den Titel der Grafik.

Syntaxzusammenfassung

```
VIEW(x0..x1, y0..y1, z0..z1)
```
definiert den sichtbaren Ausschnitt der Grafik.

Das plottools-Package

```
with(plottools);
```
aktiviert die Kommandos des plottools-Package. Mit den Kommandos können 2D- und 3D-Grafikgrundelemente erzeugt und anschließend transformiert werden.

2D-Grafikgrundelemente

```
arc( [x,y], r, winkel1..winkel2 )
arrow( [x1,y1], [x2,y2], breite, pfeilbreite, pfeillänge )
circle( [x,y], rad )
curve( [[x1,y1], [x2,y2], ...] )
disk( [x,y], rad )
ellipse( [x,y], rada, radb )
ellipticArc( [x,y], rada, radb, winkel1..winkel2)
hyperbola( [x,y], a, b, von..bis )
line( [x1,y1], [x2,y2] )
pieslice( [x,y], rad, winkel1..winkel2 )
point( [x,y] )
polygon( [[x1,y1], [x2,y2],...] )
rectangle( [x1,y1], [x2,y2] )
```

3D-Grafikgrundelemente

```
arrow( [x1,y1,z1], [x2,y2,z1], [nx,ny,nz], breite, pfeilbreite, pfeillänge)
cone( [x,y,z], rad, höhe )
cuboid( [x1,y1,z1], [x2,y2,z2] )
cylinder( [x,y,z], rad, höhe )
dodecahedron( [x,y,z], rad )
hemisphere( [x,y,z], rad )
hexahedron( [x,y,z], rad )
icosahedron( [x,y,z], rad )
line( [x1,y1,z1], [x2,y2,z2] )
octahedron( [x,y,z], rad )
point( [x,y,z] )
polygon( [[x1,y1,z1], [x2,y2,z2],...] )
semitorus( [x,y,z], winkel1..winkel2, innenrad, außenrad )
```

```
sphere( [x,y,z], rad )
tetrahedron( [x,y,z], rad )
torus( [x,y,z],  innenrad, außenrad )
```

Transformationskommandos

```
convert(plot, POLYGONS);
cutin( poly, n );
cutout( poly, n );
rotate( plot2d, winkel );
rotate( plot3d, winkelx, winkely, winkelz );
scale( plot2d, sx, sy );
scale( plot3d, sx, sy, sz );
stellate( poly, n );
translate( plot2d, dx, dy );
translate( plot3d, dx, dy, dz );
f:=transform( (u,v,w) -> [fx(u,v,w), fy(u,v,w), fz(u,v,w)]): f(plot3d);
```
Die Transformationskommandos werden entweder auf das Ergebnis eines `plot`-Kommandos oder auf eine Liste von `POLYGON`-Kommandos angewendet. Gegebenenfalls kann mit `convert(plot, POLYGONS)` eine Umwandlung von `MESH`- oder `GRID`-Strukturen in Polygone erfolgen. `transform` führt eine Koordinatentransformation durch: Dazu muss ein funktionaler Operator mit zwei oder drei Parametern (für zwei- oder dreidimensionale Grafiken) definiert werden, der als Ergebnis eine Liste mit den neuen Koordinaten zurückgibt. `transform` liefert als Ergebnis eine Transformationsfunktion, die in der Lage ist, die Maple-internen Grafikstrukturen zu bearbeiten.

Die neuen Grafikkommandos dieses Abschnitts

```
dotplot( [[x0,y0], [x1,y1]...], r, prop);
```
stellt die angegebenen Datenpunkte durch Kreise mit dem Radius r dar. Der optionale Parameter *prop* bestimmt die elliptische Verzerrung der Kreise (Default 1, also ohne Verzerrung).

```
PLOT3D(MESH(moebius(frame, r, n)));
```
zeichnet ein Möbiusband. *frame* enthält die Koordinatenpunkte des Querschnitts in der Form $[[x0, y0, 0], [x1, y1, 0], ...]$. Der Querschnitt muss eine 180-Grad-Symmetrie bezüglich der z-Achse aufweisen. r gibt den Radius des Möbiusbands an, n die Anzahl der Teilflächen.

```
colorplot3d(f, x=x0..x1, y=y0..y1, color=COLOR(RGB,fr,fg,fb), optionen);
```
stellt die Funktion $f = f(x, y)$ grafisch dar, wobei die Einfärbung durch die Funktionen fr, fg und fb erfolgt. Die Farbwerte dieser Funktionen werden im Gegensatz zu `plot3d` nicht skaliert und sollten daher zwischen 0 und 1 liegen.

Teil IV

Neu in Maple

Die Teile I bis III folgen dem bewährten Konzept 'Einstieg – Praxis – Themen für Fortgeschrittene' und orientieren sich thematisch hauptsächlich an der Anwendung des Werkzeugs Maple auf traditionelle Problemstellungen aus Mathematik, Physik und Informatik. Diese Teile des Buchs werden natürlich mit jeder neuen Auflage aktualisiert. Aber das Werkzeug Maple entwickelt sich nun schneller und vielseitiger als der Kanon der herkömmlichen Problemstellungen. Deshalb wurde mit der fünften Auflage ein vierter Teil 'Neu in Maple' eingerichtet, in dem Neuerungen vorgestellt werden, die über die Themen der ersten drei Teile hinausgehen bzw. zukunftsweisende Entwicklungen darstellen. Wie vielseitig das Werkzeug Maple inzwischen geworden ist, erfahren Sie in den folgenden Kapiteln:

- Rechnen mit Größen und Einheiten: Das Package Units ermöglicht nicht nur die Konvertierung von beliebigen Einheiten, sondern auch das Rechnen mit Größen in allen Maßsystemen (auch selbst definierten), wie es der Physiker gewohnt ist.

- Nützliche Tools: Ein reichhaltiges Arsenal zur Behandlung von Strings und Listen und zur Erzeugung von Zufallsobjekten mit (fast) beliebig definierbarer Struktur und Verteilung stellen die Packages StringTools, ListTools und RandomTools zur Verfügung. Über die Verwendung dieser Funktionen gibt dieses Kapitel eine Übersicht.

- Maplets: Dies ist eine zukunftsweisende Entwicklung in Richtung 'grafische Oberfläche für Maple-Anwendungen'. Die Grundfunktionen zur Erzeugung und Strukturierung von Maplets werden in diesem Kapitel vorgestellt und an Beispielen dargestellt.

- Connectivity: Dieses Kapitel behandelt mehrere Packages, deren Anwendung hochaktuell ist: XMLTools, MathML und Sockets. In Maple 7 ist es nun möglich, quer über alle gängigen Internetsprachen und Plattformen eine Verbindung zwischen verschiedenen Anwendungen herzustellen.

Kapitel 33

Rechnen mit Größen und Einheiten

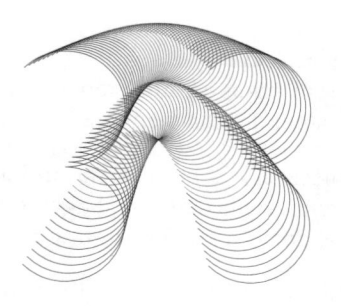

Die für den Physiker alltägliche Situation, nämlich das Rechnen mit Größen und Einheiten, stellt für den Programmierer eines Computer Algebra Systems eine ziemliche Herausforderung dar. Man sieht das an einem einfachen Beispiel: Der Impuls eines Lastwagens soll in allgemeiner Form angeschrieben werden.

$$p = \frac{m\,[t]\,s\,[m]}{t\,[s]} = 1000\,\frac{m\,s\,\left[\frac{kg\,m}{s}\right]}{t}$$

Der Physiker hat für die Masse (ihre variable Maßzahl) das Symbol m und die Einheit t, für den Weg das Symbol s und die Einheit m und für die Zeit das Symbol t mit der Einheit s gewählt (wahrscheinlich wollte er nur Maple testen, denn mit dieser unglücklichen Wahl würde er sich selbst viel Ärger machen). Die Ausgabe stammt von Maple und die Programmierer waren offensichtlich in der Lage, zwischen den Platzhaltern für die Maßzahlen und den Symbolen für die Einheiten zu unterscheiden, denn bei einfacher Multiplikation wäre das Ergebnis m^2. Dazu muss natürlich eine geeignete Notation eingeführt werden, aber vor allem müssen die Operatoren und Funktionen neu (und mehrfach) definiert werden (overloaded functions). Nur so kann das System 'mitdenken', wenn Symbole in mehrfacher Bedeutung vorkommen, was allerdings den Benutzer vom Mitdenken nicht völlig befreit. Dazu kommt, dass die Einheiten selbst in verschiedenem Kontext vorkommen können, denn auch nach der Einführung von SI-Einheiten (Système International d'Unités) wird in vielen Zweigen der Forschung fleißig mit den alten (natürlichen) Einheiten weitergerechnet, weil sie nun einmal der Problemstellung oft besser angepasst sind.

Da es sich bei dem Package Units fast um ein CAS im CAS handelt, wird es in einzelnen Schritten vorgestellt: Nach einem Schnelleinstieg zur Konvertierung von Einheiten mit Hilfe der Maus folgt ein systematischer Zugang zu Größen, Einheiten, Maßsystemen und Kontexten. Schließlich wird noch das (teilweise automatisierte) Rechnen mit Größen und Einheiten in den beiden Umgebungen (Standard und Natural) vorgestellt.

`convert(Einheit,Größe,Optionen)`
rechnet Einheiten und Größen um, dabei gibt es eine Reihe von Optionen. Der Befehl steht immer (ohne Package) zur Verfügung und wird durch `combine()` ergänzt.

```
with(Units)
```
im Package Units stehen alle Befehle zum Rechnen mit Größen und Einheiten in verschiedenen Maßsystemen.

```
with(Units[Standard])
```
und `with(Units[Natural])`
sind zwei Unterpackages von Unit, die Umgebungen zum automatisierten Rechnen mit Einheiten zur Verfügung stellen.

Hinweis: In Maple 8 gibt es das neue Package `ScientificConstants`. Sie finden dazu eine Einführung und Beispiele im Worksheet `kap33scicon.mws`.

Schnelleinstieg

Im Menü Edit | Unit Converter... können Sie einen ersten Test zum Umrechnen von Einheiten machen. Im Textfeld kann ein Zahlenwert (Value) eingegeben werden. Mit dem Auswahlfeld Dimension können Sie die gewünschte Größe wählen. Dann stehen automatisch in den Feldern From und To die Maple bekannten Einheiten (known Units) zur Verfügung. Die Ausgabe der Umrechnung erfolgt im Worksheet, wenn Sie den Insert-Button betätigen. Die folgende Auswahl (und damit auch die Ausgabe) ist voreingestellt:

```
convert( 1.0, 'units', 'ft', 'm' );
```

   0.3048000000

Das heißt, es wird der Befehl `convert()` mit den passenden Argumenten aufgerufen. Wenn Sie in einem bereits vorhandenen Worksheet arbeiten, in dem schon Zuweisungen gemacht wurden, werden Sie bald die generelle Problematik des Rechnens mit Einheiten erkennen: Einheiten müssen Namen (Symbole, Abkürzungen) tragen und deshalb kann es zu Missverständnissen kommen, wenn der Benutzer diese Namen belegt (z.B. m := 5:) und den Befehl von Hand ohne Apostrophe (?uneval) eingibt:

```
convert( 1.0, 'units', 'ft', m ); m:='m':
Error, (in convert/units) unable to convert 'ft' to '5'
```

Ein zweites Problem beim Schnelleinstieg liegt in den für den Mitteleuropäer zum Teil abenteuerlichen Einheiten

```
convert( 1.0, 'units', 'chain[Ramsden_US_survey]','x_unit[molybdenum]' );
```

   $0.3041620579 \, 10^{15}$

die auch noch einen Kontext (als Index notiert) haben können. Mehr dazu finden Sie weiter unten. Hier sind zunächst ein paar Beispiele, wie man mit Einheiten rechnen kann. So schreibt man Einheiten

Schnelleinstieg

```
3 * Unit(kg*m/s^2);
```

$$3\left[\frac{kg\,m}{s^2}\right]$$

d.h., Unit() bewirkt ein Anhängen der Einheit an die Maßzahl in eckigen Klammern. Mit dem Befehl Unit() aus dem Package Units (?Units,Unit) wird gleich umgerechnet:

```
3 * Units[Unit](kg*m/s^2);
```

$3\,[N]$

Die Rechnung kann auch mit combine(..., units) erfolgen:

```
2*Unit(meter)+3*Unit(cm) = combine(2*Unit(meter)+3*Unit(cm),units);
```

$$2\,[meter] + 3\,[cm] = \frac{203}{100}\,[m]$$

```
2*Unit(feet)+3*Unit(cm) = combine(2*Unit(feet)+3*Unit(cm),units);
```

$$2\,[feet] + 3\,[cm] = \frac{1599}{2500}\,[m]$$

Das kann man auch schreiben

```
2*Unit(feet)+3*Unit(kg);
```

$2\,[feet] + 3\,[kg]$

aber natürlich nicht damit rechnen:

```
combine(%,units);
```

$2\,[feet] + 3\,[kg]$

Hier klappt die Umrechnung:

```
2*Unit(N)*3*Unit(m);
```

$6\,[N]\,[m]$

```
combine(%,units);
```

$6\,[J]$

Mit convert() kann man auch das System wechseln:

```
convert(%,system,Atomic);
```

$$0.1358280908\,10^{20}\,\frac{[E0]}{\pi^2}$$

```
convert(%,system,SI);
```

$6.000000000\,[J]$

Weitere Beispiele finden Sie am Ende des Worksheets und in der Maple-Hilfe (examples/DefaultUnits).

Umgebungen

Die Befehle `convert()` und `combine()` stehen immer zur Verfügung (default environment). Will man die Umrechnung automatisieren, so kann man zwei Umgebungen wählen:

Standardumgebung

```
restart: with(Units[Standard]):

Warning, the assigned name polar now has a global binding

Warning, these protected names have been redefined and unprotected:
*,+, -, /, <, <=, <>, =, Im, Re, ^, abs, arccos, arccosh,
arccot,arccoth, arccsc, arccsch, arcsec, arcsech, arcsin, arcsinh,
arctan,arctanh, argument, ceil, collect, combine, conjugate, convert,
cos,cosh, cot, coth, csc, csch, csgn, diff, eval, evalc, evalr,
exp,expand, factor, floor, frac, int, ln, log, log10, max, min,
normal,root, round, sec, sech, shake, signum, simplify, sin, sinh,
sqrt,surd, tan, tanh, trunc, type, verify
```

Sie sehen: Da werden eine ganze Reihe von Operatoren und Funktionen umdefiniert.

Nun kann man sich den Befehl `convert()` sparen (er steht aber nach wie vor zur Verfügung, siehe Worksheet):

`2*Unit(feet)+3*Unit(cm);`

$$\frac{1599}{2500} \, [m]$$

Den nächsten Befehl kann man auch in der Standardumgebung schreiben, aber beim Ausführen kommt eine Fehlermeldung:

```
2*Unit(feet)+3*Unit(kg);
Error, (in +) the units 'ft' and 'kg' have incompatible dimensions
```

Natürliche Umgebung

Damit sind nicht natürliche Einheiten (wie z.B. in der Atomphysik) gemeint (obwohl Ähnlichkeiten bestehen), sondern in erster Linie die natürliche Schreibweise.

`restart: interface(warnlevel=0): with(Units[Natural]):`

Auch hier erfolgt zunächst eine umfangreiche Warnung zu den neuen Definitionen, die aber generell mit `interface(warnlevel=0):` abgeschaltet werden kann.

Die Befehle `Unit()`, `convert()` und `combine()` können wie üblich verwendet werden, aber nun ist auch die natürliche Schreibweise möglich:

`2*m+3*cm;`

$$\frac{203}{100} \, [m]$$

`2*feet+3*cm;`

$$\frac{1599}{2500} \, [m]$$

Wobei die Einheiten wieder kompatibel sein müssen. Die natürliche Schreibweise ist zwar elegant, hat aber einen Haken (zwangsläufig):

```
m+t;
Error, (in +) the units 'm' and 't' have incompatible dimensions
```

Mit m ist nun die Einheit Meter und mit t die Einheit Tonne verknüpft, wie man (unabhängig von der Umgebung) feststellen kann:

```
Units[HasUnit](m,display=true);
```

$meter_{SI}$

Wenn man ohne diese Bindungen rechnen will, muss man die Standardumgebung verwenden (siehe Worksheet), im schlimmsten Fall hilft auch ein `restart`.

Systematik

Um zu verstehen, wie Maple mit Einheiten rechnet und wie man das für eigene Rechnungen verwenden kann, empfiehlt es sich, die Befehle aus dem Package Units zu studieren:

```
restart: with(Units);
```

AddBaseUnit, AddDimension, AddSystem, AddUnit, Converter, GetDimension, GetDimensions, GetSystem, GetSystems, GetUnit, GetUnits, HasDimension, HasSystem, HasUnit, Natural, RemoveDimension, RemoveSystem, Standard, Unit, UseContexts, UseSystem, UsingContexts, UsingSystem

Sie bekommen auch im Hilfe-Browser unter Mathematics | Packages | Units eine Liste der Funktionen. Die Schlüsselbegriffe im Package Units sind Dimension, Unit, System, Context.

Größen

Alle in Maple bekannten Größen (Dimensions) erhält man mit:

```
GetDimensions();
```

absorbed_dose, acceleration, action, amount_of_information, amount_of_substance, angular_acceleration, angular_jerk, angular_speed, area, currency, dose_equivalent, dynamic_viscosity, electric_capacitance, electric_charge, electric_conductance, electric_current, electric_dipole_moment, electric_displacement, electric_field_strength, electric_permittivity, electric_polarizability, electric_potential, electric_resistance, electric_resistivity, energy, exposure, force, frequency, he-

at_capacity, heat_insulation_coefficient, heat_transfer_coefficient, illuminance, jerk, kinematic_viscosity, length, linear_frequency, linear_mass_density, logrithmic_gain, luminous_flux, luminous_intensity, luminous_luminance, magnetic_dipole_moment, magnetic_flux, magnetic_flux_density, magnetic_inductance, magnetic_permiability, magnetic_polarizability, magnetizing_force, mass, mass_density, molar_electric_charge, moment_of_inertia, momentum, plane_angle, power, pressure, solid_angle, specific_heat_capacity, speed, surface_energy_density, surface_power_density, thermal_conductivity, thermodynamic_temperature, time, torque, volume, volume_flow

Die Basisgrößen mit:

```
GetDimensions(base=true);
```

amount_of_information, amount_of_substance, currency, electric_current, length, logrithmic_gain, luminous_intensity, mass, thermodynamic_temperature, time

Umformen einer Größe in Basisgrößen: `GetDimension(energy);`

$$\frac{mass\ length^2}{time^2}$$

Die Umformung aller bekannter Größen in Basisgrößen können Sie im Worksheet selbst vornehmen.

Einheiten

Zu den Größen gehören Einheiten (insgesamt zurzeit 569). Hier sind die ersten zehn aus der Liste:

```
GetUnits()[1..10];
```

$British\_thermal\_unit_{39degF}$, $British\_thermal\_unit_{59degF}$, $British\_thermal\_unit_{60degF}$,

$British\_thermal\_unit_{IT}$, $British\_thermal\_unit_{mean}$, $British\_thermal\_unit_{thermochemical}$,

$Calorie_{15degC}$, $Calorie_{20degC}$, $Calorie_{IT}$, $Calorie_{mean}$

und Sie können mit `AddUnit()` noch ein paar hinzufügen...

Auskunft zu einer bestimmten Einheit bekommt man so:

```
GetUnit(m);
```

meter, context = SI, default = false, conversion = metre[SI], prefix = SI, symbol = m, symbols = {m}, spelling = meter, plural = meters, spellings = {metre, metres, meter, meters}, abbreviation = none, abbreviations = {}

Systematik

Es gibt also verschiedene Schreib- oder Sprechweisen (spellings) für eine Einheit, es gibt aber auch Vorsätze (`?prefix`):

`evalf(convert(5*Unit(um),units,m));`

$0.5000000000\,10^{-5}\,[m]$

Mit `GetUnits(dimension=...)` kann man sich die Einheiten zu einer bestimmten Größe anzeigen lassen (siehe Worksheet). Dabei wird noch der jeweilige Kontext (s.u.) angegeben, den Sie vielleicht schon in der Liste oben als Index erkannt haben. Die Einheiten zu einem bestimmten Namen erhält man mit `GetUnits(name=...)`, Beispiele dazu finden Sie ebenfalls im Worksheet.

Systeme

Maple kennt folgende Systeme:

`GetSystems();`

Atomic, CGS, EMU, ESU, FPS, MKS, MTS, SI

Die lauten:

`GetSystem(SI);`

$tesla_{SI}$, $pascal_{SI}$, $weber_{SI}$, $candela_{SI}$, $newton_{SI}$, lux_{SI}, $radian_{SI}$, $volt_{SI}$, $liter_{SI}{}^3$, $steradian_{SI}$, $mole_{SI}$, $henry_{SI}$, $watt_{SI}$, $neper_{SI}$, $kilogram_{SI}$, $newton_{SI}\,meter_{SI}(radius)$, $farad_{SI}$, $dollar_{US}$, $meter_{SI}$, $coulomb_{SI}$, $kelvin_{SI}$, ohm_{SI}, $meter_{SI}{}^2$, $joule_{SI}$, $second_{SI}$, $\dfrac{meter_{SI}}{second_{SI}}$, $\dfrac{meter_{SI}}{second_{SI}{}^2}$, $lumen_{SI}$, $siemens_{SI}$, $ampere_{SI}$

Die Einheiten der anderen Systeme können Sie sich im Worksheet anzeigen lassen. Mit `AddSystem()` können Sie auch Ihr eigenes System hinzufügen.

Ein System wählen und nachfragen, welches System verwendet wird:

`UseSystem(Atomic); UsingSystem();`

Atomic

Einheit einer Größe in diesem System und ihre Basiseinheiten:

`convert(energy, system, dimension);`

$[E0]$

```
convert(energy, system, dimension, base);
```

$$\left[\frac{em\, a0^2}{s_{Atomic}^2}\right]$$

Kontext

Der Kontext einer Einheit ist nicht zu verwechseln mit dem Maßsystem. Leider gibt es keine fertige Liste der verschiedenen Kontexte in der Hilfe. Man kann sie aber mit wenigen Befehlen erzeugen (siehe Worksheet):

['0degC', '15degC', '20degC', '23degC', '32degF', '39.2degF', '39degF', '4degC', '59degF', '60degF', AU, Atomic, Baker, Celsius, EMU, ESU, EU, Fahrenheit, Gregorian, Gunter, Gunter_US_survey, IT, JP, Julian, Orthodox, PQ, PQ_area, PQ_length, Ramsden, Ramsden_US_survey, Rankine, Reaumur, SI, Sacred, TNT, Talmudic, TeX, UK, UK_nautical, UK_petroleum, US, US_dry, US_dry_heaped, US_liquid, US_nautical, US_petroleum, US_survey, Volume, angle, anomalistic, apothecary, assay, avoirdupois, beer, boiler, bulk, carbon12, centigrade, chemical, circular, computer, copper, diamond, electric, electrical, ellipse, energy, freight, galactic, information, international, leap, long, long_assay, lunar, mean, merchant, metric, military, molybdenum, nautical, nodical, nutrition, old_CA, petroleum, physical, power, printer, radiation, refrigeration, register, resistance, resistivity, short, sidereal, standard, technical, thermochemical, tropcial, tropical, troy, water, waterloo, wine]

Die Angelsachsen sind wohl die Weltmeister in der mehrdeutigen Verwendung von Einheiten.

Einheiten mit SI-Kontext:

```
GetUnits(context=SI);
```

$Rvalue_{SI}$, $Ufactor_{SI}$, $ampere_{SI}$, are_{SI}, $atomic\_mass\_unit_{SI}$, bar_{SI}, $barn_{SI}$, $becquerel_{SI}$, $candela_{SI}$, $centare_{SI}$, $coulomb_{SI}$, day_{SI}, $electronvolt_{SI}$, $farad_{SI}$, $gram_{SI}$, $gray_{SI}$, $hectare_{SI}$, $henry_{SI}$, $hertz_{SI}$, $hour_{SI}$, $joule_{SI}$, $katal_{SI}$, $kelvin_{SI}$, $knot_{SI}$, $liter_{SI}$, $lumen_{SI}$, lux_{SI}, $meter_{SI}$, $minute_{SI}$, $mole_{SI}$, $nautical\_mile_{SI}$, $neper_{SI}$, $newton_{SI}$, ohm_{SI}, $pascal_{SI}$, $radian_{SI}$, $second_{SI}$, $siemens_{SI}$, $sievert_{SI}$, $steradian_{SI}$, $tesla_{SI}$, $tonne_{SI}$, $volt_{SI}$, $watt_{SI}$, $weber_{SI}$

Rechnen mit Größen und Einheiten

In der Standardumgebung rechnet Maple automatisch mit Einheiten, die mit Unit() angegeben werden. In der natürlichen Umgebung können Einheiten kurz notiert werden. Allerdings sind dadurch einige Namen vorbelegt. Die Konvertierung von Einheiten und Größen kann auch außerhalb einer Umgebung erfolgen.

Standardumgebung

In der Standardumgebung rechnet Maple automatisch mit Einheiten, die mit Unit() angegeben werden (with(Units) wird für die Get-Befehle benötigt):

`restart: with(Units[Standard]): with(Units):`

Die Ausgabe der Warnungen, die man beim Laden der Packages erhält, wird in den folgenden Abschnitten nicht gezeigt (sie kann mit `interface(warnlevel=0)` abgestellt werden).

Zunächst kann man ein System wählen oder fragen, in welchem System man sich befindet:
`UseSystem(SI); UsingSystem();`

SI

Welche Einheiten es in einem System gibt, erfährt man z.B. mit `GetSystem(SI);` (siehe Abschnitt Systeme Seite 571).

Nun können wir zum Beispiel die Impedanz einer RCL-Reihenschaltung mit Einheiten berechnen, wobei es (mindestens) zwei Möglichkeiten gibt. Man kann die Einheiten im Term eingeben:

```
Z:=sqrt(R^2*Unit(ohm^2)+(omega*L*Unit(henry)*Unit(hertz)
   -1/(omega*C)*Unit(second)/Unit(farad))^2);
```

$$Z := \sqrt{R^2 + \left(\omega L - \frac{1}{\omega C}\right)^2}\ [\Omega]$$

und dann Zahlen einsetzen

`omega:=2*Pi*50: R:=100: L:=1e-3: C:=2e-6: 'Z'=Z;`

$$Z = \sqrt{10000 + (0.100\,\pi - \frac{5000.000000}{\pi})^2}\ [\Omega]$$

`'Z'=evalf(Z);`

$$Z = 1594.374388\ [\Omega]$$

Oder umgekehrt den Term ohne Einheiten eingeben

```
omega:='omega': R:='R': L:='L': C:='C':
Z:=sqrt(R^2+(omega*L-1/(omega*C))^2);
```

$$Z := \sqrt{R^2 + (\omega L - \frac{1}{\omega C})^2}$$

Und die Werte mit Einheiten eingeben:

```
omega:=2*Pi*50*Unit(hertz): R:=100*Unit(ohm): L:=1e-3*Unit(henry):
C:=2e-6*Unit(farad): 'Z'=Z;
```

$$Z = \sqrt{10000\,[\Omega]^2 + (0.100\,\pi\,[Hz]\,[H] - \frac{5000.000000}{\pi\,[Hz]\,[F]})^2}$$

In diesem Fall werden die Einheiten nicht automatisch zusammengefasst (was manchmal von Vorteil ist), man kann aber mit combine() nachhelfen:

```
'Z'=evalf(combine(Z,units));
```

$$Z = 1594.374388\,[\Omega]$$

Das Lösen einer Gleichung mit Einheiten

```
solve(a*Unit(m/s^2)=v/(t*Unit(s)),v);
```

$$\frac{a\,\left[\frac{m}{s^2}\right]\,t}{\left[\frac{1}{s}\right]}$$

```
v=combine(%,units);
```

$$v = a\,t\,\left[\frac{m}{s}\right]$$

erfolgt nach dem gleichen Motto, solange keine Summe mit 'inkompatiblen Einheiten' vorkommt:

```
5*Unit(m)+x;
Error, (in +) the units 'm' and '1' have incompatible dimensions
```

Die (korrekte) Fehlermeldung kommt von Units[Standard] und kann nur mit restart abgestellt werden. Es gibt Fälle, in denen man das tun muss. Als Beispiel nehmen wir wieder die Gleichung für die Impedanz, in der jetzt C ohne Einheit steht.

```
restart:
Z*Unit(volt/ampere)=sqrt(R^2*Unit(ohm^2)+(omega*L*Unit(henry)*Unit(hertz)
                  -1/(omega*C)*Unit(second))^2);
```

$$Z\,\left[\frac{volt}{ampere}\right] = \sqrt{R^2\,[ohm^2] + (\omega\,L\,[henry]\,[hertz] - \frac{[second]}{\omega\,C})^2}$$

und lösen sie nach C auf:

```
solve(%,C);
```

$$\frac{1}{2}\,\frac{(2\,\omega\,L\,[henry]\,[hertz] + 2\,\sqrt{-\%2 + \%1})\,[second]}{([hertz]^2\,[henry]^2\,L^2\,\omega^2 + \%2 - \%1)\,\omega},$$

Rechnen mit Größen und Einheiten

$$\frac{1}{2} \frac{(2\,\omega\,L\,[henry]\,[hertz] - 2\sqrt{-\%2 + \%1})\,[second]}{([hertz]^2\,[henry]^2\,L^2\,\omega^2 + \%2 - \%1)\,\omega}$$

$$\%1 := \left[\frac{volt}{ampere}\right]^2 Z^2 \qquad \%2 := R^2\,[ohm^2]$$

```
combine(%[1],units);
```

$$\frac{1}{2} \frac{(2\,\omega\,L + 2\sqrt{-R^2 + Z^2})\,[F]}{(L^2\,\omega^2 + R^2 - Z^2)\,\omega}$$

Anmerkung: Eine Gleichung, in der alle Einheiten eingetragen sind, lässt sich nicht nach einer Größe mit Einheit auflösen, weil die Einheiten vorher herausfallen (siehe Worksheet).

Auch die Ableitung und das Integral lassen sich mit Einheiten berechnen:

```
diff(x^2*Unit(m^2),x*Unit(m));
```

$$2\,x\,[m]$$

```
int(%,x*Unit(m));
```

$$x^2\,[m^2]$$

```
int(%,t*Unit(s));
```

$$x^2\,t\,[m^2\,s]$$

Das geht nicht außerhalb einer Umgebung.

Natürliche Umgebung

In der natürlichen Umgebung können Einheiten kurz notiert werden, allerdings sind dadurch einige Namen vorbelegt.

```
restart: with(Units[Natural]): with(Units):
```

Wir versuchen es wieder mit dem Beispiel zur Impedanz. Man kann die Einheiten im Term eingeben:

```
Z:=sqrt(R^2*ohm^2+(omega*L*henry*hertz-1/(omega*C*hertz*farad))^2);
Error, (in +) the units 'm^5*kg/s^3/A^2' and '1/A^3/s^4*m^2*kg'
have incompatible dimensions
```

Aber hier gibt es schon Ärger. Und nach etwas Suchen findet man heraus, dass etwas mit dem C und dem L nicht stimmt:

```
omega*C*hertz*farad;
```

$$\omega \left[\frac{A^3\, s^4}{m^2\, kg}\right]$$

Das hätte man sich denken können:

```
GetUnit(C);
```

coulomb, context = SI, default = false, conversion = ampere[SI]*second[SI], prefix = SI, symbol = C, symbols = {C}, spelling = coulomb, plural = coulombs, spellings = {coulomb, coulombs}, abbreviation = none, abbreviations = {}

Aber R und L sind ebenso vorbelegt, also muss man auf andere Namen ausweichen. Dann läuft aber alles glatt und man spart sich in der natürlichen Umgebung viel Schreibarbeit (siehe Worksheet, wo Sie auch die anderen Beispiele aus der Standardumgebung wiederfinden). Die Verwendung der natürlichen Umgebung führt noch zu einem weiteren Thema:

Präfixe und physikalische Konstanten

Zur natürlichen Umgebung gehören auch die Vorsätze (?prefix) und Konstanten:

```
1*milliampere, 1*microampere;
```

$[mA], [uA]$

Ein unerwartetes Ergebnis erhält man, wenn man die Abkürzung mu für micro als Faktor schreibt:

```
1*mu*ampere;
```

$0.1660540200\, 10^{-29}\, [kg\, A]$

Das liegt daran:

```
1*mu;
```

$[mamu]$

```
GetUnit(mu);
```

atomic_mass_unit, context = SI, default = false, conversion = .16605402000e-23*gram[SI], prefix = SI, symbol = amu, symbols = {amu, u}, spelling = atomic_mass_unit, plural = atomic_mass_units, spellings = {atomic_mass_unit, atomic_mass_units}, abbreviation = none, abbreviations = {}

In der natürlichen Umgebung ist u eine Konstante, nämlich die atomare Masseneinheit. Hier muss also der Benutzer mitdenken bzw. genügend Informationen haben, um nicht in

'Fallen zu laufen'. Wenn man die Abkürzungen für die Konstanten kennt, kann man auch `combine()` verwenden, um den Zahlenwert zu erfahren:

`combine(u,units);`

$0.1660540200\,10^{-26}\,[kg]$

`combine(em,units);`

$0.91093897\,10^{-30}\,[kg]$

Leider sind die Konstanten in der Maple-Hilfe nirgendswo komplett aufgelistet. Man findet sie aber bei den jeweiligen Einheiten, also z.B. die Elementarladung bei `?Units,electric_charge`.

Hinweis: Kurz vor Drucklegung dieses Buchs erschien das Package *Scientific Constants* bei Maple Primes `http://www.mapleprimes.com/`.

Konvertierungen

Bitte beachten Sie: Je nach Schreibweise und Art der Konvertierung müssen u.U. die passenden Packages aktiviert werden (deshalb beginnen die Abschnitte im Worksheet zum Teil mit `restart` und `with`).

Das Umrechnen von Einheiten erfolgt mit `convert(expr,units,unitFrom,unitTo,opts)`, also

`convert(1, units, m, cm);`

100

`convert(x+y, units, m, cm);`

$100x + 100y$

`convert(1.75, units,erg, eV);`

$0.1092263614\,10^{13}$

Siehe auch 'convert between units' (`?convert,units`).

Manchmal will man auch die Einheit von der Maßzahl trennen:

`convert(5*ohm, unit_free, 'Einheit'), Einheit;`

$5, [\Omega]$

Die zu einer Einheit gehörige Größe erhält man mit convert(Einheit, dimensions, opts), also:

```
convert(m/s, dimensions);
```

  speed

Für die Konvertierung in ein anderes System gibt es verschiedene Varianten. Die Hauptform ist:
```
convert(1, system, m, Atomic);
```

  $0.1914692708 \, 10^{10} \, \pi^2$

Die anderen Varianten finden Sie im Worksheet oder mit ?convert,system.

Schließlich können mit convert() auch Tabellen zum Umrechnen erstellt werden:

```
convert([[J,cal,erg,hartree], [eV, E0]], conversion_table,
     output=grid, filter=evalf[4], order=lexorder);
```

$$\begin{bmatrix} & To: & eV & E0 \\ \text{Unit Name} & \text{Symbol} & & \\ \text{calories} & cal & 0.2611 \, 10^{20} & 0.9595 \, 10^{18} \\ \text{ergs} & erg & 0.6242 \, 10^{12} & 0.2293 \, 10^{11} \\ \text{hartrees} & E0 & 27.22 & 1. \\ \text{joules} & J & 0.6242 \, 10^{19} & 0.2293 \, 10^{18} \end{bmatrix}$$

```
convert([[m,C,J], [a0, e, E0]], conversion_table, output=columns,order=lexorder);
```

$$\begin{bmatrix} \text{Units From}: & \text{Units To}: & \text{Conversion Factor}: \\ \text{coulombs} & e & 0.6241506363 \, 10^{19} \\ \text{joules} & E0 & 0.2263801513 \, 10^{19} \, \frac{1}{\pi^2} \\ \text{meters} & a0 & 0.1914692708 \, 10^{10} \, \pi^2 \end{bmatrix}$$

Hinweis: Maple stellt nicht nur die hier gezeigten Befehle zum Rechnen mit Einheiten zur Verfügung, sondern auch ein Instrumentarium, die Maßsysteme selbst zu verwalten, siehe ?Units,Overview, 'Units Execution Group Management Routines'.

Syntaxzusammenfassung

```
x*Unit(u);
```
  versieht die Maßzahl x (Ausdruck) mit der Einheit u.

```
convert(u, dimensions, opts);
```
  gibt die zur Einheit u gehörige Größe aus.

Syntaxzusammenfassung 579

```
convert(u, system, unitFrom, systemTo, opts);
convert(u*Unit(unitFrom), system, systemTo, opts);
convert(dim, system, systemTo, dimension=true, opts);
```
    konvertiert die Einheit u bzw. die Größe dim in ein anderes System.

```
convert(u, units, unitFrom, unitTo, opts);
convert(u*Unit(unitFrom), units, unitTo, opts);
```
    multipliziert den Ausdruck u mit dem Konvertierungsfaktor von UnitFrom zu UnitTo.

```
convert(u, unit_free, unit);
```
    entfernt die Einheit vom Ausdruck u und speichert sie (optional) in unit.

```
convert([L1, L2], conversion_table, opts);
```
    erstellt eine Umrechnungstabelle für die Einheiten der Listen L1 und L2.

```
combine(expr, units, opts);
```
    kombiniert wenn möglich die in expr enthaltenen Einheiten.

```
with(Units); Unit(u);
```
    Das Package Units enthält die folgenden Befehle. Wird Unit(u) nach dem Laden von Units aufgerufen, so werden Einheiten teilweise automatisch umgeformt. Die oben stehenden Befehle sind auch außerhalb von Units verfügbar.

```
GetDimensions(); GetDimensions(base=true)
```
    gibt alle Größen bzw. Basisgrößen aus.

```
GetSystems(); GetSystem(system);
```
    listet alle Systeme bzw. die Einheiten eines Systems auf.

```
GetUnits(opts); GetUnit(unit, opts);
```
    die erste Variante (Mehrzahl) listet Einheiten auf, wobei mit opts die Liste hinsichtlich Größe (dimension), Kontext und Name eingeschränkt werden kann;
    die zweite Variante gibt Informationen zur Einheit unit, die durch die Angabe von opts (*abbreviation, abbreviations, context, conversion, default, plural, prefix, spelling, spellings, symbol, symbols*) auch gezielt abgefragt werden können .

```
UseSystem(system); UsingSystem(); UseContexts(ctx1, ctx2, ...); UsingContexts();
```
    wählt das System bzw. fragt nach dem verwendeten System, entsprechend für den Kontext.

```
HasDimension(dim); HasUnit(unit, opts); HasSystem(system);
```
    liefert true, wenn zum Namen dim eine Größe gehört (sinngemäß für Einheiten und Systeme).

    Hinweis: Für das Management von Systemen gibt es weitere Befehle zum Hinzufügen (Add...) und Entfernen (Remove...) von Größen, Einheiten und Systemen. Das Package Units enthält die Unter-Packages Standard und Natural.

```
with(Units[Standard]); with(Units[Natural]);
```
    lädt die Arbeitsumgebung (environment) Standard bzw. Natural. In beiden Umgebungen werden Konvertierungen (Vereinfachungen) automatisch ausgeführt und Ausdrücke mit Einheiten auf Kompatibilität überprüft. In der natürlichen Umgebung können Einheiten in der natürlichen Schreibweise (2*m statt 2*Unit(m)) eingegeben werden (was die Freiheit bei der Wahl von Namen einschränkt) .

Kapitel 34

Nützliche Tool-Packages

In diesem Kapitel sollen exemplarisch einige der immer zahlreicher werdenden Tool-Packages von Maple vorgestellt werden. Es kann dabei nicht das Ziel sein, diese Packages vollständig zu erklären, vielmehr soll beispielhaft gezeigt werden, welche Vielfalt an unterschiedlichsten Werkzeugen Maple inzwischen zur Verfügung stellt. Es gibt in diesem Kapitel auch keine Syntaxzusammenfassungen, dies würde den Rahmen sprengen. Hier muss daher auf die jeweilige Online-Hilfe verwiesen werden.

Im Einzelnen werden folgende Packages besprochen:

- `StringTools`

  Mit diesem Package werden Hilfsfunktionen für den Umgang mit Strings bereitgestellt. Leider berücksichtigen diese Funktionen aber keine Umlaute.

- `ListTools`

  Hilfsfunktionen für die Bearbeitung von Listen.

- `RandomTools`

  Mit dieserm Package vereinfacht Maple das Erzeugen von Zufallsdaten mit komplexer Struktur durch eine Vielfalt von Definitionsmöglichkeiten.

StringTools

Der seit Maple 6 vorhandene Datentyp der Strings (Zeichenketten) erfährt in diesem Package eine weit reichende Unterstützung. Viele nützliche Funktionen zur Bearbeitung von Zeichenketten sind hier mit der neuen Modul-Technik implementiert. Bedauerlicherweise ignoriert die Implementation aber Umlaute und andere Besonderheiten des internationalen Zeichensatzes, so dass einige Funktionen für nicht englische Anwendungen nur eingeschränkt nutzbar sind. Im Folgenden werden einige Beispiele zu Funktionen dieses Package vorgestellt.

```
restart:with(StringTools);
```
Warning, the assigned name Group now has a global binding

[*AndMap, Capitalize, Char, CharacterMap, Chomp, CommonPrefix, CommonSuffix, Compare, CompareCI, Drop, Explode, FirstFromLeft, FirstFromRight, FormatMessage, Group, Implode, IsASCII, IsAlpha, IsAlphaNumeric, IsBinaryDigit, IsControlCharacter, IsDigit, IsGraphic, IsHexDigit, IsIdentifier, IsIdentifier1, IsLower, IsOctalDigit, IsPrefix, IsPrintable, IsPunctuation, IsSpace, IsSuffix, IsUpper, Join, LeftFold, Levenshtein, LongestCommonSubSequence, LongestCommonSubString, LowerCase, Map, OrMap, Ord, Random, RegMatch, RegSub, Remove, Reverse, RightFold, Search, SearchAll, Select, SelectRemove, Soundex, Split, Squeeze, SubString, Substitute, SubstituteAll, Take, Trim, TrimLeft, TrimRight, UpperCase*]

Wir erzeugen zunächst eine Zufalls-Zeichenkette aus Großbuchstaben und Leerzeichen. Dazu verwenden wir die Funktion `Random`, die durch die optionale Eingabe einer Zeichenkette oder eines Symbols zur Bezeichnung eines vordefinierten Teils des Zeichensatzes und der gewünschten Länge eine Zeichenkette dieser Länge mit einer Zufallsauswahl der angegebenen Zeichen erstellt. Ohne die optionale Angabe der Zeichen werden alle 255 Zeichen des Zeichensatzes in die Auswahl einbezogen (auch die nicht druckbaren).

```
Random(50," ABCDEFGHIJKLMNOPQRSTUVWXYZÖÄÜ");
```
"YWDLHKTYUTAD VZFGORHYPHPLQUAEXVC MQENR CDKASHQVOCM"

```
Reverse(%);
```
"MCOVQHSAKDC RNEQM CVXEAUQLPHPYHROGFZV DATUYTKHLDWY"

```
Split(%)
```
[*"MCOVQHSAKDC","RNEQM","CVXEAUQLPHPYHROGFZV","DATUYTKHLDWY"*]

Mit `Reverse` erzeugt man eine Zeichenkette, die aus der eingegebene Zeichenkette durch Umkehrung der Reihenfolge der Zeichen entsteht. `Split` zerlegt eine Zeichenkette in eine Liste von Teilzeichenketten. Ohne weitere Angaben werden dabei Leerzeichen (und andere white-space Zeichen wie Tabulator und Zeilentrennung) als Trennmarken verwendet (und weggelassen). Man kann aber auch in einer optionalen Zeichenkette die gewünschten Trennzeichen angeben:

```
Split("Adam, Eva, Kain, Abel, Noah",", ");
```

["Adam","","Eva","","Kain","","Abel","","Noah"]

Die Angabe des Leerzeichens als Trennzeichen bewirkt in diesem Beispiel die Ausgabe mehrerer leerer Zeichenfolgen, da das Leerzeichen in der Quelle immer unmittelbar nach dem ebenfalls als Leerzeichen verwendeten Komma steht.

Für die Umwandlung einzelner Zeichen des acht Bit ASCII-Zeichensatzes in ihre entsprechende Codezahl und umgekehrt stehen die Funktionen Ord und Char zur Verfügung. Char erwartet eine Zahl im Bereich 0..255 und gibt das dieser Zahl entsprechende Zeichen aus. Ord erwartet als Eingabe eine Zeichenkette und liefert den Code des ersten Zeichens.

```
Ord("A"),Char(228);
```

65,"ä"

Mit Explode kann man einen String in eine Liste von Strings mit jeweils einem Zeichen zerlegen, mit Implode kann eine solche Liste wieder zu einem String zusammengefasst werden.

```
Explode("ABCDE");
```

["A","B","C","D","E"]

```
Implode(%);
```

"ABCDE"

Die üblichen Funktionen zur Umwandlung von Zeichenketten (also etwa alles in Groß- oder in Kleinbuchstaben umwandeln) stellt die Package ebenso bereit wie diverse Filterfunktionen und Prädikate. Bei diesen textbezogenen Funktionen wird aber keine Rücksicht auf die Sonderzeichen des Zeichensatzes genommen und insbesondere Umlaute werden nicht berücksichtigt.

```
str:="Der ältere Habicht war so dicht wie lange nicht": UpperCase(str);
```

"DER äLTERE HABICHT WAR SO DICHT WIE LANGE NICHT"

```
LowerCase(str)
```

"der ältere habicht war so dicht wie lange nicht"

```
Capitalize(str)
```

"Der äLtere Habicht War So Dicht Wie Lange Nicht"

Besonders unangenehm ist es, dass Umlaute offensichtlich intern nicht als druckbar angesehen werden und so von Capitalize auch nicht als Wortanfang behandelt werden können.

Mit `Map` kann man eine Funktion, die als Ein- und Ausgabewerte Zeichen hat, auf jedes Element des Strings anwenden und als Ergebnis den so veränderten String ausgeben.

```
Map(Capitalize,str);
```

> *"DER äLTERE HABICHT WAR SO DICHT WIE LANGE NICHT"*

```
Map(x->Char(Ord(x)+1),str);
```

> *"Efs!åmufsf!Ibcjdiu!xbs!tp!ejdiu!xjf!mbohf!ojdiu"*

`AndMap` und `OrMap` iterieren Prädikate, die als Eingabe einzelne Zeichen erwarten. `AndMap` hat das Ergebnis `true`, falls alle Zeichen des bearbeiteten Strings dieses Ergebnis liefern, `OrMap`, falls wenigstens ein Zeichen dieses Ergebnis liefert. Das Prädikat `IsASCII` liefert `true`, falls ein Zeichen zum ASCII-Zeichensatz (Zeichencodes 0 bis 127) gehört.

```
AndMap(IsASCII,str),OrMap(IsASCII,str);
```

> *false, true*

`IsPrefix` und `IsSuffix` überprüfen, ob ein String mit dem Anfang bzw. dem Ende eines zweiten Strings übereinstimmt.

```
IsPrefix("Der",str);
```

> *true*

```
IsSuffix("nicht",str);
```

> *true*

`Select`, `Remove` und `SelectRemove` wählen aus einer Zeichenkette Zeichen aus und erstellen daraus eine neue Zeichenkette. Als Eingabe erwarten diese Funktionen neben der Zeichenkette ein Prädikat, das die Auswahl steuert. `Select` bildet die neue Zeichenkette aus allen Zeichen, die das Prädikat erfüllen, `Remove` aus allen, die das Prädikat nicht erfüllen. `SelectRemove` liefert zwei Zeichenketten. In der ersten stehen alle die Zeichen, die das Prädikat erfüllen, in der zweiten die anderen. Die in den Beispielen verwendete Funktion `Search` sucht einen Teilstring eines Strings und gibt die Position seines Anfangs zurück, falls er gefunden wird, ansonsten die Zahl Null.

```
Select(IsASCII,str);
```

> *"Der ltere Habicht war so dicht wie lange nicht"*

```
Select(x->is(Ord(x)<Ord("Z")),str);
```

> *"D H "*

```
Remove(x->is(Search(x,"aeiouöäüAEIOUÖÄÜ")>0),str);
```

> *"Dr ltr Hbcht wr s dcht w lng ncht"*

```
SelectRemove(x->is(Search(x,"aeiouöäüAEIOUÖÄÜ")>0),str);
```

> *"eäeeaiaoiieaei", "Dr ltr Hbcht wr s dcht w lng ncht"*

Mit `Take` kann man ein Anfangsstück einer einzugebenden Länge einer Zeichenkette in eine neue Zeichenkette kopieren. `Drop` erstellt eine neue Zeichenkette ohne ein Anfangsstück, dessen Länge angegeben werden muss. Mit `SubString` kann man durch Angabe eines Bereichs eine beliebige Teilzeichenkette auswählen. Im Gegensatz zur eingebauten Funktion `substring` gibt diese Funktion ihr Ergebnis auch dann als Zeichenkette zurück, wenn die Eingabe keine Zeichenkette, sondern ein Symbol war.

```
Take(str,13),Drop(str,13),SubString(str,12..18),SubString(EinSymbol,2..5);
```
    "Der ältere Ha", *"bicht war so dicht wie lange nicht"*, *"Habicht"*, *"inSy"*

Die Funktionen `LeftFold` und `RightFold` erwarten als Eingaben eine zweistellige Funktion für Strings, einen Anfangswert und eine zu bearbeitende Zeichenkette. Die Funktion wird sukzessive auf zunächst den Anfangswert und das erste Zeichen des Strings, danach auf das zweite Zeichen und das erste Ergebnis angewendet usw. Bei `LeftFold` wird dabei die Anwendung von links, bei `RightFold` von rechts aufgebaut. Es gilt also LeftFold(F,Anf,"ABC")=F("C",(F("B",F("A",Anf)))) und RightFold(F,Anf,"ABC")=F(F(F(Anf,"A"),"B"),"C").

```
LeftFold(cat,"*","ABCD"),RightFold(cat,"*","ABCD");
```
    "DCBA"*, *"*ABCD"*

Das nächste Beispiel zeigt eine etwas kompliziertere Anwendung von `LeftFold`. Die Codezahlen der Zeichen eines Strings werden modulo 8991 miteinander multipliziert. Man erhält so eine Art Prüfzahl für den String, mit der man Veränderungen erkennen kann.

```
LeftFold((a,b)->irem(Ord(a)*b,8191),1,"Abcdefg"),;
    LeftFold((a,b)->irem(Ord(a)*b,8191),1,"aBcdefg")
```
    6300, 1021

Die Funktion `Group` erwartet als Eingabe ein Prädikat und eine Zeichenkette. Sie liefert als Ergebnis eine Folge von Zeichenketten, die aus der Eingabe gewonnen werden, indem (abwechselnd) immer maximal lange Teilzeichenketten genommen werden, deren Zeichen das Prädikat alle erfüllen oder alle nicht erfüllen. Die Funktion `Join` erwartet eine Liste von Zeichenketten und (optional) ein Trennzeichen. Sie fügt dann alle Zeichenketten der Liste zu einer Zeichenkette zusammen, wobei das Trennzeichen die einzelnen Zeichenketten voneinander abgrenzt. Wird kein Trennzeichen angegeben, verwendet `Join` das Leerzeichen als Trennzeichen. Will man kein Trennzeichen, so muss man die leere Zeichenkette als Trennzeichen angeben. Auch ein String mit mehreren Zeichen kann zur Trennung angegeben werden. Im folgenden Beispiel wird mit `Group` zunächst eine Wortliste erzeugt, aus der mit `remove` die Leerzeichen entfernt werden. Anschließend wird diese Liste auf verschiedene Arten mit `Join` zusammengefügt.

```
Group(IsUpper,str);
```
    "D", *"er ältere "*, *"H"*, *"abicht war so dicht wie lange nicht"*

```
gr:=Group(x->not(IsSpace(x)),str);
```
> *gr* := *"Der"," ","ältere"," ","Habicht"," ","war"," ","so"," ","dicht",*
> *" ","wie"," ","lange"," ","nicht"*

```
gr:=remove(x->(x = " "),[gr]);
```
> *gr* :=[*"Der", "ältere", "Habicht", "war", "so", "dicht", "wie", "lange", "nicht"*]

```
Join(gr);Join(gr,"-");Join(gr,"");Join(gr,"-*-");
```
> *"Der ältere Habicht war so dicht wie lange nicht"*
>
> *"Der-ältere-Habicht-war-so-dicht-wie-lange-nicht"*
>
> *"DerältereHabichtwarsodichtwielangenicht"*
>
> *"Der-*-ältere-*-Habicht-*-war-*-so-*-dicht-*-wie-*-lange-*-nicht"*

Mit Search kann man nach dem ersten Vorkommen eines Musters in einem String suchen. Das Ergebnis ist die Position des Musteranfangs im durchsuchten String. Wird das Muster nicht gefunden, gibt die Funktion die Zahl 0 zurück. Mit SearchAll kann man alle Vorkommen des Musters suchen. Man erhält dann als Ergebnis eine Folge mit den Positionen aller Musteranfänge, falls das Muster vorkommt. Andernfalls liefert die Funktion die leere Sequenz NULL. Mit Substitute kann man das erste Vorkommen eines Musterstrings in einem String durch einen anderes Muster ersetzen. SubstituteAll ersetzt alle Vorkommen durch das neue Muster.

```
Search("ich",str);SearchAll("ich",str);is(NULL=SearchAll("xy",str));
```
> 15
>
> 15, 28, 44
>
> *true*

```
Substitute(str,"ich","isch");
```
> *"Der ältere Habischt war so dicht wie lange nicht"*

```
SubstituteAll(str,"ich","isch");
```
> *"Der ältere Habischt war so discht wie lange nischt"*

ListTools

Zusätzlich zu den Standardfunktionen zur Bearbeitungen von Listen stellt das Package ListTools noch eine Reihe weiterer nützlicher Funktionen zur Verfügung. Auch dieses Package ist als Modul programmiert, so dass einzelne Funktionen mit der entsprechenden Modul-Syntax aufgerufen werden können (etwa: ListTools:-Reverse). Mit with kann man das ganze Package laden.

```
restart:with(ListTools);
```

[*BinaryPlace,BinarySearch,Categorize,DotProduct ,FindRepetitions,Flatten,FlattenOnce,Group,*

Interleave,Join,JoinSequence,MakeUnique,Pad,PartialSums,Reverse,Rotate,Sorted,Split,Transpose]

Group teilt (ähnlich der Funktion gleichen Namens in den StringTools) eine Liste fortlaufend in Teillisten auf, je nachdem, ob die Listenelemente ein der Funktion übergebenes Prädikat erfüllen oder nicht. Jedes Mal wenn diese Eigenschaft wechselt, wird eine neue Teilliste begonnen.

```
L1:=[seq(i,i=1..20)];
```

$L1 := [1, 2, 3, 4, 5, 6, 7, 8, 9, 10, 11, 12, 13, 14, 15, 16, 17, 18, 19, 20]$

```
Group(isprime,L1);
```

$[1], [2, 3], [4], [5], [6], [7], [8, 9, 10], [11], [12], [13], [14, 15, 16], [17], [18], [19], [20]$

```
Group(x->x mod 4 = 0,L1);
```

$[1, 2, 3], [4], [5, 6, 7], [8], [9, 10, 11], [12], [13, 14, 15], [16], [17, 18, 19], [20]$

Die Einteilung im ersten Beispiel verdeutlicht das Prinzip. Die erste Liste beginnt mit 1 (keine Primzahl). Da 2 eine Primzahl ist, beginnt eine neue Liste, zu der dann auch die folgende Primzahl 3 gehört. Da 4, 5, 6 und 7 abwechselnd keine Primzahl bzw. Primzahl sind, bilden diese vier Zahlen jeweils eigene Listen. Danach folgt die Liste der drei nichtprimen Zahlen 8, 9 und 10 usw. Im zweiten Beispiel bilden die durch 4 teilbaren Zahlen jeweils eine eigene Liste, die dazwischen liegenden Zahlen werden zu Listen mit je drei Elementen zusammengefasst.

Ähnlich arbeitet die Funktion Categorize. Sie erwartet als Eingabe ein zweistelliges Prädikat und eine Liste und erzeugt eine Folge von Listen nach der folgenden Methode: Das erste Listenelement kommt in die erste Teilliste. Auf die weiteren Listenelemente wird das angegebene Prädikat angewendet. Der zweite Eingabewert des Prädikats ist dabei das erste Element der ersten Teilliste. Liefert das Prädikat den Wert true, wird das Element an die Teilliste angehängt. Andernfalls wird das Prädikat mit dem ersten Element der zweiten Teilliste aufgerufen usw. Liefert keiner dieser Aufrufe den Wert true, so wird mit dem Listenelement eine neue Teilliste begonnen. Im ersten Beispiel werden die Zahlen der Liste so eingeteilt, dass ihre Differenz zum ersten Element der Teilliste durch 5 teilbar ist, d.h., dass sie bei Division durch 5 denselben Divisionsrest haben. Im zweiten Beispiel werden die Listenelemente so eingeteilt, dass die Differenz zum ersten Teillistenelement eine Primzahl ist. Im dritten Beispiel werden die Namen mit gleichen Anfangsbuchstaben zu Teillisten zusammengefasst.

```
Categorize((x,y)->(x-y) mod 5=0,L1);
```

$[1, 6, 11, 16], [2, 7, 12, 17], [3, 8, 13, 18], [4, 9, 14, 19], [5, 10, 15, 20]$

```
Categorize((x,y)->isprime(x-y),L1);
```

[1, 3, 4, 6, 8, 12, 14, 18, 20], [2, 5, 7, 9, 13, 15, 19], [10, 17], [11, 16]

```
L2:=["Adam","Eva","Kain","Abel","Erwin","Kurt","Karl","Ada","Erna"]:
Categorize((x,y)->x[1]=y[1],L2);
```

["Adam", "Abel", "Ada"], ["Eva", "Erwin", "Erna"],["Kain", "Kurt", "Karl"]

Mit BinarySearch kann man eine aufsteigend geordnete Liste binär nach einem Element durchsuchen. Standardmäßig geht die Funktion davon aus, dass die Liste entweder aus Zahlen oder aus Zeichenketten besteht. Ist dies nicht der Fall, so muss man eine Vergleichsfunktion angeben, die die Ordnung der Liste repräsentiert. Die beim Suchen verwendete Gleichheitsrelation ist die normale boolsche Gleichheitsrelation. Optional kann man ein auf die Listenelemente zugeschnittenes Gleichheitsprädikat angeben. Die Funktion gibt den Index des gesuchten Elements in der Liste zurück, falls das Element vorhanden ist. Andernfalls liefert die Funktion die Zahl 0.

```
L3:=sort(L2):
BinarySearch(L3,"Eva");
```

6

```
L3[6];
```

"Eva"

```
BinarySearch([0,cos(1)^2,1], 1-sin(1)^2, [verify,less_than], [verify,equal]);
```

2

Das Gegenstück zu BinarySearch ist die Funktion BinaryPlace. Diese Funktion ermittelt die Position, an der ein Objekt in einer sortierten Liste so einzufügen ist, dass die Ordnung erhalten bleibt. Auch hier kann wieder ein Vergleichsprädikat für die vorliegende Ordnungsbeziehung eingegeben werden.

```
BinaryPlace(L3,"Ernst");
```

4

```
[op(1..4,L3),"Ernst",op(5..-1,L3)];
```

["Abel", "Ada", "Adam", "Erna", "Ernst", "Erwin", "Eva", "Kain", "Karl", "Kurt"]

Die Funktion Sorted überprüft, ob eine Liste sortiert ist. Auch hier kann wieder ein die Ordnung repräsentierendes Prädikat als optionales Argument eingegeben werden.

```
Sorted(L2),Sorted(L3);
```

false, true

Mit der Funktion Reverse kann man eine Liste erzeugen, die die Elemente der Eingabeliste in umgekehrter Reihenfolge enthalten. Die Funktion Rotate rotiert die Listenelemente um eine anzugebende Anzahl von Plätzen, indem sie der Reihe nach das jeweils erste Element ans Ende der Liste stellt. Transpose transponiert eine Liste von gleich langen Listen wie eine Matrix. Aus einer Liste von vier Listen der Länge 3 wird so eine Liste von drei Listen der Länge 4.

```
Reverse(L3);
```

["Kurt", "Karl", "Kain", "Eva", "Erwin", "Erna", "Adam", "Ada", "Abel"]

```
Rotate([1,2,3,4,5,6,7,8,9],3);
```

[4, 5, 6, 7, 8, 9, 1, 2, 3]

```
Transpose([[1,2,3],[4,5,6],[7,8,9],[10,11,12]]);
```

[[1, 4, 7, 10], [2, 5, 8, 11], [3, 6, 9, 12]]

Die Funktion Split erwartet als Eingabe ein Prädikat und eine Liste. Die Liste wird an den Stellen in Teillisten aufgespalten, an denen das Prädikat den Wert true liefert. Die Elemente an den Trennstellen werden dabei weggelassen. Zusätzliche optionale Argumente werden als zusätzliche Argumente an das Prädikat weitergegeben. Die leere Liste an Position 2 des Ergebnisses im ersten Beispiel kommt von den beiden unmittelbar nebeneinander stehenden Primzahlen 2 und 3.

```
Split(isprime,L1);
```

[1], [], [4], [6], [8, 9, 10], [12], [14, 15, 16], [18], [20]

```
Split('=',L1,12);
```

[1, 2, 3, 4, 5, 6, 7, 8, 9, 10, 11], [13, 14, 15, 16, 17, 18, 19, 20]

Will man zwischen je zwei Elemente einer Liste ein festes Trennelement einschieben, so kann man dazu die Funktion Join verwenden. Will man mehrere Trennelemente einfügen, verwendet man JoinSequence. Mit Pad[k] kann man gleichzeitig n Elemente vor und nach jedem Element einfügen. Die Zahl k in den eckigen Klammern gibt dabei die Position des Listenelements innerhalb der einzufügenden Objektmenge an.

```
Join([1,2,3,4,5,6,7,8,9],trenner);
```

[1, *trenner*, 2, *trenner*, 3, *trenner*, 4, *trenner*, 5, *trenner*, 6, *trenner*, 7, *trenner*, 8, *trenner*, 9]

```
JoinSequence([1,2,3,4,5,6,7,8,9],t1,t2);
```

[1, *t1*, *t2*, 2, *t1*, *t2*, 3, *t1*, *t2*, 4, *t1*, *t2*, 5, *t1*, *t2*, 6, *t1*, *t2*, 7, *t1*, *t2*, 8, *t1*, *t2*, 9]

```
Pad[2](a,[1,2,3,4,5,6,7,8,9],b,c);
```

[*a*, 1, *b*, *c*, *a*, 2, *b*, *c*, *a*, 3, *b*, *c*, *a*, 4, *b*, *c*, *a*, 5, *b*, *c*, *a*, 6, *b*, *c*, *a*, 7, *b*, *c*, *a*, 8, *b*, *c*, *a*, 9, *b*, *c*]

Die Elemente mehrerer Listen in einer neuen Liste zusammenzufassen, wobei immer abwechselnd ein Element aus jeder Eingabeliste steht, ist mit der Funktion Interleave möglich. Dabei muss jede der eingegebenen Listen höchstens so viele Elemente haben, wie die vorhergehende Liste und die erste Liste darf höchstens ein Element mehr besitzen als die letzte Liste.

```
Interleave(L3,[1,2,3,4,5,6,7,8,9]);
```
  ["Abel", 1, "Ada", 2, "Adam", 3, "Erna", 4, "Erwin", 5, "Eva", 6, "Kain", 7, "Karl", 8, "Kurt", 9]
```
Interleave([1,2,3],[a,b],[i,ii]);
```
  [1, a, i, 2, b, ii, 3]

Verschachtelte Listen können mit Flatten in einfache Listen umgewandelt werden. Diese Funktion löst rekursiv alle Verschachtelungen innerhalb einer Liste in Sequenzen auf. Über einen optionalen Parameter kann die Rekursionstiefe begrenzt werden. Für den Aufruf Flatten(L,1), der nur die oberste Ebene der Verschachtelung auflöst, kann die (wegen der Option inline effektivere) Funktion FlattenOnce verwendet werden.

```
Flatten([1,[a,[b,[2]]],[c,d]]);
```
  [1, a, b, 2, c, d]
```
FlattenOnce([1,[a,[b,[2]]],[c,d]]);
```
  [1, a, [b, [2]], c, d]
```
Flatten([1,[a,[b,[2]]],[c,d]],2);
```
  [1, a, b, [2], c, d]

Die Funktion FindRepetitions geht die Liste der Reihe nach durch und lässt alle Elemente weg, die zum ersten Mal auftauchen. Iterationen dieser Funktion kann man durch einen optionalen zweiten Parameter angeben. FindRepetitions(L,3) lässt somit nur noch Elemente der Liste L übrig, die mindestens viermal vorkommen. Mit MakeUnique kann man Wiederholungen aus einer Liste entfernen. Über einen optionalen Parameter lässt sich erreichen, dass erst oberhalb einer damit angegebenen Anzahl von Wiederholungen gelöscht wird.

```
FindRepetitions([a,b,c,b,d,e,c,c,d,e,f,e]);
```
  [b, c, c, d, e, e]
```
FindRepetitions([a,b,c,b,d,e,c,c,d,e,f,e],2);
```
  [c, e]
```
MakeUnique([a,b,c,b,d,e,c,c,d,e,f,e]);
```
  [a, b, c, d, e, f]
```
MakeUnique([a,b,c,b,d,e,c,c,d,e,f,e],2);
```
  [a, b, c, b, d, e, c, d, e, f]

Vom Rest der Funktionen des Package etwas abgetrennt, liefern die zwei Funktionen DotProduct und PartialSums mathematische Bearbeitungen von Listen. PartialSums liefert zu einer Liste die Liste der Partialsummen und DotProduct liefert die Summe der paarweisen Produkte je zweier an gleicher Position in zwei Listen stehenden Elemente, also das reelle Skalarprodukt. Da diese Funktion die Option inline hat, ist sie besonders effektiv.

```
L4:=[seq(1/2^i,i=1..10)];
```
$$L4 := \left[\frac{1}{2}, \frac{1}{4}, \frac{1}{8}, \frac{1}{16}, \frac{1}{32}, \frac{1}{64}, \frac{1}{128}, \frac{1}{256}, \frac{1}{512}, \frac{1}{1024}\right]$$
```
PartialSums(L4);
```
$$\left[\frac{1}{2}, \frac{3}{4}, \frac{7}{8}, \frac{15}{16}, \frac{31}{32}, \frac{63}{64}, \frac{127}{128}, \frac{255}{256}, \frac{511}{512}, \frac{1023}{1024}\right]$$
```
DotProduct([1,2,3],[a,b,c]);
```
$$a + 2*b + 3*c$$

RandomTools

Das seit Maple 7 zur Verfügung stehende Package `RandomTools` ist ein komplexes Werkzeug zur Erzeugung und Bearbeitung zufälliger Daten. Auch dieses Package ist als Modul programmiert, so dass einzelne Funktionen mit der entsprechenden Modul-Syntax aufgerufen werden können. Mit `with` kann man das ganze Package laden. Der Rahmen dieses Kapitels lässt es nicht zu, dieses Package vollständig zu besprechen. Wir beschränken uns auf eine Einführung in die wesentlichen Aspekte der Anwendung des Package.

```
restart:with(RandomTools);
```
   [AddFlavor, Generate, GetFlavor, GetFlavors, HasFlavor, RemoveFlavor]

Die zentrale Funktion des Package ist `Generate`. Mit dieser Funktion kann man Zufallsobjekte beliebiger Struktur erzeugen. Zur Beschreibung der gewünschten Zufallsobjekte werden *Flavors* (engl. für Aromen, Geschmacksrichtungen) verwendet, die eine Art Schablonen für die zu erzeugenden Objekte bilden. Die zur Verfügung stehenden Flavors kann man mit `GetFlavors` ermitteln:

```
GetFlavors();
```
   choose, complex, exprseq, float, integer, list, listlist, negative, negint, nonnegative, nonnegint, nonposint,

   nonpositive, nonzero, nonzeroint, polynom, posint, positive, rational, set, string, truefalse

Die einzelnen Flavors können durch vielfältige Optionen modifiziert werden. Bei dem Flavor `integer` kann man beispielsweise einen Bereich angeben, aus dem die zu erzeugende ganze Zahl stammen soll, und eine Wahrscheinlichkeitsverteilung, nach der die Zahl erzeugt werden soll. Die Funktion `Generate` erzeugt dann entsprechende Objekte, bei `Generate(integer(range=1..10))` erhält man eine zufällig gewählte Zahl des Bereichs. (Beachten Sie: Die Optionen für die Flavors werden jeweils nach dem Flavor in runden Klammern angegeben. Mehrere Optionen werden durch Kommata getrennt.)

```
seq(Generate(integer(range=-10..10)),i=1..10);
```
$-4, 7, 8, 10, -6, -8, -5, 7, 6, -6$

```
seq(Generate(integer(range=0..50,distribution=binomiald[50,0.4])),i=1..20);
```
$18, 18, 23, 14, 15, 26, 23, 20, 21, 25, 26, 16, 16, 19, 20, 18, 17, 22, 24, 22$

Statt mit seq kann man die Folgen von Zufallsobjekten auch mit dem Flavor exprseq und entsprechenden Optionen erzeugen. Entsprechend erzeugt man mit dem Flavor list Listen. Das im nächsten Beispiel verwendete Flavor rational beschreibt rationale Zahlen. Mit der Option denominator kann man den Nenner festlegen. Natürlich haben nicht alle erzeugten Zahlen diesen Nenner, da oft noch gekürzt werden kann.

```
Generate(exprseq(integer(range=0..50,distribution=binomiald[50,0.4]),20));
```
$19, 18, 19, 20, 20, 22, 14, 22, 21, 22, 18, 18, 23, 14, 15, 26, 23, 20, 21, 25$

```
Generate(list(rational(denominator=100,distribution=normald[10,0.8]),15));
```
$$\left[\frac{973}{100}, \frac{51}{5}, \frac{1021}{100}, \frac{1007}{100}, \frac{957}{100}, \frac{43}{4}, \frac{881}{100}, \frac{881}{100}, \frac{461}{50}, 11, \frac{539}{50}, \frac{527}{50}, \frac{521}{50}, \frac{261}{25}, \frac{256}{25}\right]$$

Wie man sieht, ist es möglich, aus einfachen Flavors kompliziertere zusammenzusetzen. Braucht man ein solches strukturiertes Flavor häufiger, so kann man mit AddFlavor dieses Flavor unter einem Namen der Liste der von Generate zu verwendenden Flavors hinzufügen. Zur Definition eines eigenen Flavors benötigt man eine Prozedur oder ein Modul (dieses muss dann eine Prozedur Main exportieren, die von Generate aufgerufen wird).

Im folgenden Beispiel definieren wir ein Flavor münze, mit dem der Wurf einer Münze simuliert werden soll. Das Ergebnis eines Münzwurfs wird durch die Symbole Z und W (Zahl und Wappen) wiedergegeben. Die Wahrscheinlichkeit für Zahl muss als Parameterwert übergeben werden. Die Funktion rand liefert eine zufällig gewählte zwölfstellige ganze Zahl, daher kann mit dem verwendeten Ausdruck die Wahrscheinlichkeit für Zahl festgelegt werden.

```
AddFlavor(münze=proc (p) if is(rand()/10^12<p) then Z else W fi end proc):
Generate(list(münze(0.3),20));
```
$[W, W, W, Z, Z, W, Z, W, W, W, W, Z, Z, W, W, W, Z, Z, W, W]$

Im nächsten Beispiel wollen wir mit einer Simulation näherungsweise π bestimmen. Wir erzeugen dazu zufällige Punkte $(x|y)$ im Einheitsquadrat ($0 \leq x, y \leq 1$). Dazu definieren wir ein Flavor uni01, das gleichförmig verteilte Zahlenpaare in diesem Bereich erzeugt. Wir verwenden zur Definition der benötigten Funktion Generate mit der Option makeproc. Die bewirkt, dass statt eines zufälligen Zahlenpaars eine Funktion zur Erzeugung zufälliger Zahlenpaare produziert wird.

```
AddFlavor(uni01=Generate([float(method=uniform),float(method=uniform)],makeproc));
```
proc () RandomTools:-Generate([float(method = uniform), float(method = uniform)]) end proc

Dieses Flavor benutzen wir nun, um eine Zufallsliste mit 2000 Punkten des Einheitsquadrats zu erzeugen. Wenn die Summe der Koordinatenquadrate eines Punkts kleiner oder gleich 1 ist, liegt der Punkt in dem im Quadrat liegenden Viertelkreis um den Ursprung mit Radius 1. Die Anzahl solcher Punkte geteilt durch 2000 sollte deshalb näherungsweise $\frac{\pi}{4}$ sein. Wir bestimmen diese Anzahl durch eine Kombination der Funktionen add und map, indem wir alle Punkte, die im Kreis liegen, auf 1 und den Rest auf 0 abbilden und anschließend über diese Liste addieren.

```
add(k,k=map(proc(x)if x[1]^2+x[2]^2<=1 then 1 else 0 fi end proc,piwürfel))/2000*4.;
```
    3.140000000

Wir können das auch durch ein kleines Schaubild darstellen. Wir zeichnen dazu den Viertelkreisbogen und die erzeugten Punkte im Einheitsquadrat:

```
plots[display]([plot(piwürfel,style=point,
    color=blue),plot([cos(x),sin(x),x=0..Pi/2],
    color=red,thickness=2)],axes=boxed,
    scaling=constrained);
```

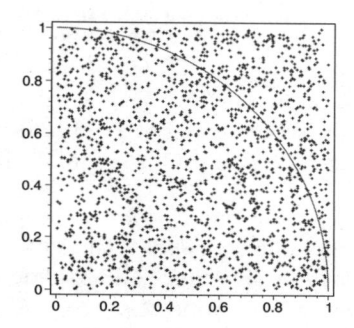

Das Flavor choose erzeugt eine Auswahl aus einer Menge, einer Liste, einer Tabelle (ohne Indexfunktion), einem Vektor oder einer Matrix, wobei jeder Operand der Struktur mit gleicher Wahrscheinlichkeit gewählt wird. Das folgende Beispiel kann als das Ergebnis von 15 Würfen mit einem fairen Würfel gedeutet werden:

```
Generate(list(choose([1,2,3,4,5,6]),15));
```
    $[6, 3, 3, 2, 5, 5, 3, 5, 6, 3, 6, 4, 3, 4, 5]$

Die Funktion Matrix erlaubt die Angabe einer Funktion zur Erzeugung von Einträgen. Dies kann man ausnutzen, um Matrizen mit nach bestimmten Kriterien zufällig gewählten Einträgen zu erzeugen:

```
Matrix(4,4,Generate(choose([0,1,2,a]),makeproc));
```

$$\begin{bmatrix} 0 & 0 & a & 2 \\ 1 & a & 1 & 1 \\ 1 & 0 & a & 2 \\ a & a & a & a \end{bmatrix}$$

Auch Terme kann man mit Generate erzeugen. Man muss dabei Variablennamen mit dem Flavor identical ausdrücken, andernfalls erhält man eine Fehlermeldung, da Symbole von Generate als Flavors betrachtet werden.

```
Generate(list(identical(x)/(identical(x)^2+integer(range=-9..9)),5));
```

$$\left[\frac{x}{x^2-1}, \frac{x}{x^2-9}, \frac{x}{x^2+9}, \frac{x}{x^2+1}, \frac{x}{x^2-9}\right]$$

Syntaxzusammenfassung

`with(StringTools);`
  ruft das Package `StringTools` auf. Die zahlreichen Funktionen zur Bearbeitung von Strings, die dieses Package bereitstellt, sind in der Online-Hilfe mit `?StringTools` nachzuschlagen.

`with(ListTools);`
  Dieses Package stellt Funktionen zur Bearbeitung von Listen bereit. Mit `?ListTools` kann man in der Online-Hilfe Einzelheiten nachschlagen.

`with(RandomTools);`
  Dieses Package stellt Funktionen zur Erzeugung und Bearbeitung von unterschiedlichsten mit dem Zufallsgenerator zu erzeugenden Daten zur Verfügung. Mit `?RandomTools` kann man in der Online-Hilfe Einzelheiten nachschlagen.

Kapitel 35

Maplets

Maplets sind (wie die Anlehnung des Namens an die von Java bekannten Applets schon andeutet) eine neue Möglichkeit, Maples Funktionalität über grafische Benutzeroberflächen zur Verfügung zu stellen. Dazu gibt es die Möglichkeit, auf der Systemoberfläche Fenster zu erzeugen, die die üblichen Bedien-Elemente wie Textfelder, Grafikboxen, Buttons usw. besitzen. Die zugehörigen Callback-Funktionen können in Maple geschrieben werden und alle Ressourcen von Maple nutzen.

Damit kann man in Maple geschriebene Anwendungen Benutzern zur Verfügung zu stellen, die sich nicht mit der Syntax von Maple herumschlagen wollen.

Benötigt wird allerdings eine Installation von Java, die aber kostenlos erhältlich ist (und wohl ohnehin auf jedem mit dem Internet verbundenen Rechner vorhanden ist).

Seit Maple 8 gibt es auch die Möglichkeit, Maplets in einem besonderen Format zu speichern, so dass sie mit dem Zusatzprogramm `MapletViewer` unabhängig von der Worksheet-Umgebung gestartet werden können (siehe `?MapletViewer` in der Online-Hilfe).

Dieses Kapitel kann nur eine kurze Einführung in die neuen Möglichkeiten geben. Um sie wirklich auszunutzen, benötigt man detaillierte Programmierkenntnisse.

Hinweis: Ein ausführliches, eine Vielzahl von Kontrollelementen benutzendes und einige nützliche Programmiertricks verwendendes Worksheet finden Sie unter `binomial.mws`.

Einführung

Das Package Maplets enthält eine Funktion (Display, zum Anzeigen von Maplets) und verschiedene weitere Packages, die zur Programmierung benutzt werden.

```
restart:with(Maplets);
```
[Display, Elements, Examples, Tools]
```
with(Elements);
```
[Action, AlertDialog, Argument, BoxCell, BoxColumn, BoxLayout, BoxRow, Button, ButtonGroup, CheckBox, CloseWindow, ColorDialog, ComboBox, ConfirmDialog, DropDownBox, Evaluate, FileDialog, Font, GridCell, GridLayout, GridRow, Image, InputDialog, Item, Label, ListBox, Maplet, MathMLViewer, Menu, MenuBar, MenuItem, MenuSeparator, MessageDialog, Plotter, PopupMenu, QuestionDialog, RadioButton, Return, ReturnItem, RunDialog, RunWindow, SetOption, Shutdown, Slider, Table, TableHeader, TableItem, TableRow, TextBox, TextField, ToggleButton, ToolBar, ToolBarButton, ToolBarSeparator, Window]
```
with(Tools)
```
[AddAttribute, AddContent, Get, ListBoxSplit, Print, Set, StartEngine, StopEngine]
```
with(Examples);
```
[Alert, Confirm, CurveFitting, GetColor, GetEquation, GetExpression, GetFile, GetInput, Integration, KernelOpts, LinearAlgebra, Message, Question, Selection, ShowTable, SignQuery]

In dem Package Examples sind Beispiele für Maplets abgespeichert, die man direkt aufrufen kann. Beispielsweise liefert der Aufruf CurveFitting([[1,2],[2,4],[3,1],[4,3]]); das folgende Maplet, in dem man zu den angegebenen Punkten auf unterschiedliche Art eine Interpolation durchführen kann. Die gewählte Interpolationsfunktion wird als Ergebnis des Aufrufs zurückgegeben.

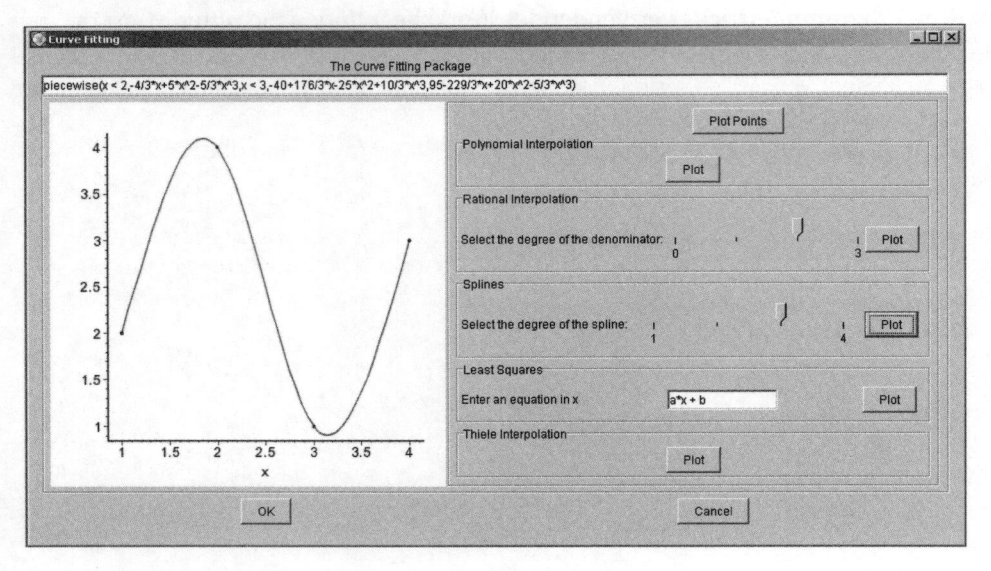

Einführung

Das Package `Elements` enthält die Fensterkomponenten, die man zum Aufbau von `Maplets` benötigt. Es muss auf jeden Fall geladen werden. Wir wollen nun mit einem ersten einfachen Beispiel zeigen, wie man ein `Maplet` definiert.

Das Maplet soll eine Umrechnung von Euro in DM und umgekehrt ermöglichen. Dazu soll es zwei Textfelder für den DM-Betrag und für den Euro-Betrag enthalten. Mit einem Knopf soll der Betrag im DM-Feld in Euro umgerechnet und in das Euro-Feld eingetragen werden. Mit einem zweiten Knopf soll die umgekehrte Rechnung durchgeführt werden. Ein dritter Knopf soll das Maplet schließen und die aktuellen Werte der beiden Felder in einer Liste als Ergebnis zurückgeben. Wir stellen den dazu nötigen Code vor und besprechen anschließend die Details.

```
eurofaktor:=1.95583:

euromaplet:=Maplet( Window( 'title'="Euro - DM",[
    ["Euro:", TextField['EF'](value=0)],
    [" DM: ", TextField['DM'](value=0)],
    [Button("Nach Euro", Evaluate('EF'='DM / eurofaktor')),
     Button("Nach DM", Evaluate('DM'='EF * eurofaktor')),
     Button("OK",Shutdown(['EF','DM']))]
])):

Display(euromaplet);
    ["25.56459406"," 50"]
```

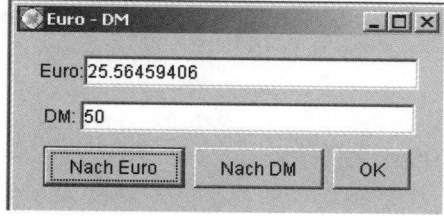

Die Definition eines Maplets beginnt mit dem Schlüsselwort `Maplet`. In der Regel soll das Maplet in einem Fenster ablaufen, dem man auch sinnvollerweise einen Titel geben sollte. Daher bekommt unser Maplet als Eingabewert das Ergebnis der Funktion `Window`. In dieser Funktion wird über die Option `'title'` zunächst der Titel (wird in der Titelleiste angezeigt) des Fensters festgelegt.

Der Inhalt des Fensters wird in Form einer verschachtelten Liste angegeben. Das Fensterlayout geht davon aus, dass die einzelnen Elemente des Fensters untereinander angeordnet sind. Elemente, die nebeneinander angeordnet werden sollen, müssen in einer Liste innerhalb der Hauptliste eingegeben werden.

In unserem Beispiel sind drei solcher Sublisten eingetragen. Ihre Inhalte werden folglich untereinander dargestellt. Im obersten Feld steht der Text `"Euro:"` und anschließend ein Textfeld zur Ein- und Ausgabe von Euro-Beträgen. Textfelder werden mit der Funktion `TextField` definiert. In der eckigen Klammer hinter dieser Funktion wird ein Bezeichner eingetragen, mit dem dieses Textfeld angesprochen werden kann. In den runden Klammern können eine Reihe von Optionen (Anfangswert, Schrifttyp, Feldbreite, Sichtbarkeit usw. – Näheres in der Online-Hilfe) eingetragen werden. In unserem Fall wird der Anfangswert beider Felder mit `value` auf Null gesetzt. Die zweite Reihe enthält ähnliche Definitionen für den DM-Wert.

Die dritte Reihe enthält drei Knöpfe. Knöpfe werden mit der Funktion `Button` definiert. In der hier verwendeten Kurzform der Definition werden für jeden Button zwei Spezifikationen angegeben. Die erste ist ein String, mit dem der Button beschriftet werden soll. Die zweite ist die Aktion, die beim Drücken des Buttons stattfinden soll. Mit `Evaluate` kann man festlegen, dass bestimmte Maple-Befehle ausgewertet werden. In unserem Fall wird jeweils angegeben, dass den Feldern 'EF' bzw. 'DM' neue Werte zugewiesen werden sollen. (Beachten Sie: Die Zuweisung erfolgt mit einem einfachen Gleichheitszeichen und die ganze Anweisung muss in Apostrophe eingeschlossen werden.)

Der dritte Knopf erhält als Aktion `Shutdown` zugewiesen. Damit wird das Maplet geschlossen und der `Shutdown` übergebene Wert wird als Ergebnis der `Display`-Funktion ausgegeben.

Natürlich lässt das Layout des Maplets noch zu wünschen übrig. Man kann hier mit Hilfe der Funktionen `BoxColumn`, `BoxRow`, `GridLayout` und `Gridcell` die Anordnung der einzelnen Felder besser steuern.

Für viele Situationen ist es empfehlenswert, die Aktionen, die etwa auf Betätigung von Knöpfen oder Änderung von Textfeldern erfolgen sollen, separat zu definieren. Das nächste Beispiel wird diese Themen exemplarisch behandeln.

Schaubilder

Dieses Beispiel stellt ein Grafikfeld zum Zeichnen von Funktionen zur Verfügung. Außerdem können die Funktionen über einen Parameter variiert werden und es ist möglich, sie zu integrieren und zu differenzieren. Die Integration und Differentiation erfolgt über zwei Knöpfe.

Dargestellt werden jeweils die zu den Funktionstermen in einem Textfeld gehörenden Funktionen. Dazu werden diese Terme im Textfeld in einer Liste dargestellt. Man kann das Textfeld durch direkte Eingaben verändern. Der Parameter muss die Bezeichnung t haben. Er kann über ein weiteres Textfeld variiert werden. Die Knöpfe verändern den Inhalt des ersten Textfeldes. Ein weiterer Knopf ermöglicht es, die letzte Funktion der Liste zu entfernen.

Der Zeichenbereich kann über zwei Textfelder eingestellt werden. Bei einer Veränderung der hier eingetragenen Werte soll die Termliste neu gezeichnet werden.

Die Textfelder und die Bezeichnungen der Textfelder sind vertikal untereinander ausgerichtet. Die Bedienungsebene des Maplets und die Zeichnungsebene sind zudem zur besseren optischen Abgrenzung voneinander von zwei Rahmen umgeben. Das Maplet hat folgendes Aussehen:

Schaubilder

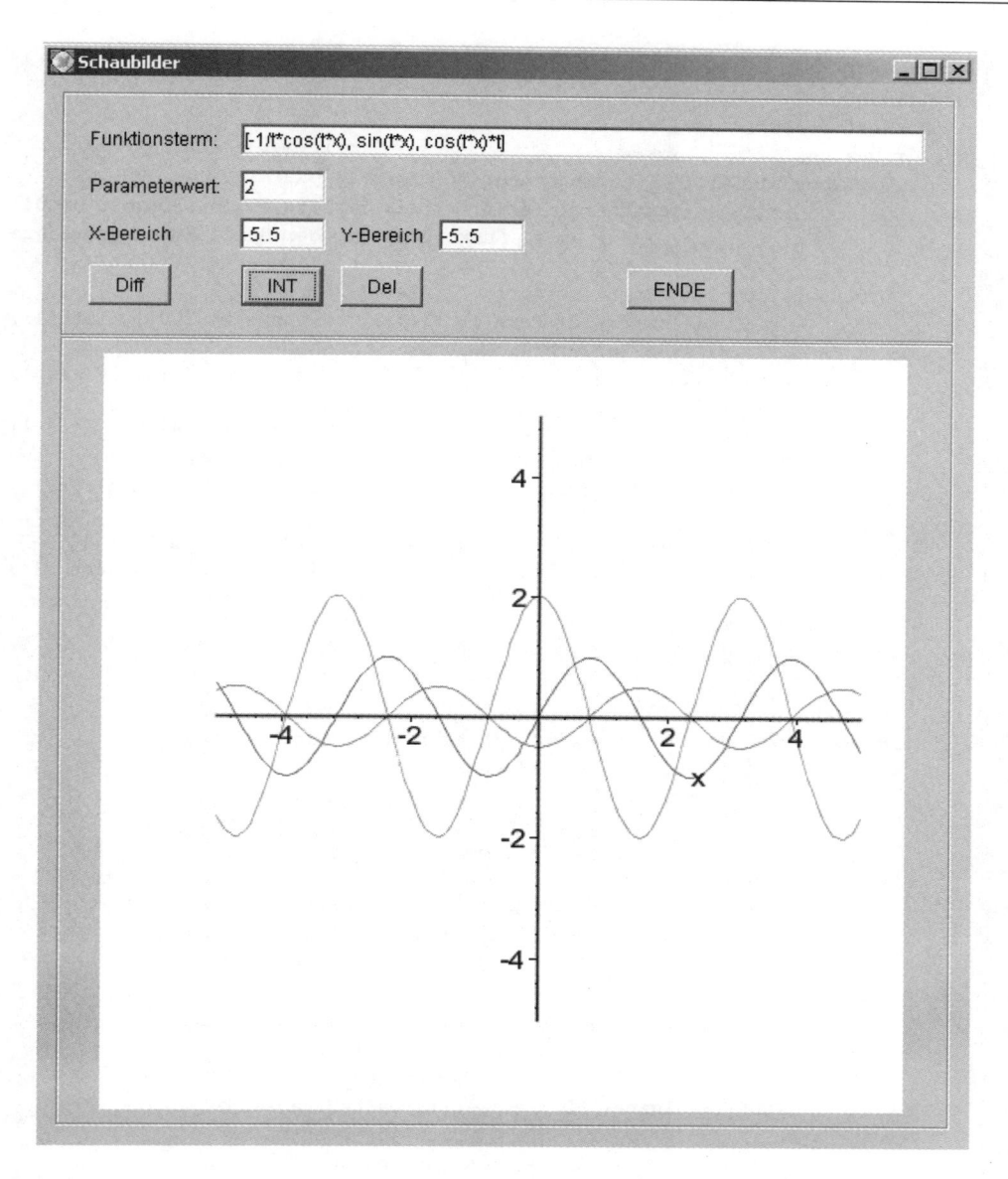

Wir werden nun den zu diesem Maplet gehörenden Code angeben und anschließend besprechen. Das Maplet wird innerhalb einer Funktion definiert, die es auch automatisch anzeigt. Das hat den Vorteil, dass spezielle Variablen, die vom Maplet benötigt werden, lokal definiert werden können. (Im Beispiel mit der Euro-Umrechnung sollte man so auch die Variable eurofaktor kapseln.)

```
Schaubilder:=proc()
 local sb1,farben;
 farben:=[red,blue,magenta,brown,navy,maroon,violet,sienna,tan,coral];
```

```
sb1:=Maplet(Window('title'=''Schaubilder'',
    BoxColumn(
        BoxRow('border'=true,'halign'=left,
          GridLayout(
            GridRow(GridCell(''Funktionsterm: '','left'),
                    GridCell(TextField['Term'](''[sin(t*x)]'',40,'onchange'='BILD',
                             'tooltip'=''Funktionsterm oder durch Komma getrennte
                             Terme in eckigen Klammern eingeben!''),'left')),
            GridRow(GridCell(''Parameterwert: '','left'),
                    GridCell(TextField['Para'](''1'',5,'onchange'='BILD'),'left')),
            GridRow(GridCell(''X-Bereich'','left'),
                    GridCell(TextField['XB'](''-5..5'',5,'onchange'='BILD'),'left'),
                    GridCell(''Y-Bereich'','left'),
                    GridCell(TextField['YB'](''-5..5'',5,'onchange'='BILD'),'left')),
            GridRow(GridCell(Button['bDiff'](''Diff'','onclick'='ABLEIT',
                       'tooltip'=''Leitet die letzte Funktion der Liste nach x ab''),
                       'left'),
                    GridCell(Button['bInt'](''INT'','onclick'='INTEGRAL',
                       'tooltip'=''Integriert die erste Funktion der Liste nach x''),
                       'left'),
                    GridCell(Button(''Del'','onclick'='WEG')),
                    GridCell(Button(''ENDE'',Shutdown()))))

            )),
        BoxRow('border'=true,Plotter[PL1]('height'=500,'width'=500)))),
        Action['WEG'](Evaluate('Term'='[op(1..-2,'Term')]'),
                      Evaluate('PL1' = 'plot(subs(t=Para,Term),
                                x='XB','YB',scaling=constrained,
                                color=farben,numpoints=100)' )),
        Action['INTEGRAL'](Evaluate('Term'='[int(op(1,'Term'),x),op('Term')]'),
                      Evaluate('PL1' = 'plot(subs(t=Para,Term),
                                x='XB','YB',scaling=constrained,
                                color=farben,numpoints=100)' )),
        Action['ABLEIT'](Evaluate('Term'='[op('Term'),diff(op(-1,'Term'),x)]'),
                      Evaluate('PL1' = 'plot(subs(t=Para,Term),
                                x='XB','YB',scaling=constrained,
                                color=farben,numpoints=100)' )),
        Action['BILD'](Evaluate('PL1' = 'plot(subs(t=Para,Term),
                                x='XB','YB',scaling=constrained,
                                color=farben,numpoints=100)' ))
    ):
    Maplets:-Display(sb1);
end proc:
```

Das Layout des Maplet wird durch den Einsatz verschiedener Layout-Elemente gegliedert. Das gesamte Maplet wird von einer BoxColumn ausgefüllt. Dabei handelt es sich um ein Layout-Element, das seine Inhalte untereinander anordnet.

In dieser `BoxColumn` befinden sich zwei Elemente des Typs `BoxRow`, die mithin untereinander angeordnet werden. Elemente dieses Typs ordnen ihre Inhalte horizontal nebeneinander. Die für diese Elemente verwendete Option `'border'` bewirkt, dass ein Rahmen um die `BoxRow` gezogen wird. Da beide `BoxRow`-Elemente nur ein Inhaltselement enthalten, ist dieser Rahmen der eigentliche Grund für ihre Verwendung.

Die untere `BoxRow` enthält ein Fensterelement vom Typ `Plotter`. Es ist über das Referenzsymbol `'PL1'` ansprechbar und auf eine Breite und Höhe von je 500 Pixeln voreingestellt. Dieses Element entspricht etwa einem Java-Canvas und ist in der Lage, Zeichnungen darzustellen.

Die obere `BoxRow` enthält ein `GridLayout`. Damit wird eine Art Tabellenelement definiert, das seine Inhalte in einzelnen Zellen unter- und nebeneinander anordnet. Die Tabellenreihen werden mit `GridRow`-Elementen gefüllt, die ihrerseits die eigentlichen Inhalte in der Form von `GridCell`-Elementen enthalten.

Neben einfachen Bezeichnungsfeldern enthalten die `GridCell`-Elemente Textfelder und Knöpfe. Die Textfelder erhalten Anfangswerte zugewiesen, werden auf eine gewünschte Breite eingestellt und erhalten für den Fall ihrer Änderung das `Action`-Element `'BILD'` durch die Option `'onchange'` zugewiesen.

`Action`-Elemente sind eine Art Callback-Funktionen. In ihnen kann Maple-Code ausgeführt werden. Sie werden immer dann aufgerufen, wenn das Ereignis eintritt, mit dem sie verknüpft sind. Im Maplet sind sie nach den Layout-Elementen definiert.

Die Knöpfe erhalten über die Option `'onclick'` ebenfalls `Action`-Elemente zugewiesen. Die bei einigen Elementen verwendete Option `'tooltip'` sorgt für die Anzeige eines Hilfetexts, wenn sich der Mauszeiger auf das entsprechende Element bewegt.

Das `Action`-Element `'BILD'` sorgt mit `Evaluate` dafür, dass die im Textfeld `'Term'` in einer Liste stehenden Terme nach Substitution des im Feld `'Para'` stehenden Parameterwerts für den formalen Parameter t unter Berücksichtigung der in `'XB'` und `'YB'` stehenden Bereichswerte in eine Plotstruktur umgesetzt werden und diese im `Plotter`-Element `'PL1'` angezeigt wird.

Die anderen `Action`-Elemente führen jeweils zwei `Evaluate`-Anweisungen aus. Die zweite entspricht der Anweisung in `'BILD'`, die erste ist die für den jeweiligen Knopf spezifische Veränderung des Textfeldes `'Term'`. `'INTEGRAL'` integriert den ersten Term der Liste (Integrationsvariable ist x) und setzt das Ergebnis vor den Listenanfang. `'ABLEIT'` differenziert den letzten Term der Liste nach x und fügt das Ergebnis an das Ende der Liste an. Mit `'WEG'` wird das letzte Listenelement entfernt.

Man sieht, dass man mit relativ wenig Aufwand recht nützliche Maplets definieren kann. Natürlich genügen diese einfachen Beispiele nicht allen Anforderungen. Sie sind nicht gegen Fehlbedienungen abgesichert und in ihrer Grundstruktur recht einfach. Aber sie bieten einen exemplarischen Einstieg in die Programmierung von Maplets.

H-Orbitals

Das Maplet im Worksheet `hymaplet.mws` demonstriert die Kombination der symbolischen Fähigkeiten des CAS Maple mit der neuen benutzerfreundlichen Oberfläche. In einer Prozedur werden die analytischen Lösungen der Schrödingergleichung für das Wasserstoffatom zu verschiedenen Quantenzahlen berechnet (siehe 'Moderne Physik mit Maple' http://www.ikg.rt.bw.schule.de/fh/embuch.html). Als Ergebnis wird die Aufenthaltswahrscheinlichkeit des Elektrons grafisch dargestellt. Dabei werden die Berechnungen interaktiv zugänglich gemacht: Man kann die H-Orbitale mit Slidern 'durchregeln' – im Prinzip vom Grundzustand bis zur Ionisationsgrenze – und so fast in 'Echtzeit' Übergänge des Wasserstoffatoms simulieren.

Kommentare zum Quellcode finden Sie im Worksheet. Hier sollen nur die Bedienungselemente vorgestellt werden:

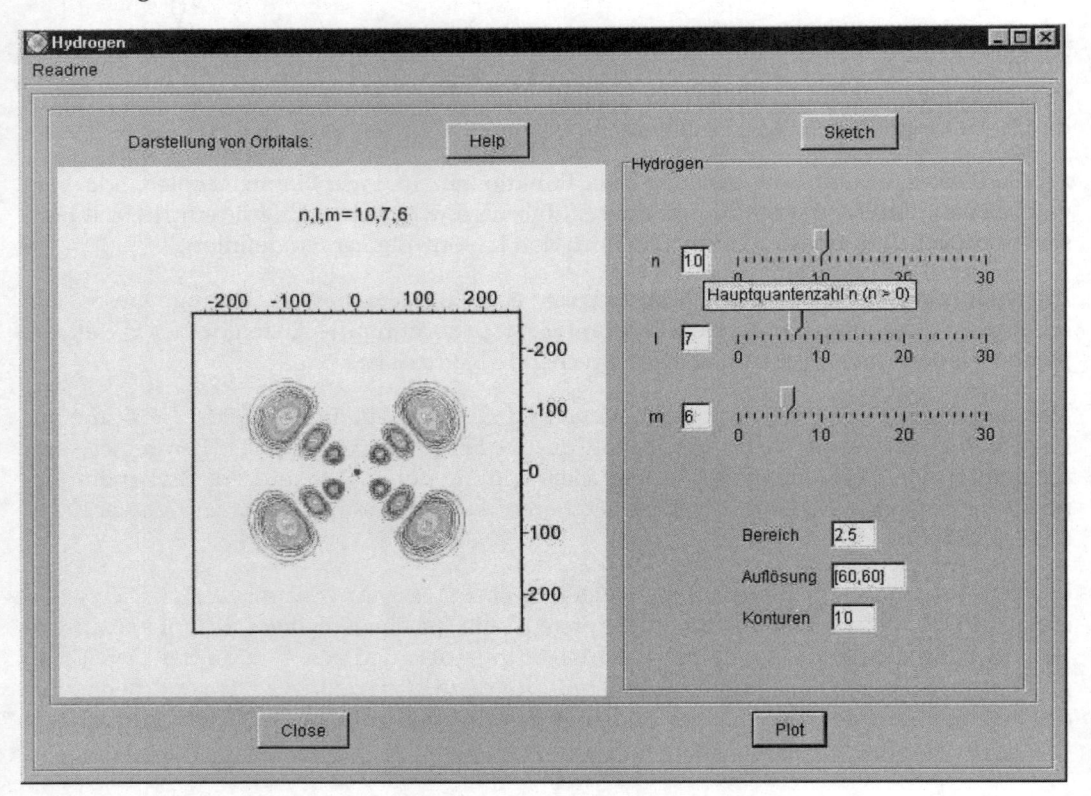

Readme: Dieser Eintrag ist eine kleine Demonstration zum Anlegen von Menüs in Maplets. Hier könnte man z.B. andere Arten der grafischen Darstellung oder die Ausgabe von Zahlenwerten unterbringen.

H-Orbitals

Hilfe: Öffnet ein neues Fenster mit einer Kurzbeschreibung. Es können aber auch Hilfetexte als 'Balloon-Help' eingeblendet werden (wie beim nächsten Button).

Sketch: Da die Berechnung der Orbitale mit hoher Auflösung zeitaufwendig sein kann, wird mit diesem Button eine Skizze im Plotfenster mit niedriger (voreingestellter) Auflösung erzeugt.

Plotfenster: Über der Elektronenverteilung werden im Titel des Plots die aktuellen Quantenzahlen angezeigt. Diese Zahlen werden so korrigiert, dass gilt: Hauptquantenzahl $n > 0$, Bahnquantenzahl $l < n$, magnetische Quantenzahl $m \leq l$.

Eingabefelder für n, l, m: Hier können die Quantenzahlen eingegeben werden. Mit der Return-Taste wird der zugehörige Slider auf den entsprechenden Wert gestellt und es erscheint die Zeichnung mit den aktuellen Einstellungen.

Slider: Ein Verstellen der Schieber bewirkt (je nach Rechengeschwindigkeit) einen Übergang von einem Zustand in einen anderen, wobei der Zahlenwert in das Textfeld übernommen wird. (Die Textfelder und Slider sind im 'Grid-Layout' angeordnet.)

Bereich, Auflösung und Konturen: Hier kann die Darstellungsart der Zeichnung beeinflusst werden. *Bereich* gibt den Radius an (etwa in Vielfachen des Bohrschen Radius). *Auflösung* ist die Anzahl der Gitterpunkte (in Polarkoordinaten), die bei der Berechnung verwendet werden. *Konturen* ist die Anzahl der Höhenlinien: Bei dem Plot handelt es sich um die Draufsicht auf einen 3D-Plot, der von violett (niedrige Elektronendichte) bis rot eingefärbt ist. Eine kontinuierliche Einfärbung erreichen Sie mit der Anzahl 0 für Konturen, was allerdings eine hohe Auflösung erfordert, um ansprechende Bilder zu bekommen. Die genannten Einstellungen werden mit dem Plot-Button aktiviert.

Kapitel 36

Connectivity

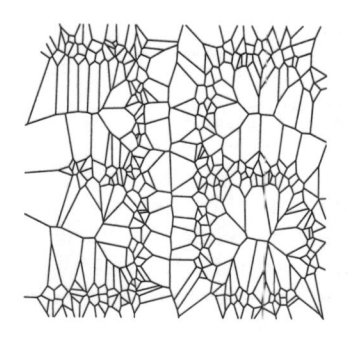

Wenn man in einer Suchmaschine 'connectivity' eingibt, bekommt man zurzeit fast drei Millionen Treffer. Es scheint zu einem entscheidenden Kriterium für Anwendungen zu werden, ob sie sich mit dem Internet verbinden lassen oder nicht. Dies gilt nicht nur in der Wirtschaft, sondern auch oder gerade in der Wissenschaft (der Wiege des WWW). Ob man nun mit Maple auf Computern im Verbund rechnen will oder einfach Worksheets in einer von der Plattform unabhängigen Sprache übertragen will: Die Sprache Maple selbst muss das ermöglichen. Es ist deshalb eine der großen Herausforderungen an die Programmierer, parallel zur Entwicklung der eigentlichen Computer-Algebra die Connectivity im Auge zu behalten. Aber auch der Anwender muss mit diesen Werkzeugen umgehen können und deshalb schließt unser Buch, das ursprünglich als ein Buch für Mathematiker und Naturwissenschaftler entstand, mit einem Kapitel zu Internetsprachen, die Sie in folgenden Packages finden:

XMLTools
Mit diesem Package wird die schon vorhandene Möglichkeit, Maple nach HTML zu konvertieren, auf eine breitere Basis gestellt. Sie erfahren, wie man in Maple mit XML-Bäumen umgeht oder Maple zur Programmierung von HTML-Seiten verwenden kann.

MathML
Für den Austausch von mathematischen Publikationen im Web wird gerade MatML (eine Spezialisierung von XML) entwickelt. Diese Entwicklung schließt auch ein, dass MathML-Dokumente interaktiv in Maple verwendet werden können.

Sockets
Das Fundament für eine Internetverbindung bildet das Package Sockets, mit dem über TCP/IP innerhalb von Maple Verbindungen von einem Client zu einem Server hergestellt werden können.

Anmerkung zum Satz: Die Connectivity (und ihre Problematik) spiegelt sich auch im Satz wieder. In diesem Kapitel musste die Verbindung zwischen einigen Sprachen hergestellt werden: Maple (mit seinen verschiedenen Regionen für Input, Output, Fehlermeldungen usw.), XML, HTML, MathML und schließlich LATEX. Weil jede Sprache ihre Sonderzeichen hat, war es nicht ganz einfach, das alles unter einen Hut zu bringen. Im Gegensatz zu den anderen Kapiteln wurden deshalb die Maple-Stylefiles für den Export nach LATEX verwendet. Leider sind diese Stylefiles nach wie vor sehr unflexibel und so musste (auch nach einigen Änderungen der Stylefiles) die Ein- und Ausgabe teilweise im gleichen Schrifttyp (tty) gesetzt werden. Zur besseren Unterscheidung sind die Eingabezeilen nach dem Prompt > fett gesetzt.

XMLTools

Im Worksheet `xml.mws` werden die XMLTools beginnend mit einer Übersicht vorgestellt. Es folgen einige Beispiele zur Programmierung von HTML mit XML sowie zum Umgang mit MathML. Da fast alle Beispiele eine umfangreiche Ausgabe erzeugen, sind sie hier nur in Ausschnitten wiedergegeben und es wird empfohlen, direkt mit den Worksheets zu arbeiten.

Übersicht

XMLTools stellt folgende Befehle zur Verfügung:
restart: with(XMLTools);

> [*AddAttribute*, *AddChild*, *AttrCont*, *AttributeCount*, *AttributeNames*, *AttributeValue*, *AttributeValueWithDefault*, *Attributes*, *CData*, *CDataData*, *CleanXML*, *Comment*, *CommentText*, *ContentModel*, *ContentModelCount*, *Element*, *ElementName*, *ElementStatistics*, *Equal*, *FirstChild*, *FromString*, *GetAttribute*, *GetChild*, *HasAttribute*, *HasChild*, *IsCData*, *IsComment*, *IsElement*, *IsProcessingInstruction*, *IsTree*, *JoinEntities*, *LastChild*, *MakeElement*, *Print*, *PrintToFile*, *PrintToString*, *ProcessAttributes*, *ProcessingInstruction*, *ProcessingInstructionData*, *ProcessingInstructionName*, *ReadFile*, *RemoveAttribute*, *RemoveAttributes*, *RemoveChild*, *RemoveContent*, *SecondChild*, *SelectAttributes*, *SelectContent*, *SelectRemoveAttributes*, *SelectRemoveContent*, *SeparateEntities*, *Serialize*, *StripAttributes*, *StripComments*, *SubsAttribute*, *SubsAttributeName*, *ThirdChild*, *ToString*, *WriteFile*]

Wir beginnen mit einem **Element**:
elem:=Element("b", "Inhalt");
`elem := _XML_b("Inhalt")`

Die Ausgabe in XML erhält man mit **Print**:
Print(elem);
`<b>Inhalt</b>`

Oder als String mit **PrintToString**:
PrintToString(elem);
`"<b>Inhalt</b>\n"`

XMLTools

In HTML würde nun also 'Inhalt' fett gedruckt erscheinen. Das Element kann auch so eingegeben werden, wie es ausgegeben wird:

_XML_text("etwas Text");

```
_XML_text("etwas Text")
```

Print(%);

```
<text>etwas Text</text>
```

Man kann also seine eigenen Tags definieren und ihnen **Attribute** zuweisen:

elem:=Element("attrib", ["Eingenschaft1" = "Wert1", "Eingenschaft2" = "Wert2"]);

```
elem := _XML_attrib("Eingenschaft1" = "Wert1","Eingenschaft2" = "Wert2")
```

Print(elem);

```
<attrib Eingenschaft1='Wert1' Eingenschaft2='Wert2'/>
```

Wenn man XML-Elemente schachtelt, entsteht ein **XML-Baum**:

**Baum:=Element("Stamm","dick",
Element("Ast", ["gesund" = "ja"],"dann wächst der Baum!"),
Element("Ast",["Verzweigungen" = "viele"],
Element("Zweig", ["Blatt" = "grün"])));**

```
Baum := _XML_Stamm("dick",_XML_Ast("gesund" = "ja","dann wächst der
Baum!"),_XML_Ast("Verzweigungen" = "viele",_XML_Zweig("Blatt" = "grün")))
```

Print(Baum);

```
<Stamm>
  dick
  <Ast gesund='ja'>dann wächst der Baum!</Ast>
  <Ast Verzweigungen='viele'>
    <Zweig Blatt='grün'/>
  </Ast>
</Stamm>
```

Das Schöne an diesen Bäumen ist, dass man sie programmieren kann:

**Mapletree:=Element("Stamm","dick",
Element("Ast", ["gesund" = "ja"],"dann wächst der Baum!"),
Element("Ast",["Verzweigungen" = "viele"],
seq(Element(cat("Zweig",i), ["Blatt" = "grün"]) ,i=1..5)));**

```
Mapletree := _XML_Stamm("dick",_XML_Ast("gesund" = "ja","dann wächst
der Baum!"),_XML_Ast("Verzweigungen" = "viele",_XML_Zweig1("Blatt" =
"grün"),_XML_Zweig2("Blatt" = "grün"),_XML_Zweig3("Blatt" =
"grün"),_XML_Zweig4("Blatt" = "grün"),_XML_Zweig5("Blatt" = "grün")))
```

Print(Mapletree);

```
<Stamm>
  dick
  <Ast gesund='ja'>dann wächst der Baum!</Ast>
  <Ast Verzweigungen='viele'>
    <Zweig1 Blatt='grün'/>
    <Zweig2 Blatt='grün'/>
    <Zweig3 Blatt='grün'/>
    <Zweig4 Blatt='grün'/>
    <Zweig5 Blatt='grün'/>
  </Ast>
</Stamm>
```

Mit **Child**-Befehlen kann man sich im Baum bewegen:

FirstChild(Mapletree);

`"dick"`

SecondChild(Mapletree);

`_XML_Ast("gesund" = "ja","dann wächst der Baum!")`

Print(ThirdChild(Mapletree));

```
<Ast Verzweigungen='viele'>
  <Zweig1 Blatt='grün'/>
  <Zweig2 Blatt='grün'/>
  <Zweig3 Blatt='grün'/>
  <Zweig4 Blatt='grün'/>
  <Zweig5 Blatt='grün'/>
</Ast>
```

Zur Abfrage von Informationen über den XML-Baum bzw. den Zugriff auf Teile des Baums gibt es die folgenden Befehle:

ElementStatistics(Mapletree);

`[_XML_Zweig5 = 1, _XML_Zweig4 = 1, _XML_Zweig3 = 1, _XML_Zweig2 = 1, _XML_Zweig1 = 1, _XML_Stamm = 1, _XML_Ast = 2]`

Attributes(Mapletree);

`[]`

Attributes(SecondChild(Mapletree));

`["gesund" = "ja"]`

```
children:=ContentModelCount( Mapletree);

children := 3

for i to children do GetChild(Mapletree,i) od;

"dick"

_XML_Ast("gesund" = "ja","dann wächst der Baum!")

_XML_Ast("Verzweigungen" = "viele",_XML_Zweig1("Blatt" =
"grün"),_XML_Zweig2("Blatt" = "grün"),_XML_Zweig3("Blatt" =
"grün"),_XML_Zweig4("Blatt" = "grün"),_XML_Zweig5("Blatt" = "grün"))
```

HTML mit XMLTools programmieren

HTML-Seiten erstellen ist längst nicht mehr das Hobby vereinzelter Freaks, die mit speziellen Editoren und HTML-Kenntnissen besondere Effekte erzielen wollen. HTML ist im Web zur Basis der Kommunikation geworden. Für jede Sprache, die den Anschluss an die Connectivity nicht verpassen will, ist es deshalb von existentieller Bedeutung, HTML zu integrieren, und deshalb gibt es in Maple schon seit längerem den Export nach HTML. Nun kommt eine wichtige Erweiterung hinzu: Mit XMLTools wird es dem Maple-Benutzer möglich, die Erstellung von XML- und HTML-Seiten zu programmieren. Das ist insbesondere dann von Interesse, wenn große Datenmengen (oder Datenbanken) verwaltet werden müssen.

Im Worksheet xml.mws finden Sie den Einstieg zur Programmierung von HTML-Seiten mit XMLTools sowie weitere Beispiele zur Vertiefung. Aus Platzgründen wird im Buch nur der Einstieg (in Auszügen) wiedergegeben.

Einstieg

Die einfachste Methode, die Erzeugung von HTML-Seiten mit XMLTools zu untersuchen, besteht darin, eine HTML-Seite mit einem HTML-Editor zu erstellen und sie mit XMLTools zu bearbeiten. Sie finden dazu auf der CD die Dateien html2xml1.htm, html2xml2.htm und html2xml3.htm , die die wichtigsten Elemente einer HTML-Seite enthalten. Bitte tragen Sie im Worksheet für htmlpfad den Pfad zu diesen Dateien im Verzeichnis worksheets der CD ein oder kopieren Sie die Dateien nach c:/temp.

restart: with(XMLTools):

htmlpfad:="c:/temp/";

```
htmlpfad := "c:/temp/"
```

Das Einlesen der HTML-Datei als Text (String) erfolgt mit readbytes:

test:=readbytes(cat(htmlpfad,"html2xml1.htm"),infinity,TEXT);
close(cat(htmlpfad,"html2xml1.htm"));

```
test := "<html>\n\n<head>\n<meta http-equiv=\"Content-Language\"
content=\"de\">\n<meta http-equiv=\"Content-Type\"
content=\"text/html; charset=windows-1252\">\n<meta name=\"GENERATOR\"
content=\"Microsoft FrontPage 4.0\">\n<meta name=\"ProgId\"
content=\"FrontPage.Editor.Document\">\n<title>Neue Seite
1</title>\n</head>\n\n<body>\n\n<p><b>Eine Testseite</b></p>\n<ul>\n
<li>Item 1</li>\n    <li>Item 2</li>\n</ul>\n<ol>\n    <li>Nummer 1</li>\n
<li>Nummer 2</li>\n</ol>\n<p><font color=\"#FF0000\">Farbe
rot</font></p>\n<p>Tabelle</p>\n<table border=\"1\" width=\"100%\">\n
<tr>\n    <td width=\"33%\">a11</td>\n    <td width=\"33%\">a12</td>\n
    <td width=\"34%\">a13</td>\n  </tr>\n  <tr>\n    <td
width=\"33%\">a21</td>\n    <td width=\"33%\">a22</td>\n    <td
width=\"34%\">a23</td>\n  </tr>\n</table>\n<p>... und weiter im
Text.</p>\n\n</body>\n\n</html>\n"
```

Wir können nun versuchen, dies in einen XML-Baum zu konvertieren:

FromString(test);

```
Error, (in xml) at offset 290: tag mismatch, expecting closing tag for
<meta>
```

Das war der erste Stolperstein: In XML gehört zu jedem *tag* auch ein *closing tag*, also zu <meta> auch </meta>. Entweder man ergänzt die fehlenden *closing tags* oder man löscht alle <meta> wie im nächsten Versuch.

Bevor man den XML-Baum druckt, sollte man mit CleanXML() den Whitespace entfernen (xmltree wurde vorher gebildet, siehe Worksheet).

xmltree:=CleanXML(xmltree);

```
xmltree := _XML_html(_XML_head(_XML_title("Neue Seite
1")),_XML_body(_XML_p(_XML_b("Eine Testseite")),_XML_ul(_XML_li("Item
1"),_XML_li("Item 2")),_XML_ol(_XML_li("Nummer 1"),_XML_li("Nummer
2")),_XML_p(_XML_font("color" = "#FF0000","Farbe
rot")),_XML_p("Tabelle"),_XML_table("border" = "1","width" =
"100%",_XML_tr(_XML_td("width" = "33%","a11"),_XML_td("width" =
"33%","a12"),_XML_td("width" = "34%","a13")),_XML_tr(_XML_td("width" =
"33%","a21"),_XML_td("width" = "33%","a22"),_XML_td("width" =
"34%","a23"))),_XML_p("... und weiter im Text.")))
```

Kontrollausgabe des XML-Baums mit Print():

Print(%);

```
<html>
  <head>
    <title>Neue Seite 1</title>
  </head>
  <body>
```

HTML mit XMLTools programmieren

```
    <p>
      <b>Eine Testseite</b>
    </p>
    <ul>
      <li>Item 1</li>
      <li>Item 2</li>
    </ul>
    <ol>
      <li>Nummer 1</li>
      <li>Nummer 2</li>
    </ol>
    <p>
      <font color='#FF0000'>Farbe rot</font>
    </p>
    <p>Tabelle</p>
    <table border='1' width='100%'>
      <tr>
        <td width='33%'>a11</td>
        <td width='33%'>a12</td>
        <td width='34%'>a13</td>
      </tr>
      <tr>
        <td width='33%'>a21</td>
        <td width='33%'>a22</td>
        <td width='34%'>a23</td>
      </tr>
    </table>
    <p>... und weiter im Text.</p>
  </body>
</html>
```

Die Darstellung in einer Baumstruktur ist zwar übersichtlich, erfordert aber viel Platz. Wesentlich kompakter ist ein String:

ToString(xmltree);

```
"<html><head><title>Neue Seite 1</title></head><body><p><b>Eine
Testseite</b></p><ul><li>Item 1</li><li>Item 2</li></ul><ol><li>Nummer
1</li><li>Nummer 2</li></ol><p><font color='#FF0000'>Farbe
rot</font></p><p>Tabelle</p><table border='1' width='100%'><tr><td
width='33%'>a11</td><td width='33%'>a12</td><td
width='34%'>a13</td></tr><tr><td width='33%'>a21</td><td
width='33%'>a22</td><td width='34%'>a23</td></tr></table><p>... und
weiter im Text.</p></body></html>"
```

Und so werden die Daten auch transportiert oder in Dateien geschrieben. Die nächsten `WriteFile`-Befehle setzen voraus, dass das Verzeichnis `c:/temp` existiert, und schreiben in dieses Verzeichnis:

WriteFile("C:/temp/xmltest.html", xmltree):
close("C:/temp/xmltest.html"):

Können Sie die Datei mit Ihrem Browser öffnen?

Beispiele

Die Beispiele arbeiten mit Dateien, die in HTML erstellt wurden. Natürlich wurden die XMLTools nicht dafür bereitgestellt, Dateien von HTML nach XML und wieder zurück zu konvertieren, sondern neue HTML- und XML-Dateien zu erstellen: Damit lässt sich die Erzeugung von Internetseiten in Maple programmieren!

Die ersten beiden Beispiele zeigen den einfachsten Fall, nämlich eine von Maple erzeugte Nummerierung von Listen und die Verwendung der Nummerierung in den Einträgen (Items).

Das dritte Beispiel zeigt, wie man Attribute setzen kann – hier die Farbe von Text.

Im vierten Beispiel werden Tabellen behandelt: Man kann mit XMLTools Tabellen nicht nur statisch wiedergeben, sondern die Zelleninhalte dynamisch verändern und damit Spreadsheets nachbilden.

Im fünften Beispiel wird schließlich die dynamische Programmierung von Links vorgestellt.

Generic XML

Auf die eigentliche Bedeutung und Anwendung von XML und seine Möglichkeiten können wir im Rahmen eines Mathematikbuchs nur am Rande eingehen. Aber vielleicht wurde in den vorangehenden Beispielen das wesentliche Merkmal von XML deutlich, nämlich das X: Man kann die Sprache erweitern und damit nach eigenen Kriterien Daten fast beliebig verwalten. Für die Anwendung benötigt man allerdings noch Regeln (z.B. Stylesheets) und Programme (z.B. Interpreter), damit ein Browser auch versteht, was gemeint ist. Nachdem die Entwicklung auf diesem Gebiet noch in vollem Gange ist (und in Maple fast nicht dokumentiert ist), ist es nicht empfehlenswert, sich hier zu früh festzulegen. Und so ist dieser kurze Abschnitt auch nur als Ausblick gedacht.

Das Beispiel zum Nachvollziehen (in Grenzen) ist `Serialize()`. Mit diesem Befehl werden Maple-Ausdrücke direkt nach XML konvertiert.

MathML

MathML ist eine Anwendung von XML, die ebenfalls am Beginn ihrer Entwicklung steht. Informationen erhalten Sie mit ?MathML oder unter folgenden Adressen: http://www.w3c.org/Math/ und http://www.maplesoft.com/standards/MathML/info.html. Um offline mit einem Browser und MathML arbeiten zu können, benötigen Sie einen Math Viewer, z.B.: http://www.maplesoft.com/standards/MathML/Viewer/index.html.

restart:

with(MathML); with(XMLTools):

$$[Export, ExportContent, ExportPresentation, Import, ImportContent]$$

Wir untersuchen diese Befehle an folgendem Beispiel

term:=Int(x,x);

$$term := \int x\, dx$$

Vollständiger Export:

expo:=Export(term);

```
expo := "<math xmlns='http://www.w3.org/1998/Math/MathML'><semantics><mrow
xref='id3'><mo>&Integral;</mo><mi xref='id2'>x</mi><mo>&InvisibleTimes;</mo>
<mrow><mo>&DifferentialD;</mo><mi xref='id1'>x</mi></mrow></mrow><annotation-xml
encoding='MathML-Content'><apply id='id3'><int/><bvar><ci id='id1'>x</ci></bvar>
<ci id='id2'>x</ci></apply></annotation-xml><annotation
encoding='Maple'>Int(x,x)</annotation></semantics></math>"
```

Nur den Inhalt exportieren:

cont:=ExportContent(term);

```
cont := "<math xmlns='http://www.w3.org/1998/Math/MathML'>
<apply id='id3'><int/><bvar><ci id='id1'>x</ci></bvar>
<ci id='id2'>x</ci></apply></math>"
```

Mit 'Inhalt' ist sowohl die Mathematik als auch Maple gemeint: Wenn Sie obige Ausgabe mit C&P übernehmen, werden Sie gefragt, ob sie wieder in einen Maple-Ausdruck konvertiert werden soll. Wenn Sie mit Ja antworten, sieht das Ergebnis wie in der nächsten Zeile aus:

int(x,x)

Nur der Export für einen Browser:

pres:=ExportPresentation(term);

```
pres := "<math xmlns='http://www.w3.org/1998/Math/MathML'><mrow><mo>&Integral;</mo>
<mi>x</mi><mo>&InvisibleTimes;</mo><mrow><mo>&DifferentialD;</mo><mi>x</mi>
</mrow></mrow></math>"
```

Übersichtliche Darstellung als XML-Baum:

Print(pres);

```
<math xmlns='http://www.w3.org/1998/Math/MathML'>
  <mrow>
    <mo>&Integral;</mo>
    <mi>x</mi>
    <mo>&InvisibleTimes;</mo>
    <mrow>
      <mo>&DifferentialD;</mo>
      <mi>x</mi>
    </mrow>
  </mrow>
</math>
```

Und die Präsentation lässt sich wieder importieren (weitere Befehle im Worksheet):

MathML[Import](pres);

$$\int x\, dx$$

Beispiel mit Browser

Empfehlenswert ist wie gesagt der Download des MathML-Applets:
`http://www.maplesoft.com/standards/MathML/Viewer/index.html`

Wie lässt sich nun

Int(x,x);

$$\int x\, dx$$

in einem Browser darstellen? Wir benötigen die Präsentationsform:

presint:=ExportPresentation(Int(x,x));

```
presint := "<math xmlns='http://www.w3.org/1998/Math/MathML'>
<mrow><mo>&Integral;</mo><mi>x</mi>
<mo>&InvisibleTimes;</mo><mrow><mo>&DifferentialD;</mo>
<mi>x</mi></mrow></mrow></math>"
```

Und der Browser benötigt noch einige Informationen, nämlich einen Vorspann (nur die Ausgabe ist wiedergegeben):

```
anfang := "Mit der rechten Maustaste lässt sich die Fontgröße ändern\n
<p align=center><applet code=com.maplesoft.mathmlviewer codebase=
\"http://www.maplesoft.com/standards/MathML/applets/MathMLViewer/class
es\" width=600 height=100 align=middle><param name=\"background\"
value=\"#FFFFFF\"><param name=\"parser\" value=\"mathml\"><param
```

MathML

```
name=\"controls\" value=\"true\"><param name=\"selection\"
value=\"true\"><param name=älign\" value=\"center\"><param
name=\"padding\" value=\"0\"><param name=\"size\" value=\"72\"><param
name=\"foreground\" value=\"#0000FF\"><param name=\"linebreak\"
value=\"true\"><param name=\"valign\" value=\"top\"><param name=\"eq\"
value=\""
```

Und ein Ende:

```
ende := "\"></applet></p>"
```

Das ergibt zusammengesetzt:

testint:=cat(anfang,presint,ende);

```
testint := "Mit der rechten Maustaste lässt sich die Fontgröße ändern\n
<p align=center><applet code=com.maplesoft.mathmlviewer codebase=
\"http://www.maplesoft.com/standards/MathML/applets/MathMLViewer/class
es\" width=600 height=100 align=middle><param name=\"background\"
value=\"#FFFFFF\"><param name=\"parser\" value=\"mathml\"><param
name=\"controls\" value=\"true\"><param name=\"selection\"
value=\"true\"><param name=älign\" value=\"center\"><param
name=\"padding\" value=\"0\"><param name=\"size\" value=\"72\"><param
name=\"foreground\" value=\"#0000FF\"><param name=\"linebreak\"
value=\"true\"><param name=\"valign\" value=\"top\"><param name=\"eq\"
value=\"<math
xmlns='http://www.w3.org/1998/Math/MathML'><mrow><mo>&Integral;</mo><m
i>x</mi><mo>&InvisibleTimes;</mo><mrow><mo>&DifferentialD;</mo><mi>x</
mi></mrow></mrow></math>\"></applet></p>"
```

Und kann mit `writebytes()` als HTML-Datei abspeichert werden:

writebytes("C:/temp/testint.html", testint):
close("C:/temp/testint.html"):

Nun sollten Sie die abgespeicherte Datei mit einem Browser öffnen können. Falls sich `iexplore.exe` in `c:/temp` befindet, können Sie den Internetexplorer auch mit dem folgenden Kommando von Maple aus aufrufen:

system("c:/temp/iexplore.exe c:/temp/testint.html");

Sockets

Kombiniert man die Werkzeuge der vorangehenden Abschnitte und nimmt noch das Sockets-Package hinzu, so lässt sich sogar ein Maple-Server programmieren, der einem Browser antwortet. Im Prinzip werden damit alle Maple-Befehle im Internet verfügbar, auch wenn man Maple gerade nicht zur Hand hat, um zum Beispiel ein Integral zu berechnen:

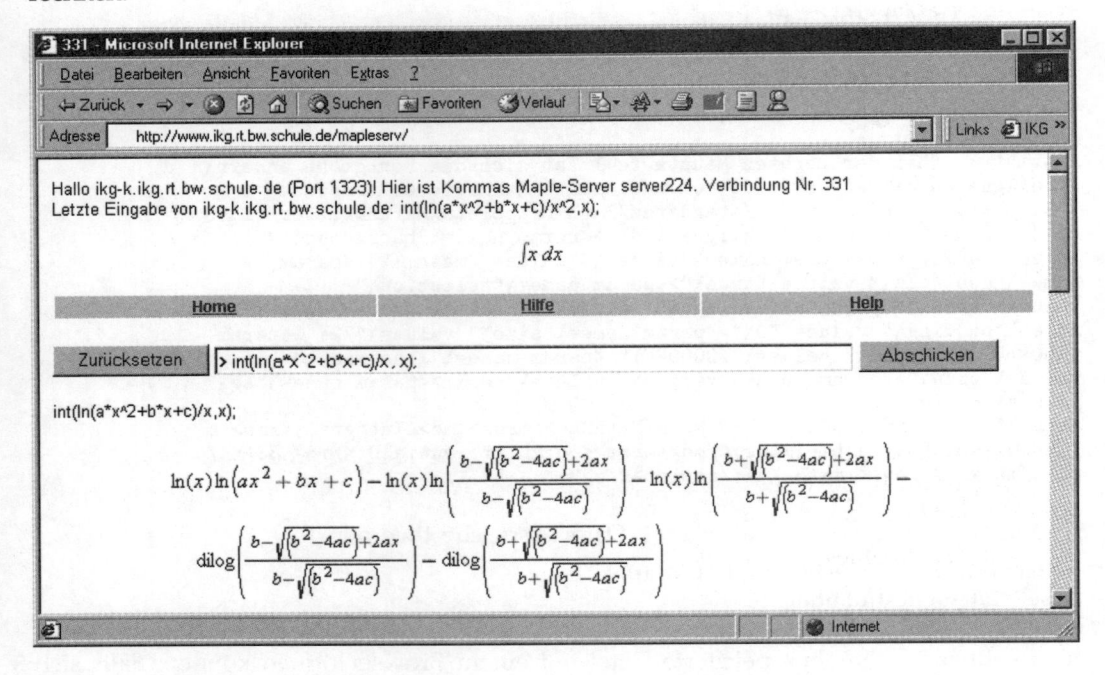

Sie finden den Server unter http://www.ikg.rt.bw.schule.de/mapleserv/ und können dort Ihr eigenes Integral berechnen lassen, aber auch Zeichnungen erstellen oder Differentialgleichungen lösen lassen.

Das Sockets-Package ermöglicht es, verschiedene Rechner in Maple über TCP/IP zu verbinden. Da es sich hierbei um eine Verbindung auf relativ niedriger Ebene handelt, sollten Sie bei Ihren Experimenten mit einem eigenen Server unbedingt die Hinweise zur Sicherheit (siehe ?Sockets,release und im Abschnitt Server) beachten.

Es folgt zunächst eine Einführung in die verschiedenen Befehle von Client-Sockets, die Sie zum größten Teil ohne einen Server testen können.

Sockets ohne Server

Für den Einstieg muss man nicht viel programmieren – es genügen wenige Befehle, um sich zu informieren:

restart: with(Sockets);

> [*Address, Close, Configure, GetHostName, GetLocalHost, GetLocalPort, GetPeerHost, GetPeerPort, GetProcessID, LookupService, Open, ParseURL, Peek, Read, ReadBinary, ReadLine, Serve, Status, Write, WriteBinary*]

Wir arbeiten lokal:

Address("127.0.0.1");

> "localhost"

Address(Address("127.0.0.1"));

> "127.0.0.1"

Status();

> [0, []]

Im Moment sind 0 Sockets geöffnet. Die Sockets werden bei Null beginnend durchnummeriert (socket ID). Am besten vergibt man einen Variablennamen, um sich später auf einen Socket beziehen zu können:

sid0 := Open("localhost", "echo");

$$sid0 := 0$$

Status();

> [1, [[0, "client", "localhost", 1792]]]

sid1 := Open("localhost", "echo");

$$sid1 := 1$$

Status();

> [2, [[0, "client", "localhost", 1792], [1, "client", "localhost", 1792]]]

zeit:= Open("localhost", "daytime");
Status();

$$zeit := 2$$

> [3, [[0, "client", "localhost", 1792], [1, "client", "localhost", 1792], [2, "client", "localhost", 3328]]]

Nun sind drei Sockets geöffnet, mit den IDs 0, 1 und 2 und alle vom Typ *client*.
GetLocalHost(sid0);

"localhost"

GetPeerHost(zeit);

"localhost"

Die Hosts sind in diesem Fall identisch. Die Ports lassen sich ebenfalls abfragen (Nummer je nach Session):

GetLocalPort(sid0),GetLocalPort(sid1),GetLocalPort(zeit);

1157, 1158, 1159

GetPeerPort(sid0),GetPeerPort(sid1),GetPeerPort(zeit);

7, 7, 13

Das bedeutet:

LookupService(7);

"echo"

LookupService("echo");

7

Aber vielleicht sollten wir nach der Zeit fragen?

Peek(zeit);

"Wednesday, December 26, 2001 21:09:35\n"

Das ist die Zeit, zu der der Socket geöffnet wurde. Wir können diesen Socket schließen:

Close(zeit);

true

Status();

[2, [[0, "client", "localhost", 1792], [1, "client", "localhost", 1792]]]

Bisher haben wir aus den Sockets Informationen ausgelesen, die standardmäßig zur Verfügung stehen. Wenn man etwas mehr lesen will, muss man zuerst etwas schreiben:

Write(sid0, "Einige Daten für Socket 0");

25

Write(sid1, "Weitere Daten für Socket 1");
Write(sid1, "noch mehr Daten für Socket 1");

26

28

Peek(sid0);

       "Einige Daten für Socket 0"

Peek(sid1);

       "Weitere Daten für Socket 1"

`Peek()` zeigt also nicht den ganzen Buffer (Socket 1). Mit `Read()` wird der Buffer in diesem Fall geleert:

Read(sid0);

       "Einige Daten für Socket 0"

Peek(sid0);

       false

Achtung: Wie viel von einem Socket mit `Read()` ausgelesen wird, hängt von der Plattform ab und ist zur Zeit nirgendwo dokumentiert. Leider kann der Versuch, einen leeren Socket auszulesen, zu unvorhergesehenen Komplikationen führen: Wenn Sie einen leeren Socket auslesen wollen und dabei kein `timeout` (s.u.) angeben, müssen Sie 'unendlich lange warten'. Der Stop-Button hilft nicht und man muss das Worksheet schließen, um Maple zum Abbruch zu bewegen.

Hier ist der ganze Inhalt von *sid1*:

Read(sid1);

    "Weitere Daten für Socket 1 noch mehr Daten für Socket 1"

Diese Art, den Socket auszulesen, hält automatisch an, wenn der Socket leer ist:

for i to 5 do Write(sid0, cat(i," Daten für Socket 0 ")) od:

while Peek(sid0) <> false do Read(sid0) od;

   "1 Daten für Socket 0 2 Daten für Socket 0 3 Daten für Socket 0 4 Daten\\
   für Socket 0 5 Daten für Socket 0 "

Man kann auch Zeilen schreiben:

Write(sid0, "Zeile 1 \\ n Zeile 2 \\n");

       18

Und lesen:

ReadLine(sid0);

       "Zeile 1 "

ReadLine(sid0);

       " Zeile 2"

Nun müssen Sie 10 Sekunden warten. Der Socket ist leer und der `timeout` auf 10 gesetzt:

ReadLine(sid0 , 10);

$$false$$

Im Worksheet erfahren Sie noch, wie man Daten binär schreibt und liest. Mit dem nächsten Befehl werden alle Sockets geschlossen:

map(Close, map2(op, 1, Status()[2]));

$$[true, true]$$

Socket mit HTTP-Server

Angenommen, auf Ihrem Rechner läuft ein HTTP-Server (z.B. Windows Frontpage `vhttpd32.exe`), dann können Sie ihn so kontaktieren:

with(Sockets):

sid0 := Open("localhost", 80);

$$sid0 := 0$$

Wenn sich dann im Wurzelverzeichnis des Servers eine Datei `hallo.htm` (siehe CD) befindet, kann sie so angefordert werden:

Write(sid0,"GET /hallo.htm \n");

$$15$$

Und hier ist sie:

Read(sid0,10);

> "<html>\r\n\r\ n<head>\r\n<title>Maple-\
> Server IKG Reutlingen</title>\r\n<base target=\"_blank\">\r \
> \n</head>\r\n\r \n<body>\r\n\r \n<h1 align=\"center\"><font \
> face=\"Arial\ ">Maple-Test-Server</font></h1>\r\n \r\n<p al\
> ign=\"center\"> </p> \r\n\r\n</body> \r\n\r\n</html> \r\n"

Close(sid0);

$$true$$

Gegebenenfalls muss der Socket durch mehrmaliges `Read()` vollständig geleert werden, siehe das Beispiel in *stockquotes.mpl* im *Maple Application Center*. Der zur Verfügung stehende Buffer hängt dabei vom Betriebssystem ab (und lässt sich mit `Configure()` unter Umständen nicht einstellen). Für den nächsten Kontakt benötigen Sie eine Internetverbindung:

sid0 := Open("www.maplesoft.com", 80);

$$sid0 := 0$$

Write(sid0,"GET /robots.txt\n");

$$16$$

Read(sid0,10);

"HTTP/1.1 200 OK\r\nServer: Microsoft-IIS/4.0\r\nDate: Sun, 16 \
Dec 2001 19:43:37 GMT\r\ nContent-Type: text/html\r\n\r \n"

Close(sid0);

$$true$$

Client

Die nächsten Beispiele zeigen die Verbindung von einem Maple-Client `miniclient.mws` zu einem Maple-Server `miniserver.mws`. Wenn Sie Maple im Modus 'Parallel Server' gestartet haben, können Sie innerhalb einer Session beide Worksheets in getrennten Fenstern ausführen. Andernfalls müssen Sie Maple ein zweites Mal aufrufen und dort das zweite (Server oder Client) Worksheet ausführen.

Eine kleine Prozedur erleichtert das Abschicken einer Anfrage und das Auslesen der Antwort:

```
with( Sockets ):
send:=proc(eingabe)
local buf; global sid;
Write( sid, cat(convert(eingabe,string),"\n") );
buf:=Read(sid);
try
parse(StringTools:-Split(buf,"\r")[1]);
catch:
buf
end try
end proc;
```

$$send := \mathbf{proc}(eingabe)$$
$$\mathbf{local}\ buf;$$
$$\mathbf{global}\ sid;$$
$$\quad Sockets : -Write(sid,\ \mathrm{cat}(\mathrm{convert}(eingabe,\ string),\ "\backslash\mathrm{n}"))\,;$$
$$\quad buf := Sockets : -Read(sid)\,;$$
$$\quad \mathbf{try}\ \mathrm{parse}(StringTools : -Split(buf,\ "\backslash\ r")[1])\ \mathbf{catch}:\ buf\ \mathbf{end\ try}$$
$$\mathbf{end\ proc}$$

Vor der Ausführung des nächsten Befehls starten Sie bitte den Server in `miniserver.mws`:

sid := Open("localhost", 23); # Port 23, Server muss laufen

$$sid := 0$$

Empfehlenswert ist es, ein `timeout` anzugeben. Falls keine Verbindung zustandekommt, kann sonst der `Read`-Befehl nur durch Schließen von Maple abgebrochen werden.

Configure(sid, 'timeout'=2);

$$-1$$

Read(sid);

> "Hallo localhost (Port 1291)!\r\ nHier ist Kommas Maple-Server \
> komserv.\r\nBitte auf den Prompt (komserv >) warten, dann geht\
> es ohne Passwort weiter! \r\ nkomserv > "

Die Verbindung ist also hergestellt und wir können rechnen:

send("int(x^2,x)");

$$\frac{1}{3} x^3$$

Die Anfrage muss als String gesendet werden, sonst wird sie von einem Maple-Client schon vor dem Abschicken ausgewertet. Kontrollieren Sie jeweils die Reaktion des Servers im Server-Worksheet.

Auch wenn es auf den ersten Blick in sich widersprüchlich erscheint, mit einem Maple-Client eine Anfrage an einen Maple-Server zu schicken, macht es doch Sinn: Stellen Sie sich vor, Ihr Client läuft auf einem Handheld-PC und Sie benötigen für die Beantwortung Ihrer Anfrage die Kapazität einer Cray. Noch interessanter wird es natürlich, wenn man den Maple-Server mit Standardprogrammen zur Kommunikation (Telnet oder Browser) ansprechen kann.

Hier ist noch ein Beispiel:

send("solve(a*x^2+b*x+c,x)");

$$\frac{1}{2} \frac{-b + \sqrt{b^2 - 4ac}}{a}, \frac{1}{2} \frac{-b - \sqrt{b^2 - 4ac}}{a}$$

Zum Experimentieren ist es zweckmäßig, den Server auch von außen stoppen zu können. Dazu ist in der Server-Prozedur das Schlüsselwort `_close` vorgesehen:

send(_close): Close(sid);

$$true$$

Bitte im Server-Worksheet nachsehen. Dort steht nun die Meldung *Error, (in Sockets:-Serve) error accepting connection from client* und das Worksheet ist wieder aktiv.

Weitere Experimente

Im Worksheet `miniclient.mws` finden Sie einen zweiten Abschnitt mit weiteren Experimenten, die auch im Worksheet `servexp.mws` zum Vergleich aufgezeichnet sind. Sie können aber auch mit Telnet auf den Maple-Server zugreifen. Die Beispiele sollen auch auf die Schwierigkeiten aufmerksam machen, die zu überwinden sind, wenn man einen funktionsfähigen Maple-Server betreiben will. Wie man das etwas professioneller machen kann, sehen Sie auf `http://www.ikg.rt.bw.schule.de/mapleserv/`. Dort läuft ein Maple-Server, dem Sie mit Ihrem Browser Fragen stellen können (mit freundlicher Genehmigung von *Waterloo Maple Inc.*).

Server

Der Befehl `Sockets:-Serve(port,serverproc)` ermöglicht die Verbindung Ihres Rechners über TCP/IP mit der Welt. Je nachdem, welche Prozedur `serverproc` Sie schreiben, kann ein Client Maple-Befehle ausführen oder über Maple auf das System zugreifen. **Bitte beachten Sie deshalb die folgenden Hinweise zur Sicherheit und zu Lizenzfragen:**

Security

- Maple ist für netzwerksichere Anwendungen weder entworfen noch dafür gedacht. Es wird dringend empfohlen, dass Sie Server-Anwendungen, die mit dem Sockets-Package geschrieben wurden, nicht in öffentlich zugänglichen Netzwerken verfügbar machen. Maple-Prozesse, unter denen ein Server läuft, sollten mit der Option -z aufgerufen werden (siehe unten oder ?maple). Unter keinen Umständen sollte ein Maple-Server mit einer realen oder effektiven Benutzer-ID laufen, die auf dem Host-Computer privilegierte Rechte hat. (Originaltext siehe Worksheet oder Maple-Hilfe.)
- Die Option -z schaltet verschiedene Maple-Befehle wie **read, save, mkdir, currentdir, rmdir, march, system, writeto, appendto** ab sowie jegliche Operationen zur Ein- und Ausgabe von Dateien wie **fopen** und **fprintf**. Das macht es etwas sicherer, Maple im Servermodus zu betreiben, z.B. in einem kleinen Netzwerk, um eine begrenzte Klasse von Problemen zu lösen. *Waterloo Maple* garantiert jedoch nicht, dass die Option -z Benutzer daran hindert, durch die Eingabe von Maple-Befehlen vollen Zugriff auf Ihr System zu bekommen. Darüber hinaus kann auch Ihre Maple-Lizenz Sie daran hindern, Maple als Server einzusetzen und es damit öffentlich zugänglich zu machen. (Originaltext siehe Worksheet oder Maple-Hilfe.)
- Die in diesem Buch zum Package Sockets vorgestellten Worksheets ermöglichen Low-Level-Programmierung. Die Autoren haften nicht für Schäden jeglicher Art, die dadurch entstehen können. Insbesondere sollten Sie es vermeiden, über Sockets auf das Betriebssystem zuzugreifen, sofern Sie negative Auswirkungen nicht ausschließen können.

Die Prozedur im Worksheet `miniserver.mws` sieht so aus:

```
server := proc(sid)
local prompt, a, b;
    prompt := "komserv > ";
    print(Sockets:-Status());
    Sockets:-Write(sid, sprintf("Hallo %s (Port %d)!\r \nHier ist \
       Kommas Maple-Server %s.\r \nBitte auf den Prompt (koms\
       erv >) warten, dann geht es ohne Passwort weiter! \r\n",
       Sockets:-GetPeerHost(sid), Sockets:-GetPeerPort(sid),
       Sockets:-GetHostName()));
    print(sid, sprintf("Hallo %s (Port %d)!\r\nHier ist Kommas \
       Maple-Server %s.\r\ n",
       Sockets:-GetPeerHost(sid), Sockets:-GetPeerPort(sid),
       Sockets:-GetHostName()));
    Sockets:-Write(sid, prompt);
    do
        a := Sockets:-ReadLine(sid);
        if a = "_close\r" or a = "_close" then break end if;
        print(a);
        b := parse(a, statement);
        Sockets:-Write(sid, sprintf("%q\r\n", b));
        print(b);
        Sockets:-Write(sid, prompt)
    end do;
    map(Sockets:-Close, map2(op, 1, Sockets:-Status()[2]))
end proc
```

Alle `print`-Befehle dienen nur zur Protokollierung im Server-Worksheet. Mit dem ersten `Write`-Befehl wird der Client begrüßt. Das zweite `Write` liefert den Prompt für Telnet-Clients. Es folgt eine Endlosschleife, in der die Anfrage bearbeitet wird, falls nicht `_close` eingegeben wurde. Im letzteren Fall werden alle Sockets geschlossen.

Sie erreichen den Server mit Telnet auf `localhost` (bitte in Telnet lokales Echo einstellen) oder mit dem Worksheet `miniclient.mws` (in einer zweiten Maple-Session öffnen).

Der nächste Befehl startet den Server auf Port 23. **Das Worksheet wird dadurch inaktiv (Sanduhr).** Die Bedienungselemente (Scrollbar usw.) sind aber weiterhin verfügbar. Zur Erinnerung: Um den Server anzuhalten, können Sie im Client `_close` eingeben. Der Output zeigt die Kontrollausgabe einer Minisession mit dem Miniclient.

Sockets:-Serve(23, server);

[2, [[0, "server", "unknown", 65535], [1, "acceptor", "unknown", 65535]]]

1, "Hallo localhost (Port 1291)!\r\ nHier ist Kommas Maple-Server \ komserv.\r\n"

"int(x^2,x)"

$$\frac{1}{3} x^3$$

"solve(a*x^2+b*x+c,x)"

$$\frac{1}{2} \frac{-b + \sqrt{b^2 - 4ac}}{a}, \frac{1}{2} \frac{-b - \sqrt{b^2 - 4ac}}{a}$$

```
Error, (in Sockets:-Serve) error accepting connection from client
```

Die Fehlermeldung zeigt in diesem Fall, dass der Server angehalten wurde. Der Cursor blinkt wieder und die Sanduhr ist weg.

Der nächste Befehl sollte dann [0, []] als Ergebnis haben.

Sockets:-Status();

[0, []]

Ansonsten schließen Sie bitte vorsorglich alle Sokets:

with(Sockets):

map(Close, map2(op, 1, Status()[2]));

[]

Falls Sie den Server mit dem Client und `_close` nicht anhalten konnten:

- Schließen Sie das Server-Worksheet (lassen Sie sich daran von der Fehlermeldung `'You are in the middle of a computation'` nicht hindern).

- Schließen Sie alle anderen Maple-Sessions.

- Falls nun noch Maple-Tasks `mserver.exe` laufen, sollten diese ebenfalls beendet werden (z.B. unter Windows mit dem Taskmanager), bevor Sie neue Experimente starten.

Syntaxzusammenfassung

Das Package XMLTools

```
with(XMLTools);
```
Das Package XMLTools umfasst an die fünfzig Befehle, von denen hier nur die wichtigsten aufgezählt werden.

```
Element(s, attrList, children);
```
konstruiert ein XML-Element mit dem Namen `s`, der Liste von Attributen `attrList` und den Child-Elementen `children` (Liste).

```
Print(XML); PrintToString(XML);
```
geben ein XML-Dokument als Baum oder String aus.

```
FirstChild(xmlTree); SecondChild(xmlTree); ...
```
extrahieren Elemente aus einem XML-Baum.

```
Attributes(xmlTree);
```
listet die Attribute eines Elements auf.

```
FromString(xmlString); ToString(xmlTree);
```
wendet den XML-Parser auf `xmlString` an bzw. formatiert einen XML-Baum als String.

```
WriteFile(fileName, xmlTree);
```
schreibt den XML-Baum als String in eine Datei (`close()` nicht vergessen).

```
Serialize(expr);
```
konvertiert Maple-Ausdrücke in einen XML-Baum.

Das Package MathML

```
with(MathML);
```
Das MathML-Package besteht aus den folgenden Befehlen zum Export und Import.

```
Export(expr); ExportContent(expr); ExportPresentation(expr);
```
Die erste Variante exportiert einen Maple-Ausdruck sowohl für die MathML-Darstellung in einem Browser als auch für die weitere Verwendung des Inhalts in Maple. Entsprechend exportiert die zweite Variante nur den Inhalt und die dritte nur die MathML-Darstellung.

```
Import(mmlstring); ImportContent(mmlstring);
```
importieren den MathML-Text `mmlstring` (String), wobei die zweite Variante nur den Maple-Inhalt importiert. (Der Import ist auch mit Copy&Paste möglich.)

Das Package Sockets

`with(Sockets);`
  Das Package erlaubt in erster Linie die Kommunikation zwischen verschiedenen Maple-Prozessen über TCP/IP.

`Address(who);`
  gibt die Adresse des Hosts `who` (String) aus bzw. sucht den Hostnamen zur IP.

`Status();`
  zeigt den Status der geöffneten Sockets in der Form [Socket-ID, Typ, Host, Port].

`Open(host, port);`
  startet eine Client-Verbindung (TCP/IP) zu `host` auf `port`.

`Close(sid);`
  schließt den Socket mit der ID `sid`.

`GetLocalHost(sid);`
  gibt den Hostnamen des lokalen Endpunkts einer geöffneten Socketverbindung `sid` zurück. Entsprechende Befehle für den Peerhost `GetPeerHost(sid)` und die Ports.

`Peek(sid);`
  testet, ob auf dem Socket `sid` Daten vorhanden sind.

`Read(sid, timeout); ReadLine(sid, timeout);`
  versuchen, den Socket auszulesen (Text). Im Gegensatz zu `Peek` blockiert `Read` so lange, bis Daten verfügbar sind, deshalb kann ein `timeout` in Sekunden angegeben werden. Für binäre Daten gibt es `ReadBinary`.

`Write(sid, text);`
  schreibt den String `text` auf einen Socket. Für binäre Daten gibt es `WriteBinary`.

`Serve(port, server);`
  etabliert einen Server auf `port` mit der Prozedur `server`. `Serve` kehrt nicht zurück, d.h., das Worksheet bleibt nach dem Aufruf inaktiv.

Anhang A

Der Inhalt der CD-ROM

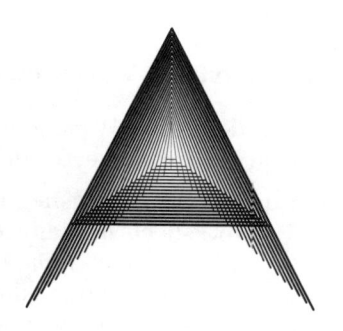

Auf der CD-ROM befinden sich im Verzeichnis worksheets alle Beispiele zu diesem Buch (Maple 7). Sie können mit dem Worksheet inhalt.mws starten oder ein einzelnes Worksheet zu einem bestimmten Kapitel mit kapxy.mws aufrufen. Im Unterverzeichnis Maple6 befinden sich die Worksheets der vierten Auflage.
Im Verzeichnis material finden Sie eine Fülle weiterer Worksheets. Dabei handelt es sich zum Teil um Sammlungen zu ganzen Themenkreisen (Mathematik von Klasse 11 bis 13, Physik mit Maple), zum Teil um Experimentiermaterial 'aus der laufenden Produktion'.

Hinweise zum Gebrauch

- Unter Windows startet die CD selbständig (falls die Autorunfunktion aktiviert ist). Für einen manuellen Start wählen Sie bitte index.htm.
- Die CD ist so aufgebaut, dass Sie mit einem HTML-Browser die meisten Dateien über Hyperlinks erreichen können.
- Sie können die Maple-Worksheets von einem Browser aus direkt laden, wenn Sie Maple als Viewer konfigurieren.
- Hyperlinks in Maple-Worksheets funktionieren nur innerhalb von Maple zuverlässig. (Wenn Sie das Worksheet aus einem Browser öffnen, wird es je nach Konfiguration Ihres Rechners in das temporäre Verzeichnis kopiert.)
- *Achtung!* Die Worksheets zum Buch wurden mit *Maple 7* geschrieben. Das Laden der Worksheets mit älteren Maple-Versionen erzeugt meistens nur eine Fehlermeldung, kann aber auch zum Absturz des Programms führen. Sie können aber auch mit einer älteren Maple-Version ohne Risiko arbeiten, wenn Sie die Worksheets im Text-Format verwenden (Verzeichnis worksheets/txt). Natürlich stehen dann die in Maple 7 neuen Befehle nicht zur Verfügung.

Navigation und Verzeichnisse

- Mit dem Link *Worksheets.mws* (obere Leiste im Browser) können Sie Maple aufrufen und das Inhaltsverzeichnis der Worksheets zum Buch laden.
- Für den Schnelleinstieg und eine Übersicht eignet sich die HTML-Version (ohne Teil IV, Worksheets in Maple 6):
  - Mit *Worksheets.html* kommen Sie zum Inhaltsverzeichnis der Worksheets dieses Buchs und können dann auch ohne Maple weiterblättern.
  - Der Link *Material* führt zu weiteren Materialien.

Direktes Arbeiten in Verzeichnissen

- Im Verzeichnis worksheets finden Sie die Worksheets zu den einzelnen Kapiteln des Buchs (unter den Namen kapxy.mws).
- Das Inhaltsverzeichnis befindet sich in inhalt.mws. (Das Unterverzeichnis html enthält die HTML-Version der Worksheets.)
- Im Verzeichnis material finden Sie weitere Beiträge nach Autoren geordnet.

Weitere Materialien im Internet, Aktualisierung und Support

Im Internet finden Sie unter folgenden Adressen weitere Materialien:

- Waterloo Maple Inc.: http://www.maplesoft.com, http://www.mapleapps.com.
- http://notes.ikg.rt.bw.schule.de: Die Kommunikationsplattform für Fragen, Antworten und den Austausch von Worksheets.
- http://www.ikg.rt.bw.schule.de: Startadresse für 'Mathematik mit Maple im WWW' (Links: Maple, Physik mit Maple, MathCom, Virtuelles Klassenzimmer).
- Autorenseite von Michael Kofler: http://www.kofler.cc
- Verlag Addison-Wesley: http://www.addison-wesley.de, support@addison-wesley.de

Anhang Q

Quellenverzeichnis

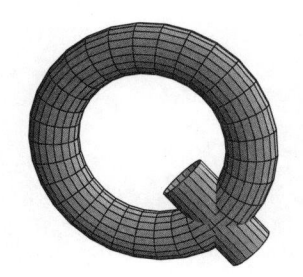

I. N. Bronstein, K. A. Semendjajew, G. Musiol, H. Mühlig: *Taschenbuch der Mathematik*, 4. Auflage, Verlag Harri Deutsch 1999.

B. W. Char, K. O. Geddes, G. H. Gonnet, B. Leong, M. B. Monagan, S. M. Watt: *Maple V Language Reference Manual*, Springer 1991.

B. W. Char, K. O. Geddes, G. H. Gonnet, B. Leong, M. B. Monagan, S. M. Watt: *Maple V Library Reference Manual*, Springer 1991.

K. M. Heal, M. L. Hansen, K. M. Rickard: *Maple 6 Learning Guide*, Waterloo Maple Inc. 2000.

A. Heck: *Introduction to Maple*, Springer 1993.

M. Kofler: *Mathematica – Einführung, Anwendung, Referenz*, Addison-Wesley 1997.

M. Komma: *Moderne Physik mit Maple*, International Thomson Publishing 1996.

E. Kreyszig: *Advanced Engineering Mathematics*, Seventh Edition, John Wiley & Sons 1993.

M. B. Monagan, K. O. Geddes, K. M. Heal, G. Labahn, S. M. Vorkoetter, J. McCarron, P. DeMarco: *Maple 7 Programming Guide*, Waterloo Maple Inc. 2001.

H. Peitgen, P. Richter: *The Beauty of Fractals*, Springer 1986.

D. Redfern: *The Maple Handbook*, Springer 1996.

S. Wolfram: *Das Mathematica Buch*, Addison-Wesley 1997.

Webseiten zum Buch

http://www.kofler.cc (Autorenseite von Michael Kofler)
http://www.ikg.rt.bw.schule.de/maple.html (mit weiterführenden Links)
http://notes.ikg.rt.bw.schule.de (Kommunikationsplattform)

Stichwortverzeichnis

$ (Aufzählungsoperator), 121
-> (Funktionsoperator), 121, *157*, 165
.. (Bereichsoperator), 121
: (Doppelpunkt), 86
:= (Bindungsoperator), 121
; (Semikolon), 86
<> (Ungleichheitsoperator), 121
= (Gleichheitsoperator), 121
@ (Verkettungsoperator), 121, 532
[] (Indexangabe), 138
[] (Listen), 139
Überwachungsausdruck, 491
% (letztes Ergebnis), 42
% (in Prozeduren), 469
% (Programmierbeispiel), 502
%% (vorletztes Ergebnis), *87*
. (Matrixmultiplikation), 225
|| (Verknüpfungsoperator), 79, *114*, 121
{} (Mengen), 140
2D-Grafik, 305
3D-Grafik, 323
& (Operatorkennzeichen), 473
' (Apostroph), 44
` (linksgerichteter Apostroph), 89
\'{} (rechtsgerichteter Apostroph), 90
*.mpl (Programmcode-Dateien), 441
*.mws (Worksheet-Dateien), 52
*.m (Maple-Dateien), 52
*.tex (LaTeX-Dateien), 49

A
Abbruch, 35
Abitur, 61
Abkürzungen

mit `alias`, 113
mit `macro`, 113
Ableitung, 251
  als Grenzwert, 241
  an einer Stelle, 252
  `eval`, 252
  höhere, 253
  implizite, 255
  mit Einheiten, 575
  partielle, 252
  Syntaxzusammenfassung, 260
  `unapply`, 252
  und Bindung, 252
  von Funktionen, 256
  von Termen, 252
Ableitung s.a. Differentiation, 251
Ableitungsregeln, 254
`about`, 112, 118
`abs`, 122, 130, 133
`adaptive`, 428
`add`, *243*
`addcoords`, 433
`additionally`, 111, 118
`addproperty`, 112
`Address`, 617
`addressof`, 450
`addtable`, 418
`AddUnit`, 570
`adrprint`, 450
aktuelles Verzeichnis, 441
Akut, 89
`algcurves`, 535
algebraische Kurven, 535
`algsubs`, 169, 194

alias, 113, 117
    Beispiel, 433
allvalues, 199
ambientlight, 334
Analyse von Messdaten, 407
analytische Geometrie, 213
Analytizität, 271
anames, 105, 117
and, 121
AndMap, 584
AndProp, 111
animate, 538
Animation, 314, 538
    Einführung, 47
anonyme Funktionen, 160
antisymmetric, 152
Apostrophe, 44
    gerade/rechtsgerichtet, 89
apply, 349
arc, 549
arcsin, arc.., 125
arctan, 125
AreCollinear, 215
args., 461, 483
argument, 130, 133
Argumentliste, 461
array, 150, 155
arrow, 483
    in Prozeduren, 471
arrows, 298, 436
ASCII-Dateien
    bearbeiten, 476
    statistische Daten lesen, 347
assign, *108*, 116
    Beispiel, 202
assigned, 104, 117
assume, *109*, 118, 266, 416
    aufheben, 111
assuming, *109*, 118, 416
    real, 132
asympt, 382
asymptotische Reihenentwicklung, 382
Attribut, 607
Attributes, 608
Aufzählungen, 137
Aufzählungsoperator, 121
Auswertung
    automatische -, 106
    bis zum ersten Variablennamen, 107
    direkt und verzögert, *106*
    durch Apostrophe verzögern, 89
    last-name, 102
    verzögerte, 102
    volle, 102

Auswertungsregeln, 102
axes, *318*
axesfont, 315

B
Balkendiagramm, 352
Basisgrößen, 570
Bedingungen, 459
Beispiel
    das neue Kommando seqn, 499
    Extremwertrechnung, 68, 69
    gedämpfte Schwingung, 62
    komplexe Zahlen, 72
    Kurvendiskussion, 64
    parametrische Gleichung, 73
    rechtwinkliger Schnitt, 77
    Simulation, 82
    transzendente Gleichung, 75
    Vektorrechnung, 79, 81
    Vereinfachung mathem. Ausdrücke, 187
Berechnungen
    symbolisch und numerisch, 96
    unterbrechen, 35
Bereichsoperator .., 121, 346
beschreibende Statistik, 350
Beschriftung von Grafiken, 315
BesselI,-J,-K,-Y, 126
Beta, 126
beta, 362
Beta-Verteilung, 359
Betrag, 122
bewegte Grafik, 538
Bildschirmausgabe, 480
Binärdateien lesen/schreiben, 478
BinaryPlace, 588
BinarySearch, 588
binomial, 126, 344
binomiald, 363
Blickrichtung, 324
Bogenlänge, 269
boxed, 318
boxplot, 353
break, 459, 484
Breakpoint, 491
builtin, 471, 483

C
Capitalize, 583
cartan, 234
cartprod, 345
cat, 481, 486
Catalan, 120
catch, 524
Categorize, 587

Stichwortverzeichnis 635

cauchy, 362
Cauchy-Hauptwert, 266
CauchyPrincipalValue, 266
CCquad, 275
cdf, 356
ceil, 122
changecoords, 433
changevar, 268
Char, 583
CharacteristicPolynomial, 233
charfcn, 425
chebpade, 391
chebyshev, 391
Child, 608
chisquare, 362
choose, 344
Ci, 126
circle, 215, 234
classmark, 348
Client, 621
Close, 618
collect, 185, 193
COLOR, 547
color, 318, *332*
coloring, 530
colorplot3d, 556
Column, 222
combinat, 344
combine, 173, 192
   units, 567
Command-Line-Version, 51
complex, 199
complexplot, 204, 531
complexplot3d, 532
compoly, 182, 193
composition, 346
conformal, 533
confrac, 182
fullparfrac, 182
conjugate, 130, 133
Connectivity, 605
   Syntaxzusammenfassung, 626
constants, 120
constrained, *318*
cont, 493
contour, 331
contourplot, 529
contourplot3d, 530
contours, 331, 529
convert, 155, 165, 192, 486
   '+','*', 249
   array, 153
   confrac, 182
   conversion_table, 578

D, 258
diff, 258
dimensions, 577
exp, 179
horner, 182
list, 153
listlist, 153
ln, 179
matrix, 432
parfrac, 181
piecewise, 164
polar, 130
POLYGONS, 551
polynom, 288, 383
radical, 179
set, 153
sincos, 179
system, 578
trig, 179
unit_free, 577
units, 566, 577
fullparfrac
   fullparfrac, 182
convertf, 547
coordinates, 214
coordplot, 535
coords, 433, 536
copy, 153, 155, 407
cos,cosh, 125
cot,coth, 125
count, 350
countmissing, 350
covariance, 351
CrossProduct, 218, 235
csc,csch, 125
csgn, 122, 133
   für komplexe Zahlen, 130
cumulativefrequency, 348
curl, 432
CURVES, 544
cutin, 551
cutout, 551
cylinder, 550
cylindrical, 433, 536

D

D (Differentiationsoperator), 256
   in Differentialgleichungen, 282
D und diff, 258
Dateien
   bearbeiten, 476
   kopieren, 478
   statistischen Dateien lesen, 347
Dateiformate, 52

Dateinamen
    Syntax, 441
Dateinummer, 476
Datenglättung, 407
Datentypen, 446
    die wichtigsten -, 463
    statistische, 346
dcdf, 357
dchange, 268
debever, 234
DEBUG, 492
Debugger, 490
decil, 351
define, 474
degree, 186, 193
denom, 180, 192
densityplot, 529
DEplot, 299
DEplot3d, 300
describe, 350
DESol, 285
Determinante, 226
DEtools, 297
Dexp, 275
dfieldplot, 298
diag, 221
diagonal, 151
Dichtefunktion, 356
Diff, 91
Diff, 252
diff, 252, 419
    in Differentialgleichungen, 282
diff und D, 258
Differentialgleichungen, *281*
    Anfangsbedingungen, 283
    Fourierreihenansatz, 402
    grafische Darstellung, 295
    Integrationskonstanten, 282
    Lösungsbasis, 283
    Lösungssuche, 289
    Laplace-Transformation, 288, 418, 422
    numerische Lösung, 290
    partielle, 301, 422
    partikuläre Lösung, 283
    Phasenebene und -kurve, 297
    Randbedingungen, 283
    Reihenentwicklugen, 385
    Reihenentwicklungen, 288
    Richtungsfeld, 295
    symbolische Lösung, 282
    Syntaxzusammenfassung, 303
    Systeme, 286
    Typen, 290
    unlösbare, 285
    vektoriell, 294
Differentiation, *251*
    abhängige Variablen, 77, 254
    benutzerdefiniert, 255
    multivariabler Funktionen, 254
    Syntaxzusammenfassung, 260
Differentiation s.a. Ableitung, 251
Differenzengleichungen, 425
Differenzieren, 252
Differenzmenge, 121
Digammafunktion, 126
Digits, 55, 115, 391
diophantische Gleichungen, 208
Diracfunktion, 409
dirgrid, 298
discont, 240, 308
discreteuniform, 363
Diskretisierung, 424
dismantle, 449, 454
display, *313*, 539
    array, 314
    orientation, 330
distributed, 185
diverge, 432
Divergenz, 432
do, 459, 484
dodecahedron, 538
dotplot
    Programmcode, 552
DotProduct, 218, 235, 590
draw, 215
Drop, 584
Druck
    Worksheet, 40
dsolve, *282*
    explicit, 283
    implicit, 283
    infolevel, 289
    laplace, 288
    numeric, 290
        listprocedure, 295
        Optionen, 291, 293
        procedurelist, 294
        Verfahren, 291
    series, 288

E
echo, 441
Ei, 126
Eigenvalues, 232
Eigenvectors, 232
Einheiten, 565, 569, 570
    inkompatible, 568, 574, 575
    Kontext, 572

Konvertierung, 577
Lösen von Gleichungen, 574
natürliche Schreibweise, 575
natürliche Umgebung, 568, 575
Rechnen mit, 572
Schnelleinstieg, 566
SI, 571
Standardumgebung, 568, 572
Syntaxzusammenfassung, 578, 594
Systeme, 571
und Ableitung, 575
und Integral, 575
Vorsätze, 570
Einheitssprung, 288
Element, 606
Elementarladung, 577
elif, 484
Elimination
vernachlässigbarer Terme, 190
Elimination von Variablen, 178
EllipticE, 270
elliptische Zylinderkoordinaten, 433
else, 484
empirical, 363
end, 458
_EnvAllSolutions, 197
environment-Variablen, 115
Erinnerungstabelle, 451
error, 490, 524
etc-Verzeichnis, 50
Euler-Konstante, 120
Euler-Maclaurinsche Reihen, 246
eulermac, 246
eval, 117, 155, 469, 471
Ableitung, 252
Nebenbedingungen, 109
Tabellen und Felder, 148
evalc, 131, 133
evalf, 54, *123*
in Schleifen, 460
Summe, Produkt, Limes, 247
evalhf, 123, *472*, 483
evalhf, 401, 406
evaln, *107*, 116, 470
in plot, 309
evalpow, 389
exakte Zahlen, 54
exp, 124
expand, 170, 191
Expansion von Termen, 170
Explode, 583
exponential, 357, 362
Exponentialformat, 56
Exponentialverteilung, 357

Export, 613
ExportContent, 613
ExportPresentation, 613
extrema, 71, 372, 375
Extremwertberechnung, 372, 375
Syntaxzusammenfassung, 380

F
factor, 171, 192
Faktorisierung von Summen, 171
Fakultät, 120
Fallunterscheidungen, 459
false, 120
Faltungssatz, 417
Fouriertransformation, 413
Farben
color-Option, 332
selbst einstellen, 556
fclose, 476, 484
Fehler
Grafikausgabe, 98
in Maple-Ergebnissen, 97
in Prozeduren abfangen, 495
int, 98
typische, 85
Fehlersuche, 490
Felder, *150*
Indexfunktionen, 151
Syntaxzusammenfassung, 154
Zuweisung und Kopie, 152
feof, 477, 484
FFT, 404
fieldplot, 436
file descriptor, 476
filepos, 479, 484
filled, 318, 530
Filter, 408
finally, 524
FindRepetitions, 590
Flatten, 590
FlattenOnce, 590
Flavor
AddFlavor, 592
choose, 593
exprseq, 592
GetFlavors, 591
identical, 593
integer, 591
list, 592
rational, 592
float, 448
floor, 122
Folgen, 94, *137*
Grenzwerte, 240

Syntaxzusammenfassung, 143
font, 315
fopen, 476, 484
for, 459, 484
forget, 452, 455
formale Reihen, 387
fourier, 409
Fourierintegral, 409
Fourierkoeffizienten, 398
    komplexe, 400, 404
Fourierreihen, 398
    Syntaxzusammenfassung, 414
Fourierreihenentwicklung, 398
Fouriertransformation
    analytisch, 409
    diskret, 404
    Eigenschaften, 412
    Faltung, 412
    schnelle, 407
    Syntaxzusammenfassung, 414
    von Ableitungen, 412
fprintf, 478, 485
frac, 122
fraction, 448
frame, 318
frames, 538
fratio, 362
frequency, 348
Frequenzspektrum, 402
FresnelC, -S, 126
Frobenius, 227
from , 460
FromString, 610
fscanf, 477, 485
fsolve, 76, *199*, 211
    Fehler, 201
    Statistik, 357
fulldigits, 201
Funktion
    träge, 41
Funktionaldeterminante, 273
funktionale Operatoren, 471
Funktionen
    analytische, 270
    anonyme, 160
    beschränkte, 241
    Definitionslücken, 241
    Extrema, 372
    Grenzwerte, 240
    selbst definieren, 93, *157–165*
    stückweise zusammensetzen, 163
    vordefinierte, 119

G
GAMMA, 126
gamma, 362
gamma (Euler-Konstante), 120
Gaußscher Integralsatz, 435
Gaußfilter, 408
Generate, 591
GenerateMatrix, 229
generator, 358
geometricmean, 351
geometry, 214
Gerade, 214
gerade Apostrophe, 89
GetDimensions, 569
GetLocalHost, 618
GetLocalPort, 618
GetPeerHost, 618
GetPeerPort, 618
GetSystems, 571
GetUnit, 570
GetUnits, 570
Gleichungen lösen, *195*
    Syntaxzusammenfassung, 210
globale Variablen, 465
Gröbner-Basis, 178
grad, 432
Gradient, 432
gradplot, 436
Grafik
    2D-Grafik, 305
    3D-Grafik, *323*
    adaptive, 308
    Animation, 538
    Beleuchtung, 334
    Beschriftung, 315
    Blickrichtung, 324
    Differentialgleichungen, 295
    eigene Farbverteilung, 333
    Einführung, 46
    Farbe, 332
    Farben, 556
    Grundelemente, 549, 561
    implizite Funktionen, 311, 537
    interne Datenstrukturen, 544
    Koordinatensysteme, 311, 535
    Legende, 317
    Licht und Schatten, 334
    logarithmischer Maßstab, 528
    neue Kommandos, 552
    Oberflächengestaltung, 330
    Optionen, 305, *316*, 320, 338
    parametrische Funktionen 3D, 326
    parametrisierte Funktionen 2D, 310
    Polstellen, 308

Programmierung, 543
Punkteliste, 312
Punktmengen, 329, 552
smartplot, 305
Spezialkommandos, 527
Syntaxzusammenfassung 2D, 320
Syntaxzusammenfassung 3D, 337
Transformationskommandos, 562
Überlagerung, 308, 313
Unstetigkeiten, 309
Vektorfunktionen, 436
GramSchmidt, 233
Gravis, 90
Grenzwerte, *240*
   an Unstetigkeitsstellen, 240
   Auswertung mit assume, 241, 245
   Differenzenquotient, 241
   komplexe, 242
   multivariable, 242
   Richtungsangaben, 240, 242
   Schranken, 241
   Syntaxzusammenfassung, 248
   undefined, 240
   uneigentliche, 240
   von Folgen, 240
   von Funktionen, 240
   von Reihen, 245
Grenzwertsätze, 241
GRID, 547
grid, 312, *316*, 324, 529
Größen, 565, 569
Group, 585, 587

H
Haltepunkt, 491
harmonicmean, 351
harmonische Analyse, 402
has, 142, 185, 193
hasoption, 474
hasoptions, 483
HasUnit, 569
Heaviside, 288, 410
Heavisidefunktion, 399
hexahedron, 538
hidden, 332
Hilfe
   Ballon, 39
   Online, 39
   selbst definieren, 515
histogram, 352
histogram, 402
Histogramm, 402
horner, 182
Horner-Schema, 182

HTML, 609
HermitianTranspose, 224
hypergeometric, 363

I
I (imaginäre Einheit), 120
icdf, 356
icosahedron, 538
idcdf, 357
identity, 151, 206
if, 459, 484
iFFT, 406
Im, 130
Im (Imaginärteil), 133
imaginäre Einheit, 120
implicitdiff, 255
implicitplot, 71, 78, *311*
implizite Funktionen
   grafisch darstellen, 311, 537
Implode, 583
Import, 614
importdata, 347
Indexfunktionen, 151
inequal, 377, 537
infinity, 120
   in plot, 309
infolevel, 445, 489, 524
   dsolve, 289
   int, 278
infolevel, 416
Initialisierungsdatei, 512
insequence, 539
Int, 91, 263, 274
   evalf, 274
   value, 273
int, 67, *262*, 263, 264
   continuous, 266
   Fehler, 98
intat, 268
Integral
   Anwendungen, 264
   bestimmtes, 263, 264
   Cauchy-Hauptwert, 266
   elliptisches, 269
   Flächenberechnung, 264
   mehrfaches, 272
   mit Einheiten, 575
   parametrisch, 268
   uneigentliches, 265
   Volumenberechnung, 264
   wegunabhängig, 270
Integralcosinus, -sinus, 126
Integraltransformationen, 415
   Syntaxzusammenfassung, 429

Integration, *261*
    über Unstetigkeitsstellen, 266
    durch Substitution, 267
    komplexer Funktionen, 270
    Kontrolle von Ergebnissen, 276
    Koordinaten, 273
    logarithmische, 268, 271
    mehrfache (Reihenfolge), 272
    numerische, 274
    partielle, 267
    Singularität, 266
    Syntaxzusammenfassung, 279
    Vereinfachung durch Integralsätze, 435
    verfolgen, 278
Integrationsregeln, 267
Integrationsverfahren, 278
    numerische, 275
Integrationsweg, 268, 270
Integrodifferentialgleichung, 419
`inter`, 215
`interface`, 115
`Interleave`, 589
Interna
    Aufbau von Maple, 442
    Grafik, 544
    Maple-Code ansehen, 444
    mathematische Ausdrücke, 446, 450
    Prozeduren, 451
Internet, 39
`interp`, 370
Interpolation, 366
`intersect`, 121, *140*, 144
`intersection`, 214, 234
`intparts`, 268
`inttrans`, 409, 415
`inverse`, 225
inverse Dichtefunktion, 356
inverse Matrix, 226
`invfourier`, 409
`invlaplace`, 417
`invztrans`, 424
`is`, 112, 118
`IsASCII`, 584
`isolve`, 208
`IsPostfix`, 584
`IsPrefix`, 584

J
`jacobian`, 273
`jittered`, 354
`Join`, 585, 589
`JoinSequence`, 589

K
Kennzahlen, statistische, 350
Kernel, 115, 442
Kettenbruch, 182
`keywords`, 443
Klasseneinteilung, 350
Koeffizientenvergleich, 205, 386
Kombinatorik, 344
komplexe Funktionen
    grafisch darstellen, 533
komplexe Terme, 131
komplexe Zahlen, 129
KomplexeZahlen, 57
Konfiguration, 51
Konfigurationsdatei, 512
konforme Abbildungen, 533
Konstanten, 106, *119*
    Liste aller -, 120
    physikalische, 576
Kontext, 572
Kontextmenus, 36
Konversion
    in Kettenbrüche, 182
    in Partialbrüche, 181
    in Summen und Produkte, 249
    in verschiedene Schreibweisen, 179
    zwischen Folgen, Listen etc., 153
Koordinatensysteme, 311, 433, 535
    eigene hinzufügen, 433
    Syntaxzusammenfassung, 438
    Vektoranalysis, 433
    wechseln, 433
Koordinatentransformation, 273, 562
Korrelationskoeffizient, 351
Kovarianz, 351
Kreis, 215
Kreuzprodukt, 218
Kugelkoordinaten, 273, 433
    in `plot3d`, 536
kumulierte Dichtefunktion, 356
Kurvendiskussion, 372
Kurvenintegrale, 268

L
Lösung von Gleichungen, *195*
`labelfont`, 315
`labels`, 315
Laden
    Worksheet, 40
laden
    Dateien, 476
Lagrangesche Multiplikatoren, 375
`laplace`, *416*
    in `dsolve`, 288

Stichwortverzeichnis

Laplace-Transformation, 416
    Differentialgleichungen, 288
    Faltung, 423
    Rücktransformation, 417
    Randbedingungen, 423
    von Ableitungen, 416
laplaced, 362
laplacian, 271
lasterror, 496, 524
LaTeX, 48
latex, 50
Laurent-Reihen, 382
leastsquare, 368
leastsquare, 368
left, 240
leftbox, 262
LeftFold, 585
leftsum, 262
Legende, 317
LegendreE,-F,-Kc,-Ec, 126
Legendresche Polynome, 126
legendlegend, 317
length, 486
Li, 126
libname, 510
Library, 442
    Inhaltsverzeichnis, 514
Librarys
    selbst erstellen, 513
light, *334*
limit, *240*
LinearAlgebra, 217
linalg, 432
line, 214, 234
linearcorrelation, 351
lineare Algebra, 213
lineare Optimierung, 376, 537
LinearSolve, 228
linecolor, 298
linestyle, 317
Linienzug 3D, 326
Listen, 94, *139*
    kombinieren, permutieren, 344
    Syntaxzusammenfassung, 143
    verarbeiten, 143
    verschachtelte, 141
Listen:mit seqn bilden, 499
Listen:statistische Daten, 346
listplot, 313
listplot3d, 327
ListTools, 586, 594
ln, 124
local, 161
log, 124

log10, 124
logarithmische Normalverteilung, 357
logarithmischer Maßstab, 528
logische Verknüpfung, 121
logistic, 362
loglogplot, 528
lognormal, 357, 362
logplot, 528
lokale Variablen, 465
LowerCase, 583
lprint, 480, 485, 490
LUDecopmposition, 230

M

Maßsysteme, 571
    verwalten, 578
macro, 113, 117
MakeUnique, 590
map, 224
map, 145, 155
    Beispiel, 202
    Felder, 150
    Listen, 143
    Matrizen, 224
Maple
    Code ansehen, 444
    Initialisierung, 51
    interner Aufbau, 442
    Versionen, 51
maple.ind, 514
maple.ini, 51, 512
maple.lib, 443, 514
Maple2e.sty, 50
maplemint, 495
Maplet
    Balloon-Help, 603
    Grid-Layout, 603
    Menü, 602
    Plotfenster, 603
    Slider, 603
    Textfeld, 603
    Action, 601
    BoxColumn, 600
    BoxRow, 601
    Button, 598
    Erzeugung, 597
    Evaluate, 601
    GridCell, 601
    GridLayout, 601
    GridRow, 601
    Listenstruktur, 597
    Plotter, 601
    TextField, 597
    Window, 597

Maplets, *596*
march, 513
match, 205, 211, 386
mathematische Ausdrücke
    Aufbau, 446
    Interna, 450
MathML, 613
Matrix, 220, 236
matrixplot, 352
Matrizen, 58, *220*
    Determinante, 226
    Eigenwerte und -vektoren, 232
    Gleichungssystem lösen, 228
    Initialisierung, 221
    Multiplikation mit Vektoren, 225
    Orthonormalbasis, 233
    Rechenoperationen, 224
    Syntaxzusammenfassung, 235
    Veränderung von Elementen, 223
    Zugriff auf Elemente, 222
Matrizentransformationen, 230
max, 70, 122
maximize, 372
    simplex, 376
Maximum
    von Funktionen, 372
mean, 351
median, 351
Mehrfachintegrale, 272
member, 142, 144
Mengen, 94, *140*
    Syntaxzusammenfassung, 143
    verschachtelte, 141
MESH, 548
Messdaten verarbeiten, 407
min, 122
minimax, 390–392
minimize, 69, 372
    simplex, 376
Minimum
    von Funktionen, 372
mint, 495
minus, 121, *140*, 144
missing, 346
mod, 120
Module, *503*
    :-, 504
    Definition, 503
    export, 503
    global, 503
    local, 503
    module(), 503, 526
    use, 504, 526
Möbiusbänder, 554

moebius, 554
mtaylor, 386
mul, 247
multiapply, 349
multinomial, 344

N
Näherungskurven, 368
Näherungsfunktion
    numerische Berechnung, 390
NAG, 275
nargs, 461, 483
NCrule, 275
Negation, 121
negativebinomial, 363
Nenner, 180
nestprint, 448
Newsgruppen, 39
Newton-Näherungsalgorithmus, 532
next, 459, 484, 492
nops, 144, 446, 454
Norm, 235
    Vektoren, 219
nNorm
    Matrizen, 227
normal, 181, 192
normald, 356, 362
Normalenform, 82
Normalize, 236
Normalize, 220
Normalverteilung, 356
not, 121
notchedbox, 353
NullSpace, 228
numapprox, 390
numbcomb, 344
numbcomp, 346
numbpart, 346
numbperm, 345
numer, 180, 192
numeric
    in dsolve, 290
Numerical Algorithms Group, 275
Numerik
    Einführung, 53
numerische Berechnungen
    Differentialgleichungen, 290
    Integration, 274
    rationale Näherungsfunktionen, 390
    Summe, Produkt, Limes, 247
numpoints, 309, 312, *316*
    Beispiel, 127
numsteps, 302

O

O (Ordnungsterm), 383
Oberflächengestaltung, 330
`octahedron`, 538
`od`, 459
`odeplot`, 293, *296*
Online-Hilfe
   selbst definieren, 515
`op`, 144, 194, 446, 454
   Beispiel, 188
   Prozeduren, 451
`Open`, 111
`Open`, 617
`operator`, 483
   in Prozeduren, 471
Operatoren, *119*
   neu definieren, 473
Optimierungsproblem, 378
Optionen
   Auswertung eigener -, 474
   Grafik, 305
   Grafik 2D, 320
   Grafik 3D, 338
   in Prozeduren, 471
`options`, *471*
   in `proc`, 458
`or`, 121
`Ord`, 583
`Order`, 115, 382
Ordnungsterm, 383
`orientation`, *324*, 530
   in `display`, 330
`OrMap`, 584
`OrProp`, 111
`orthogonal`, 219
Orthonormalbasis, 233
`orthopoly`, 126, 395
`outfrom`, 492

P

P (Legendresche Polynome, 126
Packages
   eigene Packages erstellen, 510
   Einführung, 45
   `geom3d`, 234
   `geometry`, 234
   `LinearAlgebra`, 235
`Pad`, 589
`pade`, 391
Paletten, 36
Parallel Server, 51
Parameter
   Datentypen, 463
   in Prozeduren, *461*
   Liste, 461
   Typenkontrolle, 462
Parameterübergabe
   per Referenz, 470
parametrische Funktionen
   grafisch darstellen 3D, 326
parametrisierte Funktionen
   grafisch darstellen 2D, 310
`parfrac`, 181
`parse`, 482, 486
Partialbruchzerlegung, 181
`PartialSums`, 590
partielle Ableitungen, 252, 254
partielle Differentialgleichungen
   grafische Darstellung, 301
`partition`, 346
`patchcontour`, 331
`patchnogrid`, 331
`PDEplot`, 302
`pdf`, 356
`pdsolve`, 301
`pdsolve`, 422
`Peek`, 618
`percentil`, 351
Periodische Lösungen, 197
`permutation`, 345
Permutationen, 345
perspektivische Darstellung, 325
`petrov`, 234
`pf`, 357
Pfeildarstellung, 471
Phasenebene, 297
Phasenkurve, 297
`phaseportrait`, 298
`Pi`, 120
`piecewise`, 83, 163, 165
`Pivot`, 230
`pivot`, 377
Pivotelement, 377
`PLOT`, 544
`plot`, *307*
   `infinity`, 309
   parametrische Funktionen, 73
   Punkteliste, 312
`PLOT3D`, 546
`plot3d`, *324*
   `style`, 331
`plots`, 307, 527
`plottools`, 549
`point`, 214, 234, 312
`pointplot`, 313
`pointplot3d`, 329
`poisson`, 363, 386
Poisson-Verteilung, 357

polar, 133
polare Form
    für komplexe Zahlen, 130
Polyeder, 538
polyg
    Programmcode, 552
Polygammafunktion, 126
POLYGON, 551
polygonplot3d, 538
POLYGONS, 545
polyhedraplot, 538
Polynome
    bearbeiten, 180
    Division, 181
    sortieren, 184
PolynomialInterpolation, 366
potential, 434
Potentialfunktionen, 434
Potenzreihen, 382
powcreate, 387
powdiff, 389
power, 173, 177
powpoly, 390
powseries, 387
Präfixe, 576
print, 480, 485, 490
Print, 606
printf, 480, 485
printlevel, 489, 523
PrintToString, 606
proc, 161, 165, *458*, 483
product, 247
Produkte, 247
    Syntaxzusammenfassung, 248
Produktintegration, 268
profile, 498
Programmieren
    das neue Kommando seqn, 499
    Fehlersuche, 488
    Grundlagen, 439
    Maple-Code ansehen, 444
    Syntaxzusammenfassung, 483
Programmierung, 457
    Fehlersuche, 490
    Grafikprogrammierung, 543
projection, *325*, 339
protect, 106, 117, 444, 455
Prozedur
    Optionen, 471
Prozeduren, *458*
    Einführung, 161
    Fehlersuche, 490
    funktionale Operatoren, 471
    interne Verwaltung, 451

mit mint analysieren, 495
Namensgebung, 445
Parameter, 461
Pfeildarstellung, 471
Rückgabewert, 458
Psi, 126
Punkt, 214
Punktdiagramm, 353
Punktgrafiken, 552

Q
quadraticmean, 351
Quadratwurzel, 124
quantile, 351, 353
quartile, 351
quit, 493
quo, 181, 192
Quotierung, 102

R
radnormal, 173, 191
rand, 123
randcomb, 344
Random, 582
random, 358
RandomTools, 591, 594
randperm, 345
range, 350
Rastergrafik, 529
rationale Funktionen
    Normalform, 181
rationale Näherungsfunktionen, 390
Re, 130
Re(Realteil), 133
read, 441, 479, 485, 510
Read, 619
readbytes, 478, 485
readdata, 477, 485
readline, 477, 485
ReadLine, 619
readstat, 480, 486
RealDomain, 57
RealRange, 111
Rechteckfunktion, 398
rechtsgerichtete Apostrophe, 90
reflect, 235
Regression, 368
Reihen
    asymptotische, 382
    asymptotische Näherung, 246
    Divergenz, 245
    formale, 387
    Fourier-, 398
    Grenzwerte, 245

Konvergenz, 245
   multivariable, 386
   rechnen mit, 384, 387
   Syntaxzusammenfassung, 393
   unendliche, 245
   weiterverarbeiten, 382
Reihenentwicklungen, *381*
   mit add, 244
   Residuum, 272
Rekursion
   nestprint, 448
   rekursive Gleichungen, 204, 425
rem, 181, 192
remember, 161, *452*, 471, 483
Remove, 584
remove, 186, 193
Residuensatz, 271
Residuum, 271
   Reihenentwicklung, 272
resolution, 309, *316*
restart, 39, 104, 117
return, 458, 493
Reverse, 582, 588
reversion, 389
rhs, 284
Richtungsfeld, 295, 297
Riemann-Zeta-Funktion, 126
right, 240
RightFold, 585
RLC-Schwingkreis, 419
rootlocus, 534
RootOf, 199
RootOf, 426
Rotate, 588
rotate, 550
rotatex,-y,-z, 554
Rotation, 432
rotation, 235
Rotationskörper, 264
round, 122
Row, 222
rsolve, 204, 211
rsolve, 426
Rückgabewert, 458
Rundung, 122

S
Säulendiagramm, 352
Sägezahnfunktion, 399
sample, 528
sample, 428
Sampling, 424, 428
save, 479, 485, 510
savelib, 514

savelibname, 514
scaleweight, 349
scaling, *318*
scatter1d, 353
scatterplot, 353
Schleifen, 459
Schlupfvariable, 377
Schnitt geometrischer Objekte, 214
Schnittmenge, 121
Schriftart, 315
Schwingkreis, 288
Schwingungsgleichung, 284
Search, 584, 586
SearchAll, 586
searchtext, 481, 486
sec,sech, 125
Select, 584
select, 142, 145, 185, 193
   Beispiel, 105, 160, 187
SelectRemove, 584
semilogplot, 528
seq, *137*, 144
   Beispiel, 202
seqn, 499
   Programmcode, 499
Sequenz, 137
Serialize, 612
Serienschwingkreis, 402, 419
series, 194, *382*
   in dsolve, 288
   zur Gruppierung nach Potenzen, 187
Serve, 624
Server, 623
setoptions, 319
shading, *332*
share
   Library, *444*
showstat, 491
showstop, 492
showtime, 248, 498
Si, 126
SI-Einheiten, 565, 571
sign, 122
signum, 122, 133
   für komplexe Zahlen, 130
simplex, 376
simplify, *175*, 191
   Einschränken, 177
   mit Nebenbedingungen, 178
   Probleme, 175
   Variablen eliminieren, 178
sin,sinh, 125
Sinc, 275
Singularität, 266, 271

Skalarprodukt, 218
smartplot, 305
Socket, 616
Sockets, 616
solve, 77, *196*, 210
   identity, 206
   Lösungsfunktion ermitteln, 207
   Ungleichungen, 208
Sonderzeichen, 44
sort, 139, 144, 184, 193
   Beispiel, 105
Sorted, 588
sortieren
   statistische Daten, 349
spacecurve, 326
sparse, 151
Speichern
   Worksheet, 40
speichern
   ASCII-Dateien, 476
Speicherverbrauch, 498
Spezielle Matrizen, 221
spherical, 433, 536
Spline, 366
Split, 582, 589
split, 349
Spreadsheet, 267
sprintf, 482
Spur einer Matrix, 227
sqrt, 124
sscanf, 482, 485
stückweise Interpolation, 366
stückweise zusammengesetzte Funktionen, 163
Stabilität von Regelkreisen, 534
Stack, 504
stacked, 354
Stammfunktion, 263
standarddeviation, 351
statement, 482
statevalf, 356
Statistik, 346
Statistikfunktionen, 59
statistische Datentypen, 346
statistische Diagramme, 352
statplots, 352
stats, 346
statsort, 349
Status, 617
statvalue, 348
stellate, 551
step, 492
stepsize, 298, 299
Stokesche Integralsatz, 435

stopat, 491
stoperror, 492
stopwhen, 491
Strings
   Einführung, 56
StringTools, 582, 594
Structural Data Browser, 222
students, 362
STYLE, 545
style, 312, *316*, *338*
   in plot3d, 331
SubMatrix, 222
subs, *168*, 194
   bei trägen Funktionen, 91
   Beispiel, 202
subsop, *138*, 144
Substitute, 586
SubstituteAll, 586
Substitution, 168
SubString, 584
substring, 481, 486
sum, *243*
Summen, *243*
   allgemeine Summenformel, 244
   asymptotische Näherung, 246
   bestimmte, 245
   Euler-Maclaurinsche Reihen, 246
   Laufbereich, 244
   Summationsmethoden, 246
   Syntaxzusammenfassung, 248
   unbestimmte, 244
surfdata, 328
symbol, 317
Symbole, 90
   verknüpfen, 114
symmetric, 152
Syntax
   Einführung, 41
   Sonderzeichen, 44
system, 471, 483
Systeme, 571
Systemvariable, 115

T

Tabellen, *148*
   Indexfunktionen, 151
   Syntaxzusammenfassung, 154
   Zuweisung und Kopie, 152
table, 149
   Definition von Packages, 511
Take, 584
tallyinto, 350
tan, tanh, 125
Tangentialebene, 82

Tastatureingabe, 480
Tastenkürzel, 41
taylor, 391
Taylor-Reihen, 382
    multivariable, 386
Telnet, 624
tensor, 234
Tensorrechnung, 213, 234
Term, 157
tetrahedron, 538
Textdateien
    lesen, 477
    schreiben, 478
textplot, 315
textplot3d, 337
thickness, 317
title, 315
titlefont, 315
ToString, 611
tpsform, 387
träge Funktionen, 91
träge Kommandos, 274
Trägheitsmoment, 273
Trace, 227
trace, 472, 483, 488, 523
tracelast, 488, 523
transform, 348, 562
translate, 554, 562
Transportproblem, 378
Transpose, 218, 224, 588
transzendente Gleichung, 75
traperror, 495, 524
triangle, 234
trig, 173, 177, 179
trigonometrische Ausdrücke vereinfachen, 170, 173, 183
trigsubs, 183, 193
true, 120
trunc, 122
try, 524
Tschebyscheff-Polynom, 395
tubeplot, 327
Turtlegrafik, 517
type, 105, 117, 142, 446, 454, 462
Typenkontrolle, 462

U

Überlebensregeln, 85
Umlaufintegral, 271
unames, 105
unapply, *159*, 165, 284
    Beispiel, 207
unassign, 104, 117
unconstrained, *318*
uneigentliche Integrale, 265
Unendlich, 120
uneval, 470
Ungleichungen zeichnen, 537
Ungleichungssysteme zeichnen, 537
uniform, 362
union, 81, 121, *140*, 144
Unit, 566
Units, 567, 569
unprotect, 106, 117, 444, 455
Unstetigkeitsstellen
    Grenzwerte, 240
unstopat, 492
unstoperror, 492
unstopwhen, 492
untrace, 523
UpperCase, 583
userinfo, 445, *489*, 524
UseSystem, 571
UsingSystem, 571

V

value
    Int, 273
value, 398
Variablen
    aus Gleichungssystem eliminieren, 178
    Auswertung, 468
    Besonderheiten, 465
    Bindung, 108, 116
    detaillierte Beschreibung, 101
    Eigenschaften, 109
    Einführung, 43
    globale, 465
    löschen, 89
    lokale, 465
    Probleme mit, 91
    späte Bindung, 106
    Substitution, 168
    Syntaxzusammenfassung, 116
    Systemvariablen, 115
    Typ, 104
    Verwaltung, 104
    vorübergehende Bindung, 109
    zulässige Variablennamen, 102
variance, 351
vecpotent, 434
Vector, 218, 235
VectorAngle, 220, 236
Vektoranalysis, 431
    grafische Darstellung, 436
    Syntaxzusammenfassung, 437
Vektoren, *218*
Vektorrechnung, 213

verboseproc, 444, 452, 455
Vereinfachung
    mathem. Ausdrücke, *167*
    Syntaxzusammenfassung, 191
    trigonometrische Ausdrücke, 173, 183
    trigonomtrische Ausdrücke, 170
Vereinigungsmenge, 121
verschachtelte Listen, 141
verzögerte Auswertung, 89
Verzeichnis
    aktuelles, 441
Verzweigungen, 459
view, 325, 339, 533
Vorsätze, 570

W

Wärmeleitungsgleichung, 422
Wahrheitswerte, 120
Wahrscheinlichkeitsverteilungen, *356*
    diskrete, 357
    stetige, 356
Wegintegral, 271
weibull, 362
Weight, 347
Wellengleichung, 301
whattype, 104, 117, 394, 446, 454
while, 459, 484
Winkel zwischen Vektoren, 220
with, 45, 443, 454
    eigene Packages laden, 510
with(plots), 307, 320
Worksheet
    Druck, 40
    Einführung, 34
    Laden/Speichern, 40
    nach LATEX exportieren, 49
World Wide Web, 39
Write, 618
writebytes, 478, 485
WriteFile, 612
writeline, 478, 485
Wurzeln vereinfachen, 173
Wurzelortskurven, 534

X

XML, 606
XMLTools, 606
xscale, 355
xshift, 355
xtickmarks, 319
xyexchange, 355

Y

yscale, 355
yshift, 355
ytickmarks, 319

Z

Z-Transformation, 424
Zähler, 180
Zahlenformat, 56
Zahlformate, 54
Zeichenbereich, 325
Zeichenketten, 56, 481
Zeitmessung, 498
Zerfall, radioaktiver, 287
Zeta, 126
zgreyscale, 332
zhue, 332
Zielfunktion, 375
zip, 143, 145
ztrans, 424
Zufallsmatrizen, 593
Zufallssterme, 593
Zufallszahlen, 123, 358
Zusammenziehen ähnlicher Terme, 173
Zuweisung
    direkt und verzögert, 92
Zylinderkoordinaten, 433
    in plot3d, 536